KB067731

엘니뇨와 제국주의로 본

빈곤의 역사

LATE VICTORIAN HOLOCAUSTS

마이크 데이비스
정병선

이후

Late Victorian Holocausts
El Niño Famines and the Making of the Third World

엘니뇨와 제국주의로 본
빈곤의 역사

지은이 마이크 데이비스
옮긴이 정병선
펴낸이 이명회
펴낸곳 도서출판 이후
편집 김은주, 김진한
표지 디자인 Studio Bemine

첫 번째 찍은 날 2008년 2월 27일

등록 1998. 2. 18(제13-828호)
주소 121-836 서울시 마포구 서교동 325-1 원천빌딩 3층
전화 대표 02-3141-9640 편집 02-3141-9643 팩스 02-3141-9641
전자 우편 ewho@e-who.co.kr
ISBN 978-89-6157-007-7 93900

이 도서의 국립중앙도서관 출판시도서목록(CIP)은 e-CIP 홈페이지 (http://www.nl.go.kr/cip.php)에서 이용하실 수 있습니다.
(CIP 제어번호: CIP 2008000482)

책값은 뒤표지에 있습니다.

빼앗긴 대지

많고, 많은 묘석,
수많은 순교,
별에서 질주하는 수많은 야수들!
그 어느 것도, 승리조차도
참혹한 피의 계곡을 지울 수 없네.
그 어느 것도,
바다도,
모래와 시간의 흐름도,
무덤 위에 만발한 제라늄도.

파블로 네루다(1937)

차례

2부 엘니뇨와 새로운 제국주의 1888년~1902년

3부 엔소, 잡히지 않는 흰고래의 정체

4부 기근의 정치 생태학

일러두기

1. 한글과 외래어 표기는 국립국어연구소(1999년 10월) 표기 및 '외래어 표기법'(2005년)을 따랐다. 단, 원칙대로 표기할 경우 현실과 지나치게 동떨어진 음이 나오면 실용적 표기를 취했다.

2. 단행본·정기간행물에는 겹낫쇠(『 』)를, 논문이나 논설·기고문·단편 등에는 홑낫쇠(「 」)를, 음악에는 꺽쇠(< >)를 사용했다.

3. 지은이의 주석은 각 장의 마지막에 미주로 써 넣었고 옮긴이의 주석은 각주로 처리했다. 또 본문에 들어 있는 '[ ]' 안의 내용은 저자가 독자들의 이해를 돕기 위해 덧붙인 것이다. 단, 옮긴이가 덧붙였을 경우 '옮긴이'라 명기했다.

4. 본문에서 고딕체로 강조한 내용은 지은이의 강조다.

5. 본문을 제외한 자료의 출처는 지은이의 주석 뒤에 써 넣었다.

감사의 말

기후의 역사에 대한 오래된 관심이 다시 불붙게 된 것은, 1998년 6월 유타 주 스노버드에서 "천 년 규모의 지구적 기후 변화 메커니즘"을 주제로 한 채프먼 총회에 참관하면서였다. 그린란드의 빙하와 버뮤다제도의 상승을 가지고 환경의 역사를 조사해 온 학자들이 기후 변동에 관한 최신의 연구 내용을 토론하고 있었다. 이 광경을 지켜보는 일은 정말로 흥미진진한 경험이었다. 그러므로 동업자 모임이 될 뻔했던 그 회합에, 변변찮은 역사가에 불과한 내가 주제넘게 참견할 수 있도록 허락해 준 대회 조직자들에게 감사드린다.

이 책의 요점은, 1998년 9월 캘리포니아의 버클리 대학에서 낸시 펠루소와 마이클 와츠가 조직한 "환경 폭력"이라는 학술 대회에 보고서로 제출되기도 했다. 비나약 채터베디, 톰 브래스, 고팔 발라크리슈난이 이 프로젝트를 초기 단계에서 세심하고 명쾌하게 비평해 주었다. 커트 커피는 7장에 나오는 물리학 내용 일부를 다듬어 주었다. 댄 멍크와 새라 립턴, 미셸 황과 리츠-서, 스티브 무라카미와 셰릴 무라카미는 커다란 친절과 사랑을 베풀어 주었다. 정말로 고된 작업은 버소 출판사의 스티브 히앗, 콜린 로빈슨, 제인 힌들 및 다른 동료들이 해 주었다. 데이빗 디스는 훌륭한 지도와 시각 자료를 만들어 주었고, 톰 하셋은 교정쇄를 꼼꼼하게 읽어 주었다. 나는 맥아더 기금 덕에 연구와 집필에만 전념할 수 있었다.

그러나 내 평생 진짜 뜻밖의 행운은 나의 반려 알레산드라 목테주마가 베풀어 준 불굴의 인내와 사랑, 두 아이 잭과 로이진이 안겨 주는 끊임없는 기쁨, 그리고 비교가 불가한 악당 지식인이자 타고난 이야기꾼인 데이빗 리드와 마이크 스프링커가 보여 준 우정이다. 데이빗은 귀중한 시간을 할애해 내 최종 원고를 다듬어 주었다. 마이크는 남아시아 맑스주의 역사가들의 탁월한 작업을 내게 소개해 주었고 이 책의 원안에 매우 중요한 비평을 해 주었다. 그는 1999년 8월 심장마비로 사망했다. 오랫동안 암과 싸워 이겨 냈던 터라 더 믿을 수가 없었다. 마이크는 진정으로 미국의 위대한 좌파 지성이었다. 호세 마르티가 웬델 필립스에 대해 말한 것처럼 "정의를 사랑하는 모든 섬세한 사람처럼 그도 준엄하고 열렬했다." 나는 이 책을 마이크가 사랑했던 아내이자 동료 사상가인 모두미타 로이에게 바친다. 그녀가 우리에게 보여 준 용기에 대해서도 사의를 표한다.

사용한 용어와 정의

이 책의 내용을 익숙한 관념과 결합하는 용어들은, 물론 가장 위험한 것들이다. **가뭄과 기근**, 기타 용어들은 터지기를 기다리는 의미론적 시한폭탄과 같다. 그렇다면 차라리 처음에 이 지뢰밭을 걸으면서 단번에 식별할 수 있는 부비트랩을 일부나마 폭발시켜 버리는 것이 더 나을 것이다. 이를 통해 본문의 이야기를 좀 더 수월하게 진행할 수 있다.

엘니뇨El Niño

엘니뇨는 논란의 여지가 가장 적지만 동시에 가장 혼란스런 용어다. 과학 문헌에서는 이 용어의 사용이, 많은 경우 예고도 없이, 마치 러시아 인형[Russian doll, 내부에서 계속 새로운 인형이 나오는 러시아제 전통 인형. 옮긴이]처럼 서로의 내부에 자리 잡은 일련의 모순적 의미들 사이에서 오락가락한다.

(1) 매년 크리스마스 전후로 에콰도르와 페루 해안 일대의 바닷물 온도를 가볍게 끌어올리는 약한 적도 반류(그래서 '아기 예수'라는 뜻의 에스파냐어 '엘니뇨'라는 이름이 붙었다).

(2) 3년에서 7년을 주기로 발생하며 가끔씩 해산물 생산성(뚝 떨어진다.)과 페루의 해안 사막(기록적인 홍수)에 재앙적 영향을 끼치는 대규모 온난화 현상.

(3) 태평양이라는 거대한 수조 위에서 기단과 대양의 온도가 광범위하게 요동하는, 소위 엘니뇨 남방 진동(El Niño-Southern Oscillation, 엔소ENSO)의 능동적 대양 구성 요소.

(4) 엔소의 온난한 국면(차가운 국면은 라니냐La Niña라고 한다).

(5) 엔소의 환유어.1)

이 책에서는 네 번째의 엘니뇨, 즉 통상(그러나 슬프게도 항상 그런 것은 아니다.) 열대 계절풍대와 중국 북부의 상당수 지역에서 가뭄을 야기하는, 엔소의 따뜻한 극단을 언급한다. 어조가 좋지 않은 두문자어 엔소는 흰고래의 이름이자, 그 자체가 "계절풍의 비밀"이다. 3부에서 그 이야기가 펼쳐진다.

가뭄(한발, Drought)

가뭄은 자연 강수량의 변동과 농업용수 보호 사이에서 벌어지는 재발성의 투쟁이다. 가뭄에는 항상 인간이 개입하고, 따라서 가뭄은 절대로 자연재해가 아니다. 농업에 상당한 영향을 끼치는 모든 가뭄은 상이한 시간 단위로 작동하는 두 과정의 산물이다.

기상학적 가뭄meteorological drought은 흔히 특정 지역의 연평균 강수량이 감소된 것으로 정의한다. 그 정의는 나라마다 다르고 사회적으로 규정된 "정상 상태"와의 관계에 따라서도 달라진다. 예를 들어 오늘날 인도 기상청은 지역의 평균 강수량이 60퍼센트 이상 감소했을 때 이를 "불가물severe drought"이라고 규정한다. 이런 사태는 거칠게 얘기해 "계절풍이 불지 않았다."는 뜻이다. 그러나 농업의 관점에서는 총강수량보다 강수의 연중 분포가 더 중요하다. 그 양이 평균 이하라도 비가 제때 뿌려 주기만 한다면 농작물 생산은 별다른 피해를 입지 않는다. 농민들이 기장과 기타 내한성耐旱性 작물을 재배하는 인도의 데칸 고원이나 중국 북부 같은 지역들에서는 특히 그렇다. 반면 "정상적인" 강수량이라도 비가 제때 오지 않으면 심각한 흉작으로 이어질 수 있다. 역사적으로 볼 때, 강수 변동이 심한 지역에서 형성된 농경 사회는 한 해 정도의 심각한 강수 부족 사태쯤은 능히 대처할 수 있을 만큼 잘 조직되어 있었다. 그러나 두 번 연속으로 계절풍이 불지 않을 경우 살아남으려면 대규모의 지역 간 원조가 반드시 필요했다.

나아가 부족한 강수량이 식량 생산에 미치는 영향은 저장한 물을 얼마나 활용할 수 있는지, 시의 적절하게 농지에 관개할 수 있는지, 또 물이 상품이라면 경작자들이 능히 구매할 수 있는지의 여부에 달려 있다. **수문학水文學적 가뭄**hydrological drought은, 자연의 물 비축 체계(개울, 호수, 대수층)와 인공적인 물 저장 시설(저수지, 우물, 운하) 모두가 농작물을 살릴 수 있을 만큼 충분한 수량을 확보하지 못할 때 발생한다. 물론 지역의 물 공급이, 많은 경우 해당 지역의 기후와 무관하다는 사실을 잊지 말아야 한다. 수원水原이 눈 녹은 물인데다 그 분수계가 대부분 가뭄 지대의 바깥에 놓여 있어서 쉽게 관개를 할 수 있는 인도 북부의 인도-강게틱 평원 같은 지역은 상황이 아주 좋다.

수문학적 가뭄에는 언제나 사회사가 개입한다. 인공 관개시설이 지속적인 사회 투자와 유지 노력에 의존한다는 것은 분명한 사실이다. 그러나 자연의 물 비축 능력조차 남벌과 토양침식으로 이어지는 인간의 활동에 극적으로 영향을 받는다. 본문에서 보겠지만 가장 지독했던 19세기의 가뭄은 경관 붕괴, 전통적 관개시설의 방치, 자치적 공동 노동 중단, 국가의 물 비축 투자 외면에 의해서도 결정적으로 준비되고 있었다. 롤랜도 가르시아가 (1970년대 초반의 사헬 지역[Sahel, 사하라 사막 주변의 사바나 지역. 옮긴이] 위기에 관한 기념비적 연구서인) 『자연은 무죄를 항변한다』에서 개진한 주장, 곧 "기후 사실들은 그 자체로는 사실이 아니"라는 단언에 내가 동조하는 것도 바로 이런 이유에서다. "기후 사실들은 상이한 생산양식 내부에서 재구성되는 환경과의 관계 속에서만 비로소 중요성을 갖는다." 가르시아는 생산의 "자연적" 조건이 갖는 역사적 특수성에 관한 맑스의 진술을 인용한 후, 이 책의 논의에서 가장 중요하게 다룰 질문을 던진다.

"생산양식의 식민지적 변형은 기후 요인들이 영향력을 발휘할 수 있는 양상을 어느 정도까지 바꾸었는가?"[2)]

기근Famine — 인과관계

흉작이 기아로 연결될지의 여부와, 기근 사태에서 누가 굶주릴지는 다수의 비선형적 사회 요인들에 달려 있다. 노벨상 수상자 아마르티아 센이 제출한 간단한 개념 '식량 입수 가능성의 감소(food availability decline, FAD)'를 동원하면 고립된 채집-수렵 사회의 기근을 바로 설명할 수 있을 것이다. 그러나 규모가 큰 사회에 '식량 입수 가능성의 감소' 개념을 적용할 수는 없다. 이 책에서 설명하는 기근 사태를 멀리서 지켜보았던 비평가들(정부 관리들과 대도시에서 발행되던 신문들)이 가뭄과 흉작으로 수백만 명이 죽어 나갔다고 정식으로 보고했음에도, 당시 현장에서 살았던 사람들은 언제나처럼 사태를 다르게 이해했다. 1860년대 아니 심지어 더 이른 시기부터, 모든 영국인 행정가들과 인도 민족주의자들은 인도의 기근이 본질적으로 식량 부족 사태가 아니라 가뭄과 흉작이 시장에 끼친 충격으로 유도된 복잡한 경제 위기임을 알고 있었던 것이다.

유명한 기근 위원회들은 대량 사망을 설명하는 방법으로 '식량 입수 가능성의 감소' 개념을 동원하는 것을 단호하게 거부했다. 요컨대 1899년부터 1902년까지 대재앙의 여파 속에서 봄베이 지사가 발표한 공식 기근 『보고서』는 이렇게 강조했다. "식량 공급은 항상 충분했다. 따라서 [가뭄으로 인한] 농업 부문의 고용 부족 때문에 궁핍이 심각했다고 번번이 주장할 수는 없는 일이다." 이웃 베라르의 위원들도 다음과 같은 결론을 내렸다. "기근은 식량이 부족한 문제라기보다 고高물가 사태가 빚은 문제였다." 중국의 공식 담화 역시, 지역 곡물 창고 관리들의 부패와 운송 체계의 황폐화에도 상당한 관심을 두지만 기근은 주로 시장이 교란된 결과라고 밝혔다.[3)]

근년에 아마르티아 센과 메그나드 드사이는 후생 경제학의 언어로 빅토리아조의 이 상식을 세심하게 정식화했다. 그들의 관점에서 볼 때, 기근은 농작물 생산량과 관계가 있을 수도 있고, 또 전혀 없을 수도 있는 "교환 인타이틀먼트(exchange entitlement, "식량 통제권을 제공하는 자원에 대한 합법적이며 경제적으로 실효가 있는 접근권"으로 정의함.)"의 위기다. 센은 이렇게 강조한다. "기근은 먹을 음식이 충분치 않은 일부 사람들의 문제이지, 먹을 음식이 부족한 데서 오는 문제가 아니다."[4)] 이론적으로 살펴보면 상이한 집단들의 "인타이틀먼트(토지 소유, 노동, 권력 등)"는 재화와 용역이라는 또 다른 "인타이틀먼트"로 "사상(寫像, map)된다." 센의 세계에서 사람들은 이유가 무엇이든 자신들의 인타이틀먼트로 생존에 필요한 최소 칼로리를 요구할 수 없거나 교환할 수 없을 때, 또 인타이틀먼트 사상 관계가 파멸적으로 작동할 때 굶주린다. 따라서 기근은 인타이틀먼트가 불평등한 집단들 사이의 재앙적인 사회

관계다. 전쟁이나 불황, 극단적인 기후 사태는 물론이고 소위 "발전"이라고 부르는 과정에서도 인타이틀먼트의 불평등이 일어날 수 있다. 물론 대개의 경우는 상이한 요인들이 결합해 재앙적인 사회관계가 빚어진다.

학자들은 이 모형을 더욱더 예리하게 다듬어 왔다. 예를 들어 데이빗 아놀드는 환경 요인들, 특히 19세기의 초대형 한발이 끼친 충격을 너무 소홀히 취급해 왔다고 강조했다. 그는 민중의 인타이틀먼트 행사에 해당하는 대규모 법외 행동(폭동, 항의 시위, 반란 들)을 센이 무시했다고 비판하기도 했다.[5] 아마리타 랑가사미도 기근은 "기아 희생자 조회만으로 정의할 수 없다"는 사실을 우리에게 상기시켜 주었다. 그녀의 (그리고 나의) 견해에 따르면 대기근 사태는 언제나 재분배 계급투쟁이었다. "사회의 한 부문이 이익을 누리는 반면 다른 부문은 손해를 입는 과정"인 것이다.[6]

아마도 마이클 와츠의 견해가 가장 신랄할 것이다. 그는 "엄청나게 복잡한 사회생물학적 사건"이라는 식의 "모호한 일반 이론"을 전면 배제하고, 교환 인타이틀먼트 모형이 상이한 사회 구성체의 각종 기근을 역사적으로 충분히 해명해 주는 논리의 첫 단계일 뿐이라고 본다.[7]

기근이 식량 지배권 문제라면 그것을 권력과 정치의 문제로도 폭넓게 이해해 볼 수 있다. 가정(가장의 정치)에서 민족·국가(지배계급과 차위 집단들이 특정한 권리를 획득하고 방어하는 방식)에 이르는 다양한 경연장에 권력과 정치가 뿌리박고 있다. 자본주의가 지배하는 사회 구성체에서는 사유재산을 통한 소유권이 교환 인타이틀먼트를 결정한다. 계급과 계급투쟁이 재산-굶주림 방정식의 탄생과 결론을 규정한다고 말할 수 있는 것이다. 한편으로 자본주의는 세계적 차원에서 불균등하게 발전했다. 그 결과가 (상이한 계급 지형과 국제 지정학으로 물든) 국가 단위의 자본주의들이다. 이런 민족 자본주의들은 상이한 종류의 생존 위기와 그 결과들을 식별할 수 있는 기본 원리를 알려 준다. 사실은 현존 사회주의에도 계급이 있고 다른 이해관계가 있다. 어쩌면 정치 활동과 "사회주의적" 축적 체제에서 생긴 다른 종류의 재산권도 있을 것이다. 빈민의 도덕적 검약이 어떤 중요한 인타이틀먼트 주장을 지시하는 것일 수도 있는 전前 자본주의 사회에 관해서도 같은 말을 할 수 있다. 그러나 우리는 이 모든 경우에서 인타이틀먼트를 조정하는 법률 및 소유 관계가 얼마나 시행될 수 있고, 또 정당한지를 파악해야만 한다. 아울러 이 모든 권리가 타협과 투쟁의 산물이라는 점도 인식해야 한다. 이런 투쟁은 기근의 주변적 사태가 아니라 핵심이다.[8)]

기근Famine – 사망자 수 또는 사망률

알렉산더 드 발은 이렇게 쓰고 있다. "어떤 사태를 누가 '기근'이라고 규정하느냐는, 사회 내부 및 사회들 사이의 권력관계 문제다." 그는 사망으로 이어지는 대규모 기아 사태가 "기근 정의의 필요조건"이라는 "맬서스주의적" 관념을 거부한다. 굶주림, 빈곤, 사회 붕괴 등 더 광범위한 의미의 스펙트럼을 지지하는 것이다. 기근에 대한 아프리카인들의 전통적 이해 방식이 바로 이렇다. 수단 서부 다르푸르에 살고 있는 그의 친구들처럼, 특정 지역의 주민들은 영양실조와 기근, 가난과 기아의 말뜻을 명확하게 구분하지 않는다. 그들은 기근으로 공인한 사태 현장에는 원조를 쏟아 부으면서도, 전 세계 유아사망률의 절반을 차지하는 만성 영양실조는 냉담하게 무시해 버리는 부국들의 윤리적 계산법도 도무지 이해하지 못한다. "평범한" 농촌

의 가난을 너무 자주 가려 버리는 기근의 의미론을 그들이 불신하는 것도 어찌 보면 당연한 일이다.[9)]

그러므로 우리는 "사람을 죽인 기근"(그것도 거대한 규모로 죽인)에 관심을 가질 때조차 그 사태가 어떤 연속체의 일부임을 바르게 인식해야 한다. 그 연속체는 기근에 앞서 기근의 요건을 이루는 영양실조라는 소리 없는 폭력과, 뒤이은 쇠약과 질병이 드리운 죽음의 어두운 그림자를 포괄한다. 모든 기근은 역사적으로 특수한 유행병적 사건이다. 인구통계학자들의 영웅적인 노력에도 기근 사망률과 유행병 사망률을 구분해서 인식할 수 없는 이유가 바로 여기에 있다. 영국의 보건 당국은 이미 1866년 오리사 주 기근 사태에서 이 사실을 깨달았다. "우리는 기아가 직접 원인으로 작용한 사망자와 질병으로 인한 사망자를 구별하는 게 불가능하다고 생각한다. (…) 가난과 질병이 서로 갈마들고 되먹임되었다는 것이 사태의 진실이다. 만족스럽고 정확하게 구분선을 그을 수 있는 통계나 관찰 결과는 전혀 없다."[10)] 클라인은 이렇게 덧붙인다. "대기근 시기에 발생하는 수많은 사망자는 극단적인 영양실조와 감염증의 상승작용 때문이다."[11)]

기근은 두 가지 상이한 방식으로 질병과 상조작용을 한다. "기근 시기에는 잠재적으로 치명적인 질병에 대해 취약해지거나 질병들에 노출되는 빈도의 증가, 또는 이 둘의 결합으로 사망자 수가 늘어난다."[12)] 난민촌이나 구빈원 같은 고밀도의 비위생적인 환경이 노출과 전염을 증대시키는 과정에서, 영양실조와 면역 체계 약화가 감염 취약성을 높인다. 앞으로 보겠지만 "기아 난민촌은 악명 높은 질병의 진원지로, 식량으로 구조한 것만큼이나 많은 수의 목숨을 병원균에게 빼앗겼을 것이다."[13)] 뿐만 아니라 기초적인 위생 설비와 공중 보건 체계가 심각하게 방치되면서 근대적 통상 기반이 그 자체로 치명적인 병독의 매개가 되었다. 인도는 "근대화와 저개발 상태가 기묘하게 공존하는 사회"다. "(전형적인 선진국의) 현대적인 운송 체계, 대규모 곡물 거래, 빈번한 인구 이동"이 "('저개발'국 특유의) 가난, 영양실조, 면역력 약화, 위생 설비 미비, 빈번한 감염증 노출"과 결합해 있었다. 이런 혼합 상태가 원인으로 작용해, 어쩌면 그렇지 않았을 경우보다 더 많은 사망자가 발생한 것이다.[14)]

홀로코스트Holocaust – 사진

잉가 글렌디넌은 우울한 수상록 『홀로코스트 읽기』에서 무고한 사람들을 살육하는 것에 대해 이런 의견을 개진한다. "만약 우리가 봉헌물이 몽땅 불타 버린다는 원의를 가진 '홀로코스트'라는 말을, 불길하게도 공중에서 자신들의 유일한 무덤을 발견한 수백만 명의 죽음에 사용하는 것이 적절하다고 인정한다면 히로시마와 나가사키, 드레스덴의 희생자들에게도 마찬가지로 그 말을 쓸 수 있을 것이다."[15)] 그녀는 쇼아[Shoah, 제2차 세계대전기 유대인을 대량 학살한 나치의 만행을 지칭하는 히브리어. 옮긴이]와 기타의 대량 학살을 동등하게 취급했다. 굶주리는 "신민들"을 향한 제국주의 정책들이, 많은 경우 5천4백 미터 상공에서 투하된 폭탄과 똑같은 윤리적 등가물이었다는 사실을 보여 주는 것은 괴로운 일이다. 요컨대 이 책에서 사용한 당대인들의 사진은 설명을 위한 것이 아니라 고발용이다.

주석

1) Kevin Trenbeth, "General Characteristics of El Niño-Southern Oscillation," in M. Glantz, R. Katz, and N. Nichols(eds.), *Teleconnections Linking Worldwide Climate Anomalies*, Cambridge 1991, pp. 13~42를 보라.
2) Rolando Garcia, *Drought and Man: The 1972 Case History, vol. 1, Nature Pleads Not Guilty*, Oxford 1981, p. 157.
3) *Report on the Famine in the Bombay Presidency, 1899~1902, vol. 1*, Bombay 1903, p. 3; and J. A. Crawford, *Report on the Famine in the Hyderabad Assigned Districts in the Years 1899 and 1900*, Nagpur 1901, p. 2. 중국에 관해서는 Pierre-Etienne Will, *Bureaucracy and Famine in Eighteenth-Century China*, Stanford, Calif. 1990을 보라.
4) Amartya Sen, *Poverty and Famines: An Essay on Entitlement and Deprivation*, Oxford 1984, p. 1. 또 Meghnad Desai, "The Economics of Famine," in G. Harrison(ed.), *Famine*, Oxford 1988.
5) Arnold, pp. 44~45와 85.
6) Amarita Rangasami, " 'Failure of Exchange Entitlements' Theory of Famine: A Response," in *Economic and Political Weekly* 20:41 (12 Oct. 1985), p. 178.
7) Michael Watts, "Drought, Environment and Food Supply," in Michael Glantz(ed.), *Drought and Hunger in Africa: Denying Famine a Future*, Cambridge 1987, p. 205.
8) Michael Watts, "Heart of Darkness," in Stephen Reyna(ed.), *The Political Economy of African Famine*, New York 1991, p. 44.
9) Alexander de Waal, *Famine That Kills: Darfur, Sudan, 1984~1985*, Oxford 1989, pp. 6과 10.
10) *Report of the Commissioners Appointed to Enquire into the Famine in Bengal and Orissa 1866*, vol. 1, Calcutta 1867, p. 24.
11) Klein, "Plague, Polity and Popular Unrest," p. 731.
12) Maharatna, pp. 7~8.
13) David Washbrook, "The Commercialization of Agriculture in Colonial India: Production, Subsistence and Reproduction in the 'Dry South,' c. 1870~1930," *Modern Asian Studies* 28:1(1994), p. 151.
14) Klein, p. 735.
15) Inga Glendinnen, *Reading the Holocaust*, Cambridge 1999, p. 14.

서문 | 후기 빅토리아 시대의 홀로코스트

1876년부터 1879년까지 무려 4년 동안 계절풍이 불지 않았다. 그 여파로 아시아의 상당수 지역에 심각한 가뭄이 들었다. 이 가뭄이 당대의 농경 사회에 미친 충격은 엄청났다. 지금까지 알려진 바에 따르면, 이 지역을 유린한 기근은 인류라는 종이 경험한 기근 가운데 사상 최악이었다.

— 존 히도르, 『지구 환경 변화』

그 여행은 미국 역사상 가장 유명하고, 어쩌면 가장 긴 가족 휴가였을 것이다. 갓 퇴임한 미국 대통령 율리시스 그랜트와 그의 아내 줄리아, 아들 제스는 1877년 봄 필라델피아를 출발해 유럽으로 향했다. "그가 이끌었던 부패한 행정부에 대한 비판이 최고조에 이르렀을 때였다." 표면상의 여행 목적은 딸 넬리를 방문하는 것이었다. 넬리는 (헨리 제임스가 찬양해 마지않았을 유행을 좇아) 한 "방탕한 영국 신사"와 결혼해 영국에서 살고 있었다. 실제로 가엾은 넬리는 부모를 거의 보지 못했다. 유명세에 굶주린 그들이 붉은 양탄자와 환호하는 군중, 그리고 축하연을 선호했던 탓이다. 그랜트의 전기 작가 가운데 한 명은 이렇게 말했다. "고지식한 그랜트가 책임감을 느끼며

존 히도르의 글은 John Hidore, *Global Environmental Change: Its Nature and Impact*, Upper Saddle River, N. J. 1996, p. 96에서 가져왔다.

남자답게 아첨을 참아 낸 것과 관련해 말들이 많았다. 정말로 웃기는 사건의 연속이었다." 미국인들은 『뉴욕 헤럴드』의 기자 존 러셀 영이 써 보낸 기사들을 읽으며 흥분했다. "엄청난 규모의 만찬. 훌륭한 음식과 포도주가 끊임없이 나왔다. 장군은 계속해서 여송연을 피우며 브랜디를 마셔 댔다." 남편보다 더한 걸물이었던, 포트섬터*가 없었더라면 일리노이 주 갤리너에서 주정뱅이 제혁업자의 아내로 살았을 그랜트 여사는 "이런 기품 있는 배려를 견딜 수가 없었다." 아무튼 "여행은 계속되었고" 영의 칼럼도 계속해서 『뉴욕 헤럴드』에 실렸다.[1)]

그랜트 일가는 초대받은 만찬에서 매번 믿기 어려울 정도로 촌스러운 짓을 했다. 베네치아에서 장군은 도제 궁전의 후예들에게 "물을 빼서 말리면 멋진 도시가 될 거"라고 말했다. 버킹엄 궁전의 연회에서는 (아들 제스가 '짜증'을 냈고) 거북한 기색이 역력했던 빅토리아 여왕이 자신의 "고된 의무"를 핑계대며 자리를 떠나려고 했다. 줄리아는 이렇게 화답했다. "그러세요, 알 것 같습니다. 나도 위대한 지도자의 아내를 해 봤거든요."[2)] 베를린에서 그랜트 일가는 열강들의 회담장 주변을 배회했다. 열강들은 '동방문제'를 심의하고 있었는데, 그 회의는 아프리카·아시아·오세아니아의 미개척 식민지에 대한 유럽의 마지막 공략 계획을 입안하는 사전 조율 작업이었다. 그랜트 일가는 제국주의적 과장에 도취되었거나 동방의 궁정에서 제공될 훨씬 더 멋진 환영회를 꿈꾸었고, 아마도 그런 기대 속에서 자신들의 휴가를 세계 일주 여행으로 확대 변경했을 것이다. 『뉴욕 헤럴드』의 제임스

* Fort Sumter, 사우스캐롤라이나의 주도 찰스턴 항구에 있는 요새로, 1861년 4월 12일 남부연합이 이곳을 포격해 남북전쟁이 발발했다. 그랜트는 남북전쟁 당시 북군 총사령관을 지냈다. 옮긴이

고든 베넷 주니어가 여행 경비를 제공했고, 미국 해군이 이동 수단의 상당 부분을 책임졌다. 전직 대통령 가족은 이런 지원 속에서 알렉산더 대왕이 하찮아 보일 정도로 대단한 여행 계획을 짰다. 나일 강을 거슬러 올라가 상이집트의 테베를 둘러본 다음 팔레스타인을 경유해 다시 이탈리아와 에스파냐에 머물렀다가 수에즈 운하를 통과해 아덴으로 빠져나가 인도, 버마, 베트남, 중국, 일본, 그리고 마지막으로 태평양을 횡단해 캘리포니아로 복귀한다는 여정이었다.

괴물이 거대한 지역을 유린하다

미국인들은 율리시스가 파라오들의 땅에 발을 들일 것이라는 계획에 특히 흥분했다. 증기선이 나일 강 상류로 거슬러 올라갈 때 그랜트의 무릎에는 마크 트웨인의, 손때 가득한 『순결한 해외인』[마크 트웨인의 유명한 여행기. 옮긴이]이 놓여 있었다. 그랜트는 "미국의 왕"으로 소개되며 방문하는 마을마다 환영받을 사태를 머릿속에 그리며 흐뭇해했다. 나일 강을 거슬러 올라가던 그 평온한 오후에 그랜트는 영(과 수천 명의 독자들)에게 빅스버그에서 애퍼매턱스*에 이르는 피의 도정에 관한 얘기를 들려주었다. 한번은 그가 길을 잃고 헤매던 학과 펠리컨들을 잡아먹으려고 닥치는 대로 총을 쏜 수행원들

* 빅스버그Vicksburg는 미시시피 주 서부에 있는 도시로, 남북전쟁 당시 그랜트 장군이 인솔한 북부군이 47일간에 걸친 맹공으로 결정적인 승리를 거머쥔 곳이다. 1865년 4월 9일, 애퍼매턱스Appomattox의 한 저택에서 남부연합의 로버트 리 장군이 율리시스 그랜트에게 항복함으로써 남북전쟁이 종결된다. 옮긴이

을 벌하기도 했다. (그는 차라리 뭍에 올라가서 "강기슭에서 육중한 혹을 등에 인 채 참을성 있게 단조롭고 고된 일을 계속하는 가엾은 낙타"를 쏘는 게 낫다고 냉소적으로 말했다.) 또 한번은 엔진을 수리해야 해서 그들이 탄 작은 증기선이 밤사이에 정박을 해야만 했다. 그랜트의 아들 제스는 모닥불 주위로 보초를 서던 베두인족 몇 명과 대화를 나누었다. 그들은 고향을 멀리 떠나오지 않을 수 없을 정도로 "시절이 어렵다."고 하소연했다. "나일 강은 사정이 나빴다. 실제로 나일 강의 사정이 좋지 않을 때면 큰 불행이 닥치고, 사람들은 다른 마을로 떠나 버린다."[3])

그랜트 일가의 휴가 여행은 강둑을 따라 펼쳐진 참혹한 상황 때문에 이내 박살나 버렸다. 영은 이렇게 전했다. "우리는 더 좋은 시절이라면 낙원이 틀림없었을 농촌을 여행했다. 그러나 올해 나일 강의 모습은 바짝 마른 불모지였다." 그때까지만 해도 그랜트 일가는 농민들의 따뜻한 환대를 받

그림 1 | 상이집트의 그랜트 일가

았다. 그러나 (상이집트의 수도인) 시우트 남쪽으로는 폭동이 만연한 상태였다. 일부 농민*fellahin*들이 무장을 하고 사막으로 들어갔다는 소문이 파다했다. 미국인 여행객들은 총독의 주장에 따라 테베와 '첫 번째 폭포First Cataract'를 둘러보는 나머지 여행 기간에 무장 경호대를 대동했다. 흉작은 가공할 만한 수준이었다. 수천 명이 기근으로 죽어 가고 있었다. 영은 독자들에게 "성경에 나오는 재난"을 그려 보이고자 했다. "현재 들판은 바짝 말라 갈라져 있다. 관개수로에는 물이 없다. 보이는 밑동 줄기는 지난번에 수확한 작물이다. 몇 무더기의 피마자와 고개 숙인 채 늘어진 대추야자 몇 그루를 빼면 대지에서 열매라고는 찾을 수가 없다. 평원에 모래 바람이 불자 을씨년스러움이 더한다."[4)]

영은 이집트의 고대 유적만큼이나 이 나라의 보통 사람들에게 매혹되었고, 새로운 영국인 지배자들이 둘 모두에 보이는 오만한 태도에 기겁했다. 영은 이렇게 말하고 있다. "영국인들은 나무를 패고 물을 긷는 자 정도로 이집트인을 취급한다. 그들의 본분은 주인을 위해 일하고, 채찍질을 당하지 않는 것에 감사해야 한다는 것이다. 영국인들은 이집트의 유적과 유물들을 자신들의 박물관을 채우는 저장 창고로 여긴다. 실제로 그들은, 엘긴 경이 그리스를 약탈한 것처럼 이집트를 노략질했다." 영은, 현재 영국이 다스리고 있는 이집트의 막대한 대외 부채가 가장 가난하고 굶주리는 사람들에게 가하는 궤멸적인 타격에 대해 언급했다. 전직 대통령 그랜트도 지역 관리들이 엄청난 재난에 직면하고서도 무사태평한 태도를 보이는 것에 분노했다.[5)]

영은 일 년 후 봄베이에서 "영국이 동방에서 행사하는 영향력이 전제정치의 또 다른 이름일 뿐"이라는 명제를 확인해 주는 증거를 더 많이 발견했다. 그랜트 일가가 영국인들이 마음대로 부릴 수 있는 하인의 수가 끝이 없어 보인다는 사실에 경탄하는 동안 영은 인도인들이 부담 중이던 제국의 비용을 계산하고 있었다. 영은 이렇게 결론지었다. "인도 정부보다 더 절대적인 전제정치는 없다. 강력하고, 무책임하며, 잔인하다. (…)" 공식 통계는 앞선 3년 동안 인도인 5백만 명 이상이 기근으로 사망했다고 밝혔다. 영은 이 사실을 인지하고 다음과 같이 강조했다. "영국이 매년 인도에서 수탈해 가는 막대한 돈의 유출은, 인도가 겪고 있는 가난의 원인 가운데 하나다."[6)]

그랜트 일행은 봄베이를 출발해, 인류의 기억에 최악으로 기록될 가뭄의 상처가 여전히 남아 있던 "누렇게 타 버린, 단단한" 데칸 고원의 농촌을 지났다. "먼지가 풀풀 나는 여행이었다. 9월 이후로 비가 오지 않았던 것이다. 흔히 망고나무의 개화를 수반한다는, 이따금씩 오는 소나기도 전혀 내리지 않았다. 이제 사람들은 그 소나기가 수확 철에 접어든 작물을 망가뜨리지나 않을까, 하고 걱정했다."[7)] 그랜트 일가는 의무적으로 해야 했던 타지마할과 바라나시 관광을 마친 후 캘커타에서 인도 총독 리튼 경과 잠시 회동했다. 그러고는 계획을 대폭 앞당겨 버마로 떠났다. 리튼은 나중에 술에 취한 그랜트가 만찬 석상에서 영국인 숙녀들의 몸을 더듬었다고 비난했다. 반면 미국 측에서는 리튼이 그랜트를 너무 소홀히 대했다며 분개했다.[8)] 그랜트의 절친한 친구이자 외교관이었던 애덤 바도는, 리튼이 "본국으로부터 이 전직 대통령을 각별히 환대하지 말라는 지시"를 받았을 것이라고 판단했다. "리튼은 영국 정부가 동방의 미개 종족들에게 다른 서방 세력은 전혀 중요하지 않다는 것을 메시지로 전하고자 한다고 생각했다. 영국 이외에 존경을 바칠 서방 세력 따위는 존재하지 않음을 강조하고자 했던 것이다.” (그래서인지 그랜트는 런던 주재 미국 대사를 통해 영국 정부에 감사 인사를 전하라는 바도의 요청을 거절했다.)[9)]

중국에서 받은 성대한 영접이 리튼의 불손함을 보상해 주었다. 중국의 고위 정치인이자 녠 반란*(영이 태평천국운동과 혼동한)을 진압한 리훙장은 류큐 왕국[the Ryukus, 오키나와에 있었던 고대 왕국. 옮긴이] 문제를 놓고 일본과 교착 상태에 빠졌던 협상에서 미국의 도움을 얻고자 했다. 이에 따라 그랜트 일가를 환영하기 위해 상하이 연도에 십만 명이 동원 배치되었다. 악대는 용감하게도 <존 브라운의 유해>[남북전쟁 시에 군가로 사용된 에이레 민요. 옮긴이]를 연주했다. 그러나 중국이 보인 열성은 대개가 공식적인 것이었다. 이곳은 이집트가 아니었다. 영은 예전에 광저우의 젊은이들이 창밖을 내다보며 “야만인들을 거만하게 무시했다.”고 적었다. “멸시하는 감정이 역력했다. 뉴욕의 젊은이들이 5번가를 걷는 시팅 불Sitting Bull이나 레드 클라우드Red Cloud[둘 모두 유명한 인디언 추장. 옮긴이]를 클럽 창문을 통해 바라보면서 보일 법한 태도였다.”[10)]

미국인들은 톈진에서 베이징에 이르는 여정의 “혹독한 더위”에 넌더리가 났다. 굶주림과 황량한 풍경이 더해져 기분은 더욱더 침울했다.[11)] 중국 북부에는 지난 3년 동안 “중국 역사에서 명멸한 21개 왕조 전체를 통틀어” 공식적으로 “가장 끔찍한 재난”인 가뭄과 기근이 찾아와 최근까지 8백만에서 2천만 명가량이 사망했던 것이다.[12)] 실제로 미국 영사관 직원들은 급송 공문서에서 “개량된 서구식 무기를 보유하지 못했다면 굶주린 폭도들이 맹렬한 정치적 소요를 일으켰을지도 모른다.”며 두려워했다.[13)] 그랜트는

* 화이허淮河 북쪽에서 일어난 대규모 농민 봉기(1851~1868)를 말한다. 장뤄싱이 이끌었고, 그랜트를 접견했던 리훙장이 진압했다.

리훙장과의 환담에서 철도를 부설했다면 그런 재앙을 막을 수도 있었을 것이라고 약간 거만한 태도로 훈계했다.

> 중국에 온 후로 비참한 얘기를 수도 없이 들었던 기근 문제에 관해서라면, 철도를 부설하는 것이 많은 사람들에게 축복이 될 것입니다. 미국에서는 최근 중국에서 볼 수 있는 것과 같은 기근 사태가 전혀 없습니다. 기근이 아주 광대한 영역에 걸쳐 보편적으로 발생하지 않는다면 말입니다. 돈과 시간을 조금만 더 들이면, 한 지역의 작황이 나쁠 때 다른 지역들에서 식량을 가져올 수 있습니다. 예를 들어 우리 미국에서는 불과 이삼 일이면 나라의 한쪽 끝에서 또 다른 쪽 끝으로 밀을 보낼 수 있습니다.

리훙장은 자기도 개인적으로는 철도와 전신을 받아들이고 싶지만 불행하게도 “자신의 이런 개혁안들이 동료 정치인들에게 거부당했다.”고 답했다.[14] 물론 청 왕조의 이 걸출한 지도자는 아주 조심스레 말하고 있었다.

19세기, 증발해 버린 비밀의 역사

그랜트는 베이징을 뒤로 하고 계속해서 요코하마와 에도로 향했다. 그리고 태평양을 건너 고국으로 돌아왔다. 샌프란시스코에서는 열광적인 환영 행사가 그를 맞이했다. 낭만적인 세계 일주 여행이 널리 알려지면서 그랜트의 인기가 극적으로 부활했던 것이다. 백악관 재입성 계획은 목에 암이 생기는 바람에 결국 좌절되고 말았다. 이 전직 대통령은 어쩔 수 없이 그 유명한

『회고록』 집필 작업에 매달렸다. 그러나 『회고록』의 내용은 이 서문과 아무 관련이 없다. 중요한 사실은, 그랜트 자신은 몰랐지만 영의 기사를 읽은 독자들은 분명히 고심했을, 여행과 기근의 일치였다. 그들은 이집트와 인도, 중국에서 대한발과 기근 사태를 연달아 목격했던 것이다. 마치 괴물이 나일 강에서 황해에 이르는 거대한 지역을 유린하며 지나간 것 같았고, 미국인 여행자들이 그 파괴의 발자국을 의도치 않게 따라갔던 것이다.

『네이처』와 다른 과학 저널들의 당대 독자들이 알았던 것처럼 그 사태는 진정 전 지구적 규모의 재난이었다. 자바, 필리핀제도, 뉴칼레도니아, 한국, 브라질, 아프리카 남부, 마그레브[Maghreb, 북아프리카의 모로코, 알제리, 튀니지에 걸친 지방. 옮긴이]에서도 가뭄과 기근이 보고되었다. 그러나 그때까지만 해도 열대 계절풍대 전체와 중국 북부 및 북아프리카를 아우르는 극단적인 동시 기후 현상이 가능할 것이라고 생각하는 사람은 아무도 없었다. 한꺼번에 그렇게 많은 광범위한 지역들에 피해를 준 기근은 역사 기록에도 전혀 존재하지 않았다. 사망자 수는 대충 가늠해 볼 수 있었지만 1845년부터 1847년에 이르는 아일랜드 대기근 당시 사망자 수인 백만 명의 수십 배는 족히 될 것이라는 게 분명했다. 한 영국인 기자의 계산에 따르면, 아우스터리츠 전투에서 앤티텀 전투와 스당 전투*에 이르는 재래식 전쟁의 전체 사망자 수가 인도 남부 단 한 곳의 사망자 수보다 더 적었다.[15] 세계 역사상 가장

* 아우스터리츠Austerlitz 전투는, 1805년 12월 2일 나폴레옹 1세가 오스트리아와 러시아 동맹군을 격파한 싸움으로, 세계 최초의 근대적 대야전大野戰으로 통한다. 앤티텀Antietam 전투는, 1862년 메릴랜드 주 앤티텀에서 북부군이 남부군을 격퇴한 전투다. 2만 6천 명에 이르는 사망자와 실종자가 발생했고, 이 전투를 기점으로 전쟁의 승패가 북쪽으로 기운다. 스당Sedan 전투는, 1870년 9월 2일 프랑스의 나폴레옹 3세가 참모총장 몰트케의 지휘를 받던 프러시아 군대에 대패한 전투다. 옮긴이

피비린내 나는 내전으로 2천만 명에서 3천만 명의 사망자를 낸 것으로 추정되는 태평천국운동(1851~1864)만이 그렇게 많은 수의 희생자와 견줄 수 있을 정도였다.

그러나 1876년부터 1879년의 대한발은, 빅토리아 시대 후반기에 등장한 세 차례의 전 지구적 생존 위기 가운데 첫 번째 사건에 지나지 않았다. 1889년부터 1891년 사이에 다시 가뭄이 들었고, 인도·한국·브라질·러시아에 기근이 닥쳤다. 전체 인구의 3분의 1이 사망한 에티오피아와 수단 지방의 상황이 가장 처참했다. 다음으로 1896년부터 1902년에 열대 지방 전역과 중국 북부에 또 다시 계절풍이 불지 않았다. 말라리아, 선페스트, 이질, 천연두, 콜레라 등 파괴적 전염병이 이미 기근으로 취약해진 사람들 수백만 명을 추려 내서 죽였다. 유럽의 제국들은 물론이고 일본과 미국도 이 기회를 놓치지 않았다. 그들은 새로운 식민지를 강탈했고, 공유 토지를 몰수했으며, 재식 농장과 광산에서 일할 새로운 노동력을 확보했다. 식민 모국의 관점에서 볼 때 제국의 영광을 밝혀 주던 19세기의 마지막 불꽃은, 아시아와 아프리카의 관점에서 보면 거대한 화장용 장작더미가 내뿜는 소름끼치는 불빛에 지나지 않았다.

세 차례에 걸친 가뭄과 기근, 질병의 파고 속에서 최소 3천만 명 이상이 사망했다. 5천만 명이 사망했을 거라는 추정도 비현실적이진 않다. (표 1은 1876년~1879년과 1896년~1902년 두 차례에 걸친 인도와 중국, 브라질의 기근 사망자 수 추정치만을 보여 주고 있다.) 가장 애통했을 사람들이야 당연히 기근을 직접 겪었던 민족이었을 테지만 당대의 유럽인들도 이 살육의 도덕적 중요성과, 제국의 변명이 얼마나 무색한 것인지를 깨달았다. 급진적 기자 윌리엄 딕비는 1876년 마드라스 기근 사태를 앞장서서 상세히 기록했다. 딕비는 빅토리아

표 1 | 기근 사망자 수 추정치

국가	연도	사망자 수(명)	조사자
인도	1876~1879	1030만	딕비
		820만	마하라트나
		610만	시보이
	1896~1902	1900만	『랜싯』
		840만	마하라트나/시보이
		610만	케임브리지
인도 총계		1220만~2930만	
중국	1876~1879	2000만	브룸홀
		950만~1300만	보어
	1896~1900	1000만	코언
중국 총계		1950만~3000만	
브라질	1876~1879	50만~100만	커니프
	1896~1900	자료 없음	
브라질 총계		200만	스미스
총계		3170만~6130만	

여왕이 사망하기 직전에 이렇게 예언했다. "지금부터 50년이 지나 역사가들이 19세기에 대영제국이 한 역할을 논할 때면, 인도인 수백만 명의 무고한 죽음을 첫손에 꼽으며 가장 악명 높은 업적으로 거론할 것이다."[16] 빅토리아 시대의 저명인사 가운데 한 명으로 자연선택 이론을 다윈과 공동 발견한 박물학자인 알프레드 러셀 월리스도 이 주장에 열렬히 공감했다. 딕비처럼 러셀도 대량 기아는 "자연"재해가 아니라 피할 수 있었던 정치적 비극이라고 생각했다. 그는 1898년 빅토리아 시대를 관찰한 유명한 대차대조표에서 산업도시들의 슬럼 빈곤과 함께 인도와 중국의 기근 사태를 "이 세기가 기록한 가장 참혹한 실패"라고 규정했다.[17]

그러나 디킨스가 세밀하게 묘사한 슬럼은 세계사 교육 과정에 남아 있는 데 반해 1876년과 1899년의 기근 사태는 역사에서 사라져 버렸다. 식민 모국의 관점에서 19세기 세계사를 쓴 현대의 역사가들은, 우리가 오늘날 "제3세계"라고 부르는 지역을 삼켜 버린 후기 빅토리아 시대의 초대형 한발과 기근 사태를 거의 예외 없이 무시해 왔다. 예를 들어 보자. 에릭 홉스봄은 자신의 유명한 19세기 역사 3부작에서 어쩌면 500년 동안 최악이었을 인도와 중국의 기근 사태를 전혀 언급하지 않았다. 아일랜드 대기근과 1891년과 1892년의 러시아 기근을 언급하기는 했다. 마찬가지로 국가들 사이의 불평등이라는 수수께끼를 해명하겠다는 목표를 천명하며 데이빗 랜디스가 집필한 대작, 『국가의 부와 빈곤』에서도 기근에 대한 유일한 언급은 영국의 철도가 인도의 굶주림을 완화해 주었다는 틀린 주장뿐이다.[18] 이런 중대한 사태를 접하고도 당대의 역사가들이 보인 놀라운 무관심의 예들은 이 밖에도 수없이 인용할 수 있다. 그것은 마치 20세기 후반의 역사를 기술하면서 대약진운동 시의 기근과 캄보디아의 킬링필드 사태를 전혀 언급하지 않은 것과 같다. 대기근 사태는 빅토리아 시대에 관한 거의 모든 개관에서 실종되어 버렸다. 독자 여러분들은 빅토리아 시대의 본질을 밝혀 주는 결정적 사태가 증발해 버렸다고 생각할 수도 있을 것이다. 우리가 이 참혹한 비밀의 역사를 시급히 돌아보아야 하는 까닭이 여기에 있다.

문제는 가난한 농민 수천만 명이 끔찍하게 죽었다는 게 아니라, 19세기 경제사에 대한 전통적 지식과 상당히 모순되는 이유와 방식으로 그들이 사망했다는 사실이다. 예를 들어 보자. 문제의 50년 동안 서유럽에서는 평화 시 기근이 항구적으로 사라졌다. 그런데도 상당수의 식민지에서는 기근이 충격적일 정도로 증가했다. 이 사실을 어떻게 설명할 수 있을까? 증기를 동력으로 사용하는 운송 수단과 근대적인 곡물 시장이 생명을 구해 주는 좋은 일을 했다는 산뜻한 주장들이 제기되었다. 바로 그때 특히 영국령 인도에서 수백만 명이 철로 옆과 곡물 저장소 앞에서 죽었다. 이 사실을 어떻게 평가할 수 있을까? 중국의 경우 그 동안 엄격하게 시행되는 듯했던 국가 장악력과 민중 복지, 특히 기아 구조 대책이 철저하게 붕괴했다. 영국과 기타 열강들이 이 고대 제국에 근대화로의 "개방"을 강요하던 시점이었다. 이 사태를 어떻게 설명할 수 있을까?

다시 말해 우리는 세계사의 정체된 환경에서 옴짝달싹 못하던 "기근의 나라들"을 살펴보는 게 아니라, 그 노동력과 생산물이 런던을 중심으로 한 세계경제에 역동적으로 징발되던 특정 시기(1870~1914)에 열대 지방의 인류가 겪어야만 했던 운명을 다루고 있는 것이다.[19] "근대 세계 체제"의 외부가 아니라, 바로 그 근대 세계의 경제와 정치 구조에 강제로 통합당하는 과정에서 수백만 명이 죽었다. 그들은 자유 경쟁 자본주의의 황금시대에 죽었다. 앞으로 보겠지만 정말로 많은 사람들이 스미스와 벤담, 밀의 신성한 원리를 엄숙하게 적용하는 과정에서 살해당했다. 그러나 빅토리아 시대의 대기근 사태(적어도 인도의 경우는)가 자본주의적 근대화의 역사를 구성하는 필수 요소였음을 명확하게 인식한 20세기의 경제사학자는 1944년 『거대한 변환』을 발표한 칼 폴라니뿐이었다. 폴라니는 이렇게 썼다. "그 마지막 50년 동안 기근이 발생한 실제 원인은 지역의 소득 붕괴와 결합한 곡물의 자유 시장 제도였다."

> 물론 흉작도 원인의 일부지만 철도로 곡물을 수송하면서 위기를 맞은 지역에 원조 물자를 보내는 게 가능해진 뒤였다. 문제는 엄청나게 치솟아 버린 가격

때문에 사람들이 곡물을 살 수 없다는 데 있었다. 자유롭지만 불완전하게 조직된 시장에서는 물량이 부족할 경우 가격이 치솟기 마련이다. 이전 시대에는 지역마다 있는 소규모 가게들이 흉작에 대처하는 방편을 제공했다. 그러나 그런 가게들은 이제 사라졌거나 대규모 시장으로 흡수되었다. (…) 독점 자본가들이 농촌에 있던 원시적 조직의 도움을 받아 사실상 상황을 장악했다. 곡물의 자유로운 유통은 그들 손아귀에 있었다. 자유롭고 공정한 교환 체계 아래서 인도인 수백만 명이 죽었다.[20)]

그러나 폴라니는, 맑스주의자들이 19세기 말 제국주의의 착취적 성격을 강조하면서 "우리가 문명의 퇴보라는 훨씬 더 중요한 문제를 볼 수 없게 되었다."고 생각했다.

토착 사회가 재앙을 겪은 이유는 희생당한 문명의 기본 제도들이 급속하게 폭력적으로 붕괴했기 때문이다. (그 과정에서 어떤 힘이 작용했는지의 여부는 별로 중요해 보이지 않는다.) 그 제도들은, 완전히 다르게 조직된 사회에 시장경제가 가해졌다는 바로 그 사실 때문에 붕괴했다. 노동과 토지가 상품으로 전환되었는데, 이것은 유기적인 사회의 문화제도 전부를 해체하는 간단한 공식일 뿐이다. (…) 19세기 후반기에 인도 민중은 랭커셔에서 착취당하고 굶주리면서 죽은 게 아니다. 그들 다수는 인도의 촌락 공동체가 파괴되면서 죽어 갔다.[21)]

폴라니의 유명한 에세이에는 존중할 만한 미덕이 있다. 스미스주의적 맹신을 하나하나 격파하면서 빅토리아 시대의 "신세계 질서"로 가는 길이 빈민들의 시체로 포장되었음을 보여 주는 것이다. 그러나 이와 함께 그는

"시장" 개념을 역사의 자동인형으로 구체화해 버렸다. 그리고 일부 아류들은 이를 바탕으로 시장을 기반으로 하는 세계적 차원의 생존 단계로 나아가는 과정에서 의도치 않은 "산고" 내지는, 아무도 책임이 없는 "이행의 고통"으로 기근 사태를 더 손쉽게 개념화할 수 있었다. 농업의 상품화는, 전통적으로 위기 때 빈민들의 생활을 보호하던 촌락 단위의 호혜주의를 제거한다. (거의 이렇게 말할 수 있을 것이다. "야단났군, 제도의 잘못으로 5천만 명이나 죽었네. 미안해라. 다음에는 기근 법령을 만들어야겠는걸.")

그러나 말놀이를 하자면 시장은 언제나 "만들어진다." 시장이 자연발생적으로 기능을 수행하고 결과적으로 "유죄나 책임을 물을 수 있는 사람이 아무도 없는 자본주의에서, 익명의 메커니즘을 통해 그냥 그렇게 사태가 벌어졌다."[22]는 이데올로기가 만연해 있다. 그러나 실제의 시장에는 벗어날 수 없는 정치에 관한 역사가 도사리고 있다. 아울러 폴라니의 생각과는 **정반대로** 힘도 "매우 중요하다." 로자 룩셈부르크는 아시아와 아프리카의 영세 농민들이 19세기 말에 세계시장으로 통합되는 현상과 관련해 고전적인 분석(1913년)을 내놓았다.

> 자본이 토착민들의 사회경제적 유대를 상대로 수행하는 무자비한 전투를 통해 매번 새로운 식민지 팽창이 당연지사로 승인된다. 그들은 자신들의 생산 수단과 노동력마저 강제로 빼앗긴다. 자본 축적을 "평화로운 경쟁", 예를 들어 자본주의적 상품을 생산하는 국가들 사이에서 이루어지는 통상의 상품 교환으로 제한하고 싶다는 희망은, 자본이 (…) 쇠퇴 중인 자연 경제의 느린 내부 과정을 토대로 할 것이라는 가망 없는 믿음에 근거하고 있다. 축적은 간헐적 팽창을 거듭하고, 비자본주의 사회 구성체들의 자연스런 내부 와해와 상품경제로의

> 이행을 더 이상 기다리지도 만족하지도 않는다. 노동인구의 자연스런 증가를 기다리지도 만족하지도 않는 것과 같다. 폭력은 자본이 활용할 수 있는 유일한 해결책이다. 역사적 과정으로 비치는 자본 축적은 폭력을 항구적인 무기로 동원한다.[23]

폴라니가 문명의 주기와 통상 관계가 원인이라고 추상적으로 설명한 기근은 이런 항구적인 폭력의 일부였다. "수백만 명의 사망"은 결국 정책 선택의 문제였다. 이런 대량 사망 사태를 성취하려면 브레히트의 냉소적인 시구처럼 "기근을 조직하는 멋진 방법"이 반드시 필요했다.[24] 희생자들이 서서히 고사하기 전에 서둘러 쳐부숴야 했다. 둘을 똑같이 취급하는 게 더 멋져 보일지는 모르지만 이런 대재앙을 초래한 인간 행위자들의 이름과 얼굴을 적시하는 작업이 반드시 필요하다. 아울러 우리는 그들의 결정을 강제했던 사회적·자연적 조건들의 윤곽도 파악해야 한다. 그와 동시에 크고 작은 저항운동들을 꼭 살펴보아야 한다. 굶주리던 노동자들과 가난한 농민들은 반란을 통해 곡물 투기꾼과 식민지 총독들이 부과한 사형 선고를 거부했다.

굶주림의 노예들

이 책의 1부와 2부는 기존의 역사 서술에 도전한다. 동시에 발생한 지독한 가뭄은 촌락 내부 수준에서 영국 정부와 베를린 의회에 이르기까지 복잡한 사회적 투쟁이 발생할 수 있는 환경적 무대가 되었다. 많은 경우 수세기

만에 최악일 정도로 흉작과 물 부족 사태가 엄청났지만 거의 언제나 국가와 제국 내부의 다른 곳에는 잉여 곡물이 존재했다. 가뭄 피해자들을 구조할 수 있었다는 얘기다. 아마도 1889년의 에티오피아를 제외한다면 절대적 부족이 문제가 됐던 적은 없었다. 오히려 삶과 죽음의 기로에 있었던 것은 한편으로 새로 등장한 상품 시장과 가격 투기였고, 다른 한편으로 (대중의 항의 행동으로 조절되던) 국가의 의지였다. 앞으로 보겠지만 흉작 사태를 구제하는 국가의 능력과, 활용 가능한 자원이 있는데도 기근 정책을 배제한 것 사이에는 커다란 차이가 존재했다. 한쪽 극단에는 리튼, 제2의 엘긴, 커즌 같은 총독들이 지배한 영국령 인도가 있었다. 이곳에서는 끔찍한 기아가 한창인데도 스미스주의적 신조와 냉혹한 제국주의적 사리사욕 속에서 곡물이 대규모로 영국에 수출되었다. 또 다른 극단에는 메넬리크 2세가 이끌던 에티오피아의 비극이 있었다. 메넬리크는 영웅적으로 대처했지만 자원이 너무나 부족했고, 말 그대로 자연적이며 인간적인 재앙이 성서처럼 결합한 상황에서 국민을 구해 낼 수 없었다.

약간 다른 관점에서 보면 이 책의 내용은 근대사의 육중하고 무자비한 세 톱니바퀴 사이에 존재한다. 우선 첫째로 지구 기후 체계와 후기 빅토리아 시대의 세계경제 사이에서 극단적인 사건들이 운명적으로 맞물려 있었다. 이 점이야말로 후기 빅토리아 시대에 새롭게 등장한 중요한 특징 가운데 하나다. 1870년대 들어 국제적인 기후 보고 네트워크가 초보적인 형태로 등장할 때까지는 지구적 규모의 가뭄이 가능할 수도 있다는 과학적 사고가 전무하다시피 했다. 또 같은 1870년대까지는 아직 농업 기반의 아시아가 지구의 다른 곳에서 기원하는 경제적 충격파를 받거나 전파할 수 있을 만큼 세계경제에 충분히 통합되지 않은 상태였다. 그러나 1870년대에는 국제 곡물 시장이라는 매개를 통해 날씨와 가격 교란이 연결되는 새로운 악순환의 사례들(스탠리 제번스는 이 사실을 인식한 최초의 경제학자였다.)이 수없이 펼쳐졌다.[25] 갑작스럽게 리버풀의 밀 가격과 마드라스의 강수량이 인간 생존이라는 거대한 단일 방정식의 변수가 되었다.

앞의 여섯 개 장들은 기후 현상과 경제 과정 사이의 악성 상호 작용을 두루 살펴본다. 예를 들어 1877년과 1878년에 굶어 죽은 인도와 브라질, 모로코의 농민 대다수는 1873년에 시작된 세계경제 위기(19세기의 "대공황")로 이미 가난해졌고, 굶주림에도 취약해진 상태였다. 마찬가지로 영국의 아편 무역상들이 처음부터 인위적으로 조장한 청 왕조의 치솟는 무역 적자도, 청나라가 가뭄과 홍수에 대비하는 가장 중요한 방어책으로 "상시 운영하던" 곡물 창고 제도의 쇠퇴를 가속화했다. 거꾸로 1889년과 1891년 브라질의 노르데스테[Nordeste, 브라질 북동부의 여덟 개 주로 그 광대한 내륙이 세르탕에 속한다. 옮긴이]에서 발생한 가뭄은 먼저 오지의 주민들을 쓰러뜨렸고, 나아가 신생 공화국의 경제적·정치적 위기로 확대되었다.

그러나 콘드라티에프(경제의 "장기파동" 이론가)와 비야크네스(엘니뇨 진동 이론가)는 홉슨, 룩셈부르크, 레닌으로 보충되어야만 한다. 신제국주의는 이 재앙에 가까운 역사의 세 번째 톱니바퀴였다. 질 디아스가 19세기에 포르투갈이 앙골라를 착취한 사례에서 아주 명석하게 보여 준 것처럼 식민지 확대는 자연재해와 유행병의 반복적 순환을 기괴하게 생략해 버렸다.[26] 매번의 전 지구적 가뭄은 제국주의적 영토 침탈을 승인하는 녹색 신호등이었다. 예를 들어 1877년 아프리카 남부의 가뭄이 카나본에게 줄루족의 독립을 격파할 수 있는 기회였다면, 1889년부터 1891년까지 에티오피아의 기근은 크리스피에게 아프리카의 뿔 지역에 새로운 로마제국을 건설해야 한다는 사명으로 다가왔다. 독일의 빌헬미네도 1890년대 후반 산둥 반도를 황폐화시킨 홍수와 가뭄을 이용해 북중국에서 자신의 세력권을 공격적으로 확대했고, 미국 역시 같은 시기에 가뭄-기근과 질병을 활용해 아기날도의 필리핀 공화국을 분쇄했다.

그러나 아시아, 아프리카, 남아메리카의 농업 인구는 신제국주의 질서에 순순히 편입되지 않았다. 기근은 생존권을 놓고 벌이는 전쟁이다. 아프리카 남부를 별문제로 한다면 1870년대에 발생한 기근 저항운동들은 고립적인 폭동 사태에 불과했다. 더 의욕적인 반란 조직을 갖춘 경우는 거의 없었다. 국가가 세포이항쟁(1857~1859)과 태평천국운동을 잔혹하게 진압한 최근의 기억들 때문이라는 게 분명했다. 1890년대에는 완전히 다른 이야기가 펼쳐졌다. 현대의 역사가들은, 아프리카 동남부의 무수한 반란을 포함해 의화단운동, 한국의 동학농민운동, 힌두교 민족주의의 부상, 브라질의 카누두스 전쟁*이 가뭄-기근에 의해 발생했음을 명확히 했다. 19세기 말에 향후의 "제3세계"를 휩쓴 천년 운동들은 이런 심각한 생존 및 환경 위기에서 종말론적 잔인성의 상당 부분을 끌어냈다.

그런데 이 피비린내 나는 역사에서 자연은 어떤 역할을 담당했을까? 무엇이 가뭄이라는 거대한 수레바퀴를 굴리는 것일까? 가뭄은 고유의 주기성을 갖는 걸까? 우리는 3부에서 이 문제를 살펴본다. 가뭄은 열대 기후 체계가 계절에 따라 대규모로 변동하면서 동시적으로 발생한다. 동시에 발생하는 가뭄은 19세기 최대의 과학 미스터리 가운데 하나였다. 그리고 마침내 1960년대 후반에야 비로소 중요한 이론적 돌파구가 열렸다. 유시엘에이(UCLA)에

---

* War of Canudos, 북동부 바이아 주 카누두스에서 정착민 3만 명과 브라질 정부가 충돌한 사건이다. 1897년 10월 정부군에 의해 진압되면서 주민 대다수가 사망했다. 옮긴이

재직 중이던 야콥 비야크네스가 사상 처음으로 태평양 적도대가 무역풍과 짝을 이뤄 지구의 열기관으로 작동하면서 열대 지방 전체는 물론이고 심지어 온대 위도대의 강수 양상에까지 영향을 미친다는 것을 보여 주었다. 예를 들어 열대 동태평양 지역의 급속한 가온加溫 현상(엘니뇨라고 부르는)은 아시아, 아프리카, 남아메리카 북동부 전역에서 계절풍 약화와 가뭄의 동시 발생으로 이어진다. 반대로 동태평양이 비정상적으로 냉각(라니냐라고 부른다.)되면 이 양상이 역전한다. 그러면 동일하게 "원격 연계된" 지역들에서 비정상적인 강수 현상과 홍수가 발생한다. 인도양까지 포괄하는 기단과 대양 온도 사이의 광대한 시소seesaw 현상을, 정식으로는 "엘니뇨 남방 진동"(El Niño-Southern Oscillation, 간단히 줄여서 엔소ENSO)이라고 부른다.

엘니뇨 사태에 관한 최초의 믿을 만한 기록은 1970년대에 취합되었다.[27) 신대륙 정복자들의 일기까지 포함된 다양한 일화적 기록과 기상 관측 자료

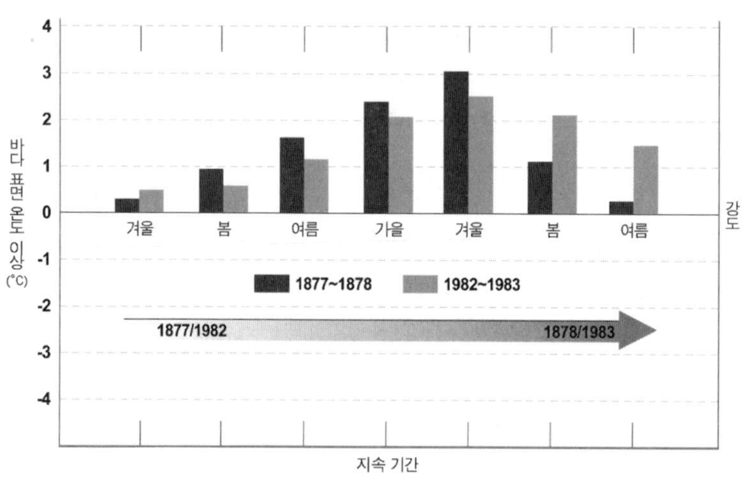

표 2 | 1877년~1878년과 1982년~1983년의 엘니뇨 사태 비교

를 재구성하는 힘든 작업이 이루어졌다. 엄청나게 위력적이었던 1982년의 엘니뇨 사태는 앞선 시기의 사태가 역사에 미친 충격에 새로이 관심을 갖도록 자극했다. 1986년 콜로라도 소재 국립 기후 연구소 소속의 두 과학자가 1876년과 1982년의 이상을 기록한 기상 관측 자료를 자세히 비교 분석했다. 그 결과 1876년 이상 기록이 전형적인 엔소 사태로 확인되었다. 어쩌면 500년 이래 가장 강력한 사태였을 것이다(표 2 참조).[28] 1896년에서 1897년, 1899년에서 1900년, 1902년에도 열대 지방에 가뭄이 들면서 계절풍이 불지 않았다. 이 놀라운 연속적 사태도 동태평양 지역의 엘니뇨 가온 현상과 밀접한 상관관계를 맺고 있었다. (1898년의 황하 범람은 아마도 라니냐 사태였을 것이다.) 실제로 엘니뇨 활동은 수세기에 걸친 장기 평균과 비교할 때 20세기의 3분의 3분기(1970~2000)처럼 19세기의 3분의 3분기(1870~1900)에도 예외적이라 할 만큼 격렬했다.[29]

과학의 견지에서 볼 때 엔소가 어지럽게 남겨 놓은 지문들이 빅토리아 시대에 발생한 기상재해 전반에 분포한다면 이제 역사가들은 그것들을 발견해야 한다. 다행히 지난 세대를 거치면서 역사가들은 풍부한 사례 연구와 논문들을 제출해 왔고, 우리는 세계시장의 여러 힘들이 19세기 말에 유럽 이외 지역의 농업 종사자들에게 미친 충격을 아주 잘 알고 있다. 이제 우리는 세아라 주[Ceará, 북부 브라질의 아마존 영역에 있음. 옮긴이]의 물납物納 소작인들과 베라르의 목화 생산자들, 산둥 서부의 가난한 농민들이 세계경제와 어떻게 연결되어 있었는지, 또 그 연관 관계 속에서 그들이 왜 가뭄과 홍수에 더 취약해졌는지를 훨씬 더 잘 파악하게 되었다. 청 왕조가 운영하던 곡물 창고와 홍수 통제 체계의 붕괴, 인도에서 운영되던 목화 및 밀 수출 부문의 내적 구조, 19세기 브라질의 지역 발전에서 인종주의가 담당한 역할 등,

우리는 퍼즐의 더 커다란 조각들도 훌륭하게 분석했다.

4부는 방대한 문헌 조사를 통해, 기근 취약성을 형성하고 종국에 가서는 누가 죽을지를 결정한 근원적 힘들을 규명하려는 의욕적인 시도다. 1부와 2부의 서술이 (목화 호경기의 종말이나 세계무역의 침체 같은) 돌발 사태형 경제 요인들을 소개했다면 이 후반부의 장들은 더 느린 구조적 과정에 주목한다. 자유 시장경제로 전환된 생존의 뒤틀린 논리, 식민지 세입 양도의 결과, 금본위제를 제정하면서 일어난 충격, 재래식 관개시설의 파괴, 브라질의 비공식 식민주의 등. 나는 후기 빅토리아 시대의 경제 질서, 특히 영국의 상업적 헤게모니를 유지하기 위해 인도와 중국의 농민이 떠맡아야 했던 필수적 기여를 한 장에 걸쳐 개관한 다음 인도와 중국, 브라질의 19세기 말엽 상황에 관한 최근의 연구 성과를 비판적으로 요약했다.

그 내용은 "기근의 정치 생태학"이다. 환경 역사와 맑스주의 정치경제학 둘 다의 관점을 취하기 때문이다. 마이클 와츠가 생존 위기의 역사와 관련해 1983년 저작 『소리 없는 폭력: 나이지리아 북부의 식량, 기근, 농민』을 통해 이 연구 방법을 개척했다.[30] 다른 포괄적 용어들과 기원들이 가능하지만 와츠와 동료 학자들이 그들의 지속적 작업을 "정치 생태학"으로 명명했기 때문에 나도 그렇게 부르겠다. 내가 그들에게 빚지고 있음과 더불어 연대하고 있다는 것을 알리기 위해서도 그렇다. (와츠의 책을 읽은 사람이라면 이 저작에 반영된 영향력도 쉽게 감지할 것이다.)

마지막으로 나는 데이빗 아놀드가 "역사 변환의 엔진"으로 기근을 강조했다는 사실을 포함시키고자 했다.[31] 빅토리아 시대의 엄청난 기근들은, 우선 당장 기근을 발생시킨 각종 사회경제적 요소들의 온상이자 가속기였다. 오늘날 우리가 "제3세계"[32]라는 냉전기 용어로 부르는 지역이자 상태는 불균등한 수입과 부, 즉 그 유명한 "발전 격차"의 결과다. 이 발전 격차는 19세기의 마지막 사반세기에 가장 결정적으로 조성되었다. 그리고 바로 그 시기에 유럽 이외 지역의 위대했던 농경 사회가 처음으로 세계경제에 통합되었다. 이 책의 핵심 논제가 바로 이것이다. 최근에 다른 역사학자들이 지적한 것처럼, 바스티유가 함락될 당시 전 세계 주요 문명들 내부의 수직적 계급 분할은 문명들 **사이의** 극적인 수입 격차로 요약되지 **않았다**. 말하자면 프랑스 상퀼로트[*sans-culotte*, 프랑스대혁명 당시 파리의 하층민. 옮긴이]와 데칸 고원 농민의 생활수준 차이는, 둘 모두를 그들의 지배계급과 갈라놓았던 장벽과 비교할 때 상대적으로 하찮았다.[33] 그러나 빅토리아 여왕 치세의 말엽에 이르면 국가간 불평등이 계급 불평등만큼이나 깊어진다. 인류는 돌이킬 수 없을 정도로 분열했다. <인터내셔널가>가 일어서라고 촉구하는 그 유명한 "굶주림의 노예들"은 전등, 맥심 기관총, "과학적" 인종주의만큼이나 후기 빅토리아 세계가 내놓은 근대적 발명품이었다.

주석

1) William McFeely, *Grant: A Biography*, New York 1981, pp. 453, 457~460 and 471.

2) Ibid., pp. 458~471.

3) John Russell Young, *Around the World with General Grant*, 한정판. (American News Company in 20 parts), New York 1878~79, pp. 242와 246.

4) Ibid., pp. 266~267과 274.

5) Ibid., pp. 278과 284~285.

6) Ibid., p. 622.

7) Ibid., p. 624.

8) "그때까지만 해도 '위대한 서방 공화국'의 이 음흉한 전직 대통령은 '우리의 기품 있는 손님'이었다. 그러나 술에 취하자 자신도 난봉꾼이 될 수 있음을 보여 주었다. 그는 A부인을 손으로 더듬었고, 비명을 지르는 B양에게 키스를 퍼부었으며, 포동포동한 C부인을 검푸른 멍이 들 정도로 꼬집었고, 강간하려고 D양에게 달려들었다. 이 고귀한 야수는 발정 난 코끼리처럼 행동했고, 참석한 여성 하객들을 (…) 전부 히스테리 상태에 빠뜨리고 나서야 비로소 억지로 제지당한 후 여섯 명의 수병에 의해 (마치 네 발 짐승처럼) 끌려 나갔다. (…) 그는 곧 인도를 떠나야 했다. 해군 장교는 (…) 이 놀라운 남자가 G여사가 기다리던 일등 선실에 도착해 합법적 배우자의 육체를 상대로 좌절당한 성욕을 발산시켰고, 항해 중에 엄청나게 토했다고 전했다. 만약 당신도 그랜트 부인을 보았다면 이런 일이 가능하리라고 생각할 것이다." (McFeely, p. 473에서 인용한 리튼의 발언)

9) Adam Badeau, *Grant in Peace*, Hartford 1887, pp. 310~311.

10) McFeely, p. 474에서 인용.

11) Young, p. 414.

12) Hang-Wei He, *Drought in Northern China in the Early Guang Xu(1876~1879)*, Hong Kong 1980, pp. 36~37(중국어).

13) McFeely, p. 557 각주43에서 인용.

14) J. T. Headley, *The Travels of General Grant*, Philadelphia 1881, p. 444.

15) William Digby, *"Prosperous" British India: A Revelation from Official Records*, London 1901, p. 118.

16) Ibid., p. 122.

17) Alfred Russel Wallace, *The Wonderful Century: Its Successes and Its Failures*, London 1898, p. 341.

18) David Landes, *The Wealth and Poverty of Nations*, New York 1998, p. 437.

19) W. Arthur Lewis, *Growth and Fluctuations, 1870~1913*, London 1978, pp. 29, 187과 특히 215.

20) Karl Polanyi, *The Great Transformation*, Boston 1944, p. 160.

21) ibid., pp. 159~160.

22) Slavoj Zizek, *The Spectre Is Still Roaming Around! An Introduction to the 150th Anniversary Edition of the Communist Manifesto*, Zagreb 1998, p. 17.

23) Rosa Luxemburg, *The Accumulation of Capital*, Agnes Schwarzchild 번역, London 1951[1913], pp. 370~371.

24) Bertolt Brecht, *Poems 1913~1956*, London 1976, p. 204.

25) 7장을 보라.

26) Jill Dias, "Famine and Disease in the History of Angola, c. 1830~1930," *Journal of African History* 22(1981).

27) P. Wright, *An Index of the Southern Oscillation*, University of East Anglia, Climate Research Unit Publication, Norwich 1975; William Quinn et al., "Historical Trends and Statistics of the Southern Oscillation, El Niño, and Indonesian Droughts," *Fish. Bull.* 76(1978).

28) George Kiladis and Henry Diaz, "An Analysis of the 1877~1878 ENSO Episode and Comparison with 1982~83," *Monthly Weather Review* 114(June 1986). 그들은 두 사태의 " '강도'를 비교하고 싶다는 유혹을 거부했음"에도 1876년부터 1878년까지의 사태가 더 오래 지속되었으며 더 넓은 열대 지역의 해수면 압력(sea-level pressure, 해면 기압) 이상과 결부되어 있었다고 지적한다(p. 1046).

29) Peter Whetton and Ian Rutherfurd, "Historical ENSO Teleconnections in the Eastern Hemisphere," *Climatic Change* 28(1994), p. 243.

30) Michael Watts, *Silent Violence: Food, Famine and Peasantry in Northern Nigeria*, Berkeley 1983.

31) David Arnold, *Famine: Social Crisis and Historical Change*, London 1988.

32) Alfred Sauvy, "Trois mondes, une planete," *L'Observateur* 118(14 Aug. 1952), p. 5.

33) 9장의 논의와, 이 책이 교정쇄 작업 중일 때 출간된 Kenneth Pomeranz의 고대하던 연구서 *The Great Divergence: China, Europe, and the making of the Modern World Economy*, Princeton, N.J. 2000을 보라.

표 1 출처: William Digby, "Prosperous" British India, London 1901; Arap Maharatna, The Demography of Famine, Delhi 1996; Roland Seavoy, Famine in Peasant Societies, New York 1986; The Lancet, 16 May 1901; Cambridge Economic History of India, Cambridge 1983; A. J. Broomhall, Hudson Taylor and China's Open Century, Book Six, Assault on the Nine, London 1988; Paul Bohr, Famine in China, Cambridge, Mass. 1972; Paul Cohen, History in Three Keys, New York 1997; Roger Cunniff, "The Great Drought: Northeast Brazil, 1877~1880," Ph.D. diss., University of Texas, Austin 1970; T. Lynn Smith, Brazil: People and Institutions, Baton Rouge, La. 1954. 3장과 5장에서 이 추정치를 자세히 논의한다.

1부

LATE VICTORIAN HOLOCAUSTS

대한발, 비극의 서막 1876년~1878년

1장 | 빅토리아의 유령

이 기근 사태에 관해 들으면 들을수록 세계가 이토록 참혹한 인류의 고통과 파멸을 결코 경험해 본 적이 없다고 느끼게 된다.

— 플로렌스 나이팅게일, 1877

"드디어 북동 계절풍이 시작되는 것 같군." 쿠누르에 소나기가 쏟아지자 바스 훈작사이자 마드라스 지사 위원회 평의원인 로버트 엘리스가 말했다. 마드라스 정부 임원들이 여름철의 고지 체류에서 돌아오던 1876년 10월 말경이었다.

"계절풍이 아닌 것 같아서 걱정입니다." 대꾸가 이어졌다.

"계절풍이 아니라고?" 엘리스가 응답했다. "야단났군! 계절풍이어야만 하는데. 계절풍이 아니라면, 계절풍이 불지 않으면 끔찍한 기근 사태가 벌어질 거야."[1)]

마드라스의 영국인 지배자들이 우려할 만한 이유는 충분했다. 생명을 가져오는 남서 계절풍이 지난여름 내내 인도 남부와 중부 상당수 지역에서 불지 않았던 것이다. 마드라스 기상대는 1876년 전체 강수량을 불과 160밀리미터로 기록할 터였다. 이전 10년의 연평균 강수량 700밀리미터와는 큰 차이를 보이는 양이었다.[2] 수백만의 운명이 풍부한 겨울비가 시의 적절하게 내리는 데 달려 있었다. 엘리스가 경고했음에도 마드라스 지사 리처드 그렌빌은 안다만제도와 버마, 실론으로 유유자적 항해 여행을 떠나 버렸다. 인도와 인도인들의 불만에 무지했던 이 버킹엄·챈도스 공작은 콜롬보에 도착하고 나서야 비로소 긴급 전문을 확인했다. 또 다시 계절풍이 불지 않자 곡물 폭동이 쿠르눌, 쿠다파, 벨라리 등 할양받은 지역을 휩쓸고 있다는 내용이었다. 이웃 봄베이 관할의 데칸 지역, 특히 아메드나가르와 숄라푸르에서도 대중 반란이 일어나 엄청나게 치솟아 버린 곡물 가격에 항의하고 있었다. 초근목피로 연명하며 비를 기다리던 농민과 노동자들은 이제 서서히 고통스럽게 죽어 가던 농촌을 탈출하기 시작했다.[3]

세인트조지 요새의 노련한 인사들은 인도 내부의 반건조 지대에 재난이 임박했음을 알았다. 세계무역 상황의 침체로 이미 비극이 확산 중이었고, 목화를 수출하던 데칸 전역에서 불만이 피어올랐다. 삼림지가 사유화되고 목화가 그람[*gram*, 인도에서 재배하는 콩류. 옮긴이]을 대체하면서 지역의 식량 안전이 크게 위축되었던 것이다. 조상 전래의 책무라는 복잡한 네트워크를 통해 관리되던 가계와 촌락의 곡물 비축 체계는, 세포이항쟁 이후 대부분 상인들의 재고와 금전적인 인간관계cash nexus로 대체되었다. 인도의 다른 지역에서 쌀과 밀의 생산량이 지난 3년 동안 평균을 상회(갓 정복한 이라와디 강 삼각주에서 산출되던 조악한 품질의 쌀 풍년을 포함해서)했지만 그 잉여의 상당 부분은 영국으로 수출되고 없었다.[4] 런던 사람들은 사실상 인도산産 밀로 만든 빵을 먹고 있었다. 난감했던 한 관찰자는 이렇게 적었다. “기근에 허덕이고 있던 인도가 세계의 다른 지역 사람들에게 식량을 공급하고 있다니 이상한 노릇이다.”[5]

"이상한 점"은 이것만이 아니었다. 새로 부설된 철도는 제도적인 기근 예방책이라고 찬양되었다. 그런데 그 철도가, 상인들이 곡물 재고를 외딴 한발 피해 지역에서 저장 요충지로 실어 나르는 데(폭도들의 탈취 시도를 차단하려는 목표는 물론이고 동시에 폭도들로부터 곡물을 보호하는 데) 사용되고 있었다. 전보는 지역의 공급 동향과 무관하게 수천 개의 도시에서 가격 상승이 동시에 대등하게 통합 조정되도록 해 버렸다. 게다가 영국은 가격 통제를 외면했다. 따라서 돈이 있는 사람이면 누구나 곡물 투기 광풍에 참여할 수 있었다. 영국의 한 관리는 1876년 말 메루트에서 이렇게 말했다. "통상의 거래상 말고도 자본이 있거나 끌어 모을 수 있는 사람이면 누구나 다 투기 행위에 가담했다. 보석 상인과 옷감 판매업자들이 물건을 저당 잡히고, 이 사업에 뛰어들어 곡물을 사들였다. 그들은 아내의 보석까지 내다 팔았다."[6] 자유무역 근본주의자가 아니었던 버킹엄은 근대적 시장이 기근을 구제하기보다 가속시키는 속도에 기겁을 했다.

> [가격] 앙등이 보통이 아니었다. 생활필수품과 비교할 때 가용한 공급량이 너무 부족했다. 상인과 거래상들은 엄청난 미래 소득을 기대했고, 사들인 재고를 무기한 보유하겠다는 결의가 확고해 보였다. 예사롭지 않은 가치를 지니게 될 품목을 내놓지 않으려고 했던 것이다. 정부가 보기에, 철도로 곡물을 쉽게 운송할 수 있게 되면서 도처에서 가격이 치솟고 있다는 게 명백했다. 명시적인 수입 활동과 철도 운송 행위가 이루어졌지만 관할구의 식량 재고는 전혀 늘어나지 않았다. (…) 산간벽지의 소매 거래는 거의 답보 상태였다. 대중이 지불할 수 없는 가격을 요구하거나 가게들이 한결같이 문을 닫고 있었다.[7]

표 3 | 인도의 대영국 밀 수출

연도	수출량(톤)
1875	3912
1876	9614
1877	1만 7894
1878	5334

그 결과 사회 변동 과정에서 탈락한 노동자, 일자리를 잃고 유랑하던 직조공, 물납 소작인, 가난한 농민 들이 감당할 수 없을 만큼 식량 가격이 치솟았다. 몇 달 후 『19세기』가 지적한 것처럼 "기근은 식량의 문제라기보다 돈의 문제였고, 임금을 얻기 위한 노동의 문제였다."[8] 빅토리아 중기의 관찰자들(솔즈베리 경은 물론이고 칼 맑스도)은 인도 경제의 변환 과정, 특히 철도 혁명의 속도를 환영했다. 그러나 그들이 피력한, 때 이른 낙관주의는 이런 "근대화"가 국부에 미친 충격을 충분히 고려하지 못한 것이었다. 철도 부설에 조달된 세금이 이미 농민들을 박살내 버린 상태였다. 식량을 구입할 수 없었던 그들의 사정은, 국제무대에 새로 도입된 금본위제(인도는 금본위제를 채택하지 않았고 수입 비용이 가파르게 상승했다.)로 인한 루피화의 가치 하락으로 더욱더 악화되었다. 가격의 폭발적 상승으로 빈민들은 타밀나두의 탄자부르처럼 관개가 잘 된 지역에서조차 굶어 죽기 시작했다. 탄자부르는 "식량 부족을 모르는 지역으로 명성이 드높았다."[9] 기근 사태가 데칸 고원의 넓은 지역을 삼켜 버렸고, 동시에 세포이들도 공황에 휩싸인 시장과 촌락에서 명령을 집행하는 데 더 큰 어려움에 직면했다. 피골이 상접한 농촌 주민들이 봄베이와 푸나로 유입하는 것을 차단하고자 급히 바리케이드가 설치되었다. 마드라스에서는 경찰이 약 2만 5천 명의 기근 난민을 강제로 쫓아냈다.[10]

인도의 네로 황제

빅토리아 여왕이 제일 좋아했던 시인 리튼 경이 통치하던 중앙 정부는, 곡물을 비축하거나 시장의 각종 힘을 제어하려던 버킹엄과 일부 지방 관리들의 노력에 맹렬하게 반대했다. 사활적이었던 카리프(*kharif*, 가을에 수확하는 작물이 자라는 시기) 작물이 인도 남부의 들판에서 시들어 죽어 가던 1876년 가을 내내, 리튼은 델리에서 인도의 빅토리아 여제를 선포하는 성대한 제국 집회를 조직하는 일에 몰두하고 있었다. 『더 타임스』의 특파원이 전한 것처럼 "총독은 아라비아 판 허구의 이야기들을 사실로 만들어 낸 것 같았다. (…) 그렇게 부유하고 호사스러운 것은 일찍이 본 적이 없었다. 호사스러운 것은 없었다."(인도성 장관) 솔즈베리 경의 한 전기 작가는 이렇게 덧붙이고 있다. "리튼은 여섯 달 전에 솔즈베리가 제시한 두 가지 기준을 모두 만족시키는 장관을 연출했다. 그 두 가지 기준이란 '동양인들을 감동시킬 수 있을 만큼의 화려함'을 연출하고, (…) '우리가 진정으로 의존할 수 있는 무력의 노골적인 양태'를 은폐하는 구경거리여야 한다는 것이었다."[11] 6만 8천 명의 관리와 지사, 토후가 참석한 일주일간의 축하연으로 "의식은 절정"을 이루었다. 세계 역사상 가장 거대하고 가장 비용이 많이 들어간 식사였다.[12] 나중에 한 영국인 기자는 리튼이 호화찬란한 행사를 준비하는 과정에서 여왕이자 여제의 신민 약 십만 명이 마드라스와 마이소르에서 굶어 죽었을 것이라고 추산했다.[13] 미래 세대의 인도인들은 정당하게도 리튼을 인도의 네로 황제로 기억할 터였다.[14]

이후로도 리튼 총독은 확대되던 기근 사태를, 거대한 게임에 집중하는 것을 방해하는 성가신 사건 정도로 취급했다. 그 거대한 게임이란 아프가니스탄의 무고한 왕 셰르 알리에게 전쟁을 걸어 중앙아시아에서 러시아의 남하를 저지하는 것이었다. 솔즈베리에 따르면 리튼은 "위대한 전쟁을 통해 불후의 명성을 얻겠다는 열망으로 불타고" 있었다.[15] 리튼은 운이 좋았다. 러시아의 차르가 발칸 반도에서 터키와 충돌하고 있었고, 디즈레일리와 솔즈베리는 카이버 고개[Khyber Pass, 파키스탄과 아프가니스탄을 잇는 주요 산길. 옮긴이]에서 영국의 건재함을 과시하고자 했던 것이다. 나중에 급진적 비판자들이 "고의적으로 계획된 공격 전쟁"이라고 비난한 이 사건의 비용을 댄 사람들은 영국인 납세자들이 아니라 인도인들이었다. 리튼 자신이 언제나 그의 수석 예산 자문관 존 스트래치 경과 함께 기억되는 바, 이 일을 강제하는 것이야말로 리튼의 권능이었다. 루피화의 가치 하락으로 국방 예산 이외의 지출은 극도로 절약하는 것이 아주 시급한 과제였다.[16]

리스본 공사를 지낸 마흔네 살의 리튼은, 디즈레일리의 북서 국경 "팽창" 정책에 따르기를 거부한 노스브룩 백작의 후임이었다. 리튼은 2억 5천만 명이 굶주리던 아대륙에서 최고 권력자 행세를 하기에는 기묘하고도 근심스런 인물이었다. (실제로 솔즈베리의 간략한 후보자 명단에서도 4위에 불과했다.) 리튼은 오웬 메러디스라는 필명으로 "진부한 대작 시들"과 장황한 소설들을 썼고, 아무튼 겉으로 보기에 빅토리아 여왕만이 찬탄해 마지않던 작가였다. 스윈번과 아버지 불워-리튼(소설 『폼페이 최후의 날』의 작가) 모두 그의 표절 행위를 비난했다.[17] 게다가 새 총독의 판단력이 아편과 정신병 초기 단계로 인해 혼란스런 상태라는 의혹이 광범위했다. 리튼은 1868년의 신경쇠약 이후로 과대망상증과 절망적 자기 학대 사이를 왔다 갔다 했다.[18]

기근 정책을 멋대로 취해도 리튼의 정신병(솔즈베리는 디즈레일리에게 "리튼의 심리 상태가 심하게 과장하는 경향이 있다."고 투덜거렸다.)이 핑계로 허용되었다. 그

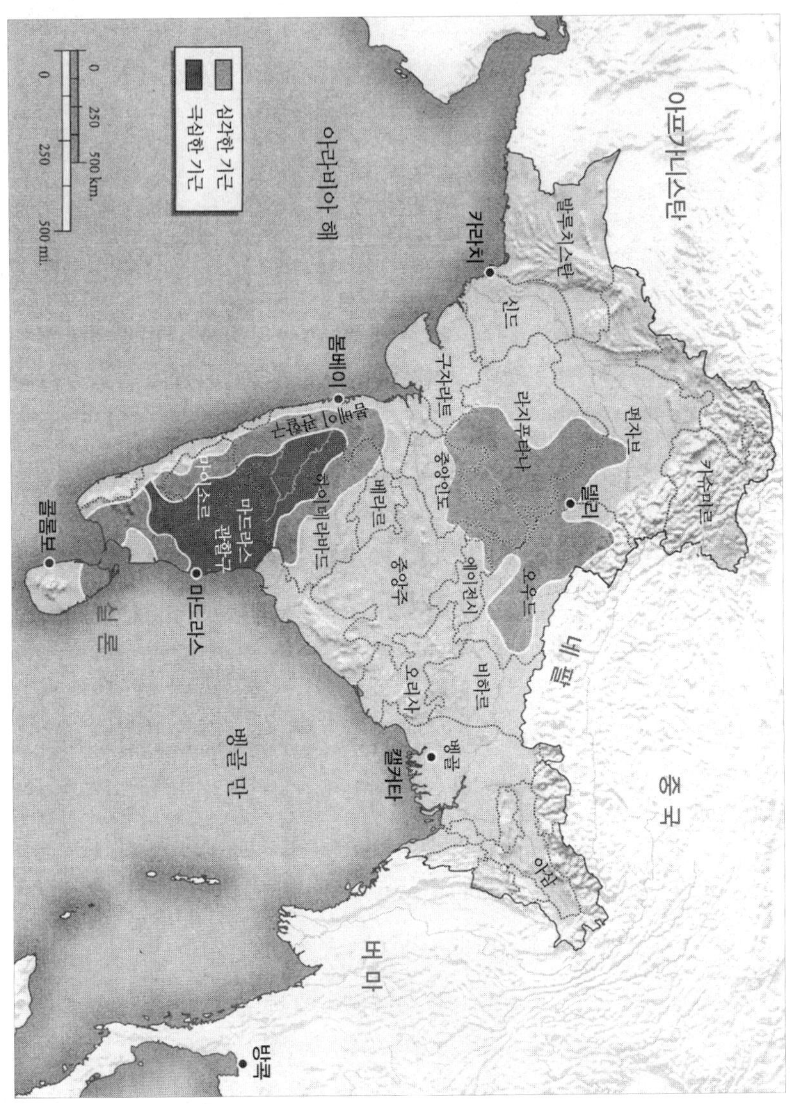

지도 1 | 1876년~1878년 인도의 기근 사태

사진 1 | 시인 총독: 1877년 캘커타의 리튼

러나 그가 1877년 10월 "이른바 독일에 맞서 영국-프랑스-러시아 연합을 결성하려 했다."며 자국 정부를 비난하자 그의 정신병이 비로소 내각의 추문이 되었다. 솔즈베리의 전기 작가 가운데 한 명이 강조한 것처럼 이것은 "웃기는 말다툼이었다. 그 당시라면 오히려 심라Simla처럼 먼 곳에서나 일어남 직한 분쟁이었던 것이다." 아무튼 그로 인해 화이트홀[Whitehall, 런던의 관청 소재 지역으로 영국 정부를 상징함. 옮긴이]이 폭발하고 말았다. "솔즈베리는 총독이 '약간 미쳤다.'고 인정하면서 리튼의 분노를 설명했다. 리튼과 그의 아버지 모두가 아편을 사용했다는 것은 주지의 사실이었다. 더비는 '터무니없는' 메모를 보고 리튼이 위험한 상태이므로 자리에서 물러나야 한다고 결론지었다. '한 부모에게서는 광기를, 다른 부모에게서는 무한정의 자만심을 물려받은 사람은 자신이 저지르는 거의 모든 방종에 대해 아주 편리한 핑계거리를 갖는다.' "[19]

그러나 미쳤든 안 미쳤든 간에 리튼은 기근 사태에 엄격한 자유방임적 태도를 취하면서 자신이 방종의 가장 커다란 적이라고 주장할 수 있었다. 그는 자신이 거인들의 어깨 위에 올라서 있다는 것을 분명하게 알고 있었다. 적어도 한 세기 전에 『국부론』에서 "정부가 결핍의 부자유를 교정한답시고 무리수를 두지 않는다면 기근은 절대로 발생하지 않는다."고 주장한(1770년의 참혹했던 벵골 가뭄-기근을 마주하면서) 애덤 스미스의 신학적 권위에 기대고 있었던 것이다.[20] 헤일리베리에 있던 동인도회사의 유명한 대학교에서는, 기근 사태 때 곡물 가격을 통제하려는 국가의 기도를 저지해야 한다는 스미스의 절대명령을 여러 해 동안 가르쳤다.[21] 그리하여 총독은 버킹엄에 정설 가르침만을 들먹이면서 고물가가 수입을 촉진하고 소비를 제한함으로써 "상황을 자연스럽게 구제할 것"이라고 훈계했다. 그는 엄격한 "준準신학적" 명령을 발했다. "정부는 식량 가격을 낮추려는 어떠한 개입도 하지 않을 것이다." 또 "그는 국내의 인도국India Office과 양당 정치인들에게 보내는 서한에서 '인도주의적 히스테리'를 비난했다."[22] "만약 영국 대중이 인도를 파산시키는 희생을 감수하면서까지 목숨을 구하고자 한다면 '값싼 동정' 속에서 비용을 부담하게 하라."[23] 공식적 명령에 따르면 인도도 에이레처럼 공리주의의 실험장이 되었다. 수백만의 목숨은 "결핍의 부자유"를 극복하는 전능한 시장에 대한 독단적인 믿음 속에서 내기의 대상이 되었다.[24] 실제로 곡물 상인들은 인도의 기아를 구제하기보다 수출을 선호했다. 그들이 1877년과 1878년에 유럽으로 선적한 밀은 기록적인 양으로, 무려 32만

톤이었다.[25)]

공평하게 말하자면, 아마도 리튼은 자신이 문명화된 인간의 조건과 관련해 이미 운이 다했거나 평가절하된 인생들의 수지 균형을 맞추고 있다고 믿었을 것이다. 헤일리베리에서 정치경제학을 가르쳤던 토마스 맬서스의 냉혹한 학설이 여전히 백인 왕들의 머릿속을 장악하고 있었다. 캘커타의 원주민들 앞에서 이런 견해를 공개적으로 표명하는 것은 좋지 않은 방식이었다. 그러나 사회 다윈주의로 갱신한 맬서스주의의 원리들이 주기적으로 불려 나와 영국 국내의 대對인도 기근 정책을 정당화했다. 1877년 리튼은, 인도 주민들이 "이 나라의 토지가 산출하는 식량보다 더 빨리 증가하는 경향이 있다."[26)]고 주장하면서 입법 위원회에 대한 자신의 가혹한 태도를 정당화했다.

리튼은 1876년부터 1879년까지 재앙 시기의 정부 대응을 놓고 벌어진 이후의 한 논쟁에서 십중팔구 재정 장관 이블린 베어링 경(이후로는 크로머 경)이 표명한 다음의 구슬픈 관점에 찬성했을 것이다. "기근과 미진한 위생 상태의 악영향을 완화하려는 모든 호의적인 시도는 과잉 인구에서 기인하는 폐단을 확대 강화할 뿐이다."[27)] 같은 맥락에서 1881년의 한 보고서는 "기근 사망자의 80퍼센트가 전체 주민 가운데 가장 가난한 20퍼센트에서 나왔고, 따라서 이 죽음을 막을 수 있었다고 해도 그 계층은 여전히 신중하게 자제할 수 없을 것이라고 결론지었다. 그러므로 정부가 기근 구제에 더 많은 세입을 지출한다면 전체 주민의 훨씬 더 많은 비율이 가난해질 것이다."[28)] 30년 전 에이레에서처럼 기근을 구제할 수 있는 힘이 있던 사람들은, 시장가격이든 인구 증가든 준엄한 자연의 법칙에 맞서 영웅적인 노력을 투입하는 활동이 전혀 개입하지 않는 것보다 더 나쁘다고 확신했다.

최근의 솔즈베리 전기 작가들은, 대인도 정책의 대부가 이런 맬서스주의적 타산 때문에 남몰래 괴로워했다고 주장한다. 솔즈베리는 10년 전 인도성 장관으로 부임해 자신의 첫 번째 임기를 수행하던 당시 캘커타 위원회의 조언에 따라 오리사에서 발생한 치명적인 기근의 초기 단계에 개입하지 않았다. 솔즈베리는 나중에 이렇게 고백했다. "나는 두 달 동안 아무것도 하지 않았다. 어물어물하는 사이에 계절풍이 불어왔고, 오리사의 항구는 전부 폐쇄되었다. 원조가 불가능해졌다. 백만 명이 죽었다고 한다. 인도와 벵골 정부는 사실상 아무런 예방 조치도 취하지 않은 셈이었다. 사태가 이 지경에까지 이른 책임에서 내가 자유롭다는 생각이 들지 않았다." 결국 솔즈베리는 "기근이 과잉 인구 사태의 건전한 해결책"이라던 인도 주재 영국인들은 물론 "정치경제학을 일종의 '물신'으로 떠받들던" 관리들을 평생 불신하게 되었다.[29] 그러나 솔즈베리의 개인적인 우려가 무엇이었든 간에 그는 자유방임주의 광신자 리튼의 임명을 촉구했고 "영국이 인도를 점령했으므로 당연히 이 나라에 원조를 제공해야 한다는 생각"을 거부한 디즈레일리를 공개적으로 치하했다. 실제로 솔즈베리 자신의 고문들이 후에 기근이라는 비상사태에 직면해 목화 관세 철폐를 주장하자, 그는 "부유한 영국이 가난한 인도를 위해 자신의 무역 상황에 벌칙을 적용하는 데 동의해야 한다."는 생각을 "일종의 국제 공산주의"라고 비난했다.[30]

빅토리아 여왕의 통치를 기획한 다른 설계자들처럼 솔즈베리도 인도의 빈곤 상태가 항구적으로 유지되는 상황을 두려워했다. 『캘커타 리뷰』는 1877년 이렇게 지적했다. "인도에서는 영국령이든 원주민이 다스리는 지역이든 빈민에 대한 지원이 전혀 없다. 의사들과 다른 사람들은 원조가 절실하게 필요하다고 말한다."[31] 캘커타와 런던 모두 버킹엄과 같은 "열광적 대범함"이 인도 구빈법의 트로이 목마가 될 것이라며 두려워했다.[32] 1878년부터 1880년의 기근 위원회는 최종 보고서에서 리튼 경의 지독한 구두쇠 논법을 이렇게 승인했다. "기근 시에 빈민들이 구조를 요청할 자격이 있다는 생각은 (…) 십중팔구 그들이 평상시에도 그런 원조를 요구할 자격이 있다는 생각으로 이어진다. 결국 전반적인 빈민 구제 제도를 마련해야 한다는 얘기다. 하지만 우리가 별 생각 없이 그런 것을 계획할 수는 없다. (…)"[33] 하원의 주요 여야 정치인 가운데 인도를 구빈원이 아니라 세입원으로서 통치해야 한다는 최고 원리에 이의를 제기하는 사람은 아무도 없었다.

죄수보다 적게 받는 노임

다음 해에 가뭄-기근의 공포는 마드라스 관할구를 넘어 마이소르, 봄베이의 데칸 고원, 그리고 마침내 북서부 주들로 퍼져 나갔다. 데칸 고원과 타밀나두 평원 등 다수 지역의 흉작(표 4 참조)은 재앙이나 다름없었다. 각지의 농민*ryot*들은 참혹했던 한발의 첫 해 동안 살아남기 위해 "어린 수소, 농기구, 지붕 이엉, 문짝, 창문" 들을 팔았다. 그들은 필수적 생산 수단을 잃어버렸고, 1877년 4월과 5월에 적게나마 내린 비를 이용해 유채와 쿰부*cumboo* 같은 비상 작물을 파종할 수도 없는 상황에 처했다. 결국 그들은 8월과 9월에 대규모로 사망했다.[34]

수백만 명 이상이 급성 영양실조 상태에 빠졌다. 현대의 의료 종사자들이 백골화라고 부르는 급성 영양실조는 기아부종과 빈혈을 그 특징으로 한

표 4 | 마드라스 관할구: 주요 기근 지역, 1877

지역	인구(명)	수확한 작물의 비율(%)
벨라리	168만	6
쿠르눌	98만	6
쿠다파	135만	18
칭글레푸트	134만	18
넬로르	138만	25
노스 아르코트	202만	25
코임바토르	176만	25
마두라	227만	25
살렘	197만	33
틴네벨리	164만	37

다.[35] 넬로르와, 마드라스 관할 데칸 고원 기타 지역의 촌락 관리들은 상관들에게 이런 내용의 보고서를 올렸다. 지역의 생명체 가운데 유일하게 잘 먹은 존재는 들개뿐이었다. "양처럼 살이 찐" 녀석들은 죽은 아이들의 시신으로 잔치를 벌였다.

> 이삼 분 둘러보았을까, 나는 여덟 살쯤 되어 보이는 한 소녀의 시신을 물고 흔드는 개 두 마리를 발견했다. 놈들이 시신을 막 공격한 상태였던지, 두 다리 가운데 하나가 조금 뜯겼을 뿐이었다. 시체는 엄청나게 부풀어 올라 있었고, 따라서 그게 아이의 시신이라는 것도 전체 신장을 통해서나 겨우 파악할 수 있었다. 현지의 풍경과 냄새는 역겨웠고, 개도 아주 위험했기 때문에 두 번째 시신을 찾아봐야겠다는 생각은 아예 하지도 않았다. 그러나 나는 얼마 전에 살을 발라낸 듯한 해골 두 개와 등뼈 한 개를 보았다.[36]

그러나 관리들은 이런 참사를 영국인이나 교양 있는 인도 대중과 공유하려고 하지 않았다. 자국어로 발행되던 신문들은 기근 사태의 진짜 규모를 속이기 위해, 기아 사망자를 고의로 콜레라나 이질 사망자로 허위 보고하고 있다고 고발했다.[37]

봄베이 관할 데칸 고원의 언어적·행정적 범위 전역도 상황이 절박하기는 마찬가지였다. 마하라슈트라의 아홉 개 지역에서 수확량이 거의 3분의 2 감소했고, 8백만 명이 그 영향을 받았다. 숄라푸르와 칼라지에서는 사실상 수확이랄 게 전혀 없었다. 터무니없는 세금과 엄청난 부채에 시달리던 농민들에게 재앙이 닥쳤다. 아메드나가르 지역 관리들은 전체 농민의 5분의 3 정도가 "구제 불능의 부채 상태"였다고 보고했다. 숄라푸르의 한 지역 관리는 1875년 5월 상관들에게 이렇게 경고하기도 했다. "다수의 믿을 만한 목격자들이 내게 증언했고 나 자신의 개인적 관찰로도 확인할 수 있는 사실을 의심해야 할 이유를 모르겠음. 그 사실이란, 많은 경우에 귀중품이나 가축을 내다 팔아야만 겨우 세금을 낼 수 있다는 것임." (자이러스 바나지의 말처럼 "가축이 없는 세대는 파국에 직면한 세대였다.") 아메드나가르와 푸나는 1875년 5월과 6월에 발생한 그 유명한 데칸 폭동의 중심지였다. 당시에 농민들은 고리대금업자들을 폭행했고, 부채 기록을 파기해 버렸다.[38]

늦장 대처가 고질적이었던 대영제국이 '보이지 않는 손'이라는 그들의 야만적인 신 앞에서 구호 활동을 포기하는 동안, 궁핍해진 촌락민 수만 명이 마을을 버리고 하이데라바드로 몰려들었다. 그곳은 나짐Nazim이 기근 희생자들을 돕고 있었다. 숄라푸르의 상당수 지역이 텅 비고 나서야 영국 관리들은 비로소 구호 활동에 나섰다. 충격을 받은 한 영국인 기자가 발견한 것처럼, 당시에 그들은 너무 굶주려서 저임금 미숙련의 고된 노동을

그림 2 | 1877년 데칸 고원의 한 가족

감당할 수 없는 사람을 전부 쫓아 버렸다. 그 기자는 이렇게 언급했다. "강건하다는 사람들에게 부과된 노동 기준"조차 "그들의 굶주린 신체가 감당하기에는 너무 격심하다. 지급되는 노임도 너무 적다. 여러 지역을 보건대 일하고자 하는 사람이 다 고용되는 것도 아니다. (…) 꼴이나 초지를 제공해 가축을 보호하려는 노력도 전혀 이루어지지 않고 있다. 물자를 모으는 곡물 상점도, 노약자를 위해 문을 여는 자선 시설도 전혀 없다." 그러므로 어린이와 노약자가 기댈 수 있는 유일한 방법은 하이데라바드로 긴 여행을 떠나는 것이었다. 전하는 바에 의하면 그 고난의 행군 과정에서 그들 대다수가 죽었다.[39)]

실업이 확산되고, 곡물 가격이 치솟으면서 굶주림의 유령은 강수량이 풍부했던 지역까지 엄습했다. 수척해진 노동자와 가난한 농민 수백만 명이, 봄베이와 마드라스 정부의 뒤늦은 구호 사업에 밀물처럼 몰려들었다.

2월 초에 리튼은 벵골의 부지사 리처드 템플 경을 기근 전권대사로 임명해 남쪽으로 보냈다. 예정된 아프가니스탄 침공 작전의 재정 확보를 위협하던 "걷잡을 수 없는" 지출을 강력히 단속하기 위한 조치였다. 총독은 캘커타가 1876년 가을 대규모 구호 사업에 보조금을 지급하지 않은 문제를 놓고 봄베이 지사 필립 우드하우스 경과 격렬하게 충돌하기도 했다. 그러나 그의 가장 커다란 분노는 버킹엄을 향했다. 벨라리, 쿠다파, 쿠르눌에서 "공공 자선 사업을 마구잡이로" 벌였다는 것이었다. 이 지역에서는 전체 인구의 4분의 1이 고용 상태를 유지하며 채석장에서 돌을 캐거나 운하를 파고 있었다.[40)]

템플은 재빨리 리튼의 계획을 집행했다. 그보다 앞서 1873년과 1874년에 템플은 솔즈베리의 주장에 따라, 벵골과 비하르 대다수 지역에서 심각한 흉작을 야기한 가뭄 사태를 공격적으로 해결한 바 있었다. 그는 버마에서 쌀 5십만 톤을 수입해 구호 사업과 "무상 제공"의 형태로 인명을 구조했다. 이로써 템플은 대규모 사망 사태를 막을 수 있었다. 놀랍게도 공식 기록은 아사자 수가 스물세 명에 불과했다고 적고 있다. 이것은 19세기에 영국이 시행해 성공한 유일한 구조 활동으로, 향후의 비상사태를 해결할 수 있는 모범적 선례로 치하할 만한 일이기도 했다. 그러나 "구호 사업에 지불하는 노임의 규모를, 정부가 해당 목적에 지불할 수 있었던 양보다 노동자의 하루 식량 수요와 시장의 보편적 식량 가격에 의해 정하도록" 허용한 "방종(낭비)" 때문에 템플은 런던의 불만을 사고 말았다.[41)] 『이코노미스트』가 템플을 공개적으로 비난했다. 게으른 인도인들이 "그들을 살리는 게 정부의 임무"라고 믿도록 조장했다는 것이었다.[42)] (솔즈베리 경에 따르면) "수많은 유색인들의 목숨을 구하기 위해 그렇게 많은 돈을 쓰는 것은 잘못"이라고 확신했던 고위 공무원들은 구호 사업을 "푸리에주의[fourierism, 공상적 사회주의자 푸리에가 실천했던 시혜적 자선 사업. 옮긴이]일 뿐"이라고 비난했다.[43] 템플의 경력은 망가지고 말았다.

호되게 당한 템플은 "지난번 기근 사태 때의 방종에 대한 세평을 만회하겠다는 의지를 불태우면서" 1877년 리튼의 절제를 무자비하게 수행하는 도구로 변신해 있었다. 총독은 "기근 정책에서 부지사보다 돈을 더 많이 절약할 수 있는 사람"이 없을 것이라고 국내의 인도국에 자랑했다.[44] 실제로 『더 타임스』는 부지사의 "유연함"에 경탄을 금치 못했다. "옳고 그름은 잘 모르겠지만 리처드 템플 경은, 한순간에 방침을 바꿔 가장 모순되는 정책을 채택할 만큼 유연한 자세와 편리한 원칙을 가지고 있다는 평판을 얻게 되었다. 기근 지역에서 그가 보인 행보가 이 사실을 확증한다. 3년 전 비하르에서 자신이 실시했던 것과는 모든 면에서 판이하게 다른 정책을 집행하는 과정에서 최고 정부보다 훨씬 더 엄격했던 것이다."[45]

빅토리아 여왕이 제국 집회에 보내는 메시지에서 인도인들에게 그들의 "행복, 번영, 복지"가 "우리 대영제국의 당면 계획이자 목표"라고 보증했음에도,[46] 템플이 인도 위원회를 통해 간결하게 내린 지시는 정부의 진짜 우선순위를 분명하게 알려 주었다. "비용에 연연하지 않고 목숨을 구하는 일은 도저히 할 수 없는 임무다. 그 비용에 수반되는 과다한 부채와 무거운 과세는 이내 기근 자체보다 더 치명적인 사태로 다가올 것이다." 총독도 템플이 마드라스 관할구 각지에서 "고삐를 한층 힘껏 당겨야 할 것"이라고 강조했다. 리튼의 관념 속에서 기근 대책은, 인도인의 솔선이나 자기 편제의 기회가 아니라 스스로를 도울 수 없는 신민들에게 영국이 불가피하게 제공하는 준군사적 보호 조치였다.[47] 현대의 기근 전문가가 강조하는 것처럼, 만약 "개발 원조처럼 비상사태 구호도 수혜자들이 무엇을 어떻게 사용할지 결정할 능력이 있을 때만 효과를 발휘한다."면 템플의 정도를 벗어난 노역은 구호 활동을 증오스럽고 유명무실하게 만들 터였다.[48] 템플은 찰스 에드워드 트리벨리언(아일랜드 대기근 사태 때 재무부 종신 장관이었고, 후에 마드라스 지사를 역임하는)의 가르침을 열광적으로 추종하면서 후자가 에이레 역사에서 담당한 역할을 인도 역사를 무대로 펼쳐 보였다. 식민지 대량 학살을 은폐하는 자유 시장경제의 화신 역할을 수행한 것이다.[49]

템플은 굶주린 데칸 고원 동부의 농촌을 발 빠르게 여행하면서 5십만 명을 구호 사업에서 쫓아냈다. 이와 함께 마드라스는, 굶주리던 사람들이 해당 지역 외곽의 임시 숙소까지 찾아와 철도 및 운하 건설 사업에 저임금 미숙련 노동을 지원하도록 강제한 봄베이의 전례를 따라야만 했다. 고의적 잔인성이 농후했던 이 "거리 기준"은 집이 16킬로미터 반경 이내에 있는 강건한 성인과 청소년들에게 일자리를 주지 않았다. 굶주린 노동자들도 "그들이 빈곤하고, 궁핍하며, 약간의 노동만을 수행할 수 있다는 것을 인정받을" 때까지 구호 사업을 알아보는 게 금지되었다.[50] 딕비는 후에 이렇게 말했다. 템플은 "재난이 과장되었고, 제대로 조치하고 있지 못하며, 따라서 아마도 무의식적이었겠지만 사실들이 다음의 이론과 일치해야 한다는 선입견을 갖고 마드라스로 갔다. (…) 그는 일정한 사태를 보게 되리라고 예상했고, 그 사태를 보았다. 그것 말고는 다른 어떤 것도 눈에 들어오지 않았던 것이다."[51]

한때는 "키가 크고 건장했던" 농민들이 이제는 "숨이 붙어 있는 해골에 불과하며 (…) 어떤 노동에도 부적합하다."는 의학적 소견이 제출되었다. 그러나 템플은 그들을 "문제아들이 가득한 학교"에 비유하면서 남성 쿨리

[coolie, 인도와 중국의 저임금 미숙련 하급 노동자. 옮긴이]에게 배급하던 식량의 양을 하루에 쌀 450그램으로 줄여 버렸다. 불가사의하게도 나치가 강제 노동 수용소에서 수행한, 인간 생존에 필요한 최소 식사량 연구를 예시하는 벤담주의적 "실험"은 이렇게 자화자찬되었다. (한 지역 관리는 범죄자들도 전통적으로 하루에 쌀 9백 그램을 배급받았다고 지적하면서 이렇게 말했다. "제안된 방식으로 그들의 비극을 연장하느니 차라리 그 가련한 사람들을 총으로 쏴 죽이는 게 더 나을 것이다.")[52] 사실 봄베이 관할 데칸에서 케네디 장군("자신의 부서에서조차 인기가 없었던" 또 다른 신랄한 인물)[53]이 이미 동일한 배급량 축소 정책을 도입한 바 있었다. 마드라스의 위생국장 코니시 박사는 "그 '실험'이 느리지만 분명히 아사로 이어질 것이라고 생각했다." 그는 절대적인 열량 부족을 제쳐놓더라도 단백질이 함유된 콩 종류나 생선 또는 고기의 추가 구성이 완전히 배제된 상태로 쌀만 배급하면 급속한 쇠약이 일어날 것이라고 말했다.[54] 부지사도 알고 있었다는 것은 의심의 여지가 없는바, 실제로 인도 정부는 이민을 떠나는 쿨리들의 선상船上 최소 식사량을 이미 정해 두고 있었다. 쌀 570그램에 달[*dal*, 인도 산의 말린 콩으로 스튜의 재료로 쓰인다. 옮긴이], 양고기, 야채, 양념 450그램이면 그들을 "고분고분한 상태로 지내게 하면서" 실어 나를 수 있었던 것이다.[55] 알려진 것처럼 그 사건 과정에서 "템플의 노임"은 악명 높은 부헨발트 강제 노동 수용소의 규정 식사량보다 더 적은 영양을 제공했다. 현대 인도 정부가 성인 남성에게 권고한 열량 기준의 절반에도 못 미치는 양을 제공받은 사람들은 고된 노동을 도저히 감당할 수 없었다.

3년 전 벵골 기근 당시 최소 배급량을 하루에 쌀 680그램과 달 조금으로 책정했던 템플은 이제 코니시와 다른 의료 관리들의 항의를 공개적으로 경멸했다. 그들은 정도를 벗어났고, 템플이 보기에 "무책임하게도" 공중

표 5 | 템플의 노임 비교

	연도	칼로리	활동량
기초 대사량(성인)		1500	비활동
마드라스의 템플 배급량	1877	1627	중노동
부헨발트 배급량	1944	1750	중노동
7살 어린이의 규정 식사량	1981	2050	정상적인 활동
일본의 전시 최소 배급량	1945	2165	보통 수준의 활동
인도 성인의 생존 필요량	1985	2400	보통 수준의 활동
벵골의 템플 배급량	1874	2500	중노동
벵골 노동자들의 실지 조사량	1862	2790	중노동
인도 남성의 규정 식사량	1981	3900	중노동
보이트-애트워터 기준	1895	4200	중노동

보건을 국가 재정보다 우선시했다. 템플은 이렇게 훈계했다. "인간의 생명을 보호하는 것과 동일한 최소 예산 분배라는 재정적 고려 사항에 (…) 모든 것을 종속시켜야 한다."[56] 템플은 1877년 자선 기부 금지 법령을 부과했고, 이로써 예산 절약을 목표로 한 그의 여정이 완료되었다. 이 1877년 법령은 사적 구호 기부 행위를, 곡물 가격의 시장 조정 기능을 훼손할 가능성이 있다는 이유를 들어 금고형으로 금지했다. 그는 버킹엄이 기근 지역에서 부담으로 작용하던 토지세를 면제해 주던 것도 중단시켰다. 5월에 템플이 돌아와서 상황 조치 내용을 보고하자 총독은 마드라스의 관리들을 질책했다. 빈민들이 "비극을 과장했고, 불필요한 구호를 요청했다."는 것이었다.[57] 템플은 그 사이에 자기가 "기근 사태를 제압했다."고 선언했다. (딕비는 불쾌하다는 듯 이렇게 반응했다. "기근을 충분히 제압했다고 결코 말할 수 없다. 주민의 4분의 1이 죽었는데 더 말해 무엇 하겠는가.")[58]

구호 활동이 군대식으로 진행되고 있었고, 1877년 중반부터 6개월 동안 곡물 가격이 또 다시 두 배 뛰었으며 남서 계절풍은 불지 않았다. 그 결과는 치명적이었다.[59] 의료 관리들이 정확히 경고한 대로 "템플의 노임"은 격심한 육체노동 및 지독한 위생 상태와 결합했고, 노동 수용소는 멸절 수용소로 전락했다. 5월 말경에 겁에 질린 마드라스의 구호 관리들은 피수용자의 절반 이상이 어떠한 육체노동도 수행할 수 없을 만큼 취약한 상태라고 보고했다.[60] 그들 대다수가 1877년의 가공할 여름이 시작될 즈음에 죽었다. 템플을 가장 끈질기게 비판했던 코니시 박사는 월간 사망률이 이제 연 평균 사망률 94퍼센트에 육박하게 되었다고 말했다. 이게 다가 아니었다. 시체를 검안해 보았더니 사망의 주된 원인("조직이 극단적으로 쇠약해졌고 창자의 내막이 파괴되어 있었다.")이 교과서적 기아라는 것을 알 수 있었다. 성인 남성의 체중이 약 30킬로그램 이하로 떨어졌다.[61] 봄베이 관할 데칸 고원 전역의 노동 수용소에서 사망률이 비슷했다. 오염된 물과 인분에서 퍼진 콜레라로 대량 학살 사태가 가속화되었다. 한 관리는 이렇게 적었다. 구호 활동의 일환으로 길을 닦던 공사 현장은 "마치 전쟁터 같았다. 길 양 옆으로 죽은 사람과 죽어 가는 사람, 막 쓰러진 사람들이 널려 있었다."[62]

감옥이 이런 구조적 사망 유형의 유일한 예외였다는 사실은 아이러니다. 실제로도 빈민은 질병이 만연한 구호 캠프보다 감옥을 선호했다. 어떤 미국인 선교사는 한 무리의 직조공들이 자신들이 체포될 수 있도록 계약을 이행하지 않았다며 신고해 달라고 간청했음을 적고 있다. "정말 죄송합니다만 당신이 우리에게 준 돈을 다 써 버렸습니다. 그리하여 옷을 만들 수 없게 되었습니다. 우리는 굶주리고 있어요. 당신이 우리를 감옥에 보내 주시기만 한다면 다행히 뭐라도 먹을 수 있을 겁니다." 이것은 아주 현명한 요구였다. "죄수들은 이 나라에서 가장 잘 얻어먹는 빈민이었다." 그러니 "감옥이

차고 넘칠 수밖에."[63]

아일랜드 대기근 당시 트리벨리언은 이 나라의 "최고 악덕"은 굶주림이 아니라 "주민들의 이기적이고, 뒤틀렸으며, 불온한 성격"이라고 주장했다.[64] 템플 역시 캠프에서 발생한 대규모 사망자 수 보고를 접하고는 희생자들을 맹렬히 비난하는 유사한 반응을 보였다. "이곳 빈민들은 무위도식 행위에 탐닉한다. 그들은 명령을 받고 사는 곳에서 조금이라도 벗어나는 것을 두려워한다. 많은 경우 그들은 단순하고 정당한 명령조차 복종하기보다는 차라리 극단적인 결핍을 선택한다. 사태를 목격하고 직접 파악한 사람들만이 이런 특성을 온전하게 이해할 수 있다."[65] 나아가 그는 기근 사망자의 절대다수가 "국가의 뼈와 힘줄"인 자작농이 아니라 자살한 거지들이라고 주장했다. "많은 사람들은 그들이 스스로 선택한 운명을 별로 가슴 아파하지 않을 것이다. 게을렀고, 너무나 자주 범죄적이었던 삶을 죽음으로 마감했기 때문이다."[66]

구호 사업을 거부하라

당연히 이런 비방에 모든 계급의 인도인들이 분노했다. 템플과 리튼은 깜짝 놀랐다. (450그램 배급량 제도가 처음 도입된) 봄베이 관할 데칸 전역의 구호 캠프에서 굶주리던 농민들이 쌀 배급 축소와 거리 기준에 항의해 대규모의 간디식 저항운동을 조직했던 것이다. 템플은 그 운동을 "수동적 저항"이라고 부름으로써 자신이 인식한 것보다 더 많은 내용을 제국주의의 어휘 목록에 보탰다. 이 운동은 1877년 1월에 시작되었다. 촌락 구호 활동의 대상이었던 세대들이, 새로 도입되어 군대식으로 운영하는 노동 수용소에 입소하라는 명령을 거부했다. 남성 가장이 거기 들어가면 아내와 아이들과 헤어져야만 했던 것이다. 이어서 수천 명이 기아 임금과 감독관들의 학대에 항의하며 캠프를 이탈해 그들과 합류했다.

템플은 1월 12일부터 3월 12일 사이에 십만 2천 명이 스스로 정부 고용 상태를 박차고 나갔다고 추산했다. 그는 그들의 행보에 "일정한 방식과 체계"가 있다고 판단했다. 그들은 갑작스러운 면직을 자청함으로써 자신들이 실제로 정부의 명령에 수동적으로 저항하고 있다고 생각했다. 그들은 당국자들의 동정심을 자극했고, 나아가 인명에 어떤 사고가 발생할지도 모른다는 우려를 환기했다. 그들은 무리를 지어 여기저기 떠돌아다니면서 동정을 구했다.[67]

"구호 사업 파업"이라고 불린 이 사태에 푸나의 사르바자니크 사바(*sabha*, 시민 협회)가 호응했다. 이 협회는 유력한 지역 상인, 부재지주, 전문 직업인들로 구성된 온건파 민족주의 단체로, 가네시 조시와 마데브 라나데가 이끌고 있었다. (템플은 명석한 라나데가 "데칸의 파넬[Parnell, 에이레의 독립운동가: 옮긴이]"이 되려고 할지도 모른다고 캘커타에 경고했다.)[68] 사바는 우드하우스 지사와 케네디 장군에게 보내는 공개 청원서에서 영국의 인색함 때문에 재앙이 발생했다고 경고했다. 사바는 새 배급 제도가 수감자 배급량의 절반에 불과하고, 그로 인해 틀림없이 "느리게 진행되는 굶주림의 고문으로 수천 명이" 죽고 말 것이라고 지적했다. 그 밖에도 사바는 지역 관리들이 가장 외면한 집단, 곧 기근이 덮친 촌락들의 아이들에 주목했다.

사바는 봄베이에 이렇게 썼다. "노임을 줄인 가혹한 정책이, 그때까지만

그림 3 | 딕비의 『역사』에 나오는 삽화, 버림받은 아이들!

해도 근소하나마 노동의 대가로 적은 수당을 받던 아이들마저 구호 사업에서 쫓아내 버렸다는 사실을 잊어서는 안 됩니다. 이들 어린이는 정부에 의해 쫓겨났음에도 부모들보다 더 중요한 선결 과제입니다. 실제로 수백 명의 가난한 부모들이 자식들을 부양할 돈을 자기들을 위해 쓸 것입니다."[69] (한 미국인 선교사는 후에 이렇게 지적했다. 기부로 아이들을 먹일 수 있었지만 "하루에 단돈 2센트가 없어서 수백 수천의 아이들이 쇠약해졌고, 이제 더 이상 존재하지 않는다.")[70]

사바는 파업을 지지했고, 세포이항쟁 이후 인도인의 분노가 가장 광범위하게 분출했다. "수많은 집회가 열렸고, 연설이 행해졌으며, 결의안이 통과되었고, 전신電信은 그 결의안의 내용을 요구했다." 템플은 케네디에게 "사악하고 이기적인 목표를 천명하면서 결성된 노동자 단체들에 단호한 태도로 양보하지 말 것을" 명령함으로써 이에 대응했다. 그러나 딕비는 지역의 구호 관리들이 무기력했다고 전한다. "죽기 직전 상태까지 몰린 사람들은 구호 캠프가 아니라면 어디라도 괜찮다고 고집을 부렸다. 그들은 구호 캠프에서, 영국의 다수 빈민이 구빈원에 갖고 있는 반감을 똑같이 느꼈던 것 같다." 항의 행동의 용기와 위엄에 관리들의 사기가 땅에 떨어졌다. 아무튼 총독은 봄베이가 더 단호한 조치를 취해야 한다고 판단했다. 4월 말경에 우드하우스는 사임했고, 템플이 그 자리를 차지했다.[71)]

리튼은 2년 전 자신을 총독으로 임명하자는 디즈레일리의 제안에 원래 이렇게 반응했다. "인도 관련 문제와 제반 사실들을 전혀 모른다."[72)] 이제 버킹엄과 우드하우스를 책망한 리튼은 인도인 수백만 명의 생사에 영향을 미치는 판단과 관련해 전지전능한 박학을 과시하고 있었다. 그러나 인도 언론은 보수당 출신의 두 지사처럼 쉽게 제압되거나 창피를 당하지 않았다. 대개는 지겨운 가십과 획일적인 스포츠 소식으로 신문 용지를 낭비하던 소규모 신문들이 이제 영국 대중에게 구호 캠프 내부에서 발생한 기아 사태와 충격적인 반란 소식을 알리고 있었다.[73)] (나중에 역사서 두 권을 출판해 정부의 기근 대책을 비판한) 마드라스의 윌리엄 딕비와 봄베이에서 발행되던 『스테이츠먼』의 데칸 특파원처럼 비판적 성향의 기자들이, 세포이항쟁은 물론이고 아일랜드 대기근의 뼈아픈 기억을 환기시켰다. 게다가 영국에서 일단의 인도인들과 급진 개혁가들, 예를 들어 윌리엄 웨더번, 아서 코튼 경, 존 브라이트, 헨리 하인드먼, 플로렌스 나이팅게일이 『더 타임스』의 독자 투고란을 캘커타의 냉담한 정책에 대한 비판 기사로 가득 채웠다.

리튼이 인도국에 이 "히스테리"를 맞받아치라고 촉구했지만 정부는 그 왁자한 소란에 당혹감을 느꼈다.[74)] 인도성 장관 솔즈베리 경은 디즈레일리에게 보내는 서한에서 총독이 "주민들을 너무 가혹하게 다루고" 있다는 자신의 우려를 표명했다.[75)] 솔즈베리는 수상의 동의 아래 5월 초 리튼을 견책했다. 솔즈베리는 리튼에게 "지방 정부의 자유 재량권을 너무 제한하지 말라."고 충고했다. 실제로는 디즈레일리가 의회에서 자유당 세력에 맞서 리튼을 방어하는 동안 총독은 지방 관리들에게 도망갈 틈을 주라는 명령을 받았다. 지방 관리들은 배급량을 늘리고 표준 작업량을 줄여서 대규모 사망 사태를 진압해야만 했다.

이런 양보 조치 속에서 푸나의 사바가 다소 유순한 태도로 돌아섰다. 이 조직의 보수주의자들은 대중의 폭발적 잠재력을 경계했다. 그러나 그 양보는 아사와 전염병의 최종 단계를 차단하기에 너무 적었고, 너무 늦었다. 1877년 버마와 벵골의 쌀 작황은 평년작으로 전체 곡물 재고가 수출 수요를 충족시킬 수 있었다 해도, 기아가 만연한 1877년 8월에 캘커타가 관할하던 3천6백만 명의 인도 농민에게는 그것이 전혀 위로가 되지 않았다. 날씨는 여전히 무자비했다. 4월에 계절풍이 잠시 부는가 싶더니 곧 하늘이 청명해지면서 기온이 급격하게 상승했다. 리튼은 한 해 전에 실시한 다수의 내핍 정책 가운데 하나를 통해 지방의 물 저장 시설의 유지 보수 비용을 대폭 삭감했다. 딕비가 기근 사태를 다룬 역사책에서 강조한 것처럼, 그 결과 귀중한 빗물이 "사람의 목숨을" 불필요하게 "희생"시키면서 그저 "낭비되고 말았다." 초열지옥 같은 열풍이 데칸 고원을 휩쓸었고, 토양에 남아 있던 작은 습기도 전부 증발해 버리면서 비극이 더해졌다. 들판은 벽돌처럼 타들어 갔다.[76)]

저수 시설이 말라붙고 인간의 오물로 오염되면서 콜레라가 거대한 낫으로 화해 피골이 상접한 촌락민 수십만 명을 베어 쓰러뜨렸다. 전해에 가뭄을 야기한 것과 동일한 엘니뇨 기후가 벵골 만의 물을 데우면서 식물성 플랑크톤의 생육이 빨라졌고, 연이어 콜레라 박테리아가 번성했다. 가공할 사이클론이 불어와 벵골 주민 약 15만 명이 익사했다. 해변을 따라 역병이 창궐했다. "현대적 운송 수단이 질병의 침입 경로를 만들어 주었다." 악취가 나는 구호 캠프는 "콜레라가 영양실조와 상승작용을 하는" 도가니로 변모했다.[77)]

이때도 봄베이의 냉혹한 관리들은 언론의 은폐 공작을 유도하면서 농촌 사망자 수를 전혀 발표하지 않았다. 인도인들은 격분했다. 플로렌스 나이팅게일조차 1878년 초에 사망자 자료를 요청했다가 거절당할 정도였다.[78)] 결국 사바는 1877년 8월에 숄라푸르 지방의 세 개 탈룩[*taluk*, 인도에서 세금을 부과하는 행정 단위]을 구성하는 54개 촌락에서 주민과 가축 수를 자체 조사하기에 이르렀다. "사바는 가뭄 지역 전체에서 학교 교사와 은퇴한 공무원 등으로 완벽한 네트워크를 마련했다. 이를 바탕으로 일부 지역에서는 정부보다 더 정확한 자료를 더 신속하게 내놓을 수 있었다." 이것은 대영제국에 맞서 조사 기술과 통계를 사용한 선구적 사례였다.[79)]

다른 한편 버킹엄은 여론을 좇아 기근 사망자 수를 대강이나마 조사하라고 명령했다. 마드라스 지역의 보고서를 취합하면 이 관할구에서 이미 최소 150만 명이 사망했음을 알 수 있다. 벨라리 같은 데칸 최악의 가뭄 지역들에서는 전체 인구의 4분의 1이 사라졌고, 무토지 노동자들의 비율이 높았던

표 6 | 사바가 추정한 기근 사망자 수

탈룩	기근 이전의 인구수	현재 인구수	감소율(%)
마데와 모홀	2만 4581	1만 5778	36
인디	3만 9950	2만 905	48
탈룩	기근 이전의 가축 수	현재 가축 수	감소율(%)
마데와 모홀	1만 6561	5470	67
인디	3만 5747	5644	84

그림 4 | 1877년 2월 마드라스의 곡물 비축 상태

일부 탈룩에서는 전체 주민의 3분의 1 이상이 죽었다.[80] 기근 난민 십만 명이 몰려든 마드라스 시에서는 굶주린 농민들이 산더미처럼 쌓인 수입 쌀을 지키던 경비대 앞에서 쓰러져 죽었다. "아무 날이고 길에 나가 보면 어머니들이 (…) 아이들을 팔겠다고 하는 모습을 볼 수 있었다."[81] (마드라스 상공회의소는 해변에 태형 말뚝을 세워 경찰이 곡물 도둑을 미연에 방지해야 한다고 제안했다.)[82] 앞으로 보겠지만 북서부 주들에서는 일관성 없는 징벌적 구호 활동만이 조직되었다. "그 결과 겨울 작물이 풍년이었고, 영향을 받은 지역도 제한적이었지만 9개월 만에 사망자가 백만 명을 넘어섰다."[83]

"기근 정책의 맬서스주의적 의미와 그 재앙적 결과를 가장 처참하게 경험한 곳은 마이소르였다."고 아이라 클라인은 주장한다. 이곳의 영국 섭정 위원회는 나중에 전체 인구의 꼭 4분의 1이 사망했다고 시인했다.[84] 섭정 위원장이 인명 구조 지출을 거부하면서 절약 정책은 범죄적 과실이 되었다. 그는 "마이소르의 잉여 농산물을 사용하는 것을 두려워했다." 섭정 위원장의 태만이 추문으로 발전한 다음에야 비로소 시작된 구호 사업은 굶어 죽는 사람들을 처벌하는 잔학한 정책이었다. "그는 기근 정책을 개발하라는 총독의 명령에 따라 일련의 관개 계획 및 기타 프로젝트를 입안했다. 기근으로 고통받던 지역에서 쇠약해졌지만 살아남은 사람들은 160킬로미터 이상을 걸어 노동 수용소로 가야만 했다."[85] 실제로 수용소에 도착한 사람들은 그곳이 악취가 나고, 질병이 만연한 묘지임을 깨달았다. 난민 대다수가 그곳에서 죽어 나갔다. 한 관리는 나중에 지옥을 떠올리며 그 장면들을 회상했다.

> 죽은 사람과 죽어 가는 사람들이 사방 천지에 누워 있었다. 콜레라 환자들이 병에 걸리지 않은 사람들 한가운데서 뒤척였다. 일부는 피난처를 찾아 인근 공동묘지로 갔고, 두 무덤 사이에 드러누워 기진맥진한 팔다리를 쉬게 했다. 까마귀들이 마지막 숨이 붙어 있는 사체들 위를 선회하고 있었다. (…) 이곳에서는 죽은 자와 죽어 가는 자를 제외하면 그 누구도 살 수 없을 것 같았다. 나는 몇 분 만에 시체 다섯 구를 발견했다. 죽어 가는 엄마가 꼭 쥐고 있던 아기의 시신도 그 가운데 하나였다. 엄마는 아기가 죽었다는 사실도 모르는 것 같았다. 콜레라 환자들이 주위 사람들의 무관심 속에 여기저기 누워 있었다. 몇몇 굶주린 아이들이 물을 달라며 애처롭게 울고 있었다. 요리사들은 그 울부짖음을 들었지만 죽음에 이른 그 가엾은 것들의 입술을 적셔 주기 위해 몸을 움직이려고 하지 않았다.[86]

마이소르의 기근이 참혹한 최후 국면에 다다른 1877년 여름경에는 오직 공포 통치로써만 사회질서를 유지할 수 있었다. 예를 들어 절망에 빠진 여성들과 그녀들의 굶주린 아이들이 정원을 탈취하거나 들판에서 이삭을 주워 모으려다 "낙인이 찍히고, 고문을 당했으며, 코가 잘렸고, 심지어 살해당하는 일까지 발생했다." 나아가 농촌의 폭도들이 지주들과 촌장들을 공격했고, 그들의 곡물 창고를 약탈했으며, 심지어 가족들을 산 채로 불태워 죽이기까지 했다. 굶주림으로 정신이 이상해진 사람들이 식인 풍습에 기대는 경우가 인도 역사에서 아주 드물게 몇 차례 존재했다. "미친 사람 하나가 무덤을 파헤쳐 콜레라로 죽은 사람의 시신 일부를 먹었고 또 다른 사람은 아들을 죽여 그 시체를 먹었다."[87]

올림포스에서 내려오다

리튼은 이런 소름 끼치는 사실들을 잘 알고 있었다. 그러나 그의 돌덩이 같은 마음에 기근의 가장 심각한 문제는 인도 재정에 부담이 증대한다는 것이었다. 1877년에도 계절풍이 불지 않았고, 그의 맬서스주의적 견해에서 전체 인구의 잉여 계층에 불과한 존재들을 구제하기 위해 추가로 45만 킬로그램이 전용되어야 할 판이었다. 5월에 런던의 불안과 염려를 완화하려고 자신의 철칙을 굽혔던 총독은 여름쯤엔 낭비적 구호 사업을 다시 억제할 수 있으리라고 자신했다. 빅토리아 여왕이 "나의 인도 정부는 이 끔찍한 재난을 진정시키기 위해 모든 노력을 다할 것"이라고 재보증한 직후인 1877년 8월, 리튼은 마침내 마드라스 상황을 살펴보기 위해 히말라야 산맥의 하계夏季 본부에서 내려왔다.[88]

이로써 그는 기근 사태의 끔찍한 현실을 처음으로 직접 목도하게 되었다. 영어로 발행되던 한 지방지는 "재난의 실태를 거의 알 수 없는 인도의 올림포스"라는 제목으로 이런 내용의 사설을 실었다. 심라처럼 먼 낙원에서 오랫동안 머물던 리튼은 이제 피할 수 없는 진실과 대면해야만 할 터였다. "팔라베람과 모네가르 촐트리의 구호 캠프에서는, 냉정하게 무감각해진 우리조차 전율하지 않고서는 볼 수 없는 광경을 목격하게 될 것이다. 우리가 감히 묘사조차 할 수 없는 광경을 목격하게 될 것이다. 화가가 결코 그릴 수 없는 광경을 목격하게 될 것이다. 이 광경이 리튼 경의 섬세하고 시적인 감수성에 커다란 반향을 불러일으킬 것이라고, 우리는 감히 상상해 본다."[89)]

마드라스의 영국인들은 크게 외면당한 템플의 노임은 물론이고 영국에서 구호 기금을 조성하려던 자신들의 최근 노력을 공개 비난한 리튼에게도 화가 나 있었다. 곡물 가격과 기근 사망자 수(8월에 15만 7588명)는 치솟았지만 사람들의 손발은 총독의 각종 제한 조치와 내핍 정책에 꽁꽁 묶여 있었던 것이다. 버킹엄 공작은 박애주의적 호소를 최후의 희망으로 삼았다. 리튼과 그의 "최고 정부"(당시에 그렇게 불렸다.)가 압도적으로 긴급한 위기에 굴복할지 여부는 두고 봐야 했다. 같은 신문의 사설 내용을 더 보도록 하자. "총독은 이제 말 그대로, 수천 명의 목숨을 구제할 수 있는 기회를 갖게 되었다. 총독이 솔직하고 용감하게, 그리고 두려움 없이 영국에 전보를 쳐서 사태의 진실을 알리도록 해야 한다. 아마도 총독은 이렇게 함으로써, 본국의 자비로운 원조 필요성과 관련해 지금까지 영국인들이 품어 온 명백한 의혹을 제거할 수 있을 것이다."[90)]

인도 남부를 전광석화처럼 여행하면서 경험한 일련의 사태 속에서도 총독의 "섬세하고 시적인 감수성"은 요지부동이었다. 오히려 리튼은 버킹엄이 헨리 필딩의 소설에 나오는 뚱뚱한 대지주처럼, 하류 인생들이 구호 캠프에서 폭동을 일으키도록 방치하고 있다고 확신했다. 리튼은 구호 캠프 하나를 짧게 둘러본 후 아내에게 편지를 써 보냈다. 버킹엄과 마드라스의 굶주린 주민들에 대한 귀족적 혐오로 가득 찬 내용이었다. "당신은 이렇게 '인기 있는 소풍'을 본 적이 없을 게요. 캠프 수용자들은 어떤 일도 하지 않는다오. 살만 뒤룩뒤룩 쪘고, 뚱땅거리며 놀 뿐이지. 공작은 이런 캠프들을 찾는데, 마치 버킹엄의 대지주가 자신의 시범 농장을 방문해 소와 돼지들의 비육 상태에 깊은 관심을 보이는 것과 같소. (…) 그러나 참으로 중요한 문제는 마드라스 정부가 어떻게 이 타락한 대중을 진정 유익한 활동으로 유도할 것인가 하는 것이오."[91]

마드라스에서 열린 협의는 격렬했다. 리튼은 "사적 교역이 충분히 이루어지고 있고, 그 사적 교역에 개입해서는 안 된다."는 기근 정책의 기본 원칙들에 철저히 충성할 것을 서약하라고 버킹엄에 강요했고, 자신의 수하인 봄베이의 육군 소장 케네디를 버킹엄의 "개인 비서"로 임명해 버렸다. 사실상 버킹엄의 위원회를 폐하고, 템플 개혁안의 엄격한 조항을 고수하는 명령에 따라 케네디를 기근 행정부의 최고 지도자로 취임시킨 쿠데타였던 것이다.[92] 그 사이 선교사들은 데칸 고원의 벽지에서 말로 다 할 수 없는 참혹한 광경들을 전해 왔다. "최근에는 한 여인의 시체를 짐승처럼 장대에 걸메어 길에서 운반하는 모습을 보았다. 얼굴은 개들이 얼마간 뜯어먹은 상태였다. 다른 날에는 굶주린 미친 여자가 죽은 개를 가져다가 먹기도 했다. 우리가 머무르던 방갈로 옆에서 일어난 일이었다." 그 성공회교도 기자는 "이것은 선정적인 작문이 아니"라고 강조했다. "이 기근의 참사는 절반도 얘기되지 않았고, 얘기할 수도 없다. 사람들은 소름끼치는 광경들을 글로 재현하고 싶어 하지 않는다."[93]

데칸의 촌락들에서는 이제 마지막으로 사재기한 곡물을 놓고 치열한 내부 투쟁이 전개되고 있었다. 각각의 계급과 카스트에서 시작된 사회적 연쇄 반응은 하위 집단들을 희생시켜 스스로를 보호하고자 했다. 데이빗 아놀드가 보여 준 것처럼, 고리대금업자와 곡물 상인들을 상대로 집합적으로 자행하던 "도덕적-경제적" 강도 행각*dacoity*은 기근 사태 후기로 접어들면서 카스트 사이의 폭력이나 농민이 농민을 상대로 벌이는 홉스주의적 전쟁으로까지 비화했다. "기근 사태가 더 오래 지속될수록 범죄와 폭력 행위는 집단적 항의나 전유의 특징을 덜 띠어 갔고, 개인적인 비통과 비참과 절망의 쓰라림을 더해 갔다."[94] 샤르마도 공산 사회주의적communitarian 행동이 예측할 수 있는 양상을 좇아 촌락 내부의 폭력으로 이행했음에 동의한다. "농업 순환 주기의 변화가 대중 행동과 연대 양상에 커다란 영향을 끼쳤다. 카리프 작물이 흉작으로 판명된 가을에 목격할 수 있었던 일시적인 계급 연대와 집단적 대중 행동은 겨울이 다가오면서 와해되었다. 고리대금업자와 곡물 상인들의 곡물 창고나 저장소보다는 라비(*rabi*, 봄에 수확하는 작물이 자라는 시기) 작물이 이내 약탈의 목표가 되었다. 자민다르(*zamindar*, 영구 정착한 토지 소유자)들은 곤봉을 휘두르는 폭력단원을 고용해 수확물을 지켜야 했다."[95]

9월과 10월에 폭우가 쏟아졌고, 마침내 인도 남부의 가뭄이 완화되었다. 그러나 데칸과 연합주에 말라리아가 유행해 이미 쇠약해진 농민 수십만 명이 또 죽었다. 현대의 조사 연구에 따르면 극심한 한발이 천적을 전멸시켜 계절풍이 다시 불어오면 모기의 개체 수가 폭발적으로 증가한다고 한다. 결국 말라리아가 창궐하면서 정상적인 농업 활동의 재개가 지연된다.[96] 그러나 1878년에는 목숨을 구제해 주는 작물을 심는 데 또 다른 장애물이 존재했다. 가축의 먹이 기근이 극도로 심각했던 것이다. 다수 지역에서 밭갈이할 동물이 사실상 전멸한 상태였다. 『더 타임스』의 기자가 마드라스 관할 데칸발發로 7월에 보도한 내용을 살펴보자. "소들이 얼마나 희귀해졌는지 알려 드리겠다. 벨라리에서는 상인들이 보유한 곡물을 사람들이 끄는 짐수레에 실어 먼 데로 보낸다. 인간이라는 동물의 노동력은 값이 아주 싸다. 쌀을 운반하기 위해 소 두세 마리를 쓰는 것보다 사람 대여섯 명을 부리는 게 더 싸게 먹힌다. 아무튼 사람들은 먹일 수 있지만 가축에게 먹일 꼴은 아무리 비싼 값을 지불한다고 해도 구할 수가 없다."[97]

소들이 죽고, 농기구까지 담보로 잡힌 농민들은 나무 막대기를 가지고 데칸의 딱딱한 토양을 긁어 파거나 아내와 교대로 직접 쟁기를 끌어야 했다. 구호 위원회가 나누어 준 종자는 상당수가 품질이 형편없었다. 우여곡절 끝에 땅 위로 새싹을 내민 작물도 메뚜기 떼의 습격으로 순식간에 초토화되었다. 놈들은 성경의 말마따나 가뭄의 종군자從軍者였다. 한 미국인 선교사가 전하는 바에 따르면 "단단한 대지가 움직이는 것 같았다. 메뚜기의 수는 엄청났다. 이 해충이 지나간 들판은 마치 파괴적인 불로 지져 놓은 것 같았다."[98] 1878년 초에 기근과 콜레라가 다수 지역을 다시 덮쳤다. 그러나 풍작에 대한 기대 속에서 구호 곡물의 양이 격감했고, 가격은 그 어느 때보다 더 높았다. 딕비는 봄철 내내 지속된 끔찍한 재난을 이렇게 전하고 있다. "세 여성(자매)이 세 형제와 결혼해 모든 가족이 인도식 가부장 제도에 따라 한 집에서 살고 있었다. 1878년 1월 1일 전체 가족 구성원의 수는 마흔여덟 명이었다. 그들의 농사는 흉작이었다. 돈은 다 써 버렸고, 어디 가서 돈을 빌릴 수도 없었다. 그들은 초근목피로 연명했고, 콜레라가 그들을 덮쳤다. 이 질병으로 서른 명이 죽었다. 다른 열다섯 명도 죽었다. '냉열병'이라고

했다. 결국 4월에는 세 사람만 살아남아 있었다."[99]

한발 기간 중 체납된 세금을 거두어 간 군사 작전이 데칸 고원 농민들에게 최후의 일격을 가했다. 『인디언 데일리 뉴스』의 편집자 제임스 윌슨이 1877년 10월 셰필드에서 연설한 것처럼, 일부 자유당 출신 비판자들은 영국인에게 "정치경제학의 거짓 공리 때문에 수백만 명이 죽었고," 최선의 기근 예방책은 "영국에 대한 인도인들의 부채 탕감"이라고 주장했다. 그러나 빈민의 주머니를 털어 가겠다는 정부의 결정을 비난하는 사람은 거의 없었다.[100] 예를 들어 쿠르눌 지방에서는 "1879년과 1880년에 전체 징세량의 무려 78퍼센트를 회복하기 위해 강압적인 정책이 실시되었다." 라자세카르가 지적하는 것처럼, 체납에 따른 토지 경매가 부유한 농민과 고리대금업자들에게는 뜻밖의 횡재였을 것이다. 그들은 기근 사태 속에서 체납자들이 울며 겨자 먹기식으로 파는 가축을 사들이고 토지를 저당 잡는 일련의 과정에서 이미 막대한 이익을 취한 상태였다. 이로써 농업 경제의 회복은 더욱 요원해졌다. 개발 가능한 황무지를 경작하는 것은 (이제는 파멸한) 이들 소자작농의 활력에 전통적으로 의존해 왔기 때문이다.[101]

다중 살인의 공범

1878년에는 인도 북서부에서도 무자비한 수의 사망자가 발생했다. 1877년 여름에는 계절풍이 불지 않았고, 1878년 초에는 건조한 날씨만 지속된 상황이었다. 그러나 영주들과 부왕들이 전에 취한 결정 때문에 가뭄은 남부에서보다 훨씬 더 의식적으로 기근 사태로 변모하고 말았다. 카슈미르 오지의 아름다운 계곡에서 영국 관리들은 "토후의 범죄적 냉담함과 그가 이끄는 관리들의 탐욕"을 비난했다. "그들은 곡물을 매점매석해 터무니없는 가격에 팔았다." 전체 인구의 정확히 3분의 1이 기아 상태였다. "당시 펀자브의 부지사였던 로버트 이거튼 경이 부패하고 무능한 카슈미르 정부의 통제에서 운송과 식량 공급 활동을 회수해야 한다고 주장하지 않았더라면 카슈미르 계곡에서 사람들이 사라져 버렸을 것이다."[102)]

그러나 동일한 범죄 내용에 대해 펀자브의 이웃 지방들은 물론이고 북서부 주들과 오우드의 영국 행정부도 마찬가지로 기소해야 한다. 이 지역에서 1878년과 1879년에 기근으로 최소 125만 명이 사망했다. 인도의 역사가들이 강조한 것처럼 이 압도적인 사망자 수는 계획적인 정책으로 예측 가능했고 회피할 수 있는 숫자였다. 남부의 상황과 비교해 보더라도 북부의 수확량은 1874년부터 1876년에 걸쳐 풍족했고, 평소대로라면 1878년의 카리프 작물 결손을 보충할 수 있을 만큼 풍부한 예비 자원을 확보하고 있어야 했다. 그러나 북서부 주들의 여러 지역에서 생계형 농사가 영국의 곡물 가격을 안정시키기 위해 수출 영농으로 갓 전환된 상태였다. 1876년부터 1877년의 영국 수확량은 형편없었고, 가격이 치솟았다. 그 수요에 부응해 이 지역의 밀 잉여 생산량이 대부분 수출되었다. 기장처럼 이 주들에서 생산되는 더 거친 곡물들도 대부분 봄베이와 마드라스 관할구의 기근 지역으로 수출되었다. 지역 농민들에게는 가뭄에 맞설 보호책이 하나도 남지 않게 되었다. 아무튼 이 과정에서 곡물 수출 이윤을 차곡차곡 챙긴 자들은 직접 생산자들이 아니라 부유한 자민다르, 고리대금업자, 곡물 상인 들이었다.[103)]

구호 활동을 조기에 활발하게 조직했더라면, 무엇보다도 토지세 징세를 유예했더라면 사망자 수가 최소에 그쳤을 것이다. 실제로 주 행정 최고 책임자였던 조지 쿠퍼 경은 리튼에게 그 해 세금을 면제해 달라고 탄원했다. "부지사는 인도 정부가 현재 돈 문제로 인해 겪고 있는 곤경을 잘 알고 있다. 그래서 일시적일지라도 부담으로 작용할 것이 틀림없는 보고는 극도로 자제하는 것이다. **그러나 그가 채택할 만한 다른 뾰족한 정책 수단이 전혀 없다.** 만약 세수의 대부분을 구성하는 촌락 공동체가 지금 망가지고 만다면 **정말로 폐허가 되고 말 것이다.**"[104]

그러나 리튼은 아프가니스탄 경략經略 계획에서 여전히 헤어 나오지 못하고 있었다. 궁핍한 촌락들의 실상은 리튼에게 아무런 영향도 미치지 못했다. 리튼은 쿠퍼의 탄원을 기각했다. 부지사에게는 버킹엄처럼 신민들에 대한 완강하고도 보호주의적인 동정심 같은 게 전혀 없었다. 쿠퍼는

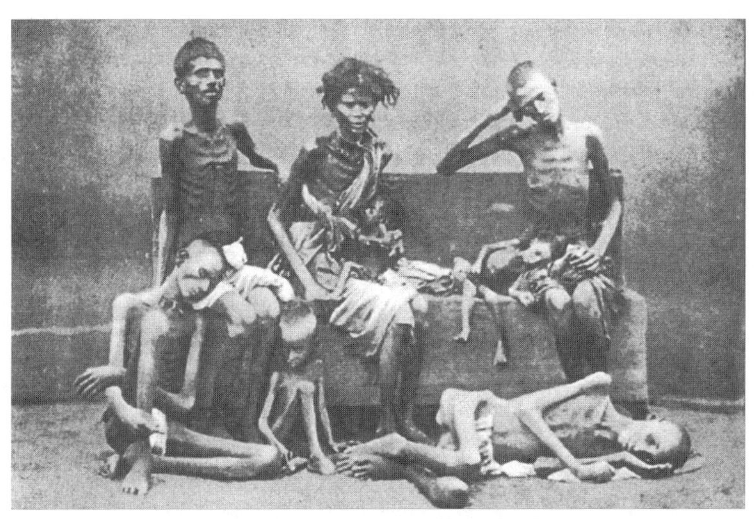

사진 2 | 1877년 기근 희생자들
한 선교사가 찍은 이 사진의 원래 설명문은 이렇다.
"이 단계에 이른 사람들은 거의 회복하지 못한다."

큰 타격을 입은 자민다르들과 그들의 굶주린 소작인들을 "압박하겠"노라고 즉시 굽실거리며 맹세했다. 휘하의 일부 지방 관리들은 역겨움을 토로했다. "이보다 더 자멸적인 정책을 생각해 낼 수도 없을 것"이라고 한 관리는 불평했다. ("각하는 세금 부과를 통한 재원 마련이 인도 정부들의 기대에 부응할 것이라고 생각한다. 그러나 총독은 계획이 좌절된다고 해도 (…) **세금을 납입할 의무가 있는 사람들에게 필수적인 압력을 행사하려는 의도나 노력이 결코 부족해서가 아니리라는** 것을 알고 안심할 것이다.") 리튼은 지방 관리들과 수완가들에게 "가능한 모든 방법을 동원해 구호 사업을 방해하라."고 즉시 명령했다. "단순한 곤궁은 구호 사업 개시의 이유가 되지 못한다." 요점은 농민들이 정부에 돈을 내도록 강요하는 것이지, 그 반대가 아니었다.[105] 굶주리던 농민들이 투쟁에 나서자(1877년 8월과 9월에만 150건의 곡물 폭동이 일어났다.) 쿠퍼는 감옥과 교도소를 가득 채웠다.[106]

정부 정책에 불만을 품었던 공무원 로널드 오스본 중령이 나중에 『컨템퍼러리 리뷰』의 독자들에게 설명한 것처럼, 징세를 정당화하고 그에 따른 대규모 사상자 발생을 은폐하기 위해 흉악한 기만정책이 공식 채택되었다.

> 토지세 징수를 명령한 인도 정부는 이제 자신들의 강탈 행위를 정당화하지 않을 수 없었다. 정부는 세금 면제나 경감을 호소할 만한 기근 사태가 전혀 없었다고 감히 주장했다. 북서부 주 전역에서 펼쳐진 기근과 소름 끼치는 사망자 수는 [아프가니스탄의 수장] 셰르 알리와의 협상처럼 국가 기밀로 보호되어야 했다.
>
> 그 음울했던 겨울 동안 기근은 희생자들을 수천 명씩 집어삼키느라 바쁜 나날

을 보냈다. (…) 만신창이가 된 농민들은 어떻게 해서든 가축을 살리려고 오두막 지붕의 밀짚과 수면용 깔개를 녀석들에게 먹였다. 겨울은 비정상적으로 혹독했다. 지붕도 없었고 깔개도 없었다. 헐벗고 굶주린 대중은 추위를 견디지 못하고 사망했다. 죽어 가는 사람들과 죽은 사람들이 산야를 횡단하는 길에 여기저기 널려 있었다. 수십 구의 시체가 낡은 우물에 처박혀 있었다. 사망자가 너무 많아서 마찬가지로 불행에 처한 친척들이 통상의 장례식을 치러 줄 수 없었던 탓이다. 어머니들은 빈약한 식사를 한 끼라도 얻어먹으려고 자식들을 팔았다. 남편들은 아내를 연못에 던져 버렸다. 아내가 배고픔의 고통 속에서 죽어 가는 것을 지켜보는 게 너무나 쓰라렸기 때문이다. 이런 죽음의 무대 한복판에서도 인도 정부는 침착한 유쾌함을 잃지 않았다. 북서부 주에서 발행되던 신문들은 침묵을 강요당했다. 시민들은 어떤 상황에서도 사람들이 굶주림으로 죽어 가고 있다는 원주민들의 거짓 주장을 묵인해서는 안 된다는 엄격한 명령을 하달받았다. 주변에서 일어나는 비극을 도저히 견딜 수 없었던 맥민이라는 한 시민은 자비를 털어서 구호 사업을 시작했다. 맥민은 무지막지한 비난에 시달렸고, 패가망신할 것이라는 협박을 당했으며, 당장 활동을 중단하라는 명령을 받았다.[107)]

이렇게 인간이 만들어 낸 재앙은, 저명한 정부 비판가이자 『인디언 이코노미스트 앤드 스테이츠먼』의 발행자인 로버트 나이트가 1878년 2월 아그라를 방문할 때까지 "단 한 줄"도 세상에 알려지지 않았다. "나이트는 도처에서 무시무시한 비극을 목격하고 대경실색했다." 나이트의 폭로에 쿠퍼가 맞대응하고 나섰다. 쿠퍼는 총독의 전폭적 신뢰 속에서 장문의 자화자찬 보고서를 제출했다. 리튼은 논평을 통해 끔찍한 사망자 수가 발생한 것은

"구호 사업을 실시하는 지방 정부의 근시안적 단견 때문이라기보다 주민들이 고향 마을을 떠나려고 하지 않기" 때문이라고 비난했다.[108] 나이트는 사설을 통해 이렇게 응수했다. 아마도 이 사설이 정부의 공식적인 기근 정책을 규정하기 위해 "살인"이라는 단어를 있는 그대로 솔직하게 처음 사용했을 것이다.

> 『스테이츠먼』이 사태를 과장했다고 비난하지 마라. 그보다는 오히려 당신들 자신을 탓해야 한다. 우리는 기근이 닥쳐와 모든 게 사라지게 되면 토지세를 유예해 주어야 한다고 오랜 세월에 걸쳐 입이 아프게 주장해 왔다. 이 나라에는 빈민을 위한 법이라는 게 존재하지 않는다. 신민들이 곤란을 극복하고 살아남거나 아니면 죽게 만드는 낡은 정책이 한 번 더 시행될 뿐이다. 자국어로 발행되는 언론만이 잔인한 강요 속에 침묵당한 주민들의 고통을 증언한다. 우리와 당대인들은 유보하지 말고 발언해야 한다. 그렇게 하지 않는다면 우리 역시 이 나라에서 자행되고 있는 활동의 진정한 본질에 눈감은 사람들이 벌이는 다중 살인의 공범이 되고 말 것이다.[109]

리튼이나 템플 같은 "맹목적 인사들"은 이런 신문 사설의 분노에만 대응하면 됐고, 따라서 운이 좋았다고 할 수 있다. 1877년에 그들이 다스렸던 "무기력한 이재민들"이 사는 인도는 여전히 야만적인 공포에 허덕이고 있었다. 20년 전에 발생한 세포이항쟁의 영향은 질겼다. 대포 앞에서 궤멸된 세포이들과 교수형을 당한 수많은 농민들에 대한 기억이 도처에서 폭력적인 항의 행동을 단념케 했다. 푸나만이 예외였다. 여전히 강건했던 마라티족의 상무尙武 전통 속에서 바수데오 발완트 파드케와 추종자들이 사바의 온건주의와 결별했다. 카브샬리아 두블리시는 이렇게 설명한다. "기근으로 인한 파멸적 상황" 속에서 바수데오는 "무장 반란을 통해 인도에서 영국 권력을 몰아내겠다고 맹세했다." 이 "마라티족의 로빈 후드"는 무기를 구매하기 위해 재무부 창고를 습격하는 작전을 조직하다가 동료의 배반으로 유형에 처해져 1883년 감옥에서 사망했다. 바수데오는 "인도에서 무장 투쟁 민족주의의 아버지"로 불린다.[110] 실패로 돌아간 바수데오의 1879년 음모가 1876년부터 1878년의 홀로코스트와 맺었던 관계는, 1848년의 청년 에이레[Young Ireland, 에이레 독립운동의 급진 분파. 옮긴이] 봉기가 1846년과 1847년 대기근과 맺었던 관계와 유사하다. 그 사건은 후기이자 서문이었다.

기근과 민족주의

리튼의 농업 장관 앨런 옥타비언 흄보다 이 점을 더 명확하게 이해한 영국인은 없었다. 아버지가 스코틀랜드 출신의 유명한 급진파 국회의원이었던 흄은, 인도인들의 자치 열망을 경멸하던 보수당 정부의 이단아였다. 그는 힌두교와 무슬림 엘리트들의 불만에 깊이 공감했다. 흄이 빈민들의 혁명적 불만이라는 투털댐에 자신의 예민한 촉수를 들이대고 있었다는 사실은 더욱더 특기할 만하다. 인도 문제와 관련해 의회 내 야당 세력을 이끌었던 윌리엄 웨더번에 따르면, 흄은 바수데오의 음모가 발각된 후 "기근 사태로 고통을 겪고 있는 대중의 점증하는 불만을 완화하기 위해 뭔가 특단의 조치가 필요하다고 확신하게 되었다."[111] 그 첫 번째 단계는, 기근 구호 비용을 전적으로 빈민에게 부담 지우려던 가혹하고 선정적인 총독의 계획에 저항하는 것이었다.

1877년 해밀턴과 솔즈베리는 노스브룩 경이 주창한 바 있는 "기근 대비 기금"이라는 착상을 꺼내 들었다. 자유당 의원들이 인도에서 발생한 가공할 사망자 수를 다음 총선의 쟁점으로 삼을 가능성을 차단하기 위한 사전 포석이었다. 리튼은 하원의 급진적 의원들이 부유세와 군사비 지출 감소를 통한 재원 마련을 선호한다는 사실을 알았고, 이에 지배계급과 군대에 전혀 피해가 없는 범위에서 기금 마련이 이루어져야 한다는 조건부로 그 계획을 받아들였다. 리튼은 흄의 제안을 맹렬히 반대했다. 나아가 "유럽인과 인도인 모두 수입이 많은 사람들에게 악영향을 미칠 것이라는 이유로" 소득세를 조금 더 부과하자던 흄에게 사임을 강요했다. 그러면서 제안한 내용이 잠재적인 기근 희생자들에게 미리 기근세를 거두자는 것이었다. (결국 농민에게 새로운 명목의 토지세를 부과하자는 안이었던 셈이다.) 인도인 전체가 흥분할 터였고, 솔즈베리와 인도 위원회는 이 안을 기각했다. 리튼과 존 스트래치는 대안이랍시고 마찬가지로 퇴영적인 계획안을 내놓았다. (소금 가격이 몬드[maund, 인도·중동 국가 등의 무게의 단위. 옮긴이]당 2아나[anna, 인도·파키스탄의 구 화폐 단위. 옮긴이]에서 40아나로 치솟은) 마드라스와 봄베이에서 소금세를 가차 없이 인상하고, (전문적인 대규모 장사꾼들은 내버려 둔 채) 중소 상인에게만 면허세를 다시 부과하자고 했던 것이다.[112]

쫓겨난 흄은 웨더번과 코튼, 나이팅게일이 이끄는 작지만 영향력 있는 야당 세력에 합류해 리튼에 반대하는 목소리를 냈다. (총독은 인도의 위생 개혁을 요구하는 그들의 활동을 냉대하고 있었다.) 기근 사태의 주요 기록자인 딕비도 1880년에 영국으로 돌아가 자유당 내에서 인도인들의 불만을 옹호할 태세였다. 그들은 런던의 언론계와 하원은 물론이고 수십 차례 열린 지역 집회에서,

마드라스의 기근 사태는 자연재해가 아니라 소금세 같은 이기적이고 재앙적인 영국의 정책 때문에 발생했다고 주장하며 지대와 군사비 지출 감소, 관개와 공중 보건 비용 확대, 농촌 은행들의 값싼 신용 대부, 진일보한 기근 대비 기금에 바탕을 둔 새로운 정책을 펴야 한다고 강조했다. 나이팅게일은 특히 소금세 반대 운동을 맹렬하게 펼쳤다. 그녀는 이 법의 시행이 말 그대로 경찰국가의 성립을 전제로 한 것이었음을 상기시켰다. "경찰관이 망루에서 상주하며 하루 종일 소금 사업장을 감시한다. 작업장 주위에는 해자를 둘러치고, 밤에는 경관들이 순찰을 돈다. 작업 인부들은 소금을 주머니에 담아 밀반출하지 못하도록 몸수색을 당한다."[113]

"제국주의" 전략이라는 말보다 (나이팅게일이 그렇게 불렀던바)[114] "문명화"를 강조한 이들 반대파는 존 스튜어트 밀과 같은 자유당 지식인들의 사고방식에서 공통점을 발견했고, 대영제국 내의 인도 지방 자치가 영국의 인도주의적 자유당 세력과 협력할 때 최선의 상태로 성사될 수 있다는 입장을 제시한 다다바이 나오로지와 로메시 천더 덧 같은 인도 내 온건파 민족주의자들과도 일치했다.

밀의 정치경제학에 몰두했던 나오로지와 덧은 인도에서 영국으로 "부가 유출되고 있다."고 세련되게 비판함으로써 100년 후 "저개발 이론"으로 불리게 될 체계의 자생적 토대를 놓았다. 그들의 가장 유명한 에세이들인 나오로지의 『인도의 빈곤과 비영국식 통치』(1901) 및 덧의 『인도의 기근』(1900)과 두 권짜리 『영국령 인도의 경제 역사』(1902, 1904)가 1896년부터 1902년 홀로코스트의 여파 속에서 나올 예정이었지만 그들의 기본적 논쟁 전략(독자적 통계로 영국을 격파한다는)은 이미 리튼과 그의 위원회를 자극하고 있었다. 실제로 나오로지는 1876년 기근 사태 전야에 동인도 협회 봄베이 지부의 한 대중 집회에서 자신의 획기적인 논문 「인도의 빈곤」(나중에 팸플릿으로 재출간된)을 낭독했다. 파시교도 수학자이자 런던 유니버시티 칼리지에서 구자라트어 교수로도 재직했던 나오로지는, 영국에 대한 인도의 종속적 관계를 은폐하기 위해 정부가 주워섬기던 "자유무역"이라는 이기적 수사학을 격파했다. "수입이 15분의 1이라는 점을 감안할 때 과세 압력이 영국의 거의 두 배에 달한다. 거기다 소모성 유출도 빼놓을 수 없다. 상황이 이러할진대 과연 우리가 자유무역 속에서 영국과 경쟁하도록 요구받고 있다고 할 수 있는가?" 나오로지는 이것이 "굶주려 탈진한 사람과 말을 탄 장사의 경주"라고 말했다.115)

빼어난 지적 능력으로 무장한 이런 비판자들이 캘커타 정부에는 아주 성가신 존재였다. 정부가 면허세와 소금세 통과를 억지로 관철시킬 수도 있었지만 리튼은 이 세금이 선의의 목적을 갖고 있다고 예의 긴 변명을 늘어놓으며 인도와 영국의 대중을 안심시켜야 했다.

> 인도의 신민들에게 막 부과된 증세가 향후의 기근 사태라고 하는 최악의 재난에 맞서 제국을 안전하게 보호하려는 목적에서 비롯되었음을 밝힌다. (…) 우리는 무려 백5십만 파운드의 금액이 (…) 매년 이 목적에 사용될 것임을 서약한다. (…) 짐의 재정 담당관이 정부의 위임을 받아 한 서약은 이와 관련해 명백하고 흐뭇한 것이었다. 이런 이유로 그 서약 내용을 회피하거나 지연시키지 않고 전력을 다해 이행하는 것은 정부의 당연한 의무다. 인도의 신민은 서약의 충분한 이행과 관련해 통치자들의 성실함 이외에 다른 어떤 보증도 가질 수 없고, 가지지 않는다.116)

그러나 총독은 우아한 수염 너머로 거짓말을 하고 있었다. 기근 대비는 목화세를 벌충하고 아프가니스탄 침공 비용을 충당하기 위해 세금을 인상하는 냉소적 허울에 불과했다. 리튼이 쓴 편지에서 그 진실을 확인할 수 있다. "솔즈베리 경은 우리가 현재의 조례로 절대적으로 필요한 양보다 더 많은 세입을 확보하려고 애쓰고 있다고 생각한다. 사실 너한테만 하는 말인데 어떤 의미에서, 또 어느 정도까지는 그게 사실이라는 점을 부인할 수 없다. 그러나 우리가 현재의 상황을 활용해 (…) 세수를 확보하지 않는다면 커다란 개혁이 필요한 우리의 관세법을 결코 개혁할 수 없을 것이다."[117]

실제로 1877년부터 1881년까지 "이렇게 축적된 전체 기금이 목화 제품 관세를 줄이거나 아프가니스탄 전쟁 비용으로 사용되었다." 자유당 세력이 이런 엄청난 사기 행각을 까발리는 데는 오랜 시간이 필요치 않았다. 글래드스턴은 1880년 유명한 미들로디언[Midlothian, 스코틀랜드의 옛 주. 옮긴이] 유세 과정에서 보수당의 기만행위에 분기하도록 대중을 선동했다. "서약이 지켜졌습니까?" 글래드스턴은 우레처럼 외쳤다. "세금이 징수되었습니다. 서약을 했지요. 그런데 그 맹세는 철저히 외면당했습니다. 기금을 사용해 버렸습니다. 사라져 버리고 만 것이죠. 아프가니스탄의 파멸적이고, 부정의하며, 해로운 전쟁에 사용된 것입니다."[118]

기근 기금의 패악적 전용은 왕실 재난 조사 위원회에 대한 정부의 공작으로 이어졌다. "기근 위원회 구성과 관련된 조치는 주로 스트래치 형제가 담당했"지만 그 발안의 직접 당사자는 솔즈베리였던 것 같다. 자유당 세력이 부활했고, 솔즈베리의 걱정은 엄격히 당파적인 것이었다. 솔즈베리는 1877년 11월 리튼에게 이렇게 써 보냈다. "내가 전달한 많은 내용을 스트래치가 당신에게도 설명할 겁니다. 관개 설비의 필요성에 대한 시끄러운 수다에서 우리를 보호하려면 향후의 기근 대책과 관련해 어떤 식이든 위원회가 필요합니다. 그들은 틀림없이 강경하게 나올 겁니다. 코튼이 이끄는 사람들이 (…) 의회 캠페인을 목표로 어떤 연맹체를 조직하고 있는지만 봐도 알 수 있죠." 총독이 기근 보호책인 관개시설을 지원하는 척하면서("감당할 수 있다면") 반대자들의 옷을 훔칠 수도 있다고 넌지시 암시되었다. 다행스럽게도 위원장직은 육군 중장 리처드 스트래치 경에게 위임되었다. 인도 위원회의 성원이자 리튼의 최고 재정 자문의 형인 스트래치가 자신과 동생의 허물을 들춰내지는 않을 터였다. 1878년 초에 소집된 위원회는 1880년 6월까지도 보고서를 제출하지 않았다.[119]

한 역사가는 이렇게 쓰고 있다. "기근 위원회는 인도 정부의 가장 중차대한 문제 가운데 하나에 신중히 답변하기 위해서라기보다 우호적인 보고서를 제출하기 위한 정치적 과제로 구성되었다. 스트래치 장군은 동생의 정책을 방어했다."[120] 그러나 속임수가 만장일치로 가결되지는 않았다. 두 위원, 곧 인도 전문가 제임스 케어드와 마드라스 공무원 설리번은 1876년과 1877년 버킹엄의 정책과 유사한 노선을 고수하며 이의를 제기했다. 그들은 기근이 빈발하는 지역에서 정부가 곡물을 구매해 비축하고, 장래에 쇠약 상태에 빠질 빈자들을 구제해야 한다고 주장했다. 이런 상식적인 권고는 다수의 통렬한 비판을 받았다. 오히려 그들은 리튼의 기숙형 노동 수용소 정책과 거리, 직무, 노임 기준이 구빈원의 필요조건으로 구비되어야 함을 재확인했다. 위원회가 "근본적인 문제는 식량의 부족이 아니라 활동의 부족이라는 것"을 인정하기는 했다. 그러나 절대다수는 구호 활동이 징벌적으로 실시되어 정부에 의존하는 태도를 단념시켜야 한다는 벤담주의 공리에 경도되어 있었다.[121]

보고서는 애초 의도대로 끔찍한 사망자 수와 관련해 정부에 아무런 책임도 묻지 않았다. 캐럴 헨더슨이 강조하는 것처럼 "1878년 기근 위원회는 기근 사태의 주된 원인이 가뭄("주민의 생존이 달려 있는 작황의 부실을 일으키는")이라고 주장함으로써 [향후의] 정부 대응 방식을 확립했다."[122] 하인드먼은 1886년 이 위원회를 신랄하게 비판했다. 기근이 "인류가 전혀 통제할 수 없는 '자연의 법칙' 때문이라고 여겨지고 있다. 우리는 원주민 정부 치하의 모든 고통이 원주민의 실정 때문이라고 비난한다. 그러면서도 우리 자신의 과오와 실책은 '자연' 때문이라고 책임을 미룬다."[123] 나오로지도 비슷한 생각을 피력했다. "영국 지배자들이 자신들이야말로 가뭄에 뒤이은 파멸의 주된 원인임을 보지 못하는 현실은 얼마나 이상한가! 비참함, 기아, 수백만의 죽음이라는 무시무시한 결과를 일으키는 원인은 바로 그들에 의한 인도 국부의 유출 때문이다. (…) 잘못이 그들에게 있는데 왜 애꿎은 자연을 탓하는가?"[124]

의회의 절대다수(와 잘 속아 넘어가는 일부 근대 역사가들)는 이 보고서를 읽고 장래의 재앙을 예방하기 위해 정력적인 조치가 취해지고 있다고 확신했다. 미혹케 하는 약속들이 기근 기금의 유용을 은폐했던 것처럼 위원회의 성과와 관련해서도 고의적으로 혼란을 조성한 것 같다. 대중은 위원회가 구속력 있는 "기근 법령"을 제정했다고 믿었지만 놀랍게도 그 보고서는 공리주의적 신념에 순응하는 막연하고 아무 효력도 없는 "일반 원리들"일 뿐이었다. "기근 보고서가 발행되고 사오 년이 지난 1880년대 중반경에 대다수 주들에서 기근 법령이 제정되었다. 그러나 기근 구제를 위한 공공사업 시행과 곡물 거래 개입 금지를 제외하면 똑같은 구석이 하나도 없었다."[125] 캘커타는 단서 조항을 통해 기근 기금을 부정 사용할 권리를 확보했고(템플은 1890년에 이렇게 주장했다. "기금을 기근 용도로만 사용해야 한다는 취지와 관련해 인도 정부와 인도 주민 사이에는 어떠한 법률적 합의도 없었다.") 이제는 법령을 통해 "그릇되고 지나친 자선 구제"에도 나서려고 하지 않았다.126)

그러나 흄은 이런 기근 사태가 피할 수 없었을 뿐만 아니라 혁명까지 궤도에 올리리라는 것을 확신했고, 인도인들의 불만에 대한 정치적 안전판을 확보하기 위해 다시 한 번 여론 환기 운동에 착수했다. 흄은 에이레의 폭력적 공화주의자 단체들에 해당할 마라티족과 벵골족 조직들이 흥성하는 것이 두려웠고, 영국의 자유당 정부와 통일적으로 대화할 수 있는 온건한 자치 운동 세력을 조직해 기선을 제압해야 한다고 제안했다. 1885년 보수당이 재집권하면서 이 문제가 시급해졌다. 흄은 (이임하는 자유당 출신 총독 리펀 경의 상당한 동조 속에서) 12월에 인도 국민 의회를 창설하고 직접 사무총장에 취임했다. 맥레인은 이렇게 쓰고 있다. 대표자들의 분위기는 "침울했고, 억제되어 있었다. 그들은 일련의 개혁 시도를 실패한 후에 모인 것이었다. 군사비 지출, 지원병 문제, 공정한 재판, 인도인들의 공직 임명 및 취임에 관한 최근의 논쟁에서 민족주의자들이 거둔 성과는 거의 없었다."127)

그 사이 나오로지는 영국으로 건너갔고, 자유당 내 급진파와 마이클 대빗이 이끄는 에이레 전국 토지 연맹의 지원을 받아 하원 의원으로 입후보했다. (웨더번은 이 행위를 "허를 찌르는 공격"이라고 불렀다.) 동지라고 할 수 있는 하인드먼이 "해 볼 수는 있겠지만 탄원하고 간청할 때는 이미 지났다."고 경고했음에도 흄과 나오로지, 인도의 저명한 국회의원들은 기본적으로 영국인들의 양심에 호소해 인도의 미래를 개척하려고 했다.128) 그러나 향후 몇 년 동안 에이레 자치 운동을 폭력적으로 진압한 대응이 그들에게 보여 준 것처럼 글래드스턴과 존 스튜어트 밀의 시대는 침략적 배외주의와 새로운 제국주의에 길을 내주고 있었다. 모든 이해와 우려를 초월하는 가공할 수준의 새로운 기근 사태가 인도 대중의 점증하는 빈곤을 토양으로 삼아 이미 배태되고 있었다.

1장 주석

1) William Digby, *The Famine Campaign in Southern India: 1876~1878*, 2 vols., London 1900, p. 505; 따로 언급하지 않는 한 1권을 가리킨다.
2) "Philindus," "Famines and Floods in India," *Macmillan's Magazine*, Jan. 1878, pp. 244~245.
3) Digby, pp. 7과 13.
4) British Parliamentary Papers, *Report of the Indian Famine Commission*, part 1, *Famine Relief*, cd. 2591, London 1880, p. 191. 제국 경제 내에서 버마의 잉여 쌀 생산이 담당한 혁명적 역할에 관해서는 Cheng Siok-hwa, *The Rice Industry of Burma, 1852~1940*, Kuala Lumpur 1968을 보라.
5) Cornelius Walford, *The Famines of the World*, London 1879, p. 126.
6) Elizabeth Whitcombe, *Agrarian Conditions in Northern India*, vol. 1 of *The United Provinces Under British Rule, 1860~1900*, Berkeley 1972, p. 195에 언급된 메루트 지방 관리의 말.
7) B. Bhatia, *Famines in India, 1850~1945*, Bombay 1963, p. 94에 인용된 Letter from Madras Government to Government of India, 30 Nov. 1876.
8) *The Nineteenth Century*, Sept. 1877, p. 177.
9) Christophe Guilmoto, "Towards a New Demographic Equilibrium: The Inception of Demographic Transition in South India," *The Indian Economic and Social History Review*(이하, IESHR) 29:3(1992), p. 258.
10) Digby, pp. 38과 361.
11) Andrew Roberts, *Salisbury: Victorian Titan*, London 1999, p. 215.
12) *The Times*, 9 Jan. 1877; Aurelia Harlan, *Owen Meredith*, New York 1946, pp. 218~220; Bernard Cohn, "Representing Authority in Victorian India," in Eric Hobsbawm and Terence Ranger, eds., *The Invention of Tradition*, Cambridge 1983, pp. 179~208.
13) Digby, vol. 1, p. 46.
14) R. Neelankanteswara Rao, *Famines and Relief Administration: A Case Study of Coastal Andhra, 1858~1901*, New Delhi 1997, p. 120.
15) Roberts, p. 218.
16) 디즈레일리 정부 내의 매파로서의 리튼의 모습을 보려면 R. Ensor, *England: 1870~1914*, Oxford 1936, p. 62; Lt.-Col. R. Osborne, "India Under Lord Lytton," *Contemporary Review*, Dec. 1879, p. 555(자유당의 견해)를 참조하라. 금본위제가 인도 재정에 미친 영향과 관련해서는 Lance Brennan, "The Development of the Indian Famine Codes," in Wolf Tietze, ed., *Famine as a Geographical Phenomenon*, Dordrecht 1984, pp. 94와 97을 보라.
17) "스윈번은 리튼의 시 「루실*Lucille*」을 '수치스런 사기 행위'라고 비난했다. 구성, 등장인물, 상황, 심지어 세부 묘사까지 전부 조지 샌드의 소설 『라비니아*Lavinia*』에서 훔쳤다는 것이었다. 리튼의 아버지도 그의 표절 행위를 비난했다." (John Lowe Duthie, "Lord Lytton and the Second Afghan War: A Psychohistorical Study," *Victorian Studies*[Summer 1984], p. 471)

18) Janet Oppenheim, *"Shattered Nerves": Doctors, Patients and Depression in Victorian England*, Oxford 1991, pp. 173~174.

19) Roberts, p. 220.

20) Adam Smith, *An Inquiry into the Nature and Causes of the Wealth of Nations* (1776), fifth edition., London 1930, pp. 27~28.

21) S. Ambirajan, *Classical Political Economy and British Policy in India*, Cambridge 1978, p. 63.

22) Osborne, p. 553; Hari Srivastava, *The History of Indian Famines*, Agra 1968, p. 131; Digby, pp. 50~51; David Steele, *Lord Salisbury: A Political Biography*, London 1999, p. 98. 벤담의 말과도 비교해 보라. "자유방임은, 간단히 말해서, 일반적 관례가 되어야 한다. 어떤 위대한 선이 명령하지 않는다면 모든 일탈은 필연적으로 악이다." 그러나 존 스튜어트 밀은 유명한 이의 제기를 통해 다수의 생명이 위험에 처했을 때 전혀 간섭하지 않는 정책을 비판했다. "국가가 비용을 충당해 멀리서 식량을 조달하는 직접적인 구제책은, 그 일이 독특한 이유로 사적 투기 행위 때문에 이루어질 가능성이 없을 때 쓸모가 있다." (Rao, p. 250에서 인용)

23) Steele, p. 98(이 구절이 리튼이 존 스트래치 경에게 1877년 10월에 보낸 편지에서 직접 인용한 것인지 바꿔 말한 것인지는 불분명하다).

24) Angus Maddison, *Moghul Class Structure and Economic Growth: India and Pakistan Since the Moghuls*, New York 1971, p. 40.

25) Bhatia, 표 5, p. 38에서 가져옴.

26) John Caldwell, "Malthus and the Less Developed World: The Pivotal Role of India," *Population and Development Review* 24:4(Dec. 1998), p. 683에서 인용.

27) Sheldon Watts, *Epidemics and History: Disease, Power and Imperialism*, New Haven, Conn. 1997, p. 203에서 인용된 *Parliamentary Papers*, 1881, 68, "Famine Commission - Financial Statement"에서 가져옴.

28) Caldwell, p. 683.

29) Roberts, pp. 85~86에서 인용.

30) Steele, pp. 95와 102에서 인용.

31) "General Tremenheere on Missions," *Calcutta Review* 128(1877), p. 278.

32) Salisbury in Steele, p. 98.

33) Government of India, *Report of the Indian Famine Commission, 1878*, Part I, Famine Relief, London 1880, p. 59.

34) Digby, pp. 173~174.

35) K. Suresh Singh, *The Indian Famine 1967*, New Delhi 1975, p. 242.

36) Digby, p. 105.

37) Ibid., pp. 103~104.

38) "Famine and Debt in India," *The Nineteenth Century*, Sept. 1877, p. 184; Jairus Banaji, "Capitalist

Domination and the Small Peasantry: The Deccan Districts in the Late Nineteenth Century," in Gyan Prakash, ed., *The World of the Rural Labourer in Colonial India*, Delhi 1992, p. 124.

39) Digby, pp. 276~281에 실린 *Calcutta Statesman* 기자의 보도 내용을 재인용함.

40) Digby, pp. 46~47과 265; Bhatia, pp. 94~95. 리튼과 우드하우스의 다툼에 관해서는 *The Times*, 5 Feb. 1877을 보라.

41) Bhatia, pp. 85~87.

42) *The Economist* 32(July 1874), p. 802.

43) Ambirajan, p. 92를 보라.

44) ibid., p. 96에서 인용.

45) *The Times*, 5 Feb. 1877.

46) Copy of Victoria's telegram to the Imperial Assemblage, 1 Jan. 1877, in Huntington Library(San Marino), Grenville Papers(Stowe Collection), 3rd Duke of Buckingham and Chandos, STG India, box 2(file 7).

47) A. Loveday, *The History and Economics of Indian Famines*, London 1914, p. 57에 인용된 Secretary of State for India의 말.

48) De Waal, p. 32.

49) "구호 정책에 결함이 있었다고 해도 그 누구도 비난할 수 없다. 아무튼 대응 체계를 조직한 대표 인물은 다른 누구보다도 트리벨리언이라고 할 수 있다. 그리고 그 대응책은 최소 구호, 가혹한 자격 기준, 사회 개혁이 뒤섞인 것이었다."(Christine Kinealy, *This Great Calamity: The Irish Famine, 1845~1852*, Dublin 1994, pp. 349~350)

50) Rao, p. 118과 Currie, p. 47을 참조하라.

51) Digby, p. 52.

52) Ibid., pp. 85와 135.

53) 작자 미상, "The Indian Famine: How Dealt with in Western India," *Westminster Review*, Jan. 1878, p. 145.

54) "Indian Famines," *Edinburgh Review*, July 1877, p. 80에서 인용. 쌀은 통상의 모든 곡류 가운데서 아미노산이 가장 적게 들어 있다. 농촌의 음식물과 단백질 결핍에 관한 논의를 보려면 Paul Greenough, *Prosperity and Misery in Modern Bengal*, Oxford 1982, p. 70 여기저기를 참조하라.

55) *Indian Economist*, 15 Oct. 1870, p. 45에 실린 이민자 의료 검사관 S. Partridge의 말(Dadabhai Naoroji, *Poverty and Un-British Rule in India*, London 1901, p. 25에서 인용).

56) "The Indian Famine: How Dealt with in Western India," p. 145에서 인용. 코니시는 나란히 실린 칼럼을 통해 1874년과 1876년 기근 사태 각각에서 필수 영양과 관련해 템플이 보여준 대조적 견해를 폭로함으로써 그를 자승자박시켰다. *The Times*, 18 May 1877에 실린 코니시의 칼럼을 보라.

57) Digby, pp. 55, 74~75, 85, 113과 135; Bhatia, p. 96. 템플의 관점을 보려면 *The Story of My Life*, vol. 1, London 1896, 특히 289~294를 참조하라.

58) Digby, vol. 2, pp. 247과 252.

59) Kohei Wakimura, "Famines, Epidemics and Mortality in Northern India, 1870~1921," in Tim Dyson (ed.), *India's Historical Demography: Studies in Famine, Disease and Society*, London 1989, pp. 285~286(곡물 가격 관련).

60) *The Times*, 9 July 1877.

61) Digby, vol. 2, pp. 203~204.

62) Digby, p. 26.

63) Rev. A. Rowe, *Every-Day Life in India*, New York 1881, pp. 347~348.

64) Kerby Miller, *Emigrants and Exiles: Ireland and the Irish Exodus to North America*, New York 1985, p. 283에서 인용.

65) Rowe, pp. 204와 372~373.

66) "The Indian Famine: How Dealt with in Western India," p. 153에서 인용.

67) Digby, p. 340.

68) S. Mehrotra, "The Poona Sarvajanik Sabha: The Early Phase(1870~1880)," *IESHR* 3(Sept. 1969), pp. 305와 310.

69) Digby, pp. 341~342에서 인용. 이 무렵에 인도의 굶주리던 아이들에게 보여 준 리튼의 냉혹한 태도(1874년에 자신이 선보인 "지나친 자선"에 대해 템플이 부인한 것처럼)도 어쩌면 고통스런 심리 상태라는 맥락에서 보아야 할 것이다. 1871년 어린 아들이 사망하고 그가 "나약하게 푸념한 것"을 아버지 불워 리튼이 아마도 잔인하게 비난했을 것이다. (Harlan, p. 205).

70) Rowe, p. 345.

71) Digby, p. 283.

72) Harlan, p. 214.

73) "사바는, [배급량을 회복시켜 사망자를 줄이는 데] 성공을 거둔 것이 원주민 언론과 유럽 언론의 불만 제기 및 감시 때문이 전혀 아니라고 비굴하게 말한다. (…)" Letter to Temple, 16 May 1877, Digby, p. 355에서 인용.

74) Lytton in a letter to Sir Louis Mallet(11 Jan. 1877), Ambirajan, p. 93에서 인용.

75) Brennan, p. 97에서 인용.

76) Digby, pp. 148~150과 361~362.

77) Ira Klein, "Imperialism, Ecology and Disease: Cholera in India, 1850~1950," *IESHR* 31:4(1994), pp. 495와 507; David Arnold, "Cholera Mortality in British India, 1817~1947," in Dyson, p. 270; Rita Colwell, "Global Climate and Infectious Disease: The Cholera Paradigm," *Science* 274(20 Dec. 1996), p. 2030.

78) Cecil Woodham-Smith, *Florence Nightingale: 1820~1910*, New York 1983, p. 338.

79) Digby, pp. 361~365; Richard. Tucker, "Forest Management and Imperial Politics: Thana District, Bombay, 1823~1887," *IESHR* 16:3(1979), p. 288(인용문).

80) Washbrook, "The Commercialization of Agriculture in Colonial India," *Modern Asian Studies* 28:1(1994), p. 131; W. Francis, *Bellary District*, Madras 1904, p. 135.

81) Digby, vol. 2, p. 148.

82) Kate Currie, "British Colonial Policy and Famines: Some Effects and Implications of 'Free Trade' in the Bombay, Bengal and Madras Presidencies, 1860~1900," *South Asia* 14:2(1991), p. 43.

83) Loveday, p. 60.

84) Ira Klein, "When the Rains Failed: Famine, Relief, and Mortality in British India," *IESHR* 21:2(1984), p. 195; Charles Elliot, *Report on the History of the Mysore Famine of 1876~1878*, pp. xx~xxix 참조.

85) Klein, p. 195.

86) Elliot, p. 42.

87) Klein, pp. 196~197.

88) *The Economist*, 18 Aug. 1877에 실린 빅토리아 여왕의 연설문.

89) Grenville Papers, STG India, 특대형 상자(file 5)의 August 1877 스크랩.

90) Ibid.

91) Mary Lutyens, *The Lyttons in India*, London 1979, pp. 111~112. 반면 마드라스 정부는 구호 캠프의 노동자들을 "부지런하고, 열심히 일하며, 자신들이 처해 있는 심각한 상황에서도 생기발랄하고, 제공된 노역에 감사한다."고 묘사했다. (*Report on the Buckingham Canal [Koitadatam] Division During the Madras Famine*, Box 2[a], Grenville Papers, STG India)

92) Digby, pp. 206~223.

93) Digby, vol. 2, p. 148에서 인용된 Rev. J. Chandler의 말.

94) David Arnold, "Famine in Peasant Consciousness and Peasant Action: Madras, 1876~1878," *Subaltern Studies* 3(1984), pp. 86~87과 93; "Dacoity and Rural Crime in Madras, 1860~1940," *The Journal of Peasant Studies*, p. 163.

95) Sharma, p. 359.

96) Neville Nicholls, "Complex Climate-Human-Ecosystem Interactions in the 1877 El Niño," *Abstracts*, Second International Climate and History Conference, Norwich 1998, pp. 65~66; J. Mayer, "Coping with Famine," *Foreign Affairs* 53:1(Oct. 1974), p. 101.

97) *The Times*, 9 July 1877.

98) Digby, p. 241.

99) Ibid., pp. 243~244.

100) James Wilson, *The Government of India in Relation to Famines and Commerce*, London 1878, pp. 9와 13에 재수록됨.

101) D. Rajasekhar, "Famines and Peasant Mobility: Changing Agrarian Structure in Kurnool District of Andhra, 1870~1900," *IESHR* 28:2(1991), pp. 143(인용문), 144와 150.

102) 여러 해가 지나고 1896년 기근 사태 당시 *Harper's Weekly*와의 회견에서 구호 관리 Lepel

Griffin이 한 이 회상은 결코 공평하지 않다("Indian Famine," 7 Nov. 1896, pp. 489~490).

103) Bhatia, pp. 98~101.

104) Osborne, p. 563(그의 강조)에서 인용.

105) Ibid., pp. 563~567.

106) Wakimura, p. 286.

107) Osborne, p. 564.

108) Ibid., pp. 553과 565.

109) 딕비는 6개월간 특파원을 파견해 봄베이, 마드라스, 마이소르의 기근 지역을 취재 보도케 한 나이트의 『스테이츠먼』을 특별히 거론하며 칭찬한다(Digby, p. 22). 『스테이츠먼』의 통렬한 사설들과, 선교사들이 보내온 비판적 내용의 편지는 *Sir George Couper and the Famine in North Western Provinces*(Calcutta 1878)라는 제목의 팸플릿으로 출간되었다. 그 발췌록은 Bhatia, p. 100에서 얻을 수 있다.

110) Kavshalya Devi Dublish, *Revolutionaries and Their Activities in Northern India*, Delhi 1982, pp. 3~4; Mehrotra, pp. 310~311 참조.

111) John McLane, *Indian Nationalism and the Early Congress*, Princeton, N.J. 1977, p. 45. 1876~1877년 기근 사태가 "혁명"으로 이어질지도 모른다는 영국인들의 광범위한 근심과 관련해서는 Ems Namboordiripad, *A History of the Indian Freedom Struggle*, Trivandrum 1986, p. 136을 보라.

112) Premansukumar Bandyopadhyay, *Indian Famine and Agrarian Problems*, Calcutta, pp. 97~103.

113) *The Nineteenth Century*, 8 Sept. 1878에 인용된 Nightingale의 말.

114) F. B. Smith, *Florence Nightingale*, London 1982, p. 146.

115) "나는 1873년에 이 글을 썼고, 1876년에 그걸 낭독했다. 그러나 작금의 한탄스런 기근 사태처럼 예언 내용이 이렇게 빨리 가공할 정도로 확증되리라고는 당시에 거의 예상하지 못했다."(D. Naoroji, *Poverty and Un-British Rule in India*, London 1901, pp. 60과 141); R. Masani, *Dadabhai Naoroji: The Grand Old Man of India*, London 1939, p. 192.

116) Osborne, p. 568에서 인용.

117) Bandyopadhyay, p. 104.

118) Ibid., pp. 106(글래드스턴)과 113(기금 사용).

119) Brennan, p. 98.

120) Ibid., p. 108.

121) Ibid., pp. 103~107.

122) Carol Henderson, "Life in the Land of Death: Famine and Drought in Arid Western Rajasthan," Ph.D. diss., Columbia University 1989, p. 66.

123) H. M. Hyndman, *The Bankruptcy of India*, London 1886, p. 26.

124) Naoroji, pp. 212와 216.

125) Brennan, p. 107.

126) Bandyopadhyay, p. 109; *Report of the Indian Famine Commission, 1901*, Calcutta 1901, p. 2에

인용된 1880 Report.

127) McLane, p. 49.

128) Masani, p. 295.

표 3 출처: Cornelius Walford, The Famines of the World, London 1879, p. 127.

표 4 출처: Report of the Indian Famine Commission, 1878, Part 1, Famine Relief, London 1880, p. 71에 들어 있는 Sir Richard Temple의 보고서.

표 5 출처: 템플 배급량의 칼로리는 Sumit Guha, The Agrarian Economy of the Bombay Deccan, 1818~1941, Delhi 1985, p. 186 각주 35; 부헨발트 배급량은 C. Richet, "Medicales sur le camp de Buchenwald en 1944~1945," Bulletin Academie Medicine 129(1945), pp. 377~388; 인도 성인 권장 식사량은 Asok Mitra, "The Nutrition Situation in India," in Margaret Biswas and Per Pinstrup-Andersen (eds.), Nutrition and Development, Oxford 1985, p. 149; 기초 대사량은 Philip Payne, "The Nature of Malnutrition," ibid., p. 7; 중노동을 수행하는 인도 남성의 칼로리 권장량과 어린이 식사량은 C. Gapalan, "Undernutrition Measurement," in S. Osmani (ed.), Nutrition and Poverty, Oxford 1992, p. 2; 제임스 롱 목사의 1862년 벵골 지역 영양 상태 실지 조사는 Greenough, Prosperity and Misery in Modern Bengal, Oxford 1982, p. 80 각주 94; 보이트-애트워터 표는 Elmer McCollom, A History of Nutrition, Boston 1958, pp. 191~192; 1874년 벵골 기근 사태 시 템플의 배급량은 하루에 쌀 680그램과 양념 및 달dal 약간에 기초해 계산한 것임(Edinburgh Review, July 1877을 보라).

2장 | 빈민은 그들의 집을 먹는다

역사에는 이렇게 끔찍하고 비참한 사태에 관한 기록이 전혀 없다. 따라서 구호 조치가 즉각 취해지지 않는다면 전 지역에서 주민들이 사라져 버리고 말 것이다.

— 산시山西성 총독, 1877

곤경에 처한 곳은 인도만이 아니었다. 그리고 그들의 운명은 놀랍게도 영국에서 별다른 관심을 끌지 못했다. 실론 북서부 주, 특히 자프나파탐과 카다벨리에서 굶주림과 콜레라로 수만 명이 죽었다.[1] 그 사이 북중국, 조선, 자바 남부와 보르네오, 비사얀제도[the Visayans, 현재의 필리핀제도. 옮긴이], 이집트, 알제리, 모로코, 앙골라, 남아프리카, 브라질 북동부에서도 유사한 재앙이 보고되었다. 광대한 인도-태평양 지역 전체의 기압 기록이 "관측이 시작된 이래 (…) 정상 기압에서 가장 크게 벗어나" 있었다. 엔소의 절반인 대기 부분, 곧 태평양 중앙의 날짜변경선 주변을 받침점으로 하는 남방 진동의 거대한 대기 시소see-saw가 도처에서 기상 기록을 엉망으로 만들어 버렸다.

산시성 총독의 글은 *Imperial Gazette*(15 March)에 실렸고, *The Times*(London), 21 June 1877에도 번역 게재되었다.

칠레의 산티아고에서 표준화된 관측 장비로 측정한 기압이 1876년 8월에는 정상 수치였던 것이 9월에는 관측 사상 최저 수준으로 떨어졌다. 반면 자카르타에서는 9월에 기압이 치솟기 시작하더니 1877년 8월에는 사상 최고를 기록했다(평균을 상회하는 표준편차가 3.7이었다). "이상 기압이 확인된 공간적 범위는 엄청났다. 레바논, 호주, 뉴질랜드에서도 이상 기압이 관측되었다." 해수면 온도와 야간의 해양 대기 온도도 1877년 10월부터 1878년 3월까지 역사상 가장 높았다. 변덕스럽기로 악명이 자자한 동아시아 계절풍과 대개는 확실한 아라비아 계절풍(에티오피아 고지의 청나일 분수계에 비가 와 매년 나일강이 범람한다.)이 끔찍할 만큼 정상적으로 작동하지 못했다. 기후는 1877년 말 정상 상태로 복귀하는가 싶더니 1878년 초에 엘니뇨 사태가 갑작스럽게 2차 파고 양상을 보였다. 산티아고의 대기압은 다시 하락했고, 자카르타의 대기압은 상승했다. 브라질 노르데스테에서는 1879년 가을까지 가뭄이 지

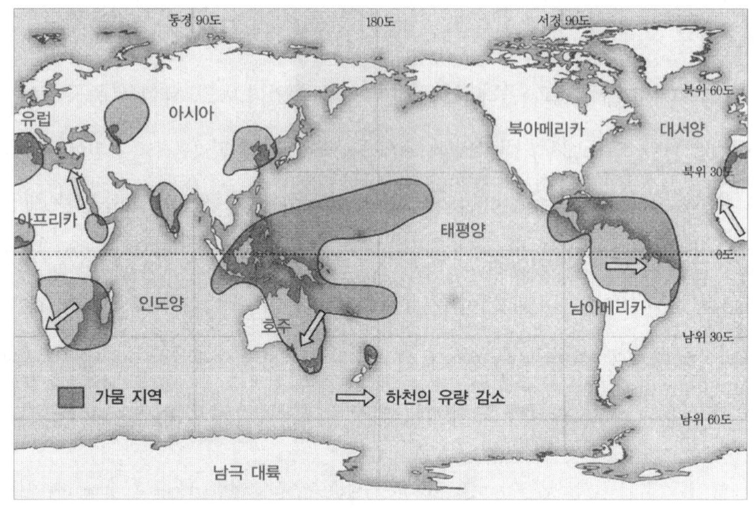

지도 2 | 1876년~1878년의 전 세계적 가뭄

속되었다.[2)]

엘니뇨 가뭄의 충격은 19세기 최악의 전 세계적 경기 침체로 증폭되었다. 에릭 포너는 이렇게 쓰고 있다. "자본의 시대의 열광적 경제 팽창이 1873년 끼익 하는 소리를 내며 멈추었다." 미국 철도 주식에 꼈던 투기적 거품이 꺼지면서(뉴욕 소재 제이 쿡 회사의 붕괴로 상징되는) 경제 위기가 급속히 전 세계로 퍼져 나갔다. "완전히 새로운 사업 환경이 도래했다. 치열한 경쟁이 벌어졌고, 가격이 폭락했다."[3)] 월 가에서 가상의 자본이 결딴나자 맨체스터의 목화 거래소에서 실제 가격이 폭락했고 펜실베이니아, 사우스웨일스, 작센, 피에몬테 등의 산업 중심지에서 실업이 폭등했다. 디플레이션은 머지않아 열대의 농민들도 위협했다. 철도가 미국과 러시아의 대초원을 개방하고 수에즈 운하가 유럽과 아시아의 거리를 단축시키면서 농산물 수출이 엄청나게 증가했는데, 이로써 이들 열대 식민지의 주요 산물에 대한 식민 모국의 수요가 급락했던 것이다. 그 결과는 도처에서 강화된 경쟁과 농업 수입의 격감으로 나타났다. 목화, 쌀, 담배, 설탕의 세계시장 가격이 다수 지역에서 생산비 수준으로, 심지어 그 이하로 떨어졌다.[4)]

수백만의 농민은 최근에야 시장 네트워크와 세계무역망에 통합되었고, 그리하여 그 기원이 날씨만큼이나 불가사의한 장거리 경제 파동의 영향을 받았다. 앙골라, 퀸즐랜드, 피지, 사모아는 물론이고 인도 서부, 알제리, (1876년 파산한) 이집트, 브라질 북동부가 광대한 면적의 생계 농업을 미국 남북전쟁 기간에 랭커셔의 이해관계에 부응해 목화 생산으로 전환했다. 그러나 미국 남부에서 목화 수출을 재개하면서 호황이 끝났다. 수십만 명의 소농은 빈곤과 부채의 늪에 빠졌다(표 7 참조).[5)]

브라질, 필리핀제도, 네덜란드령 동인도제도의 사탕수수 생산자들도

표 7 | 목화 품귀와 이후의 사태(영국의 원면原綿 수입 비율, %)

	미국	이집트	브라질	인도
1860	80	3	1	15
1865	19	21	6	50
1870	54	12	5	25

폭락하는 가격과 유럽의 사탕무와 벌여야 했던 점증하는 경쟁이라는 직격탄을 맞았다. 수에즈 운하가 개통되면서 호주와 인도가 새로운 경쟁자로 뛰어들었고 예부터 곡물과 양털, 가죽을 수출해 오던 모로코도 위협에 직면했다. 남아프리카의 밀 농사꾼, 포도 재배농 겸 양조업자, 목축업자들은 "스탠더드 은행이라는 제국주의적 금융의 확고부동한 관행"은 물론이고 "자유무역과 부채라는 모진 찬바람"을 견뎌야 했다.[6] 중국의 차 생산자들도 아삼 및 실론과 갑작스럽게 경쟁해야만 했다. 일본이 아시아산 비단 수출의 중국 독점을 조금씩 무너뜨렸다. 1875년경에는 1846년부터 1849년의 대위기 이래 가장 커다란 규모의 농업 불안과 폭동이 전 세계로 확산된다.

1. 중국

황하 유역 전체에 2년 연속 비가 내리지 않으면서 엄청난 규모의 가뭄-기근이 발생했다. 인도 데칸 고원의 재난이 무색할 정도였다. 그러나 베이징으로 정확한 상황이 보고되기까지는 여러 달이 걸렸고, 경화증에 걸린 관료체계가 가장 피해가 심각했던 다섯 개 성에서 구호 활동을 조직하기까지는 더 오랜 시간이 걸렸다. 심지어 그때조차도 운송 체계상 일련의 애로 사항들 때문에 구호 곡물이 느리게 운반되었다. 청 왕조는 철도와 전신 부설을 거부하고 있었다. 그것들이 필연적으로 외세의 경제적·이데올로기적 침투 무기가 되리라는 두려움은 합리적인 것이었다.[7] 그 결과 기근이 내습한 다수의 현에 불충분한 은화와 곡물이 최초로 당도한 것은 일 년 이상 지체한 후였다. 그 사이에 수백만 명이 죽었고, 수많은 농촌 지역에서 인구가 격감했다. 당시 중국에 머물던 서양인들은 이렇게 기민함이 부족한 것이 정체된 문명의 본질이라며 비난했다. 그러나 사태의 실재는, 18세기 내지 이전 10년 동안에도 효율적으로 작동하던 중국의 기근 구호 체계가 와해되었다는 점이었다.

가뭄은 사반세기에 걸쳐 진행된 괴이한 수준의 자연적·사회적 폭력의 대미를 불길하게 장식했다. 1850년대에 발생한 대규모 홍수로 수백만 명의 농민이 집을 잃고 유랑민이 되었다. 그들 다수가 1860년대에 청 왕조를 몰락시킬 뻔했던 각종 반란(태평천국운동, 삼합회, 홍건적, 녠 반란)에 가담했다. (산시陝西와 간쑤의 무슬림 근본주의자들인) 마지막 반도들이 진압된 것은 1872년이었다. 1851년에 시작된 태평천국운동 이래 누적된 경제적 피해는 어마어마한 것이었다. 태평천국운동이 진압된 후 소위 '동치중흥同治中興'이라고 하는 유교적 개혁이 시도된 막간에 18세기의 국가 가부장주의로 복귀하려는 노력이 여러 차례 있었다. 1867년과 1868년 베이징 지역의 가뭄-기근 사태 때 남부의 쌀 잉여분과 관에서 운영한 빈민 무료 식당을 통해 활발하게 전개된 구호 활동이 이를 예증하는 가장 유명한 사례일 것이다.[8] 그러나 동치중흥의 살뜰한 단계는 단명하고 말았다. 북부의 녠 반란을 격퇴하고 북서부의 무슬림 반도들을 진압한 후 중앙아시아로 뻗어 나가는 개입 정책은 지속적이며 비용이 많이 드는 내전이었다. 제국의 예산은 고갈되었고, 청 왕조는 비군사 부문 지출을 삭감하지 않을 수 없었다. 베이징은 다시 관직을 마구 팔아 치우기 시작했다. 태평천국운동 세력이 근절하고자 했던 주요 부패상 가운데 하나가 바로 이것이었는데도 말이다.

1876년에서 1878년 가뭄의 규모와 강도는 이전 세기의 가장 성실했던 "황금시대" 행정부들[강희·옹정·건륭 황제 치세기를 말함. 옮긴이]에도 커다란 부담이 되었을 것이다. 부패한 지사들과 그들의 공모자인 상인 수백 명이 곡물 사취 행위에 광범위하게 가담했다. 대운하도 계절적인 영향으로 사용이 불가능했다. 사태는 신속하게 대재앙으로 변했다. 북중국의 소농은 "잔물결 한 번이면 익사할 정도로 물이 턱까지 차 있는 상태에서 영원히 서 있는 사람"이라는 유명한 비유가 있다.[9] 그러나 1876년에 시작된 가뭄은 잔물결이 아니라 쓰나미였다.

만인묘

1876년 봄과 여름에 계절풍이 광둥과 푸젠에 머물면서 이들 성에 큰물이 들었다. 반면 중국 북부 전역과 조선 국경 지역은 가뭄으로 새카맣게 타들어 갔다. 여름과 가을 수확의 대부분이 멸실되었다. 영국 공사관의 중국 서기관 메이어스는 『임페리얼 가제트』를 주의 깊게 살펴본 후 외무성에 기근 사태가 전개될 것이라고 보고했다. 여름 계절풍이 불지 않는 사태를 관이 염려했다는 최초의 증거는 1876년 6월 22일에 나타난다. 다섯 살 된 황제와 그의 아버지, 삼촌이 이날 기우제를 지냈다. 다음날 허베이, 산둥, 허난의 가뭄 구호에 십만 냥이 책정되었다. 산둥성 총독이 무료 급식당

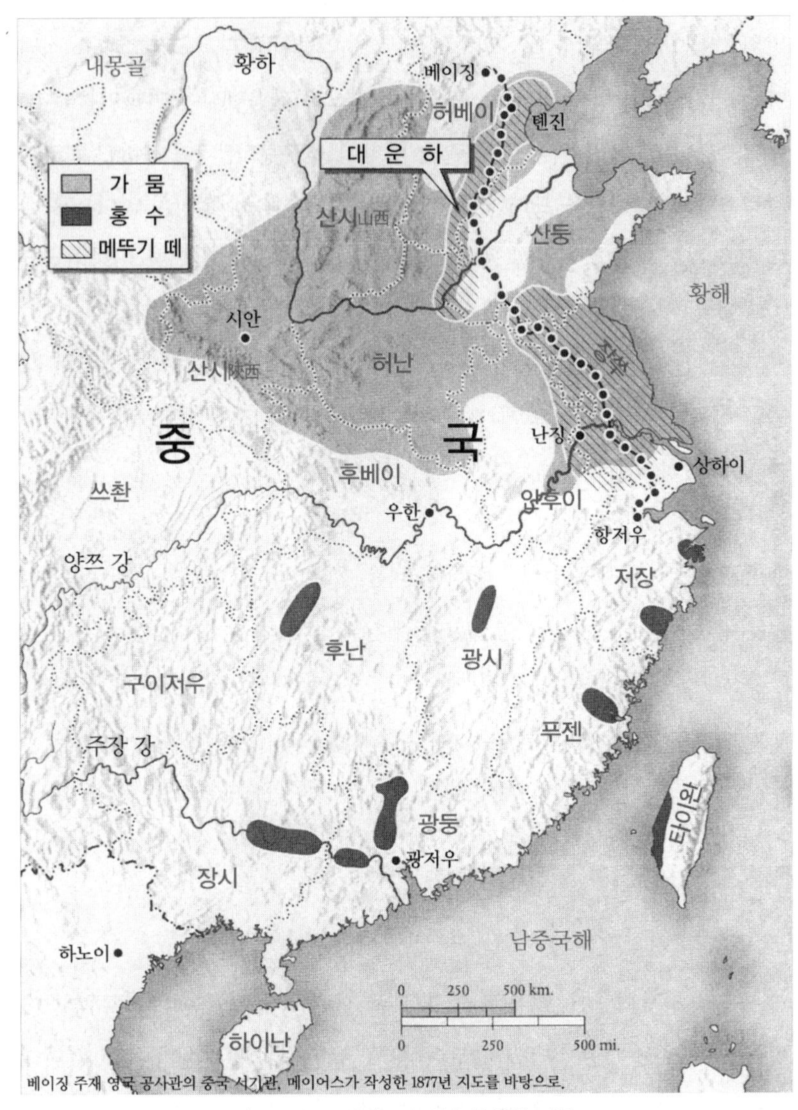

지도 3 | 1876년~1878년 중국의 기근

설치·운영 비용으로 관세 수입청에서 3만 냥을 빌리는 10월 초까지는 그 밖의 언급이 거의 없다. 그 후로 또 별다른 언급이 없다가 크리스마스 직전에 베이징이 갑작스럽게 세수 곡물을 대량으로 전용했다는 기록이 나온다. 누더기를 걸친 난민 수만 명이 톈진, 옌타이, 정저우, 심지어 상하이 거리에 갑작스럽게 그 모습을 드러낸 초겨울에는 기근 사태가 심상치 않다는 사실이 명약관화해졌다.[10] 난민들이 들려주고 선교사들도 확인한 이야기들은 참혹했다.

3년간 건조한 날씨가 이어지다 마침내 1876년 가을 본격적인 가뭄이 내습한 산둥 동부에서, 절망에 빠진 농민들이 그들의 집을 먹고 있다는 보고가 올라왔다.

> 여름에는 다수 대중이 애타게 비를, 비를 기다렸다. 이제 사람들은 목숨을 부지하는 것 자체를 걱정하고 있다. 양식을 다 소비한 그들은 들판에서 알곡의 껍질, 감자 줄기, 느릅나무 껍질, 메밀 줄기, 순무 잎사귀, 풀씨를 채집해 먼지를 떨어내고 먹는다. 이것마저 고갈되면 그들은 집을 헐어 목재를 판다. 많은 사람이 지붕 이엉으로 쓰인 썩은 가오량*gaoliang* 갈대(수수대)와, 흔히 불을 지피는 데 사용하는 마른 짚을 먹는다는 얘기가 도처에서 들려온다. (…) [그 다음으로] 그들은 옷가지와 아이들을 내다 판다.[11]

겨울이 시작되면서 "추위로 영양 부족 사태가 악화되었다. 연료 가격이 곡물 가격을 좇아 치솟았기 때문이다."[12] 농민들에게는 온기를 얻기 위해 폐허가 된 집을 태우는 것 말고는 다른 선택의 여지가 없었다. 유명한 미국인 선교사 새뮤얼 웰스 윌리엄스는 여생 동안 "유령 같은 사람들이 잿더미가 되어 버린 집 위를 맴돌거나, 폐허가 된 자신들의 사당 밖에서 직접 화장용 장작을 준비하는" 환영에 시달렸다.[13)]

불을 지필 만한 게 다 떨어지자 남쪽 장쑤성의 도시들로 옮겨 가지 않겠다고 마음을 정한 농민들은 대규모 지하 동굴에 모여 생활하는 대담한 전략을 취했다. 웨일스 출신의 선교사 티모시 리처드는 이렇게 전하고 있다. "정저우 동쪽 교외에 그런 동굴이 네 개 있었다. 각각의 동굴에서는 무려 240명이 몸을 웅크리고 온기를 구했다. 이 가운데 3분의 1이 6주 안에 죽었다. 그토록 애타게 찾던 빈 공간을 남겨 놓고 떠나 준 것이다."[14)] 겨울이 끝나 갈 즈음 옌타이 주재 영국 영사는 가뭄이 내습한 산둥성의 현들에서 구호 활동이 와해됐다고 썼다. "이투현에서 정부가 운영하는 무료 식당이 불충분하나마 여전히 구호 활동을 전개하고 있다. 그러나 슬프게도 자금이 바닥났고, 이제 그곳은 곧 문을 닫게 될 것이다. (…) 그 지방 지사는 부자들에게 한 번 더 기부해 달라고 간곡히 당부하는 포고를 발했다. 그러나 내가 보기에는 아무 효과가 없을 것 같다. 이렇게 거대한 재난을 해결하는 데 일개 지방 지사가 얼마나 무기력한지를 쉽게 이해할 수 있을 것이다."[15)]

서구 유럽 이외의 사회에서 식량 부족기에 항의와 재분배의 전통적 의례로 표출되던 명시적 "도덕 경제"가 어느 정도까지 작동했는지와 관련해서는 역사학자들 사이에서도 논쟁이 분분하다. 산둥성 기근 사태에 관한 선교사들의 기록에서 가장 강력한 증거를 조금이나마 확인할 수 있다. 이곳의 여성 농민들이 연극조로 과장된 시위를 조직했다는 사실은, 탐욕스런 토지 귀족과 불성실한 지방 관리들에 항의해 온 관습적 전례를 암시한다. 어떤 현에서는 "한 무리의 여성이 부자의 집으로 몰려가 (…) 그곳을 장악하고, 거기서 식사를 한 다음, 다른 집으로 몰려가 다음 식사를 내놓으라고 요구했다." 또 다른 지역에서는 성난 여성 농민들이 베이징에서 나온 구호 기금을 착복하던 부패한 지사를 찾아가 항의했다.

> 각자 부엌칼과 도마를 휴대한 여성 백 명이 하루는 관아로 몰려가 안마당에서 연좌 농성을 시작했다. 아전들이 여성들에게 용무를 물었다. 여성들은 지사와의 면담을 원한다고 답변했다. (…) 지사가 모습을 드러냈다. 순간 대표로 선출된 여성 한 명이 이렇게 외쳤다. "빈민들이 주린 배를 움켜쥐고 죽어 가는데도 이 사태를 바로잡지 않고 가난한 사람들의 돈을 훔치는 지사라면 이렇게 토막을 내서 다져 버려도 싸다!" 이에 그 백 명의 주부들이 도마를 두드리며 반복구를 따라 했다. "가난한 사람들의 돈을 훔치는 지사는 이렇게 토막을 내 버려야 한다!"[16]

그러나 이런 전투적 자기 조직화는 통상 기근의 초기 단계에나 가능했다. 기아가 촌락, 다시 말해 확대가족의 사회구조를 해체하기 전에나 가능했던 것이다. 1877년 봄이 되면 가뭄이 내습한 산둥의 현들에서 사망과 이주로 부분적이나마 이미 인구가 격감하게 된다. 한 선교사는 『산둥 쿠리어』에 이렇게 기고했다. "200세대로 구성된 촌락인 지젠에서 30세대가 식량을 구하려고 가옥을 헐어 목재와 지붕 이엉을 팔았다는 사실을 확인했다. 30세대는 마을을 떠났고, 20명은 굶어 죽었다. 30, 40세대로 구성된 장자러우에서는 47명이 굶어 죽었고, 100세대로 구성된 한때 부유했던 리카이창에서도 이미 30명이 굶어 죽었다. 60세대로 구성된 포왕에서는 40명이 죽었고, 60명이 마을을 떠났다. 40세대로 구성된 마숭에서는 40명이 죽었다."[17] 단 한 개 현에서 십만 명 이상이 남쪽에서 온 청부인들에게 노예로 팔려 갔다고 전해진다. 물론 정부가 나중에 기근 사태 당시 강제로 이루어진 여자와 아이들 판매를 전부 무효화하기는 했다.[18] 이탈리아 선교사 디 마르키 신부는 산둥의 고통받던 촌락들에서 생존을 위해 가족의 명예를 팽개쳐야만 했던 절망적 상황을 절절하게 묘사한다. "내가 구호 활동을 펴기 위해 들어간 마을은 전체가 이교도였다. 그 마을에서는 노파 두 명을 제외한 모든 여성과, 남녀를 불문한 모든 아이가 팔려 나간 상태였다." 그가 방문한 또 다른 마을에서는 많은 세대가 "구걸 행위라는 치욕을 받지 않기" 위해 자살을 감행했다.[19]

지방 관청은 쓸모가 없어 보였다. 그들은 농촌 구호 활동을 조직하는 일보다 기근 때문에 도적으로 전락한 자들을 수천 명씩 잡아 죽이는 데 훨씬 더 뛰어난 수완을 발휘했다. 그들은 대개 생포한 자들에게 " '칼'을 씌워 느리고 고통스럽게 굶겨 죽였다."[20] 『더 타임스』의 특파원은 이렇게

그림 5 | 1877년 진장, 식량을 구하기 위해 아이를 내다 파는 어머니

보도했다. “리처드가 전하는 바에 따르면 그들은 이 여덟 개 지역 전체에 4만 3천 냥(약 1만 4천 파운드)만을 할당했다고 한다. 이런 대재앙에 그만큼의 시여施與뿐이라니!”[21] 선교사들은 공식적인 구호 활동의 혜택을 받은 사람이 다섯 개 성의 피해 주민 가운데 20퍼센트에서 40퍼센트 정도뿐이라고 추정했다.[22]

베이징의 메이어스가 관찰한 대로 제국은 파산 상태였다.[23] 태평천국운동이 종결된 후 쌓인 세수 잉여는 중앙아시아로의 제국주의적 팽창과 해안선의 요새 및 조병창을 건설하는 데 지출되었다. 청 왕조는 외국 열강들에게 점점 더 터무니없는 이자율로 자금을 빌리지 않을 수 없었다. 예를 들어 보자. 홍콩 상하이 은행을 통해 모집되어 신장 정복 비용으로 지출된 2천1백만 냥의 차관과 비교할 때 1877년과 1878년의 관세 수입은 새발의 피였다.[24] 스스로 꾸려 가도록 방치된 성省 정부 대부분은 이미 가뭄 초기에 파산한 상태였다. 1877년 8월 제국의 감찰관들이 분노하며 지적한 것처럼 남아 있던 예비 재정도 부패한 구호 관리들이 재빨리 착복해 버렸던 것이다.[25] 농촌에는 관의 궁핍을 메울 만한 자원이 전혀 없었다. 정부의 지원이 없을 때 지방의 농민들은 전통적으로 공제조합이나 마을금고에 의지했다. 그러나 1876년부터 1877년의 그 참혹했던 겨울 동안 산둥 촌락의 상호부조주의는 붕괴하고 말았다. 구성원을 구하는 데 실패한 사회는 영원한 불신의 대상으로 전락했다.[26]

일부 농민이 생존을 위해 투쟁에 나선 것은 놀라운 일이 아니다. 카스트로 분열되어 있던 인도보다 훨씬 더 다양한 이단적 종파와 반청 지하 세력이 격증했고, 중국 농민들은 반란을 조직하고 정당화할 수 있는 문화적 기반을 확보했다. 가뭄이 막바지에 이를 무렵 산둥성 남서부에서 “전통

의료업으로 생계를 유지하던 주원궈라는 사람이 명나라 왕족의 후예를 자처하며 봉기했다. (…) 이 지역의 가난한 민중이 그의 깃발 아래 모여들었고, 거의 한 달간이나 세력을 유지했다. 이윽고 비가 억수로 왔고, 추종자들은 해산 후 경작이 가능해진 각자의 전답으로 돌아갔다."[27]

더 흔한 방식의 대응은 촌락민 전체가 남쪽의 부유한 도시들로 재난을 피해 옮겨 가는 것이었다. 이렇게 조직적으로 이루어진 촌락 이주와 집단 구걸을 '타오팡*t'ao-fang*'이라고 한다. 그들의 행동은 법률과 민간의 묵인 속에서 통상의 (범죄적) 방랑 생활과 뚜렷하게 구분되었다.[28] "정처 없이 방랑하는 농민과 이에 부합하는 각종 결과가 위협으로 다가왔다." 따라서 정부는 도시 엘리트의 도움을 받아 이주를 일정하게 통제하려고 했다.[29]

기근 사태 당시 베이징 외곽으로 검문소가 설치되었음에도, 장쑤성 각 도시의 부유한 귀족들은 북쪽에서 내려오는 정직한 난민들에게 문호를 개방하라는 명령을 받고 있었다. 산둥 출신자들은 도시의 쉼터에 등록되었고 쌀죽, 헤진 옷, 심지어 기본적 의료 혜택까지 받을 수 있는 배급표를 지급받았다. 나중에 가뭄이 잦아든 후 그들은 고향 마을로 돌아갈 수 있는 여행 경비를 받았고, 그렇게 돌아간 고향 마을에서는 많은 경우 지사들이 종자와 가축을 빌려 줘 농업(결국 국가 세입) 활동을 재개할 수 있도록 도왔다. 그러나 가끔씩 대탈출이 너무나 큰 규모로 전개되어 통제할 수 없는 지경에 이르면 청 왕조도 양심의 가책 따위는 외면한 채 군대를 투입해 난민을 돌려보내거나 심지어 죽이기까지 했다. 1877년 산둥-장쑤의 성 경계선을 따라 이런 일이 벌어졌다.[30]

정부가 산둥의 혼란상에 주목하고 있을 때 기근은 산시山西성 전역 및 산시陝西성, 허베이성, 허난성의 상당수 지역과 후베이성, 안후이성, 장쑤성의 북부 현들로 빠르게 확대되었다. 허베이성과 장쑤성에서는 오늘날도 빈번하게 그러하듯 가뭄에 뒤이어 메뚜기 떼가 내습했다. 프랑스보다 더 넓은 지역에서 9천만 명 이상이 굶주림으로 고통을 받았다.[31] 대중의 반기독교 정서가 전설적이었던 허난성에서는(선교사들은 이곳을 "무정한 허난"이라고 불렀다.) 기근 사태의 전개 상황을 기록으로 남길 수 있었던 상주 선교사가 단 한 명도 없었다. 아무튼 총독은 베이징에서 수확의 절반 이상이 유실되었고, 카이펑으로 난민 7만 명이 몰려들었다고 보고했다.[32] 중국어로 된 다른 기사를 보면 식인 행동과 약탈 행위는 물론, 피해가 가장 심각했던 현들에서는 전체 인구의 3분의 1 이상이 사망했음도 알 수 있다.[33] 강도질과 반란의 중심지로 유명했던 루산현에서는 (현지어로 탕쟝*tangjiang*이라고 하는) 관개시설을 유지 관리하던 가난한 농민과 노동자들이 일제히 봉기했다. "구호 제공을 완강히 거부하는 지주들에 맞서 탕쟝은 창고를 부수고 가난한 사람들에게 곡물을 나누어 주었다. 이 행동이 기폭제가 되어 다른 농민들도 운동에 가담했다. 참가자 수가 수만 명에 이르렀다. 정부가 대규모 군대를 투입하고서야 비로소 폭동을 진압할 수 있었다."[34]

외국 세력이 산시陝西성 기근 사태의 심각성을 조금이나마 인지하는 데는 일 년 가까이 걸렸다. 성 관리들은 영국 오지 전도단의 원조 제의를 거부했다. 그러나 대표자 두 명, 곧 볼러와 조지 킹이 짧게 방문하는 것은 허락했다.[35] 중국 문명의 도가니라고 할 수 있는 웨이허渭河 유역의 마흔 개 현에서 발생한 사망자 수는 압도적인 수준이었다. 후에 기록된 한 성사省史는 이렇게 전하고 있다. "사람 해골이 길에 놓여 있었다. 평균적으로 봐서 크기가 큰 현은 십만 명에서 2십만 명이 사망했고, 작은 현에서도 약 5만 명에서 6만 명이 죽었다. 시체를 처리하는 유일한 방법은 커다란 구덩이를 파는 것이었다. 그 구덩이들은 오늘날에도 여전히 '만인묘'라고 불린다. 죽은 아이들은 우물에 던져 넣었다."[36] 많은 경우 촌락과 도시 주변을 배회하던 늑대들이 굶주림으로 취약해진 농부들을 잡아먹었다. 놈들은 "송장 같은 사람들로 푸짐한 식사를 즐기느라 정신이 없었다."[37]

말로 다할 수 없는 산시山西성의 비극

그러나 기근 사태의 섬뜩한 절정은 산시山西성에서 전개되었다. 인구 천5백만의 이 가난한 내륙 성은 면적이 잉글랜드와 웨일스를 합한 것만큼 컸다. 1875년부터 이곳에 기근이 닥쳤다. 그전까지 인구가 밀집되어 있던 남서부 현들은 일시적이나마 웨이허 유역의 수입품을 통해 식량 부족 사태를 완화할 수 있었다. 그러므로 웨이허 유역의 흉작은 이웃 산시의 농민 수십만 명에게 사형 선고나 다름없었다.[38] 다시 한 번 청나라의 관료들은 굼뜨게 대응했다. 1877년 초에 한 감찰관은 산시山西성 구호 행정의 부패상을 한탄했고, 후에 베이징은 토지세 징수를 유예하는 법령을 발포했다. 그러나 『임페리얼 가제트』에서 산시山西성 남부의 곡물 창고가 텅 비었고 농민들이 오물더미와 죽은 이웃들의 시신으로 연명하고 있다며 긴급하게 호소했던 때는, 이미 비가 안 온 지 꼬박 일 년이 지난 3월이었다.[39] 리헌넨 총독이 부고 같은 보고서에서 강조한 것처럼 전체 사회 계급은 아래에서부터 완전히 와해되었다.

> 몇 년 연속 성을 찾아온 가뭄으로 전대미문의 넓은 지역에서 극심한 기근 사태가 펼쳐졌다. 가을이 가고 겨울이 오면서 원조가 필요한 사람들의 수가

나날이 증가했다. 그리고 마침내 그 수가 수백만에 이르렀다. 처음 희생당한 사람들은 하층계급이다. 그들은 이내 사라졌거나 생존을 위해 다른 곳으로 흩어졌다. 이제 기근은 유복한 부자들을 공격하고 있다. 그들은 날이 갈수록 자신들이 더 커다란 비극에 휩싸일 것이라는 사실을 깨닫고 있다. 이제 곧 그들도 죽어 가거나 다른 곳으로 옮겨 간 사람들을 따를 것이다. 더 이른 재난의 시기에 산 사람들은 시신을 먹었다. 그 다음 단계에서는 강한 사람들이 약한 사람들을 먹었다. 그리고 이제는 마침내 전반적 궁핍이 최고조에 달해, 사람들은 자신의 살과 피를 먹는다.[40)]

황토 고원 지대로 곡물을 실어 보내려던 베이징의 때늦은 노력은 운송 체계의 마비로 좌절되었다. 양쯔 강 유역에서 생산된 쌀 잉여분을 북중국 내륙으로 운반하던 중요한 생명선인 대운하의 상태가 특히 처참했다. 『뉴욕 타임스』의 한 특파원은 이렇게 썼다. "세계에서 가장 크고 중요한 운하는, 지금 수백 킬로미터가 선박이 지나갈 수 없는 상태다. 오래된 수로에는 풀이 무성하고, 한때 연공年貢을 수도로 운송하던 정크선들의 목재 선체가 처박혀 썩어 가고 있다."[41)] 한때 운하에 물을 대주었던 강들은 황하가 물길을 바꾸면서 차단되었거나 정부의 방치 속에서 개흙으로 완전히 막혀 버린 상태였다. 그 결과 운하의 수위가 가뭄이 시작되면서 급격하게 하락했다. 부분적으로 운하를 준설하거나, 그도 아니면 가뭄으로 수위가 얕아지고 위험할 정도로 침니가 쌓인 황하를 따라 소형 선대에 곡물을 실어 보내는 활동만이 일관성 없게 이루어졌다.[42)]

쌀 운반선이 남쪽에서 발이 묶이자 정부는 처음으로 만주의 밀에 관심을 돌렸다.[43)] 만주의 농민들이 대량으로 곡물을 실어 보냈음에도 일련의 운송

그림 6 | 사람과 짐승의 시체로 가득 찬 관 협로

마비 사태로 인해 허난, 산시陝西, 산시山西의 대량 기아 사태 중심지로의 곡물 이동은 더디기만 했다. 첫 번째 병목은 톈진 항이었다. 톈진 주재 영국 영사이자 기근 구호 위원회 의장이었던 포레스트는 이렇게 푸념했다. "1877년 11월의 톈진은 그야말로 끔찍했다. (…) 이용 가능한 모든 항구에서 도착한 식량으로 톈진은 넘쳐 났다. 해안 부두에는 곡물이 산처럼 쌓여 있었고, 정부 창고도 가득 차 있었다. 가능한 온갖 운송 수단이 징발되었다. 수로에는 배들이 가득했고, 길에도 짐수레가 꽉 들어차 있었다."[44] 다른 병목들도 북중국 평원 전역에서 구호 곡물의 운반을 더디게 했다. 산시山西 남부 주민들의 "전멸할 것 같다."는 경고에도 말이다.[45] 운송 마비 사태는 관 협로에서 악몽처럼 최고조에 이르렀다. 관 협로는 산시山西 남부로 진입하는 산악 관문이다. 포레스트 영사는 사태의 혼란상을 확인하려고 200여 킬로미터에 이르는 그 산악 협로를 직접 답사했다.

소름 끼치는 무질서가 만연해 있다. (…) 협로를 따라 운송 마차를 호위하는데 여념이 없는 관리들과 상인들의 왕래가 빈번하다. 도망자, 거지, 도둑 들이 그득했다. (…) 낙타, 황소, 노새, 당나귀 들은 (…) 고기를 얻으려는 절망적인 사람들에게 죽임을 당했다. (애초에 그 녀석들에 의해 산시山西로 운반될 예정이었던 곡물은 썩어 가면서 톈진의 쥐들만 배불렸다.) 야간 여행은 완전히 불가능했다. 사람과 짐승의 시체가 길에 가득했다. 늑대, 개, 여우 들이 쓰러진 사람들의 고통에 이내 종지부를 찍어 준다. (…) 이것은 참혹한 신성모독이다. (…) 굶주리는 사람들을 동원해 새 길을 만들고 낡은 도로를 개선하자는 방안이 당국에 제안된 적은 단 한 번도 없다. (…) 산적들은 여행자들을 위협했다. (…) 폐허가 된 집에서는 죽은 사람, 죽어 가는 사람, 산 사람 들이 한데 뒤엉켜

> 있었다. (…) 가축으로 기르던 개들은 배고픔을 이기지 못해 달아났고, 도처에서 사람의 시신을 뜯어먹었다. 놈들도 발견되어 포획되면 사람 먹이 신세가 되었다. (…) 아녀자들이 악덕 상인들에게 팔려 갔다. 그들은 기회를 놓치지 않고 가증스런 방법으로 돈을 모았다. 자살이 별다른 관심을 끌지 못할 정도로 흔해졌다.[46]

중국인으로 변장한 리처드가 천2백 미터 높이의 단층애를 지나 산시山西로 들어간 그 해 말, 매일 천 명이 굶어 죽고 있었다. 이 침례교 선교 협회 대표자는 "재앙의 규모에 아연실색했고" 자신이 『요한계시록』의 한 장면을 목격 중이라고 생각했다. 이미 세 차례의 겨울 동안 비가 거의 내리지 않은 상태였다. 현의 곡물 창고 다수가 여러 해 동안 텅 비었거나 부패한 지사들이 사취한 상황이었다. 한편으로 최근 무슬림과 한족 사이에서 벌어진 대량 학살적 내전 비용에 짓눌린 성 정부는 구호 사업에 충당할 기금이 전혀 없었다. 그 사이에 메뚜기가 가뭄을 뚫고 자라난 풀잎을 전부 먹어 치웠다. 한때 비옥했던 농촌은 먼지바람이 황량하게 부는 황토 사막으로 바뀌어 버렸다. "사람들이 가옥을 허물고, 아내와 딸을 팔고, 나무뿌리와 죽은 짐승 고기, 흙과 쓰레기를 먹는다는 사실을 아무도 이상하게 여기지 않는다. (…) 이런 광경에 연민의 정을 느끼지 못하겠다면 길가에 무기력하게 드러누워 있는 남녀나 굶주린 개와 까치들이 너덜너덜하게 만든 시체의 모습은 어떤가? 마지막 며칠 동안 우리는 아이들을 삶아 먹었다는 얘기를 들었다. 생각만 해도 너무 끔찍해 몸이 덜덜거릴 지경이다."[47]

청나라 관리들이 보낸 편지도 이 사실을 확인해 준다. "부모들이 포기한 아이들은 (…) 비밀 장소로 옮겨져 살해 후 먹혔다."[48] 리처드는 나중에 사람 고기가 노상에서 공개적으로 팔리고 있음도 확인했다. 그는 "부모들이 친자식을 죽이고 먹을 수 없어서 아이들을 교환한다."는 얘기를 들었다. 자위를 위해 창과 칼로 무장한 주민들도 "난방과 요리에 필요한 석탄을 구하러 채탄장에 감히 가지 못한다. 노새와 주인이 모두 사라져 버렸거나 잡아 먹혔기 때문이다."[49] (다른 한편으로 리처드는 그렇게 많은 사람이 죽는 와중에서도 "부자들에 대한 강탈이 없다."는 사실에 큰 충격을 받았다.)[50] 산시山西의 로마 가톨릭 주교로서 재앙을 목격한 또 다른 유럽 증인도 나사로 수도회의 서무계에 보낸 한 편지(나중에 『더 타임스』에 인용된다.)에서 리처드가 관찰한 가장 끔찍한 사실을 확인했다. "이전에는 사람들이 시체를 먹는 것에 그쳤다. 이제 그들은 산 사람들을 잡아먹고 있다. 남편이 아내를 먹고, 부모가 자식을 먹고, 자식이 부모를 먹는다. 이런 사태가 지금 벌어지고 있는 일상사다."[51]

가뭄-기근이 시작되고 거의 2년이 지난 1878년 5월 10일 베이징 주재 영국 대사는 외무성 장관 솔즈베리 경에게 이렇게 보고했다. 후베이성에서는 최근 내린 비로 상황이 개선된 반면, 허난성과 산시山西성에서는 별다른 구원의 기미가 없다고.

> 거기 머물고 있는 선교사들이 보낸 편지는 끝없이 되풀이되는 고통스런 광경을 똑같이 설명하는 내용 일색이다. 기근이 야기할 수 있는 상상 가능한 모든 참사가 대규모로 발생했다고 한다. 현재 베이징 관문과 거리에서 빈곤으로 죽어 가는 모습이 목격되는 가난한 이주민의 숫자와, 악성 열병의 비정상적 창궐이 현실을 증언해 주지 않았다면 누구라도 재난의 규모가 과장되었다고 믿을 것이다. 나는 어제 믿을 만한 정부 소식통에게 이번 기근 사태로 모두 합해 무려 7백만 명이 사망한 것으로 확인되었다는 얘기를 들었다. 지난겨울

산시山西성에서만 주민 5백만 명이 죽었다고 한다. 가뭄이 계속된다면 성의 인구가 다 사라져 버리고 말 것이다.[52]

산시山西성의 참사를 알린 이 보고서는 마침내 전신으로 전 세계에 유포되었고, 나중에 영국의 유명한 선교 월간지 『차이나스 밀리언스』에 실렸다. 이 잡지의 편집자 허드슨 테일러는 이렇게 썼다. "사태를 충분히 납득시키기 위해 기근 사태에 관한 목격자들의 고통스런 증언을 그대로 실었다." 산시山西성 사태가 특별히 기독교인들의 마음을 잡아끌었던 이유는 그들이 그곳을 아편 소굴이라고 믿었기 때문이다. 그곳에서 "열에 여덟이 아편을 피우고" 곡물 경작을 포기했기 때문에 많은 사람들이 굶어 죽었다고 생각한 것이다. 테일러는 이런 내용의 사설을 썼다. "수척한 몸매의 저 가난한 사람을 보라. 그는 땅, 집, 가구, 아이들과 자신의 옷, 침구를 내놓았고, 아내를 팔거나 매매춘을 시켰다. 사실 이 모든 것이 아편 때문이다. (…) 아편이야말로 (…) 다른 어떤 나라와도 비교가 안 되는 빈곤, 불행, 질병, 비참의 원인이다."[53]

그 사이 런던에서는 자딘 가문, 메디슨 가문, 리드 가문 및 예로부터 아편 무역에 종사해 온 기타 주요 인사들이 중국 기근 구호 기금을 조직했다. 런던 위원회는 이 재앙이 "세계 역사상 유례가 없는 사건"이라고 설명하는 작은 책자를 한 권 발행했다. 거기에는 한 중국인 화가가 자살을 하거나 죽은 이웃의 시신을 먹는 허난의 농민들을 묘사한 참혹한 그림이 들어 있었다.[54] 오스만투르크의 잔학 행위 속에서 희생당한 불가리아인들에 대한 원조와 굶주리는 마드라스를 도와야 한다는 호소가 신문의 일면을 장식하는 더 인기 있는 자선 행위이기는 했지만, 중국 선교의 지지자들은 "기근

그림 7 | 기근의 여파로 인한 자살
그림 8 | 산 사람들은 죽은 자의 고기를 얻으려고 애쓴다

구호 활동을 하늘이 주신 복음 전파의 기회"라며 반겼다.[55] "어둠의 장막이 드리워진 [북부의] 아홉 개 성 전체"를 개방할 수 있는 아르키메데스의 지레라고 믿었던 것이다.[56] 실제로 1877년 상하이에서 열린 선교 총회는, 아서 스미스가 "멋진 기회"라고 규정한 기근 사태를 활용해 "당대에 교회가 중국에 복음을 전파해야 한다."는 유명한 호소를 발표했다.[57] 같은 해 영국 영사는 이렇게 말했다. "[구호] 사업에 나선 용감하고 현명한 사람들의 기금으로 십여 년의 전쟁보다 중국의 문호가 더 많이 개방될 것이다."[58] 중국 최초의 영국 주재 공사 궈쑹다오郭嵩燾는, 기근으로 인한 자신들의 "문호 개방"을 반기는 영국에 반발하면서도 구호 활동을 지지하는 것이 현명한 태도라고 판단했다.[59] 궈쑹다오가 예견한 것처럼, 기근으로 생긴 "쌀 기독교도들"은 단명했고, 선교사들은 이내 그들의 상습적 개종 행위에 불만을 토로했다.

1890년경에 한 선교사는 이렇게 썼다. "산시山西성에 뿌린 그 많은 자선 활동의 영적 결과는 아주 실망스럽다. (…) 침례교 선교단은 13년의 노력 끝에 약 서른 명의 개종자만을 얻었을 뿐이다."[60)]

미국에서는 유명한 선교사이자 중국학의 개척자인 새뮤얼 웰스 윌리엄스가 1859년 중국에게 억지로 받아 낸 배상금의 일부를 돌려줘야 한다고 의회에 공식 탄원했다. 그는 이렇게 썼다. "산시山西 사태는 구조가 거의 불가능해 보인다." 그러나 "지난濟南, 산차우, 차우, 서부의 기아 사태는 해결할 수 있고, 해결해야 한다." 이에 호의적이었던 하원 의원 한 명이 법안을 준비했다. 그러나 전도적 인도주의와 미국의 무역 이익조차 이주민 노동이라는 "황화黃禍"가 예상된다며 반발한 미국 내 서부의 반대에 부딪쳐 무효화되었다. 1876년 샌프란시스코의 도시 빈터에서 시작된 반중국인 폭력이 경기 침체에 빠진 도시들과 서부 각 주의 철도 건설 캠프들로 요원의 불길처럼 확산되고 있었던 것이다. 의회에서도 "중국인에 대한 편견이 너무 강했다. 햄린 상원의원은 그 법안을 좋게 보지 않았다. 그는 중국에 돈이 도착하기도 전에 굶주리는 사람들이 다 죽을 것이라고 주장했다."[61)]

다른 열강들도 굶주리던 중국에서 배상금을 갈취하는 데 미국만큼이나 무자비했다. 그 사이에 파편적인 보고이기는 했지만 산시陝西성, 허베이성, 허난성에서 발생한 가공할 기근 사망자 수가 알려지기 시작했다. 우리가 이미 보았지만 허난성의 맹렬한 반외세주의는 선교사의 접근을 차단하고 있었다. 유럽인들은 1879년 초에야 비로소 허난의 상황을 처음으로 어렴풋이나마 파악하게 된다. 중국 기근 구호 기금에서 일하던 또 다른 영국 영사 힐리어가 산시山西성에 은화 2천 냥을 배포하러 가는 도중에 허난성을 지났던 것이다. 허난 남부의 토지는 이미 경작되고 있었다. 그곳의 성난 군중은 모욕적인 언사를 내뱉거나 반외세 구호를 외치면서 길을 가는 힐리어를 위협했다. 그러나 허난 북부에서는 가뭄이 여전히 맹위를 떨치고 있었다. 살아 있는 사람들이 적막한 경관의 진귀한 광경 그 자체였다.

> 다수의 도시와 촌락이 거의 텅 빈 상태였다. (…) [우리는] 죽은 자들의 도시를 (…) 서둘러 지나가면서 우리 자신의 발자국 소리 말고는 아무 소리도 듣지 못했다. 이렇게 텅 비어 버린 집들에 들어가 보고 싶다는 호기심이 생겼다. 그러나 거기서 마주친 광경에 우리 두 사람은 커다란 충격을 받았고 더 이상 엄두가 나지 않았다. (…) 우리는 우리가 목격한 사태에 관해 별다른 얘기를 나누지 않았다. 너무 비참해서 화제로 삼을 수 없었던 것이다. 가족이 시신을 관에 안치하거나 벽돌을 쌓아 예를 갖춘 집은 몇 곳에 불과했다. 굶주리던 이웃이 무덤을 파내 시체를 먹어 버리는 사태를 막아야 했던 것이다.[62]

촌락민들은 구호 곡물이 당도할 수 없다면 자신들이 다가가야 한다고 생각했다. 그들은 1878년과 1879년 겨울에 고향을 등진 채 필사적으로 각 성도省都로 향했다. 화물 집산지 톈진이 특히 각광을 받았다. 이 과정에서 그들은 의도치 않게 구호 캠프 및 빈민촌에 잠복 중이던 치명적인 역병을 굶주림과 맞바꿨다. "[주로 산시陝西성 출신의] 난민 십만 명이 톈진으로 유입되었고, 그들은 '진흙과 기장 줄기로 만든 누옥'을 피난처로 삼았다. 그러나 발진티푸스가 발생했고 차가운 날씨 속에서도 매일 밤 4백에서 6백 명이 죽었다." 그들의 처지가 더욱더 딱했던 이유는, 이 가운데 수천 명이 음식을 얻고자 오래전에 옷가지를 팔아 버려 사실상 벌거숭이나 다름없었기 때문이다.[63] 기근 사태의 이 역병 단계에서 미생물들이 힘을 보탰고,

사망자 수는 기아 그 자체의 공간적·사회적 범위를 훨씬 뛰어넘어 증가했다. 결국 기근 난민들이 가져온 발진티푸스로 베이징과 톈진의 도시에서 거주하는 서민 수만 명을 포함해 청나라의 귀족과 유럽인들까지 사망했다.[64] 1876년 홍수가 강타한 푸젠의 여러 지역에서 발생한 콜레라도 중국의 해안 도시들을 따라 북쪽으로 이동했고, 심지어는 일본 남부까지 영향을 미쳤다.[65]

마침내 1878년 여름 산시山西성에 계절풍이 불었다. 그러나 데칸에서처럼 정상적으로 농업 활동을 재개하기가 매우 어려웠다. 티모시 리처드는 영국 대사에게 써 보낸 편지에서 이렇게 설명했다. "촌락 수백 개, 어쩌면 수천 개에서 주민의 10분의 7이 이미 죽어 나간 상태"로, 통상의 30퍼센트 정도만이 파종되었다.[66] 일부 농민은 자신들이 아무도 모르게 숨겨 두었던 종자를 꺼내 보일 경우 발생할지도 모르는 폭력 사태를 두려워했다. 반면 다른 농민들은 신체 상태가 너무 취약하거나 아파서 도저히 노동을 감당할 수 없었다. 가까스로 작물을 파종한 농민들은 계속해서 굶주린 이웃에 맞서 이를 지켜 내야만 했다. 그리하여 마침내 1879년 다시 작물을 수확할 수 있게 되었을 때 "새로운 참사가 일어나 추가로 희생자가 발생했다. 살아남아 다시 먹는 기쁨을 누리게 된 사람들 사이에서 '발진티푸스를 대신해 이질이 발생했던 것이다. 수확이 끝났고 사람들의 위장은 익숙지 않은 음식물에 대한 탐식으로 화를 입었다.' 기장밭은 수확도 못한 채 버려져 썩어 갔다." 이렇게 기근과 관련 질병들은 1880년 초 내지 그 이후까지 계속해서 북중국의 여러 지역을 쑥대밭으로 만들었다.[67]

2. 브라질

한편 브라질의 노르데스테 내륙도 무정한 태양과 구름 한 점 없는 하늘 아래서 바짝 타들어 갔다. 세르탕(*sertão*, 노르데스테의 내륙 오지)은 붕괴 중인 화강암 잔구와 정상이 평탄한 탁상 대지가 띄엄띄엄 산재한, 기복이 있는 고지 평야다. 강수량은 엘니뇨에 의해 극적으로 조정되고, 계절에 따른 경관이나 건조한 해와 습한 해 사이의 풍광이 근본적으로 바뀌는 일은 거의 없다. 에우클리데스 다 쿠냐는 서사시 『오지에서의 반란』에서 이렇게 썼다.

> 이곳에서 자연은 기뻐하네
> 확연히 대비되는 사물들의 연극 속에서.[68]

유명한 하버드의 지질학자 루이 아가시와 그의 아내는 세아라 주의 해안 주도 포르탈레자에서 출발한 고된 내륙 여행 끝에 드디어 1868년 4월 비에 흠뻑 젖어 있는 세르탕을 처음 보았고, 그 청정한 무성함에 깜짝 놀랐다. 불모지를 예상했던 그들은 "초록색이 아름답게 빛나는 (…) 대초원"을 보았던 것이다.[69] 그러나 『스크리브너스 매거진』의 "기근 취재 특파원" 허버트 스미스가 10년 후 세아라 주 내륙을 찾았을 때 그곳은 완전 딴판이었다. "건조하고 생기 없는 사막이 열기에 타들어 가고 있었다." 세르탕 주민 *sertanejo* 가운데 무려 5십만 명이 굶주림과 천연두로 사망했던 것이다.[70] 다 쿠냐의 기록은 엽기적인 느낌이 들 정도다. 이런 상황에서 사람과 말의 시체들이 극단적으로 건조되어 절묘하게도 미라가 되어 버렸다. "전혀 부패하지 않아 보기 흉한 모습을 찾을 수가 없었다."[71]

노르데스테의 가뭄은 인도에서 여름 계절풍이 불지 않고 6개월이 흐른 후에 시작되었다. (앞으로 보겠지만 인도의 가뭄은 열대 동태평양의 엘니뇨 가온 현상을 한 계절 정도 "앞서" 일어나는 경향이 있다. 아울러 브라질의 가뭄*seca*은 한 계절 내지 가끔씩 두 계절 정도 "지체된다.") 스미스에 따르면 "막연한 가뭄 소문"이 처음으로 해안 지역에 당도한 것은 1877년 2월이었다.[72] 겨울 강수량이 부족했던 관계로 전해의 수확이 형편없었던 세아라의 상황이 가장 심각했다. 그러나 파라이바, 페르남부쿠, 리우그란데두노르테 등 세르탕 고지의 농산물 작황도 걱정스럽기는 마찬가지였다. 3월경에는 북동 "건조풍"이 꾸준한 기세로 불면서 기상 상황을 불길하게 통제했다. 주교들은 당황했고, 모든 성당에서 기도회를 열라고 명령했다. 역사학자 로저 커니프는 이렇게 쓰고 있다. "세르탕 주민 대부분은 겨울이 늦게까지 기승을 부린다고 추측하다가 4월의 처음 두 주를 경과하면서 이내 완전히 절망하고 말았다. 1월과 3월의 이상 난동으로 농민들은 이미 두 번의 파종기를 놓쳐 버린 상태였다. 비가 조금 왔지만 그들은 남은 곡식을 파종하려고 하지 않았다. 시작되고 있던 긴 간난신고의 세월 동안 손에 쥘 게 아무것도 없다는 걸 알았거나, 이제 대부분이 목전에 다가왔음을 깨달은 가뭄의 나날 동안 스스로를 부양하려면 그거라도 필요했던 것이다."[73]

후에 일부 학자들은 "목화 재배 증가로 인한 극도의 남벌 때문에" 가뭄이 발생했다고 주장했다.[74] 목화 호경기의 붕괴로 내륙 오지 주민 상당수의 처지가 비참하게 전락했고, 그들이 생계와 일자리를 찾아 막 유랑을 시작했다는 것은 분명한 사실이다. 일부는 세르탕 고지를 관류하는 강 유역들의, 번영이 한계에 달한 소수의 시장 도시들로 몰려들었고, 다른 사람들은 많은 경우 확대가족 집단의 형태로 수백 킬로미터를 이동했다. 목축업자*fazendeiro*

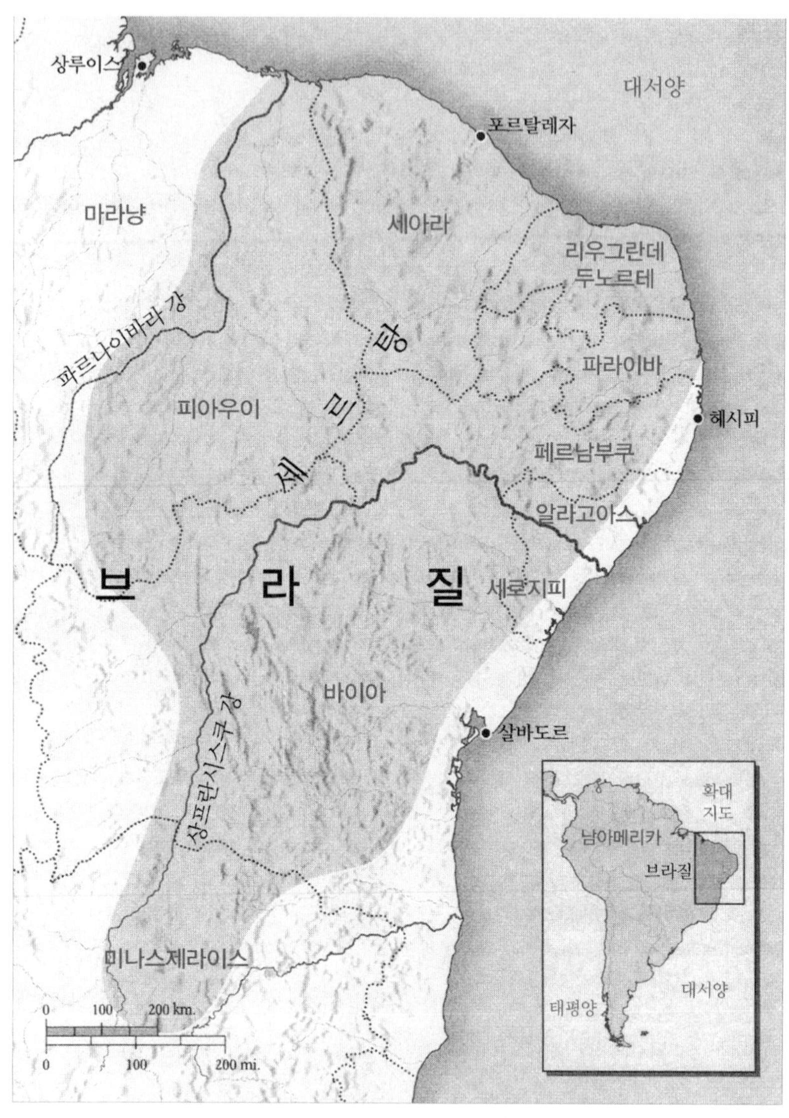

지도 4 | 1876년~1878년 브라질 북동부의 대한발

들은 목동*vaqueiro*들에게 더 습윤한 산악 지역이나 세르탕을 건너 피아우이로 가축을 이동시키라고 명령했다. 그리고 나머지는 도살해서 가죽과 수지獸脂를 취했다. 어떤 곳에서는 그들이 가난한 사람들에게 쇠고기라는 뜻밖의 횡재를 선사하기도 했고, 다른 곳에서는 빈민들이 필요했던 고기를 허락 없이 그냥 가져가기도 했다. "전 세계에서 가장 정직한" 세르탕 사람들은 가축을 훔치기 시작했고, 나아가 대목장*fazenda*까지 약탈했다. 키세라모빔에서는 빈민들이 잠시 권력을 잡기도 했다. 그들은 "부자들의 집에 돈과 음식이 있다는 걸 알면서도 굶어 죽을 필요는 없다."고 주장했다.[75)]

재앙을 당한 사람들

그러나 자선 활동과 폭동은 기아를 한여름까지 유예했을 뿐이다. 스미스에 따르면 이후로 "선량한 사람들은 신을 외면하거나 저주했다." 한때 부유했던 목축업자들마저 소유 노예를 팔아 식량을 구했으며, 폐허로 전락한 농장을 버리고 도시로 떠났다.[76)] 빈민들은 관목 수풀*caatinga*을 뒤지며 시케-시케*xique-xique* 선인장, 브라질납야자의 속, 심지어 목동들이 개미총[개미가 집을 지으면서 파낸 흙가루를 땅 위에 쌓은 것. 옮긴이]을 못 쓰게 하기 위해 사용하던 파우데모쿠*pao de moco*의 뿌리까지 먹었다. ("주린 배를 움켜쥐고 장시간 이동한 난민들은 그 식물의 독성을 알지 못했고, 절망적인 상황에서 그것을 요리해 먹었다. 몇 시간 후 그들은 완전히 장님이 되고 말았다.")[77)] 7월과 8월부터 길가에 시체들이 보이기 시작했고 농장은 버려졌다. 9월과 10월경에는 매일 수십 명이 죽어 나갔고 아카라쿠, 이쿠, 텔랴 같은 도시들의 외곽에 마련된 불결한 난민촌에서는 각기병이 유행했다. 세르탕, 특히 세아라 주민들이 겨울까지 살아서 버티려면 식

량을 대량으로 수입해야만 했다.[78]

인도와 중국처럼 브라질에서도 상업적 곡물 거래로는 도저히 이 과제를 감당할 수 없었다. 소수의 기회주의적 상인들은 엄청난 이윤을 긁어모았지만 내륙의 기아 상태는 전혀 개선되지 않았다. "다른 지방에서 소량이나마 식량이 공급되어, 말들이 그 짐을 싣고 내륙의 도시들로 이동했다. 그러나 많은 경우 짐승들이 도중에 죽어 버리고 말았다. 그도 아니면 수송단이 약탈을 당했다. 말을 전혀 이용할 수 없었던 몇 곳에서는 사람들이 식량을 등에 지고 운반했다. 이런 식으로 입수한 카사바 몇 바구니를 상인들은 엄청나게 비싼 가격에 되팔았다. 정상가의 여덟아홉 배에 이르는 경우도 많아서 부자들만 사 먹을 수 있었던 것이다." 부유한 항구도시 헤시피를 제외하면 지방 정부 대다수가 가뭄이 시작되기도 전에 이미 파산한 상태였다. 비상 구호 활동의 책임은 자연스럽게 주지사들에게로 넘어갔다. 갓 임명된 세아라 주지사 카에타누 에스텔리타처럼 그들 가운데 일부는 내륙의 상황에 철저하게 무지했다. 1824년 제정된 헌법이 모든 브라질 시민의 생존권을 보장했지만 세르탕 주민들을 돕는 사람은 거의 없었다. 영국식 공리주의와 사회 다윈주의(특히 허버트 스펜서)가 자유당의 사고방식을 무자비하게 잠식한 상태였고, 보수당은 가뭄이 "19세기의 유물론적 방식을 수용한 브라질에 하나님이 내리는 천벌"이라고 설교하는 교회 엘리트들을 추종했다. 기근 구호에 관한 입법 논쟁 과정에서 어떤 보수당 지도자는 이렇게 주장했다. "하나님을 거역하는 봉기 중에 가치 있는 봉기란 있을 수 없다."[79]

결과적으로 추상적인 철학 논쟁을 벌이느라 귀중한 몇 달이 허비된 다음에야 보수당 출신의 에스텔리타는 비로소 내륙 원조를 단행했다. 굶주린 세르탕 주민들이 포르탈레자에 갑자기 대거 나타났던 것이다. 이 시점쯤에는 화물 운반용 말에게 먹일 목초와 물이 전혀 남아 있지 않았고, 따라서 해안 지역에서 곧장 식량을 실어 보내는 계획은 비현실적인 상황이었다. (세아라 주민들은 구호 곡물 수송대로 편성된 온갖 동물이 타우아와 기타 내륙의 소도시들로 식량을 운반하려던 무익한 시도 속에서 죽어 나갔다고 전했다.)[80] 옴짝달싹 못하던 세르탕의 시 당국들에 주지사는 돈을 대신 보냈다. 구호 기금의 상당 부분은 브라질의 다른 지역에 거주하는 세아라 출신자들이 기부한 것이었다. 그러나 이런 노력은 슬프게도 대규모 생존 위기에 별다른 도움을 주지 못했다.

해안 지역으로 쇄도하는 난민들을 차단할 수 있는 마지막 희망이 내무부 장관 안토니우 다 코스타 핀투의 참으로 대담한 행동 속에서 실현되었다. 중앙 정부 역시 심각한 적자로 애를 먹고 있었기 때문에 코스타 핀투는 리처드 템플 경의 역할을 떠맡기로 했다. 단순한 재난을 대재앙으로 바꿔 버린 것이다. 그는 노르데스테로의 식량 수송을 제한적으로만 허용했고, 자치권을 누렸던 주지사들에게서 구호 지출 통제권도 빼앗아 버렸다. 리우에서 국회의원들이 말도 안 되는 세르탕 개발 계획을 토론하면서 시간을 허비하던 6월과 7월 초에 가뭄 난민들은 세아라와 페르남부쿠의 사막화된 내륙을 벗어나 세아라 남동부의 카리리 강 유역, 페르남부쿠의 트리운푸, 리우그란데두노르테의 아쿠 같은 피난처로 흘러들어 가고 있었다. 커니프는 위기를 완화하는 것과는 거리가 멀었던 이런 조치로 비가 온 지역마저 궁핍화되었다고 지적한다.

> 굶주린 사람들과 가축이 가뭄의 처참한 실상을 기상학적 영향에서 자유로웠던 지역까지 옮겼다. 트리운푸는 지역이 "부자들이 가난한 사람들을 혹사시키는 목장"으로 바뀌어 버렸다고 푸념했다. 방랑하는 가축이 아그레스테(*agreste*, 해안

의 습윤한 조나데마타와 가뭄에 시달리는 세르탕 사이의 중간 지대) 지역으로 이동해 들어가면서 "(…) 사탕수수, 카사바 및 기타 작물을 짓밟았다. 농업 노동만으로 생계를 유지하던 계급은 극도의 절망과 비극에 휩싸였다." 인간 난민들도 작물을 먹거나 결딴냈다. 전통적으로 농업을 시행하던 구릉 지대와 습지가 이내 가뭄 지역만큼이나 식량에 목을 매게 되었다.[81]

세르탕의 이나문스에서는 주요 실력자였던 페이투사 가문이 피해가 없었던 피아우이에서 식량을 수입해 와 일시적이나마 공포를 잠재울 수 있었다. 주 정부도 약간이나마 빈민 구호 활동을 벌였다. 그러나 6월경에는 부자들마저 짐을 싸서 달아날 준비를 한다. "사보에이루의 유력 인사 살루스티우 페레르 대위는 6월 12일, 도시 주민 대다수에게 남은 유일한 방법은 이주뿐이라고 썼다. 물을 찾기가 점점 더 어려워지고 있었기 때문이다. 공동체의 지도자 다수가 다음 달에 피아우이로 떠나는 여행자단을 조직하고 있다고 그는 덧붙였다. 페레르 대위는 가뭄에 대해 이렇게 적었다. '이렇게 참혹한 응징을 당해야 할 만큼 우리의 죄악은 막중하다.'" 한여름쯤이면 이 지역은 거의 버려지기에 이른다. 전체 주민의 약 10퍼센트 정도(그들 가운데 일부는 이제 법을 어긴 도망자*cangaceiro* 신세였다.)만이 폐허로 변한 농장에서 가뭄이 그치기를 암울하게 기다렸다. 빌리 제인스 챈들러는 이렇게 쓰고 있다. "많은 수, 특히 조금이나마 자산이 있었던 사람들은 피아우이로 갔고 나머지는 이푸, 카리리 강 유역, 포르탈레자에서 피난처를 찾았다."[82]

세르탕 주민들이 습윤한 해안 지역으로 더 가까이 진출하면서 사탕수수 농장주와 도시 상인들은 어려운 결정을 내려야만 했다. 겁이 난 엘리트들은 ("이성적 판단을 하는 인간이라기보다 짐승에 가까운") 난민*retirante*들을 노동력이 절실했던 아마존 강 유역으로 돌려 잉여 인간들의 목숨을 담보로 한 모험에 나설지, 아니면 도시로 받아들일지 사이에서 고심했다. 도시로 수용할 경우 그들이 노예 및 가난한 장인들과 섞이면서 반란의 위협이 생길 수도 있었던 것이다. 포르탈레자의 약제사 호둘푸 테우필루는 유명한 일기를 남겨, 절망에 빠진 오지인들이 점점 더 늘어나는 과정을 상세히 기록했다. "사람들의 슬픈 행렬이 주아장천으로 주도의 거리를 따라 이어졌다. (…) 살아 있는 해골바가지들이 보이는 사람마다 손을 내밀며 구걸을 했다. 흙먼지를 뒤집어쓴 새까만 피부가 뼈에 들러붙어 있는 몰골이었다." 난민들은 약탈과 도둑질을 일삼았고, 부르주아들은 사사로운 형벌과 자경 활동으로 이에 대응했다. "난민들은 나라를 좀먹는 미친개라고 여겼기 때문에" 그들의 행동은 "처벌받지 않았다."[83]

그림 9 | 세르탕 대탈출

유령 같은 세르탕 주민들의 기괴한 유입에 깜짝 놀란 세아라의 자유주의 야당 세력은 난민들을 중앙 정부 비용으로 아마조나스 및 파라 주로 보내 버리자는 보수당의 계획안을 주저하면서 지지했다. 나머지는 헤시피로 보내졌다. 거기서 그들은 노예들과 함께 다른 수송 수단으로 갈아타고 리우 및 노동력이 절실했던 남동부로 이송되었다. 그러나 다수의 토지 소유자들은 노동자들의 이런 대규모 퇴거 행위를 우려했다. 리우의 코스타 핀투는 약속한 보조금을 보내면서 늑장을 부렸다. 주지사 에스텔리타는 포르탈레자의 주민 수를 2만 5천에서 결국 13만 명으로 늘리게 될 이 유입 현상을 일정하게 통제하기로 결심했다. 그는 "투자를 통해 난민들이 머물 쉼터를 조잡하게나마 짓도록 명령했고, 일을 할 수 없는 사람들에게 구호 기금과 식량을 나누어 주었다." 그러나 코스타 핀투와 포르탈레자의 보수당 동맹 세력은 이런 조치가 돈을 낭비하는 행위라며 비난했다. 결국 에스텔리타는 더 보수적인 신임 지명자 주앙 아구이아르로 교체되었다. 새 주지사는 구호 식량 배급과 공공 근로 사업을 즉시 중단했다. 그는 코스타 핀투의 지지 속에서 세르탕 주민들을 열대우림 지역으로 보내 버리는 정책으로 복귀했다. 대개가 초만원의 불결한 상황에서 수천 명씩 이송되었지만 해안 선적만으로는 포르탈레자와 헤시피로 쇄도하는 난민들을 따라잡을 수 없었다. 바로 그때 세르탕 언저리는 인간 댐이 터지기 일보 직전 상태였다.[84]

해안 지역으로의 대탈출

1878년 새해 첫 날쯤에는 세아라 주에서만 아마도 5만 명이 죽었고, 북동부 다른 주들에서도 추가로 수만 명이 죽어 사라진 상황이었다. 길고 참혹했던 한 해 동안 세르탕 주민 대다수는 겨울비가 마법을 발휘해 주기를 바라면서 토지에 매달렸다. 1월 며칠 동안 비가 왔다. 조금이나마 풀잎이 솟아나면서 희망을 품을 수 있을 것 같았다. 농민들은 굶주리면서도 아껴 뒀던 씨를 뿌렸다. 그러나 하늘이 다시 맑아지면서 첫 파종은 못 쓰게 되었다. 연말에 도착한 『스크리브너스』의 특파원 스미스는 다음에 벌어진 사태와 관련해 생존자 수십 명을 인터뷰했다.

> 3월 1일이었고, 비는 한 방울도 내리지 않았다. 정부 원조는 거의 없었다. 촌락에는 남아 있는 식량이 하나도 없었다. 굶주리던 농민들은 어떤 희망도 찾지 못했다. 바로 그때 갑작스럽게 공포감이 엄습했다. 4십만 명의 농민이 일거에 세르탕을 버리고 해안으로 쇄도했다. 오! 그 광경은 정말이지 참혹했다. 미쳐버린 탈주였으니까. 모든 도로가 남녀노소의 탈주자들로 가득했다. 헐벗고 야위었으며 기근으로 취약해진 그들은 기진맥진한 상태로 평원을 가로질렀고, 자갈투성이 산길에 부르튼 발에서 터져 나온 피를 뿌렸으며, 구걸을 했고, 가가호호 방문하며 동냥을 했다. 그들은 출발 때부터 이미 굶주린 상태였다. 그들은 이따금씩 이틀에서 나흘 동안 내내 길을 따라 걷기만 했다. 그러면 지쳐서 처진 아이들이 무정한 아버지들을 헛되이 불렀다. 이윽고 남자와 여자들도 힘에 부쳐 쓰러졌고, 길 위에서 죽어 갔다. 나는 대탈주를 통해 내륙 오지에서 빠져나온 남자들과 이야기를 나누었다. 그들이 전해 준 고통스런 이야기는 심금을 울린다. 그들은 매장되지도 못하고 길옆에 방치된 시체들에 관해 들려주었다. 도로에 시체 10만 구(일부는 15만 구라고도 한다.)가 쌓였다는 얘기였다.[85]

해안 지역 이주로 주의 자원이 고갈되었다. 가뭄-기근의 중심지 세아라 주에서는 1878년 봄경에 사회가 총체적으로 붕괴하고 말았다. "창고는 텅 비었다. 상업 활동도 전무했다. 십만 명 이상의 난민이 해안 지역 도시들을 가득 메웠다. (…) 무법자들은 내륙 오지를 배회했고, 미약해진 행정 권력을 완전히 대체해 버릴 기세였다."[86] 나중에 "주앙세이루의 성자"로 칭송받는 시세루 호망 바티스타 신부는 이렇게 썼다. "가난한 주민들이 배고픔의 절망 속에서 등창으로 죽은 소를 먹는 광경을 지켜보는 일은 참혹하기 그지 없다. 그들은 눈에 띄는 다른 무엇이나 가죽 조각, 다른 사람들이 씹고 버린 사탕수수 줄기, 개, 말 따위를 먹고, 또 등창이 난 소를 먹음으로써 자기들이 곧 죽으리라는 것을 알고 있었다. 혐오스런 공포에 질색인 전율이 더해졌다!"[87] 한 상인은 스미스에게 이렇게 말했다. "난민 한 명이 내 가게에서 쥐를 잡을 수 있도록 허락해 달라고 요구했다. 먹을 모양이었다." 식인 행동에 관한 흉흉한 소문이 난민들에 의해 무려 리우까지 퍼져 나갔다.[88]

굶주리던 폭도들이 포르탈레자의 공설 시장을 약탈했다. 이에 겁을 먹은 중간계급은 대저택에 틀어박혀 나올 생각을 안 했다. 구호 활동을 중단함으로써 혼란을 야기한 아구이아르 주지사는 이미 2월 초에 세아라 주를 버리고 달아난 상태였다. 마침내 패배 후 심각하게 분열하던 보수당에서 자유당으로 권력이 넘어왔다. 에스텔리타의 구호 활동을 함께 반대했던 자유당은 인도의 리튼 행정부를 격찬하면서, 아주 "과학적인 영국식 방법"을 통해 세아라 주의 질서를 회복하려고 했다. 커니프가 지적한 것처럼, 그들의 태도와 방침은 전년도 10월 리우의 폴리테크닉 인스티튜트에서 벌어진 3일간의 논쟁에서, 유명한 기술자이자 자유당 이데올로그인 앙드레 레부카스가 분명한 형태로 제시한 바 있었다.

그는 정부가 모든 시민에게 원조를 제공할 헌법적 의무를 지고 있다고 주장했다. 그러나 그 원조가 시혜의 형태여서는 안 된다는 데 동의했다. 그는 라틴인들이 구호 활동과 자선을 혼동하는 경향이 한탄스럽다고 말했다. 그는 "불사신" 리처드 코브던[Richard Cobden, 영국의 정치가로 곡물법 폐지와 자유무역을 주장했다. 옮긴이]을 언급하면서 (…) 공공사업에 고용되어 급료를 제공받는 방식이 가장 효율적이고 도덕적으로도 온당한 구제책이라고 역설했다. 그는 인도의 심각한 가뭄 사태를 다루던 영국 정부의 방식을 참고로 삼았다. 인도의 가뭄 사태는 1876년에 시작되었고 여전히 진행 중이었다. 그는 『주르날 데스 에코노미스테스』에서 관련 내용을 읽었다.[89)]

새로 입각한 자유당 출신의 세아라 주지사 주제 데 알부케르케는 "일차적으로 혁명과 전염병에 대한 두려움 속에서" 아마조나스와 파라로의 노동력 이송을 강화했다. 지방 엘리트들이 난민들을 강제로 수송하는 것을 허용하는 경우도 있었다. "그는 영국 정부의 인도 선례를 의식적으로 따랐고, 지방의 구호 위원회들에 미숙련 노동을 투입할 수 있는 사업을 시작했으며, 노동 교환의 대가로만 구호를 제공하라고 명령했다." 포르탈레자에서는 난민 수만 명이 도시 외곽의 임시 노동 수용소로 강제 소개되었다. 그들은 거기서 백 명 단위의 공사반으로 편성되어 노역을 했다. 세아라뿐만 아니라 페르남부쿠의 다른 곳들에서도 세르탕 주민들은 철도를 건설하는 노동 부대로 활약했다. 그러나 자유당이 중앙 정부의 지원을 받아 건설하고자 했던 그 철도의 대부분은 완성되지 못했다. 캠프에서 배급한 식량(매일 고기 1.5킬로그램, 카사바 가루 1리터, 야채 1리터)이 템플의 노임과 비교할 때 진수성찬이었음에도 생활 조건은 데칸만큼이나 비참했다.[90)] 스미스는 이렇게 보고했다.

"난민들은 포르탈레자와 아라카티 주위로 아무렇게나 그러모아진 상황이었다. 큰 가지와 야자수 잎사귀로 대충 만든 오두막에서 태양을 피할 별다른 묘수는 없었다. 캠프는 극도로 불결했다. 위생 규칙을 시행하려는 어떠한 시도도 없었다."[91]

기근 사태 이전에 발생한 천연두는 소규모로 산개한 세르탕의 고립 지대에 한정되어 있었다. 이제 주민의 대다수가, 통상의 노출에도 살아남을 수 있었던 집단 면역성마저 잃어버리고 말았다. 아울러서 명쾌하게 밝혀지지 않은 여러 이유들로 노르데스테의 농촌에서는 예방 접종이 드물었다. 그 결과 지저분한 노동 수용소가 천연두의 "처녀지"로 부상했다. 인도인들의 노동 수용소가 콜레라 창궐의 토양이 된 것과 똑같은 방식이었다. "가뭄의 최대 공포였던" 천연두가 세아라에 출현한 것은 파라이바의 주도 주앙페소아가 유린된 후인 1878년 중반이었다. 스미스는 포르탈레자 주민의 3분의 1이 1878년 11월과 12월 두 달 동안 죽었다고 추정했다. 알부케르케는 1879년 말경에 세아라에서 자신의 아내를 포함해 십만 명이 사망했다고 증언했다. 커니프는 이렇게 말한다. "중앙 정부의 비상사태 대응책이라는 게 효험이 별로 없는 백신을 소량 보내는 것에 불과했다." 세아라의 난민들은 계속해서 벨렘이나 리우데자네이루처럼 먼 곳까지 전염병을 운반했다.[92] 한 민중 시인은 기아와 질병에 포박당한 난민들의 절망감을 이렇게 표현했다.

계속 걸어
3만 종의 전염병과 마주하세,
누구도 피할 수 없는
추위, 수종水腫.

저지低地로 가는 사람들은

전염병으로 죽고,

세르탕에 남은 사람들은

매일 굶주리네.[93]

정부가 1879년 6월 모든 구호 활동을 중단하라고 명령하면서 난민 수천 명을 헤시피에서 강제로 쫓아냈음에도 대한발은 실제로 1880년 3월 초까지 계속되었다. 그때야 비로소 3년이 넘는 세월 만에 처음으로 비가 왔고, 세르탕이 다시 초록으로 변했다. 목축업자들조차 가축의 80퍼센트를 잃고 한때나마 생존을 위해 농사를 짓지 않을 수 없었다. 세르탕의 상당수 지역이 완전히 회복되지 못했다. 세아라의 관리들이 이후 10년에 걸쳐 수행한 조사를 통해 가뭄의 충격이 얼마나 깊었는지가 밝혀졌다. 1881년 아르네이루스 시 의원들은 "가뭄 시기에 주민의 90퍼센트가 도시를 떠났고, 그 가운데 50퍼센트는 가뭄이 끝나고 겨울이 두 번이나 지난 1881년 8월경에도 돌아오지 않았다고 추정했다. 축산업의 회복과 관련해서 주지사는 1887년 몇 개 지역에서 가축들이 1876년 규모에 근접하기 시작했다고 보고했다. 이나문스 주민 다수는 고장이 1877년부터 1879년까지의 가뭄에서 완전하게 회복하지 못했다고 믿고 있다. 재산 피해 및 가축 손실과 그에 따른 전반적 사기 저하의 영향이 컸다. 대한발이 짙고 긴 그림자를 드리웠다고들 한다."[94]

실제로 질베르투 프레이레는 이렇게 설명한다. 가뭄과 저개발의 비극을 상기하는 브라질인들의 기억 속에서 "종말론이 횡행한 1877년은" 그야말로 "연극 같은 모든 일들의 무대"였다. 그러나 노르데스테의 지배계급 일부

그림 10 | 1877년 세아라의 난민

는 "가뭄 산업"이 설탕과 목화의 생산량 감소보다 더 수지가 맞는다는 사실을 깨달았다. 포르탈레자에서 활약하던 영국인 상인 집안 싱글허스트, 브로클허스트 앤 컴퍼니에게는 특히 더 그랬다. 그들은 정부에 많은 양의 식량을 조달했고, 난민 수천 명을 증기선에 태워 아마존 강 유역으로 이송했다. 대규모 사탕수수 농장주들도 가뭄 난민들을 임시 고용하는 대가로 중앙 정부가 무상 제공한 교부금으로 폭리를 취했다. 이렇게 해서 코루네이스(*coroneis*, 노르데스테에서 주와 지방 정치를 주무르던 토지 소유자들)가 재난 원조를 횡령해도 이를 묵인하는 전례가 확립되었다. "개발"은 반동적 사회질서에 보조금을 지급해 매수하는 행위의 완곡어로 자리를 잡고 말았다. 다음 세기에도 엄청난 양의 "가뭄 구호 기금"이 세르탕에 투입되었지만 모두 증발해 버리고 말았다. 관개수로나, 인내심이 강한 그곳 주민들이 이용할 수 있는 저수지가 단 한 개도 만들어지지 않았다.[95)]

그러나 "77" 사태로 브라질에서 노예제도가 종말을 고하기 시작하는 놀라운 일이 벌어졌다. 세르탕의 토지, 가축, 자유노동이 가뭄 시기에 하찮은 상품으로 전락하면서 파울리스타의 커피 재배농들이 열렬히 원하던 노예들이 목축업자들의 대체 가능한 주요 자산으로 부상했다. 아마존 강 유역으로 자유노동자들을 수출하고 남부로 노예를 판매하면서 전반적인 재앙 속에서도 번영이 꽃피는 기이한 상황이 연출되었다. "예를 들어 이비아파바 지방의 유력자 주아킴 다 쿠냐 프레이레는 엄청난 돈을 벌었다. 그는 포르탈레자와 모소루를 통틀어 인간 화물을 가장 많이 실어 보낸 제일의 수출업자였다. 포르탈레자 한 곳에서만 그가 최소 1만 5천 명의 노예를 남부에 팔았다고 여겨졌다." 이렇게 노예무역이 갑작스럽게 대규모로 부활하자 그 모든 잔인한 광경에 수많은 대중이 공분을 표했다. 특히 세아라 주에서는 거의 모든 도시에서 노예해방 협회가 결성되었다. 대중 선동으로 6년 만에 세아라 주에서 노예제도가 종식되었다. 세아라 주는 브라질 최초로 노예해방 주가 되었다. 이와 함께 북동부 전역에서 비슷한 투쟁이 전개되었다. 4년 후 낡은 제국의 마지막 땅거미가 지면서 노예제도가 브라질 전역에서 마침내 폐지되었다.[96)]

2장 주석

1) *L'Exploration*[Paris] 6(1877), p. 43; K. De Silva, *A History of Sri Lanka*, Berkeley 1981, p. 308 참조.
2) George Kiladis and Henry Diaz, "An Analysis of the 1877~1878 ENSO Episode and Comparison with 1982~1983," *Monthly Weather Review* 114(1986), pp. 1035(인용문), 1037~1039와 1046.
3) Eric Foner, *Reconstruction: America's Unfinished Revolution, 1863~1877*, New York 1988, pp. 512~513. "1873년은 엄청난 경제적 분수령이다. 19세기 중반 무역 호조의 정점을 이룬 해가 바로 1873년이었다."(Derek Beales, *From Castlereagh to Gladstone, 1815~1885*, New York 1969, p. 232)
4) Eric Hobsbawm, *The Age of Capital 1848~1875*, London 1975, p. 46.
5) 흔히 코프라와 설탕이 연상되는 오세아니아의 광대한 재식 경제는 실제로 1860년대의 목화 호황과 함께 시작되었다. Brij Lal, Doug Munro and Edward Beechert, *Plantation Workers: Resistance and Accommodation*, Honolulu 1993, pp. 3~4의 서문을 보라.
6) P. Cain and A. Hopkins, *British Imperialism: Innovation and Expansion, 1688~1914*, London 1993, p. 371.
7) *The Times*(21 June 1877)는 유럽의 투자가들이 중국 북부 내륙으로 간선 철도를 부설할 수 있도록 허락하지 않은 청 왕조가 기근 사태의 원흉이라고 비난했다.
8) 1867년과 1868년 허베이성의 기근 사태를 보려면 Mary Wright, *The Last Stand of Chinese Conservatism: The T'ung-Chih Restoration, 1862~1874*, Stanford, Calif. 1957, p. 135를 참조하라.
9) R. H. Tawney, *Land and Labour in China*, London 1932, p. 77.
10) UK, Foreign Office, *Parliamentary Papers*, China No. 2(1878), pp. 1~2.
11) Paul Bohr, *Famine in China and the Missionary*, Cambridge, Mass. 1972, p. 14에 인용된 Rev. Timothy Richard의 증언.
12) Will, *Bureaucracy and Famine*, p. 36.
13) Frederick Williams, *The Life and Letters of Samuel Wells Williams*, New York 1889, p. 432.
14) Bohr, p. 15.
15) *Parl. Papers*, No. 2, p. 3.
16) Richard, pp. 98과 117.
17) *Pall Mall Gazette*, 1 May 1877에서 인용.
18) Bohr, p. 15; Timothy Richard, *Forty-Five Years in China*(third edn.), New York 1916, p. 119.
19) *Parl. Papers*, No. 2, p. 11에서 인용.
20) Bohr, pp. 60~63과 218.
21) *Times*(London), 1 May 1877.
22) Bohr, pp. 35~41과 227.
23) *Parl. Papers*, No. 2, p. 6.
24) Srinivas Wagel, *Finance in China*, Shanghai 1914, p. 23.

25) *Parl. Papers*, No. 2, p. 6.

26) Arthur Smith, *Village Life in China*, Boston 1970[1899], p. 116. Kamal Sheel, *Peasant Society and Marxist Intellectuals in China*, Princeton, N.J. 1989, p. 12도 보라.

27) Joseph Esherick, *The Origins of the Boxer Uprising*, Berkeley 1987, p. 101.

28) David Faure, "Local Political Disturbances in Kiangsu Province, China: 1870~1911," Ph.D. diss., Princeton, N.J. 1975, pp. 162~163.

29) Will, p. 49.

30) Faure, pp. 162~165, 275와 468.

31) John Hidore, *Global Environmental Change*, Upper Saddle River, N.J. 1996, p. 96.

32) *Parl. Papers*, No. 2, p. 6. 중국 오지 전도단의 선교사 두 명이 1875년 허난에서 포교 활동을 시작했으나 곧 쫓겨났다. 엄청난 고생 끝에 마침내 1884년 추키아쿠에 근거지를 마련할 수 있었다. 그러나 선교사들은 별다른 성공을 거두지 못했고, 1900년 봉기 때 대부분 떠나지 않을 수 없었다(Marshall Broomhall [ed.], *The Chinese Empire: A General and Missionary Survey*, London 1907, pp. 159~161).

33) Resumes in *L'Exploration*[Paris] 6(1878), pp. 172와 416.

34) Elizabeth Perry, "Social Banditry Revisited: The Case of Bai Lang, a Chinese Brigand," *Modern China* 9:3(July 1983), p. 362.

35) Milton Stauffer, *The Christian Occupation of China*, Shanghai 1922, p. 211.

36) Ping-ti Ho, *Studies on the Population of China, 1366~1953*, Cambridge, Mass. 1959, p. 232.

37) S. Wells Williams, *The Middle Kingdom*, vol. 2, New York 1883, p. 736.

38) 산시山西성이 웨이허 유역의 잉여 농산물에 의존했다는 사실은 Helen Dunstan, *Conflicting Counsels to Confuse the Age: A Documentary History of Political Economy in Qing China, 1644~1840*, Ann Arbor 1996, pp. 250~251을 보라.

39) *Parl. Papers*, No. 2, pp. 5~7.

40) *The Times*, 21 June 1877에 번역된 *Gazette*(15 March).

41) *New York Times*, 24 February 1878.

42) Harold Hinton, *The Grain Tribute System of China(1845~1911)*, Cambridge, Mass. 1956, pp. 42~43.

43) *Parl. Papers*, No. 6(1878), p. 2.

44) Bohr, p. 43.

45) *The Times*(London), 21 June 1877.

46) A. Broomhall, *Hudson Taylor and China's Open Century: Book Seven (It Is Not Death to Die!)*, London 1989, pp. 170과 467 ff 13. Adrian Bennett, *Missionary Journalist in China: Young J. Allen and His Magazines, 1860~1883*, Athens, Ga. 1983, p. 174도 보라.

47) Bohr, pp. 16~21.

48) Hang-Wei He, *Drought in North China in the Early Guangxu(1876~1879)* [중국어], Hong Kong 1980, p. 15.

49) William Soothill, *Timothy Richard of China*, London 1924, p. 102.

50) Richard, p. 130.

51) *New York Times*, 6 July 1878 배급 기사.

52) *Parl. Papers*, No. 6, p. 1.

53) A. Broomhall, *China's Open Century: Book Seven*, pp. 111과 163.

54) James Legge(번역), *The Famine in China. Pictures Illustrating the Terrible Famine in Honan That Might Draw Tears from Iron. Extracts from a Translation of the Chinese Texts*, London 1878(Trinity College Library[Dublin] pamphlet collection).

55) Lillian Li, "Introduction: Food, Famine, and the Chinese State," *Journal of Asian Studies*, 41:4 (Aug. 1982), p. 700.

56) *Records of the General Conference of the Protestant Missionaries of China*(Shanghai, 10~24 May 1877), Shanghai 1878, p. 446.

57) A. Broomhall, *China's Open Century, Book Seven*, p. 115; Arthur Smith, *The Uplift of China*(개정판), New York 1912, p. 175.

58) Arnold, *Famine*, p. 137.

59) Rudolf Wagner, "The *Shenbao* in Crisis: The International Environment and the Conflict Between Guo Songtao and the *Shenbao*," *Late Imperial China* 20:1(June 1999), p. 117.

60) B. MacGillivray, *A Century of Protestant Missions in China*, Shanghai 1907, pp. 78~79에서 인용.

61) Williams, p. 433.

62) Ibid., p. 184.

63) A. Broomhall, *China's Open Century: Book Six*, pp. 169와 246.

64) Ibid., pp. 176~177.

65) *Parl. Papers*, No. 2, p. 7.

66) A. Broomhall, *China's Open Century: Book Six*, pp. 169.

67) Ibid., pp. 175와 181.

68) Euclydes da Cunha, *Rebellion in the Backlands(Os Sertões)*, 번역. Samuel Putnam, Chicago 1944, p. 41.

69) Professor and Mrs. Louis Agassiz, *A Journey to Brazil*, Boston 1869, p. 459.

70) Herbert Smith, *Brazil: The Amazon and the Coast*, New York 1879, p. 400.

71) Da Cunha, p. 24.

72) Ibid., p. 410.

73) Roger Cunniff, "The Great Drought: Northeast Brazil, 1877~1880," Ph.D. diss., University of Texas, Austin 1970, p. 128.

74) Pierre Denis, *Brazil*, London 1911, p. 330.

75) Ibid., p. 129.

76) Smith, pp. 411~413.

77) Rodolfo Theofilo, *Historia da seca do Ceará, 1877~1880*, Rio de Janeiro 1922, p. 120.

78) Smith, ibid.

79) Cunniff, pp. 248~250.

80) Billy Jaynes Chandler, *The Feitosas and the Sertão dos Inhamuns*, Gainesville, Fla. 1972, p. 162에 언급된 11 November 1877 상황에 대한 설명.

81) Cunniff, pp. 152~153.

82) Chandler, pp. 160~161.

83) *Drought and Irrigation in North-East Brazil*, Cambridge 1978, p. 5에서 Anthony Hall이 인용한 Rodolfo Theofilo의 기록.

84) Gerald Greenfield, "Migrant Behavior and Elite Attitudes: Brazil's Great Drought, 1877~1879," *The Americas* 43:1(July 1986) p. 73; Cunniff, ibid.

85) Smith, pp. 415~416.

86) Cunniff, p. 163.

87) 시세루 호망 바티스타 신부가 설명한 세아라 주 카리리 강 유역 상황(ibid., p. 202).

88) Smith, p. 417.

89) Cunniff, pp. 166과 192.

90) Ibid., pp. 206~211과 242.

91) Smith, p. 419.

92) Cunniff, pp. 212~213; Smith, pp. 419~435; Kempton Webb, *The Changing Face of Northeast Brazil*, New York 1974, pp. 30~32; Hall, p. 5.

93) Josué de Castro, *Death in the Northeast*, New York 1969, pp. 51~52에 인용된 Nicanor Nascimento의 시.

94) Chandler, pp. 164~165.

95) Cunniff, p. 299.

96) Ibid., pp. 292~293.

표 7 출처: David Surdam, "King Cotton: Monarch or Pretender?", Economic History Review 61:1(Feb. 1998), p. 123을 바탕으로 구성.

3장 | 전쟁과 신앙, 엘니뇨를 뒤따르다

전에는 사람들이 진심으로 웃었다. 지금은 기쁘거나 웃을 만한 일이 아무것도 없다. 사람들은 희망을 가지고 산다고들 한다. 내게는 어떤 삶의 희망도 없다.

— 미르자 아사둘라 칸 갈립

인도, 중국, 브라질이 가장 많은 사망자 수를 기록했다. 그러나 1870년대의 전 세계적 가뭄은 최소 십여 개 나라에 깊고도 치명적인 영향을 미쳤다. 우리가 본 것처럼 농민들은 무역 침체의 영향으로 이미 비틀거리고 있었다. 그 경기 하락 사태가 1877년 갑자기 심화되었다. 가뭄과 기근 사태로 토착 고리대금업자 및 매판[買辦, comprador, 중국에 있던 외국 상사·영사관에 고용되어 거래를 중개하는 중국인. 옮긴이]과 결탁한 외국 채권자들은 채무나 노골적인 몰수를 통해 농촌 지역 경제에 대한 통제를 강화할 수 있는 새로운 기회를 얻었다. 농촌은 가난해졌고, 재식 농장에 투입될 값싼 노동력이 풍부해졌으며, 개종자와 고아들은 신앙을 받아들였다. 여전히 독립 상태를 유지하고 있던 아시

미르자 아사둘라 칸 갈립의 말은 Sugata Bose and Ayesha Jalal, *Modern South Asia*, Delhi 1999, p. 43에 나온다.

아와 아프리카에 생존 위기가 만연하면서 새로운 식민주의의 파고가 몰아쳤다. 많은 경우 지역 고유의 천년 왕국 신앙이 이에 저항했다. 이렇게 기근과 질병은 물론이고 포함砲艦과 구세주가 엘니뇨를 뒤따랐다.

조선에서 절호의 기회를 붙잡은 열강은 일본이었다. 북중국의 가뭄이 유사한 양상 속에서 동위도 상의 황해를 건너 조선의 곡창이었던 전라도로 뻗어 나갔다. 뒤이은 기근과 농민 불만 속에서 "문호 개방" 조약이 체결되었다. 메이지유신을 단행한 일본이 1876년 조선에 강제한 강화도조약은, 이 은둔의 왕국을 경제적으로 착취하려던 일본에게 추가로 문호를 개방시킬 수 있는 기회를 부여했다. 이렇게 해서 일본 공사 하나부사는 1877년 11월 전함에서 경계 태세를 늦추지 않던 조선의 관리들과 환담하면서 그들에게 구호 채무를 받아들이도록 로비를 벌였다. "그들은 선물을 교환한 다음 작년의 가뭄 상황과 관련해 대화를 나누었다. '조선인들은 상황이 가혹했고, 올해도 좋지 않다고 말했다.' 하나부사는 그들에게 일본에서 생산한 쌀을 가져가겠는지 물었다." 조선인들은 일부러 통역할 수 없는 답변을 했다.

하나부사는 몇 주 후 한양에서 열린 한 회합에서 이 제안을 다시 권유했다. "부디 이 메시지를 귀 정부에 전달해 주십시오. (…) 귀국을 방문한 이래 우리는 정부 관리들이 제공하는 진수성찬을 대접받았습니다. 정말로 감사합니다. 그러나 굶주린 백성에 생각이 미치면 이런 산해진미도 목구멍으로 넘어가지 않습니다." 하나부사를 접대한 조선의 관리들은, 조선 반도는 땅이 "너무 작아서" 일본에 기근이 발생했을 때 보답으로 쌀을 되갚을 호혜적 의무 능력이 없다고 답변했다. 이에 하나부사는 그런 일은 결코 일어나지 않을 것이라고 확언했다. 그러나 10년이 채 안 돼서 조선의 남부는 가뭄 속에서도 일본에 상업적으로 쌀을 수출하게 된다. 그리고 전라도의 굶주린 농민들은 이 사태에 혁명적 불만을 토로한다.[1)]

베트남에서는 가뭄-기근과 콜레라가 동시에 발생했고, 농민들의 반식민지 저항운동은 새 천년의 반란으로 확대 강화된다. 민중 조직 다오 란의 지도자 쩐 반 타인이 1872년 살해되면서 프랑스는 그들의 새 식민지에 평화를 정착시켰다고 믿었다. 그러나 리날도 일레토가 지적하는 것처럼 "불행하게도 그들은 부활에 대한 대중의 신념을 감안하지 못했다." 기근의 위협이 1877년 농촌 전역에 공포를 흩뿌리자, 다오 란의 또 다른 사도 남 티엡은 자신이 쩐 반 타인의 화신이며 (이 복합적인 재난의 원흉으로 폭넓게 지목되던) "프랑스를 쫓아낼 때가 왔다."고 선언했다. "남 티엡은 다오 란 조직들을 단결시켜 1878년 반란을 일으킬 수 있었다. 그는 열등한 시대가 마감되고 있으며 빛의 황제의 치세가 (…) 수립 중이라고 선언했다. 죽창과 부적으로 무장한 농민들은 프랑스 수비대를 공격했지만 결정적으로 소총 사격에 패퇴하고 말았다. 그러나 이런 실패에도 남 티엡은 당황하지 않았고, 1879년 자신을 살아 있는 부처로 선포하고 바이누이 지역의 상산象山에 새로운 공동체를 건설했다."[2)]

그 사이 네덜란드 동인도제도에서는 광대한 군도의 3분의 2에 걸친 평야와 삼림에 가뭄이 닥쳤다. 예를 들어 바타비아(자카르타)에는 1877년 5월부터 1878년 2월 사이에 평균 강수량의 3분의 1에도 못 미치는 비가 왔다. (북풍이 부는 봄에 잠시 유예되는가 싶더니 곧이어 1879년 1월까지 6개월 이상 건조한 날씨가 계속되었다.)[3)] 흉작에 커피마름병과 기타 작물의 균상종 질병이 겹쳤다. 거기다 손실이 큰 우역牛疫까지 발생해 물소, 돼지, 심지어 코끼리까지 죽고 말았다.[4)] 이와 함께 이 무렵의 엘니뇨 사태는 1990년대처럼 광대하고 불가사의

한 산불과 동의어였다. 대개 울울창창했던 순다제도[the Sundas, 인도네시아 자바섬과 수마트라 섬 사이에 있다. 옮긴이]에 머무르면서 저술을 했던 영국인 박물학자 헨리 포브스는 이 지역의 숲이 자연 발화하려 했고, 지역에 불길한 예감이 감돈다고 설명했다.

> 바짝 타들어 간 지면이 계곡처럼 갈라졌다. 깊이가 1.2미터에서 1.5미터에, 폭이 0.6미터에서 0.9미터나 되었다. 결국 나무뿌리가 툭 하고 끊어지면서 엄청난 수의 수목이 죽어 버렸다. 공격 받기 쉬운 장소의 관목과 작은 나무들이 몽땅 타 버려 넓은 공터를 이루었다. (…) 온갖 종류의 작물이 흉작을 기록했다. 원인을 알 수 없는 지독한 화재가 삼림과 들판에서 빈발해 주민들은 촌락과, 심지어 자신들의 생명과 재산이 불에 타 버릴까 끊임없이 두려워하며 살아야 했다. 미신적인 의식도 아무 소용이 없었다. 원주민들은 징 소리에 맞춰 고양이를 들고 가까운 강으로 줄지어 이동했다. 그리고 녀석들에게 물을 끼얹으면서 목욕을 시켰다. 이런 의식이 끝나면 비가 와야만 했다. 그러나 그런 일은 일어나지 않았다.[5)]

한 크나펜에 따르면 보르네오(칼리만탄)에서는 가뭄 사태가 네덜란드인들에게 뜻밖의 행운으로 다가왔다. 귀중한 열대우림의 광대한 지역을 통제하면서 강건하게 독립 상태를 유지해 오던 다야크 공동체를 굴복시킬 수 없어서 오랫동안 애를 먹었던 것이다. 상업적으로도 아주 세련되었던 다야크 부족은 등나무 줄기나 게타 페르카(*getah perca*, 해저 전신 케이블의 필수품이었던)처럼 세계시장에서 먹힐 수 있는 제품을 재배하거나 수확했다. 그러면서도 그들은 정착 생활과 재식 노동에 맹렬하게 저항했다. 마침내 1877년 네덜란드인들은 굶주림에서 강압 수단을 발견했다. "쌀 창고들이 텅 비면서 기근 사태가 임박했다. 다야크족이 쌀을 살 수 있는 돈을 획득하려면 방법은 두 가지뿐이었다. 게타 페르카(게타 페르카 수액을 분비하는 나무가 이미 멸종되어 가고 있었다.)를 더 많이 채취하거나 네덜란드인에게 자신의 노동력을 파는 방법이었다. 네덜란드인들은 적어도 2세기 동안 마음대로 부릴 수 있는 '노동력'을 간절히 찾고 있었다. 이제 (…) 네덜란드인들은 카하얀 강과 반자르마신을 연결하는 운하를 건설할 수 있는 노동력을 마침내 확보했고, 이를 바탕으로 열대우림의 산물을 전대미문의 속도와 규모로 거래할 수 있게 되었다. 보르네오의 가장 깊은 오지조차 이제 세계경제의 일부로 포섭되었고, 지역 주민들은 새로운 기회와 새로운 위협 모두에 노출되었다."[6)]

그러나 가뭄은 자바 섬 중남부의 지리적으로 고립되고 인구가 과밀했던 바겔렌 지구에서 가장 위협적이었다. 이 지역은 1875년의 작물 질병으로 이미 곡물 비축량이 고갈된 상태였다. 이곳은 소위 경작 구조라고 하는 쿨투어슈텔셀*cultuurstelsel*의 압력이 자바의 다른 어떤 곳보다 더 높았다. 수출 작물에 할애된 농경지 면적의 비율을 통해 그 사실을 알 수 있다. 촌락민들은 네덜란드의 이익을 위해 자신들의 생존을 희생해 가면서 수출 농작물을 경작해야만 했다.[7)] "사적인 영리 활동의 장애물"이라고 비난받았던 쿨투어슈텔셀은, 1877년 대규모 사망에 따른 진통에도 빅토리아 시대 초기 네덜란드의 커다란 경제 부흥에서 결정적인 구실을 했다. 자바 농민들에게 강제로 받아 낸 환어음이 한때 국가 세입의 정확히 3분의 1을 차지하기도 했다.[8)] 거꾸로 쿨투어슈텔셀의 구조는 1843년부터 1849년 사이의 간헐적 가뭄기에 지역 농민들에게 커다란 압박을 가했다. 물타툴리의 위대한 반식민주의 소설 작품 『막스 하벨라르』(1860)에 생생하게 묘사된 그 압력으로 기근 사망자가 대량으로 발생했고, 농민들은 토지를 버리고 떠났다. "한 지구에서는 인구수가 33만 6천 명에서 12만 명으로 줄었고, 다른 지구에서는 8만 9천5백 명에서 9천 명으로 하락할 만큼" 심각한 재난이었다.[9)]

쿨투어슈텔셀의 방법이 여전히 확고하게 자리하고 있었던 바겔렌 지구의 관리들은 비슷한 규모의 재난이 다시 임박했음을 두려워했다. 그들은 쌀을 구매해 투기에 대응하려고 했다. 그러나 네덜란드 동인도제도 위원회는 자유 시장의 엄정함을 포기하려 한다며 그들을 혹독하게 비난했다. 리튼처럼 말이다. 바타비아 역시 굶주리는 농민들도 예외 없이 토지세를 납부해야 한다고 주장했다. 결국 촌락민들은 상인들에게 가축과 기타 소유물들을 팔지 않을 수 없었다. 그런데 그 상인이라는 자들이 지역의 곡물을 매점해 비축하고 있었다. 다시 남인도에서처럼 주민 수만 명이 기아로 죽기도 전에 콜레라로 몰살했다. 네덜란드는 편리하게도 이 사실을 바탕으로 지역에서 사망자 수가 많았던 원인이 기근보다는 역병 때문이었다고 주장했다.[10)]

필리핀에서는 대한발이 비사얀제도[the Visayans, 루손 섬과 민다나오 섬 사이에 있는 도서군. 옮긴이] 서부, 특히 네그로스 섬에서 위세를 떨쳤다. 사탕수수 단일 경작 면적이 폭발적으로 증가하면서 전통적인 식량의 자급자족 체계가 붕괴했다. 필리핀은 "동아시아의 라틴아메리카식 사회 구성체"라는 말을 자주 듣는다. 1855년 18,805명에서 1898년 308,272명으로 인구수가 급팽창한 옥시덴탈 주도, 저 멀리 카리브 해의 사탕수수 식민지들이 보유했던 특성들, 곧 착취와 지속 불가능성을 대부분 답습했다. 부유한 메스티소 상인들은 물론이고 에스파냐의 식민지 관리 및 군 장교 출신자들은 자신들의 정치적 연고를 활용했고 "고리대금 행위, 협박, 매입"을 통해 옥시덴탈 주 서부 평원의 광대한 토지를 빼앗았다. 1850년대에 그 열대우림을 처음으로 개척한 파나이 농민들은 속수무책으로 당했다. 그들은 물납 소작인으로 전락했고, 이어서 빚에 묶인 임금노동자 신세가 되었다.[11] 비올레타 로페스-곤사가가 강조하는 것처럼 설탕은 기아의 생태학과 불가분의 관계를 맺었다.

> 땅에 울타리가 둘러쳐지고, 아시엔다[*hacienda*, 대농장. 옮긴이]와 지주, 무토지 프롤레타리아트가 광범위하게 출현하면서 농촌 부채, 빈곤의 만연, 계절 변동에 따른 식량 부족 사태, 점점 더 하락하는 영양 상태와 아주 열악한 보건 상황이 펼쳐졌다. 이런 상태는 필연적으로 높은 사망률로 이어졌는바, 그것은 굶주림, 자연재해, 전염병에서부터 보건 서비스의 부재에 이르는 다양하고 복잡한 원인들의 최종 결과였다. 설탕을 제외한 교역은 거의 없었고 상품으로 거래되는 식량의 가격은 매우 높았다. 사회 기반 시설의 발달이 미미했기 때문에 거래될 수 있는 식량도 내륙 오지로는 거의 들어가지 못했다. 그곳에서는 원주민이나 화전민들이 일구던 전통적인 생계형 전답과 삼림이 진작 사라져 버린 상태였다. 농업이 사탕수수 생산으로 쏠리면서 새로 출현한 노동 계급은 폭풍우의 내습이나 가뭄, 메뚜기 떼의 공격으로 굶주림에 더욱더 취약해졌다. 실제로 1850년대부터 네그로스 섬 주민들은 빈번하게 기아의 공격을 받았다.[12]

특히 쌀 수확에 재앙을 가져온 메뚜기 떼의 공격은 1876년부터 1878년에 이르는 오랜 가뭄 시기에 상시적인 골칫거리였다. 부패한 에스파냐 당국은 구호 활동을 전혀 조직하지 않았다. 쌀 가격이 천문학적인 수준으로 뛰어올랐고, 설탕 가격은 폭락했으며, 실업자가 급증했다. 대농장에서 일하던 날품팔이꾼과 가난한 도시 주민 다수가 굶주리게 되었다. 교구 기록을 보면 군도 전역에서 주민의 최소 10퍼센트라는 엄청난 사망자가 발생했음을 알 수 있다. 이니가란 시의 사망률은 무려 50퍼센트에 육박했고, 비야돌리드의 사망률도 30퍼센트였다. 인도 및 자바처럼 기근 사태로 취약해졌지만 죽지는 않은 사람들 다수가 계속해서 콜레라와 말라리아로 목숨이 꺾여 버렸다.[13)]

네그로스와 이웃한 파나이 섬은 비사얀제도 샤머니즘*babaylan*의 신성한 중심지였다. 이 섬에서도 가뭄 시기에 많은 사망자가 발생했다. 기아 사태는 최근에 발생한 경제적 자치와 복지의 급격한 와해로 인해 악화되었다. 1850년대에 시나마이*sinamay* 직물이 활발하게 거래되었고, 파나이 제일의 항구도시 일로일로는 "역동적인 상업 중심지"로 부상했다. "마닐라 다음 가는 규모와 중요성을 가진 도시"였던 것이다. 그러나 채 20년이 안 돼서 지역의 직물 생산 기반은 파괴되었고, 한때 번영을 구가했던 파나이의 직조공들은 네그로스 섬의 사탕수수 재식 농장에서 인디오 페온[*peon*, 날품팔이. 옮긴이]으로 일하고 있었다. 마이클 빌리그가 설명하듯이, 자유무역 제국주의의 비상한 대표자 한 사람이 그 과정을 일사천리로 진행시켰다.

> 1855년 일로일로는 외국의 통상 세력에 공식적으로 문호를 개방했다. 다음 해에 영국은 이 도시에 니콜라스 로니라는 부영사를 파견했다. 로니는 일로일로의 직물 산업을 파멸시키고 네그로스 섬의 설탕 산업을 확립한, 단 한 명의 가장 유력한 인사다. 그는 부영사라는 직책 외에 영국 회사들의 상무관이자 영국산

제품의 끈기 있는 외판원으로 활약했다. 그는 사명감을 갖고, 지역에서 자체 생산한 직물을 기계로 제작한 값싼 영국산 직물로 대체하려 했고, 설탕을 돈벌이가 되는 반송搬送 화물로 만들어 내는 데 매진했다. (…) 더 오랜 세월의 직물 사업과 달리 태동기의 설탕 산업은 해외 자본에 철저하게 의존했다. 로니는 한 번에 무려 7만 5천 페세타를, 그것도 8퍼센트 저리(고리대금업자들의 30퍼센트에서 40퍼센트 이자율과 비교해 보라.)로 빌려 주었다. 그는 로니 앤 커 컴퍼니가 독점적으로 제품을 구매해 간다는 조건을 달고 최신식 제분 장비를 원가에 제공했다. (…) [그는] (…) 성공적으로 임무를 완수했다. 마닐라로 수출되던 일로일로의 직물은 1863년 141,420피에사[*pieza*, 직물을 세던 단위. 옮긴이]에서 1864년 30,673피에사, 1869년 12,700피에사, 1873년 5,100피에사로 점차 감소했다.[14)]

이렇게 파나이의 직조 촌락들은 폐허가 되었다. 네그로스 섬의 자매 도시들도 사정은 마찬가지였다. 당연히 흉작과 고물가에 맞설 수 있는 자원이 거의 없었다. 필로메노 아길라르가 인용한 아우구스티누스 수도회의 기록들은 1877년 산호아킨의 거리들이 시체로 뒤덮였다고 언급한다. "파나이 샤먼들이 전하는 각종 구비 설화는, 모든 강과 샘이 말라붙으면서 고장을 유린하고 사람들을 기아와 갈증 속에서 죽어 가게 했던 '3년에 걸친' 가뭄-기근 사태를 자세히 언급한다." 조선과 베트남처럼 기근 사태는 민중의 구세주 신앙을 부활시켰다. 비사얀제도에서는 에스파냐인 탁발 수도승과의 기우제 경쟁으로 그 양상이 전개되었다.[15)]

민간전승에 따르면 사람들은 교구 신부에게 탄원했다. 그러나 그는 비를 부르는 데 실패했다. 교구 신부가 재난을 완화하는 데 무기력한 모습을 보이자

> 다급해진 보좌 신부가 [산호아킨] 시 지도자들에게 에스트렐라 방고트반와라고 하는 바바일란[필리핀의 전통 샤먼. 옮긴이]을 호출하라고 조언했다. 에스트렐라 방고트반와는 검은 돼지 일곱 마리를 도살해 털을 밀고 검정 천으로 싸라고 명령했다. 그러고 나서 그녀는 검은 돼지 한 마리를 수도원에서 광장으로 가져갔다. 그녀는 놈이 비명을 지를 때까지 주둥이를 땅에 대고 눌렀다. 갑자기 하늘이 흐려지더니 폭우가 쏟아졌다.16)

아길라르는 에스파냐 성직자들이 가뭄 사태에서 보인 무기력과 관리들의 콜레라 진압 실패가 "샤먼들을 자극해 쇠퇴하던 식민 국가에 직접 도전하도록 만들었다."고 설명한다. 이렇게 해서 "비사얀제도 전체가 반란의 무대가 되었다." 1880년대 후반경에는 파나이와 네그로스 두 섬에서 농민과 원주민 수천 명이 파나이의 클라라 타로사나 네그로스의 폰시아노 엘로프레 같은 걸출한 바바일란들의 지도를 받으며 산악 지역의 무장 자치 공동체로 퇴각한다. (이것은 동시대 브라질 북동부에서 볼 수 있었던 주앙세이루의 천년 왕국 난민들이나 카누두스 무리와 놀라울 정도로 유사한 운동이다.) 클라라 타로사는 "여든 살의 노파로 (…) 자신이 '동정녀 마리아'라고 주장했고," 폰시아노 엘로프레는 비를 관장하는 능력으로 인해 디오스 부하위(*Dios Buhawi*, 물의 신)라고 불리던 복장 도착의 이적異蹟 연출자였다. 대량 학살과 즉결 처형 등으로 잔인하게 보복했음에도 에스파냐 당국은 기본적으로 내륙 오지에서 패배했다. 바바일란들과 추종자들은 10년 후 더 무자비하고 불법적인 미국이라는 식민 세력과 맞서게 된다.17)

1878년 엘니뇨 가뭄과 굶주림으로 역시 반란에 나선 누벨칼레도니(뉴칼레도니아)의 카나크족은 프랑스인 콜론[colon, 식민지의 농장주. 옮긴이]과 범법자 양수인*concessionaire*들로부터 섬의 내륙 오지를 해방하려는 필사적 노력을 기울였다. 프랑스가 1853년 누벨칼레도니를 침략했고, 카나크족은 유례없는 재앙에 직면했다. 미리엄 도노이는 이렇게 쓰고 있다. "2년이 채 안 돼서 (…) 현지의 족장 제도가 와해되었다. 멜라네시아인들은 보유했던 최고의 토지 10분의 9를 빼앗긴 채 내륙 산악 지역으로 쫓겨났다. 프랑스인들은 멜라네시아인들이 곧 전멸할 것이라는 가정 아래 알제리에서 채택했던 정책을 썼다. 리풀망*refoulement* 정책 속에서 멜라네시아인들은 임의로 재편성되어 지정 보호 구역에 배치되었다. 그러나 이 유폐지 역시 조금씩 계속해서 침해당하거나 콜론들이 외면한 불모지에 자리했다." 이런 원주민들 사이의 토지 부족 사태("1878년 원주민 봉기의 근본 원인")가 부족 갈등을 악화시켰다. 프랑스는 한술 더 떠 촌락의 우두머리들을 아첨꾼과 밀고자들로 대체하는 술수를 부렸다. 제3공화정의 "신제국주의자들"은 카나크족의 생존 공간을 탈취하려는 제2제정의 사업을 이어받았다. 그들은 식민지 정복을 통해 1871년의 민족적 굴욕을 떨쳐 버리려고 했다. 원주민들이 항의하자 공화정 세력은 오만하게 포고했다. "원주민들은 이 땅의 소유자가 아니다. 프랑스 정부가 이 땅을 전유할 때, 그것은 다만 원래의 땅을 회수하는 것뿐이다."[18]

결국 "1877년 말의 지독한 가뭄"(8장에서 보겠지만 누벨칼레도니의 농업은 엔소에 아주 취약하다.)이 프랑스의 무정한 오만함과 결합해 위기를 불렀다. 그랑드테르 섬의 중부 라포아 강 유역에서 아타이 족장이 과거에 적대적이었던 부족들을 단결시켜 봉기에 나선 것이다.[19] (아타이는 프랑스 총독 올리와의 담판에서 자루 두 개를 발밑에 부었다. 하나에는 흙이, 나머지 하나에는 자갈이 들어 있었다. 그는 이렇게 말했다. "흙은 우리가 한때 가졌던 것이요, 자갈은 당신들이 지금 우리에게 남겨

주고 있는 것입니다!")[20] 마틴 라이언스는 유럽인들의 가축이 격심한 가뭄 속에서 애지중지 가꿔 온 얌과 타로토란 밭을 쑥대밭으로 만들면서 카나크족의 인내심이 마침내 폭발하고 말았다고 설명한다.

> 가축 문제가 전년도의 가뭄으로 1878년에 한층 악화되었다. 소와 다른 가축이 먹이를 찾아 평소보다 훨씬 더 먼 곳까지 돌아다녀야 했던 것이다. 굶주림에 지친 동물들에게 원주민의 농토는 아주 유혹적이었다. 누메아와 불루파리 사이 지역이 특히 건조했고, 목축업자들은 약간의 입장료를 내면 가축을 몰고 우라이 인근의 정부 보유 토지로 들어갈 수 있었다. 거기 도착한 가축은 한풀이라도 하려는 듯 원주민들이 가꿔 놓은 무성한 밭을 파괴하기 시작했다. 콜론들은 효과적인 방책을 세우는 데 들어가는 자본 지출을 피하기 위해 할 수 있는 짓은 무엇이든 다했다. 그들의 태도는, 카나크족이 적절한 방어책을 원한다면 직접 울타리를 쳐야 한다는 것이었다. 한 카나크인은 이런 말을 하는 목축업자에게 다음과 같이 말했다. "나의 타로토란들이 자리를 이탈해 당신의 가축을 먹으면 나는 담장을 쳐서 이런 사태를 막을 겁니다."[21]

1878년 6월 존경을 받던 족장들이 여러 명 체포되었다. 카나크족의 억눌렸던 분노가 마침내 폭발했다. 백인들의 농장과 경찰서들이 연이어 맹렬한 공격을 받았다. 유럽인 2백 명이 살해당했다. 돌연한 공포가 누메아로 확산되었고, 그곳에서 식민주의자들을 대변하던 신문 『라 누벨칼레도니』는 "멜라네시아인들을 전부 몰살하는 전쟁"을 요구했다.[22] 인도차이나의 군수품 보급과 해안 지역 카나크족 용병의 지원을 등에 업은 프랑스 토벌대는 유명한 리비에르 대위의 지휘 아래 중부 내륙의 상당수 지역을 초토화했다. "수백 개의 촌락"이 불에 탔고 비축 식량이 몰수당했으며, 관개시설이 파괴되었고 전사들은 색출 즉시 살해되었으며, 전사의 아내들은 전리품으로 친프랑스 부족들에 건네졌다. 카리스마적 지도자 아타이는 기습 공격으로 살해되었고, 백발이 성성한 아타이의 머리는 학자들이 철저히 조사할 수 있도록 파리로 보내졌다. "식민 정부는 아주 커다란 충격을 경험했고, 간신히 지배권을 주장할 수 있을 뿐이었다." 그러나 반란을 일으킨 카나크 부족들이 치러야 했던 패배의 고통 역시 압도적이었다. 수천 명의 사상자가 발생했고, 살아남은 지도자들은 추방되었다. 누벨칼레도니의 원주민들은 재식 농장, 목장, 범죄자 식민지를 위해 그랑드테르의 비옥한 서부 해안에서 영원히 축출되었다. (라이언스가 지적하는 것처럼 "주로 프랑스인이 거주하는 서부 해안과 주로 카나크족이 거주하는 동부 해안 사이의 분열은 오늘날까지 지속되고 있다.")[23)]

카나크족의 비극을 목격한 사람 중에 패배한 또 다른 봉기의 생존자가 있었다. "파리의 붉은 처녀" 루이즈 미셸이 그 주인공이다. 누벨칼레도니에서 유배 생활을 하던 파리코뮌 지지자 가운데 일부가 카나크족을 말살하는 인종 전쟁에 가담했지만, 미셸은 "자유와 존엄"을 회복하려던 카나크족의 투쟁을 열렬히 지지했다. 미셸은 (아타이와 함께 살해당한) 모반자 시인 안디아의 잊을 수 없는 전쟁 시가를 일부 번역했고, 반란을 일으킨 원주민 친구 두 명에게 자신의 유명한 붉은 스카프("온갖 수색 활동 속에서도 기필코 숨겨 온 코뮌의 붉은 스카프")를 절반 나누어 주었다. 『회고록』에 미셸은 이렇게 썼다.

> 1878년의 카나크족 봉기는 실패했다. 인간 영혼의 강인함과 열망을 다시 한 번 확인할 수 있었다. 그러나 백인들은 반란자들을 싹 쓸어버렸다. 바스티옹

37번지 앞과 사토리 평원에서 우리를 소탕했던 것처럼 말이다. 그들이 아타이의 머리를 파리로 보냈을 때 나는 진짜 야만인들이 누구인지 생각했다. 앙리 로쉬포르가 내게 써 보냈던 것처럼 "베르사유 정부는 원주민들에게 야만주의를 가르쳤다."[24)]

아프리카의 가뭄과 제국주의 기획

아프리카 남부에서는 대한발이, 여전히 독립을 유지하고 있던 아프리카 사회를 깨뜨리려는 포르투갈과 영국 침탈의 주요 동맹자가 되었다. 앙골라 해안, 특히 루안다 주변의 환경적으로 불안정한 지역은 변덕스런 강우로 유명하다. 그러나 1876년에 시작된 가뭄은 지속 기간과 규모에서 예외적이었다. 가뭄은 1880년대 초반까지 지속되었고, 우일라 고지처럼 깊은 내륙 오지 주민들에게까지 영향을 미쳤던 것이다.[25)] 루안다의 의료 관리는 1876년 이렇게 푸념했다. "이 지역 주민 대다수는 인간이라기보다 미라에 가깝다." 일 년 후에는 "골룽구알투 지역에서 고용된 아프리카인 짐꾼들의 몸 상태가 최악이었다. 마상가누로 이동하는 나흘 동안 열네 명이 사망했다." 1878년 내내 "루안다에서 기아로 매일 대여섯 명이 죽어 간다고 전해졌다."[26)] 질 디아스는 이렇게 말한다. "앙골라에서는 1870년대부터 계속해서 외부의 무역 압력과 식민주의 간섭이 강화되었다. 기근과 질병이 점점 더 혹독해져 갔고, 또 거꾸로 영향을 받았다."[27)] 세계 경기의 침체에도 앙골라의 수출 경제는 몇 가지 수지맞는 분야를 찾아냈고, 아프리카인들의 목축과 생계형 농업을 희생시켜 가면서 빠르게 성장했다.

고무와, 정도는 덜 하지만 커피의 "호황"으로 인해 앙골라 대다수 지역의 아프리카인들은 열에 들떠 이 상품들을 수확하고 팔았다. 유럽과의 무역과 농업이 루안다, 벵겔라, 모사메데스를 거점으로 한 식민지 고립 지대 내에서 발전했다. 백인 거류지와 농지의 새로운 거점들이 배후지 포르투암보임이나 우일라 고지에 생겨났다. 상투메 섬의 농장주들은 코코아 "호경기"에서 돈을 버는 데 혈안이 되었고, 이를 감당할 수 있는 노동력을 급박하게 요구했다. 그 결과는 노예무역의 증가로 나타났다. 마지막으로 식민지 확장과 관련해 더욱더 강력한 계획이 안출되기 시작했음을 지적해야 한다. 콩고, 루안다, 옴빔분두 고지가 군사적으로 점령되기 시작했던 것이다.[28)]

지난번 가뭄이 기승을 부렸던 1860년대 후반에는 포르투갈인들마저 우일라 고지의 외곽 같은 변경 지대의 농장과 요새들에서 퇴각하지 않을 수 없었다. 이제는 천연두, 말라리아, 이질, 모래벼룩 등 가뭄과 기근 관련 전염병들이 발생했다. 식민지 군대는 콩고에서 취약해진 주민들을 전대미문의 규모로 쓸어버렸고 계속해서 콴자 강 동남부로 진출했다. 디아스는 이렇게 말한다. "1870년대에 굶주림과 질병으로 사람들이 쇠약해졌다. 어쩌면 이런 사태가, 백인들의 농장 확대로 야기된 사회적·정치적 긴장이 왜 포르투갈 고립 지대 내부에서 반란으로 폭발하지 않았는지를 설명해 줄지도 모른다." 그 후로 앙골라 내륙에서 진행된 재식 농장의 확대와 식민 권력의 강화는 가뭄과 질병의 사악한 반복 리듬에 맞춰 용의주도하게 이루어졌다. 1886년과 1887년, 1890년과 1891년, 1898년과 1899년, 1911년, 1916년에 말이다.[29)]

초원 지대와 변경에서는 가뭄이 훨씬 더 중요한 전환점으로 작용했다.

코사족, 줄루족, 심지어 일시적이나마 보어인들에게도 가뭄은 곧 죽음의 조종弔鐘이었다. 1870년대 초반 남아프리카는 다이아몬드와 양모 호경기로 번영하는 듯 보였다. 그러나 너무 많은 사람들과 가축이 확실하게 물을 제공하는 방목지를 차지하려고 경쟁하는 바람에 생태적 위기가 야기되었다. 무수한 비그늘[rain shadow, 수분이 풍부한 바람을 산맥이 가로막고 있어서 바람이 불어오는 쪽에 비해 강수량이 훨씬 적은 산맥 뒤편의 지역. 옮긴이] 초원이 없어지면 강수량이 지역에 따라 들쭉날쭉해지면서 초지가 완성되는 시기가 멋대로 변한다. 유목 사회의 끝없는 충돌을 야기하는 환경 공식인 셈이다. 유럽인들은 아프리카인들의 방목 자원을 끊임없이 잠식했다. 도널드 모리스에 따르면, 주민들이 늘어나고 있었고 "다음 가뭄이 불똥을 떨어뜨릴지도 모르는 폭발적 상황"이 조성되었다.[30] 실제로 1876년부터 1879년의 가뭄은 지독한 건조 현상을 보였던 1820년대 초반 이래 가장 파괴적이었다. 엘니뇨 사태의 연속으로 비롯되었을 1820년대 초반의 가뭄으로 샤카 치하에서 방목지와 자치구가 폭력적으로 재분배되었다. 필사적으로 수행된 이 과정과 시기를 줄루어로 '음페카네'*라고 한다.[31]

케이프 동부와 나탈에서는 유럽인 목축업자들이 양모 수출 가격의 폭락과 기르던 가축의 몰살로 비틀거렸다. 『네이처』는 케이프에서 "당시까지만 해도 유복했던 식민지 이주자들"이 "겨우 연명이나 할 만한 필수품을 얻기 위해 천한 일"도 마다하지 않고 해야만 했던 상황을 자세히 설명했

---

* *mfecane*, 1815년부터 1840년까지 아프리카 남부에 만연했던 혼란과 무질서의 시기를 가리키는 줄루어. 줄루족의 왕이자 군사 지도자인 샤카가 권좌에 오르면서 음페카네가 시작되었다. 그는 19세기 초 투겔라 강과 폰골라 강 사이에 거주하던 은구니족을 정복하고, 여기에 군사 왕국을 건설했다. 옮긴이

다.[32] 트란스발의 보어인들은 세계시장에 덜 의존하고 있었지만 그들의 삶도 가뭄, 가축 질병, 토지 부족 사태가 결합하면서 어렵기는 마찬가지였다. 당연한 이야기지만 아프리카인들에게는 기후 충격이 경제적 극한 상황으로 인해 더욱 확대되었다. 모리스는 이렇게 쓰고 있다. "시스케이와 트란스케이 모두 유럽인들과 원주민들, 가축으로 바글바글했다. 토지는 가축을 너무 방목해서 지력地力이 쇠한 상태였다. 허약한 원주민 경제는 파멸적인 가뭄 사태로 인해 붕괴 직전 상태로 치달았고, 무단 침입과 가축 절도 행위에 대한 고소 고발 사건이 끝없이 이어졌다."[33] 바수토랜드에서는 "농작물의 3분의 2가 멸실되었고, 일거리를 찾는 사람들의 수가 일 년 만에 두 배로 늘어났다." 더 북쪽에서는 "천연자원에 가해지는 압력 증대, 인구의 자연 증가, 난민 유입, 재발성 가뭄으로 페디 왕국이 고통받기 시작했다."[34]

아프리카 세력의 가장 위대한 보루였던 줄루랜드도 사정은 마찬가지였다. 도널드 모리스의 설명을 들어 보자. "유럽인 정착민들이 전혀 없었음에도 이 왕국 역시 다른 지역들처럼 토지 부족 사태에 시달렸다. 물 사정이 좋은 지역의 다수는 험하고 돌이 많았다. 기타 초원 구릉과 고지 평원은 폐병으로 오염되어 있었다. 세츠와요 즉위 이후 적뇨증赤尿症이 줄루족의 소 떼를 유린해 버렸다. 체체파리 때문에 많은 지역에서 정주가 불가능했다. 원시적인 농업 방식도 남은 자원을 비효율적으로 이용했다. 결국 백만 명의 줄루족 가운데 약 3분의 1 정도가 울룬디의 왕도 크랄 같은 중심지들에서 조밀하게 모여 살았다. 다른 많은 지역들은 버려진 상태였다. 1877년과 겨울 몇 달 동안의 가뭄으로 버펄로 강과 퐁골라 강 상류의 비옥한 토지들이 타격을 받았다. 1861년 이래로 트란스발과의 분쟁 대상 지역이었던 그곳이 말이다."[35]

가뭄 위기로 아프리카인들과 아프리카에 정착한 네덜란드인 모두가 취약해졌고, 양자 사이의 긴장이 고조되었다. 런던의 제국주의 설계자들에게 이런 사태는 공공연한 축복이었다. 1875년부터 디즈레일리와 그의 식민지 담당 비서 카나본 경은, 아프리카 남부의 원뿔 지역에서 영국의 단일 패권을 실현시킬 "연방 계획"에 몰두하고 있었다. 케인과 홉킨스에 따르면 "카나본은 아프리카 중부와 모잠비크를 남부의 농장과 광산에 투입할 노동력 제공처로 삼겠다는 계획을 세웠다."[36] 킴벌리에서 다이아몬드 광산 광맥이 발견되었고, 남아프리카가 하룻밤 사이에 자본 투자의 주요 대상으로 떠올랐다. 그러나 아프리카 노동자들이 통제되지 않자 영국인들은 곤경에 처했다. 군사적으로 독립 상태를 유지하던 아프리카 공동체들이 다이아몬드 광산 주변에 계속 머무는 한 극복하기 힘든 문제였던 것이다.[37] 결국 1877년 3월 남아프리카에 카나본의 특파 전권대사 바틀 프레르 경이 도착했다. 이 전직 봄베이 지사는 비상한 활동력을 발휘해 가뭄으로 취약해진 반투족과 보어인들을 제압하고 영국의 패권을 확립했다.

일 년이 채 안 돼서 그는 트란스발에 유니언잭을 게양했고, 트란스케이에서는 추장 사르힐 리가 이끌던 그칼레카족에 의해 유지되던 코사족 독립의 마지막 거점을 무자비하게 분쇄했다. 이 사건이 바로 케이프-코사 전쟁의 아홉 번째이자 마지막이었다. 케이프 주둔 영국 군대는 1878년에도 그리쿠아*가 오렌지 강 하류에서 일으킨 반란을 진압했다. 이 반란도 "가뭄으로

* *Griqua*, 남아프리카의 잡다한 다민족 유색인들을 가리킨다. 케이프의 유럽 출신 식민지 거주자들과 17세기, 18세기부터 그곳에 살던 코이코이 사이의 상호 결혼 및 성 관계로 그 기원이 거슬러 올라가는 인종적·문화적 잡종 집단인 셈이다. 옮긴이

야기된" 것이었다.[38] 이제 프레르는 세츠와요의 줄루 왕국을 격파하겠다는 전격전에 모든 관심을 집중했다. 위대한 줄루족은 보어인 공화국과의 갈등 과정에서 영국의 충성스런 동맹자였음에도 아프리카인들 사이에서 "영혼의 불꽃"으로 인식되고 있었다. 프레르는 "도저한 흑인 무장 국가라는 미래상"을 말살해 버리겠다고 결심했다.[39]

영국군의 침략이 단행되기 전에 이루어진 마지막 회담을 살펴보면 배반 속에서 번민하던 줄루족 왕이 그 특파 전권대사의 배반 행위와 자신의 가축을 몰살시키고 있던 가뭄이 사악하게 연계되어 있음을 뚜렷하게 인식했다는 것을 알 수 있다.

> 내가 위대한 영국에 무슨 일을 했고, 무슨 말을 했는가? (…) 내가 위대한 백인 추장에게 무슨 짓을 했는가?
>
> 나는 영국인 추장들이 비를 오지 않게 했다고 생각한다. 그래서 땅이 파괴되고 있다.
>
> 영국인 추장들은 흑인 촌락이 계속해서 이동해야 한다고 항상 내게 말해 왔다. 나는 이제 그들의 명령에 따라 조용히 정착해 땅을 갈고 싶다. 나는 전쟁에 대해 아는 게 없다. 위대한 추장들이 내게 비를 보내 주기를 원할 뿐이다.[40]

그러나 카나본과 프레르는 군대를 보냈다. 영국의 정예군인 천6백 명이 세츠와요 군대의 조직 편제와 용맹성을 얕보다가 1879년 이산들와나에서 전멸되었다. 대영제국은 반격에 나섰다. "가옥을 조직적으로 불태웠고, 줄루족이 소개하지 않은 가축을 압류했으며, (…) 줄루랜드의 경제적 토대를 파괴했다." 마이클 리번은 이렇게 주장한다. "하마터면 조직적인 대량 학살이 공식 정책으로 채택될 뻔했다."[41] 화력만큼이나 기근 사태에도 압도당한 줄루족은 결국 1879년 7월에 항복했다. 그러나 이산들와나 전투는 경보병 여단 창건 이래 영국 군대가 겪은 최악의 재난이었다. 소토족과 페데족은 계속해서 저항했다. 이와 함께 카나본의 웅장한 계획에 훨씬 더 불길했던 사태는, 폴 크루거의 엄혹한 지배를 받던 아프리카너[Afrikaner, 남아프리카 태생의 백인으로, 특히 네덜란드계. 옮긴이]들이 군사적 자신감을 회복했다는 것이었다. 그들은 1881년 마주바 고지에서 국권을 회복했고, 랜드의 광물 자원에 대한 통제권을 주장했다.

북아프리카의 노천 무덤

디즈레일리의 신제국주의는 이집트에서 더 큰 성공을 거두었다. 1876년 가을 아프리카 북동부에 비가 거의 내리지 않았고, 1877년 나일 강의 수위가 낮아지면서 사람들이 겪게 된 강력한 충격은 1878년 초에야 비로소 감지되었다. 기근이 남아시아와 북중국에서 퇴각하고 있던 그 시점에 말이다. 500년 이래 나일 강의 수위가 최저로 하락했다. 1877년 홍수로 형성된 등성이는 평균보다 1.8미터나 더 낮았고, 농경지의 3분의 1 이상에 관개를 할 수 없었다.[42] 수출 가격 폭락, 많은 부채, 우역, 과도한 세금으로 이미 비틀거리던 농민들에게 가뭄의 충격이 더해졌다. 미국 남부가 세계시장으로 복귀하면서 주저앉은 목화 가격은 세계무역 침체와 함께 한층 더 폭락했다.[43] "유럽의 투자자들에게 수지맞는 젖소"였던 20년 세월이 마감되었다. 터키제국이 파견하던 이집트 총독은 1876년 채무를 이행하지 못했다. 그는 프랑스-영국 이중 권력 위원회에 국가 세입에 관한 통제권을 넘겨주었다. 로자 룩셈부르크는 후에 이렇게 썼다. "이제는 유럽 자본의 주장이 경제적 삶의 기준이자 재정 구조의 유일한 고려 사항으로 자리를 잡았다."[44] 이민족異民族 혼합 법정 제도가 수립되면서 유럽의 채권자들은 소자작농의 재산을 직접 압류할 수 있게 되었다. 결국 생존을 위한 임차는 당연한 것이라는 이집트-이슬람의 오랜 전통이 무너졌다. 유럽의 압력은 극심했다. 세금 징수원들이 "암소를 쫓는 독수리처럼" 그들을 따르는 고리대금업자들과 함께 나일 강 유역 도처에서 공포를 조장했다. 가축을 숨기거나 재산 몰수에 저항하는 농민들은 이웃들이 보는 앞에서 잔인하게 매질을 당했다.[45]

기근 사태 전야에 이집트를 여행한 윌프레드 블런트는, 유럽의 채권자들이 농촌에서 일으킨 비극에 큰 충격을 받았다. "당시에는 머리에 터번을 하거나 셔츠 한 장 이상을 걸치고 들판에서 일하는 남자를 찾아보기가 어려웠다. (…) 장이 서는 날에 주요 도시들은 옷가지와 은제 장신구를 그리스인 고리대금업자들에게 파는 여성들로 넘쳐 났다. 세금 징수원들이 마을에 상주하고 있었기 때문이다."[46] 카이로 주재 영국 영사는 런던에 이렇게 보고했다. 세금 징수원에게서 필사적으로 벗어나려 하는 농민들이 자신들의 땅을 그냥 줘 버리고 있다. "더 가난한 계급의 원주민 다수는, 자신들이 토지 생산물을 바탕으로 이자를 감당할 수 없다는 걸 알고 이를 경감해 주거나 새롭게 부과되는 세금을 내주겠다고 하는 사람이라면 아무한테나 무료로 그들의 토지를 제공했다."[47]

나일 강이 그 기능을 제대로 발휘하지 못했고, 1878년 여름에 기아에 관한 보고가 무성했지만 세금 징수원들은 계속해서 무자비하게 농민들을 매질했다. 가뭄으로 "농민들의 타격이 극심했던" 하이집트에서는 담보물을 찾을 권리를 광범위하게 상실한 소자작농 계층이 오스만-이집트 귀족들의 대농장에서 일하는 가난한 날품팔이꾼으로 전락했다.[48) 『더 타임스』는 "나일 델타로 이어지며 승승장구하던 세수 확충 여행에 대한 자랑은, 사람들이 길가에서 굶어 죽고 있고 나라의 상당수 농토가 육체적 부담 때문에 경작을 못 하고 방치된 상태이며, 농민들은 가축을 팔고 여성들은 옷과 장신구를 팔며, 고리대금업자들은 융자 사무소를 채권으로, 법정을 유질流質 처분 소송으로 가득 메우고 있다는 소식들과 대비되어 이상하게 들린다."고 말했다.[49)]

자연환경 때문에 농민들이 일 년에 단 한 차례만 작물을 수확할 수 있었던 상이집트에서는 가뭄의 여파 속에서 가축, 비축 곡물, 종자, 농기구들이 몰수되었고, 상황이 문자 그대로 살인적이었다. 1879년 초 소하그와 지르자 사이의 기근 상황을 조사하기 위한 파견된 특파 대사는 이렇게 보고했다. "기아와 식량 부족 사태로 죽은 사람의 수가 1만 명 이상이었다. (…) 이 모든 것이 과도한 세금 징수에서 비롯한 빈곤의 직접적인 결과였다."[50)] 겨울철에 자주 여행을 했고, 영국이 임시변통으로 조직한 구호 활동을 도왔던 알렉산더 베어드는 지르자 지방의 격심한 기근 사태를 확인했다. "여자와 아이들이 이 마을 저 마을로 구걸하면서 이동한 거리는 믿을 수 없을 정도다. (…) 빈민들은 극도의 굶주림에 내몰리자 길거리의 쓰레기와 음식 찌꺼기로 주린 배를 채우기도 했다."[51)]

일부 농민은 죽음과 굶주림에 직면해 반란을 일으켰다. "1877년 말 아스완과 룩소르의 영국 당국은 농민들의 비적질로 인해 상이집트, 특히 소하그와 지르자 사이 지역을 여행하는 것이 매우 위험천만한 일이라고 예고했다." 그랜트 일가의 테베 여행에 드리웠던 암운이 바로 이것이었다. 카이로가 2천 명 규모의 기병대를 특파해 약탈 행위를 진압하려고 했다. 이에 탈법적 농민들은 산악 지역으로 퇴각했고, 주안 콜에 따르면 사회적 반란의 기치를 높이 들었다. "에릭 홉스봄이 설명한 종류의 사회적 비적질을 제외한 1879년의 농민 강도단을 어떻게 평가할지는 쉬운 문제가 아니다. 소하그와 지르자 사이에서 활동하던 무장 강도들은 사회정의의 수사를 채택했고, 국가의 과도한 세금 징수와 잔인한 처우에 억압당하던 농민들을 단결시키겠다고 서약했다."[52]

마그레브에서는 알제리의 들판과 포도원이 1877년의 가공할 열기 속에 하릴없이 타들어 갔다. 수확 곡물의 절반이 멸실되었고, 서부의 오랑에서부터 동부의 콩스탕틴에 이르는 전국에서 기근 사태가 보고되었다.[53] 콩스탕틴에서 최악의 사태가 발생했다. 가뭄과 굶주림이 1880년 초까지 계속되었고, 다시 1881년의 흉작과 함께 재개되었던 것이다. 밀라 지역을 지나던 러시아인 여행자 치하체프는 "빈민들이 삶은 케리우아[*kerioua*, 매우 쓴 야생의 아룸 속 식물]만 먹으면서 두 달 이상 살아가는 것"을 보고 큰 충격을 받았다. 기근을 완화하려던 관의 활동은 피골이 상접한 난민들이 도시로 쇄도하면서 잘못 수행되었음이 드러났다. 총독은 1878년 가을에 위기의 심각성을 인정하지 않을 수 없었다. 『시퉈아시옹 오피시엘』에 "(메데아와 오말 남쪽의) 티테리 부족들, 바트나 및 테베사 주변 지역과 오드나, 보르지-부-아레리지의 부족들은 식량이 전혀 없다."고 보고되었던 것이다.[54] 그러나 농촌의 이런 재앙이 북아프리카의 가축 교역을 장악한 마르세유의 자본가들에게는 뜻밖의 횡재로 작용했다.

가뭄이 내습한 대다수 지역에서 수확은 거의 제로였다. 다른 곳일지라도 형편없기는 마찬가지였다. 종자가 없으니 다음 해에도 소출이 형편없을 수밖에 없었다. 게다가 물과 초지가 사라지면서 원주민들이 기르던 가축이 몰살할 지경에 이르렀다. 내륙 오지의 부족들은 기르던 가축을 거래상들에게 헐값에 팔아야만 했다. 양 수출이 두 배로 뛰는 사이에 밀과 보리의 수출은 절반으로 줄어들었다. 1874년부터 1876년까지 3년 동안 소 17,996마리를 수출했던 알제리는 1877년부터 1879년 사이에 143,198마리를 수출했다. 알제리인들은 굶어 죽지 않기 위해 자신들의 진정한 재산, 가축을 청산해야만 했던 것이다.[55)]

샤를-로베르 아제롱은 식민지 알제리에 관한 자신의 권위 있는 역사서에서 1877년부터 1881년 사이 가뭄이 기승을 부리면서 원주민들의 빈곤화 경향이 전반적으로 촉진되는 과정을 보여 준다. 1871년과 1872년에 무크라니 봉기가 패배했다. 제3공화정은 공동 보유 토지에 대한 대규모 수용, 삼림과 초지 구획, 이동 방목 처벌, 토지세 인상을 통해 콜론 자본주의를 무자비하게 확대했다. 원주민 토지가 갖는 시장 가치의 3분의 1 이상을 징발하기도 했던 연간 세금과 비교하면 영국이 인도에서 강탈한 세금이 무색할 지경이었다.[56)] 카빌리아 지방에서는 분노한 시인들이 "세금이라는 비가 우리를 연속으로 죄어치고 있으며, 사람들은 과일나무는 물론이고 옷가지까지 내다 판다."고 노래했다.[57)] 환경 재난으로 완전히 피폐해진 농촌에 대해 "에이레식 해결책"이 대두했다. 아제롱이 인용한 프랑스 정책의 일부 설계자들은 원주민들의 이런 절대적 박탈 상태가 발휘할 수도 있는 혁명적 결과를 빈틈없이 인식하고 있었다. 뷔르도는 1891년 또 한 차례 가뭄이 내습했을 때 이렇게 썼다. "알제리가 직면한 가장 커다란 위험은 가난한 프롤레타리아트의 출현이다. 몰락한 이 군대는 희망도 없고 토지도 없다. 그들은 약탈 행위와 반란에 열심이다."[58]

결국 알제리인들은 1867년과 1868년의 가공할 사태 때와 달리 1877년부터 1881년의 가뭄-기근 사태에서 대규모 전염병 사상자가 발생하지 않은 것에 감사할 수 있을 뿐이었다. 데칸과 세르탕처럼 굶주림과 질병이 상조적으로 파괴력을 발휘하던 아틀라스 산맥 전역에는 전염병이 없었던 것이다. 고대 왕국 모로코는 수 세기 만에 겪는 최악의 경제 및 환경 위기 속에서 몸부림쳤다. 모로코의 농촌은 "노천 무덤"으로 바뀌어 버렸다. 이미 세계시장의 타격으로 좌절한 농민들을 가뭄이 다시 한 번 죄어쳤다. 장-루이 미에주가 설명하는 것처럼, 모로코의 곡물과 양모에 대한 유럽의 수요가 1870년대에 저가 경쟁에 직면해 폭락했다. 1840년대에 시작되어 한결같이 유지되어 오던 수출 호경기가 끝나 버린 것이다. 이후로 7년 동안 농촌을 유린한 가뭄이 시작된 1877년 가을경에는 경기가 이미 급격한 내리막 상태였다. 무역 적자가 증대했고, 에스파냐에 전쟁 배상금을 지불하기 위해 영국한테서 엄청난 차관을 빌렸으며, 구매력이 저하된 화폐는 끝없이 치솟는 국내 인플레이션으로 비화했다. 1875년에서 1877년 사이에 모로코인들의 실질 소득이 절반으로 감소했다. 당연히 농업 부문 세금의 상대적 부담이 더욱더 커졌다. 농민과 목부牧夫들은 1877년과 1878년에 건조한 겨울을 나야만 했고, (남부 경작 지대에 비가 한 방울도 오지 않았다.) 메뚜기 떼의 공격을 받았다. 그들이 가꾸어 온 부의 상당 부분이 이미 결딴난 상태였다.[59]

1878년 봄경에는 절망에 빠진 농민*fellah*들이 기르던 가축을 잡아먹거나 며칠치 식량과 맞바꾸고 있었다. (암소는 5프랑, 양은 1프랑.) 미에주는 모로코 전체 가축의 75퍼센트가 이런 식으로 사라져 버렸다고 추정한다. 이게 다가 아니었다. 곡물 가격이 치솟으면서 아주 가난한 촌락민들은 초근목피로 연명해야 했다. 심지어 일부는 독성 식물 예르네*yernee*를 먹기까지 했다. 한때 번영을 구가했던 남부의 농부들은 단 한 자루의 곡물을 받고 상인들에게 농장을 내주었다. 토지 양도와 유질 처분을 막으려던 마크잔[*makhzan*, 베르베르족 정부. 옮긴이]의 노력도 외국 외교 세력에 의해 성공적으로 저지되었다. 그들은 융자와 구호물자에 대한 통제권을 활용해 "자유무역의 원리"를 엄격히 준수하라고 요구했다.[60)]

기아가 풍토병으로 정착하던 1878년 여름에 모로코 내륙과 남부의 광대한 지역에는 사실상 사람이 거의 살지 않게 되었다. "수십만 명이 근처의 항구도시로 떠났다." 수입된 곡물이 거기 보관되고 있었던 것이다. 『주이시 월드』의 모가도르 통신원이 영국에 거주하던 같은 종교의 신자들에게 근심스럽게 알린 내용을 살펴보자.

> 이웃 지방들에서 굶주린 유대인과 무어인들이 끝없이 유입되면서 모가도르의 빈민 수가 빠르게 증가하고 있다. 이곳의 빈민 수는 전체 주민의 약 3분의 1을 차지할 정도로 언제나 너무 많았다. 그들을 지켜보는 일은 처참하다. 살아 있는 해골들이라니. (…) 식료품 분야를 제외하면 성사되거나 진행 중인 사업 활동이 전혀 없다. 당연히 노동계급도 할 일이 전혀 없는 상황이다. 그들은 식량을 얻기 위해 옷가지와 가구를 팔고 있다. (…) 여러분이 그 참혹한 비극의 현장을 목격한다면 가슴이 찢어질 것이다. 가난하고 굶주린 어머니들이 길에서 발견하는 뼈를 부수고 갈아서 그것을 마찬가지로 굶주린 자녀들에게 주고 있다. 할 수만 있다면 몇 푼이라도 모금해 달라. 또 할 수만 있다면 도매상에서 쌀을 구입해 영국을 떠나는 배편에 실어 보내 달라.[61)]

6개월 후 미국과 독일 영사들은 "노상에서 수천 명이 사망했다."고 보고했다. 존 드러몬드 헤이 경도 수하의 정보원들이 "최고"는 아니었지만 1879년 4월에 이렇게 썼다. "수스와 하하의 주민 절반이 기아로 사망했다." 인도와 중국, 브라질에서처럼 주민들이 해안으로 탈주하면서 쇠약해진 사람들이 비위생적인 환경에 밀집되었고, 질병이 확산될 조건이 무르익었다. 이 시기의 기근 난민들에게 닥친 보편적 재앙인 콜레라가 페즈와 마르크네스에 처음 출현한 때는 1878년 7월 말이었다. 9월경에는 항구는 물론이고 내륙의 도시들도 침탈당했다. 마라케시에서는 전체 주민의 약 1퍼센트 정도가 매일 죽어 나가고 있다고 보고되었다. 마침내 12월에 콜레라가 진정되자 장티푸스가 그 자리를 대신했다. 이탈리아 및 포르투갈 영사들과 다수의 유명한 유럽 및 유대인 상인들은 물론이고 쇠약해진 평민 수만 명이 죽었다.[62]

위기는 계속되었고, 1879년과 1880년 사이의 겨울에야 비로소 정상적인 강수량이 회복되었다. 마르세유와 지브롤터에서 곡물을 수입한 지 18개월 만에 농업 활동의 재개가 가능해졌다. 그러나 1881년(엘니뇨의 해) 가뭄이 다시 시작되었고, 1882년에 더욱더 악화되었다. 그 해에 남부 지방에서는 다시 비가 한 방울도 오지 않았고, 북부 지방의 강수량은 평년치의 4분의 1을 밑돌았다. 영국 영사는 더 이른 시기의 보고서 내용을 참담하게 되풀이하면서 이렇게 설명했다. "완전한 흉작이었다. 가축이 죽어 갔고, 굶주린 사람들은 다시 초근목피로 연명해야 했다." 산악 지역과 농촌이 다시 텅 비게 되면서 도시에 새로운 전염병의 시련이 닥쳤다. 이번에는 천연두였다. 1883년 내내 천연두가 기승을 부렸다. 그러나 미에주가 강조하는 것처럼, 모로코의 오랜 기근과 질병 사태에서도 "승자"가 없지는 않았다. "1878년부터 1885년의 위기로, 모로코의 미래를 지배하게 될 상업 및 지주 자본주의의 출현이 앞당겨졌다. (…) 교역 활동이 전문화되지 않았기 때문에 유력한 가문들은 식량 수출에서 식량 수입으로 전환할 수 있었다. 기근 사태가 벌어지던 항구도시들에서 번영의 섬들이 생겨났다." 또 "재산이 엄청난 규모로 재분배되면서" 유명한 외국 상사들이 큰돈을 벌었다. 외국 세력은 가공으로 꾸며낸 모로코인 소유권으로 대규모 토지를 확보했다. 이와 함께 막강한 권력을 차지하기 위한 경쟁의 시대도 막을 열었다. 차관과 대형 기계류를 바탕으로 수행된 경쟁 속에서 유럽에 대한 경제 종속이 가속화되었고, 모로코는 정규 식민지로 전락하고 만다.[63]

전 세계의 사망자 통계

대규모 기근 사태가 닥치지 않은 곳에서도 가뭄으로 커다란 경제적 재난이 발생했다. 회복할 수 없는 지경에 이른 곳도 있었다. "케이프 식민지, 뉴기니, 식민지 호주, 남태평양제도, 그리고 남반구의 알려진 거의 모든 지역이 심각하고도 지속적인 가뭄으로 고통받고 있을 것이다." 『네이처』의 편집자들은 1878년 3월 이렇게 말했다.[64] 뉴사우스웨일스의 세계 최대 규모를 자랑하는 양 방목 구역에서 동물의 4분의 1이 죽었다.[65] 폴리네시아 군도 전역은 환경 재앙을 경험했다. 하와이의 사탕수수 농장들은 임시변통의 관개시설을 조잡하게 수리해 19세기 최악의 가뭄 해(1877년~1878년)에 대응했다. 선교사들이 외딴 섬들의 기근 사태를 보고한 사모아의 독일인 소유 목화 농장들에서는 길버트제도 사람들이 가뭄 사태에 절망해 스스로 쿨리로 고용되었다.[66] 1877년 가뭄으로 멕시코 중부 전역에 거대한 경제적 손실이 발생했다. 특히 멕시코 계곡에는 1878년 여름까지 비가 오지 않았다.[67] 지중해 연안의 보스니아에서도 가뭄과 기근 사태가 보고되었다. 안달루시아에서는 메뚜기 떼가 나타나 농민들을 괴롭히기도 했다.[68]

그러나 전형적인 엘니뇨 양상 속에서 기후는 특정 지역의 강수 부족 사태를 또 다른 지역에는 잉여 강수량으로 보상했다. 타히티에는 태풍이 거의 불지 않은 반면 캘리포니아 북부는 2세기 만에 가장 축축한 겨울을 경험했다.[69] 아시아가 굶주리는 동안 미국은 세계 역사상 가장 많은 밀을 수확하고 있었고(108억 8640만 톤), 캘리포니아의 센트럴밸리에서는 잉여 생산된 밀이 무익하게도 연료로 쓰였다.[70] 미국 남동부 지방에는 폭우가 쏟아졌고, 강이 범람했다. (어쩌면 그로 인해 모기 개체 수가 증가했고) 이것이 1878년에 기승을 부린 악명 높은 황열병의 간접적 원인이었을 것이다. 루이빌에서 뉴올리언스에 이르는 많은 도시에서 수만 명이 죽었다.[71]

영국과 에이레 농민들은 미국산 수입품과, 옥수수 및 가축의 가격 폭락으로 이미 비틀거리고 있었다. 그들은 1870년대 후반 연이은 흉작 속에서 차갑고 축축한 여름을 보내야 했다. 아마도 14세기 이래 최악의 사태였을 것이다. 노동자와 벼랑 끝에 몰린 농민 수십만 명이 토지에서 축출되었다. 이로써 영국의 자작농이 소멸하는 마지막 드라마가 완성된다. 에이레의 1877년과 1882년 사이 흉작은 재앙이었다. 열대 지방의 엘니뇨 가뭄과 상관없었지만 동시에 발생한 이 사태로 새로운 대서양 횡단 이민과 10년에 걸친 농민 반란이 일어났다. 마이클 대빗은, 캘리포니아의 급진적 예언자 헨리 조지의 조언 속에서 에이레 농촌의 불만과 고통을 "토지 전쟁"으로 바꿔 놓았다. 그 과정에서 정치적 패권은 물론이고 경제적 지배권의 기초가 크게 흔들렸다.

마지막으로 페루 해안 지역을 살펴보자. 거의 10년 동안 간헐적으로 미증유의 비가 쏟아졌다. 풍광이 극적으로 변형되었고 당대인들은 자신들이 신기루나 기적을 보고 있다고 믿었다. "건조한 불모지대로 악명이 높았던 세추라 사막이 수목과 무성한 초지로 뒤덮였다. 비슷한 풍경을 그전에도, 이후로도 볼 수 없었다."[72) 『네이처』에 실린 당대의 기사들과 편지들 가운데 태평양 주변 지역에서 놀라운 건조 상태와 기록적인 강수량이 이상한 조합을 보였음을 언급한 자료는 전혀 없다. 그러나 한 세기가 흐른 후 과학자들은 그 기이한 조합이 1870년대에 발생한 불가사의한 가뭄의 결정적 열쇠였다는 것을 불현듯 깨달았다.

이 전 세계적 비극의 정확한 규모는 단지 추측만 해 볼 수 있을 뿐이다. 『네이처』는 1878년 이 사태를 "세계가 겪은 가장 파괴적인 가뭄"이라고 칭했다.[73) (맑스는 한 러시아 통신원에게 영국의 인도 "수탈"에 대해 쓰면서 이렇게 말했다. "기근 사태가 몇 해 동안 전개되면서 **여러 차원에서** 사회 구성원들이 고통받고 있다. 그러나 유럽은 지금까지도 이 사실을 전혀 깨닫지 못하고 있다!")[74) 인도에서는 시장에서 곡물 수백만 톤이 거래되고, 현대식 철도도 있었지만 550만 명에서 1200만 명이 사망했다. 격분한 민족주의 작가들은 캘커타가 추종한 무정한 정책을 1846년 더블린 성에서 나온 정책에 비유했다. 후에 인도 국회의장 로메시 더트가 유명한 「커즌 경에 보내는 공개서한」에서 지적한 것처럼, 커다란 차이점이라면 에이레에서는 1846년과 1849년에 백만 명이 사망했고 "[인도에서는] 1877년 기근으로 에이레 인구 총수에 상당하는 주민이 사라져 버렸다."는 것이다.[75)

1880년 기근 위원회가 데칸과 마이소르의 시범적 인구 조사에서 도출한

"초과 사망자 수"를 바탕으로 영국은 사망자가 550만 명이라고 공식 집계했다. 의문의 여지없이 너무 낮은 수치다. 하이데라바드와 중앙주처럼 가뭄의 영향을 받았지만 원주민들이 통치하던 주들의 사망자는 전부 배제했기 때문이다. 고헤이 와키무라가 지적한 것처럼, 이 통계에는 식량 가격 상승에 따른 기근 사망자 수와 (1878년과 1879년에 3백만 명 이상을 기록한) 면역력을 상실한 말라리아 사망자도 포함되지 않았다. 와키무라가 인용한 당대의 한 영국 관리는 이렇게 썼다. "1879년에 발생한 엄청난 사망자 가운데 일부는 이런 지속적인 고물가 때문이었을 가능성이 아주 높다고 생각한다. 또 마지막 3년 동안 간신히 연명한 극빈자 다수가 열악한 건강 상태로 추락했다고 나는 믿는다. (…) 그 해의 마지막 몇 달 동안 창궐했던 열병에서 회복할 수 있는 여력을 빼앗겼던 것이다."[76]

역사 인구통계학자 아이라 클라인은 1878년과 1879년의 "실체가 없는" 기근 "사망자 수"를 그저 계산하는 데 머무르지 않고 영국의 통계에 광대한 인도의 면적을 더해 적어도 710만 명이 죽었다고 결론지었다. 클라인은 1984년 논문에서 구호 대상자 수와 사망자 수를 비교했다(표 8 참조). 리튼이

표 8 | 1876년~1878년 인도 기근의 매개변수(백만 명)

지방	기근 피해 주민 수	구호 혜택을 받은 평균 주민 수	사망자 수
마드라스	1940만	80만	260만
봄베이	1000만	30만	120만
북서부 주	1840만	6만	40만
마이소르	501만	10만	90만
펀자브	350만	–	170만
하이데라바드와 중앙주	190만	4만	30만
총계	583만	130만	710만

료트(*lyots*, 농민)들은 무차별적인 사회복지 사업의 수혜자라고 강조했음에도 기근으로 고통받던 사람들의 압도적인 다수는 정부의 어떠한 원조도 받지 못했다. "가뭄이 강타한 인도 전역에서 구호 활동이 이루어진 대상 인구는 목숨이 심각한 위협에 처했던 주민의 10분의 1에 불과했다. 작물이 '거의 완전히 멸실된' 인도 북부 여러 지역에서는 구호 혜택을 받은 사람보다 거의 여덟 배에 이르는 사람들이 기근으로 사망했다."[77)]

1878년부터 1880년 사이 기근 위원회 통계치는 근대화와 사망자 수 사이의 예기치 못한 관계를 밝혀냈다. "목숨을 구해 주는" 철도와 시장에 대한 영국인들의 신념이 도전받게 된 것이다. 봄베이와 마드라스 관할 데칸 고원에서는 딕비가 신랄하게 지적한 것처럼 "철도가 부설된 지역의 인구수가 철도가 없는 지역[21퍼센트]보다 더 빨리 줄어들었다[23퍼센트]. 이것은 완전히 그릇된 기근 대비책이다."[78)] 라자세카르도 쿠르눌 지방에 관한 연구 논문에서 비슷한 결론에 도달했다. "운송 수단은 미비했지만 더 나은 고용 기회를 바탕으로 식량 인타이틀먼트가 좋았던 (시르벨 및 난디알 같은) 비옥한 지역보다 (파티콘다처럼) 운송 수단이 잘 갖춰진 지역의 [1876년~1878년] 인구 손실이 더 많았다."[79)] 데이빗 와시브룩도 벨라리 지역에 관한 연구에서 이렇게 썼다. "상업적으로 가장 발달한 지방 탈룩에서 가장 많은 사망자가 발생했다(아도니와 알루르에서는 전체 주민의 거의 3분의 1이 사망했다)."[80)] 마드라스에서는 보야, 첸추, 마다 등 하층 카스트 계급과 불가촉천민들 사이에서 압도적으로 사망자가 많이 발생했다. 실제로 라자세카르는 쿠르눌에서 마디가*의 꼭 절반이 사망했다고 추정한다.[81)]

---

* Madiga, 주로 안드라프라데시 주 출신의 사회(카스트) 계급으로 달릿에 속하며 농업과 가죽 가공을 담당하는 노동자들이다. 옮긴이

표 9 | 마드라스 기근 지역들의 인구 통계 변화(%)

	벨라리	쿠르눌	쿠다파
1872~1881	-20.34	-25.80	-17.03
1872~1901	3.89	-4.63	-4.41

마드라스 관할 데칸 지방들의 기근 중심지에서는 전체 인구의 5분의 1이 사라졌다. 경작 면적의 축소를 포함한 인구통계학적 여진이 한 세대에 미쳤다. 라자세카르는 템플의 노임과 구호 캠프의 역병적 환경으로 인해 남성과 소년들이 더 많이 사망했고, 다음 세대의 농민들이 더 많은 수의 부양가족을 짊어지면서 생산성이 압박당했다고 주장한다. 예를 들어 "기근 이후 시기에 쿠르눌에서 농업 활동이 서서히 확대된 것은, 인구수 자체의 감소 때문이 아니라 빈민과 소농 가족의 나이 및 성별 구성이 바뀌었고, 그들의 가정생활이 붕괴했으며, 결과적으로 노동력의 품질이 전반적으로 하락했기 때문이다." 결국 기근 생존자들 가운데서 농업 생산물 가격의 일시적 회복 효과를 누린 사람은 거의 없었다.[82] 심지어 1905년에조차 한 식민지 관리는 이렇게 썼다. "료트 생존자들은 가난해졌다. 다수의 육체 상태가 저하되었다는 것도 의심의 여지가 없다. 새로운 세대가 성장했다. 그러나 대기근에 대한 기억이 여전한 가운데 료트들의 음울한 체념이 크게 자리하고 있는 형국이다."[83]

수많은 희생이 다가 아니었다. 남인도인들은 혹독한 기아를 견디지 못하고 결국 대규모로 계약 고용된 쿨리 집단으로 편성돼 실론, 모리셔스, 가이아나, 나탈의 영국 재식 농장에서 잔인한 처우를 받으며 준노예노동을 수행했다. 인도 민족주의자들과 영국의 인도주의자들이 리튼에게 쿨리 수출을 금지하라고 압력을 가했다. 그는 정부는 "중립을 지킬 뿐"이라고 불손하게 응수했다.[84] (1896년과 1897년의 가뭄-기근 시에도 유사한 형태의 강제 이동이 중앙주에서 아삼의 차 재배 농장들로, 간잠에서 버마로 이어졌다.)[85]

중국의 1877년은 2세기 이래 가장 건조한 해였다. 사망자 수에 대한 중국의 공식 추정치는 무려 2천만 명에 이르렀다. 북중국 전체 추정 인구수의 거의 5분의 1에 상당하는 숫자다.[86] 우리가 이미 본 것처럼 베이징 주재 영국 공사관은 1877년 겨울에 7백만 명이 죽었다고 판단했다. 1879년의 『중국 기근 구호 기금 보고서』에 따르면 "전체 사망자 수가 950만 명에서 1300만 명에 이를 것"이라고 했다. 릴리언 리 역시 현대 중국어 자료에 관한 분석을 통해 이 추정치를 받아들였다.[87] 한편 홍콩 대학교의 허항웨이는 태평천국운동과 기근 사망자 수에 대한 당대의 상이한 추정치(표 10 참조)를 비교 대조했다. 당황한 관리들이 정확한 기록을 남기지도, 표본조사를 수행하지도 않았기 때문에 역사 문헌에 등장하는 모순된 통계 자료를 제대로 평가하기란 쉬운 일이 아니다. 아무튼 이 자료는 낮게 추정되었으리라고 본다. 기근 사태가 종료되었다고 널리 선포된 후인 1879년 4월과 5월에 영양실조, 이질, 발진티푸스에 천연두가 더해져 월간 최고 사망자 수가 발

표 10 | 중국의 사망자 수 추정치

기근	사건	W. W. 락힐	A. P. 하퍼(1880)
1854~1864	태평천국운동	2000만	4000만
1861~1878	무슬림(회교도) 반란	100만	800만
1877~1878	기근	950만	1300만
1888	황하 범람	200만	
1892~1894	기근	100만	
1894~1895	무슬림 반란	25만	
총계		3370만	6100만

생했기 때문이다.[88)]

이용 가능한 지방의 통계 자료는 거의 없지만 놀라운 정보를 제공하기도 한다. 외국어 자료 중 가장 믿을 만한 추정치는 기근 중심지인 산시山西성에서 구호 및 선교 활동을 벌였던 선교사들이 작성한 것이다. 거기서 티모시 리처드는 지방 관리들과 가톨릭 주교들에게 질문지를 돌렸다. 그는 1879년경 북부 지방에서 전체 인구의 3분의 1이 사망했다고 보고했다. 데이빗 힐과 재스퍼 매킬베인은 남부 현들에서 전체 인구의 무려 4분의 3이 사망했다고 추정했다.[89)] 실제로 산시山西성의 성도 타이위안太原의 기근 사태는 절멸 사건이나 다름없었다. 1879년에 전체 인구 가운데 불과 5퍼센트만이 겨우 살아남아 있는 것으로 보고되었던 것이다. 1880년대에 주변 성들에서 대규모 이주가 있었음에도 마치 핵전쟁이라도 벌어진 것 같았던 산시山西성은 1953년까지 1875년의 인구수에 도달하지 못했다.[90)]

마찬가지로 에드먼드 버크가 강조한 것처럼 "1878년부터 1884년의 위기는 그 인구통계학적 결과로 인해 근대 모로코 사회사의 대사건 가운데 하나가 되었다."[91)] 미에주는 항구도시들의 사망률은 15퍼센트 정도였지만 대다수 농촌 지역에서는 사망률이 25퍼센트를 넘었을 것이라고 판단한다. "1879년 6월 탕헤르의 이탈리아 영사는 모로코 인구의 4분의 1이 죽었다고 추정했다. 이것은 매튜스가 1878년 보고서에서 제시한 값과 동일한 비율이다.

표 11 | 1877년~1879년 산시山西성의 사망자 수

	기근 사태 이전 인구수	기근 사망자 수	사망률(%)
타이위안	100만	95만	95
황둥	25만	15만	60
빙루	14만 5천	11만	76

모로코 북부에 살았던 여러 친척을 통해 지역 사정에 아주 밝았던 테오도르 드 퀴에바는 가릅 지방 주민의 3분의 1이 1878년과 1879년의 전염병으로 죽었다고 믿었다."[92]

현대를 살아가는 브라질인들은 아직도 1876년부터 1879년의 사태를 그저 대한발이라고만 부른다. "국가의 역사에서 시민의 고통이 가장 심대했던 드라마"라고 생각하는 것이다.[93] 세아라 주민의 정확히 절반이 사망했고 "1880년경에 유일하게 양도할 수 있었던 자산은 노예뿐이었다."[94] 브라질의 역사학자 에드마르 모렐은 이렇게 말한다. "1877년부터 1879년의 사망자 가운데서 15만 명은 직접적인 기아로, 10만 명은 열병과 기타 질병으로, 8만 명은 천연두로, 18만 명은 독물이나 기타 유해한 음식물로 사망했을 것으로 추정된다."[95] 브라질의 대한발 사태는 "서반구 역사에서 가장 희생이 컸던 자연재해"라고도 불린다.[96]

전 세계 사망자 수는 규모의 정도로만 추정할 수 있을 뿐이다. 최근에 아룹 마하라트나가 인도와 중국의 인구 통계 논쟁 및 문헌을 철저하게 조사 연구했다. 그는 아시아 전체에서 기근 관련 사망자 수가 2천만 명에서 2천5백만 명에 이를 것이라고 말한다.[97] 더 정확한 추정이 가능할 것 같지는 않다. 『요한계시록』의 네 기사Four Horsemen of the Apocalypse가 14세기 초반과 17세기 중반에 기근, 전쟁, 역병, 죽음을 무기로 휘두르면서 유럽과 중국을 유린한 바 있었다. 확실한 것은 그 이후로 전대미문의 기아가 압도적인 규모로 전 세계에서 동시 발생했다는 것뿐이다.

3장 주석

1) Hilary Conroy, *The Japanese Seizure of Korea: 1868~1910*, Philadelphia 1974, pp. 90~91. Han Woo-Keun, *The History of Korea*, Seoul 1970, p. 403도 보라.
2) Reynaldo Ileto, "Religion and Anti-colonial Movements," in Nicholas Tarling(ed.), *The Cambridge History of Southeast Asia*, vol. 2, Cambridge 1992, pp. 220~221.
3) Kiladis and Diaz, p. 1038.
4) Han Knapen, "Epidemics, Droughts, and Other Uncertainties on Southeast Borneo During the Eighteenth and Nineteenth Centuries," in Peter Boomgaard, Freek Colombijn, and David Henley, *Paper Landscapes: Explorations in the Environmental History of Indonesia*, Leiden 1997, p. 140.
5) Henry Forbes, "Through Bantam and the Preanger Regencies in the Eighties," reprinted in Pieter Honig and Frans Verdoorn(eds.), *Science and Scientists in the Netherlands Indies*, New York 1945, pp. 112~113.
6) Knapen, p. 144.
7) W. Hugenholz, "Famine and Food Supply in Java, 1830~1914," in C. Bayle and D. Kolff(eds.), *Two Colonial Empires*, Dordrecht 1986, pp. 169~171.
8) M. Ricklefs, *A History of Modern Indonesia Since c. 1300*, 2nd edn., Stanford, Calif. 1993, pp. 121~123; C. Faseur, "Purse or Principle: Dutch Colonial Policy in the 1860s and the Decline of the Cultivation System," *Modern Asian Studies* 25:1(1991), p. 34.
9) J. Furnivall, *Netherlands India: A Study of Political Economy*, Cambridge 1944, pp. 138과 162. 쿨투어슈텔셀에 관한 최근의 종합적인 연구를 보려면 R. Elson, *Village Java under the Cultivation System, 1830~1870*, Sydney 1994를 참조하라.
10) Hugenholz, ibid.
11) Alfred McCoy, "Sugar Barons: Formation of a Native Planter Class in the Colonial Philippines," *The Journal of Peasant Studies*, 19:3/4(April/July 1992), pp. 109~114.
12) Violeta Lopez-Gonzaga, "Landlessness, Insurgency and Food Crisis in Negros Island," in *Famine and Society*, p. 111.
13) Angel Martinez Duesta, *History of Negros*, Manila 1980, pp. 253, 259~261, 378~379, 400과 412~413.
14) Michael Billig, "The Rationality of Growing Sugar in Negros," *Philippine Studies* 40(1992), pp. 156~157.
15) Filomeno Aguilar, *Clash of Spirits: The History of Power and Sugar Planter Hegemony on a Visayan Island*, Honolulu 1998, p. 166.
16) Ibid.
17) Ibid., pp. 166~170.
18) Myriam Dornoy, *Politics in New Caledonia*, Sydney 1984, pp. 19, 24~25와 26.

19) Linda Latham, "Revolt Re-examined: The 1878 Insurrection in New Caledonia," *Journal of Pacific History* 10:3(1975), p. 62.

20) Martyn Lyons, *The Totem and the Tricolour*, Kensington, NSW 1986, p. 61.

21) Ibid.

22) Latham, p. 49.

23) Lyons, pp. 58~65.

24) Louise Michel, *The Red Virgin: Memoirs of Louise Michel*, Birmingham 1981, p. 114.

25) Sharon Nicholson, "Environmental Change Within the Historical Period," in J. Adams, A. Goudie and A. Orme, *The Physical Geography of Africa*, Oxford 1996, pp. 75와 79; Jill Dias, "Famine and Disease in the History of Angola, c. 1830~1930," *Journal of African History* 22(1981), pp. 366~367.

26) Dias, p. 368.

27) Ibid., p. 366.

28) Ibid.

29) Ibid., pp. 368~369.

30) Donald Morris, *The Washing of Spears*, London 1966, p. 267.

31) Charles Ballard, "Drought and Economic Distress: South Africa in the 1800s," *Journal of Interdisciplinary History* 17:2(Autumn 1986), pp. 359~378을 보라.

32) *Nature*, 28 March 1878, p. 436.

33) Morris, p. 254.

34) Shula Marks, "Southern Africa, 1867~1886," in Roland Oliver and G. Sanderson(eds.), *The Cambridge History of Africa*, vol. 6, Cambridge 1985, pp. 381과 387.

35) Morris, p. 267.

36) Cain and Hopkins, p. 372.

37) 영국의 전략에서 노동력 수급 문제가 가졌던 중요성을 확인하려면 Marks, p. 380; Jeff Guy, *The Destruction of the Zulu Kingdom*, London 1979, p. 45를 보라.

38) T. Davenport, *South Africa: A Modern History*, 4th edn., Toronto 1991, p. 128.

39) Morris, p. 286.

40) Guy, p. 49.

41) Michael Lieven, " 'Butchering the Brutes All Over the Place': Total War and Massacre in Zululand, 1879," *History* 84:276(Oct. 1999), pp. 621과 630.

42) Karl Butzer, "History of Nile Flows," in P. Howell and J. Allan(eds.), *The Nile: Sharing a Scarce Resource*, Cambridge 1994, p. 105.

43) *The Times*(London), 2 Jan. 1878.

44) Luxemburg, p. 437. 룩셈부르크는 한 장의 대부분을 이집트의 부채 제국주의와 그에 따른 기근 사태에 할애했다(pp. 429~439).

45) Roger Owen, *The Middle East in the World Economy, 1800~1914*, 2nd edn., London 1993, p. 142에서 인용된 Lady Gordon의 증언.

46) Wilfred Blunt, *Secret History of the British Occupation of Egypt*, New York 1922, pp. 8~9.

47) Roger Owen, *Cotton and the Egyptian Economy: 1820~1914*, Oxford 1969, p. 147.

48) Juan Cole, *Colonialism and Revolution in the Middle East: Social and Cultural Origins of Egypt's 'Urabi Movement*, Princeton, N.J. 1993, pp. 87~88.

49) Theodore Rothstein, *Egypt's Ruin*, London 1910, pp. 69~70에서 인용.

50) Cole, ibid.

51) Earl of Cromer, *Modern Egypt*, vol. 1, London 1908, p. 35에서 인용.

52) Cole, pp. 87~88. Allan Richards, "Primitive Accumulation in Egypt, 1798~1882," *Review* 1:2(Fall 1977), pp. 46~48도 보라.

53) "The Winter of 1876~1877 in Algiers," *Symons' Monthly Meteorological Magazine*, October 1877, pp. 132~133.

54) Charles-Robert Ageron, *Les Algeriens musulmans et la France(1871~1919)*, vol. 1, Paris 1968, pp. 380~381.

55) Ibid., pp. 378~379.

56) Ageron, *Histoire de l'Algerie contemporaine*, vol. 2, Paris 1979, p. 202.

57) Julia Clancy-Smith, *Rebel and Saint: Muslim Notables, Populist Protest, Colonial Encounters*, Berkeley 1994, p. 224.

58) Ageron, *Histoire*, pp. 201~202, 211과 220.

59) Jean-Louis Miege, *Le Maroc et l'Europe(1830~1894)*, vol. 3, Paris 1962, pp. 383~384, 403, 419와 441. 농업 과세의 통화주의를 확인하려면 Edmund Burke III, *Prelude to Protectorate in Morocco, Precolonial Protest and Resistance, 1860~1912*, Chicago 1976, p. 22를 보라.

60) Miege, pp. 382~383, 390과 398.

61) Cornelius Walford, *The Famines of the World*, London 1879, p. 19에서 인용.

62) Miege, pp. 385~388과 393.

63) Ibid., pp. 395~397, 450~453과 458.

64) *Nature*, 28 March 1878, p. 436.

65) Walford, p. 49.

66) Letter to *Nature*, 4 April 1878; Doug Munro and Stewart Firth, "Samoan Plantations: The Gilbertese Laborers' Experience, 1867~1896," in Lal, et al.(eds.), *Plantation Workers: Resistance and Accommodation*, Honolulu 1993, p. 111; Kiladis and Diaz, p. 1040.

67) Enrique Florescano and Susan Swan, *Breve historia de la sequia en Mexico*, Xalapa(Ver.) 1995, p. 57.

68) Walford, p. 70.

69) Kiladis and Diaz, p. 1042. 캘리포니아 북부에서 첫 손에 꼽히는 이색 지대 샌프란시스코는

사상 두 번째로 축축한 겨울을 경험했다.

70) Walford(1879), p. 299.

71) H. Diaz, "A Possible Link of the 1877~1878 Major El Ninõ Episode and a Yellow Fever Outbreak in the Southern United States," *Abstracts*, Second International Climate and History Conference, University of East Anglia, Norwich 1998.

72) W. Quinn and V. Neal, "The Historical Record of El Ninõ Events," in R. Bradley and P. Jones(eds.), *Climate Since AD 1500*, London 1992, p. 638.

73) *Nature*(1878), p. 447.

74) Marx to N. F. Danielson (19 February 1881) in *Karl Marx and Friedrich Engels on Colonialism*, Moscow n.d., p. 337.

75) Romesh Chunder Dutt, *Open Letters to Lord Curzon*, Calcutta 1904, pp. 3~4.

76) Kohei Wakimura, "Famines, Epidemics and Mortality in Northern India, 1870~1921," in Tim Dyson(ed.), *India's Historical Demography*, London 1989, pp. 288~290.

77) Klein, "When the Rains Failed," pp. 199와 210.

78) William Digby, "Famine Prevention Studies," in Lady Hope, *General Sir Arthur Cotton: His Life and Work*, London 1900, pp. 362~363.

79) Rajasekhar, "Famines and Peasant Mobility," p. 132.

80) Washbrook, p. 141.

81) Rajasekhar, p. 134.

82) Ibid., pp. 142와 150(인용문).

83) Rao and Rajasekhar, p. A-82.

84) Figures from Hugh Tinker, *A New System of Slavery: The Export of Indian Labour Overseas, 1830~1920*, Oxford 1974, pp. 49와 305.

85) Srivastava, p. 226.

86) Zhang Jiacheng, Zhang Xiangong and Xu Siejiang, "Droughts and Floods in China During the Recent 500 Years," in Jiacheng(ed.), *The Reconstruction of Climate in China for Historical Times*, Beijing 1988, p. 46(가장 건조한 해); Hang-Wei He, pp. 36~37(인용문); Will, *Bureaucracy and Famine*, p. 30("북중국의 전근대 역사에서 최악의 가뭄이 1876~1879년 가뭄이었다는 데는 의심의 여지가 없다."); A. Broomhall, *China's Open Century, Book Six*, p. 466 fn44(공식 통계치); Cahill, p. 7. 수전 코츠 와킨스와 제인 멘킨은 북부 5개 성에서 전체 인구의 12퍼센트가 사망했다고 추정한다("Famines in Historical Perspective," *Population and Development Review* 11:4(Dec. 1985), p. 651).

87) *Report of the China Famine Relief Fund*, Shanghai 1879, p. 7; Lillian Li, "Introduction: Food, Famine, and the Chinese State," *Journal of Asian Studies* 41:4(Aug. 1982), p. 687. 이것은 Tawney가 더 이른 시기에 자신의 유명한 논문(p. 76)에서 인용한 것과 동일한 사망자 수다.

88) 이 진술은 A. Broomhall, *China's Open Century, Book Six*, p. 181에 인용된 *China's Millions*의

기사들에 기초하고 있다.

89) Ibid., p. 181; Soothill, p. 101. 리처드가 가뭄이 내습한 9개 성 전역의 총 사망자 수를 1500만에서 2000만 명 사이로 보았다는 사실을 언급해야 한다(Soothill, p. 103).

90) Arnold, p. 21.

91) Burke, p. 23.

92) Miege, p. 443.

93) Luis Felipe de Alencastro(ed.), *Historia da vida privada no Brasil: Imperio*, São Paulo, 1997, p. 312.

94) Seymour Drescher, "Brazilian Abolition in Comparative Perspective," in Rebecca Scott, et al.(eds.), *Abolition of Slavery in Brazil*, Durham, N.C. 1988, p. 32.

95) de Castro, p. 53에서 인용.

96) Cunniff, p. 283.

97) Arup Maharatna, *The Demography of Famines: An Indian Historical Perspective*, Delhi 1996

표 8 출처: Ira Klein, "When the Rains Failed," *IESHR* 21:2(1984), pp. 199와 209~211.

표 9 출처: G. Rao and D. Rajasekhar, "Land Use Patterns and Agrarian Expansion in a Semi-Arid Region: Case of Rayalaseema in Andhra, 1886~1939," Economic and Political Weekly (25 June 1994), Table 3, p. A-83.

표 10 출처: Hang-Wei He, Drought in North China in the Early Guang Xu(1876~1879)[중국어], Hong Kong 1980, p. 149.

2부

LATE VICTORIAN HOLOCAUSTS

엘니뇨와 새로운 제국주의 1888년~1902년

4장 | 지옥의 정부

이엉으로 지붕을 올린 오두막 수천 채에서 빈 화로를 안타까워하고 있다. 걸을 때마다 시체와 해골이 보이고, 뼈들이 사방 천지에 흩어져 있다. 기근의 정도와 참상을 알려 주는 풍경이다.

— 아나스타제, 1889년 에티오피아

1870년대의 대한발은 세 막으로 구성된 세계적 비극의 제1막일 뿐이었다. 수백만, 어쩌면 수천만 명이 1888년부터 1891년, 특히 1896년부터 1902년의 전 세계적 엘니뇨 가뭄으로 죽었다. 그러나 일단은 농업 생산이 확대되면서 상대적으로 번영하는 막간이 펼쳐졌다. 1878년과 1879년 기근이 끝나고 전개된 10년 동안은 남반구와 북반구 전역에 비가 골고루 많이 왔고 수확도 풍부했다. 밀의 시대가 펼쳐졌다.

첫째로 1870년대 후반의 기후 위기와 영국제도 전역의 거대한 수확 감소로 호경기가 전개되었다. 영국의 농업 장관 에이브너 오퍼는 1876년 이후 이렇게 쓰고 있다. "지난 30년 동안 농경지가 약 3분의 2 줄어들었다. 그

아나스타제의 글은 Harold Marcus, *The Life and Times of Menelik II*, Oxford 1975, pp. 136~137에 인용된 것이다.

대부분이 황량한 초지로 되돌아갔다." 이에 따른 부족분이 "세계무역을 촉진하는 거대한 펌프 역할을 했다." 식량 수입에 대한 영국의 수요가 폭등하면서 런던발 자본이 대규모로 철도에 투입되었다. 미국의 대평원, 캐나다의 프레리, 아르헨티나의 팜파스, 인도 갠지스 강 상류 평원을 열어젖히려는 시도였다. 맥심과 개틀링 기관총은 이들 스텝 지역을 세계경제로 통합하는 과정에서 일어난 원주민들의 마지막 저항을 효과적으로 분쇄했다. 1880년대 중반경에 영국 군대는 서스캐처원과 매니토바 주에서 유토피아 사회주의자인 릴의 북서 반란을 진압했고, 아르헨티나 군대는 팜파스를 무대로 펼쳐진 인디오의 마지막 저항을 분쇄했다. 번지bunge나 드레퓌스 같은 거대 카르텔들의 지배를 받던 곡물 교역이 사상 처음으로 진정한 의미에서 전세계적 범위와 통합을 달성했다. 수천 제곱킬로미터의 처녀지가 개간되어 밀 농사 지대로 전환되면서 리버풀 곡물 거래 협회와 시카고 거래소(밀교환)가 "미래" 교역이라는 최신의 발명품을 무기로 단일한 세계시장에서 양강 체제를 구축했다.[1]

인도 북부에 철도가 부설되면서 고립 분산해 있던 수천 개의 촌락이 국제무역으로 통합되었다. 이와 함께 전설적인 밀 수출 호경기가 몇 년 동안 지속되었다. 가난한 이웃들에게는 언감생심이었겠지만 "부유한 농민들에게는 황금시대가 펼쳐졌다."[2] 수출업자들과 정부 관리들은, 강수량의 변덕이 심하고 토양이 척박해 기장 재배나 가축 방목에만 활용되던 지역으로까지 풍부한 강수량을 활용해서 밀 농사를 확대하라고 경작자들을 압박했다. 관리들은 1870년대의 재앙 이후 1880년대에 다시 인구수를 회복하자 기뻐했다. 봄베이 정부는 이렇게 자랑했다. "봄베이 관할구의 인구 중에서 기아의 위험에 처할 것으로 여겨지는 주민 수는 극소수에 불과하다."[3] 타밀나두의 비옥한 강 유역들에서 농업이 번성했다. 쌀 수출이 호경기를 탄 탓이다. 10년간 인구 증가율이 16.9퍼센트로, 이것은 19세기 최대의 증가율이었다.[4] 이라와디 강 삼각주에서도 관개시설이 극적으로 늘어났다. 생계 농업에서 황마나 사탕수수 같은 수출 작물 경작으로 전환 중이던 벵골과 자바의 농민들에게도 쌀을 공급할 수 있을 정도였다. 프랑스도 메콩 강 삼각주에서 쌀을 수출했다.

북아메리카에서는 1880년대가 "다코타 벼락 경기"의 10년간이었다. "대평원의 상당수 지역에 많은 양의 비가 왔다." 더 이른 세대의 사람들이 가망 없는 불모지라고 여겼던 곳이 "강우대"로 바뀌면서 북유럽에서 이민자들이 쇄도했다.[5] 1880년대는 러시아의 스텝과 만주의 벌판에서 밀이 대풍작을 기록하면서 농민들이 늘어난 시기이기도 했다. 호주에서는 목양장이 경작되었고, 호주 기후에 맞게 개량된 다양한 밀을 심었다. 데칸, 세르탕, 하이벨드[highveld, 남아프리카 남부 여러 지방의 초원 지대. 옮긴이] 외곽의 준건조 지대를 포함해 전 세계 도처에서 더 습해진 날씨가 농민들을 불러들였다.[6] 낙관주의가 흘러넘쳤다. 유명 과학자들과 농업 전문가들은 "땅을 갈면 비가 온다."고, 특히 백인 개척자들이 수행하는 농경 행위로 기상 상황이 끊임없이 개선되고 있다고 주장했다.[7]

사실은 "낙관주의자들의 주장처럼" 기후가 "치유된 게 아니었다. 기상 상황은 단지 누그러졌을 뿐이었다."[8] 도널드 메니그는 이렇게 설명한다. 다섯 개 대륙에서 그 10년 동안 "토지를 가지고 사람들이 벌인 실험"은 19세기 최악의 바보짓 가운데 하나였다. "헤아릴 수 없는 사회적·경제적 고통"이 발생한 것이다.[9] 다른 역사 시대처럼, 평균을 상회하는 강수량을 기록하면서 농업은 장기적 지속 가능성을 갖는 생태적 범위를 넘어 더욱 확대되었고, 1880년대에 인간이 주도한 활동의 결과도 가뭄이라는 대격변을 낳았다. 미국의 대평원, 인도, 브라질, 러시아, 조선, 수단, 아프리카의 뿔 지역에서 1888년과 1889년, 1891년에 가뭄이 발생했다. 1889년과 1890년에는 다수 지역에서 극단적으로 습한 날씨와 홍수가 개입하기도 했다. (1888년 중국 북부에서 발생한 홍수와 후속 기근 사태로 이미 수백만의 목숨이 사라져 버린 상태였다.)

이런 극단적인 가뭄과 홍수가 각각의 지역적 사례에서, 반드시 인과관계를 맺는 것은 아니지만, 적도 지역 동태평양의 엘니뇨(1888년부터 1889년, 1891년부터 1892년) 및 라니냐(1886년부터 1887년, 1889년부터 1890년) 쌍의 강력한 섭동과 조응한다는 사실을 우리는 이제 알고 있다.[10] 거기다 전 지구적으로 새롭게 통합된 곡물 거래로 인해 기후 이상과 함께 수확이 감소하면 가격이 폭등했다. 이 과정은 빛의 속도로 각 대륙에 전파되었다. 이제는 시카고의 미래 "독점"이나 펀자브의 가뭄이 수천 킬로미터 떨어진 사람들을 굶주리게도 부유하게도 할 수 있었다. 미국의 곡물 가격 동향이 1891년 이래 지속적으로 알려 주는 것처럼 엘니뇨 사태 속에서 주요 거래소들이 조작하는 투기적 가격의 극적이고도 새로운 "원격 연계"가 형성되었다.[11]

새로운 경작지에서 가뭄이 발생하다

북아메리카에서 그 사태는 19세기 후반기 최악의 환경 위기였다. 길버트 파이트는 이렇게 쓰고 있다. "다코타의 밀과 토지 호경기는 사실 1887년경에 끝났다. 생명력이 남아 있었다 해도 1889년의 참혹한 가뭄으로 완전히 끝장났다." 매니토바에서 텍사스에 이르는 경도 100도 지역에서 "신흥 부자들"은 자신들의 작물이 뜨거운 태양 아래서 시들어 죽어 가는 것을 목격했다. 그들은 갑자기 궁핍해졌다. 장래에 "오마하"[Omaha, 미국 네브래스카 주 동부 미주리 강변의 도시. 옮긴이]나 "토피카"[Topeka, 미국 캔자스 주의 주도. 옮긴이]가 될 것이라고 자랑을 일삼던 소읍들에서 주민의 상당수가 빠져나갔거나 일제히 사라졌다. 굶주림이 돌연하게 "세계의 주요 곡창 지대"에 만연했다. "1889년부터 1890년 사이의 겨울에는 상황이 아주 안 좋았다. 많은 사람들이 극도로 곤궁했다. 밀과 옥수수의 에이커당 평균 생산량이 약 50킬로그램에서 80킬로그램이었던 사우스다코타 주의 마이너 카운티 주민 약 2500명이 기아로 죽을지도 모른다는 소식이 전해졌다." 라지푸타나와 산둥의 기근을 구제하기 위해 기부금을 보내던 교회들이 다코타와 캔자스 서부에서 가뭄 피해를 당한 농장 가족들에게 식량을 제공했다.[12] 남쪽 국경 너머 멕시코 대다수 지역(바히오를 제외한)은 1888년과 1889년의 고난을 피해 갔다. 그러나 1890년의 강력한 라니냐로 이 나라의 상당수 지역에 가뭄이 찾아왔다. 100년 이래 최악이라 할 만했다. 물 사용권을 놓고, 특히 라구나와 북부에서 농장주*hacendado*들과 소농 사이에 치열한 쟁투가 벌어졌다. 이것은 1910년 포르피리오 정권을 전복하는 데 일익을 담당하게 될, 가뭄으로 촉발된 농업 갈등의 예고편이었다.[13]

인도에서는 총 피해 면적이 1876년 때보다 훨씬 더 적었음에도 아대륙의 각지에서 가뭄이 심각했다. 마드라스 관할구 내의 이웃 간잠 지구는 물론이고 오리사의 속주들과 아르굴에 계절풍이 불지 않아 흉년이 들었다. 진짜로 곡물이 부족한 사태가 결코 아니었던 "가격 기근"이 발생했고, 파리아[*Pariah*, 남부 인도의 최하층민. 옮긴이] 같은 가난한 부족민들이 철퇴를 맞았다.

새로운 삼림법은 부족민들이 "그 옛날 곤경에 처했을 때 의존해 온, 밀림의 과일과 산물을 채취하는 것"을 금지했다.[14] 딕비에 따르면 15만 5천 명이 죽었다.[15] 현대의 기상학자들이 "아주 강력한" 엘니뇨의 해로 평가하는 1891년과 1892년에는 계절풍에 따른 강수량이 더욱 적었다. 마드라스는 15퍼센트, 하이데라바드는 25퍼센트였다. 중앙주와 북서부 주를 제외한 인도의 거의 모든 지역이 피해를 입었다. (1876년 기근의 중심지였던) 쿠르눌과 벨라리에서는 굶주림과 콜레라로 인한 "비정상적" 사망자 수가 공식적으로 4만 5천 명에 이르렀다. 벵골과 비하르의 여러 지역에서도 거의 비슷한 숫자가 사망했다. 희생자는 빈민 중에서도 가장 가난한 사람들이었다.[16]

라지푸타나의 가축 손실은 "엄청난" 규모였다. 아지메르에서는 곡물 폭동이 일어났다. 마르와리 부족은 자신들의 생명과 가축의 생존을 위해 집단으로 이주해야만 했다.[17] 이웃 펀자브에서는 1891년 가뭄이, 그로 인해 야기된 메뚜기 떼의 습격보다는 덜 파괴적이었다. 페샤와르, 데라자트, 라왈핀디 전역과 라호르의 일부 지역 작물들이 막대한 피해를 입었다. 세계시장의 작용으로 자연재해가 확대 강화되었다. 미국의 밀 생산 지역에서 가격이 치솟거나 흉년이 들었을 때, 영국과 정도는 덜하지만 유럽 대륙이 입게 될 충격을 막아 주는 중요한 완충장치 역할을 하던 곳이 바로 펀자브 지방이었다. 북아메리카와 남아시아에서 가뭄이 동시에 발생했고 가난한 펀자브인들은 아주 위험한 상태에 놓였다. 1891년 봄에 나브테그 싱은 이렇게 설명했다.

> 더 비싼 가격일지라도 밀을 사겠다는 유럽인들의 수요가 엄청나다. 이에 따라 수출업자들은 오래된 재고를 싹쓸이 구매하는 것은 물론이고 아직 수확하지도

않은 밀을 "선매"했다. 이렇게 엄청난 양의 밀이 고가에 구매되어 유럽으로 수출되었다. 지방의 재고는 고갈되었다. 유럽의 한 회사, 예를 들어 메서즈 랠리 브라더스 앤 컴퍼니는 유럽에 수출할 목적으로 밭에서 자라고 있는 작물까지 구매했다. 지역의 곡물 거래를 담당했던 바니아* 카스트는 여느 때처럼 곡물 가격을 인상했다. 펀자브의 거의 모든 지역에서 재난이 발생했다.[18)]

촌락민들은 그들의 곡식을 내놓으려고 하지 않았다. 기근 물가가 수출상들이 제시하는 구매가를 곧 추월할 것임을 불길하게 인식하고 있었던 것이다. 사태가 이 지경에 이르자 랠리 브라더스의 중개상들이 그들을 구타하거나 위압하는 경우도 있었다. 다른 한편으로는 채권자들이 농장에서 저당물을 유질 처분해 버렸기 때문에 일부 소자작농들이 빈곤에 저항해 선제 폭력을 행사하기도 했다. 싱이 인용한 라왈핀디의 어느 지방 보고서에는 이렇게 적혀 있다. "채권자가 부채를 갚으라고 압박할 경우 채권자를 살해해 제거하는 것이 자민다르들 사이에서 유행하고 있다." 펀자브의 "가격 기근"은 훨씬 더 큰 격변으로 이어지는 것 같았다. 1891년 10월에 폭우가 쏟아지면서 가뭄이 끝났다. 당국은 1891년의 농업 위기에서 거의 아무것도 배우지 못했다. 그러나 지역의 작황과 세계시장 사이의 폭발적 피드백은 불길한 미래를 예견토록 했다.[19)] 나중에 수행된 인구 조사 자료를 보면 1888년부터 1889년과 1891년부터 1892년의 가뭄 피해 지역에서 312만 명이라는 "엄청난 수의 사망자"가 발생했음을 알 수 있다.[20)] 국민회의 총서기 앨런 옥타비안 흄은 그 해 겨울 "폭탄과도 같은" 유명한 "회람장"에서 영국의 방치로

* *bania*, 고리대금업자나 상인, 장사꾼이라는 의미로 스스로를 브라만의 차하위 계급이라고 보며 260만 명가량 된다. 옮긴이

"주민들이 가난해지고 있으며, (…) 세계 역사상 가장 참혹한 격변 중의 하나가 준비되고 있다."고 경고했다. 불과 5년 후에 "세기의 기근 사태"가 발생해 흄의 예언이 비극적으로 실현될 터였다.[21]

중국에서는 북부의 광대한 지역이 1877년 재앙에서 여전히 회복하지 못하고 있었다. 1887년 9월 말 황하가 카이펑 위쪽 32킬로미터 지점에서 급하게 새로 지은 제방을 뚫고 황해로 흘러들어 가는 옛 물길을 빼앗아 버렸다.[22] (이 홍수는 1886년 7월부터 1887년 6월 사이에 발생한 라니냐에 따른 이상 강우의 결과였을 것이다.)[23] 보수 공사가 완료되지 않은 시점에서 매년 되풀이되는 홍수가 평소보다 더 이른 시기인 1888년 6월에 닥쳤다. 여름이 끝나 갈 즈음 현장을 방문한 한 영국인 토목 기사에 따르면 "제방 구멍의 폭이 족히 1.6킬로미터는 되었다. 홍수는 계속해서 홍쩌호洪澤湖와 화이허淮河를 휩쓸고 폭이 32킬로미터에서 80킬로미터로 추정되는 좁고 긴 땅을 침수시켰다. 가옥과 촌락 및 성곽 도시들의 일부가 떠내려갔다." 『런던 스펙테이터』의 통신원은 재난의 엄청난 규모를 전달하기 위해 노력했다. 그는 생생한 전달을 위해 이렇게 비유했다. "도나우 강 다섯 개가 널따랗고 광대한 평원" 위로 "두 달 동안 계속해서 물을 쏟아 붓고 있다."고 한번 상상해 보라. "솔즈베리 평원처럼 평탄하지만 3천 개의 촌락이 점재해 있는 벌판으로 말이다. (…) 노아의 대홍수 이래 견줄 바가 없는 광경이었다." 동시대의 기사들을 보면 1889년 내내 계속된 허난 북부와 산둥의 후속 기근 사태로 7백만 명이 익사하거나 죽었음을 알 수 있다. 후에 한 영국 영사는 맨체스터 지리학회에서 이렇게 말했다. "최소 백만 명이 익사했다. 어쩌면 그 수가 수백만 명에 이를지도 모른다."[24]

조선의 문제는 홍수가 아니라 가뭄이었다. 일본과의 협약에 따른 쌀 수출과 농민층에 가해진 무자비한 재정 압박으로 식량 부족 사태가 악화되었다. 한반도의 전통적 곡창이지만 기후 변동에 대단히 취약했던 전라도 지방이 터무니없이 과도한 세금 강제 징수의 "악순환"으로 고통이 특히 심했다. 이 지방은 오래전부터 사회적 화약고였다. 한우근은 이렇게 설명한다. "1888년과 1889년 전라도에서 가뭄이 들자 상황이 정말로 심각해졌다." 비적과 폭력 항의가 일상사가 되었으며, 결국 다른 지방들로 확대되기에 이른다.

> 농민들은, 물론 어려운 시절에 처하면 전에도 비적 떼로 돌변했다. 그러나 이 정도까지는 아니었다. 효과적으로 무장하고 잘 조직된 강도단이 나타나기 시작했다. 그들은 깊은 산속에 근거지를 마련하고 수송되는 세수 곡물이나 한양으로 운반 중이던 수입 물품 호송대를 공격했다. 지역에서는 다양한 형태의 반란도 일어났다. 대개가 부패한 관리들에게 저항하는 것이었다. 함경도와 경상도에서는 광부들이 들고 일어났고, 제주도의 어민들도 봉기했다. 거의 모든 지역에서 농민 봉기가 발생했다. 전직 관리 출신이나 관노들이 봉기를 지도하는 경우도 있었다.[25)]

농촌 사회의 불안은 오만한 외국 세력이 다가오면서 한층 악화되었다. 가뭄-기근이 한창일 때 이루어지고 있던 식량 수출에 관한 추문 외에도 탐욕스런 서구인들의 음모에 관한 괴이한 소문들(중국의 농촌에서도 아주 흔했던)이 나돌았다. "[농민들은] 유럽인들이 소도 없으면서 깡통으로 우유를 마시는 걸 보고, 외국인들은 우유를 얻기 위해 여성들을 납치해 가슴을 도려낸다고 믿었다."[26)] 중국의 백련교도들처럼 반외세와 반유교를 내세운 지하 세력 동학 집단도, 도저히 참을 수 없던 과세와 외세의 착취에 맞서 들고 일어난 농민들의 저항에 천년 왕국 신앙의 기틀을 제공했다. 1894년 초 십만 명의 농민 반란군은 동학의 지도를 받으며 일본으로의 쌀 수출을 중단할 것과 더 공평한 과세를 요구했다. 동학군은 전라도에서 관군을 격파했다. 중국과 일본이 봉기를 구실 삼아 한반도에 군대를 파견했다. 잇달아 청일전쟁이 일어났고, 현대식 무기로 무장한 일본군은 손쉽게 승리를 거두었다. 그러나 완강하게 저항하던 동학 농민 교도들은 물리치기가 더 어려웠다. 전라도 지방에서 그들의 시민적 기반을 완전히 박멸한 후에도 (천도교 운동으로 재결집한) 반란의 여진은 수년 동안 일본에 여전한 골칫거리로 남았다.[27)]

러시아에서는 1888년부터 1890년 동안 건조했던 세 해의 흉작이 1891년 봄과 여름에 발생한 재앙적 가뭄의 전주곡이었다. (1997년과 1998년 엘니뇨 사태 당시 가뭄의 중심지였던) 우랄 지방 남부의 오렌부르크 밀 생산 지대는 물론이고 볼가 강 유역의 흑토 지대에도 기근이 닥쳤다. 농민들의 주요 생계 수단이었던 호밀의 70퍼센트가 멸실되었다. 세금 징수원들이 인도에서처럼 농민들의 돈과 곡식을 몽땅 털어 가 버린 상태였다. 농민들은 농노제 아래, 상환 의무라는 재정적 부담 속에서 계속 비틀거렸다. 1891년 그들은 가혹한 조세를 줄여 달라며 투쟁했다. 재정 장관 비시네그라드스키가 1887년 포고한 이 조세 정책은 농민들이 더 많은 곡물을 수출하도록 강제하기 위한 조치였다. ("충분히 먹지 못할 수도 있지만 수출은 할 수 있다."가 공식 구호였다.) 그 결과 농촌 공동체(오브시치나) 대부분이 파산해 버렸다. 리처드 로빈스는 이렇게 쓰고 있다. "1891년의 대흉작 이전에도 이미 기근의 징후들이 다수 나타나고 있었다." 지역의 성직자, 젬스트보(*zemstvo*, 지방의회) 관할

의사, 방문했던 과학자 들이 전부 끔찍한 가난과 준기아 상태가 만연한 상황임을 경고했다.[28)]

1891년과 1892년의 불길한 겨울이 도래했다. 이미 가축과 말을 팔아 버린 천2백만 명 이상의 농민이 온기를 얻으려고 오두막의 지붕 이엉을 태웠다. 농민들은 명아주와 기타 야생초로 영양가가 거의 없는 "기근 빵"을 구워 먹어야만 했다. "굶주림의 고통을 덜어 주기 위해 어머니들이 자식들을 살해한다."는 보고가 모스크바에 전해졌다. 그러나 몇 년 후의 영국령 인도와 달리 머지않아 암살당할 운명에 처해 있었던 차르 알렉산드르 3세의 정부는 이 명백한 기아 사태를 저지할 수 있었다. 젬스트보 제도의 무능에 대한 비판이 많았고, 공공 근로 사업이 조직되지 않았으며, 농민들이 대부금이라는 재정적 부담을 추가로 지게 되었음에도 정부의 공식 구호 활동으로 피해 지역의 사망률이 한 자릿수 퍼센트 이상으로 상승하지 않았다(1881년부터 1890년의 3.76퍼센트에서 1892년의 4.81퍼센트로). 1896년과 1897년, 1899년과 1900년 기근 사태 당시 널리 과시된 영국의 구호 활동이 20퍼센트 이상을 상회하는 사망률을 기록했다는 사실은 이와 대조적이다. 유럽 쪽 러시아의 4십만에서 6십만 명을 헤아리는 희생자 대다수는 기아 그 자체보다는 기근 난민들이 퍼뜨린 발진티푸스와 콜레라로 사망했다.[29)]

아프리카 남부에서는 1888년과 1889년의 가뭄으로 수만 명의 농민이 토지를 버리고 다른 곳을 찾아 떠나는 비극이 발생했다. 노동력 부족에 시달리던 유럽의 식민 농장주들은 이 사태를 하느님이 주신 선물로 환영했다. 그리하여 존 피터 호닝은 1889년 형제(『래플스』라는 미래의 베스트셀러 작가)에게 보내는 편지에서, 절망에 빠진 가뭄 난민들이 마치 굴러들어 온 복처럼 유입되고 있다고 쓸 수 있었다. 그는 이런 유휴 노동력을 활용해 모잠비크에 새로 개설한 아편 농장에서 계획대로 양귀비를 수확할 수 있었다. 후기 빅토리아 시대의 대표적 아편 생산업자*narcotraficante*였던 호넝은 홍콩을 거점으로 활약하던 거대 기업 자딘매디슨을 위해 모잠비크 농산물 회사를 운영했다. "자딘매디슨 사의 존재는 역사적으로 대중국 아편 수출과 밀접하게 결부되어 있었다."[30]

브라질의 노르데스테에서는 아직도 1888년 사태를 "88 가뭄"이라고 기억한다. 이 사태는 1887년 1월에 시작되었다. 비가 오지 않아서 파종이 지연되었다.[31] 미약하나마 뇌우가 몰아쳐 부분적으로 가뭄이 해갈되기도 했으나 1888년에 사태는 극단적으로 전개되었다. 그러다가 조금 누그러지는가 싶더니 다시 1891년에 새롭게 맹위를 떨쳤다. 한 역사가는 이렇게 쓰고 있다. "1877년부터 1879년의 충격적 시기와 사정이 별반 다르지 않았다." 흉년이 들고 가축이 죽어 갔다. 세르탕 주민들은 그라실리아누 라모스의 소설에 나오는 주인공처럼 다시 자문했다. "계속해서 공동묘지에서 살아야 하는가?"[32] 세아라 주에서만 15만 명이 그렇게 하지 않겠노라고 대답했다.[33] 일부가 포르탈레자나 파라, 아마조나스로 떠났는가 하면 다른 일부는 내륙의 강안江岸 도시나 오아시스로 몰려들었다.

기근 사태의 이런 피난처 가운데 하나인 세아라 주 카리리 강 유역의 주앙세이루라는 소도시에서 작은 기적이 일어났다. 브라질 북동부 지역의 역사에서 이 작은 기적이 갖는 중요성은 가뭄과 굶주림, 반란의 제2차 파고가 몰아쳤던 1890년대 후반에야 비로소 명백하게 드러날 터였다. 카리스마적이었던 지역의 성직자 시세루 호망 바티스타의 식솔로 세탁부 겸 복자福者로 일하던 스물여덟 살의 마리아 데 아라우주는, 가뭄을 물리쳐 달라며 예수 그리스도의 신성한 힘을 염원하는 특별 미사에 참가하고 있었다. 바로 그때 그녀의 영성체가 피로 바뀌었다. 몇 주 동안 실체 변화*가 거듭되었고, 사람들이 구름처럼 몰려들었다. 마침내 1889년 7월 보혈寶血 축제의 날에는 시세루에게 성직을 수여했으며, 천년 왕국을 믿던 또 다른 맹렬파인 몬시뇨르 몬테이루가 '슬픔의 성모마리아'라는 주앙세이루의 작은 교회로 3천 명을 이끌고 행진해 왔다.

회중이 인산인해를 이루었다. 몬테이루는 설교단에 올라갔고, 그리스도의 수난과 죽음이라는 신비한 교의를 설교했다. 회중은 눈물을 떨어뜨렸다. 이윽고 그가 성찬대의 아마포를 극적으로 추켜올렸다. 피로 얼룩진 아마포가 두 눈에 선명하게 들어왔다. 그는 그 피가 마리아 데 아라우주가 받은 성체에서 나온 것이라 선언했다. 주임 신부에 따르면 그것은 바로 예수 그리스도의 피였다.[34)]

비참한 나날의 에티오피아

고대의 기독교 왕국 에티오피아에서는 간절한 기도에도 아무런 답변이 없었다. 돌연한 기적 따위는 없었다. 오늘날까지도 "야케프 칸*Yakefu Qan*", 다시 말해 "비참한 나날"로 기억되는, 문자 그대로의 성경적 재난을 견뎌 낸 지역은 거의 없었다. 1888년 아프리카의 뿔 지역은 이렇게 유린되기 시작했다.[35)] 1888년 말에 시작되어 1892년까지 가뭄이 지속되었다. (연속적으로 발생한 엘니뇨 사태와 연관을 맺고 있었다는 게 거의 확실하다.) 우역牛疫과 온역瘟疫이 동반

* transubstantiation, 가톨릭에서는 미사 중에 사제가 빵과 포도주를 실제적이고 문자적인 예수 그리스도의 살과 피로 바꿀 수 있는 초자연적 힘을 가지고 있다고 주장한다. 옮긴이

되었고, 아프리카의 뿔 지역의 가축과 야생 반추 동물 90퍼센트가 순식간에 사라졌다. 전염병은 계속해서 남쪽으로 확산되었고, 동아프리카대지구대로 뻗어 나갔다.[36] 500년 전에도 기근이 강타한 14세기 초의 수십 년 동안 우역이 서유럽의 봉건 농업 경제에서 가축의 상당수를 앗아가 버린 바 있었다. 가축 전염병의 파멸적 징후들은 인간의 콜레라와 아주 유사했다.

> 그것은 참으로 끔찍한 질병이었다. 우역은 감염된 동물의 몸에서 일주일 정도 살다가 소멸했다. 처음에는 짐승의 코와 입, 눈 주변으로 고름을 볼 수 있다. (잘 보이지 않는 경우도 있지만) 이 초기 증상에 뒤이어 심한 악취, 계속되는 쇠약화와 격렬한 설사, (뒤이은 탈수 증세), 그리고 아마도 가장 눈에 띌 터인데 이급후중裏急後重이 나타난다. 이급후중은 짐승이 배설할 게 전혀 없는데도 몸을 정화하기 위해 배변을 시도하는 고통스런 행위다. 이윽고 죽음이 닥치면 사체가 신속하게 부패해 버린다.[37]

우역이 가축을 도륙한 속도는 정말이지 엄청났다. "당시 고잠을 여행 중이던 젊은이 알라카 람마 하일루는 심한 열병에 잠이 깨서 가축이 전부 죽어 버린 것을 목격했다고 회상했다."[38] 유럽에서 온 선교사들은 천 마리 이상의 가축들이 야위어진 한두 마리만 남고 다 죽었다고 설명했다. 메넬릭 2세는 가축 25만 마리를 잃어버렸다고 전해진다. 고지의 농부들은 튼튼한 밭갈이 소들을 잃었고, 막대기로 땅을 갈아야 했다. 갈라족처럼 엄격하게 유목만을 고집하는 부족은 "완전히 멸망했다." 인도에서 수입한 감염된 소가 사태 발생의 원인이었다. 산 마르차노 장군의 지휘 아래 에리트레아를 침공 중이던 이탈리아 군대에 그 병든 소들이 보급되었던 것이다. 1960년대에 그 시기를 살아 낸 생존자들을 인터뷰한 리처드 팽크허스트는 이렇게 쓰고 있다. "다수의 에티오피아인들은 이탈리아가 자신들의 조국에서 품었던 야망을 알고 있었다. 에티오피아인들은 그 질병이 고의로 퍼졌다고 믿고 있었다."[39]

가뭄과 용광로 같은 열기는 치명적인 온역을 강화할 따름이었다. "가축과 야생동물들이 몇 개 남지 않은 물웅덩이로 모여들었다. 우역 바이러스가 퍼질 수 있는 완벽한 조건이 형성된 셈이었다."[40] 새카맣게 타들어 간 전답 역시 거염벌레, 메뚜기, 쥐 떼의 연이은 습격으로 황폐해졌다. 유럽인 여행자들과 선교사들이 당대에 남긴 기록은 초록의 풍광이 얼마나 빨리 황량한 불모지로 바뀌었는지를 강조하고 있다. "수수와 보리, 소와 양, 염소 떼가 보이던 아름다운 들판"이 모래와 바위투성이 경관으로 변해 버렸다. "완전한 불모지였다. 더 이상 주민도, 가축도, 경작하는 모습도 볼 수 없었다."[41]

에티오피아 고지에서는 우역과 기타 전염병이 소가 주춧돌이던 사회를 강타했다. 왈로와 티그레이에서 묵직한 자갈땅에 애를 먹던 농부들은 그 어떤 유목민보다 더 전적으로 가축에 의존했다. 제임스 맥캔의 설명을 들어보자. "문서 자료나 구술 증거, 그리고 이 지역의 농촌 상황에 대한 당대의 연구들을 보면, 왈로 북부 전체(와 어쩌면 북동부 전역까지)에서 생산 활동을 가능케 하는 가장 희귀한 자원은 토지나 노동이 아니라 밭갈이 소라는 자본이었음을 알 수 있다. 소를 번식시키고, 구매하고, 빌리고, 사육하는 활동이 토지 획득보다 훨씬 더 중요했다. 토지는 누구라도 마음만 먹으면 손쉽게 취득할 수 있었다. 반면 가계의 토지와 노동 배분 전략을 결정하고, 수확 계획에 영향을 미치며, 생산자 계급 내부의 종속 관계와 계층화라는 수직 통합 양상을 강화한 것은 소와 관련된 활동이었다." 다시 말해 소는 생산 수단이자 재산이었고, 사회적 지위를 상징적으로 드러내 주는 존재였다. 그런 소들이 전멸하면서 사회는 급속하게 붕괴했다.[42)]

1889년 6월에 짧게 비가 왔지만 가축을 잃어버린 농민들은 농업 활동을 재개할 수 없었다. 일부 농민이 쇠붙이가 달린 괭이로 밭을 갈기는 했다. 그러나 2년 전 밭갈이 소를 이용해 생산했던 소출량에는 턱없이 못 미쳤다. 때마침 에티오피아는 수단의 마흐디스트[Mahdist, 마흐디Mahdi는 이슬람 세계의 구세주란 뜻으로, 이슬람 성직자 무함마드 아흐마드가 이집트와 영국을 상대로 벌인 독립 전쟁을 가리킨다. 옮긴이], 티그레이의 분리주의자들, (얼마 후에는) 이탈리아의 침략자들과 전쟁을 치렀다. 당연히 식량을 수입할 수 있는 자금이 거의 없었다. 요하네스 황제가 마흐디스트들과의 전투에서 사망하자, 1889년 11월 메넬릭 2세가 즉위했다. 새 황제는 즉시 신민들에게 자신의 곡물 창고를 개방했다. 그리고 군인들을 귀환시켜 농사를 짓게 했다. 그러나 황제의 창고는 곧 바닥이 났다. 메넬릭은 곡물을 수입하려고 했다. "대상隊商들이 소말리와 다나킬을 지나다가 약탈을 당했다. 그곳 주민들도 굶주리고 있었던 것이다."[43)] 식량과 가축이 급격하게 부족해지면서 부자들마저 생존을 위협받았다. 물가(조금이라도 의미를 갖는다면)가 백 배 이상 치솟았다. 러시아 탐험가 마시코프의 보고 내용을 바탕으로 작성된 표 12는 기근으로 촉발된 인플레이션이 얼마나 심각했는지를 보여 준다.[44)]

표 12 | 에티오피아의 기근과 물가 비율

	1889(가격 : 양)	1890(가격 : 양)
밀	1 : 200	1 : 1.5
보리	1 : 400	1 : 2
밭갈이 소	2.4 : 1	80 : 1
가축	1 : 1	60 : 1

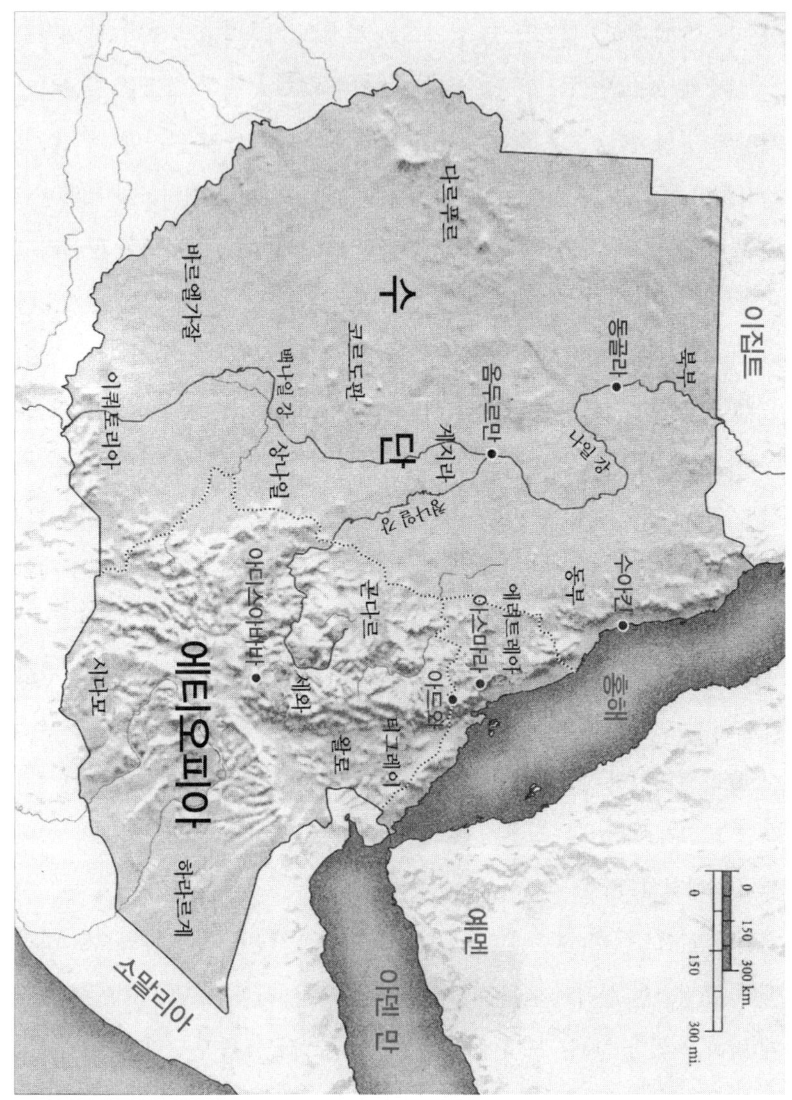

지도 5 | 아프리카의 뿔과 수단

메넬릭의 가장 최근 전기작가인 해럴드 마커스는 이렇게 한꺼번에 발생한 다수의 재난이 기본적으로 불가해한 특성을 지녔다고 강조한다. 해럴드는 이렇게 쓰고 있다. "주민과 성직자, 귀족*makwanent* 들은 그들을 집어삼킨 재앙에 당황했다. 그들은 신앙심이 부족해서 자신들이 곤경에 처했다고 생각했다." (마커스가 절대로 숙명론자가 아니라고 묘사하는) 메넬릭조차 1889년 7월 말에 절망적인 포고를 발했다. 가뭄과 역병이 기도가 부족한 탓이라고 비난하는 내용이었다. "가축 전염병이 발생했을 때 나는 '신에게 기도하라.'는 포고문을 발표했다. 짐승들은 (…) 전부 죽었다. (…) 이 모든 일이 우리가 충분히 기도하지 않았기 때문에 일어났다. 이제 전염병은 사람들을 공격하고 있다. 주민들이 죽어 나가기 시작했다." 마커스는 뒤이은 2년 동안 "수백만 명이 죽었고" 기근 사태로 에티오피아의 지역 위계가 항구적으로 바뀌었다고 단언한다. 요하네스의 티그레이인들에게서 메넬릭의 세와인들에게로 권력이 넘어갔다는 것이다. 베겜데르(이곳 주민의 무려 75퍼센트가 죽었거나 고향을 떠났다고 전해진다.)와 고잠의 강성했던 경제가 몰락했다. 티그레이의 주도권을 유지하려던 라스 알룰라의 필사적인 노력도 보급 부족으로 좌절되었다. 그는 메넬릭과 왕권을 다투던 주요 경쟁자였다.[45] "결딴난 티그레이에서는 작은 규모의 군대를 단기간 부양하는 일조차 이내 불가능해졌다."[46]

귀족과 전사들이 굶주릴 때 당연하게도 농촌의 빈민들은 대규모로 사망했다. 프랑스인 성직자 쿨보는 1890년 3월 케렌에서 써 보낸 편지에서 이렇게 말하고 있다. "나는 도처에서 걸어 다니는 해골들을 만난다. 하이에나들이 반쯤 뜯어먹은 끔찍한 시체들도 보인다." 소말리 해안의 한 영국 영사 대리인은 이렇게 푸념했다. 굶주린 사람들의 "비통한 울음과 한숨"으로 매일 밤 잠을 잘 수가 없다는 것이었다. 한 이탈리아인 여행자는 티그레이의 교역 중심지 아드와를 그저 "묘지"라고 쓰고 있다. 또 다른 여행자는 아이들이 곡식의 낟알이라도 얻을 요량으로 노새와 낙타의 똥을 미친 듯이 뒤지는 광경을 목격했다. 그는 이렇게 썼다. "충격을 받은 나는 고개를 돌려 버렸다. 그러나 또 다른 아이들이 보였다. 경찰zapte이 말 한 마리의 사체에서 그 아이들을 쫓아내고 있었다. 하이에나들이 먹고 남긴, 악취가 코를 찌르는 찌꺼기였다. 이 잔해에 그들이 달려들어 내장을 이빨로 물어뜯고 있었던 것이다. 내장이기 때문에 더 부드럽고, 더 부드럽기 때문에 악취가 무척 심했다." 굶주린 사람들은 "독수리, 하이에나, 자칼, 들개 들의 먹이까지 차지하려고 다투었다." 다른 사람들은 무슬림 노예 상인들에게 자신을 팔았다. 최악의 사태는 기근으로 인한 광기와 동족 살해였다. 나중에 에티오피아인 작가들은 어머니들이 자식들을 요리해 먹었다는 이야기로 후세 사람들을 겁주게 된다. 그러나 에티오피아인들은 극단적인 기아 상황에서조차 짓궂은 유머 감각을 간직했다. 배우자를 죽여서 먹은 한 남자의 실제 이야기에 기초했을 것으로 추정되는 유행가의 제목은 <아내는 남편에게 소화불량을 선사했네>였다.[47]

자연이 다른 방식으로도 급격한 혼란에 빠졌다고 생각되었다. 재앙의 가장 기괴하고도 끔찍한 측면 가운데 하나는, 굶주림과 갈증으로 미쳐 버린 야생동물들이 너무나 대담하게도 쇠약해진 인간들을 공격했다는 점이다. "당대의 기사들은 에티오피아가 겁을 상실한 금수들로 가득했다고 설명한다. 압바 제롬이나 웨이자로 상갈 같은 티그레이의 노인들은, 밤이면 기근으로 취약해진 희생자들이 내지르는 외마디 비명이나 구조 요청 소리('내가 잡혀가요!')를 아주 흔하게 들을 수 있었다고 말한다. 하이에나들이 노인들을 물고 가 먹어 버렸던 것이다." 선교사와 지방 관리들은 세와 고지, 카란, 하라르 등 에티오피아의 각지에서 야수들이 "기승을 부리고 있다."고 보고했다. 예를 들어 베겜데르에서는 "사자, 표범 등이 우위를 점하면서 대명천지에도 인간을 공격해 잡아먹는다."고 했다. 또 부르카에서는 "표범, 자칼, 사자 들이 촌락까지 들어와 [주민들을] 공격했고, 이 가운데 많은 수를 잡아먹었다."[48]고 전해졌다.

인간의 약탈 행위도 증가했다. 메넬릭이 정력적으로 노력했음에도 에티오피아의 봉건제도는 강자가 약자를 상대로 수행하는 홉스주의적 전쟁으로 비화했다. 굶주림이 첨예한 문제로 부각되면서 지방 지사들과 그들의 수하 전사들은 약탈 부대로서의 징발 업무를 중단했다. 팽크허스트는 다자즈마치 월다 가브릴의 사례를 예로 든다. "하라르 남서쪽 차르차 지방 지사였던 그는 관할 지역을 포기하지 않을 수 없었다. 그와 휘하 군인들은 살기 위해 여전히 곡물 공급이 충분했던 아루시를 습격했다. 곡물 공급이 풍성하다는 바로 그 이유로 아루시는 하라르게 지사인 라스 마코넨 부대의 약탈을 당한 바 있었으며, 현직 지사 라스 라르제의 수하들도 나중에 아루시를 노략질했다."[49] 한편으로 마코넨 지사는 오지였던 오가덴을 습격했다. 그리고 그곳 우물들을 요새화하고 유목민 동맹 세력이던 소말리족을 시켜 이를 방비케 했다(이렇게 해서 오가덴에 대한 에티오피아의 영유권 주장이 나왔고, 1977년의 그 처참한 국경분쟁이 발생하게 된다).[50] 가뭄과 함께 에티오피아의 침략으로 소말리 사회는 엄청난 피해를 입었다. 몇 년 후 오가덴을 방문한 영국인은 "한때 옥수수가 가득했던 불모지를 가로질러 남쪽으로 무려 일곱 시간 이상 이동했다. 관개시설의 흔적이 도처에서 보였고, 많은 사람들이 마을을 버리고 떠난 상태였다. 10년 전만 해도 이곳은 소말리랜드[Somaliland, 소말리아를 포함한 동아프리카의 해안 지역. 옮긴이] 최대의 곡창 지대였다. 주민들은 소말리랜드에 옥수수를 (…) 공급했다."[51]

하이에나와 강도들의 손쉬운 표적으로 전락한 굶주린 농민들은 전염병의 매력적인 희생 제물이기도 했다. 이질, 천연두, 발진티푸스, 독감으로 수만 명이 죽었다. 메넬릭이 농부들에게 줄 가축을 가져오기 위해 오가덴으로 파견한 습격 부대는 콜레라까지 옮겨 왔다. 프랑스인 의사 뷔르츠 박사는 1897년 이 나라의 공중 보건 상황을 처음으로 조사했다. 뷔르츠의 보수적인 추정에 따르면 에티오피아, 나아가 아프리카의 뿔 지역 전체 인구수의 약 3분의 1이 1892년경에 사라졌다. 당연히 특정 지역에서는 사망자 수가 훨씬 더 많았다. 예를 들어 뷔르츠와 기타 외국의 관찰자들은 남부 유목민 갈라족의 경우 전체 인구의 약 3분의 2에서 5분의 4가 사망했다고 추산했다. 준건조 상태의 초지는 물론이고 한때 경작이 가능했던 고지 등 광대한 면적이 황폐한 상태로 버려졌다.[52] (1891년의 강력한 엘니뇨와 연관이 있는) 가뭄의 제2차 파고로 인해 1892년 내내 기근과 전염병이 위세를 떨쳤다. 에티오피아가 이탈리아와의 전면전으로 한 걸음 더 나아가고 있던 바로 그 시점에 말이다.[53]

기근에 궤멸된 마흐디스트

1888년의 가뭄으로 나일 강의 수위가 낮아졌다. 이 때문에 수단 중부와 북부도 궤멸적인 타격을 입었다. 기근 사태가 발생했고, 마흐디스트들은 이집트에 맞서는 지하드를 선언했다. 1887년 4월 마흐디의 후계자 압둘라히 칼리프는 상이집트의 와디할파로 전령들을 보냈다. 전령들은 "무함마드 토피크 총독, 빅토리아 여왕, 압드 알-하미드 술탄에게 마흐디 세력에 복종하라고 요구하는" 편지를 전했다. 버킹엄 궁전과 터키 정부는 복종을 거부했다. 누비아의 동골라로 대규모 군대가 모여들었다. 마흐디 세력의 장군 중 가장 유능했던 알-누주미가 이 군대를 지휘했다. 매년 반복되는 나일 강의 정기 범람이 발생하지 않았다. 아무튼 그전에 이미 수천 명의 전사들을 비롯해 종군자從軍者들과 말이 강변에 거주하는 지역 부족들의 부족한 식량 자원을 고갈시켜 버렸다. 지역 부족들은 굶주리게 되었고, 한 기사에 따르면 "데르비시[*Dervish*, 이슬람교의 탁발 수도승. 옮긴이]들이 기도할 때 깔개로 사용하는 양가죽을 훔쳐서 먹었다."[54] 나일 강 유역 도처에서 갑자기 곡물이 희귀해졌고, 알-누주미는 남부의 보급을 기다리지 말고 곧바로 이집트로 진격하라는 명령을 받았다. 칼리프는 추종자들에게 이집트인들이 그들을 해방자로 환영할 것이라고 말하면서 "이집트 총독, 빅토리아 여왕, 카이로 주재 영국 정청에 최후통첩"도 함께 보냈다. "존 왕*을 상대로 마흐디스트 군대가 최근에 거둔 승리를 입증하는 수많은 문서가 여기에 덧붙었다."[55]

그러나 물 부족 사태로 들판에서 작물이 죽어 가는 것을 지켜보던 상이집트의 굶주린 농민들은 마흐디 군대에 군사 원조를 거의 제공하지 않았다. 주린 배를 움켜쥐고 단행된 그들의 진격은 "끔찍한 희생으로 바뀌고 있었다." 알-누주미의 신성한 군대는 굶주림으로 이미 절반이 사망한 상태에서 마침내 1889년 8월 투시키에서 그렌펠 장군의 이집트 군대와 격돌했다.

---

* 에티오피아의 요하네스를 말하며, 아시아와 아프리카에 강대한 기독교국을 건설했다는 전설상의 왕 프레스터 존Prester John 이야기에 기반한 서술이다. 옮긴이

마흐디스트들은 전장에서 궤멸되었다. 수단 북부에서 기아에 허덕이던 주민들의 필사적인 대탈주가 이어졌다. 이집트로 이어지는 비탄의 도로 위에 해골들이 흩뿌려졌다.[56)]

다음 해에는 또 다른 영국 장군 키치너가 잔혹한 천재성을 발휘해 기근 사태를 심화시켰다. 홍해를 따라 포진해 있던 코시에와 수아킨의 이집트 수비대를 공격하려던 마흐디 군대의 계획도 좌초되었다. 홀트는 이렇게 쓰고 있다. 전에는 "지역 부족민들의 거래가 수아킨을 중심으로 이루어지고 있었다. 기근으로 야기된 결핍 상황이 곡물 수입으로 어느 정도나마 완화되고 있었던 셈이다. 군 당국이 이런 현실에 격렬히 반발했던 이유는 적을 먹여 살린다는 점 때문이었다. 정치 당국자들은 다르게 생각했다. 마흐디 세력에게 아직 충분히 헌신하지 않고 있던 부족들의 지지를 얻고자 했던 것이다." 키치너는 최종적으로 자신의 민간인 상관들의 견해를 무시하고 수단 동부로의 식량 공급을 차단했다. 부족들은 기아에 시달렸고, 키치너는 1890년 2월 투카르에서 지하드 잔당 세력을 소탕하면서 명성을 얻었다.[57)]

수단 서부의 프랑스 면적에 상당하는 광대한 지역 다르푸르에서도 기근이 "사상 최악의 형태로 전개되었다." 그러나 알렉산더 드 발은 첫 번째 원인이 내전과 옴두르만의 곡물 징발이라고 비난한다. "특정 시점에서는 엘파세르에 마흐디 부대원이 3만 6천 명 이상 머무르기도 했다. 그들은 전투를 수행하면서 닥치는 대로 '먹고, 마시고, 입고, 훔쳤다.' 다르푸르 서부에서는 마흐디군이 촌락을 '먹어' 치웠다고 기억되고 있다." 파괴는 철저했다. 반란군 지도자 가운데 한 명은 자신의 조국이 "잔해 더미"일 뿐이라고 말했다.[58)]

그 사이 마흐디군의 수도 옴두르만에서는 이루 형언할 수 없는 광경이 펼쳐지고 있었다. 포로로 잡힌 오스트리아 성직자 오발더의 말을 들어 보자. "카르코지만큼이나 남쪽 오지에 산재해 있던 청나일의 모든 주요 도시와 촌락이 파괴되었다. 켐린, 메살라미에, 와드메디나, 아부하라즈, 와드엘압바스, 루파 등. 이 모든 도시의 주민은 매우 지친 상태로, 남자와 여자, 아이들은 옴두르만으로 몰려갔다. 그리고 코르샴바트 인근 도시 북쪽에서 피난처를 구했다."[59] 그들은 남부 파쇼다에서 곡물을 수입하고 있던 마흐디 세력이 기아 사태를 막아 줄 것이라고 믿기에 이르렀다. 그러나 칼리프는 옴두르만을 잔인한 부족 독재 체제로 바꿔 가고 있었다.

홀트는 이렇게 설명한다. "[칼리프가 속한 부족인] 타아이샤족의 옴두르만 이주와 일치했다는 점에서 기근이 아주 결정적인 시기에 시작되었다고 할 수 있다. 코르도판을 지날 때 많은 사람들에게 식량을 공급하는 일은 중대한 문제였고, 옴두르만에 도착했을 때도 그들은 우선적으로 식량을 제공받았다. 궁핍해진 지방민들이 유입되면서 옴두르만의 상황은 악화되었다. 그들은 고향 마을의 기근 사태에서 탈출했지만 수도에서 굶주릴 뿐이었다." 청렴결백하고 평등주의적인 믿음의 공동체를 대변하겠다는 마흐디 세력의 주장이 도덕적으로 타파되면서 이제 이집트 지하드의 군사적 패배 가능성도 배가되었다. 비非타아이샤족 출신의 재정 감독관 이브라힘 무함마드 아들란이 용기를 내 "비대해진 군사 기구의 강제 징수 요구로부터 빈민들을 보호하려고" 했다. 온갖 희생을 치르면서 타아이샤족에게 식량을 공급하기를 거부한 것이었다. 칼리프는 그를 곧 교수형에 처했다. 마흐디 세력은 "지옥의 정부"로 바뀌어 가고 있었다.[60]

칼리프의 또 다른 포로였던 이탈리아인 성직자 로시놀리는, 1888년과

1889년 옴두르만에서 전개된 섬뜩하면서도 불평등한 생존 투쟁을 이렇게 설명했다.

옴두르만은 참혹한 광경이 펼쳐지는 무대로 돌변했다. 마흐디스트들은, 개와 당나귀뿐만 아니라 가죽과 쓰레기까지 먹는다며 엘오베이드의 이집트인들을 비웃었었다. 이제 그들이 더 혹독한 상황에 처하고 말았다. 그들은 자식들을 잡아먹었다.

부자들은 마침 수수 재고를 살 수 있었고 목숨을 부지했다. 그러나 가난한 사람들에게는 탈출구가 없었다. 가격이 60리르에서 250리르로 치솟았다. 나는 엘오베이드가 포위 공격당하는 시기에 퀭한 눈의 수척한 사람들을 거리에서 많이 보았다. 이번에는 그 수가 훨씬 더 많았다. 사람들은 생명을 연장해 주는 것이라면 무엇이든 찾아서 먹었다. 길가에는 시체가 가득했다. 그 시체를 나일강에 던져 버리거나 칼리프가 묘지로 지정한 곳으로 옮기는 사람도 전혀 없었다. 기근 시에 사망한 사람들의 유해인 허연 뼈 무더기를 지금도 볼 수 있다. 이렇게 풍성한 먹이를 발견한 하이에나들이 대거 몰려들었다. 대담해진 녀석들이 도시의 거리를 활보했다.

아이들은 유괴될 위험에 처했다. 어느 날 밤 우리는 굶주린 한 남자의 수중에서 소년 한 명을 빼앗아 내는 데 성공했다. 그 아이는 외마디 비명을 지르면서 살려 달라고 외치고 있었다. 또 한 번은 한 소녀가 도망쳐 와 엄마한테서 보호해 달라고 간청했다. 아이의 엄마가 이미 막내아들을 잡아먹었고, 소녀도 마찬가지 운명일 것이라고 말했다는 것이다. 그 가증스런 여성은 투옥되었고 며칠

후 미쳐서 죽었다. 어머니들이 우리에게 와서 젖을 물릴 수가 없다며 아기들을 건네주었다. 하루는 어떤 여성이 오발더 신부님에게 와서 자식들을 사 달라고 간청했다. 신부님께서는 그 여성에게 수수를 몇 움큼 쥐어 주고 축복해서 보냈다. 다음날 그녀가 아이 두 명만 데리고 또 나타났다. 한 명은 굶주림으로 죽었던 것이다. 셋째 날 그녀가 왔을 때는 자식이 한 명뿐이었다. 그리고 그녀를 다시는 볼 수 없었다.[61]

각종의 직무 능력을 바탕으로 칼리프를 보필했던 루돌프 폰 슬라틴은 또 다른 목격자다. 그는 이렇게 썼다. "죽은 사람들의 대다수는 도시의 실거주민이 아니라 이주민이었다. 전자는 곡물을 약간이나마 숨겨 둘 수 있었고 각 부족들도 변함없이 서로를 도왔기 때문이다."[62] 로시놀리 신부처럼 그도 마흐디 세력 치하의 굶주리던 도시에서 벌어지던 다윈주의적 광경을 으스스하게 설명함으로써 유럽 독자들의 상상력을 자극했다.

보름달이 뜬 어느 날 밤이었다. 나는 자정쯤 집으로 가고 있었다. 베이트 엘 아마나(무기고) 근처를 지나고 있을 때였을까, 뭔가 움직이는 게 보였다. 나는 정체를 확인해 보려고 다가갔다. 벌거숭이나 다름없는 여자 세 명이 눈에 들어왔다. 길게 헝클어진 머리가 어깨를 덮고 있었다. 그녀들은 땅에 누워 있는 당나귀 새끼 주위에 쪼그리고 앉아 있었다. 녀석은 엄마와 헤어져 길을 잃었거나 그녀들이 훔쳤을 것이다. 그녀들은 이빨로 나귀 새끼의 몸뚱이를 찢어발기고, 게걸스럽게 창자를 먹고 있었다. 이 와중에도 그 가엾은 짐승은 가쁜 숨을 토해 냈다. 나는 이 끔찍한 광경에 움찔했다. 굶주림으로 흥분 상태에 빠져 있던 그 여자들이 미치광이처럼 나를 뚫어져라 응시했다. 나를 쫓아오던 거지들이 이제 그녀들을 덮쳤다. 먹을 것을 탈취하고자 했던 것이다. 나는 이 섬뜩하고도 기괴한 현장에서 도망쳤다.[63)]

옴두르만 바깥은 나일 강 유역의 농촌으로, 당대 목격자들의 증언을 믿을 수 있다면, 상황이 훨씬 더 참혹했다. 폰 슬라틴은 이렇게 썼다. "내 생각에는 수단에서 가장 당당하고 가장 독립적인 잘린족이 다른 부족들보다 더 심하게 고통받은 것 같다. 죽음을 피하는 게 불가능하다고 본 몇몇 가장들은 집의 출입문을 벽돌로 막고, 스스로를 자녀들과 결박한 채 죽음을 기다렸다. 이런 식으로 마을 전체가 몰락했다는 이야기를 감히 할 수 있다." 그는 이렇게 덧붙였다. "하사니아족, 슈크리아족, 아갈라인족, 하마다족 및 다른 부족들도 철저히 몰락했다. 한때 인구가 넘쳐 났던 나라가 불모의 황야로 전락했다."[64)] 로시놀리 신부는 기근과 질병으로 인한 사망자 수가 헤아릴 수 없을 만큼 많다고 생각했다. "많은 부족들이 지구상에서 그 모습을 감추었다." 난민들은 굶주린 사람들이 야생동물의 먹이로 전락했다는 끔찍한 이야기들을 그에게 해 주었다. 에티오피아에서 들려오는 이야기와도 비슷했다. "야생동물들을 사냥하던 사람들의 수가 줄어들면서 야수의 수가 백 배는 증가했다. 녀석들은 대규모로 마을에 쳐들어와 아이들과 병든 사람들을 잡아먹을 만큼 대담해졌다. 끔찍한 침략자들에 맞서 스스로를 방어할 수 없는 사람들이 짐승의 표적이 되었던 것이다."[65)]

아프리카 서부의 사바나에서도 비슷한 이야기들이 떠돌고 있었다. 수단처럼 그곳에서도 가뭄-기근은 "6년*Sanat Sita*"이라고 알려지게 된다. 무슬림 달력으로 1306년(1888년)에 가뭄-기근이 시작되었던 것이다. 캐서린 코크리-비드로비치에 따르면 니제르 강의 만곡부에 자리한 왈라타에서 엄청난 기근 사태가 발생했다. 그 사태로 1888년과 1889년에 포로와 노예 수천 명이 목숨을 잃었다. 카치나와 카노에서도 기아 사태가 보고되었다.[66] 아프리카에서 강력한 군사력을 바탕으로 독립을 유지해 오던 주요 사회들, 곧 사헬·수단의 무슬림 국가들과 기독교 왕국 에티오피아가 가뭄과 기근 및 내부 혼란으로 갑자기 취약해졌다. 마흐디 세력의 팽창주의 위협이 잦아들었다. 유럽 열강들은 이 기회를 놓치지 않았고 그 위기를 식민지 개척의 호기로 전환시켰다.

영토 확장에 혈안이 되어 있던 이탈리아가 맨 먼저 행동에 나섰다. 홍해 지역에서 프랑스의 야망을 저지할 세력으로 영국의 낙점을 받은 이탈리아는 에리트레아 해안을 거점으로 삼았다. 당대의 이탈리아 위원회는 이렇게 썼다. "식민지 에리트레아는 향후에 이탈리아인 이주의 배출구로 기능할 것이다." 그들은 "기근으로 버려진 땅"이라는 핑계를 대면서 1889년 여름 아스마라를 점령했다. 가뭄으로 황폐화된 에리트레아 고지와 티그레이 고원을 식민화할 수 있는 부대 집결지가 필요했던 것이다. 에티오피아의 나머지 지역은 로마의 "보호령"으로 선포되었다. (메넬릭이 보인 반응은 유명한 일화로 남아 있다. "에티오피아는 그 누구도 필요로 하지 않는다. 우리 조국은 신에게만 손을 뻗는다.")[67] 메넬릭은 명성이 자자했던 기병대의 말들을 가축 전염병으로 잃었고 대부대를 이동시킬 보급도 부족했다. (티그레이인들에게서 왕좌를 빼앗아 오기 위해 이탈리아의 도움을 받았던) 그도 처음에는 이탈리아 부대 앞에 무릎을 꿇지 않을 수 없었다. "남편의 반역 행위를 비난했던" 불같은 성격의 타이투 여제가 그에게 어떤 희생을 치르더라도 에티오피아의 주권을 보호하라고 간곡히 얘기했다.[68] 그는 놀라운 인내와 수완을 발휘해(프랑스제 무기도 한몫했다.) 고통 속에 있었지만 용맹스런 국민을 규합해 냈고, 마침내 1896년 3월 1일

아드와에서 이탈리아의 대규모 원정군을 전멸시킨다. 이 사건은 아프리카에서 유럽이 당한 가장 큰 패배였다. 이로써 시바 여왕과 프레스터 존의 나라에서 "제2의 로마제국"을 수립하겠다던 프란체스코 크레스피 수상의 희망도 물거품이 되었다.

세기말의 묵시록

그러나 에티오피아인들에게는 이를 축하할 시간이 거의 없었다. 메넬릭의 전승군이 아디스아바바로 개선하던 때에 가뭄이 다시 아프리카의 뿔 지역을 교살하기 시작했던 것이다. 10년이 채 안 되는 세월 동안 세 번째였다.[69] 그것은 전 세계적인 재앙이었다. 존 엘리엇 경은 1904년 영국 과학 진보 협회에서 이렇게 말했다. "1895년부터 1902년의 시기는 (아비시니아 고원을 포함해) 인도-오세아니아의 거의 전 지역에 걸쳐 이루어진 지속적인 강수 부족 사태로 특징지어진다."[70] 더 최근에는 세계의 곡물 거래를 연구하는 지도적 역사학자 한 명이 여섯 개 대륙 전역에서 비정상적으로 동시 발생한 흉작을 강조하기도 했다.

> 1896년과 1897년은 널리 분포한 밀 생산 지역 전체에서 발생한 비정상적 악천후로 특징지어진다. 1897년의 경우 에이커당 산출량이 330킬로그램으로, 이것은 기록된 것 중에서 가장 낮은 수치다. 1896년에는 인도, 호주, 미국의 겨울 밀 지대, 북아프리카에 가뭄이 들었다. 메뚜기 떼와 철 지난 비로 아르헨티나의 작황도 좋지 못했다. 그러나 날씨는 1897년이 더 나빴다. 주요 밀 생산 지역의

> 강수 분포를 살펴보면 1897년이 최악이었다. 인도, 호주, 러시아 남부, 에스파냐, 북아프리카에서 가뭄이 발생했다. 프랑스에서는 파종기에 엄청난 비가 내렸다. 도나우 강 유역에서는 5월과 6월에 호우와 폭풍이 몰아쳤고 소출이 감소했다. 아르헨티나에서는 11월에 메뚜기 떼와 가뭄, 서리가 닥쳤고 수확기에는 비가 내렸다. 캐나다 일부 지역에서는 여름 서리와 때늦은 폭우, 심지어 우박까지 왔다. (…) 주요 수출국 가운데서 미국만 풍년을 기록했다.[71)]

다른 곡류도 피해를 입었다. 강도 면에서 1876년부터 1879년의 재앙에 필적할 만한 가뭄과 기근의 제3차 파고가 인도, 중국 북부, 조선, 자바, 필리핀제도, 브라질 북동부, 아프리카 남부와 동부를 휩쓸었다. 상나일도 굶주림에 시달렸다. 굶주린 농민들은 흙을 먹었다. 러시아 남부에서는 톨스토이가 가뭄과 억압에 직면한 농민들의 절망에 대해 썼다. 이탈리아에서는 밀가루 값이 치솟았고, 100년 이래 가장 유혈 낭자한 빵 폭동이 발생했다. 호주는 근대 역사상 최악의 가뭄 사태 속에서 양을 절반이나 잃었다.[72)] 이제 우리는 엘니뇨 현상이 비정상적으로 집중되었고(1896년~1897년, 1899년~1900년, 1902년), 그로 인해 전 세계적 농업 재앙이 발생했음을 안다. 1898년의 일부 습했던 기간은 아마도 19세기에 가장 강력했던 라니냐 현상 때문이었을 것이다. 이로 인해 황하 유역이 범람했는데, 그 공포는 파괴적인 수준이었다. 지구상 인구의 약 4분의 1이 엔소 관련 기근 사태의 직접적인 영향을 받았다. 피해를 입은 사람들의 대부분은 후에 "제3세계"라고 불리게 되는 지역에 살고 있었다.

19세기 말은 인류의 경험이 근본적으로 분열하는 지점이 되고 말았다. 데이빗 랜디스가 쓴 것처럼, 유럽인들과 그들의 형제 북아메리카인들에게는 1896년이 "호기"였다. 1893년의 공황과 함께 시작된 경기 침체가 새로운 호경기로 대체되었다. "군비 경쟁과, 자본주의의 '최후 단계'라는 훈계조의 맑스주의적 언사에도 사업 활동을 활발하게 펼치면서 자신감을 회복했다. 그것은 지난 수십 년 동안의 침울한 과정에 간헐적으로만 등장했던 짧은 호경기에 대한 덧없고 불규칙한 자신감이 아니라 1870년대 초반 이래 (…) 유행한 적이 없는 전반적인 도취감이었다. 다시 모든 것이 제대로 돌아가는 것처럼 보였다. 서유럽 전역에서는 이 1896년에서 1914년을 '좋았던 옛 시절'이라고 부른다. 에드워드 치세기와 겹치는 이 시기가 바로 벨 에포크 *belle epoque*다."[73)]

그러나 (일본과 라틴아메리카 일부를 제외하면) 비유럽인 대다수에게는 이 시기가 식민 전쟁, 노예 계약 노동, 강제 노동 수용소, 집단 학살, 강제 이주, 기근과 질병이 난무한 새로운 암흑 시대였다. 기근의 전염병 단계가 1870년대보다 훨씬 더 치명적이었다. 예를 들어 아시아에서는 새로운 생존 위기들이 제3차 광역 유행성 전염병*과 동시에 발생했고, 결국 천5백만 명 이상이 사망했다. 또 (동인도제도에도 영향을 미친) 우역 재앙으로 아프리카 동남부 전역에서 전통 사회의 경제적 토대가 말살되었다. 유럽과 북아메리카의 산업도시들에서는 수명과 보건 상태가 극적으로 향상되었다. 반면 아프리카와 아시아 전역의 민중은 쓰러져 가고 있었다. 신제국주의 세력과 그들의 기독교 하수인들이 이 거대한 인류의 위기 상황을 공격적으로 활용했다는 사실을 덧붙여야 할 것이다. 한 아프리카인은 유럽의 선교사에게 이렇게 말했다. "유럽인들이 기근 사태를 좇아가 이용하는 작태를 보면 독수리가 가득

---

* Third Plague Pandemic, 1855년의 사태로 중국에서 시작되어 세계 전역으로 확산되었다. 중국과 인도의 피해가 가장 컸다. 옮긴이

한 하늘을 보는 것 같다."

결과적으로 유럽 이외 세계의 세기말은 지옥의 묵시록이었다. 천년 왕국 신앙, 봉기, 구세주들이 폭발하듯 출현했다. 절체절명의 위기에 빠진 문명들이 도처에서 그들의 달력을 종말에 맞추었다. 예를 들어 보자. 다수의 무슬림은 코란에서 말하는 열세 번째 세기(1785년~1882년)가 끝나면 세계가 종말을 맞이할 것이라고 믿었다.[74] 인도인들은 삼바트 해 1956의 카르틱 달(1899년 11월로 힌두교도들이 생각한 운명의 시간)에 "인도와 전 세계에 불행과 재앙의 시대가 열릴 것"이라고 보았다.[75] 북중국에서도 봉기한 농민들이 세계의 재난이 임박했다는 백련교도의 예언을 믿었다. 이 신앙은 불교에서 말하는 한 겁劫의 순환과 결부되었는바 "현존하는 사회가 멸망하고 영원한 어머니가 권력을 잡게 된다는 것을 의미했다."[76] 대다수 중국인들은 "음력으로 여덟 번째 윤달이 경자년庚子年과 겹치는 것은 불길하다."(1680년 이래 처음이었다.)고 보았고, 1900년에 사회적 대혼란이 야기될 것이라고 믿었다(실제로 그렇게 되었다).[77] 세르탕 전역에서는 이단적인 세바스티안파 성직자들과 평신도들이 새로 성립한 브라질 공화국을 적그리스도의 지배이자 종말의 도래와 동일시했다.[78]

찰스 앰블러가 1897년 케냐에 관해 쓴 것처럼 "사람들이 가뭄과 기근, 질병의 재난을 유럽인들의 경제적·정치적 권력의 도래와 연결 지어 생각했다는 것"은 전혀 놀라운 일이 아니다. 짐바브웨에서 은데벨레가 이끈 음와리교 반란자들, (1904년 이후) 독일령 동아프리카에서 활동한 마지-마지 전사들, 모잠비크의 카노왕가 추종자들, 란드의 "에티오피아파" 교회 세력들, (내부 식민주의의 희생자였던) 브라질 북동부의 콘셀레이루 추종자들, 프랑스 반대의 기치를 내걸었던 라오스의 옹 만 운동 세력, 네그로스 섬에서 이시오 신부가 이끌던 게릴라들, 자바의 마디[*Madhi*, 메시아란 뜻으로 카산 무크민을 말함. 옮긴이] 신봉자들, 베이징 성곽 밖에서 정의를 부르짖으며 단결한 의화단 사이에는 자연재해가 "더 커다란 사회적·우주적 위기의 가장 직접적이고 고통스런 요소이자 (…) 식민지 세력 도래의 가공할 상징"이라는 믿음이 널리 퍼져 있었다.[79] 존 런스데일은 이렇게 덧붙인다. "근심과 불안의 시대였다. 갑작스럽게 마법의 광기가 횡행했다. 생존의 정치학이 자포자기식의 무자비한 확정을 요구하는 것처럼 보이던 시대였다."[80] 물론 일부 유럽인들도 이 사실을 잘 알고 있었다. 키플링의 시가 식민지 개척의 낙관주의와 과학적 인종주의를 찬양했다면, 콘래드의 불편한 이야기들은 유럽 자체가 열대 지방의 비밀스런 홀로코스트에 공범으로 참여하면서 야만화되고 있다고 경고했다. 그의 견해에 따르면 '벨 에포크'는 사회적 대참사의 하류였다.

4장 주석

1) Avner Offer, *The First World War: An Agrarian Interpretation*, Oxford 1989, pp. 85, 89; Dan Morgan, *Merchants of Grain*, New York 1979, 특히 pp. 32~36; Carl Solberg, *The Prairies and the Pampas: Agrarian Policy in Canada and Argentina, 1880~1930*, Stanford, Calif. 1987, 특히 p. 36 참조.
2) Eric Stokes, *The Peasant and the Raj*, Cambridge 1978, p. 275.
3) Neil Charlesworth, "Rich Peasants and Poor Peasants in Late Nineteenth-Century Maharashtra," in Dewey and Hopkins(eds.), p. 108에서 인용.
4) Christopher Baker, *An Indian Rural Economy, 1880~1955: The Tamilnad Countryside*, Bombay 1984, p. 135.
5) Gilbert Fite, *The Farmers' Frontier, 1865~1900*, New York 1966, p. 96.
6) 노르데스테는 예외였다. 날씨가 좋아졌어도 사탕수수와 목화 수입의 하락이 벌충되지 않았다. 게다가 해안 지역의 경기가 침체하면서 배후지까지 불황에 빠졌다. "세르탕에서는 한때 독립을 유지했던 목부들조차 벼랑 끝으로 몰렸다. 그들은 염소 가죽을 팔았고, 대토지 소유자들의 목장에서 보잘것없는 임금을 받으며 일했다. 파산한 농부들은 농지를 팔거나 버리고 도시로 옮겨 갔다."(Levine, p. 37)
7) 밀이 대풍년을 기록한 지역과 강수 조정 이론에 관한 Donald Meinig의 놀라운 연구들, 곧 "The Evolution of Understanding and Environment: Climate and Wheat Culture in the Columbia Plateau," *Yearbook of the Association of Pacific Coast Geographers* 16(1954); *On the Margins of the Good Earth: The South Australian Wheat Frontier, 1869~1884*, Chicago 1962를 보라. (남호주의 기상 호조-악화 주기가 기타 대다수 지역과 정반대 양상을 띠었다는 사실을 언급해야 한다. 1870년대 후반에 비가 많이 왔고, 1880년대 초반에는 심각한 가뭄이 발생했던 것이다. 호주 동부와 달리 이곳의 날씨는 엔소와 별다른 상관관계를 맺지 않는다.)
8) Jonathan Raban, *Bad Land: An American Romance*, New York 1996, p. 208. 그는 몬태나 동부의 전시(wartime) 밀 호경기를 끝냈던 1917~1920년의 가뭄을 언급한다.
9) Meinig, *On the Margins*, p. 207.
10) "Filtered Normalised Monthly Anomalies of MSLP and SST Since 1871," in Rob Allan, Janette Lindesay and David Parker, *El Niño Southern Oscillation and Climate Variability*, Collingwood, Vic. 1996, pp. 188~201을 보라.
11) (전 세계적 수확 상황을 반영하는) 대공황기 이전 미국의 곡물 최고가(예를 들어 1891~1892, 1897~1898, 1908~1909, 1914~1919, 1924~1925)는 엘니뇨 사태와 관계를 맺고 있었다(price trend from Wilfred Malenbaum, *The World Wheat Economy, 1885~1939*, Cambridge, Mass. 1953, p. 29).
12) Fite, pp. 108~109와 126~127. 1892~1893년의 가뭄도 대평원 전역에서 커다란 빈곤을 불러일으켰다. 뉴욕 『크리스천 헤럴드』의 발행인이자 유명한 빈민 운동가였던 루이스 클롭시는 네브래스카발로 이렇게 보도했다. "미국에서 가장 부유한 농업 지대 가운데

하나에서 실제로 기근이 발생했다." 그는 믿을 수 없다는 듯, 즉각 구호 활동을 조직하지 않는다면 수천 명이 추위와 굶주림으로 사망할 것이라고 전했다(Charles Pepper, *Life-Work of Louis Klopsch: Romance of a Modern Knight of Mercy*, New York 1910, pp. 245~246).

13) Florescano and Swan, pp. 57과 113~114.

14) Bhatia, pp. 168~169.

15) Digby, *Prosperous British India*, London 1901, p. 129.

16) Bhatia, pp. 172~178.

17) Carol Henderson, "Life in the Land of Death: Famine and Drought in Arid Western Rajasthan," Ph.D. diss., Columbia University 1989, p. 42.

18) Navteg Singh, *Starvation and Colonialism: A Study of Famines in the Nineteenth Century British Punjab, 1858~1901*, New Delhi 1996, pp. 89~91.

19) Ibid.

20) Digby는 이 수치가 전체 기근 사망자 수를 정확하게 추정한 것이라고 보았다(*"Prosperous" British India*, p. 129).

21) "Hume to Every Member of the Congress Party" 16 Feb. 1892, quoted in Edward Moulton, "Allan O. Hume and the Indian National Congress: A Reassessment," in Jim Masselos(ed.), *Struggling and Ruling: The Indian National Congress 1885~1985*, New Delhi 1987, p. 11.

22) 산시陝西성의 인구 감소에 대한 1888년 설명을 보려면 George Jamieson, "Tenure of Land in China and the Condition of the Rural Population," *Journal of the China Branch of the Royal Asiatic Society*(for 1888), Shanghai 1889, p. 91을 참조하라.

23) Allan, Lindesay and Parker, pp. 188~191.

24) T. L. Bullock(consul at Chefoo), "The Geography of China," *The Journal of the Manchester Geographical Society*, 14:4~6(April~June 1896), p. 129; John Freeman, "Flood Problems in China," *Proceedings, American Society of Civil Engineers*, May 1922, pp. 1113과 1137~1138; Alvyn Austin, *Saving China: Canadian Missionaries in the Middle Kingdom*, Toronto 1986, pp. 36~38; A. Broomhall, *China's Open Century: Book Seven*, pp. 97~98; *Spectator* syndicated in *New York Times*, 5 March 1888; C. Vorosmarty, et al., "Drainage Basins, River Systems, and Anthropogenic Change: The Chinese Example," in James Galloway and Jerry Melillo, *Asian Change in the Context of Global Climate Change*, Cambridge 1998, p. 212 참조.

25) Han Woo-Keun, *History of Korea*, p. 404.

26) George Lensen, *Balance of Intrigue: International Rivalry in Korea and Manchuria, 1884~1899*, vol. 1, Tallahassee 1982, p. 118.

27) Han Woo-Keun, pp. 404~413.

28) Richard Robbins, Jr., *Famine in Russia: 1891~1892*, New York 1975, pp. 6~10.

29) Ibid., pp. 12~13과 170~171.

30) Leroy Vail and Landeg White, *Capitalism and Colonialism in Mozambique: A Study of Quelimane District*,

Minneapolis 1980, pp. 100~101.

31) Denis, p. 351.

32) Graciliano Ramos, *Barren Lives*, Austin, Tex. 1971, p. 121.

33) Arthur Dias, *The Brazil of Today*, Nivelles 1903, pp. 249~250.

34) Ralph Della Cava, *Miracle at Joãseiro*, New York 1970, p. 31.

35) James McCann, *People of the Plow: An Agricultural History of Ethiopia, 1800~1900*, Madison, Wis. 1995, p. 89.

36) Richard Pankhurst, *The History of Famine and Epidemics in Ethiopia Prior to the Twentieth Century*, Addis Ababa 1986, pp. 62~63.

37) William Jordan, *The Great Famine: Northern Europe in the Early Fourteenth Century*, Princeton, N.J. 1996, p. 36.

38) McCann, p. 89.

39) Pankhurst, pp. 59와 91~92.

40) Holger Weiss, "'Dying Cattle': Some Remarks on the Impact of Cattle Epizootics in the Central Sudan During the Nineteenth Century," *African Economic History* 26(1998), p. 182.

41) Richard Pankhurst, *Economic History of Ethiopia, 1800~1935*, Addis Ababa 1968, pp. 216~220.

42) James McCann, *From Poverty to Famine in Northeast Ethiopia: A Rural History, 1900~1935*, Philadelphia 1987, pp. 73~74.

43) Chris Prouty, *Empress Taytu and Menelik II*, London 1986, p. 101.

44) Pankhurst, *The History of Famine*, pp. 71~72와 100.

45) Marcus, *Menelik II*, pp. 135, 139와 143 fn2.

46) Haggai Erlich, *Ethiopia and Eritrea During the Scramble for Africa: A Political Biography of Ras Alula, 1875~1897*, East Lansing 1982, p. 141.

47) Pankhurst, *History of Famine*, pp. 74~85와 96; *Economic History*, pp. 216~220. 맥캔(*People of the Plow*)은 동족 살해에 관한 설명들에 의문을 제기한다. "비슷한 강도나 더 심한 최근의 기근 사태에서도 그런 일이 전혀 보고되지 않았다."는 것이다(p. 90).

48) Pankhurst, *The History of Famine*, pp. 87~88.

49) Ibid., p. 91.

50) Harold Marcus, *A History of Ethiopia*, Berkeley 1994, p. 94.

51) A. Donaldson Smith, "Expedition through Somaliland to Lake Rudolf," *Geographical Journal* 8(1896), p. 127.

52) Pankhurst, *The History of Famine*, pp. 86~89, 105.

53) Marcus, p. 143.

54) Father Joseph Ohrwalder(edited by F. Wingate), *Ten Years' Captivity in the Mahdi's Camp*, London 1897, p. 283.

55) P. Holt, *The Mahdist State in the Sudan: 1881~1898*, Oxford 1958, pp. 157~160.

56) Ibid., pp. 160과 165~167.

57) Ibid., pp. 171~173. Augustus Wylde, *Modern Abyssinia*, London 1901, p. 106도 보라.

58) Alexander De Waal, *Famine that Kills: Darfur, Sudan, 1984~1985*, Oxford 1989, pp. 63~64.

59) Ohrwalder, p. 306.

60) Holt, pp. 174~175.

61) C. Rosignoli, "Omdurman during the Mahdiya," *Sudan Notes and Records* 48, Khartoum 1967, p. 43.

62) Rudolf Slatin Pasha, *Fire and Sword in the Sudan*, London 1897, p. 274.

63) Ibid., p. 273.

64) Ibid., pp. 274~275.

65) Rosignoli, *Sudan Notes*, p. 42.

66) Catherine Coquery-Vidrovitch, "Ecologie et historie en Afrique noire," *Histoire, economie et société* 16:3(1997), p. 501.

67) Richard Pankhurst, *The Ethiopians*, Oxford 1998, pp. 183~189.

68) Marcus, pp. 92~93.

69) 1896년 에티오피아 가뭄-기근 사태를 확인하려면 Coquery-Vidrovitch, p. 503을 보라. 에티오피아의 기후 역사에 관한 최근의 개관을 보려면 Maria Machado, Alfredo Perez-Gonzalez and Gerardo Benito, "Paleenvironmental Changes During the Last 4000 years in the Tigray, Northern Ethiopia," *Quaternary Research* 49(1998), pp. 312~321을 참고하라.

70) Sir John Elliot, "Address to the Sub-section Cosmical Physics," reprinted in *Symon's Meteorological Magazine* 465 (Oct. 1904), p. 147.

71) Malenbaum, pp. 178~179.

72) 상이집트와 수단의 가뭄과 기근 사태에 관한 논의를 보려면 A. Milne, "The Dry Summer on the Upper Nile," *Scottish Geographical Magazine* 16(1900), pp. 89~91을 참조하라. 1896년에서 1897년 흉작으로 시작된 농촌 위기에 관한 톨스토이의 발언("La Famine en Russie en 1898")은 *La Revue socialiste*(Paris), 1898, pp. 129~142에 실렸다. 밀라노에서는 1898년 5월 8일 군대의 발포로 빵 폭동 가담자 80명이 죽었다(Offer, p. 220을 보라).

73) David Landes, *The Unbound Prometheus: Technological Change and Industrial Development in Western Europe from 1750 to the Present*, Cambridge 1969, p. 231.

74) Elizabeth Isichei, *A History of African Societies to 1870*, Cambridge 1997, p. 293.

75) David Arnold, "Touching the Body: Perspectives on the Indian Plague, 1896~1900," *Subaltern Studies* 5(1987), p. 74.

76) Esherick, p. 300; David Little, *Understanding Peasant China*, New Haven, Conn. 1989, pp. 152~153 (인용).

77) Arthur Smith, *China in Convulsion*, vol. 1, Edinburgh 1901, p. 219; A. Broomhall, *China's Open Century, Book Seven*, p. 306.

78) Della Cava, p. 55.

79) Charles Ambler, *Kenyan Communities in the Age of Imperialism, New Haven*, Conn. 1988, p. 3.

80) John Lonsdale, "The European Scramble and Conquest in African History," in Oliver and Sanderson, p. 692.

5장 | 해골들의 축제

나는 우리가 인도에서 무시무시한 경제적 재앙을 일으키고 있다고 확신한다. 1847년 아일랜드 대기근도 인도 사태와 비교하면 애들 장난처럼 비칠 지경이다.

— 하인드먼, 1886

인도의 지배자들은 빅토리아 여왕의 통치 60주년(1897년)이 대량 살육의 아수라장 속에서 경축되리라고는 전혀 예상하지 못했다. 로메시 천더 덧은 후에 인도 국민회의에서 이렇게 말했다. "인도가 동인도회사의 손아귀에서 여왕에게 넘어간 후 참화가 거듭되는 가운데 가장 비통한 해였다."[1] 아대륙은 1896년에 계절풍을 기대했다. (최근에 오리사에서 발생한 사망자들에도 불구하고) 1876년 규모의 기근 사망자는 더 이상 없다는 점잖은 자신감이 있었다. 리처드 스트래치 경 위원회의 1880년 보고서를 바탕으로 이제 지역마다 기근 법령을 마련한 상태였다. 당국은 이에 따라 구호 활동을 조직할 수 있었고, 20년 전 정부를 깜짝 놀라게 했던 운동들처럼 공포에 사로잡힌

하인드먼의 글은 H. M. Hyndman, *The Bankruptcy of India*, London 1886, p. vi에서 가져왔다.

주민들의 움직임을 새롭게 통제('기근 지역' 내의 등록제 시행)할 수 있었다. 1878년에는 기근 구호 및 대비 기금도 설치되었고, 캘커타는 커다란 가뭄이나 홍수가 발생했을 때 다른 우선순위에 따른 재정 압박 없이 구호 사업에 자금을 조달할 수 있었다. 북서부 국경을 따라 지속적으로 수행하던 군사 작전이 다른 우선순위의 대표적인 사례였다.

당대의 한 경제학자는 이렇게까지 썼다. "생산과 분배를 통제하는 역사적 환경이 (…) 혁명적으로 개선되었다."[2] 버마의 거대한 쌀 잉여 생산분이 제국주의 체제로 흡수 통합되었다. 새로 1만 6천 킬로미터의 철로가 부설되었다(기근 기금이 철로 사업에 상당한 자금을 댔다). 농촌 인구가 결정적인 식량 안보 수단을 확보하게 되었다고 선전했다.[3] "말의 원래 의미에서 식량 부족 사태를 뜻하는 기근은 이제 가능하지 않게 되었다. 식량이 부족할 경우에는 버마가 펀자브와 북서부 주들을 먹여 살리고, 그 반대도 성립한다. 마드라스는 봄베이의 도움을 받거나 거꾸로 봄베이를 도울 수 있다."[4] 엘긴 경은 빅토리아 여왕을 이렇게 안심시켰다. "교통수단이 발달했다. 특히 철도는 주목할 만하다. 이제 과거의 관리들은 상상할 수도 없었던 방식으로 기근에 대처할 수 있게 되었다."[5]

그러나 이런 진보도 거의 아무런 의미가 없었다. 엘긴 경은 한결같은 마음으로 리튼을 추종했고, 정확하게 똑같이 비참한 운명으로 나아갔다. 제일 심한 적들조차 그의 이런 행보를 놀라워하며 지켜보았다.[6] 심각할 정도로 계절풍이 불지 않았다. 펀자브, 북서부 주들, 오우드, 비하르, 마드라스 관할 데칸 전역에서 1896년 봄 파종을 하지 못했다. 중앙주와 라지푸타나(라자스탄) 동부는 비가 오지 않는 상황이 훨씬 더 파괴적이었다. 이미 3년 동안 악천후가 계속되면서 흉년이 든 상황이었다. 농민들의 삶은 극도로 곤궁했다. 인도 전역에서 곡물 가격이 치솟았다. 그리고 가을 계절풍까지 불지 않자 물가가 다시 한 번 폭등했다. 특히 인도 북부의 밀 생산 지역에 남아 있던 비축 곡물은, 영국에서 발생한 전년도 흉작을 메우기 위해 대량으로 수출하면서 이미 고갈된 상태였다.[7] 분배 부문에서 달성한 엘긴의 "혁명적" 진보는, 작물이 대부분 멸실된 지역만큼이나 가뭄 피해를 입지 않은 지역(물 사정이 좋았던 마드라스의 고다바리 강 삼각주처럼)에서도 높은 수준의 물가를 유지하는 데 기여했을 뿐이다.[8]

더구나 철도가 부설되었다고는 해도 대량 구매 능력이 없는 지역으로는 곡물이 수송되지 않았다. 시장의 합리성을 허황되게 신봉하던 영국 관리들은 기장과 기타 "빈곤자 곡물"의 가격이 유럽에서 빵을 만드는 데 사용되는 밀가루 가격을 능가하는 것을 목도하고 깜짝 놀랐다.[9] 과시하던 기근 기금에 관해 말하자면, 또 다른 사악한 전쟁인 아프가니스탄 계획에 인도인들이 왜 돈을 내야 하냐는 항의에도 불구하고 그 상당 부분이 전용되고 있었다. (1897년 1월 인도 기근 구호 사업의 런던 발대식에서 지도적 사회주의자 헨리 하인드먼은 "올해는 국내 세금을 일시 보류하고, 그 전액을 기근 구호 활동에 지출하도록 하자."고 제안하다가 경찰에 의해 연단에서 강제로 끌려 내려왔다.)[10]

정부는 식량 가격이 급등하는 상황에 취약할 수밖에 없는 가난한 주민들의 수가 계속 늘어나고 있다던 인도 민족주의자들과 자국 보건 관리들의 경고마저 철저하게 무시했다. 비평가들은 영양실조 상태가 인도 역사상 유례없는 엄청난 수준에 도달했다고 판단했다. 1887년 작성된 더프린 병원 조사 보고서를 보자. "빈민 4천만 명이 부족한 식사로 연명하고 있다." "농업 인구의 절반은 배고픔을 온전히 달랜다는 게 무엇인지 일 년 내내 결코 알지 못한다."[11] 앨런 옥타비안 흄은 5년 후 인도 국민회의에 그 유명한

"충격적" 회람장을 보냈고, 여기서 빈곤이 "차오르는 늪처럼 하층계급을 집어 삼키고" 있다고 탄식했다. "빈곤이 심화되고 확대되고 악화되고 있다."[12] 존 브라이트의 오랜 친구이자 인도 문제와 관련해 의회 내에서 야당 세력을 이끌게 되는 윌리엄 웨더번은 무정한 하원을 설득해 기근 사태로 다시 한 번 아대륙이 도륙되기 전에 인도의 빈곤 상황을 조사하는 일에 나서도록 했다.[13] 그러나 1896년의 인도국은 1876년처럼 인도의 가난 구제라는 "악몽"을 직시하려는 의지가 없었다. 『스펙테이터』는 흄과 웨더번과 "인도 신사들"을 비난하면서 독자들에게 이렇게 경고했다. "인도가 영국과 동일한 구빈법을 갖는다면 구호 대상 극빈자가 8천만 명에 이를 것이다."[14]

정부 납골당(1896년~1897년)

그 사이 가뭄은 고물가로 인해 급속히 기근으로 바뀌고 있었다. 북서부 주들과 중앙주에서는 1896년 8월에 이미 심각한 재난을 목격할 수 있었다. 10월경에는 경찰이 비하르와 봄베이 관할 데칸에서 곡물 약탈자들에게 발포를 했다. 『뉴욕 타임스』는 아메드나가르에 머무르던 미국인 선교사 흄이 10월에 써 보낸 편지를 게재했다. 흄은 가뭄이 1877년 당시보다 훨씬 더 큰 규모임을 지적하면서 절망적으로 이렇게 말했다. "나를 도와주던 하인들이 이틀 동안이나 50센트어치의 식량을 사려고 했지만 헛수고였다." "앞으로 여덟 달 동안은 더 이상 비가 (…) 전혀 올 것 같지 않다." 가능한 다음번 수확은 거의 일 년을 기다려야 했다. 흄은 "조용하고, 유순한" 이웃들의 자포자기 상황에 전혀 놀라지 않았다.

곡물 폭동이 이제 일상사로 자리를 잡았다. 상인들은 곡물을 팔려고 하지 않는다. 가격이 더 오를 것을 알고 있기 때문이다. 현 시가가 무려 세 배나 올랐는데도 말이다. 그래서 사람들은 곡물 가게와 창고를 부수고 들어간다. 그리고 막아서는 상인들은 죽이겠다고 위협한다. 그들은 이렇게 말한다. "곡물이 없다면 우리는 곧 죽을 것이다. 당신이 우리를 방해한다면 우리는 당신을 죽일 것이다. 이래도 죽고 저래도 죽는다." 이 사람들은 경찰과 법정에서도 비슷한 말을 한다. "절도 혐의로 우리를 체포해서 투옥한 다음 우리를 먹여 살려 달라. 감옥에서라면 굶어 죽지는 않을 것이다."[15)]

인근 나르싱푸르에서는 미국인 선교사 마거릿 데닝이 한 무슬림 소자작농의 가슴 아픈 사연을 전해 왔다. 그는 아내와 두 아이를 부양하기 위해 처음에는 땅을, 다음에는 오두막을, 마지막에는 주방 기구들을 팔아야만 했다. "정부는 빈민을 구제하려는 노력을 전혀 취하지 않았다." 그는 이교도 선교사들에게 큰아이를 넘겨주면서 자기 종교의 계율을 어겼다. "그 남자가 우리에게 소년을 데려왔다. 그는 아들에게 더는 돌볼 수 없다고 이야기했다. 아이를 학교에 보내 주고 싶었다는 얘기도 했다. 이제 자기에게는 아이를 넘겨주는 대안 외에는 아들의 목숨을 구할 수 있는 방법도, 학교에 보낼 수 있는 방법도 전혀 없다고 말했다. 소년은 아버지가 자신을 사랑하지 않는다고 생각하지 않았다. 그가 살아서 글을 배우게 된다면 부모에게 편지를 쓸 것이다. 아버지는 아들에게 작별 인사를 했다. 그는 아무것도 요구하지 않고 떠났다." 후에 정부는 마지못해 근처에 구빈원을 열었다. 그러나 아이의 아버지와 어머니, 남은 아이는 형편없는 위생 시설, 불충분한 배급, 중노동 속에서 죽었다.[16)]

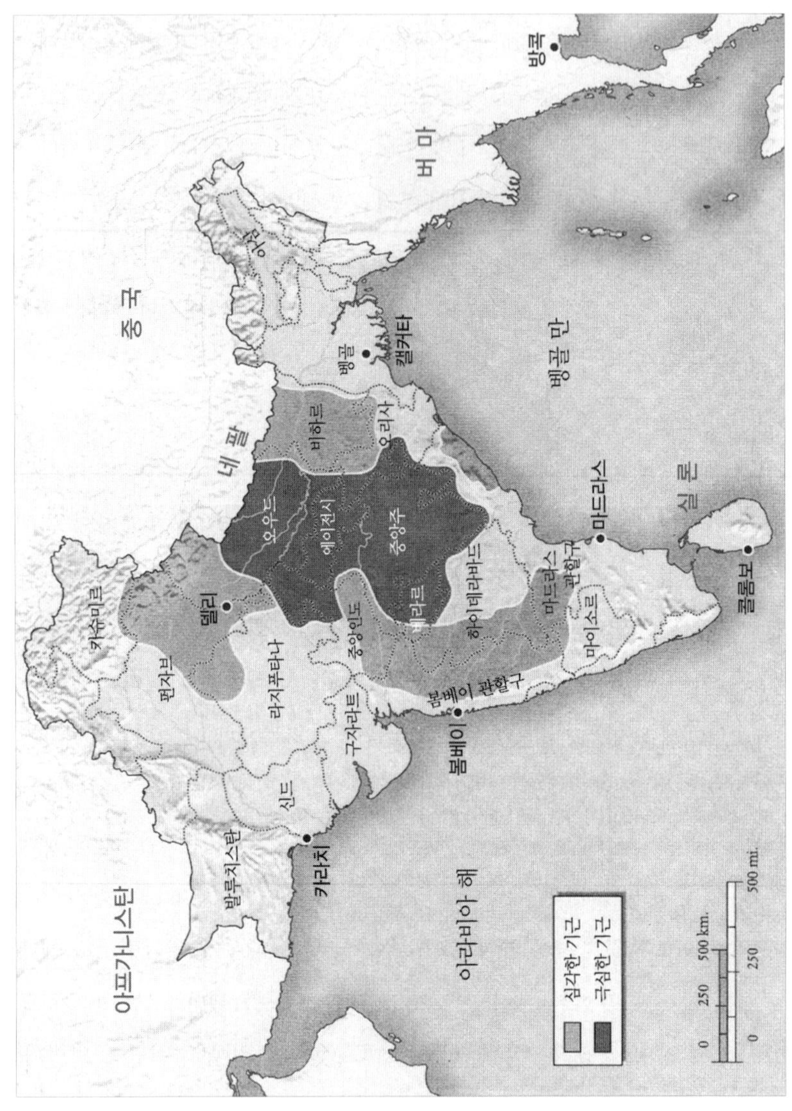

지도 6 | 1896년~1897년 인도의 기근

이런 이야기들이 일상다반사였다. 세계인들이 인도 사태를 걱정하기 시작했다. 에드윈 아놀드 경은 이렇게 미국인들을 안심시켜야만 했다. "인도의 영국인들은 우선 첫째로 인도인들을 위해, 그 다음으로 세수와 명성과 권력을 얻으려고 통치한다."[17] 그러나 『스펙테이터』와 다른 주요 사설들은 지나치게 인색하게 군다며 총독을 꾸짖었다. 아프가니스탄 국경의 반란 마을들을 진압하는 데 몰두 중이던 엘긴은 피해가 가장 심각한 지역들에서 제한적인 구호 사업을 벌이는 데 마지못해 동의했다. 그러나 그는 선교사들의 국제적 지원 호소를 포함해 사적인 자선 행위를 고집스럽게 반대했고, 사태를 "과장했다."며 언론을 신랄하게 비난했다.[18] 전임자 리튼처럼 엘긴도 지역 및 지방 차원에서 시행하던 더 자유주의적인 정책을 가로막았다. 봄베이의 자치 위원회들은 "기금을 활용해 공정 가격 가게를 운영하려던 계획을 저지당했고," 벵골 정부는 무역업자들에게 돈을 줘 곡물을 수입하려 했지만 제지당했다.[19] (결국 버마는 잉여 생산된 쌀의 상당 부분을 유럽으로 수출했다.)[20] 마지막으로 "북서부 국경에서 치르던 전쟁으로 총독의 재원이 고갈되었다. 정부는 (…) [기근] 기금 분담액을 천5백만 루피에서 천만 루피로 삭감했다." 이 조치는 인도인들에게 행한 이전의 공식 약속을 크게 위반하는 것이었다.[21]

12월 초 엘긴은 중앙주의 주불푸르를 지나갔다. 주불푸르가 영국의 기근 정책에 관한 국제사회 논쟁에서 아주 중요한 도시로 부상했다. 이곳은 1895년 가을부터 가뭄이 계속되었고, 9월부터는 월간 사망률이 10퍼센트를 상회했다. 정부는 구호 사업을 벌이자거나 곡물 가격을 통제하자는 지역의 필사적인 호소를 거부했다. 한 세대 전에 활약했던 마드라스의 템플과 리튼처럼 엘긴도 자신이 목도한 사태에 꿈쩍하지 않았다. "나는 지난 며칠 동안

사진 3 | 번영하는 조국의 실상
1897년 엘긴 경이 방문했을 당시 주불푸르의 기근 희생자들

은 인도르와 괄리오르를, 지금은 이 주들을 여행했고 바야흐로 여러분들의 도시 주불푸르에 당도했다. 비가 뒤늦게, 얼마 오지 않았음에도 조국이 번영하고 있다는 사실이 감개무량하다." 한 기자가 주장한 바에 따르면 "총독 특별 열차의 차창" 밖으로 잠깐 내다본 인상에 기초해 내뱉은 이 발언에 전 인도인들이 격분했다.[22)]

인도인들은 타고난 게으름뱅이이자 거지들이라고 확신한 엘긴은 그 옛날의 징계적 원리인 공리주의, 다시 말해 구빈원을 아대륙에 들여왔다.[23)] 중노동을 감당할 수 없는 사람들이 들어가는 곳으로 되어 있던 구빈원을 농민들은 싫어했다. 그들은 "자신들이 기독교도로 개종당하거나 바다 너머 먼 이국땅으로 이송될 것"이라며 두려워했다.[24)] 곤드족이나 바이가족 같은 부족민들은 특히나 감금 생활을 견디지 못했다. 한 선교사는 그들이 "정부가 운영하는 구빈원에 들어가기보다는 차라리 각자의 집이나 정글에서 죽

어 갈 것"이라고 주장했다.[25] 영국의 한 기근 당국자도 같은 말을 되풀이했다. "많은 경우 죽음에 대한 공포보다 구빈원에 대한 증오가 더 강하다는 것이 입증되었다."[26]

영국은 이런 반감이 불합리하다고 여겼다. 그러나 인도를 방문한 미국인 구호 관리 한 명은 구빈원 내의 상황, 특히 음식에 기겁했다. "식사는 밀가루와 소금 약간이 전부였다. 익숙한 사람이라면 **곡물에 흙을 섞은** 다음 갈아서 밀가루로 만들었다는 사실을 즉시 알아볼 수 있었다. (…) 아아! 가엾도다! 구빈원에서 제공하는 음식을 먹어야만 하는 빈민들이여!" 메노파 선교사들은 정부가 "한 사람당 어쩌면 한 달에 약 8에서 10아나[anna, 인도·파키스탄의 구 화폐 단위. 옮긴이], 많아야 1루피 정도를 할당하고 있다."고 추정했다. (1899년 환율로 따지면 한 달에 불과 34센트였다.)[27] 한 메노파 선교사는 뉴욕에서 『크리스천 헤럴드』를 발행하고 있던 루이스 클롭시에게 이렇게 써 보냈다. "보통은 천 명당 50명 미만이었던 이 지역의 사망률이 기아로 천 명당 627명이라는 끔찍한 수준으로 치솟았다."[28]

미국인들은 인도의 농촌 상황과 관련해 식민지 정부가 고의로 세계 여론을 기만하고 있다면서 비난했다. "식량이 제때 지원되기만 했어도 얼마나 많은 사람들이 목숨을 보전해 지금쯤 행복하게 삶의 원기를 누리고 있을지 결코 알지 못한다. 어쩌면 우리는 인도의 들판에서 허옇게 표백된 해골들을 보고 뭔가를 추측해 볼 수 있을 따름이다. 그러나 실제 사실들을 정부가 장기간 동안 계속해서 숨기고, 그리하여 사태의 실체적 진실을 대중이 모른다면 그것이야말로 수천 명이 사망한 원인이라고 할 수 있다."[29] 이런 비판은 기근 상황을 알리는 충격적인 사진들이 전 세계 신문에 실리면서 더 큰 효과를 발휘했다. (1876년에서 1878년 기근 사태 당시에는 건판 사진술이 전문적인 기술을 필요로 했다. 카메라를 삼각대 위에 거치하는 성가신 작업도 필수였다. 그러나 1888년 코닥 사가 손에 들고 조작할 수 있는 값싼 넘버 원Number One 카메라를 출시했고, 인도로 간 거의 모든 선교사가 다큐멘터리 사진작가가 되어 있었다.)[30]

중앙주의 농민들은 정부 납골당에서 서서히 죽어 가기보다는 곡물 저장소를 습격하는 일에 나섰다. 나그푸르 지방에서 최악의 사태가 발생했다는 것은 아이러니다. 풍년이었으나 시장가격이 치솟는 바람에 코시티 카스트의 직조공들이 기아에 직면했던 것이다. 공장에서 생산하는 직물과의 경쟁에서 지고 있었기 때문에 그들의 삶은 더욱더 비참했다. 지역 위원이었던 앤드류 프레이저 경은 구호 사업을 벌여 달라는 탄원을 거만하게 내쳤다. 상인들은 이물질이 섞인 곡물을 기절초풍할 가격에 판매함으로써 대중의 공분을 샀다. 일련의 폭력 사태가 발생했고, 원주민 보병대를 강화하기 위해 랭커셔 연대가 투입되었다.[31] 제임스 맥레인이 지적한 것처럼, 폭동은 초기 단계의 계급 전쟁이었다. 인도 국민회의의 지역 지도력도 여기서 무사할 수 없었다. "나그푸르의 곡물 폭동에서 약탈에 나선 폭도들은 손꼽히는 국민회의 성원이었던 강가다르 마도 치트나비스의 집을 지목했고, 세포이들의 개입으로 그는 무사할 수 있었다. 폭동 가담자들이 치트나비스의 집을 선택한 이유는, 분명 그가 부유한 고리대금업자이고 토지 소유자이며 시정의 책임자로서 곡물 가격과 공급에 영향을 미칠 수 있다고 판단했기 때문이다."[32]

봄베이 관할구에서도 상황이 비슷하게 전개되었고 "과격파 지도자" 발 강가다르 틸락은 푸나의 사르바자니크 사바(시민 협회)에 대한 장악력을 강화할 수 있었다. 오래전부터 국민회의에 에이레처럼 더 투쟁적이고 선동적인 전술을 채택하라고 요구해 온 틸락은 이제 데칸의 마이클 대빗을 자처하며 민중에게 세금 징수에 저항하라고 호소했다.[33] (바로 그때 대빗은, 하인드먼의 사회 민주 연맹이 런던에서 조직한 엘긴 반대 집회에서 나오로지 및 엘레노 맑스와 함께 연설하고 있었다.)[34] 틸락은 마라티족의 영웅적인 과거를 감동적으로 상기시켰다. 그들이 1877년처럼 다시 한 번 뭉쳤고, 가증스런 세리稅吏들에 저항하면서 굶주리던 촌락민들 사이에서도 전투적 포퓰리즘이 부상했다. 영국인들은 용기를 잃었고 무기력했다. "푸나 지방의 세리 보조원이 보고하기를, 1896년 12월 10일이 만기인 '세금'은 정부에 '단 한 푼'도 납입되지 않았다." 콜라바 지방에서는 4천 명 이상의 료트들이 세금 징수원을 붙잡고 세금을 면제해 달라고 요구했다. 『타임스 오브 인디아』는 틸락의 조직책들에게 촌락민들이 보인 거대한 호응에 전전긍긍했다.[35] 인도 서부의 정치 상황은 팽팽한 긴장감을 보였고, 여기에 중국발 흑사병이 도착하자 영국이 가혹하게 대응하면서 불길이 더 크게 타올랐다.

선페스트는 1896년 여름 봄베이에 상륙했다. 아마도 홍콩발 선박에 밀항자가 타고 있었을 것이다. 당시 일부 과학자들은, 과거 중국 남부에서 그랬던 것처럼 가뭄이 결정적 변수로 작용해 페스트 보균 쥐들이 인간 희생자들과 더 밀접하게 접촉했을 것이라고 추론했다.[36] 아무튼 봄베이는 대전염병이 창궐할 수 있는 이상적인 생태 환경이었다. 악취가 진동하는 과밀한 슬럼(아마도 아시아에서 가장 밀도가 높았을 것이다.)에 곰쥐가 대량으로 서식했던 것이다. 보건 관리들은 여러 해 전부터 슬럼 위생을 개혁하려는 노력을 외면하면 "묵시록적인 전염병 사태"가 빚어질 것이라고 영국 행정가들에게 경고했다.[37] 플로렌스 나이팅게일도 "주마등처럼 바뀌는" 도시의 질병 상황을 개선하는 운동을 거듭 펼쳤다. 그러나 "유럽 출신의 도시 거주자들은 새로운 상수도 시설이나 하수 설비 계획에 비용을 충당하기 위해 세금을 인상하는 것에 반대했다."[38]

이게 다가 아니었다. 1880년대와 1890년대에 봄베이는 굉장한 호경기를 구가했다. 그러나 이런 상황은 압도적인 대다수의 생활 및 보건 수준 하락에 의해 뒷받침된 것이었다. "미숙련 노동자의 임금은 35년 동안 불과 5퍼센트 인상된 반면 곡물 가격은 50퍼센트, 땅값과 임대료는 세 배가 뛰었다." 아이라 클라인은 노동계급의 점진적 궁핍화야말로 봄베이가 "세기말에 비정상적으로 사망률이 폭등한" 가장 중요한 단일 원인이었다고 주장한다.[39] 돌연한 공포가 확산되면서 몇 차례 대탈출이 일어났다. 그러나 봄베이의 배후지는 기근에 시달리고 있었고, 도시 빈민들에게는 치명적인 슬럼에 머무르는 것 말고 달리 선택의 여지가 없었다. 가뭄으로 굶주린 난민들이 데칸에서 도시로 쇄도했다. 1897년 4월, 5월, 6월에만 3십만 명이 몰려들었다.[40] 설상가상으로 흑사병에 기아와 콜레라가 더해졌다. 결국 봄베이의 하층 카스트 노동자 5분의 1이 죽었다.[41] 상업을 담당하던 엘리트 계층에게는 더욱더 충격적인 소식이 전해졌다. 일부 외국 항구들이 봄베이에서 출항한 밀 선적분을 배에서 내리지 못하게 하고 격리하기 시작했던 것이다. 전면적인 통상 정지로 인도 서부의 대외무역이 완전히 마비될지도 모른다는 두려움이 확산되었다.

도시의 사기가 곤두박질쳤다. 지사 직속의 페스트 위원회는 역병의 진정한 매개는 외면한 채 대전염병이 창궐하던 지역 주민들을 상대로 전례가 없는 전쟁을 개시했다. 불, 석회, 석탄산으로도 역병의 확산을 저지할 수 없었다(쥐들은 옆집으로 도망갔을 뿐이었다). 그러나 이 조치로 수천 명이 집을 잃었다. (영국에서는 일부 언론이 원주민 도시 전체를 완전히 불태워 버리자며 "근본적 정화"를 주장했다.)[42] 그러나 주민들의 주택과 가게를 파괴하던 정부는, 역병보다 더 빨리 기아를 확산시키고 있던 곡물 가격의 폭등 사태를 통제하기 위해서는 아무런 조치도 취하지 않았다. "심각한 기근 사태에 직면했는데도 봄베이 관할구에서는 곡물을 계속 수출했다. 봄베이 시민들은 불만에 가득 찼고" 결국 주택 파괴와, 증오의 대상이던 페스트 병원으로 가족들을 "납치해 가던" 정책에 저항하는 폭동이 일어났다.[43]

오염된 구호 곡물을 철도로 운반하면서 페스트는 놀라운 속도로 고츠 산맥을 가로질러 메마르고 굶주린 데칸 고원으로 확산되었다. 현대화와 궁핍화가 다시 한 번 치명적으로 결합했다.

> 병을 옮기는 설치류 벼룩을 새로운 장소로 이동시키는 데 여행자들보다 훨씬 더 중요했던 요소는 인도의 광대한 상업망이었다. 자유 교역 정책을 장려했던 탓이다. (…) 1890년대 후반에 기근이 든 인도 전역으로 쌀, 기장, 밀, 기타 곡물이 수송되었다. 생명과 활기를 불어넣어 주겠다는 취지였다. 그러나 영양 실조 상태에 빠진 인도 주민들은 페스트를 선물로 받았다. 곡물은 곰쥐들이 제일 좋아하는 먹이였다. 페스트를 매개하는 곤충인 벼룩 역시 "곡물 부스러기 속에서 가장 잘 자랐다." (…) 이 벼룩들이 새로운 도시나 마을에 도착하면서 흔히 페스트균도 함께 가져왔다. 지방의 곰쥐들이 새로운 숙주가 되면서 유행병이 시작되었고, 이윽고 대리 숙주인 인간들에게 페스트가 전파되었다.[44]

원주민의 존엄 따위는 완전히 무시되었다. 오만한 인종주의자 랜드가 지휘하는 실행 위원회가 데칸에서 페스트 박멸 작전을 수행했다. 전염병 법령이 새로 발효되었고, 그는 막강한 권한을 바탕으로 "페스트 감염 의심자들을 격리 수용했고, 페스트균이 숨어 있으리라고 의심되는 거주 공간을 점검하고, 소독하고, 소개시키고, 심지어 헐어 버렸으며, 장마당과 순례 여행을 금지했다."[45] 랜드는 자신의 조치가 "전염병을 박멸하기 위해 취해진 것 가운데 아마도 가장 발본적일 것"이라며 자랑했다.[46] 한 인도인 역사학자는 이렇게 썼다. "랜드는 영국 군대를 이끌고 원조에 나섰다. 그는 늑대가 양 떼를 덮치듯이 슬럼을 유린했다. 그는 남자와 여자, 아이들을 집에서 쫓아냈고, 재산을 불태웠으며, 사당을 더럽혔다. 전염 혐의자들은 강제로 소개되었다. 가족은 사망 이후에야 그들의 소식을 들을 수 있을 뿐이었다."[47] 엄청나게 많은 사람들이 격리 수용되었다. 그들 다수가 건강했다는 것은 분명한 사실이다. 그러나 흑사병 캠프에서 살아 돌아온 사람은 거의 없었다. 인도인들은 이 충격적인 사실에 당황했고 영국의 통치를 증오하게 됐다.[48] 마법의 연고를 만드는 데 불가결한 기름을 추출하기 위해 유럽인들이 인도인 환자들을 죽이고 있다는 소문이 나라 전역에 퍼졌다.[49]

빅토리아 여왕의 통치 60주년을 기념하는 행사를 낭비적으로 준비하고 있었다. 인도 전역에서 분노가 들끓었다. "라호르 시청에서는 일단의 인도인 학생들이 영국과 인도 저명인사들의 회합을 망쳐 놓았다. 그들은 빅토리아 여왕 기념행사가 아니라 기근으로 발생한 고아들에게 돈을 써야 한다고 주장했다." 그러나 많은 사람들이 제2차 반란[제1차 '세포이'항쟁을 염두에 둔 표현. 옮긴이]의 전주곡이 될 거라며 두려워하던 사태를, 제국의 오만함이 마침내 촉발시킨 곳은 굶주린데다 페스트가 창궐하던 푸나였다. 6월 22일 인도의 우국지사 두 명이 랜드와 부하 한 명을 암살했다. 그들은 정부 청사에서 벌어진 60주년 불꽃놀이 행사를 마치고 돌아가던 중이었다. 살인 사건이 발생하고 한 달이 지난 후 캘커타에서 미증유의 무슬림 폭동이 일어났다. 법원이 인근의 모스크를 파괴하라고 명령했던 것이다. "며칠 동안 많은

사진 4 | 캘커타의 빅토리아 여왕 기념궁

단체의 수많은 사람들이 (…) 거리로 쏟아져 나왔다. 그들은 외따로 떨어져 있는 유럽인들을 공격했고 공장들을 약탈하며 불태웠다. 폭동 가담자들이 유럽인들만 추려 냈고 힌두교도들은 내버려 두었다는 점에서 이 사태는 비상한 것이었다."[50)]

그럼에도 푸나에서 발생한 암살 사건은 엘긴에게 좋은 핑곗거리가 되어 주었다. 그는 현지어 신문에서 자신을 비판하던 자들은 물론이고 마하라슈트라의 세금 저항운동 세력에게까지 반격을 가했다. "랜드 암살자들의 영적 대부"라며 기소된 틸락과 네 명의 신문 편집자들이 새로운 치안 방해 법률로 유죄 판결을 받았다. "사법권을 부여받은 행정 장관들이 행실을 고치라며 신문 편집자들을 속박했고, 안심이 안 될 때는 그들을 투옥해 버렸다. 구체적 범죄 행위를 재판하는 절차 따위는 없었다." 흑사병 차단 작전은 물론이고 기근 구호에 대한 원주민들의 비판 일체를 사실상 범죄로

취급했다.[51]

캘커타에서 발행하던 『잉글리시먼』은 "인도가 또 다른 폭동 사태에 직면했다."고 경보를 울렸다. 그러나 당국은 페스트와 기아가 참혹하게 결합하면서 발생하는 폭력적 무질서 사태가 "너무 적게 관찰된다."는 사실에 오히려 놀랐다. "한 세기 동안 [이 나라가] 겪은 그 어떤 사태보다 (…) 더 힘겨운 부담"이었는데도 말이다.[52] 런던과 캘커타 사이를 오간 공식 문서들에 대한 최근의 조사 연구에서 드러난 것처럼, 사실 인도국의 주요 관심사는 인도인들의 홀로코스트나 혁명의 위협이 아니었다. 그들은 인도의 재앙으로 "[영국의] 국제수지를 다각적으로 조정하는 복잡한 체계가 혼란에 빠질 것"을 두려워했다. "그 체계에서 인도가 큰 비중을 차지하며 중요한 역할을 수행했기 때문이다."[53] 해밀턴과 엘긴은 페스트에 대한 외국의 공포가 점증하면서 인도의 밀, 차, 황마 판매가 무너져 버릴까 봐 노심초사했다. 인도와 유럽 사이의 통상 중단안을 프랑스가 지지하고 있었던 것이다. 굶주린 노동자들을 쉽사리 대체하던 나라에서 "런던의 국무장관은 총독에게 '기근보다 페스트에 대한 걱정이 더 크다.'고 말했다. '한 번 잃어버린, 아니 부분적으로라도 방치된 시장은 쉽게 회복할 수 없기' 때문이다."[54]

어린이들의 고통

애쉬 박사는 마을 외곽에 있는 역으로 돌아가다가 한 아이의 해골을 발견했다. 그는 기념물로 간직하기 위해 그 두개골의 일부를 손수건에 담아 가져왔다.

— 스콧 목사

기근 사망자 수는 1897년 3월에 정점을 이루었다. 다음 달에는 엘긴 스스로 빈민 450만 명이 사망했다고 시인했다. 민족지인 『인디언 스펙테이터』의 편집자 베람지 말라바리는 페스트 희생자를 포함해 실제 사망자 수가 천8백만 명에 육박할 것이라며 이의를 제기했다.[55] 대개는 영국의 박애주의를 찬양했던 『미셔너리 리뷰 오브 더 월드』도 정부가 앞뒤가 맞지 않는 허튼소리로 위기의 심각성을 축소하면서 즉각적인 국제 원조를 조직하려던 선교사들의 노력을 방해했다며 비난했다. "굶주림의 고통 속에서 사람들은 살아 있는 해골들로 조용히 변해 간다. 그들은 먹을 것을 찾다가 죽어 간다. 더 강한 사람들은 조금이나마 곡물을 얻지만 허약한 사람들은 그저 죽어 갈 뿐이다. 견딜 수 없는 짐으로 전락한 아이들은 한 명당 10센트에서 30센트에 팔려 간다. 부모를 잃은 아이들이 수만 명씩 발생한다면(이것은 '임박한' 기근이 아니다.) 그것은 불길하고 으스스하며 무시무시한 기근인 것이다."[56]

인도 북부의 농업 경제는 계속해서 꼬여 갔다. 유명한 법학자이자 민족 지도자인 마데브 고빈다 라나데는 이렇게 한탄했다. "그 옛날 파라오들의 나라를 괴롭혔던 일곱 가지 역병이 우리를 강타했다."[57] 소를 우물과 관개 시설 운영에 동원하던 펀자브에서 동물 피해가 아주 컸다. 촌락민들은 물을 댈 수 없었고 들판의 농작물은 죽어 갔다.[58] 그러나 가장 크게 고통받았던 곳은 중앙주였다. 인도 국민회의가 고발하고 해밀턴 경이 나중에 시인한 것처럼, 이 지역은 세금 강제 징수로 빈민들의 생존이 오래전부터 위협받고 있었다. 8년 전 세금이 급격하게 인상되자 농민 1만 5천 명이 빌라스푸르 철도역 광장에서 항의 집회를 열었다는 사실은 의미심장하다. "그들은 '정착민들이 우리를 죽이고 있다!'고 외쳤다."[59]

항의자들의 구호는 1896년과 1897년 겨울 으스스하게 현실이 되었다. 적어도 한 지역(간투르)에서 사망률이 무려 40퍼센트까지 치솟았다(주민 5십만 명 가운데 2십만 명이 죽었다).[60] 중앙주의 지사는 농민들을 쥐어짜겠다는 열망이 대단했고 이 주목할 만한 자연재해를 거의 고려하지 않았다. 3년 내리 지독하게 비가 왔고, 녹병[식물의 잎이나 줄기에 녹균이 기생해서 생기는 병, 옮긴이]이 들었으며, 털벌레가 창궐했고, 줄기마름병까지 기승을 부리다가 이윽고 가뭄이 들었다. 이미 기진한 농촌에 기근이 가공할 속도로 퍼졌다. 그러나 찰스 리올 경은 엘긴의 지시를 따랐고, 기근 사태의 심각함을 무시했다. 그는 곡물 상인들이 부족한 비축 식량을 수출하도록 허용했고, 세금 징수를 일시 유예하고 기근 법령에 따라 촌락 기반의 구호 활동을 강화해야 한다는 간절한 호소도 거부했다.[61] 오히려 가난한 기근 희생자들은 체포되어 급조된 구빈원으로 끌려갔다. 구빈원은 행정적 무능력과 부패의 새로운 표준을 제시했다.

로이터의 "기근 특별 취재 기자" 메리웨더는 영국의 식자층에게 커다란 충격을 주었다. 그가 빌라스푸르와 주불푸르의 구빈원 내부 사정, 다시 말해 그 방치 상태와 고통을 폭로했던 것이다. 이 열렬한 제국주의자의 기사는 대개 영국인 지방 관리들이 자연재해와 힌두교 미신에 맞서 영웅적으로 투쟁하고 있다는 내용을 보도했다. 그럼에도 메리웨더는 중앙주에서 구호 활동을 한답시고 자행하던 잔학 행위와 관련해 거짓말을 하지는 않았다.

> 빌라스푸르 주민들은 기아로 죽어 가고 있었다. 예정된 정부 보호 활동에도 불구하고 각자의 집에서 말이다. 나는 중앙주의 기근 사태가 총체적으로 잘못 관리되었다고 이미 말한 바 있다. 요 며칠 사이에 확실한 증거를 얻었다. 믿을

수 있고 반박할 수 없는 많은 증거를 통해 볼 때, 관리들과 책임자들이 상황의 심각성을 충분히 파악하지 못했음이 너무도 명백하다. 구빈원에 관해 말하자면 무기력과 관리 부실 외에도 작심하고 부정행위가 이루어졌다는 것을 의심하지 않을 수 없다. 정부는 가망 없고 무력한 피수용자들이 기아로 끔찍하게 서서히 죽어 가도록 방치하고 있었다.

나는 여기서 "기근 솜털"족을 처음 보았다. "기근 솜털"족은 장기간 지속되는 기아로 생긴다. 결핍이 일정한 단계에 이르면 피해자의 몸 전체에서 부드럽고 미세한 솜털이 자란다. 아주 기이한 광경인데, 이를 통해 사람이 유인원처럼 보인다. (…) 이 단계에 해당하는 사람이 수십 명이었다. 그들의 몸은 머리에서 발끝까지 부드러운 검정색 털로 덮여 있었다.[62]

사진 5 | 1897년 중앙주, 어린이 기근 희생자

유명한 뉴잉글랜드 출신 작가의 아들로 『코스모폴리탄』의 인도 특파원이었던 줄리안 호손은 메리웨더보다 3개월 늦은 1897년 4월 주불푸르에 도착했다. 중앙주의 상황은 훨씬 더 비참해져 있었다. 호손은 (미국인 선교사들이 "인도의 거대한 묘지"라고 부르던)[63] 나르마다 강 상류로 기차를 타고 이동했다. 길고 더운 여정이었다. 호손은 황무지에서 이따금씩 보이는 나무 그늘 아래 놓여 있던 시체들을 보고 대경실색했다. "그들은 거기 웅크리고 있었다. 이제는 모두 죽은 상태였지만. 보잘것없는 옷가지들만 주위에서 나부꼈다. 그런 시체 더미를 자칼이 달려들어 헤집어 놓았다. 먹을 걸 찾기 위한 헛된 노력이었던 셈이다."[64] 주불푸르에서는 거주하고 있던 미국인 선교사가 호손을 영접했다. 선교사는 맨 처음 그를 시장으로 데리고 갔다. 곡식의 낟알이라도 달라며 구걸하는 "뼈만 남은 인간들"과 통통하게 살이 오른 지역 상인계급의 무정한 번영 사이에 존재하는 확연한 대비에 호손은 역겨움을 느꼈다.[65]

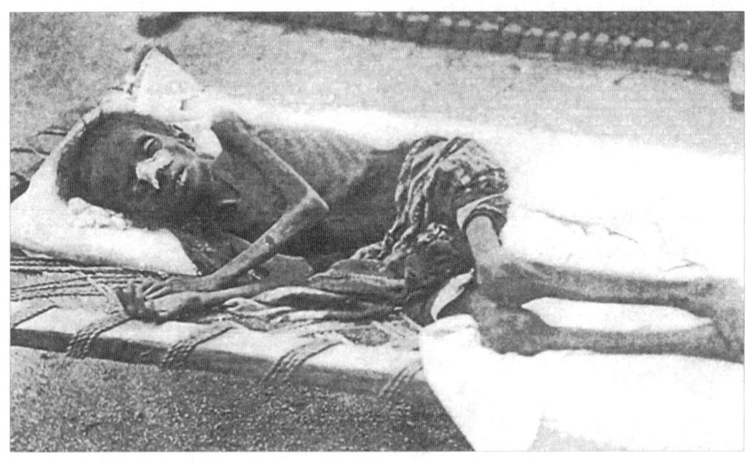

사진 6 | 자칼들에게 공격당한 기근 희생자

민생 위원들은 공포를 조장하며 구빈원을 가축우리로 바꿔 버렸다. 메리 웨더가 정확히 보도한 것처럼, 그들은 매우 적은 배급 식량마저 조직적으로 사취했다. "수척한 쇠약 상태"라는 말로는 호손이 마주한 "인간 해골들"의 상황을 설명할 수 없었다.

> 그들은 우리에게 배를 보여 주었다. 텅 빈 가죽의 주름뿐이었다. 그들의 20퍼센트가 맹인이었다. 눈알이 없었던 것이다. 무릎 관절은 다른 골격처럼 허벅다리와 정강이 사이에서 비어져 나와 있었다. 팔꿈치도 마찬가지였다. 살집 하나 없는 턱과 두개골을 닭 모가지 같은 목이 받치고 있었다. 이것이 그들의 신체 상태였다. 그들에게는 아무것도 없다. 남은 것이라곤 뼈대뿐이다.[66]

그러나 호손이 가장 잊을 수 없었던 경험은 주불푸르의 지역 고아원을 방문한 일이었다. 키플링의 유명한 단편 『정복자 윌리엄』(기근 전야였던 1896년에 출간되었다.)에서 볼 수 있는 것처럼, 영국 관리들은 제국의 신화를 믿었고 기근 희생자들을 구제하려던 온갖 돌출 행동에 맞서 영웅적으로 싸웠다. 『레이디스 홈 저널』 1896년 1월호에 실린 키플링의 단편에는 미국 화가 테일러의 유명한 목판화가 삽화로 들어가 있었다. 감사하게도 장신의 영국인 장교가 구제된 어린이들 대열의 선두에서 천천히 걷고 있다. "윌리엄의 시선을 통해 알 수 있는 것처럼, 테일러는 텐트 입구에 서 있는 스콧의 신과 같은 태도를 강조했다. 검은 큐피드들이 거기 있고 염소도 몇 마리 뛰놀고 있다. (…)" 그러나 1896년과 1897년 기근 사태 때 살아남은 사람들과 젊은 시절에 이야기를 나누었던 인도 공무원 출신의 애크로이드는 이런 목가적인 장면이 완전한 허구라고 강조한다. "기근 구호 활동에서 아이들

그림 11 | 『정복자 윌리엄』에 나오는 도판, 영국인들의 자기 이미지

은 (…) 특별한 관심을 전혀 받지 못했다."[67] 훨씬 더 현실적이었던 정서는, 스콧의 자애로운 측은지심보다 키플링의 여주인공 윌리엄이 느끼는 혐오다. "스무 번째 만에 황금 먼지에 휩싸인 신을" 꿈에서 본 그녀는 잠에서 깨 "견딜 수 없을 정도로 싫은 흑인 아이들"과 대면한다. "그들은 길가의 부랑자들이었다. 뼈가 피부를 뚫고 나올 것처럼 보였다. 끔찍한 광경이었다. 비통함이 가득했다."[68]

호손은 대부분의 "구호 활동"이, 누추하고 부도덕하게 운영되던 어린이 수용 시설에서 천천히 죽어 감을 의미한다고 생각했다. 그는 미국 독자들에게 "평상시의 인도 어린이들이 활달하고 총명하며 보석처럼 반짝이는 눈을 가진 예쁜 아이들임"을 상기시켰다. 이윽고 그가 고아원의 문을 두드린다.

> 들어가서 처음 본 아이 가운데 하나는 다섯 살 정도 되어 보였다. 한가운데쯤

혼자 서 있었다. 팔 둘레가 내 엄지손가락만도 못했다. 다리도 결코 더 크지 않았다. 골반이 선명하게 보였다. 갈비뼈가 새장의 골조처럼 피부 사이로 선명했다. 시선이 고정되어 있었는데 아무것도 보지 못하는 것 같았다. 그 작은 아이의 해골 같은 얼굴은 엄숙하고 황량하며 나이 든 표정이었다. 의지, 충동, 지각까지도 파괴되어 있었다. 이 작은 해골도 오동통하고 행복한 아이였을 수 있다. 이름을 불렀는데 듣고 있는 것 같지 않았다. 내가 엄지손가락과 집게손가락으로 아이를 들어올렸다. 3킬로그램에서 4킬로그램 정도 나갔다.

고아원 마당에서는 방치된 아이들이 기아와 질병의 마지막 단계에서 고통스러워하고 있었다. 호손이 보기에, 성인 구빈원처럼 민생 위원들이 상관의 처벌을 전혀 두려워하지 않고 곡식을 훔쳐다가 팔고 있다는 게 명백했다.

우리는 오두막으로 갔다. 너무 쇠약해서 서 있거나 걸을 수 없는 아이들이 거기 있었다. 한 아이가 오지그릇 위에 쪼그리고 앉아서 계속 배설을 하고 있었다. 보니 입병이 있었다. 그는 또렷하게 발음할 수 없었고 가끔씩 기진한 한숨을 내뱉었다. 머리 뒤쪽에는 커다란 종기가 있었다. 이질의 마지막 단계에서 고생하던 또 다른 아이는 자신이 배설한 오물 속에서 죽은 것처럼 누워 있었다. 숨을 쉬기는 했지만 끙끙댈 힘은 없었다. 나머지보다 상태가 훨씬 좋아 보이는 아이가 한 명 있었다. 친엄마가 돌보고 있었던 것이다. (…) 지금 이 아이는 다른 아이들보다 상황이 결코 더 좋지 않다. 그러나 어머니의 보살핌으로 아이는 다시 살아났다. 배급하기로 한 식량을 온전히 받았다는 얘기일 뿐이다. 다른 고아들은 왜 그들의 몫을 제대로 받지 못했던 것일까?[69)]

『코스모폴리탄』은 예리하게도 중앙주의 기근 희생자들 사진과 빅토리아 여왕에게 바쳐진 기념 건물 삽화를 나란히 실었다. "귀국길의" 호손은 "여왕의 60주년 행사에 간접 비용을 포함해 총 1억 달러 이상이 지출될 것으로, 런던 당국이 소극적으로 추정하고 있다는 얘기를 들었다."[70] 그러나 20년 전과 마찬가지로 오지의 탈룩에서 죽어 가던 아이들도 1897년 6월에 거행된 인도 여제 60주년 기념식의 잔치 분위기를 방해할 수는 없었다. 엘긴 비판자들은 어떤 게 더 창피한 일인지 확실히 알지 못했다. 그가 호화찬란한 60주년 기념행사에 얼마나 많은 돈을 썼고, 인도인 1억 명에게 고통을 준 기근을 제압하기 위해서는 얼마나 인색하게 굴었는지와 관련해서 말이다. 일 년 후 정부의 실제 구호 활동 지출액이 발표되었다. 그 액수는 1880년 기근 위원회가 제시한 일인당 권고액에 한참 못 미쳤다. 새로 구성된 기근 위원회는 1898년에 이렇게 보고했다. "과거와 비교해 경제의 관점에서 볼 때, 최근의 기근 사태 구호 활동에서 상당한 정도로 성공을 거두었다는 게 우리의 전반적 결론이다."[71]

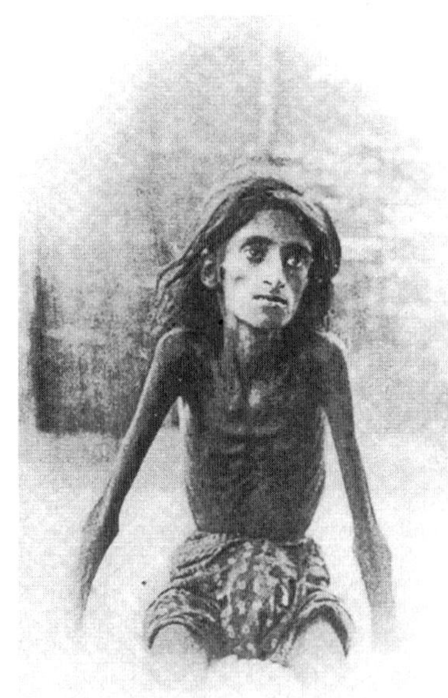
사진 7 | 굶주림에 겉늙은 소녀

1898년에 비가 오면서 구호 사업은 재빨리 폐기되었다. 가난한 무토지 농민 수십만 명이 계절풍을 이용할 수 있는 아무런 수단이 없는 상태에서 구빈원과 수용소를 나왔다. 결과적으로 기근과 질병 사태가 이어졌고, 1898년에 무려 650만 명의 추가 사망자가 발생했다. 이로써 총 사망자 수는, 엘긴이 초기에 인정한 450만 명이 아니라 1100만 명에 육박했다. 전 세계 언론은 통상 1200만 명에서 1600만 명이 총 사망자 수라고 보도했다. 그들은 즉시 이 사태를 "세기의 기근"이라고 명명했다.[72] 그러나 1899년에서 1902년에 훨씬 더 큰 규모의 가뭄과 더 치명적인 기근이 발생하면서 이 음산한 칭호도 곧 무색해지고 만다.

청명한 하늘의 기근(1899년~1902년)

그러나 적어도 인도의 한 지방에서는 1899년이 끊임없이 비가 내리던 해로 여전히 기억하고 있다. 실제로 아삼 지방은 노아의 대홍수 같은 사태로 거의 침수되었다. 일 년 동안 크리아푼지에 내린 강수량 1650센티미터는 세계 최고 기록이었다. 인도의 다른 지방과 관련해서도 기상대 총감독 존 엘리엇 경은 5월에 대단히 습한 계절풍을 예보했다. 심라에서 커즌 부인이 주도하는 사교 시즌이 시작되었다. 그녀는 시카고 출신으로, 새로 임명된 보수당 출신 총독의 아내이자 상당한 재산을 상속한 여성이었다. 평상시처럼 파티가 열렸고 폴로 경기가 펼쳐졌으며 악의 없는 장난들이 난무했다. 날씨에 대한 토론은 거의 없었다. 파괴적인 가뭄이 연이어 계속될 가능성에 대한 이해가 전혀 없었던 것이다. 예정대로 6월에 비가 오기 시작했지만 갑자기 중단되더니 7월 내내 비가 오지 않았다. 엘리엇은 커즌에게 8월과 9월에 폭우가 쏟아지면서 우기가 재개될 것이라고 보증했다.[73] 계절풍은 결코 불지 않았다. 인도 역사에서 (1877년 이후) 두 번째로 건조한 해였던

표 13 | 대한발 비교표(평년작 대비 비율)

	1896년~1897년(%)	1899년~1900년(%)
봄베이 관할 데칸	34	12
카르나타카	25	16
구자라트	자료 없음	4

1899년이 이렇게 마감되었다.[74)]

1899년 엘니뇨 사태의 대략적 양상을 재구성한 현대의 한 과학자에 따르면 계절풍이 "정체"했던 것이다. "통상 갠지스 강 삼각주 인근의 벵골 만에서 인도로 진입해 서북서 방향으로 천천히 이 나라를 이동하는 비를 머금은 계절풍 저기압이, 1899년에는 인도 서부에 도달하기도 전에 북쪽으로 방향을 틀어 버렸다. 결국 인도 계절풍 강우의 2주에서 3주 주기가 고장 나고 말았다. 우기 내내 풍부한 강우와 짧은 '휴식기'가 교대로 반복되는 양상이 사라지면서 6월 말에 시작된 인도 서부의 건기가 여름 내내 계속되었다."[75)] 실제로 인도 서부와 중부의 다수 지역에서는 가뭄이 1902년 11월에서 12월까지 무려 3년 동안 지속되었다.[76)]

제국의 기상학자는 풀이 죽었고 총독에게 이렇게 말했다. "우기의 첫 달 이후로 비가 이토록 철저하게 내리지 않은 일은 지금까지의 기록을 봐도 전혀 찾을 수가 없다." 전통적 기근 다발 지역인 데칸과 라자스탄 외에 구자라트 및 베라르 같은 지역에서도 가뭄으로 흉년이 들었다. 구자라트와 베라르는 "가뭄 걱정이 없는" 곳으로 여겨지던 지역이었다(표 13 참조). 110만 제곱킬로미터 이상의 농지가 "광대하고 텅 빈 다갈색의 쓸쓸한 황무지"로 바뀌었다. 한 기자는 『타임스 오브 인디아』에 구자라트 발로 이렇게 썼다.

내가 인상파 화가로서 이 광경을 표현하려고 한다면 황회색으로 길게 점감하는 선을 그어야 할 것이다. 그 선은 열기를 토해 내는 길이다. 그 열기로 인해 길은 흔들리면서 흐릿해진다. 양쪽으로는 적갈색을 아낌없이 붓질해야 할 것이다. 이곳은 농작물이 있어야 하는 토지다. 무엇보다도 지평선 부분에서 캔버스 상단까지는 파랑색으로 하늘을 그려 주어야 한다. 전에는 파랑색이 싫다는 생각을 해 본 적이 없다. 그러나 지금은 파랑색이 싫다.[77)]

유명한 프랑스인 여행자 피에르 로티는 퐁디셰리에서 하이데라바드까지 여행 중이었다. 그도 종 모양의 유리그릇bell jar처럼 인도를 덮고 있던 말없는 하늘의 답답한 열기에 낙담했다. "청명하고 푸른 하늘이 사파이어처럼 빛났다." 탑승한 기차가 칙칙폭폭 거리며 초열지옥으로 변한 데칸 동부를 천천히 나아가는 동안 그는 계속해서 불에 탄 풍경의 이미지를 언급했다.

시종일관 펼쳐지는 따분한 평원은 나아갈수록 건조함이 더해 간다. 고랑이 보이는 논은 마치 불이라도 난 것처럼 파괴되어 있다. 더 길게 뻗어 있기는 하지만 기장 밭도 대부분 누렇게 변해 있다. 가망이 없는 것이다. 아직까지도 농작물이 자라는 들판에서는 도처에서 망꾼들을 볼 수 있다. 나뭇가지로 만든 간이 누대 위에 자리를 잡은 그들은 무엇이든 가리지 않고 닥치는 대로 먹어 치우는 쥐와 새들을 쫓아내려고 필사적이었다. 기근의 최대 국면에 처한 가난한 이웃들은 마찬가지로 굶주린 동물들의 맹위에서 곡식을 한 알이라도 더 지켜 내고자 했다.

해가 지고 있다. 마침내 하이데라바드가 보인다. 먼지 구름 속에서 아주 하얗게 빛나고 있다. (…) 도시 아래로 흐르던 강은 거의 말라서 바닥이 보인다. (…) 강둑 색깔과 똑같은 회색의 코끼리 무리가 천천히 이동하면서 멱도 감고 물을 마시려고 하지만 헛된 행동임이 너무나도 명백했다.

날이 저물고, 동쪽 하늘이 밝게 빛난다. 도시의 흰색이 천천히 창백한 청색으로 삼킨다. 커다란 박쥐들이 구름 한 점 없는 하늘을 조용히 날기 시작한다.[78]

인도인들은 이런 탈수 상태를 경험해 본 적이 없었다. 농민들과 지방 관리들은 하천과 운하가 갑자기 말라 버리고 우물까지 "텅 비어 가는" 광경을 두렵게 지켜보았다. 봄베이 관할 데칸에서는 관개시설이 사실상 마비되었다(1896년 11만 3천 에이커가 관개되고 있었던 것이 1900년에는 불과 3만 에이커였다).[79] 『맨체스터 가디언』 기자 본 내시는 이렇게 보도했다. "이 기근 사태의 가장 커다란 공포는, 사람들의 식량 기근 및 동물들의 먹이 기근과 더불어 물 기근의 비참과 격통까지 견뎌야만 한다는 사실이다."[80] 한 미국인 선교사의 말도 들어 보자. "평년이었다면 이맘때 풍족하게 흐르고 있었을 강들이 마른 강바닥을 드러내고 있다. 살아 있는 사람들의 기억에서 단 한 차례도 마른 적이 없었던 우물들이 물 한 방울 토해 내지 못하고 있다." 사람들은 신성한 고다바리 강이 처음으로 사라져 버렸다고 회상한다.[81]

게다가 인도의 농촌은 1896년과 1897년 재앙에서 경제적으로 여전히 회복하지 못하고 있었다. 료트들은 낮아진 지하수면에 도달하기 위해 우물을 더 깊이 팔 수가 없었다. 하이데라바드에 머물고 있던 한 감리교도는 이렇게 쓰고 있다. "사람들에게는 의지할 만한 곡식이나 힘의 보유분이 전혀 없었다. 이전 기근 사태 때 발생한 부채가 계속해서 그들을 옥죄고 있었고,

돈을 버는 게 불가능했으며, 고리대금업자들은 사람들이 돈을 갚을 능력이 전혀 없다는 사실을 깨닫고 대부 행위를 중단해 버렸다."[82] 또 다른 선교사는 봄베이 관할 데칸에서 이렇게 말했다. "기근이 막바지로 치닫던 3년 전과 기근이 막 시작되는 지금 이곳을 비교해 보자. 내가 보기에는 차라리 그때가 비참함과 굶주림이 덜 했던 것 같다. (…) 이곳에서는 이번 기근 사태가 1876년과 1896년 기근보다 더 심각하다는 게 확실하다."[83] 1898년에 수확한 잉여 생산분은 고리대금업자들과 세금 징수원들이 기다렸다는 듯이 빼앗아 버렸다. 예를 들어 펀자브에서는 "1897년 카리프 수확과 1898년의 라비 수확 대부분이 정부 세금의 연체료를 갚고, 기근 때 고리대금업자들에게 진 빚을 청산하는 데 들어갔다."[84]

그러나 봄베이 관할구에서 발행한 1899년부터 1902년 기근 사태에 관한 공식 『보고서』가 강조하는 것처럼, 벵골과 버마에는 인도 서부와 중부의 그런 거대한 부족 사태조차 벌충할 수 있을 만큼 충분한 양의 잉여 곡물이 존재했다. 『보고서』는 수백만 명에게 치명적인 위협을 가했던 것은 고용과 수입의 지역적 결함(농촌 인구뿐만 아니라 봄베이의 노동계급도 영향을 받았다.)이지 인도 전체 식량이 부족해서가 아니었다고 주장했다. 기근에 관한 현대 이론인 "인타이틀먼트 위기"론을 제시한 것이다.

> 봄베이 관할구의 모든 지역을 시장과 밀접하게 연결해 주는 뛰어난 교통수단 덕택에 식량 공급은 언제나 풍족했다. 그러나 심각한 결핍 사태가 주로 농업과 기타 산업 부문의 고용 악화 때문이라고만도 할 수 없다. 흉년이 광대한 지역에서 "전대미문의 규모"로 보통 사람들의 수입 감소를 야기했던 것이다. (…) 기술이 출중한 장인들도 고물가로 위기감을 느꼈다. 다른 계급들도 심각하게

고통을 받았다. 면직물 산업은 목화 부족과 고물가로 크게 위축되었다. 몇몇 공장은 근무 시간을 단축해야 했다. 그 결과는 경기 침체였다.[85)]

특히 전례 없는 숫자의 소규모 토지 소유자들이 구호 사업을 간절히 원했다. (예를 들어 리처드 템플 경이 1880년 기근 위원회에 설명한바) 료트들은 자급자족이 가능하고, 따라서 구호 사업은 "촌락의 머슴들과 떠돌이 부족 등 빈곤 계급"을 보호하기만 하면 된다는 공식 교의와 충돌하는 지점이었다. 1900년 2월경 쿤비족[kunbis, 주로 마하라슈트라 및 카르나타카에 거주하는 마라티족의 하위 카스트. 옮긴이]은 거의 절반이 푸나와 아메드나가르 지방에서 돌을 깨고 운하를 파는 비참한 노동 부대에 소속되어 있었다. 나아가 농민들의 굶주림이 미증유의 파산과 토지 양도로 이어졌다. 마하라슈트라 주 데칸 고원에서는 불과 일 년 만에 농촌 주민 일곱 명당 한 명꼴로 양도나 유질 처분이 발생했다. 이것은 가뭄으로 야기된 불안 사태를 상징적으로 드러내 주는 지표였다.[86)]

진정으로 제국주의적인 총독

영국의 대응은 다시 한 번 역사상의 그 어떤 근본주의 체제만큼이나 확고부동하게 이데올로기적이었다. 엘긴보다 더 했던 커즌은 완고한 제국주의 정책을 대변했다. 그는 "정부가 공직과 입법부 참여에 대한 인도인들의 요구를 들어줄 만큼 들어줬다고 생각했다." 그는 에이레의 노선을 따라 자치 운동이 벌어질 것에 대한 선제공격 차원에서 언론 검열을 강화했고,

교육을 강력히 단속했으며, 귀족의 특권을 회복시켜 주었고, 국민회의를 냉대했으며, 정말이지 사악하게도 무슬림과 힌두교도를 대립시켰다.[87] 그는 기근이 개혁의 근거로 활용되는 것을 막겠다는 의지도 확고했다. 굶주림이 전대미문의 규모로 아대륙의 3분의 2까지 확산되었다. 커즌은 관리들에게 위기를 순전히 가뭄 탓으로 돌리도록 지시했다. 캘커타 입법 의회의 경솔한 의원 도널드 스미턴은 지나친 과세가 문제라며 이의를 제기했다가 이내 좌천당했다.[88] 총독으로서의 당당한 위풍에 대한 커즌의 욕망은 악명 높은 것이었다. 그럼에도 커즌은 굶주리던 촌락민들에게 이렇게 훈계했다. "방탕한 자선 행위로 인도의 재정 상황을 위태롭게 하는 정부가 있다면 엄중한 비판을 받아야 한다. 마구잡이식 자선으로 국민의 정신력을 약화시키고 자립심을 마비시키는 정부가 있다면 공적 범죄로 유죄 판결을 받아야 한다."[89]

벵골에서 문관으로 복무한 오도넬은 냉소적으로 이렇게 말했다. "인도의 거의 모든 지방에서 기근 사태가 속발하고 있다. 역병이 도처를 황폐화시키고 있다. 마침내 우리가 진정으로 '제국주의적인' 총독을 갖게 되었다는 사실을 그 누가 부인할 수 있겠는가?"[90] 커즌은 새해 직전에 자신의 제국주의 교리를 천명했다. "너무 많다."면서 식량 배급량을 줄였고, 템플의 가증스런 "심사 기준"을 다시 채택함으로써 구호 규정을 강화해 버렸던 것이다. 짧게나마 지역 당국과의 충돌이 발생했다. 지방 관리들은 이런 전반적 고통 속에서 단행되는 경비 절감으로 반란이 야기될지 모른다며 걱정했다. 그러나 커즌의 의지는 확고했고 신속하게 집행되었다. 이로써 봄베이 관할구에서만 심사 기준 강화로 인해 백만 명이 구호 사업 대상에서 제외되었다.[91] 20년 전의 리튼처럼 커즌도 "훌륭하게 조직된 기근 사태"의

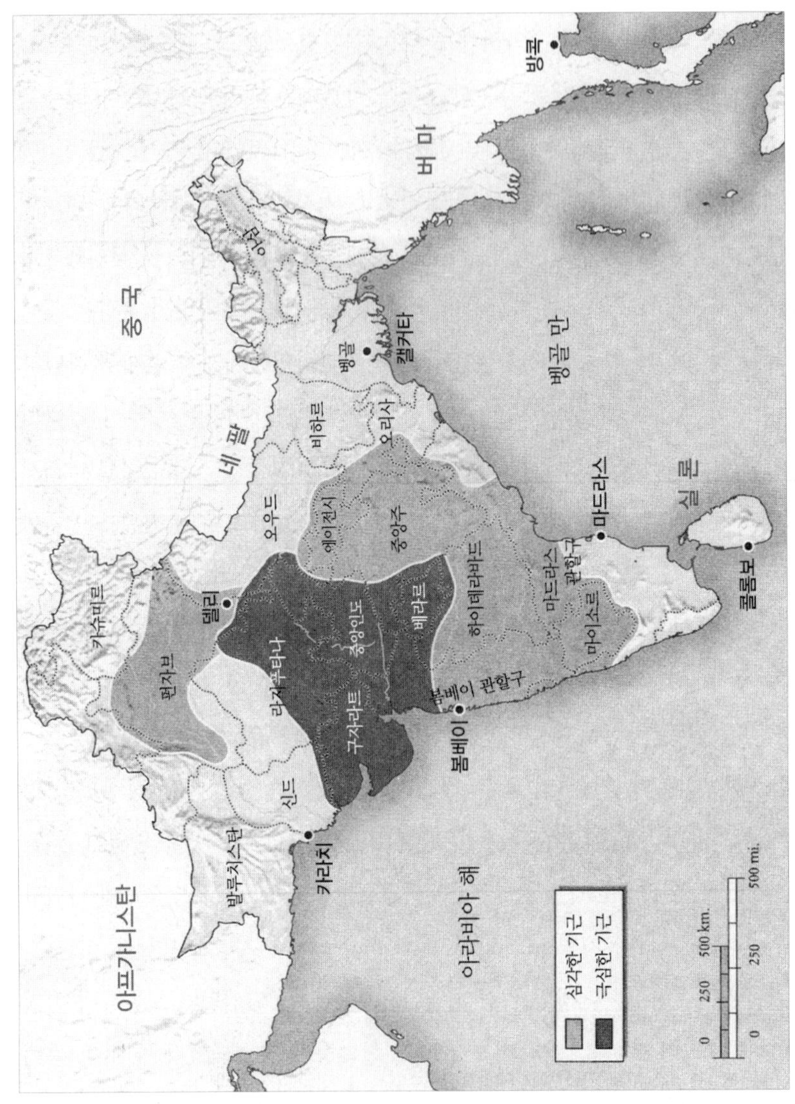

지도 7 | 1899년~1902년의 인도 기근

설계자가 되었다.

커즌은 인도성 장관 조지 해밀턴 경이 새로 제시한 가혹한 방침에 부응하고 있었다. 보어 전쟁에 따른 재정 지출로 인도에서 "박애적 낭만주의"는 설 자리가 없었다. 2년 전 북서 국경에서 동란이 일어났을 때는 인도성 장관이 엘긴에게 사실상 기근 원조를 단행했다. 그러나 이제 "해밀턴은 이런 교부 행위를 위해 국고에 다가가지도 않았고 커즌이 지원을 요청하는 것까지 막았다. 그는 중국과 남아프리카에서 진행 중이던 전쟁으로 인해 기근으로 고통받는 사람들의 곤경을 덜어 줘야 한다는 자신의 책무보다 제국주의 전쟁에서 인도가 져야 할 의무를 더 민감하게 인식했다." 인도성 장관은 영국에서 벌어지던 기근 구호 조직 활동에 대한 호소를 내치면서 커즌에게 인도에서 전쟁 기금을 조성하라고 압박했다. 인도의 애국적 신민들이 키치너의 트란스발 전비를 부담해야 한다는 논리였다. 그는 캘커타에 장대한 빅토리아 여왕 기념 건물을 지으려던 총독의 계획을 방해하지 않았지만 리튼의 무자비한 원칙을 적용해 구호 사업을 통제할 것을 촉구했다.[92]

영국 대중의 그 유명한 박애주의적 충동도 데칸의 하천과 우물만큼이나 철저하게 고갈되었다. 허버트 스펜서가 영국인의 정신이 호전적 애국주의 속에서 "다시 야만화되고 있다."고 경고할 정도였다. 대중 언론은 새롭게 발생한 인도의 홀로코스트를 외면했고, 보어인들을 정복하려던 투쟁이 예기치 않은 방향으로 어렵게 흘러가는 현실에만 관심을 집중했다.[93] 페이비언 협회의 한 성원은 이렇게 불평했다. "런던의 언론계와 정기간행물 업계에서 인도는 존재하지도 않는 것 같다."[94] 인도 기근 희생자들을 위한답시고 런던 시장 관저에서 아무렇게나 조직된 한 차례의 기금은 메이어 경이 조직한 남아프리카 전쟁 기금의 7퍼센트에 불과했다.[95] 한 미국인 선교사는 이렇게 썼다. "이제 인도는 혼자 투쟁해야만 할 것이다. 전 세계 모든 영국인의 관심이 남아프리카에 집중되었기 때문이다."[96]

가장 많은 국제 원조는 런던이 아니라 토피카에서 왔다. 캔자스의 인민당원들이 "인도 농민들과의 연대를 표방하며" 곡물 2십만 자루를 보냈던 것이다. (아지미르의 영국 관리들이 이 선적분에 세금을 매겼을 때 미국의 구호 활동 조직자들은 격노했다.)[97] 미국 원주민들과 흑인 교회 집단도 동정심을 느꼈고 주목할 만한 기여를 했다.[98] 웨더번, 나오로지, 딧 세력(그들은 이제 인도 기근 연합으로 조직되어 있었다.)이 과거 그 어느 때보다 더 고립되었던 영국에서 유일하게 희망을 발견할 수 있었던 곳은 비페이비언계 사회주의자들(페이비언주의자들은 대체로 강경한 제국주의자들이었다.)과 노동운동의 좌파뿐이었다.[99] 실제로 맑스주의와 거의 관계가 없었지만 하인드먼의 사회 민주 연맹만이 인도 기근 희생자들에게 관심을 보인 영국 유일의 정치 조직이었다. (1902년 영국이 남아프리카에서 승리하자 광란적인 축하 분위기가 만연했다. 스코틀랜드의 한 지부가 여기에 보인 반응은 사회 민주 연맹이 선보인 용기 있는 반제국주의의 전형이었다. "사방천지 온 길가에 자본주의라는 매춘부가, 가능하고 불가능한 온갖 끔찍한 색상으로 치장하고 있다. 그러나 사회 민주 연맹은 투명하게 폭로한다. 우리는 전쟁 사망자 통계를, 강제 수용소 사망자 수를, 극빈자들의 수를, 영국 실업자들의 수를, 인도의 기근 사망자 수를, 에이레의 기근 사망자와 이민자와 축출자 수를 제시한다.")[100]

아무튼 커즌은 계속해서 "진정으로 제국주의적인" 정책들을 시행했다. 구호 사업 비용을 보어 전쟁 비용으로 돌리기 위해서였다. 『가디언』의 내시는, 정부가 구호 활동 사기꾼들에게 포박당하고 또 그들이 "곡물과 귀중품을 축적하는 사태"에 반감을 느꼈다. 내시도 전에는 이런 사태가 "상상의 산물"일 뿐이라고 생각했다. 내시는 주민들이 "정말이지 진짜 기근으로 고통받고" 있던 구자라트의 가뭄 지역에서 "자격이 없는" 구호 사업 지원자들을 솎아내기 위해 사용하던 잔인한 거리 및 빈곤 심사 규정이 사람들에게 어떤 결과를 가져왔는지 설명했다.

> 이곳 브로치에서 나는 지난 몇 주 동안 인도에서 가장 가혹한 심사 기준이 적용되는 것을 지켜보았다. 주민들의 상태를 묘사한다는 게 불가능하다. 봄베이 정부가 그토록 강조하는 "배제" 요소가 극단으로 적용되었다. 그러나 기근의 역사를 요약하는 시점에서 그 결과가 성공으로 과시되어야 할지는 의심스럽다. 현장에서 배제 요소가 발휘한 최종 효과는 준기아, 질병, 무시무시한 사망률이었다. 실제로 촌락들에서는 엄격한 심사 기준으로 구호 사업에 참여하지 못하고 "배제당한" 주민들이 대대적인 기아에 시달렸다.[101)]

내시가 인도 북부의 구호 캠프 수십 곳을 방문하면서 확인한 것처럼 입소한 피수용자들은 노골적인 경멸을 받았고 쉴 곳, 연료, 담요, 옷가지 등 기근 법령이 필수 생필품으로 규정한 자원도 지급받지 못했다. 게다가 영국인들은 조직적 태만이 존재한다고 믿었고, 이에 기초해서 가혹한 노동 산출량 표를 만들었다. 결국 영양 섭취가 생존 수준 이하로 떨어졌다. 영국 관리들이 건강한 성인 남성의 왕성한 9시간 노동에 기초해 산출한 작업량에 따라 노임이 서른 명 단위로 현찰 지급되었다. 물론 쇠약한 기근 희생자들은 이 비현실적 기대치를 좀처럼 만족시킬 수 없었다. 결국 그들의 노임은 제공할 수 있는 노동량의 감소에 따라 줄어들었다. 봄베이 정청은 다시 1877년처럼 벤담주의적으로 강경한 기준을 설정했다. 이곳의 가장 취약했던 구호 수혜자들이 받았던 노임은 식량 425그램에 상당하는 "징벌적 최소 수준"이었다. 악랄했던 템플의 노임보다 더 적은 양이고, 유죄 확정 판결을 받은 수감자가 배급받는 양의 절반에 불과했다. 내시가 푸나 외곽에서 방문한 한 캠프를 보자. 피수용자 1100명은 징벌적 최소 수준을 받았다. 900명이 최소 수준을 받았고, 노임 수준이 최소와 최대 사이에 놓였던 사람은 180명에 불과했다. 내시는 독자들에게 이렇게 말했다. "최소 수준과 징벌적 최소 수준을 받은 수혜자의 약 3분의 1이 아이들이었다는 사실을 설명해야 한다. 최하층계급의 노임은 주당 4.5아나[최소 수준의 43퍼센트]에 불과했다. 성인의 절반 이상이 여성이다. 나는 징벌이 가혹할 뿐만 아니라 무차별적이라는 사실도 인정해야 한다고 생각한다."[102)]

인도의 민족주의자들은 구호 관리들이 가뭄 난민들을 잔인하게 굶겨 죽이고 있다고 비난했고, 영국인들은 이를 격렬하게 부인했다. 그러나 내시는 이렇게 지적하고 있다. "징벌적 최소 수준이 유력한 기준으로 자리를 잡은 캠프들에서는 사망자가 엄청나게 발생했다."

> 어쨌든 오늘날의 징벌적 최소 수준이 1877년 대기근 당시의 454그램 배급량과 달리 효과를 발휘하고 있는지가 궁금하다. 나는 내가 보낸 편지 가운데 하나에서 그 양이 심의 중이던 배급량보다 더 많다고 설명했다. 내가 이후로 들은 바에 따르면 실제로도 나의 이런 견해가 맞다.

> 최소 수준이 4분의 1 삭감되는 마당에 칸데시에서 콜레라가 창궐하고 있다는 사실은 불길한 징조다. 인도의 태양이 뜨고 지는 9시간 동안 일해야 하는 사람들의 위장에 들어갈 하루치 고형 식량은 불과 425그램으로, 이것이 최소 수준이다. 콜레라가 기근 캠프를 덮치더라도 신이 굽어 살피시기를!

그것은 콜레라와 기아의 경주였다. 기근 캠프의 난민 수천 명을 사냥감으로 하는 죽음의 무도회였던 것이다.[103]

소름끼치는 기근 노래

커즌이 단행한 비용 절감 정책의 희생자가 전부 농촌에만 있었던 것은 아니다. 부두에는 엄청난 양의 곡물이 쌓여 있었다. 그러나 봄베이 정청의 엄중한 구호 정책으로 인해 농촌에서 탈출한 난민 수천 명이 노상에서 굶주렸다. 게다가 우물물이 말라붙고 지하수가 고갈되면서 물이 크게 오염되었다. 이질, 설사, 특히 콜레라가 창궐했다. 1900년 4월 중순부터 "콜레라가 전 국토를 해일처럼 휩쓸었다." 도시민과 농민 모두가 도륙당했다.[104] 아이라 클라인은 이렇게 적고 있다. "1896년부터 1900년에 증가한 사망자 수의 절반 정도는 아마도 기근이 그 원인일 것이다. 실제로 기근의 영향력이 가공할 해였던 1900년에 압도적이었다. 그 해의 사망률은 96.6퍼밀(‰)이었다."[105]

총독은 대학살이 한창 진행 중일 때 이웃 원주민 주들에서 영국령 인도로 도망쳐 온 난민들을 추방하기로 결정했다. 그것은 이전 정부들의 관례를 깨뜨리는 행위였다. 가뭄 희생자 약 8천5백만 명 가운데 4천3백만 명이 원주민 주들에 살았고, 4천2백만 명은 영국 정청이 직접 지배했다.[106] 절망에 빠진 수십만 명에게 추방이 사실상 사형 선고라는 것을 커즌은 분명하게 이해하고 있었다. 688개의 원주민 주(이 가운데 일부는 문자 그대로 초소형이었다.)는, 매수된 지배자들과 의존적인 경제를 지닌 꼭두각시 정부들이었다. 원주민 군주들이 더 인도주의적이었던 주목할 만한 사례들도 일부 있다. 콜라푸르의 마하라자[Maharajah, 토후국의 왕. 옮긴이]나 유명한 크리켓 영웅이기도 했던 잠나가르의 란지친 군주 등은 제대로 된 구호 활동과 세금 감면이라는 영국 침탈 이전의 훌륭한 전통을 보여 주었다. 그러나 다른 군주들은 굶주린 백성들에게서 등을 돌렸다.107) 최악의 사태가 벌어진 곳은 인도르와 분디였다. 인도르의 마하라자는 커즌을 숭배했고 모든 구호 비용 지출에 반대했다. 라지푸타나 남동부에 자리한 분디의 라자는 백성 절반을 굶주려 죽게 했다. 중앙인도에이전시를 구성하던 64개 소주小州의 상황은 "형언하기 어렵다."는 말로 묘사될 수 있을 뿐이었다.108)

라지푸타나의 영국령과 원주민령에서 백만 명에 가까운 농촌 주민이 죽었다. 그러나 곡물 상인들은 쌀과 기장을 농촌에서 도시로 이전시키면서

사진 8 | 1899년 라지푸타나의 촌락민들

엄청난 이윤을 챙겼다. 외국의 관찰자들은 이 역겨운 대조 상황에 큰 충격을 받았다. 한 미국인 선교사는, 투기꾼들이 수입한 엄청난 양의 곡물을 철도 측선에서 무장 경호하며 보관 중인 광경을 보고 자신이 느꼈던 반감을 이렇게 적었다. "여러 철도역에서 살찐 비둘기 수천 마리가 측선에 놓인 적하 화물차에서 낟알을 쪼아 먹는 모습을 보았다. 냉담한 원주민 관리들은 멀건이 서서 그 귀중한 식량이 사라지는 것을 지켜보았다. 기근으로 고통받으며 비참해진 촌락민 수십 명이 큰 소리로 식량을 달라고 외치고 있었다."[109)]

피에르 로티도 귀중한 곡물을 실은 화차가 연결된 기차에 탑승해 라지푸타나("죽어 버린 숲, 죽어 버린 정글의 땅이었다. 모든 것이 사라지고 없었다.")에 도착했다. 아마도 로티의 기록이 1899년 상황에 대한 가장 소름끼치는 회고일 것이다. 지친 승객들은 모든 역에서 똑같은 "기근 노래"를 들었다. 가공할 그 노래는 굶어서 죽어 가는 아이들의 울부짖음이었다.

> 우리가 멈춘 첫 번째 촌락에서는 기차 바퀴가 시끄럽게 절거덕거리기를 멈추자마자 어떤 소리가 들린다. 정체를 알 수 없지만 오싹하게 만드는 기묘한 소리다. 그것은 우리가 기근의 땅에 들어왔고, 앞으로 빈번히 듣게 될 그 끔찍한 노래의 서막이다. 거의 모든 소리가 아이들의 것이다. 사실 그 소리는 학교 운동장에서 들을 수 있는 소란한 야단법석과 어느 정도 닮았다. 그러나 거기에는 우리를 고통스럽게 하는 새된 목소리와 무언가 거칠면서 동시에 약한, 막연한 음조가 자리하고 있다.
>
> 아! 저기 벽에 기대고 있는 저 가엾은 존재들을 보라. 말라빠진 손을 우리에게 내밀고 있는 모습을. 내민 팔뚝이 마치 뼈다귀 같다. 아이들의 야윈 몰골이

돌출되어 있는 모양새는 충격 그 자체다. 갈색 피부가 그 골격을 덮고 있다. 내장이 완전히 제거되어 버렸다는 생각이 들 정도로 뱃속은 텅 비어 있다. 파리 떼가 입술과 눈 위로 바글거리며 그나마 남아 있던 물기를 마셔 버린다.

"마하라자! 마하라자!" 그 작은 목소리가 일제히 들린다. 부드럽게 진동하는 노래 같다. 다섯 살이 안 된 아이들도 있다. 그들도 "마하라자! 마하라자!"를 외친다. 장벽 너머로 끔찍하게 야윈 작은 손을 내밀면서.[110)]

로티는 숨이 막히는 3, 4등 객실의 인도인 승객들을 탄복하며 지켜보았다. 그들은 수중의 돈이나 음식을 주저하지 않고 건네주었다. 반면 배가 고파서 울부짖는 아이들의 목숨보다, 자유로운 곡물 시장을 더 신성한 원리로 받들던 공식 정책은 증오의 대상이었다.

객차 뒤로 연결된 네 량의 화차에는 심지어 지금도 쌀이 있다. 화물이 매일 이동한다. 그러나 아이들에게 그것을 제공하려는 사람은 아무도 없다. 한 움큼도, 낟알 몇 개도 말이다. 그 정도면 아이들이 조금이라도 더 살 수 있을 텐데. 이 화차들은 돈을 낼 수 있는 도시 거주민들을 위한 것이다.[111)]

쌀 한 사발 값도 치를 수 없는 사람들이 선택한 대안은 사막화된 라지푸타나(이곳에는 1899년의 참상이 한 세기 후에도 "민간전승, 속담, 노래 등의 집단적인 기억으로 남아" 있다.)[112)]에서 통상은 물 사정이 좋았던 영국령 인도의 구자라트로 탈주하는 것이었다. 한 선교사가 지적한 것처럼, 그 탈주 여행은 "작은 난을 피하려다 큰 난을 당한" 산 넘어 산인 경우였다.[113)] 구자라트는 세 세대 동안이나 가뭄과 기근에도 끄떡하지 않았다. 그랬던 간디의 고향이 봄베이 관할구에서 극악무도한 재앙의 중심으로 부상했다. 정말이지 "구자라트는 1844년과 1845년의 에이레를 그대로 재현했다."[114)]

구자라트의 지옥

엘니뇨는 다른 곳에서처럼 세계시장과 사악하게 공조했다. 아메다바드, 카이라, 판치마할스에서 1902년까지 계속된 가뭄이, 목화와 자당蔗糖 가격의 전 세계적 폭락으로 이미 비틀거리던 농업 경제를 초토화했다. 메뚜기 떼와 쥐들의 습격으로 가뭄이 더욱더 기승을 부렸다. (그 수가 어찌나 많았던지 "밤에도 사람들이 잠을 이룰 수 없을 정도"였다.) 놈들은 농부들이 힘겹게 물을 길어 와 겨우 키워 낸 곡식 작물을 먹어 치웠다. 유제품 식단에 길들여진 구자라트 주민들은, 먼저 가축이 죽고 다음으로 땅(대개가 지속적으로 거름을 줘야 하는 양토였다.)이 불모지가 되어 가는 광경을 두렵게 지켜보았다.[115)] 한 미국인 선교사는 프린스턴 동창생 친구에게 써 보낸 편지에서 농촌을 이렇게 묘사했다. "한때는 공원처럼 푸르렀던" 농촌이 "메마른 그루터기와 타 버린 들판의 저주 받은 땅덩이"로 변해 버렸다. "소에게 먹일 잎사귀는 이미 오래전에 나무에서 사라졌고, 이제는 수목 자체가 목재용으로 베어지고 있다."[116)]

인도의 다른 지역처럼 구자라트에서도 기근이 페스트와 콜레라에게 길을 열어 주었다. 1900년 2월경에는 구자라트에서 아주 많은 수의 콜레라 희생자가 발생한다. 시체가 부패하면서 지역의 수원지를 오염시켰던 것이다. 몇몇 병원에서는 사망률이 90퍼센트였고, 한 캠프에서만 4일 동안 3천 명의 사망자가 발생했다.[117] 러시아, 아르메니아, 쿠바 등 세계 각지로 기근 구제 여행을 다녔던 『크리스천 헤럴드』의 루이스 클롭시 박사는 영국 관리들이 무심하게 방치하던 "충격적인 상황에 대경실색했다."

> 열기가 엄청났다. 온도계가 약 섭씨 40도를 가리켰다. 모래 열풍 때문에 눈을 뜰 수가 없었다. 콧구멍으로는 세균이 가득한 먼지가 들어왔다. 시체가 부패하면서 지독한 악취가 났고, 그 불쾌한 냄새는 옷과 머리와 피부에 스며들었다. 단기간에 콜레라가 발병했고, 기근으로 고통을 받던 2천4백 명이 불과 며칠 만에 죽었다. 그들은 얕은 구덩이에 아무렇게나 묻혔다. 시체가 빠르게 썩으면서 땅이 치명적인 독성을 뿜어냈다. 살균제가 전혀 없었고, 그래서 끔찍하고 역겨우며 질병을 퍼뜨리는 고약한 냄새가 대기에 퍼졌다. (…) 수백만 마리의 파리가 아무런 방해 없이 불행한 희생자들을 괴롭혔다. 가족을 잃고 미쳐 버린 여자 아이 한 명이 문 앞에 앉아서 공허한 시선으로 주위의 끔찍한 광경을 물끄러미 쳐다보고 있었다. 나는 병원 전체에서 제대로 옷을 갖춰 입은 사람을 한 명도 보지 못했다. 넝마뿐이었다. 오직 넝마뿐이었다.[118]

카이라처럼 과거에 번영을 구가했던 일부 지방은 2년이 채 안 되는 기간에 주민의 약 3분의 1이 사라졌다.[119] 판치마할스의 1900년 사망률은 무시무시하게도 28.1퍼센트였고, 아메다바드는 17퍼센트였다.[120] (사망률이 높았던 지역이 이렇게 집중되었던 관계로 1911년 실시된 구자라트 인구 조사 결과는 1871년보다 훨씬 더 적은 규모였다.)[121] 촘촘하게 엮여 있던 가족 구조와 종교 생활이 이 홀로코스트로 해체되기 시작했다. 일부 촌락민들은 선교사들이 어린 개종자들을 간절히 원한다는 사실을 알고 며칠분의 식량이라도 얻으려는 목적으로 자녀들을 팔았다. "부모들은 여러 차례 나에게 자녀들을 팔겠다고 제안했다. 한 아이당 1루피, 그러니까 약 30센트를 내라고 했다. 사실 그들도 우리가 우리 아이들을 사랑하는 것만큼이나 그들의 자녀를 사랑한다. 아이들은 이제 한 명당 겨우 4센트씩에 팔리고 있다. 약간의 곡식을 얻기 위해서였다."[122)]

사회 계급에서 추방된 사람들과 부족민들이 겪어야 했던 고통이 특히 더 심각했다. 판치마할스의 가난한 목부와 유목민들은 말할 것도 없고 카이라의 다랄라족도 "해결할 수 없는" 문제에 부딪쳤다. "가축을 돌보면서 (…) 동시에 어떻게 구호 사업 노동에 뛰어들 것인가?" 다랄라족의 사망률이 아주 높았던 이유다.[123)] 전체 사망률이 2퍼센트에 불과했던 수라트 지방에서도 초드라족의 사망률은 20퍼센트에 육박했다. 파렴치한 고리대금업자들에게 땅을 빼앗긴 생존자들은 영구 빈곤의 나락에 빠지고 말았다.[124)]

구자라트 동부의 브힐 부족 수천 명이 겪어야 했던 고통은 참으로 지독한 것이었다. 끝없는 가뭄으로 숲에서 빠져나온 그들은 황폐한 구호 캠프를 두려워했고 수원이 남아 있는 곳이라면 어디든 머물렀다. 한 영국인 여성이 1900년 초 그들과 조우했던 거짓말 같은 경험을 들려준다. 대규모의 브힐족 난민들이 빠르게 고갈되던 호수 주위 노천에서 살고 있었다. "남은 물이 맹렬한 열기 속에서 서서히 증발해 갔다. 사람들은 손으로 잡을 수 있을 정도로 가까이에 있는 물고기를 보고는 깜짝 놀랐다. 굶주린 사람들은 이삼일 밤에 걸쳐 최대한 빨리 그 물고기들을 잡아 요리해 게걸스럽게 먹었다." 콜레라의 광풍이 몰아쳤고 부족민이 수백 명씩 쓰러져 나갔다. "시체 썩는 악취가 대기를 무겁게 짓눌렀다. 나는 시신들이 제대로 처리되고 있는지 보려고 머물던 방갈로 뒤쪽의 소각장으로 말을 타고 갔다. 시체를 운반하던 사람들이 화장용 장작더미 앞에 쓰러져 있었다."[125] 촉시는 1901년경에 브힐족 주민의 3분의 1이 사망했다고 추정한다.[126]

영국 관리들은 인도의 다른 곳에서와 마찬가지로 부족민들을 가축으로 취급했고, 그들이 대규모로 죽어 갈 때조차도 경멸감을 숨기지 않았다. 한 지방 관리는 구자라트의 사망률이 왜 그렇게 높으냐는 질문을 받고 다음과 같이 말했다. 그 내용이 공식 기근 보고서에 인용되어 있다.

> 구자라트 주민들은 나약하다. 궁핍에 익숙하지 않으며 손쉽게 좋은 음식을 얻어 왔다. 그들은 무더운 날씨 속에서 일해 본 적이 없을 뿐만 아니라 지속적으로 노동하는 습관을 가져 본 적도 없다. 가까이서 자세히 관찰한 사람들은 많은 사람들에게 체질적으로 그런 능력이 없다고 믿고 있다. 심지어 가장 가난

사진 9 | 나약하다고 치부된 구자라트의 희생자들

하다는 집단에서도 아주 많은 사람들이 평생 동안 손에 도구를 쥐어 본 적이 없다. 그들은 가축과 작물을 돌보고, 밭에서 잡초를 뽑고, 목화와 곡물과 과일을 수확하고, 깁 씨가 말하듯이 좀도둑질을 하면서 살았다.[127]

기근의 강도가 세졌고, 봄베이 정부는 이 "허약자들"과 그들의 가족에게서 최후의 자원까지 짜내기로 결정했다. "어떤 희생을 치르더라도 세입을 확충해야 한다."고 발표했다. 내시가 "사람들의 뼈를 발라내는 행위"라고 비난한 결정이었다.[128] 가뭄으로 파멸한 파티다르*들이 단결해서 24퍼센트 세금 인상을 거부하자 세금 징수원들은 토지를 몰수해 버렸다.[129] (1900년에만 5십만 명이 사망한) 중앙주의 관리들도 냉혹하기는 마찬가지였다.[130] 중앙주에 있던 구빈원들의 타락과 무능은 세입 확충을 목표로 한 군사 작전의 효율성과 뚜렷하게 대비되었다. "기근이 특히 극심했던 나르마다 강 지역에서 정부는 비교적 좋았던 1898년과 1899년보다 더 야만적인 강압 정치를 폈다. 관리들은 가공할 10년을 솜씨 있게 마무리했고, 1900년과 1901년에는 대다수 지역에서 세금 징수 목표를 거의 달성했다."[131]

인도 역사에 등장하는 이전의 가뭄 중에 3년 이상을 끈 것은 없었다. 그래서인지 1902년에는 계절풍이 정상적으로 불어와 농업 활동이 재개될 수 있으리라는 기대가 충만했다. 그러나 봄베이 정청이 발행한 공식 기근 『보고서』는 이렇게 설명한다. "1901년과 1902년 역시 기대에 어긋나고 말았다. 구자라트에서는 여름비가 늦게 시작되어 일찍 끝났고 겨울비도 거의 내리지 않았다. (…) 비 부족 사태로 일어난 피해는 쥐, 메뚜기, 여치 및

* *patidar*, "왕가의 토지를 소유한 사람"이라는 뜻으로, 주로 구자라트에 거주하는 부유한 농민들을 가리킨다. 옮긴이

기타 곤충들의 침탈로 더욱더 강화되었다. 놈들은 데칸과 카르나타카의 여러 지역을 맹렬히 공격했고, 구자라트의 몇몇 지역에서는 비교적 온건한 결핍 사태를 극심한 기근으로 바꿔 버렸다. 타르와 파르카르 등의 사막 지역에서는 비가 한 방울도 내리지 않았다. 사실상 농작물이 존재하지 않았다. (…) 적어도 구자라트에서는 이전 해들보다 1901년과 1902년에 사태가 더 심각했다."[132]

봄베이 정청은 1902년 크리스마스 때까지 구호 사업을 지속하지 않을 수 없었다. 1877년과 1897년처럼 "기근 사망률의 정점은 (…) 상대적으로 늦게 찾아왔다." 중앙주에서는 1900년 8월과 9월에 계절풍 강우가 복귀하면서 그런 일이 일어났다. 허약 상태에서 면역력까지 약화된 주민들은 말라리아 전염병으로 초토화되었다.[133] 인도국은 말라리아 사망자는 계산하지 않은 채 1899년과 1900년에 영국령 인도에서 125만 명의 기근 사망자가 발생했다고 추산했다. 그러나 로메시 덧이 이끌던 인도인 경제학자들은 "이보다 서너 배 더 많을 것"이라고 주장했다.[134] 인구통계학자 아룹 마하라트나는 최근에 재구성된 통계를 바탕으로 사망자가 300만 명에서 440만 명(1901년과 1902년 희생자를 포함하지 않은 수치다.)에 이를 것이라고 말했다. 그러나 버튼 스틴은 실제로 650만 명 가까이 죽었을 것이라고 믿고 있으며, 아서 루이스는 천만 명이 죽었다고 말한다.[135] 원주민 주들에서 사망한 사람들을 계산하지 않았다는 것이 분명하고, 1902년에도 많은 수가 죽었다. 따라서 모두 합해 1870년대 대재앙의 사망자 수에 필적할 것으로 예상된다. 다음과 같은 커즌의 주장은 말도 안 되는 헛소리다. "충분하고 신속하게 빈곤을 구제했고, 총 사망자 수도 더 적었으므로 기근 사태 따위는 없었다."[136]

1876년에서 1878년처럼 지역에 따라서 엄청난 사망자가 발생했다. 수십 개의 가뭄 지역에서 전체 주민의 최소 10퍼센트가 사망했다. 구자라트의 총 사망자 수는 전체 주민의 6분의 1, 아니 그 이상이었다.[137] 천진난만한 아이들이 대규모로 죽어 가는 사태가 특히 끔찍했다. 팀 다이슨에 따르면 펀자브 히사르 지방의 유아사망률은 1899년과 1900년에 거의 50퍼센트였고, 베라르에서는 대규모 구호 사업의 혜택을 받던 사망자의 절반(약 8천 명)이 다섯 살 미만의 어린이였다. 호손이 1897년 주불푸르에서 비난한 것과 유사한 상황이 전개되었음을 알려 주는 섬뜩한 증거인 셈이다.[138]

『랜싯』은 1901년에 지난 10년 동안 인도에서 사망한 사람의 숫자를 줄잡아 계산하면 천9백만 명쯤 될 거라고 말했다(페스트 사망자 수를 뺀 후 1901년 인구 조사를 바탕으로 계산했다).[139] 윌리엄 딕비는 당시 영국의 독자들을 이렇게 상기시켰다. "세계 제일의 의학 저널이 이렇게 말했다. 그렇게 기록된 인명 손실이 영국 인구의 절반에 상당하는 규모라는 것을 알아야 한다고."[140] 킹슬리 데이비스, 아이라 클라인, 피에르 르 로이 등 다수의 역사가는 『랜싯』의 추정치를 1896년에서 1902년 위기의 총 사망

그림 12 | 1898년 봄베이, 페스트 희생자 화장

자 수 근삿값으로 인정했다.[141]

이 세기말의 대기근으로 20세기의 첫 10년 동안 길고 커다란 죽음의 유령이 떠돌았다. 뒤이어서 또 다시 엘니뇨와 연계된 가뭄-기근 사태가 1907년과 1908년에 발생했다. 마하라트나는 연합주에서 210만 명에서 320만 명이 사망했을 것으로 추정한다.[142] 인도 서부와 북부에서 배고픔에 장기간 시달리면서 면역력이 약화된 가난한 농민 수백만 명이 쓰러졌다. 말라리아, 결핵, 페스트가 창궐했던 것이다. 가뭄으로 쥐들이 이주하면서 퍼진 흑사병은 연합주와 펀자브 등 과거의 기근 지역들에서 위세를 떨쳤다. 1914년경이면 이곳에서 추가로 8백만 명의 희생자가 발생한다.[143]

아대륙의 생산력이 입은 누적 피해는 엄청났다. "1880년 이후 진행되어 온 농촌 개발상의 거의 모든 진보가 기근 시기에 무위로 돌아가고 말았다."[144] 스리바스타바는 펀자브에서 밭갈이용 소의 92퍼센트가 1896년과 1897년에 죽었다고 말한다. (탐린슨이 저술한 『새로운 케임브리지 역사』에 따르면) 봄베이 관할구에서는 1930년대까지도 가축이 1890년대 수준으로 회복되지 못했다.[145] 동물 수가 이렇게 재앙적으로 감소한 결과가 부분적 원인으로 작용해, 봄베이 관할구와 중앙주의 1900년 순 경작 지역은 1890년 기준으로 12퍼센트 감소했다. 가장 피해가 컸던 지역들의 경작 감소율은 무려 25퍼센트에서 41퍼센트였다.[146]

국가의 인구학적 엔진도 거의 멈춰 버렸다. 1891년부터 1921년에 이르는 30년 동안 인도의 인구는 2억 8천2백만에서 3억 6백만으로 거의 늘어나지 않았다. 맬서스가 주창한 기하급수적 증가가 전혀 일어나지 않았던 셈이다.[147] 실제로 인도의 여러 지역에서 50년 동안 인구 증가는 답보 상태였다. 아그라, 로히클란드, 알라하바드 및 기타 지방의 1921년 인구수는 1872년의 인구수에 미치지 못했다. 러크나우, 잔시, 구자라트, (과거) 연합주의 대다수와 원주민 주들은 겨우 정체 상태를 유지했다.[148] 인도 전체의 출생률과 사망률이 비교적 건전한 상태를 보인 시기는 1880년대뿐이었다.

그렇다면 영국은 이 재앙에서 어떤 교훈을 얻었을까? 가장 포괄적인 공식 조사였던 『봄베이 관할구 기근 보고서, 1899년~1902년』는 "초기부터 광범위하게 무상으로 구제했더라면" 초과 사망자 수의 상당수를 줄일 수 있었을 것이라고 시인했다. 그러면서도 『보고서』는 이렇게 주장했다. "어떤 나라도 책임을 지려 하지 않고, 책임지라고 요구받지 않을 만큼 그 희생과 비용이 대단했다." (그러나 무굴제국과 청 왕조가 이미 18세기에 이런 형태의 원조를 제공한 바 있었다.) 1901년 [전 인도] 기근 위원회가 작성한 『보고서』의 가장 중요한 결론도 "광범위한 원조는 비용이 많이 든다."는 것이었다. 뭐가 되었든 영국의 원조를 조금이라도 받은 대상이 추정 기근 희생자의 겨우 5분의 1에 지나지 않았음에도 말이다.[149]

5장 주석

1) "Presidential Address at Lucknow Congress," (Dec. 1899) in Romesh Chunder Dutt, *Romesh Chunder Dutt*, New Delhi 1968, p. 202.

2) Loveday, p. 65.

3) Michelle McAlpin, "Price Movements and Fluctuations in Economic Activity(1860~1947)," in Dharma Kumar(ed.), *Cambridge Economic History of India*, Cambridge 1983, pp. 886~888. Sir John Strachey, *India*, London 1894, pp. 184~185도 보라.

4) Augustin Filon, "L'Inde d'aujourd'hui d'apres les ecrivains indiens: I. La Situation economique et la vie publique," *Revue des deux mondes*, Nov.~Dec. 1899, p. 381.

5) Rashmi Pande, *The Viceroyalty of Lord Elgin II*, Patna 1986, p. 131.

6) Premansukumar Bandyopadhyay, *Indian Famine and Agrarian Problems*, Calcutta, p. 231.

7) 영국 농업의 급격한 쇠퇴는 1884년 수확량 21억 7280만 톤과 1895년의 수확량 10억 492만 톤 사이의 현격한 대비를 통해서도 생생하게 알 수 있다(Marcello de Cecco, *The International Gold Standard: Money and Empire*, New York 1984, p. 25).

8) 그리하여 고다바리의 세금 징수관은 1896년 10월자로 된 한 편지에서 지역에서는 풍년임에도 곡물 가격이 "인도 다른 지역의 상황에 거의 완전히 좌우되고 있다."고 푸념했다(A. Satyananarayana, "Expansion of Commodity Production and Agrarian Market," in Ludden [1994], p. 207에서 인용). 사티아나나라야나는 19세기 후반경에 이루어진 지역과 국가와 국제 시장의 자동적인 가격 등락 및 통합의 정도에 관한 복잡한 논쟁을 유용하게 개관하고 있다.

9) G. Chesney, "Famine and Controversy," The Nineteenth Century, March 1902, pp. 479(중앙주와 라지푸타나의 선행했던 가뭄)과 481(기장 가격).

10) *The Times*, 18 Jan. 1897.

11) B. Bhatia, "The 'Entitlement Approach' to Famine Analysis," in G. Harrison(ed.), *Famine*, Oxford 1988, pp. 39~40에서 인용.

12) Moulton, p. 17.

13) Bandyopadhyay, p. 140.

14) *Spectator*, 30 Jan. 1897.

15) "From Ahmednagar," 16 Oct., in *New York Times*, 22 Nov. 1896.

16) Margaret Denning, *Mosaics from India*, Chicago 1902, pp. 168~169.

17) "Sir Edwin Arnold on the Famine in India," reprinted from the *North American Review*(March 1897) in the *Review of Reviews*, April 1897, p. 459.

18) "Pestilence and Famine in India," *Spectator*, 16 Jan. 1897, p. 81.

19) S. N. Kulkarni, Famines, Droughts and Scarcities in India(Relief Measures and Politics), Allahabad 1990, p. 16; Hari Srivastava, The History of Indian Famines, Agra 1968, pp. 205와 226;

Bandyopadhyay, pp. 14~16.

20) Bandyopadhyay, ibid.

21) Ibid., p. 231.

22) Ibid., p. 39.

23) 커리가 지적한 바에 따르면 1834년의 신 구빈법 기구의 대부분이 인도로 수입되었다. "정상적인 상황에서 '원조를 받아야 할' 빈민들을 전력을 다해 부양하는 일이 전혀 없었다."는 사실을 제외하고는 말이다(p. 49).

24) Singh, p. 110.

25) George Lambert, *India, The Horror-Stricken Empire*, Elkhart, Ind. 1898, p. 144.

26) Loveday, pp. 88~89.

27) Lambert, pp. 99~100.

28) Pepper, p. 59.

29) Ibid., pp. 318~319.

30) G. Thomas, *History of Photography in India, 1840~1980*, Pondicherry 1981, p. 28. 기근 사진들이 "사태를 오도한다."며 영국인들이 항의한 사태를 보려면 J. Rees, "Fighting the Famine in India," *The Nineteenth Century*, March 1897, pp. 358~361을 참조하라.

31) Sir Andrew Fraser, *Among Rajas and Ryots*, London 1911, pp. 111~125.

32) John McLane, *Indian Nationalism and the Early Congress*, Princeton, N.J. 1977, p. 71.

33) 틸락과 에이레에 관해서는 H. Brasted, "Irish Models and the Indian National Congress, 1870~1922," in Masselos, pp. 31~32를 보라.

34) E. Pratt, "India and Her Friends," *Westminster Review*, June 1897, p. 647.

35) McLane, p. 29.

36) H. Birdwood, "The Recent Epidemics of Plague in Bombay," *Journal of the Manchester Geographical Society*, 1898, pp. 141~143. Alok Sheel, "Bubonic plague in south Bihar: Gaya and Shahabad districts, 1900~1924," *IESHR*, 35:4(1998), pp. 426~427도 보라.

37) Rajnarayan Chandavarkar, "Plague Panic and Epidemic Politics in India, 1896~1914," in Terence Ranger and Paul Slack(eds.), *Epidemics and Ideas*, Cambridge 1992, p. 213.

38) F. B. Smith, *Florence Nightingale*, London 1982, p. 125.

39) Ira Klein, "Urban Development and Death: Bombay City, 1870~1914," *Modern Asian Studies* 20:4(1986), p. 748.

40) Radhika Famasubban and Nigel Crook, "Spatial Patterns of Health and Morality," in Sujata Patel and Alice Thorner(eds.), *Bombay: Metaphor for Modern India*, pp. 148~151.

41) Klein, p. 734.

42) *Spectator*, 16 January 1897, p. 81을 보라.

43) 곡물 가격에 대한 불만을 보려면 Kulkarni, p. 16을 참조하라; 폭동에 관해서는 David Arnold, *Colonizing the Body: State Medicine and Epidemic Disease in Nineteenth-Century India*, Berkeley 1993,

pp. 214와 230을 보라.

44) Ira Klein, "Plague, Policy and Popular Unrest in British India," *Modern Asian Studies*, 22:4(1988), p. 737.

45) Arnold, p. 204.

46) Chandavarkar, p. 207.

47) Nayana Goradia, *Lord Curzon: The Last of the British Moghuls*, Delhi 1993, p. 123.

48) "Four of every five patients who entered Bombay hospitals perished there," Klein, "Plague, Policy and Popular Unrest," p. 742.

49) Arnold, "Touching the Body," p. 71.

50) McLane, p. 30.

51) D. Tahmankar, *Lokamanya Tilak*, London 1956, p. 68 여기저기; N. Kelkar, *Life and Times of Lokamanya Tilak*, Delhi, p. 338 여기저기; Richard Cashman, The Myth of the Lokamanya, Berkeley, pp. 123~150; Romesh Chunder Dutt, The Economic History of India in the Victorian Age, 2nd edn., London 1906, p. 456(인용문) 참조.

52) I. Catanach, "Plague and the Indian Village, 1896~1914," in Peter Robb(ed.), *Rural India: Land, Power and Society Under British Rule*, London 1983, pp. 218과 227.

53) Chandavarkar, p. 210.

54) Catanach, ibid.

55) Filon, p. 381에 인용된 *India in 1897*. K. Suresh Singh은 가난한 지방 비하르의 기근 역사에 관한 연구에서 이렇게 논평하고 있다. "[1896년과 1897년] 기근은 기록된 팔라마우 역사에서 가장 치명적이었다." 그러나 " '기아로 인한 사망자가 한 명도 없다'는 게 공식 보고 내용이었다."(*The Indian Famine 1967*, New Delhi 1975, p. 32)

56) "The Famine in India," *Missionary Review of the World*, April 1897, p. 286.

57) 그는 1857년이나 1877년이 아니라 1897년을 인도가 "한 세기 동안 겪은 가장 불행한 해"라고 평가했다; Ramabai Ranade(ed.), *Miscellaneous Writings of the Late Hon'ble Mr. Justice M.G. Ranade*, Delhi 1992(reprint), p. 180을 보라.

58) Singh, *Starvation and Colonialism*, pp. 98~99.

59) Dutt, pp. 219~222(인도 국민회의); *Famine and Agrarian Problems*, pp. 193(빌라스푸르)과 227 (하원의 해밀턴).

60) (1898년 찰스 리올 경의 증언에 바탕했을 것으로 여겨지는) 이 주장은 "E. C."가 "The Indian Famine," *Westminster Review* 155:2(1901), p. 135에서 했다.

61) D. E. U. Baker, *Colonialism in an Indian Hinterland: The Central Provinces, 1820~1920*, Delhi 1993, pp. 174, 194와 202.

62) F. Merewether, *A Tour Through the Famine Districts of India*, London 1898, pp. 129~130. J. Rees는 *The Nineteenth Century*(March 1897)에서 메리웨더의 주불푸르 구빈원 이야기를 조롱한다. 그는 상황이 라임하우스[Limehouse, 런던 동부 이스트엔드의 빈민가. 옮긴이]나 마일엔드

Mile End와 크게 다르지 않았다고 주장했다. "런던 시내의 비참과 궁핍상을 취합한다면 동방에서 온 여행자라도 슬픈 광경을 목격했다고 생각할 것이다."(p. 359)

63) Pepper, p. 78을 보라.

64) *The Memoirs of Julian Hawthorne*, ed. Edith Hawthorne, New York 1938, p. 295.

65) Julian Hawthorne, "India Starving," *Cosmopolitan* 23:4(August 1897), pp. 379~382.

66) Ibid. 『크리스천 헤럴드』의 루이스 클롭시 박사도 아메다바드 구빈원의 충격적인 실상을 전했다. 기진한 희생자들이 섭씨 43도의 노천에 누워 있으면 파리들이 달려들었다. "나는 이 사람들이 쉼터나 그늘을 찾지 않고 직사광선에 몸을 그대로 드러내놓고 있는 이유가 궁금했다. 그들이 주변 마을에서 짐수레로 이송되었고, 24시간 동안 관찰 중이라는 얘기를 들을 수 있었다. 전염병 증상이 나타나는지를 알아보기 위해서라는 것이었다. 그들은 오후에 안으로 들어갈 수 있었다. 그리고 거기서 서너 시간 동안 누워 있었다. 그리고 다시 밤새, 다음날 오전 내내 거기 머물렀다. 결국 그들은 다음날 저녁에야 비로소 아메다바드 구빈원의 야박한 수용 시설에 입소했다. 사람마다 파리 떼가 들끓었다. 눈꺼풀, 입, 콧구멍, 귀가 파리 천지였다. 놈들은 인도 기근의 가망 없는 희생자들로 잔치를 벌이고 있었다." 클롭시는 어린이들이 겪어야 했던 "형언할 수 없는 고통"을 언급하지 "않을 수 없다."고 생각했다(Pepper, pp. 79~80에서 인용).

67) W. Aykroyd, *The Conquest of Famine*, London 1974, pp. 64~67.

68) Rudyard Kipling, "William the Conqueror," in *The Day's Work*, London 1898, p. 203.

69) Ibid., pp. 380~381.

70) *Cosmopolitan* 23:3(July 1897) 표지 안에 실린 사진들에 붙은 설명문.

71) Bandyopadhyay, p. 51.

72) 예를 들어 『하퍼스 위클리』는 1900년에 이렇게 주장했다. "1877년 기근으로 약 천만 명이 사망했다. 1897년 기근으로는 약 천6백만 명이 죽었다. 아마도 현 사태가 기록을 갱신해 2천만 명이 죽을 것이다."(p. 350) Digby, *"Prosperous" British India*, p. 129도 보라.

73) C. Ramage, *The Great Indian Drought of 1899*, Boulder 1977, pp. 1~3. 라마지는 인도 우기에 관한 세계적 권위자다.

74) D. Mooley and B. Parthasarathy, "Fluctuations in All-India Summer Monsoon Rainfall During 1871~1978," *Climate Change* 6(1984), pp. 287~301.

75) Ramage, p. 6.

76) Bombay Government, *Report on the Famine in the Bombay Presidency, 1899~1902*, vol. 1, Bombay 1903, p. 114.

77) Ramage, p. 4.

78) Pierre Loti, *India*, English translation by George Inman, London 1995, pp. 145~146.

79) Bombay, *Report*, vol. 1, p. 3.

80) Vaughan Nash, *The Great Famine and Its Causes*, London 1900, p. 12.

81) Scott, pp. 142~143.

82) Frederick Lamb, *The Gospel and the Mala: The Story of the Hyderabad Wesleyan Mission*, Mysore 1913, p. 49.
83) Scott, pp. 31~32.
84) Singh, pp. 113~118.
85) Bombay, Report, vol. 1, pp. 3과 83(장인들과 면직물 노동자들).
86) Charlesworth, "Rich Peasants and Poor Peasants," pp. 110~111.
87) McLane, pp. 26~27.
88) C. J. O'Donnell, *The Failure of Lord Curzon*, London 1903, pp. 37~41.
89) C. Ramage, p. 5에서 인용.
90) O'Donnell, p. xviii.
91) Nash, p. 171.
92) Bandyopadhyay, pp. 63~67과 226.
93) Bernard Semmel, *The Liberal Ideal and the Demons of Empire*, Baltimore 1993, p. 109. 덧은 이렇게 썼다. "크림 전쟁 이후, 어쩌면 1822년 캐슬레이가 사망한 이래 영국에서 제국주의가 이렇게 기승을 부린 적도 없을 것이다. 인간애와 정의, 경쟁 국가들에 대한 존경, 식민 국가들에 대한 공정함 같은 고매한 성향이 이렇게 쇠퇴한 적이 없었다."(Romesh Chunder Dutt, *Romesh Chunder Dutt*, New Delhi 1968, p. 63에서 인용)
94) S. Thorburn, Problems of Indian Poverty, Fabian Tract No. 110, London, March 1902, p. 226(그는 1899년에서 1901년 상황에 대해 쓰고 있다).
95) *The Times*(London), 17 Feb. 1900의 통계를 보라.
96) Scott, p. 153.
97) Ibid.
98) Eddy, p. 25.
99) 나오로지와 덧이 영국의 자유주의에 환멸을 느끼고, 특히 나오로지가 사회주의로 전향하는 것에 관해 보려면 Masani, pp. 201, 400~402와 432; Dutt, pp. 62~63과 79; J. K. Gupta, *Life and Work of Romesh Chunder Dutta, CIE*, Calcutta 1911(reprinted Delhi 1986), pp. 240~244, 318~319와 특히 458을 참조하라. 기근 연간에 인도 국민회의가 드러낸 목표 상실과 사기 저하에 관해 보려면 McLane, pp. 130~131을 참조하라. 영국의 기독교 사회주의자들과 제국주의에 관해 보려면 Peter d'A. Jones, *The Christian Socialist Revival 1877~1914*, Princeton, N.J., esp. pp. 198~205를 참조하라. 페이비언 제국주의에 관해서는 Francis Lee, *Fabianism and Colonialism: The Life and Political Thought of Lord Sydney Olivier*, London 1988을 보라.
100) Raymond Challinor, *The Origins of British Bolshevism*, London 1977, p. 15(폴커크 사회 민주 연맹). 1904년 사회주의 인터내셔널 암스테르담 대회는 "대영제국의 인도 처우 문제를 거론하며 불명예"의 낙인을 찍었다. 대회 참석자 1천 명(하인드먼, 조레스, 룩셈부르크, 레닌 등)은 인도 기근 희생자들을 추념하는 시간을 가졌다. 그들은 나오로지가 인도가 굶주림과 부의 유출에서 해방되려면 "노동자 계급의 힘에 의존해야 한다."고 선언하자

열화와 같은 박수를 보내기도 했다. 나오로지는 계속해서 이렇게 말했다. "노동계급이 인도 대중의 압도적 다수를 차지한다. 따라서 그들은 전 세계의 노동자들에게 호소하고, 그들의 원조와 관심을 요청해야 한다."(Masani, pp. 431~432)

101) Nash, pp. 179~180.

102) Ibid., pp. 19~33.

103) Ibid., pp. 19, 173과 181.

104) Bombay, *Report*, vol. 1, p. 91.

105) Klein, p. 752.

106) Ibid., p. 54.

107) Kholapur에 관해서는 Merewether, pp. 27~28을 보라.

108) Goradia, pp. 71~74와 146.

109) Scott, pp. 113~114.

110) Loti, pp. 171~172.

111) Ibid., p. 172.

112) Kuldeep Mathur and Niraja Jayal, *Drought, Policy and Politics*, New Delhi 1993, p. 63.

113) Scott, p. 107.

114) "전년도에 27,710,258몬드였던 농작물 생산량이 1899년과 1900년에 1,174,923몬드로 떨어졌다."(R. Choksey, *Economic Life in the Bombay Gujarat [1800~1939]*, Bombay 1968, p. 171)

115) Ibid; Scott, pp. 107~108. 촉시는 구자라트 가축의 약 절반(약 80만 마리)이 죽었다고 추정한다(p. 176).

116) Sherwood Eddy, *India Awakening*, New York 1911, p. 24.

117) Scott, ibid.

118) Pepper, pp. 82~83에서 인용.

119) Vasant Kaiwar, "The Colonial State, Capital and the Peasantry in Bombay Presidency," *Modern Asian Studies* 28:4(1994), p. 813.

120) Bombay, *Report*, p. 100.

121) Choksey, p. 44.

122) Eddy, ibid.

123) Klein, "When the Rains Failed," p. 205.

124) J. Coe, "Congress and the Tribals in Surat District in the 1920s," in Masselos, pp. 60~62.

125) "A lady writing from Ahmedabad," quoted in ibid., p. 36.

126) Choksey, p. 44.

127) Bombay, *Report*, p. 95.

128) Nash, pp. 9~10.

129) David Hardiman, "The Crisis of Lesser Patidars: Peasant Agitations in Kheda District, Gujarat, 1917~1934," in D. Low(ed.), *Congress and the Raj*, London 1977, pp. 55~56.

130) Baker, p. 231.

131) Ibid., p. 198.

132) Bombay, *Report*, pp. 5~6.

133) Tim Dyson, "On the Demography of South Asian Famines - Part 1," *Population Studies* 45(1991), pp. 16과 22.

134) Dutt, *Romesh Chunder Dutt*, p. 252.

135) Arup Maharatna, *The Demography of Famines: An Indian Historical Perspective*, Delhi 1996, p. 15(표 3); Stein, "The Making of Agrarian Policy in India," p. 18; Lewis, p. 173.

136) Speech to the Legislative Council, Simla, 19 Oct. 1900(in Curzon, *Lord Curzon in India: Being a Selection of His Speeches...*, London 1906, p. 394).

137) Bombay, *Report*, p. 103.

138) Tim Dyson, "Indian Historical Demography: Developments and Prospects," in Dyson(ed.), *India's Historical Demography: Studies in Famine, Disease and Society*, London 1989, p. 5; J. A. Crawford, *Report on the Famine in the Hyderabad Assigned Districts in the Years 1899 and 1900*, vol. 1, Nagpur 1901, p. 8.

139) *The Lancet*, 16 May 1901.

140) Digby, "*Prosperou*" *British India*, pp. 137~139.

141) Klein, "When the Rains Failed," p. 186(데이비스와 관련해); Pierre Le Roy, *Le Faim dans le monde*, Paris 1994, p. 16.

142) Maharatna, pp. 15와 63~67.

143) Chandavarkar, p. 203.

144) Srivastava, p. 269.

145) Ibid., p. 219; B. Tomlinson, *The Economy of Modern India, 1860~1970* (*The New Cambridge History of India*, 3:3), Cambridge 1993, p. 83.

146) Bandyopadhyay, pp. 192와 200.

147) Sumit Sarkar, *Modern India: 1885~1947*, Madras 1983, p. 36.

148) Wakimura, p. 301; Choksey, p. 44.

149) *Report of the Indian Famine Commission, 1901*, Calcutta 1901, p. 7; Klein, "When the Rains Failed," p. 204 fn33.

표 13 출처: Bombay Government, Report on the Famine in the Bombay Presidency, 1899~1902, vol. 1, Bombay 1903, p. 114.

6장 | 천년 왕국을 갈구하다

1898년에는 모자는 많겠지만 그 모자를 쓸 머리는 거의 없을 것이다. 1899년에는 물이 피로 바뀔 것이다. 그리고 유성이 밝은 빛을 발하며 동쪽에서 나타날 것이다. 나뭇가지가 땅 위에 떠 있고, 그 땅은 하늘에 있을 것이다. 엄청난 유성우와 함께 세상은 종말을 맞이할 것이다. 1901년에는 빛이 사라질 것이다.

— 안토니우 콘셀레이루의 예언

뉴욕에서 발행하던 『크리스천 헤럴드』의 특별 "기근 위원" 프랜시스 니콜스는 여러 주 동안의 고된 육로 여행 끝에 마침내 1901년 가을 고대 중국의 수도 시안에 당도했다. 에스파냐와의 최근 전쟁에 관한 "용감하고도 모험적인" 보도로 명성이 자자했던 니콜스를 『크리스천 헤럴드』의 발행인 루이스 클롭시가 발탁했던 것이다. 산시陝西성과 산시山西성의 황토 지대를 유린하고 있다던 참혹한 가뭄-기근의 중심지에 (최근에 암살된 맥킨리 대통령의 기부금 백 달러를 포함해) 직접 현금 원조를 제공하는 것이 그의 임무였다.[1] 그는 8개국의 열강으로 구성된 국제 원정군에게 베이징이 함락당한 1900년 말 시안으로 도주한 서태후와 그 조정을 따라갔다. 산시陝西성이 반외세

안토니우 콘셀레이루의 글은 Euclydes da Cunha, *Rebellion in the Backlands (Os Sertões)*, trans. Samuel Putnam, Chicago 1944, p. 133에서 가져왔다.

풍조의 아성이며 앙심을 가득 품은 의화단 잔당 세력과 조우할 수도 있다는 경고를 들었음에도, 니콜스는 과거 한 왕조의 심장부에서 거의 3년 동안 지속된 가뭄이 야기한 파괴상을 상세히 보도하겠다는 결의가 확고했다. 새로운 소년 황제의 삼촌인 칭 왕이 발행해 준 통행증 덕택에 그는 지방 관리들의 진심어린 환대를 받았다. 그들은 잘 먹인 기운센 말들과 무장 경호대로 니콜스의 여행을 지원해 주었다. 지방 관리들은 그에게 기근과 죽음의 광경에 대해서도 경고했다. 앞에 펼쳐진 참상이 너무나 끔찍해서 필설로 형용할 수 없다는 것이었다. 산시陝西성 인구의 약 30퍼센트가 사라졌고, 몇몇 현(특히 치엔초, 빈초, 윙산)은 거의 전멸하다시피 했다.[2)]

전설적이었던 웨이허 유역은 거의 고비 사막이나 다름없을 정도로 황량했다. "수목 하나 없이 허옇게 변해 버린 사막에서 4백 미터마다 황토 마을이 그 모습을 드러냈다. 그런데 그 사막이 동, 서, 북으로 끝없는 대양처럼 펼쳐져 있었다. 광대한 평원은 적막했다. 퇴락해 묻혀 버린 낡은 도로에서 우리는 그 어떤 여행자도 볼 수 없었다. 들판에는 농부가 없었다. 일부 촌락에서는 준기아 상태의 남자와 아이들을 볼 수 있었다. 그들은 전멸한 공동체의 유일한 생존자들이었다." 시안 외곽은 수천 개의 동굴로 완전히 구멍투성이였다. "그 음습한 동굴은 거의 텅 비어 있었다." 1900년과 1901년의 그 혹독했던 겨울 동안 3십만 명 이상의 굶주린 난민들이 시안의 성벽 외곽에 진을 치고 있었다. 식량 폭동 및 기타의 농민 반란 징후에 기겁을 한 총독은 성문을 폐쇄했다. 넝마뿐인데다 불을 피울 연료가 없었던 난민들은 절망에 빠졌고, 시베리아에서 불어오는 칼바람을 피하기 위해 황토 제방과 산허리에 굴을 팠다. 제국의 곡물 창고는 오래전에 비어 버렸고, 이 인간 설치류 공동체는 조악한 상태의 풀과 잡초, 지붕 이엉으로 단기간 동안 연명했다. 그러나 오래지 않아 생존자들은 죽은 사람들의 시체를 먹고 있었다. "이윽고 사람 고기가 시안 교외에서 팔리기 시작했다. 처음에는 거래가 은밀히 이루어졌지만, 어느 정도 시간이 지나자 굶주림으로 사망한 인간의 시신으로 만든 미트볼이 주식으로 자리를 잡았다. 파운드당 미국 화폐로 약 4센트씩에 팔렸던 것이다."[3]

중국, 교회가 하늘을 밀봉하다

시안 성 외곽에서 벌어지던 사망 사태와 식인 행위를 니콜스에게 알려준 사람들은 그 참화를 구제할 능력이 없었던 관리들이었다. 북중국과, 독일 군대가 점령한 산둥 반도의 자오저우膠州에서 1897년 시작된 가뭄이 소름끼치는 위기의 절정으로 치닫고 있었다.[4] 5년 동안 중국 북부와 만주, 내몽골은 외국의 악마들과 자연재해로 쑥대밭이 되었다. 정말이지 두 가지 재앙이 시공간적으로 너무나 긴밀히 보조를 맞추는 바람에 수많은 농민들은 이 사태를 불가해한 하나의 악으로 받아들였다. 폴 에셔릭, 아서 티드먼, 폴 코언 같은 현대의 의화단 봉기 연구자들은, 가뭄-기근이 지방의 반외세주의 불꽃을 북중국 전역에서 광범위한 민중이 참여하는 대화재로 전환시킨 풀무였다는 당대 선교사들의 설명에 동의한다. 평범한 사람들은, 그토록 많은 재외 공관과 교회와 대성당을 오만하게 지으면서 풍수 fengshui, 다시 말해 자연의 균형이 붕괴해 버렸다고 확신했다. 용이 깨어나서 홍수와 가뭄이 일어났다는 것이었다.[5] 베이징의 성벽에 나붙은 의화단의 대자보가 맹렬히 규탄한 것처럼 "하늘에서는 비가 한 방울도 내리지 않는다. 대지는 바짝 말라붙었다. 이 모든 것은 교회가 하늘을 밀봉해 버렸기 때문이다."[6]

1897년부터 1898년 여름까지 계속된 제1단계 가뭄 시기에 산둥의 남서부 현들에서 커다란 재난이 발생했다. 이곳에서는 독일 군대가 가톨릭 선교사들을 도와 지속적으로 개입하고 있었던 터라 이미 반외세 감정이 최고조에 달해 있는 상태였다.[7] 곡물 가격이 치솟았다. 강도 집단이 폭증했고 지사들은 민중주의를 표방하는 이단적 교파의 대담성이 증가하는 사태를 우려했다. 흉작 사태가 인도 서부보다는 훨씬 덜 파괴적이었다. 그러나 가뭄에 뒤이어 곧바로 8월에 폭우가 쏟아졌다. 황하가 범람하면서 홍수가 일어났다. 8월 8일 맨 먼저 서우장의 제방이 뚫리면서 4백 개의 촌락이 물에 잠겼다. 윈청을 휩쓸고 대운하에 이를 정도였다. 강둑의 두 번째 파열로 지난濟南의 남서부가 쑥대밭이 되었다. 다시 천5백 개의 촌락이 침수되었다. "가장 피해가 막심했던 붕괴 사고가 아직 남아 있었다. 북쪽 제방이 둥에에서 무너졌는데, 거대한 호수가 생겨나면서 의화단이 곧 분기하게 될 즈빙을 휩쓸었고 계속해서 산둥 북서부의 농토 약 7천9백 제곱킬로미터를 침수시킨 다음 바다로 흘러들어 갔다."[8] 치푸의 미국 영사는 성의 상당수 지역이 아틀란티스로 변해 버렸다고 전했다. "수백 개의 촌락이 물에 잠겼다. 도시는 물에 갇혀 있는 상태다. 집, 가구, 옷가지, 사실상 모든 것이 물 밑에 가라앉은 상태로 파괴되고 못 쓰게 되었다."[9]

허난성과 산둥성의 많은 지역을 침수시킨 대홍수 사태에서 수백만 명이 탈주했다. 허베이성(즈리), 특히 베이징 주변에서도 홍수로 대혼란이 야기되었다. 수많은 촌락민들이 끊어진 제방에서 3개월 동안 오도가도 못 한 채 물이 빠지기만을 기다렸다. 그들은 살아남기 위해 발버둥쳤지만 이내 헛수

사진 10 | 북중국의 홍수 난민들

고임이 드러났다. 그들은 "버드나무 잎사귀, 밀 이삭, 목화씨를 왕겨 따위와 섞어서 먹었다."[10] 미국인 선교사들이 1898년과 1899년 겨울에 원조를 호소했다. 그들은 이렇게 썼다. "가장 보수적인 통계로도 2백만 명이 굶주리고 있을 것으로 추정된다. 시간이 지나고 추위가 닥치면 틀림없이 엄청난 재난이 닥치고 말 것이다." 살을 에는 시베리아의 삭풍에 대한 보호 수단이 없었던 수만 명이 굶주림, 질병, 추위 속에서 죽어 갔다. 『뉴욕 타임스』는 이렇게 전하고 있었다. "현재 산둥 사람들이 겪고 있는 이 엄청난 고통은 우리 시대 전 세계의 그. 어느 곳에서도 발견할 수 없을 것이다."[11]

사람들은 이 재난이 인간에 의해 초래된 것으로 피할 수 있는 사태였다고 믿었고, 그래서 비극의 고통은 훨씬 더 심각했다. "관리들은 지위 고하를 막론하고 홍수 통제 기금을 착복했고, 그로 인해 황하의 제방이 여러 해에 걸쳐 무너져 내리고 있었다. (…) 감찰관들은 고발장을 통해 황하의 치수 사업에서 자행되던 이런 부패상을 지속적으로 보고했다."[12] 가톨릭에 호의적이었던 치수 사업 단장은 주요 범죄자로 지목되어 면직되었지만 프랑스의 압력으로 이내 복권했다. 에셔릭에 따르면 익사 직전까지 몰렸던 굶주린 농민들은 이렇게 생각했다. "외세의 강요로 복권된 이 관리는 대홍수의 원인인 부패와 무능의 화신이다."[13] 열강들은 북중국의 고통을 냉담하게 외면했다. 그들은 선교사들, 심지어 자국의 지방 영사들이 제기하는 필사적인 구호 호소마저 무시했다. 『크리스천 헤럴드』의 루이스 클롭시가 미국 국무부 장관 헤이에게 산둥에 곡물을 실어 나를 수 있게 해 달라며 해군 지원을 요청했다. 그는 이용 가능한 모든 수송 수단이 필리핀 침략에 동원되었다고 설명하면서 클롭시의 요구를 퉁명스럽게 거절했다.[14]

사진 11 | 1900년 궁술을 연마하고 있는 의화단

게다가 1898년 내내 외세의 협박이 날이 갈수록 늘어나는 것처럼 보였다. 홍수와 그에 따른 콜레라가 창궐하면서 베이징 당국은 마비되고 말았다. 그런데 그 사이에 런던과 베를린이 악명 높은 영독 조약을 체결했다. 양쯔강 이남에서 영국이 주도권을 행사하는 대신 북중국 평원에 대한 독일의 영향력을 인정해 주겠다는 내용이었다. 일본, 프랑스, 러시아가 즉시 이에 상응하는 양보 조치를 요구했다. 마침 중국에서 기독교로의 개종이 빠른 속도로 증가하고 있었다. (예를 들어 1890년과 1908년 사이에 신교도 선교사들의 수가 세 배로 증가했다.) 이 사태는 "종교 침탈"로 받아들여졌다.[15)]

더 미묘하지만 결코 덜 놀랍다고 할 수 없는 일도 일어났다. 세계시장의 원심적 파괴력이 촌락 단위에서도 목격되기 시작했다. 기계로 자은 방적사가 인도에서 수입되었고, 산둥과 기타 북부 지방의 수공업적 직물 산업이 엉망으로 파괴되었다. 중국의 무역수지가 악화되면서 "현금"(중국에서 대종을 이루었던 경화 제도) 구매력도 추락했다. ("1890년부터 1910년 사이에 최악의 통화 가치 하락이 발생한 해는 (…) 1900년이었다.")[16)] 북중국 주민들은 청나라의 주권이 조각조각 해체되고 있다고 보았다. 이와 함께 홍수 통제와 기근 구제 등의 제국 업무가 마비되면서 백성들의 전통적 권리와 안전도 내팽개쳐졌다. 제국주의 세력에 대한 민중의 명민한 감식안 속에서 의화단운동의 은밀한 교리가 싹텄다. 노련한 선교사이자 중국의 농촌 생활을 연구한 선구적 사회학자였던 아서 스미스는 영국의 독자들이 중국의 보통 사람들을 무지하고 미신에 사로잡힌 존재로 배격하기 쉽다는 점을 상기시켰다. "이 지구상에서 중국 사람들보다 더 영리한 민족을 찾을 수는 없을 것이다. 다른 어떤 곳에서도 말이다."[17)]

중국 역사를 살펴보면 재난은 항상 반란을 불러일으켰다. 강들이 제방을 무너뜨리고 수로를 바꿀 때면 전통적인 격언은 이렇게 경고했다. "노인은 죽고, 젊은이들은 도적이 된다."[18] 그리하여 홍수의 재난이 외세의 음모에 대한 인식과 뒤섞여 커다란 지역 봉기로 비화되었을 때도 관리들은 전혀 놀라지 않았다. 안후이성 북부 워양과 장쑤성 북부에서 폭력 사태가 광범위하게 빈발했다.[19] 예부터 도적들이 자주 출몰했던 허난 서부는 "치수 사업이 형편없이 진행되었고, 그리하여 시형과 기후의 혹독한 악영향을 순화시킬 수 없었다." 특히 바오펑, 루산, 린루 현들에서는 로빈 후드형 도적단 만 명이 외국 군대와 청나라 모두의 골칫거리로 위협을 가해 왔다. 엘리자베스 페리가 지적한 것처럼 비상한 규율의 이 산적들은 용의주도하게 빈민들을 배려했고, 선교사 납치로 확보한 많은 액수의 몸값을 그들과 나누어 가졌다. (10년 후 또 다시 자연재해가 발생했고, 유명한 무법자 바이랑은 이 반란의 고장 허난의 농민-도적단 사령관을 자처하게 된다.)[20]

1899년의 의화단운동으로 연결되는 반기독교 정서가, 피해가 막심했던 산둥 서부의 지역 전체로 들불처럼 퍼져 나가기 시작했다. 더욱더 위협적인 상황이 전개되었던 것이다. 이곳에서는 추수 작물이 물에 잠겨 버렸고, 토양이 너무 습한 상태를 유지해 겨울 밀마저 파종할 수가 없었다. 가난한 농민들, 농업 노동자들, 실업자로 전락한 대운하의 거룻배 사공들의 무예 운동이, 약탈을 목표로 하는 사회적 도적 행위와 전통적 촌락 민병대의 방어적 역할을 결합했다. 이렇게 형성된 의화단운동은 기독교로 개종한 촌락민들 및 지역 당국과 곧바로 마찰을 빚으며 반목과 혼란을 야기했다. 외국 열강들은 청나라 조정에 이 운동을 근절하라고 무지막지한 압력을 넣었다. 실제로 홍수 사태에 이어 새롭게 가뭄이 닥치지 않았더라면 의화단운동도 주요 지도자 세 명의 처형과 함께 1898년 12월에 진압되었을지

모른다.[21]

1899년 봄에 비가 오지 않았다. 가솔린 호수에 성냥불을 그은 격이었다. 아서 스미스는 이렇게 썼다. "가뭄은 엄청났고 실제로 거의 모든 지역의 현상이었다. 1878년 대기근 이후 처음으로 중국 북부의 그 어느 곳에서도 겨울 밀이라고 할 만한 게 전혀 파종되지 못했다. 아무리 상황이 좋아도 봄비는 늘 부족하다. 그러나 그 해에는 봄비가 거의 절대적으로 부족했다. 땅은 단단한 빵 껍질처럼 구워졌고, 어떠한 수확도 기대할 수 없었다."[22] 하는 일 없이 지내던 농민과 농업 노동자 수만 명이 지역의 무도장으로 모여들었다. 거기서 그들은 불굴의 정신을 강화하는 백련교도의 의식과 더불어 무사의 전투성을 새로운 교리로 흡수했다.[23]

산둥성 서부의 즈빙현은 홍수 기간에 문자 그대로 완전히 물속에 잠겨 있었고 이제는 다시 가뭄의 공격을 받았다. 그곳은 이 무예 결사체가 "8백 개 이상" 활약하는 본고장으로 명성이 자자했다. 그 지방 지사는 베이징에 이런 전갈을 보냈다. "우리 고장의 날씨는 매우 건조하고 빈민의 수도 늘어났다. 이 가난한 사람들이 모두 모여서 의화단원이 되겠다고 한다. 의화단의 대다수는 생계 수단이 전혀 없는 빈민들이다." 또 다른 관리는 초기 의화단의 "열여덟 수괴" 가운데 일부를 잡아 참수한 후 이 운동이 굶주림으로 촉발된 하층계급적 성격을 지녔다고 확인했다. "이들 의화단원들은 대부분 집이 없다. (…) 이미 처형된 얀수친과 '곰보' 가오는 재산이나 기타 가재도구가 전혀 없었다. (…) 처형된 시더성과 연루된 열두 세대는 [불과] 23에이커의 토지를 공동으로 소유하고 있었다. 그 땅 전부가 몰수되거나 경매로 팔렸다."[24]

정부는 파산과 부패로 인해 믿을 만한 구호 활동을 펼칠 수 없었다. 부자들은 가난한 사람들과 식량을 함께 나누려고 하지 않았다. 대중이 직접 나서서 중국을 구제해야 한다는 의화단의 핵심 교리가 강화될 수밖에 없었다. 코언은 이렇게 쓰고 있다. "지명 사전, 일기, 공식 보고, 구술사, 외국인들의 기록 등 각종의 다양한 증거를 살펴보면, 1899년 말에 시작된 의화단운동의 확대 강화 사태와 대중의 점증하는 불만, 걱정, 실업, 가뭄으로 야기된 굶주림이 곧바로 연계되어 있음을 알 수 있다." 봉기 사태를 언구한 또 다른 저명한 역사학자 티드먼도 코언의 다음과 같은 평가에 동의한다. "내 판단에 따르면 의화단운동의 폭발적 성장과, 1900년 봄과 여름에 걸쳐 대중의 지지가 격증한 원인은 다른 무엇보다도 가뭄-기근이었다."[25]

더구나 의화단에 합류하면 배도 확실히 채울 수 있었다. 운동이 활발하게 전개된 곳이면 어디서나 애국적 감언이설이 난무했고, 그들은 필요할 경우 상인들과 부유한 농민들에게서 잉여 식량을 빼앗았다. 더욱더 폭력적인 사태도 벌어졌다. 의화단은 기독교 촌락들과 재외 공관의 식량을 탈취해 나누어 가졌다. 티모시 리처드가 창간한 선교 신문 『완궈궁바오萬國公報』는 이렇게 경고했다. "허약한 사람들이 길옆 도랑에서 쓰러져 나가는" 사이에 (…) "부자의 재산을 약탈하는 무법자와 그 옹호자들은 더욱더 강력해진다."[26] 실제로 대부분의 기사가 동의하고 있는 것처럼 "곡물의 균등 분배"라는 급진적 표어가 의화단 봉기의 폭발적 성장에서 가장 중요한 지위를 차지했다. 물론 일부 역사가들은 이 표어가 기독교도들과 외국인들을 표적으로 삼았을 뿐이라고 주장한다. 그러나 치아이장은 이렇게 단언한다. 적어도 1900년 허베이에서만큼은 그 표어가 "부자 일반"을 지목했다. 그는 다음과 같은 공식 기록을 인용한다. "그들은 부자들에게 곡물을 전부 내놓으라고 명령했다. 부자들이 말을 듣지 않으면 강제로 빼앗았다."[27] 장로회 선교사들도 1899년 7월 친의화단 성향의 농민들이 안후이성 북부 전역에서 "부자들의 곡물 창고를 약탈하고" 있다고 전했다.[28] 특권계급과 청나라의 귀족들이 궁극적으로 이 폭동을 지지했고, 위험수위에 달한 사회적 분노를 순전히 애국적이고 비혁명적인 방향으로 돌려 버리려는 노력과 활동이 체계적으로 시도되었다는 것도 의심의 여지가 없는 사실이다. 실제로 노회한 만주인 정치가들 처지에서는 열강 세력이 의화단을 어느 정도 박멸해 준 사태가 종말론적인 계급투쟁보다 차라리 나아 보였다. 태평천국운동의 길고 긴 그림자가 여전히 출입이 금지된 도시 자금성에 드리우고 있었던 것이다.

그러나 가뭄 희생자들은 1877년의 홀로코스트를 비슷한 기억으로 떠올렸다. 에바 프라이스의 일기는 수백만 명이 사망한 그 사건에 대한 민중의 기억이 가뭄 및 기근 사태와 결부된 외세의 위협에 반대하는 봉기를 어떻게 자극했는지 생생하게 전하고 있다. 그녀는 1889년부터 산시山西성에서 전도 활동을 벌여 온, 오벌린 대학의 대규모 선교사 분견대의 일원이었다. 의화단은 통속소설과 연희극에 나오는 각종 동물 신들을 활용했다. 굶주림, 흉흉한 소문, 공포감이 촉매로 작용해 민중 문화에 존재하는 부활이라는 요소와 뒤섞였다. 조르주 르페브르의 분석으로 유명한 1789년의 『거대한 공포』가 상기되는 대목이다. 프랑스 농민들은 이 작품에 자극받았고 의화단과 비슷하게 목숨을 건 모험에 나섰다.[29] 프라이스의 일기 내용은 아주 신랄하다. 주변의 농민들처럼 프라이스도 자신의 운명이 가뭄 사태의 추이에 좌우된다는 것을 점차 깨닫게 된다.

프라이스는 마지막으로 비가 온 1898년 9월부터 굶주림의 공포가 최고조에 달한 1900년 봄까지 대중의 점증하던 불만과 외국인 혐오 공격 사태를

사진 12 | 사로잡힌 의화단원

상세히 기록했다. 1899년 초여름에는 남서쪽에서 천둥소리를 빈번하게 들을 수 있었다. 그러나 계절풍 강우는 결코 산맥을 넘지 못했다. "남쪽 성문은 다시 닫혔고 상인들은 가게 밖에 작은 제단을 마련했다. 신들께서 비를 내려 줌으로써 그들의 경건한 숭배 의식에 보답해 주시리라 기대했던 것이다. 모든 것이 말라붙었고 자욱한 먼지가 참으로 지독하다." 농민들은 9월에 평소대로 겨울밀을 파종했다. 그러나 계절풍 강우는 "약간의 가랑비"뿐이었고 "이것은 아무짝에도 쓸모가 없는 양이었다." 겨울이 왔다. 그러나 통상 보호 기능을 수행해 주던 눈이 내리지 않았다. 겨우 싹이 튼 얼마 안 되는 밀도 전부 죽어 버렸다.[30]

굶주림이 확산되자 촌락민들이 1877년에서 1879년 사태와 비교하기 시작했다. 산시山西성 인구의 최소 3분의 1이 사망한 바로 그 사태와 말이다. 외국인들의 음모와 잔학 행위에 관한 흉흉한 소문이 돌았다. "이 가운데서도 가장 끔찍한 이야기는, 중국 해안을 떠나다가 붙잡힌 외국 선박들에서 사람의 안구와 혈액, 여성의 젖꼭지가 발견되었다고 주장하는 내용이었다."[31] (코언은 기독교도들이 우물에 독을 풀고 있다는 널리 퍼진 소문도 소개한다.)[32] 1900년 3월경이면 의화단원들은 반외세 성향의 신임 총독 위시엔이 묵인하는 가운데 성도 타이위안에서 은밀히 조직화 작업을 수행하게 된다. 두 달 후 산시山西의 도처에서 기아 사태가 극적으로 가시화되자 촌락민들은 행동에 나섰고, 영양 상태가 좋은 중국인 기독교 개종자들과 "외국의 악마들"을 공격했다. 불교 승려들은 농민들에게 기독교인들이 공공연하게 중국의 전통을 모독하는 한 가뭄이 계속될 것이라고 주장했다. 이제는 겁에 질린 오벌린 선교사들이 비를 내려 달라며 독자적으로 삼 일 동안이나 마라톤 기도회를 열었다.[33]

6월이 되자 계절풍 강우가 내리면서 북중국 평원의 상당수 지역에서 가뭄이 해갈되었다. 그러나 산시山西와 산시陝西의 황토 고원은 여전히 메마른 불모지로 남아 있었다. 비를 간구하는 절차와 행동은 대규모의 전투적인 애국 시위로 바뀌어나갔다. 이제 의화단원들은 "부청멸양扶清滅洋"의 구호를 외치며 공개적으로 행진했다. 그들은 이렇게 노래하기도 했다.

> 비가 오지 않는 사태를 보라
> 하늘은 놋쇠와 다름이 없다
> 외국인들의 피를 뿌려야 한다.
> 그렇지 않으면 무상한 세월이 또 지나갈 것이다.[34]

프라이스는 6월 28일 일기에 이렇게 적고 있다. "여러 달 동안 우리는 근심 걱정이 많았다. 가뭄 때문이었다. 우리는 민중이 겪게 될 고통이 두려웠다. 그 사태가 우리에게 특별한 의미를 갖거나 위협이 될 거라고는 미처 생각지 못했다. 지난 두 달 동안의 사태 변화는 엄청난 것이었다. 우리는 가뭄 사태에 직면해 굶주림과 다름없는 압력을 느꼈다."[35]

몇 주 후 외국 세력이 타쿠 요새(Taku forts, 大沽炮台)를 공격했다. 이에 서태후가 영국, 독일, 프랑스, 미국, 일본, 이탈리아, 오스트리아, 벨기에, 네덜란드를 상대로 전쟁을 선포했다. 서태후는 이렇게 말했다. "나는 지난 40년 동안 그들 때문에 와신상담했다." 위시엔의 기수들은 서태후의 명령에 부응했고, 에바 프라이스와 그녀의 남편 및 다른 선교사 마흔두 명을 그 즉시 살해해 버렸다.[36)]

중화인민공화국의 역사학자들이 1940년대 후반과 1960년대 초반에 수집한 구술사가 확증해 주는 바에 따르면 의화단 봉기는 매우 광범위한 민중운동이었다. "북중국 평원의 촌락들에서 의화단의 주장에 대한 공감은 거의 보편적인 현상이었다." "각 현에서 보고한 봉기 건수는 마치 '숲에서 나무를 세는 것처럼' 많았다."[37)] 반면 서태후 주변에 있는 만주 파벌들의 단발마적 지원은 무기력하게 동요했다. 이에 반해 기근 피해를 전혀 입지 않은 양쯔 강 삼각주의 상업 엘리트들은 대중적 비난의 위험성을 별로 못 느꼈고, 그에 따라 외세의 개입에 묵종했다. 막대기와 부적으로 무장한 의화단과 홍등 세력(Red Lanterns, 의화단의 여성 조직)의 용기가 가상한 것이기는

사진 13 | 북중국에서 발견된 시신

했지만 열강 세력의 연합군에 맞선 전투에서는 거의 쓸모가 없었다.

1897년부터 1901년 사이에 기근과 전염병으로 북중국에서 수백만 명이 죽었다. 여기에 폰 발더제 원수(카이저가 아틸라의 대량 살육을 모방하라고 직접 명령했다.)와 기타 정복자들의 군대가 추가로 발생시킨 수십만 명의 사상자가 더해졌다. 원군의 구조를 받은 선교사들조차 중국 민간인을 상대로 자행한 복수 행위의 규모와 잔인성에 혀를 내둘렀다. 아서 스미스는 이렇게 푸념했다. "외국 군대는 모세의 6, 7, 8계명을 최단 기간 내에 최대한 많이 위반하겠다는 목표로 북중국에 온 것 같다."[38]

딜런은 『컨템퍼러리 리뷰』에 기고한 글에서 살해당한 중국인 시신이 페이호 강(Pei-ho River, 白河 또는 海河)으로 수도 없이 떠내려 와 섬과 모래톱 위로 높이 쌓였다고 설명했다. 특별히 끔찍한 한 광경을 소개해 본다.

> 낮게 솟은 암붕岩棚 위로 시신 두 구가 보였다. 이때쯤이면 묘지의 흙이 벌레를 제외한 모든 생물로부터 숨기는 공포를 대명천지에서 바라보는 일에 익숙해졌으므로 이야기의 비애감만 없었다면 나도 그들을 부주의하게 그냥 지나치고 말았을 것이다. 아버지와 여덟 살 소년이 서로의 손을 부여잡고 자비를 베풀어 달라고 요구하다가 문명의 이름으로 피격됐다. 실제로도 그들은 여전히 손을 맞잡은 채 거기 누워 있었다. 갈색 털의 개 한 마리가 아버지의 팔 하나를 느릿느릿 뜯어먹고 있었다.[39]

딜런은 여성과 소녀들에 대한 강간, 살인 등 연합군이 자행한 기타의 잔학 행위들을 열거한 후 통찰력 있는 경고를 했다. "중국에서 용맹한 군대가 '멋진 일을 해냈다.'" 그들의 업적으로 민족주의 혁명의 씨앗이 파종되었다. "열강들의 정책이 미풍을 촉발하고 있다. 그 결실은 틀림없이 회오리 바람일 것이다. 그 사태는 '미래의 음악'으로 전개될 것이다."[40]

브라질, 심판의 날을 맞이하다

브라질의 19세기는 가뭄과 기근, 국가의 집단 학살 자행이라는 피비린내 나는 일몰과 함께 마감되었다. 지역적·인종적 분열이 확대되는 가운데, 1889년 쿠데타로 수립되어 파울리스타[paulista, 상파울루 소재 국립 파울리스타 대학교 출신자들을 가리킴. 옮긴이] 엘리트들이 장악한 실증주의 공화국은 가뭄의 충격 속에서 빈곤의 나락으로 전락했지만, 경건하고 훌륭한 노르데스테의 세르탕 주민들을 상대로 무자비한 전쟁을 벌였다. 바이아 주 세르탕의 신성한 도시 카누두스를 파괴하고 안토니우 콘셀레이루의 비천한 추종자 수만 명을 도륙함으로써 절정에 이르렀던 1897년의 카누두스 반란은 브라질 현대사의 결정적 사건 가운데 하나다. 에우클리데스 다 쿠냐가 1902년에 발표한 서사시 『오지에서의 반란』이 이 사건을 제재로 삼았다. 민중의 종교 영웅 시세루 호망 신부가 세아라 주 카리리 강 유역에 세우고 이끌었던 또 하나의 유명한 오지 유토피아 주앙세이루는 가까스로 카누두스의 운명을 피할 수 있었다. 그곳은 지역 엘리트들과의 영리한 타협을 통해서 겨우 20세기까지 버틸 수 있었다. 종말론적 절박함(반기독교적인 과두 독재의 공화국에도 반대했다.)이 두 공동체를 사로잡았음에도 각각은 노르데스테에서 지속되던 환경 위기와 경제 몰락에 실용적이면서 성공적으로 적응하기도 했다. 나아가 이 두 운동의 기원은 1876년에서 1878년의 대한발 사태로 거슬러 올라간다.

세르탕은 오래전부터 종교의 활화산이었다. 1578년에 투쟁하던 오지인들을 소멸시킨 포르투갈 국왕의 재림을 신비주의적으로 믿던 "세바스티안주의"가 특히 널리 퍼져 있었다. 천년 왕국 신봉자들의 첫 번째 참패와 학살은 1819년과 1820년 페르남부쿠 세르탕의 세라두호데아두르에서 일어났다. "한 예언자가 세바스티안 왕을 기다리는 일단의 추종자들을 규합했다. 왕이 곧 재림해 그들을 이끌고 예루살렘 해방을 위한 성전에 나설 것이라고 기대했던 것이다." 그들의 포악한 유토피아는 긴장한 정부 당국에 의해 파괴되었다. 정부는 민중 가톨릭의 유토피아-종말론적 요소를 아주 불온한 것으로 보았다.[41] 그러나 19세기 말의 대한발은 민중의 문화에 세바스티안주의 종말론을 더욱 강고하게 심어 놓았다. 1877년과 1889년의 기근 사태를 거치면서 하위 서품의 맨발의 경건한 자*들은 격변이 일어난 후 그리스도의 천년 왕국이 도래할 것이라는 새롭고 격렬한 비전을 제시했다.

그러나 세르탕의 천년 왕국 신앙은 불안정 상태에 빠진 환경을 극복하려던 실용적인 사회구조이기도 했다. 외국에서 온 성직자들과 선교사들이 1877년 봄 바짝 타들어 가던 세르탕에서 도망쳐 나왔을 때, 교사였다가 베아투가 된 콘셀레이루와 서품을 받은 성직자 시세루는 추종자들과 함께 뒤에 남았다. 그들은 종말을 설교했고 원기 왕성한 자조 활동을 실천했다.

---

* *beato/a*, 하나님의 축복을 내려 주는 경건한 자라는 칭호다. 이보다 한 계급 높은 '상담가 *conselheiro*'라는 칭호도 있다. 원래는 프랑스의 작은 마을에서 가톨릭교 신부들이 교구에 속한 가정들의 대소사를 관장했던 것에서 그 기원을 찾을 수 있다. 당시 브라질 내륙 지방에서는 신부의 수가 절대적으로 부족했고, 교회는 부족한 일손을 돕는 자들에게 지도력과 언어 표현 능력, 동정심과 기타 자질 등을 심사하여 이 칭호들을 부여했다. 앞에서는 복자福者라고도 옮겼다. 옮긴이

콘셀레이루는 지역의 교회와 공동묘지를 보수하고 관리하면서 청렴결백하다는 명성을 얻었다. 반면 시세루는 굶주리던 가뭄 난민들을 미개발 상태였으나 비옥한 지역인 아라리페 산맥에 재정주시키면서 유명해졌다. "1877년에서 1879년의 참혹했던 가뭄 시기에 [시세루는] 난민들을 위해 우물을 팠고 수용 시설을 세웠으며 카사바와 마니코바를 심었다. 세르탕 전역에서 그에 대한 칭송이 사사했다."[42)]

우리가 이미 본 것처럼 1888년에 구름 한 점 없는 불볕더위가 기승을 부리자 주앙세이루의 오아시스가 다시 한 번 대중의 피난처가 되었다. 가뭄 희생자*flagelado*들은 시세루의 정력적인 지도 아래 구황작물인 카사바를 심었고, 카리리 강의 끊이지 않는 수원에서 갈증을 풀었으며, 비를 기원했다. 1889년 수난 주간에 마리아 데 아라우주가 선보인 보혈 기적이 3년 동안 반복되었고, 시세루와 로마 가톨릭교회 사이에서 불화가 증대했음에도 수천 명의 난민과 순례자들이 주앙세이루로 몰려들었다. 아프리카 전통과 브라질의 전통이 뒤섞인 민중 가톨릭과 전쟁을 선포한 로마 가톨릭은 오지 출신의 가난한 흑인 여성이 그런 신성한 은총의 대상이 될 수 있다는 사실을 받아들이려고 하지 않았다.

가뭄은 1890년에 누그러졌다. 다수의 세르탕 주민들은 주앙세이루의 기적 덕택이라고 믿었다. 그러나 1891년 가뭄이 다시 돌아와 맹위를 떨쳤다. 1891년은 근현대 남아메리카 역사상 가장 극심하게 엘니뇨가 발생한 해들 가운데 하나였다. 엔실라멘투*Encilhamento*라고 하는 정치적으로 조장된 커피 투기 거품이 터져 버렸다. 브라질 경제는 깊은 위기로 곤두박질쳤고, 심지어 1893년의 세계 경기 침체를 앞질러 끝없이 치솟는 인플레이션이 발생했다. 밀레이스[milreis, 당시 브라질의 화폐 단위. 옮긴이]의 가치가 1892년부터 1897

년 사이에 정확히 반 토막 났다. 신생 브라질 공화국은 현대적 겉치레에도 불구하고 점점 더 주변화되고 있던 노르데스테의 가뭄과 인플레이션으로 고통받고 있던 내륙 오지를 지원하는 데 구舊제국보다 훨씬 더 무능했다. 새로 형성된 연방주의 아래에서 거의 모든 구호 활동과 공공사업이 남부에 집중되었던 것이다. 세르탕 주민들은 부패했고 파산한 국가 과두들의 자비를 마냥 기다려야 할 운명에 처했다.[43]

그림 13 | 안토니우 콘셀레이루

이게 다가 아니었다. 과잉 개발되었으면서 동시에 저개발 상태인 세르탕의 자원과 관련해 1877년 당시보다 더 커다란 인구 압력이 존재했다. 1888년에 반포된 해방 법령으로 해안 지역 재식 농장의 노예들이 자유를 얻었다. 물론 그들에게는 토지나 농사 도구 등 독립적 생존에 필요한 진정한 자활 수단이 전혀 제공되지 않았다. 마침 설탕 수출 소득이 감소하면서 일자리가 줄어들었다. 수천 명이 내륙 오지로 흘러들어 갔다. 거기서 그들은 바짝 타들어 간 대지를 하릴없이 부여잡고 있던 물납 소작인, 날품팔이꾼, 불법 점거자 들에 합류했다. 농촌에는 신용이라는 게 존재하지 않았다(런던이 여전히 브라질의 금융을 확고부동하게 장악하고 있었다). 세르탕에서 믿고 의지할 만한 수자원은 대토지 소유자들이 빈틈없이 독점하고 있었다. 그리하여 1888년 이후 가뭄이 재개되었을 때 토지에 의존하던 인구를 지탱해 줄 여력은 거의 남아 있지 않은 상태였다. 1877년처럼 포르탈레자와 살바도르 및 기타 항구 도시들의 관리들은 재빨리 도로를 봉쇄하고 쇄도하는 굶주린 난민들을 차단했다. 그러나 다수의 세르탕 주민들은 새로운 생존 방식을 선택했다. 그들은 시세루가 주앙세이루에 건설했고, 1892년 이후로는 콘셀레이루가 카누두스에 건설한 "가뭄 방주"로 몰려들었다.

적들은 콘셀레이루를 (더 최근에는 마리오 바르가스 요사가 대표적이다.) 미쳐 날뛴 괴물로 부당하게 묘사해 왔다. 로버트 러바인이 보여 주는 것처럼, 실제의 그는 노르데스테의 전통적 기준으로 볼 때 성통 교리를, 다시 말해 "음울하고 용서가 없는 가톨릭 교리"를 설교했다. 시세루와 달리 콘셀레이루는 기적의 흥행사가 아니었고, 자신에 대한 개인숭배를 조장하거나 성사聖事를 거행하지도 않았다. 콘셀레이루가 세르탕의 사보나롤라나 코튼 매더*였는지는 몰라도 분명히 "메시아"는 아니었다. 콘셀레이루의 설교는 대부분 대중의 열성적인 영송詠誦에 기초했고, 슬픔의 성모마리아에게 참회하며 귀의하는 행위에 집중했다. 그는 1889년부터 계속된 간헐적 가뭄 사태를 세계 종말의 전조로 해석했다. 그러나 이런 해석마저도 노르데스테의 정규 성직자 집단 상당수가 제시한 격렬한 비전과 완벽하게 일치한다. 그런데 콘셀레이루의 성경에 입각한 치열한 정직성과 청렴함이 정치로 연결되면서 그는 위험인물로 낙인찍히고 만다. 콘셀레이루는 "사회정의에 대한 열망이 대단했다." 특히 그는 노예제도와 빈민 착취에 반대했다. 결국 콘셀레이루는 비폭력적 시민·종교 불복종 운동을 창도하기에 이른다. 그는 20년간의 영적 편력 과정에서 각급의 지역 당국들에 의해 거듭해서 체포되었고

---

* 사보나롤라Savonarola는 이탈리아의 종교 개혁가다. 교회의 부패와 메디치가의 전횡에 반대하여 신권 정치를 단행했고 로마 교황과 대립하다 처형되었다. 코튼 매더Cotton Mather는 미국 회중파 교회의 목사이자 역사가다. 뉴잉글랜드 청교도 사회를 지배하며 신권 정치 유지에 힘썼다. 옮긴이

매도되었으며 추방당했다. 이런 박해는 세르탕의 물납 소작인들과 무토지 노동자들 사이에서 그의 신성한 지위를 높여 주었을 뿐이다.[44)]

콘셀레이루는 1888년에서 1891년 가뭄기에 추종자들을 살바도르 북부의 버려진 대목장 두 곳에 정착시킨 바 있었다. 그는 새로 부과된 지방세에 반대하며 투쟁을 벌이던 지역의 시장 여성들도 지지했다. 콘셀레이루는 그리스도를 실증주의자 콩트로 대체해 버린 신생 공화국을 비난했다. "민중을 노예 상태로 돌려놓으려 한다."는 것이었다. 1893년 초 바이아 주 경찰이 그를 암살하려고 시도했다가 미수에 그치고 말았다. 이후로 그는 급격히 증가하던 회중을 더 먼 원격지로 옮기기로 마음먹었다. 그렇게 선택된 카누두스는 살바도르에서 7백 킬로미터 떨어진 내륙 오지에 자리했다. 세르탕 고지의 이 중심지는 비옥한 대지 위에 조성되었던 버려진 대목장으로, 주변이 바위산으로 둘러쳐져 방어 여건이 좋았고 강과 우물 등의 급수 사정도 양호했다. 카누두스는 18개월이 채 안 되어 가뭄에도 끄떡없는 인구 3만 5천 명의 자급자족 도시로 발전했다. (다 쿠냐는 "진흙 방벽으로 에워싼 예루살렘"이라고 표현했다.) 방문자들은 카누두스의 상대적 번영은 물론이고 이 도시의 종교적 열정에 깜짝 놀랐다. (강둑을 따라 "채소, 옥수수, 콩, 수박, 스쿼시, 멜론, 사탕수수, 칡, 감자 등이 재배되고 있었다.") 도시 인구는 세르탕의 광범위한 인종들이 혼합되어 있었다. 그러나 이 공동체를 시민적·군사적으로 지도한 것은 도망 노예들의 후손, 범법자*cangaceiro*, 원주민 키리리족 잔존 세력 같은 추방당한 사람들이었다. 키리리족의 마지막 추장 두 명은 카누두스 방어 전투에서 사망한다.[45)]

콩트와 스펜서의 오만한 자유주의에 고취되었던 당대 브라질 지식인들과 다 쿠냐에게 공화국의 근대성을 부정하는 이런 분리주의는 "무지몽매한 광기의 구체적 표현"일 뿐이었다. 그러나 러바인은 이렇게 지적하고 있다. "정신 이상의 마법사에게 현혹되거나 변덕을 발휘해 콘셀레이루에 합류한 사람은 거의 없다." 주앙세이루처럼 카누두스도 가뭄과 경기 침체의 무자비한 혼란에 대한 합리적인 반응이었다. 국가는 세르탕을 개발할 능력이 없었고 심지어 이 지역의 경기 하락을 늦출 수도 없었다. 이런 상황에 직면해 카누두스는 자기 조직적인 "사회주의적" 대안의 실재성을 보여 주었다. 비록 그들의 공식 이데올로기가 성모마리아주의에 군주제주의이기는 했지만, 실제로 콘셀레이루는 적들의 비방과 중상과는 달리 신앙을 엄격히 통제하지도, 사교邪敎적 원리를 강제하지도 않았다. "원하는 사람은 누구나 주변의 공동체와 지속적으로 접촉할 수 있었다. 그들은 자유의지에 따라 마음대로 드나들 수 있었다. 사람들은 카누두스를 방문했고, 용무를 보았고, 떠났다. 다수의 콘셀레이루 추종자들도 매일같이 공동체 바깥에서 일했다. 그들은 죄수가 아니었다. 그들이 카누두스에 온 것은 자신들의 가톨릭 신앙을 수호하기 위해서였지, 신흥 종교나 비정상적 분파를 만들기 위해서가 아니었다."[46]

최근 밝혀진 역사들이 강조하는 것처럼 (다 쿠냐의 서사시에 대한 영어 제목인) "오지에서의 반란" 따위는 전혀 없었다. 평화적 퇴거 속에서 새 천년의 자치 왕국을 건설하려던 시도가 있었을 뿐이다. 그러나 노르데스테에 존재했던 더 이른 시기의 킬롬부(quilombo, 노예 공화국)처럼 평화롭게 고립되고자 했던 카누두스의 소박한 바람도 사회질서를 위협하는 불길한 징조로 인식되었다. 한편으로 이 성스러운 도시는 값싼 잉여 노동력을 흡수해 버렸다. 바이아에서 가장 유력한 목축업자이자 카누두스의 법률적 소유자인 제레모아부 같은 지역 호족들이 헐값에 고용했어야 할 노동력을 말이다. 다른 한편으로 카누두스는, 파울리스타 엘리트들과 그들의 공화주의 연합 세력이 브라질 전역에 부과하고자 했던 새로운 질서에 대한 성공적 저항을 상징했다. 주앙세이루처럼 카누두스도 내륙 오지의 가톨릭을 복종시키겠다는 교회의 계획과 충돌했다. 결국 "기독교 신앙을 근본으로 한" 콘셀레이루의 때 이른 실험은 비난의 십자포화에 직면했다. 살바도르의 지식인들은 "공산주의"라고 매도했고, 교황 지상권론자들은 "정치적 종교 이단"이라고 공격했으며, 연방 정부는 "정부 전복을 획책하는 군주제주의"라고 비난했다. 제레모아부 일가와 다른 대토지 소유자들은 카누두스를 즉각 파괴해 달라고 요구했다.[47]

짧은 휴지기가 있었지만 1907년까지 계속된 새로운 엘니뇨 가뭄이 막 시작되었던 1896년 말[48] 바이아 주 병력 한 대대가 대토지 소유자들의 탄압 요구에 부응해 참회자들의 평화 행진에 발포했다. 150명 이상이 현장에서 즉사했다. 이에 격분한 생존자들이 군대를 쫓아냈다. 그들의 다수는 억센 목부*jagunco*나 범법자 출신이었고, 군대는 많은 사상자를 냈다. 가뭄이 지속되면서 농촌은 텅 비어 갔다. 카누두스 주민들은 손에 나팔총과 칼을 들고 그들이 새로 조성한 농경지와 가옥을 필사적으로 지키고자 했다. 일흔 살의 고령으로 건강 상태가 좋지 못했던 콘셀레이루가 꿈에 그리던 교회 봄 제수스 성당(나중에 군대가 다이너마이트로 폭파했다.) 건축에 열을 올리던 그때 카누두스의 실질적 방어를 조직한 것은 가톨릭 민병대의 유능한 지휘관인 "민중의 지도자" 주앙 아바데였다.[49] 1897년 1월 그는 5백 명 이상으로 구성된 연방군 제2차 원정대를 매복 공격해 패주시켰다. 해안 도시들은 겁에 질렸다. "공포의 보병 사령관" 안토니우 모레이라 세자르의 지휘 아래 제3차 원정대가 조직되었다. 최신형 크루프 대포까지 갖춘 세자르의 대부대는 무장이 잘 되어 있었다. 아바데는 이에 초토화 전략으로 응수했다. 불모의 농촌은 더욱더 비참한 상태로 전락했고, 진격을 단행한 세자르의 부대는 카누두스를 성급하게 정면 공격했다. 이 전술은 자살 행위였다. 리틀빅혼에서 단행된 커스터의 멍청한 돌격 작전이 연상되는 대목이다.

> 결국 카누두스를 건설한 원시적 방식이 방어에 도움이 되었다. 거류지 자체가 덫으로 작용하면서 오만한 침략군들은 옴짝달싹하지 못하고 농락당했다. 대규모 오두막 단지가 부대 전체를 삼켜 버렸다. "마치 어두운 동굴에 들어간 것 같았다." 방어군은 군인들을 매복 공격했다. 그들은 칼, 라이플, 낫, 소몰이 막대, 부서진 가구를 무기로 사용했다.[50)]

세자르의 정병은 가톨릭 민병대에 전멸당하고 말았다. 콘셀레이루 추종자들에게 그 승리는 하나님의 위대한 기적으로 보였다. 리우데자네이루의 연방 정부에게 그 패배는 참을 수 없는 굴욕이자 공화국의 적통에 대한 도전이었다. 세르탕의 음유시인들이 모레이라 세자르의 유령을 조롱하는 사이("누가 당신을 죽였소? 콘셀레이루가 카누두스에서 보낸 탄환이지!") 엄청난 화력의 제4차 원정대가 수고스럽게 조직되었다. 파라과이 전쟁 이후 브라질 최대의 군사 동원이었다. 징집병들은 그들이 "악마의 군대를 쳐부수러" 간다는 얘기를 들었다.[51)] "최후의 공격"은 7월에 시작되었다. 그러나 이 작전이 멸절 전쟁이라는 사실을 잘 알고 있던 카누두스 주민들은 현대적 포병 화력에 맞서 무려 3개월을 버텼다. 다 쿠냐는 이렇게 썼다. "카누두스는 항복하지 않았다. 역사상 유일무이한 사례인 카누두스는 최후의 1인까지 저항했다. 말의 문자적 의미 그대로 조금씩 정복되던 카누두스는 마침내 10월

5일 어스름이 깔릴 때쯤 함락되고 말았다. 최후의 방어군이 쓰러졌고 모두가 사망한 것이었다. 오직 네 명만이 살아남았다. 노인 한 명, 성인 남자 두 명, 아이 한 명은 야수처럼 날뛰는 5천의 군대를 말없이 쳐다보았다."[52] 유럽화된 공화국이 콘셀레이루의 "혼혈" 추종자들을 상대로 벌인 인종 전쟁은 잔혹한 복수극으로 끝이 났다.

강제 행군을 따라갈 수 없었던 사람 가운데 일부는 총살을 당했다. 임신부 한 명은 진통이 시작되자 길옆 오두막에 버려졌다. 군인들은 아이들의 머리를 나무로 내리쳐서 죽였다. (…) 부상당한 콘셀레이루 추종자들은 끌려갔고, 난도질당하거나 사지가 찢겨 죽었다. 시체는 기름을 부어 태웠다. 파괴를 면한 카누두스의 누옥들도 같은 방법으로 처리했다. 군대는 이 성스러운 도시의 마지막 흔적까지 철저하게 박멸했다. 마치 카누두스에 악마의 화신이라도 살았던 것처럼 말이다.[53]

카누두스가 생존을 위해 싸우고 있을 때 시세루 신부는 자신이 카누두스를 지원하기 위해 "세아라 주의 광신자들"로 군대를 조직하고 있다는 공식 발표를 필사적으로 반박하고 있었다. 대포가 주앙세이루를 아직 잔해더미로 산산조각 내 버리지는 않았지만 그곳 역시 여러 적들에게 포위당해 있었다. 적들은 주앙세이루의 민중 가톨릭(특히 종말론적 세계관을 피력하며 그 수가 증가 일로에 있던 베아타와 베아투들)을 바이아의 혼란과 동일시했다. 1894년 로마의 종교 재판소는 브라질 교구의 탄원에 응해 주앙세이루의 "살아 있는 성녀" 마리아 데 아라우주를 사기꾼으로 선포했고, 시세루의 성사 주재를 일시 중지시켰다. 자유주의자들도 "콘셀레이루 같은" 치안 방해의 낌새를 찾아내려고 했다. 그러나 시세루 신부는 약삭빠른 정치인이었다(20년 후 그는 "노르데스테에서 가장 유력한 인사"로 인정받게 된다). 시세루는 적들의 다양한 공세를 효과적으로 막아 냈다. 특히 그는 노동시장의 분열과 혼란에 대한 목축업자들의 두려움을 가라앉히는 수완을 발휘했다. 목축업자들과 계약을 맺어 추종자들이 대목장에서 일하도록 했던 것이다. 콘셀레이루는 "카이사르에게 고분고분하기"를 단호히 거부했다. 반면 시세루는 주앙세이루를 탈유토피아화시킴으로써, 다시 말해 과거의 경제적·정치적 후진성으로 복귀시킴으로써 그곳을 "구해 냈다." 그 결과 100년이 흐른 후 주앙세이루(오늘날의 지명으로는 주아르제이루)에는 쇼핑몰과 슬럼이 생겼고, 카누두스는 여전히 유령이 나올 것만 같은 폐허로 남아 있다.[54)]

그러나 최종적으로 볼 때 콘셀레이루의 사망도, 시세루의 기회주의도 지역 엘리트들의 노동력 문제를 해결해 주지는 못했다. 엘니뇨로 추동된 가뭄 주기(1888년~1889년, 1891년, 1897년~1898년, 1899년~1900년)가 노르데스테 전역의 전통적 수출 작목 소득의 하락과 결부되면서 세르탕 각지의 인구가 서서히 줄어들었던 것이다. 1880년대의 유입은 1890년대가 되면서 대탈출로 이어졌다. 1900년경에는 최소 3십만 명의 세르탕 주민들이 가뭄과 탄압을 피해 아마존 강 유역의 고무 농장에서 새로운 삶을 도모했다.[55)] 델라카바가 지적하는 것처럼, 노르데스테의 구조적·환경적 위기는 안토니우 콘셀레이루의 고향 세아라 주에서 가장 극단적인 양상을 띠었다.

극북 지역으로 이어지는 외곽 관통로 건설에 연방 보조금이 풍부하게 투입되었다. 세아라 주 정부는 노동 능력이 있는데도 떠나는 사람들에게 "인두세"를 걸었다. 천연자원 수출 대신 소득을 고향으로 송금할 수 있는 인간을 수출하겠다는 정책은 얄궂게도 곧 노르데스테에 진정한 위기를 가져왔다. (…) 실제로 값싸고 풍부한 노동력이 사라졌기 때문에 메마른 노르데스테의 전통 농업(목화와 축우)은 가뭄이 지났어도 결코 회복되지 못했고, 사실상 망하고 말았다. (…) 1913년경에 발생한 브라질의 고무 호경기 붕괴조차도 노르데스테의 노동력 부족 사태를 완화해 주지 못했다. 노동력 부족 사태는 만성적인 문제로, 1920년대 초반까지 지속되었다.[56]

기타 식민지 아시아, 빠져나올 수 없는 덫

계절풍의 영향을 받는 아시아 전역에서 가뭄과 흉작은 질병 사망자 수 증가와 상호 작용했다. 병독성이 가장 강한 말라리아가 특히 문제였다. 아프리카에서처럼 우역이 동남아시아의 소농 수만 명을 몰락시켰다. 그들의 주요 자본이 수소와 암소였기 때문이다. 소농과 물납 소작인들은 수출 상품 경제로 통합되고 말았다. 1893년 세계경제가 침체의 늪에 빠지면서 발생한 압도적인 부채는 국가의 무자비한 재원 마련 요구 속에서 한층 악화되었다. 도처에서 반식민주의는 천년 왕국 신앙과 근대적 민족주의의 기로에 놓였다. 조선과 필리핀 같은 일부 지역에서는 토착적 메시아 신앙과 혁명적 민족주의가 복잡하게 한데 얽히기도 했다. 환경 위기와 식민지 착취도 마찬가지로 한데 얽혀 있었다.

빅토리아 시대 말엽의 조선은 일본 군대가 1894년과 1895년 동학농민운동을 참혹하게 진압한 여파 속에서 여전히 비틀거리고 있었다. 국가 주권과 농촌의 식량 안보가 지속적으로 침식당하고 있었음에도 의화단에 준하는 대규모 조직이나 운동이 전혀 존재하지 못한 이유를 알 수 있는 대목이다. 그러나 조선 반도 남부에서 1900년과 1901년 가뭄-기근이 발생하면서 농민들의 자주적 조직과 민족적 저항이 새롭게 부활했다. 전라도와 경상도에서는 농민들(그 가운데 일부는 동학 출신자들이었다.)이 활빈당이라고 하는 지주 반대 단체를 결성했고, 기근에 시달리던 제주도에서는 세금 납부를 거부하며 기독교에 반대하는 폭동이 일어나 군대가 파견되었다.[57)]

네덜란드령 동인도제도에서는 식민주의 경제 구조가 와해되기 시작했다는 인식이 널리 퍼지고 있었다. 1896년과 1897년 가뭄 사태는 전 세계적 상품 가격의 하락과 사탕수수 및 커피 수확을 망쳐 버린 질병으로 더욱 악화되었다. 재식 농장주들이 생산고를 끌어올리는 게 불가능해졌다. 농촌의 일인당 생산과 소득이 1880년과 1900년 사이에 정체 상태를 유지했다.[58)] 자유주의적 제국주의는 파산 직전에 놓인 것 같았다.

> 가격이 떨어지고 있었다. (…) 수출은 거의 정체 상태였고, 수입도 하락하고 있었다. 길게 이어지는 아체 전쟁이 암처럼 농촌을 피폐시키고 있었다. 비용은 치솟았고 세수는 감소했다. 새로운 재원 조달 계획도 소용이 없었다. 전망이 너무 나빠서 동인도제도에서 살아가려는 유럽인은 더욱더 감소했다. 실제로 유럽에서 태어난 인구수는 1895년 14,316명에서 1905년 13,676명으로 줄어들었다. 대표자들은 상황이 불안한지, 심상치 않은지, 위험한지 혹은 비상시인지를 열띠게 토론했다. 그러나 환자가 아프다는 사실에는 모두가 동의했다. 다시 1900년과 1901년 흉작과 함께 가축 질병이 만연했다. 사람들은 총체적인 경제 붕괴를 자각했고, 우려했다.[59)]

자바에서는 아주 커다란 재난이 세마랑 지구에 집중되었다. 이곳에서는 1849년과 1850년에 8만 명 이상의 농민이 기근으로 사망한 바 있었다. 그 사태로 쿨투어슈텔셀이 침체하다가 몰락하고 말았다.[60] 1899년 말 내지 1900년 초부터 1902년까지 가뭄과 굶주림, 우역과 콜레라가 이 지역을 계속해서 공격했다. 지방 관리들은 이렇게 기록했다. "몇몇 지역에서는 전염병으로 인구가 격감하자 사람들이 감히 집 밖을 나서지 못했다. 심지어 그들은 농사마저 포기했다."[61]

네덜란드 당국은 다시 한 번 극적인 증거와 마주했다. "노동력, 토지대, 소작 제도의 사악한 착취와 토지 수용"의 압박 속에서 촌락의 존립이 마비되고 있었던 것이다.[62] 네덜란드의 자유주의자들이 영국령 인도를 모범 삼아 채택한 자유 시장 제도가 비난의 표적이 되었다. 자유 시장 이데올로그들은 탈규제 정책을 조금씩 실시하면 수출과 생활 수단 부문 사이의 균형이 더 나아질 것이라고 주장했다. 그러나 그 "자유당 연간(1877년~1900년)"에 실제로는 "자바 섬의 농업 자원 착취가 크게 강화되었다." 임금은 말할 것도 없고 일인당 쌀 소비량마저 크게 하락했다. 가난한 촌락민들은 고리대금업자들과 곡물 상인들의 빚에 더 심각하게 옭아매졌다.[63] 그러므로 식민지 관리들이 세마랑의 기근 사태에 리처드 템플 경의 자세로 대응한 것은 놀라운 일이 아니다. 그들은 스스로의 이해관계를 돌보지 않았다며 죽어가는 농민들을 비난했고, 쌀 경작을 더 강제적으로 조직해야 한다고 결론지었다.[64]

그런데 네덜란드 현지에서 역풍이 불어 왔다. 사회당과 칼뱅주의 정당들이 세마랑의 기근 사태에 대한 관리들의 대응으로 실증된 무정한 식민지 정책에 반대하고 나섰던 것이다. "자바 주민들의 번영이 몰락하는 현실"에 대한 유명한 조사 활동이 1902년부터 1905년 사이에 이루어졌고, 그 결과를 1914년 열네 권 분량의 보고서로 출간했다. 결국 엄격한 자유방임의 식민지 정책이 폐기되었다. 식민지 장관과 자바 총독을 역임한 알렉산더 이덴부르크가 공들여 입안한 소위 "윤리적 정책"은 교육, 관개, 이주의 세 가지 정책 우선순위에 기초하고 있었다. 윤리적 정책을 야기한 논쟁은 에드워드 7세 치세기의 인도 통치가 보여 준 냉혹한 보수주의와는 여러 면에서 뚜렷하게 대비되었다. 그러나 실제로 자바의 개혁은 외곽의 섬들에서 네덜란드의 권력을 군사적으로 공고히 하는 작업과 병행해 추진되었다(민다나오 섬의 미국인들처럼 네덜란드도 제1차 세계대전 전야까지 몰루카제도와 뉴기니에서 발생한 지역민들의 저항을 계속해서 소탕했다).[65] 게다가 그 "윤리적 정책"은 평범한 자바인들의 착취를 완화하거나 식량 안보를 개선하는 데 별다른 기여를 하지 못했다. 오히려 윤리적 정책의 진짜 효과는 반란이 진압된 외곽의 섬들로 정부의 투자를 돌리는 것이었다. 돈벌이가 되는 석유와 고무 자원을 개발하고 있던 로열 더치 셸과 기타 민간 기업들을 지원했던 것이다.[66]

필리핀에서는 1896년과 1897년 가뭄으로 네그로스 섬의 악명 높은 사탕수수 재식 농장들에 다시 기근이 닥쳤다. 이어서 1899년부터 1903년까지 루손, 파나이, 기타 큰 섬들의 농업이 철저하게 파괴되었다.[67] 기후 압력은 전쟁, 빈곤, 생태계 위기와 결합되었다. 그리하여 가뭄-기근 사태의 제1단계에는 에스파냐에 저항하는 민족 봉기가 일어났고, 제2단계에는 미국의 재식민화에 저항하는 애국 운동이 벌어졌다. 게다가 19세기 중반 이래 식량 안보 위기가 증가하면서 독립운동이 활성화되고 있었다. 이때부터 (영국의 자극을 받은) 에스파냐가 수출과 상업적 농업을 개발하겠다는 야심 찬 계획을 단행했던 것이다. 빈곤의 나락으로 빠진 소자작농과 빚에 묶인 물납 소작인들이 쌀과 사탕수수만을 단일 경작하면서 전통적 형태의 토지 공동 소유와 생계형 생산은 폭력적으로 해체되었다. (어디에나 존재하던 중국인 곡물 상인과 고리대금업자들처럼 에스파냐와 메스티소 대농장주들도 착취의 긴 사슬을 구성하는 고리일 뿐이었다. 그 착취의 사슬을 최종적으로 통제하는 것은 멀리 영국과 미국의 무역 회사들이었다.) 수출 호경기로 재식 농장용 토지가 새롭게 요구되면서 루손 섬의 내륙 산기슭이 빠른 속도로 황폐해졌다. 그리하여 1890년대에는 강바닥에 개흙이 쌓였고, 심한 홍수가 잦아졌으며, 저지가 서서히 불모의 땅으로 변했다.[68]

이게 다가 아니었다. 켄 드 버부아즈가 보여 준 것처럼, 1880년대 후반 우역 바이러스의 발병과 함께 시작된 생태적 연쇄반응으로 생활수준과 공중 보건이 심각하게 훼손되어 있었다. "이론의 여지는 있지만 19세기 필리핀에서 단일 재앙으로는 틀림없이 가장 큰 사건이었을" 우역으로 루손 섬의 가축 대부분이 죽고 말았다. 농민들은 경작 규모를 대폭 줄이지 않을 수 없었고 영양실조와 부채가 심화되었다. "경작하지 못한 땅은 관목 덤불과 풀밭으로 바뀌었고, 메뚜기와 말라리아모기가 생육하기에 좋은 조건으로 변했다. (…) 모기들은 그동안 선호해 온 가축들 대신 사람을 더 많이 물어뜯었다. 역병이 발생했고, 사람들은 경작 규모가 축소된 농지마저 감당하기 힘들어졌다." 말라리아로 쇠약해지고, 가축 손실로 가난해진 필리핀 사람들은 이제 에스파냐와 미국의 침략군이 들여온 미생물에 노출되었다. 특히 12만 2천 명 규모의 미군은 말라리아, 천연두, 성병의 치명적인 새 변종은 물론이고 십이지장충병 등 완전히 새로운 질병들까지 가져왔다.[69]

반란을 일으켰지만 이미 취약해질 대로 취약해졌던 주민을 상대로 질병과 기아를 무기로 사용하는 데, 미국인들은 가장 잔인했다고 하는 그들의 에스파냐 선배들마저 능가했다. 1899년 2월에 전쟁이 발발하자 군사 당국은 모든 항구를 봉쇄했고, 사활적이었던 식량의 섬 간 교역을 정지시켰으며, 식량 잉여 지역으로 굶주린 노동자들이 이주하는 것을 차단해 버렸다. 이윽고 1900년에 가뭄이 기근으로 전환되기 시작하자 그들은 게릴라 저항을 지원해 오던 지역의 쌀 창고와 가축을 조직적으로 파괴했다. 역사학자들이 나중에 지적한 것처럼 농촌 주민을 상대로 뒤이어 벌어진 테러 전쟁은 1960년대 베트남에서 활용한 미국의 전략을 예시하는 것이었다. 드 버부아즈는 이렇게 쓰고 있다. "적군이 활용할 것이 명백한 쌀과 창고는 전부 파괴해야 했다. 그 계획이 의도대로 시행되었다면 주민들도 커다란 고통을 받았을 것이다. 왜냐하면 게릴라들과 민간인들이 많은 경우 동일한 쌀 비축분에 의존했기 때문이다. 문제의 식량 말소 계획은 과도하게 나아갔다. 누가 적이고 누가 친구인지 점점 더 자신이 없어진 미국 군인들은 수색 정찰 과정에서 이런 구별 문제로 더 이상 골치를 썩이려고 하지 않았다. 그들은 닥치는 대로 쏘고 불태웠다. 필리핀제도 전역에서 파괴의 축제가 벌어졌다." 한 병사는 고향 미시간으로 이런 내용의 편지를 써 보냈다. "우리는 모든 집을 불태웠고, 물소와 다른 동물을 전부 잡아 죽였으며, 쌀과 기타 식량을 전부 파괴했다." 그 결과 "농업 생산이 전반적으로 마비되었고, 식량 잉여 지역은 거의 존재하지 않게 되었다."[70)]

1900년 가을에 농민들이 굶주림으로 죽어 나가기 시작했다. 미군 장교들은 왕복 문서에서 기아가 공식적인 군사 전략임을 공공연하게 인정했다. 딕먼 대령은 파나이에서 이렇게 썼다. "결과는 불가피하다. 많은 사람들이 6개월이 다 되기 전에 굶어죽을 것이다."[71)] 사마르에서는 제이콥 스미스 준장이 휘하 병사들에게 내륙 오지를 "황량한 미개지"로 바꾸어 놓으라고 명령했다.[72] 나아가 기근은 콜레라(콜레라는 특히 재집결 캠프를 좋아했다.), 말라리아, 천연두, 장티푸스, 결핵 "및 기타 전쟁의 온갖 악덕"이 창궐할 수 있는 길을 닦았다. 물론 이런 환경에서는 가뭄 희생자와 전쟁 사상자를 구별하고, 기근 사망자 수와 전염병 사망자 수를 또렷하게 구분하기가 불가능했다. 그럼에도 드 버부아즈는 이런 결론을 내린다. "전쟁이 직간접적인 방식으로 약 7백만 명의 총인구 가운데 백만 명 이상의 목숨을 앗아간 것 같다." 비교해 보자. 이것은 1840년대 아일랜드 대기근 기간에 발생한 사망자 수에 필적하는 규모다.[73]

필리핀인들의 독립 전쟁기에 발생한 것 중에서 가장 주목할 만한 지역 반란이 네그로스 섬에서 가뭄과 굶주림이 맹위를 떨치는 가운데 일어났다. 대규모로 사탕수수를 재배하는 섬에서 대농장주와 평민*pumuluyo* 사이의 날카로운 계급 갈등과 반제국주의가 결합했다. 네그로스 섬의 엘리트들은 "굶주림 속에서 불만을 키워 가던 노동자와 농민들에 맞서 자신들의 이익을 보호하"고자 했다. 그들은 처음에는 에스파냐를, 다음에는 미국의 식민주의자들을 열렬히 지지했다. 아기날도를 팽개치고 설탕 트러스트를 선택했던 것이다.[74] 미군 장교들이 확인한 것처럼 가뭄이 지속되면서 이런 사회적 긴장이 폭발 직전 상황에 이르렀다. 마나플라와 빅토리아스 지역 관할 장교는 1900년 6월에 이렇게 썼다. "날씨가 아주 건조했고, 작물에 악영향을 미쳤다. (…) 사탕수수의 피해가 특히 심각했다. 이 때문에 다수의 대농장 소유자들이 비록 다는 아닐지라도 고용했던 노동자들의 일부를 해고하지 않을 수 없었다. 이들 노동자는 이제 생계 수단과 일자리가 없는 실업 상태다. 게다가 식량 가격은 떨어질 줄을 모른다."[75]

드디어 봉기가 일어났다. 실업 상태의 사탕수수 노동자와 한계 상황에 몰린 농민들의 불만이, 땅에 굶주린 대농장주들 때문에 살던 숲에서 쫓겨난 원주민들의 분노와 결합했다. 멕시코의 사파타 같은 재식 농장 노동자이자 바바일란인 디오니시오 시고벨라가 최대 규모의 봉기를 이끌었다. 파파 이시오Papa Isio로 더 널리 알려진 그는 난공불락의 칸라온 산을 거점으로 민병대와 미군에 맞서 게릴라 전쟁을 수행했다. 식량 안보와 경제적 독립을 회복하는 것이 투쟁의 주요 목표였다. 알프레드 맥코이는 이렇게 설명한다. "파파 이시오의 이데올로기에 정령 신앙과 반에스파냐 민족주의가 섞여 있었음에도, 그가 이끈 운동은 인종 전쟁이라기보다는 계급 전쟁이었다. 사탕수수 노동자 출신의 가담자들은 재식 농장을 파괴해 네그로스 섬을 농민들의 쌀 경작지로 돌려놓겠다는 의지가 확고했다." 라카를로타 주변 지역에서는 파파 이시오의 추종자들이 재식 농장주들을 사냥했고, 저항하는 자들은 살해했으며, 수십 개의 대농장을 불태웠다. 반란은 1908년에야 비로소 종식되었다. "혁명이 대부분의 지역에서 종결되고도 5년이 지난 후였다."[76)]

아프리카, 유럽인들이 메뚜기를 보내다

1876년부터 1879년 남아프리카 가뭄과 1889년부터 1891년 에티오피아 및 수단의 대재앙 같은 예외가 있었지만 1875년부터 1895년 사이에 아프리카 대부분의 지역은 평균 이상의 강수량으로 목초지가 풍성했다. 인구가 증가했고, 주민들이 밀집한 중핵 거류지들이 다수 형성되었으며, 과거의 불모지들을 경작하기에 이르렀다. 생태계가 안정되면서, 예로부터 유목민들 사이에서 전쟁의 원인으로 작용했던 수자원과 방목권 갈등이 줄어들었다. "다는 아닐지라도 다수 부족이 농업 면에서 확실히 번영했고, 엄청나게 다양한 농산물이 생산되었으며, 장거리 및 지역 내 거래가 활발하게 이루어졌고, 다양한 중개업자들이 출현했다는 사실은 19세기에 동부 및 중앙아프리카를 여행한 다수의 기록이 전하는 현저한 특징이다."[77] 일부 역사가들이 "행복한 아프리카"라고 명명한 사회적 풍경이 바로 이것이다.[78]

그러던 것이 1896년과 1897년에 기후가 극적으로 역전되었다. "1870년부터 1895년까지의 강수량 데이터를 보여 주는 아프리카 지도는 일정한 수준으로 양호한 양의 값을 나타낸다. (…) 그러나 다음 25년간의 지도는 음의 값을 그리고 있다." "유럽이 아프리카 대륙을 접수하기로 결정한 바로 그때, 성서에 나오는" 재난들이 아프리카 동부와 동남부를 집어삼켰다.[79] 세기말에 이어진 일련의 사태는 기이한 것이었다. 1896년 아주 강력한 엘니뇨가 발생했다. 1898년에는 라니냐 사태가 뒤를 이었고, 다시 1899년에는 엘니뇨가 재개되었다. 먼저 남부 아프리카에, 이어서 동부 아프리카에 심각한 가뭄이 들었다. 포르투갈인들은 1898년 앙골라의 루안다 주위에서 가뭄과 천연두가 발생했다고 전한다. 가뭄은 사헬도 덮쳤다. 니제르 강 유역에서도 다시 기근(1900년~1903년)이 발생했다. 에티오피아 고지에도 비가 오지 않았다. 1899년의 나일 강 범람은 1877년과 1878년 이래 가장 낮은 수위를 기록했다.[80] 실제로 케냐 산의 산록에서부터 스와질란드의 고원에 이르기까지 수백만의 농민과 유목민들이 흉작과 우역(아프리카 열대 지방 가축의 95퍼센트가 죽었다.), 천연두, 인플루엔자, 모래벼룩, 체체파리, 메뚜기, 유럽인 들의 무자비한 공격에 맞서 싸워야 했다.[81]

그레이트 짐바브웨의 음와리교 사제들은 쇼나족과 은데벨레족에게 유럽인들이 그들의 땅에 머무는 한 이 끝없는 참화가 결코 중단되지 않을 것이라고 말했다. 세실 로즈의 브리티시 사우스 아프리카 회사가 그들의 토지와 가축을 약탈해 갔던 것이다. (놀랍게도 "가뭄"과 "재난"이 쇼나족 언어에서는 동일한 단어, 곧 "샹와*shangwa*"로 표현된다.) 테렌스 레인저는 마타벨랜드와 마쇼날랜드에서 일어난 1896년 봉기를 "아프리카 중심적으로" 해석한 선구적 연구에서, 짐바브웨 반란과 의화단운동의 배후에 존재했던 사고방식과 정서 상태가 현저하게 유사함을 강조했다. 의화단의 선언서는 이렇게 경고했다. "가톨릭과 신교가 신들에게 무례를 범하는 한 (…) 비구름은 더 이상 우리를 찾아오지 않을 것이다." 마찬가지로 영매를 통해 말을 하는 신성한 음와리교도 전사들에게 이렇게 전했다. "백인들은 너희들의 적이다. 그들은 너희들의 아버지를 죽였고, 메뚜기를 보냈으며, 가축 질병을 퍼뜨렸고, 더 이상 비가 내리지 않도록 구름에 마법을 걸었다. 이제 너희들은 가서 그 백인들을 죽여야 한다. 그들을 우리 조상의 땅에서 쫓아내라. 그러면 내가 가축의 질병과 메뚜기를 데려가고 너희들에게 비를 내려 주겠다."[82] 두 민족은 믿을 수 없는 용기와 초기의 승리에도 불구하고 이내 패배하고 말았다. 세실 로즈의 기관총 사수들만큼이나 가뭄과 천연두가 커다란 역할을 수행했다. 반란군 전사들은 끝까지 버텼다. 가끔은 사냥감을 발견하기도 했지만 대개는 풀뿌리나, 우역으로 사망한 가축의 썩은 가죽을 먹었다. 그들은 1898년 여름까지 가뭄에 짓눌린 산록에서 이렇게 버텼다.[83]

케냐 중부에서는 1897년에서 1899년 가뭄을 오늘날에도 여전히 "유아야 은고마니시에*Yua ya Ngomanisye*," 곧 "도처에 만연했던 기근"이라고 부른다. 고지 변두리의 소규모 농업 자치 공동체들은 영국에 대항해 반란을 일으키지 않았음에도 사회가 와해되고 말았다. 일부 지역에서는 3년 연속으로 비가 오지 않았다. 기근 사태를 저지시켰을 수도 있는 식량 비축분이 철도 건설 노동자들과 우간다 탐험대를 먹이느라 고갈되었다. 게다가 인도에서 쿨리 노동자들이 들여왔을 게 거의 확실한 선페스트가 아직 공사가 완료되지도 않은 우간다 철도의 첫 번째 승객을 자임하고 나섰다. 그 결과를 한 백인 정착민은 이렇게 전하고 있다. "철도 노선은 거대한 시체의 길이었다."[84] 미래의 제국주의 지정학의 사도 핼포드 맥킨더가 케냐 산을 최초로 등반하는 여행 중에 그 철로를 이용했다. 당시 1899년 7월에도 고통은 여전히 막심했다. 맥킨더는 사람들을 약탈 행동에까지 나서게 했던 "와캄바의 끔찍한 기근 사태"를 언급하면서 철도 경찰이 보복으로 촌락을 무차별 방화하고 있다고 비난했다. "식량이 멸실되면 기근 사태가 악화된다. 실제로 그것이 약탈 행동의 주된 원인이다." 그는 철로를 따라 폭 3킬로미터 이내의 공간에 있는 모든 농지를 우간다 철도가 마구 수용한 사태에도 난색을 표했다.[85]

더 이른 시기에 발생한 에티오피아 가뭄 때의 유럽인 관찰자들처럼 맥킨더와 동료들도 가뭄으로 발광한 사자들과 기타 대형 육식 동물들이 선보인 무모한 뻔뻔함에 기겁을 했다. 놈들은 대낮에도 사람들의 뒤를 가만히 밟았다. 실제로 울루웨레 북부의 미국인 선교사들은 야생동물들의 갑작스런 공격에 겁을 집어먹은 나머지 근거지를 떠나려고 하지 않았다. 그들 가운데 한 명은 이렇게 썼다. "요즘 우리는 너무나 끔찍해서 필설로 형용할 수 없는 장면들을 목격하고 있다." 예를 들어 기근 희생자들이 쇠약해져서 길옆에 쓰러지면 하이에나들이 즉시 달려들어 산 채로 잡아먹거나 독수리들이 그들의 눈을 쪼아 먹었다. 결국에 가서는 영국이 살아남은 주민 일부에게 식량을 제공하는 뜻밖의 조치를 단행했음에도 손실과 인명 피해는 이미 너무나 막대했다. 기근 인구 조사가 시행된 키쿠유랜드의 단 한 개 촌락에서만 1899년 말경 성인 남성의 3분의 1이 사망했다. 여성과 아이의 사망률은 훨씬 더 높았을 것이다.[86)]

동일한 가뭄 상황은 동아프리카대지구대의 동쪽 측면에 사는 키쿠유족과 캄바족에게도 끔찍한 기근 사태를 안겨 주었다. 순전히 유목에만 의존하는 이웃 마사이 부족처럼, 정주성이 조금 더 강한 이들 부족도 우역과 가축의 늑막 폐렴으로 기르던 짐승의 상당수를 잃은 상태였다. 1896년부터 1900년에 이르는 3년의 세월 동안 들판의 농작물은 거듭해서 시들어 죽어갔다. 케냐 산의 산록에서처럼 최후의 일격은 천연두였다. "키쿠유족이 맹렬한 병독성에 그대로 노출되었다. 더 최근에 점령한 남부 키암부에서 특히 맹위를 떨쳤다."[87)] 마르시아 라이트에 따르면 이 인구 밀집지의 사망률은 놀랍게도 50퍼센트에서 95퍼센트였다고 한다. 실제로 키쿠유족 사회는 완전히 와해될 지경에 이르렀다.[88)] 케냐 중부의 기근 사태가 절정으로 치달았다. 농민들의 자식은 무타케테*muthakethe*라고 불리던 무법자 집단을 결성했다. "이들 무리는 폭력의 사용과 관련해 널리 인정하던 엄격한 제한 기준을 무시했고, 아이와 노약자 등 사회의 가장 취약한 구성원들을 희생양으로 삼았다. 탈법적 약탈자들은 방어 수준이 미약한 가축 무리와 농장을 공격했다. 그들은 소와 염소는 물론이고 손에 잡히는 모든 식량과 재산을 빼앗았다."[89)]

그러나 "영국 지배에 맞서는 조직화된 저항운동은 일체 불가능했다." 영국은 굶주린 마사이족을 용병으로 고용했고, 그들의 새로운 보호령 경계를 키쿠유족과 캄바족 영역으로까지 확장할 수 있었다.[90)] 물론 마사이족에게도 그들만의 불만이 있었다. 마사이족은 영국이 농민을 후원하면서 그들의 소 떼가 의존하던 중요한 수원과 삼림을 파괴함으로써 기근 사태가 심화되었다고 불평했다. "마사이족은, 우리가 보호하고 있기 때문에 와키쿠유족을 약탈하지 못하고 있다. 이 와중에 그들은 많은 삼림을 개벌했고, 처녀지를 개간했다. 마사이족이 이 일에 화를 내는 이유는 평원을 흐르는 강이 그 때문에 말라 버릴 여지가 있어서다. 실제로 가뭄 시에 그들이 가축에게 뜯길 풀이 전혀 남아 있지 않은 것이다."[91]

프레더릭 쿠퍼가 보여 준 것처럼 1898년부터 1900년 기근은 케냐 해안을 따라 펼쳐졌던 아랍족과 스와힐리족의 경제적 헤게모니 하락도 가속화시켰다. 곡물 생산이 하락하면서 내륙 오지의 기근 지역으로 식량이 유용되었다. 이렇게 해서 재식 농장 부문이 취약해지고 말았다. 말린디와 몸바사의 배후지는 가뭄으로 고통받고 있었는데, 이곳을 차지하고 있던 미지켄다족이 해안의 자원을 잠식해 들어왔다. "이전의 1884년 기근 사태에서는 해안의 노예 상인들이 다수의 어린이를 저당잡았다. 그러나 이번에는 미지켄다족이 해안으로 진출해 노동을 통한 식량과 신용, 그리고 자선을 획득했고, 토지도 마음대로 가졌다." 미지켄다족의 무단 점거 농업이 전통적 엘리트와 토지 재산을 보장해 주려던 영국에게는 눈엣가시였다. 1914년의 라니냐 가뭄 때 영국은 미지켄다족의 하위 지파 지리아마족을 야만적으로 탄압했다. 250명이 사망했고 거주지의 70퍼센트가 파괴되었다.[92]

가뭄은 우역과 결합했고 우간다도 초토화시켰다. 부소가에서는 약 4만 명이 굶어 죽었고, 분요로에서도 같은 수가 사망했을 것이다. 이미 식민지 전쟁으로 경제가 심각하게 마비된 상태였다. 게다가 새로운 재앙이라 할 수면병이 기근의 뒤를 이었다. "수면병이 어디서, 어떻게, 왜, 왔는지는 여전히 심사숙고해야 할 문제다. 아무튼 1902년경에 수면병 사망자 수는 부간다와 부소가에서 수만 명에 이르렀고, 그 밖의 다른 곳으로도 확산 일로에 있었다."[93] 그러나 중앙아프리카에서는 모든 집단이 동일한 고초를 겪지 않았다. 유럽인들이 항상 우세한 지위에 있었던 것도 아니다. 예를 들어 얕잡아 볼 수 없을 만큼 강력한 부족이었던 난디족은 빅토리아 호수와 동아프리카대지구대 사이의 고지 생활 터전에서 전개된 환경 재앙을 상대적으로 잘 버텨 냈다. 우역으로 빈곤해진 투치족은 주로 농경에 종사하던 이루족에게 더욱더 의존하게 되었다. 이 과정에서 중앙집권화된 르완다 왕국의 힘이 점점 더 강성해졌다.[94]

탕가니카에서도 1898년부터 1900년의 살인적 가뭄(1894년부터 1896년의 메뚜기 기근 사태에 뒤이어)이 우역 및 식민지 철권통치와 결합했고, 농경 사회의 생존 그 자체가 위협에 처했다. 1898년에 다른 곳처럼 이곳에도 돈으로 세금을 납부하는 제도가 도입되었는데, 이것은 자치적인 농촌 공동체를 독일인들이 경영하는 재식 농장에 임금노동자로 유입시키려는 계획의 일환이었다. 은구우 고지의 가난한 촌락들이 새 세금 제도를 거부하자, 독일 군대는 그들의 곡물 창고를 약탈했고 닥치는 대로 지역민을 죽였다. 그렇게 겁에 질린 농민들은 남은 곡물 비축분을 해안 상인과 선교사들에게 팔지 않을 수 없었다. 그러자 그들이 곡물 가격을 즉시 100퍼센트 이상 인상해 버렸다. 10년 전인 1884년에서 1886년 "돌연히 발생해" 오래 지속되었던 "가뭄" 시기에 다수의 고지인들은 상아 거래로 부자가 된 후원자들이 제공한 곡물로 버틸 수 있었다. 이제는 독일인들이 무역을 장악했고 전통적 지도자들을 자신들의 기능적 하수인으로 대체해 버렸다. 촌락의 세습주의가 와해되면서 바야흐로 "걸어 다니는 해골들"로 전락한 주민들의 유일한 선택안은 해안 도시들이나 내륙 오지의 주요 행정 거점들로 옮겨 가는 것이었다. 인구가 폭주하면서 창궐한 천연두로 주민의 거의 절반이 죽어 나갔다. 민족 역사학자 제임스 기블린이 우지구아 지방에 관한 탁월한 사례 연구에서 보여 준 것처럼 이런 일시적 농촌 포기 현상으로 생물학적 연쇄반응에 악몽이 일어났다. 초목상草木相에 대한 통제가 와해(지역 농민들은 지속적으로 덤불과 관목 숲을 없애 왔다.)되면서 체체파리와 진드기가 가져오는 가축 유행병이 탕가니카 저지의 광대한 지역을 장악해 버렸다. 놈들은 한 세기가 더 지난 오늘날까지도 여전히 이 지역을 옭아매고 있다.[95)]

모잠비크에서는 가뭄으로 추동된 농민들의 봉기가 독립 전쟁과 결합했고, 잠시나마 식민주의자들을 바다에 빠뜨려 죽일 뻔했다. 베일과 화이트가 지적한 것처럼, 세수와 강제 노동에 대한 요구는 끝이 없었다. 그런데 가뭄이 겹쳐서 발생했고 "이어진 놀라운 기근 사태는 과거의 그 모든 포르투갈인들과의 대면 경험을 압도했다."[96)] "주기적 기근에 시달리던 아프리카인들에게 농업 생산물로 세금을 내도록 한 과세 조치는 가족 부양이라는 심각한 문제를 야기했다. (…) 더 건조한 지역들, 특히 테테 지방에서는 세금이 너무 과중해서 농촌 인구의 건강과 복지를 위협하는 지경에 이르렀다."[97)] 1897년 5월 캄부엠바는 반포르투갈 공동 전선을 이끌었다. 이 조직은 재식 농장들을 불태웠고 잠베지 강 하류의 수상 교통을 두절시켰다. 동시에 전통 종교의 사제들이 쇼나족의 일파인 타와라족을 분기시켰다. 그들은 잠베지 강 상류의 마상가노족 및 바루에족과 연대해 테테의 대부분과 북동부 변경을 장악했다. "1901년경에는 유럽인들이 도저히 받아들일 수 없는 상황이 전개되고 있었다." 바루에족은 결국 분쇄되고 말았다. 그러나 천연두가 창궐하고 1903년에 가뭄과 가축 열병이 강화되면서 유명한 영매 카노왕가가 다시 이렇게 경고했다. 테테의 타와라와 로디지아 동부 등 "조상의 땅에서 백인들을 몰아낼 때까지 두 질병은 계속될 것이다." 과거 로디지아에서처럼 1904년 쇼나족의 반란은 결국 패배하고 말았다. 영국과 포르투갈의 합동 군사력만큼이나 굶주림과 질병도 커다란 원인으로 작용했다.[98)]

20세기까지 미친 여파

이 한 세대의 재앙으로 아프리카 사회가 영원히 바뀌어 버렸다. 로빈 파머는 아프리카 남부 빈곤의 연원을 추적한 주요 연구에서, 1890년대 초반의 역동적 촌락 경제를 30년 후의 "만연한 정체 및 쇠퇴 상태"와 비교 대조한다. 작물의 다양성과 생산성이 하락했고, 아프리카 내부 교역이 중단되었으며, 광산 노동과 도시 이주에 어쩔 수 없이 의존하는 상황이 펼쳐졌던 것이다. "1939년경이면 아프리카 경제 독립의 거의 모든 자취가 파괴되고 만다. 아프리카의 농민들은 그들이 전혀 통제할 수 없는 세계시장에 포박당하고 말았다. 이로써 저개발 상태가 확고하게 뿌리를 내렸다."[99)] 게다가 식민 모국은 가뭄-기근 및 전염병으로 야기된 사회적 불평등 속에서 세력을 더욱더 강화했다. 후기 식민지 시대의 "전통적" 족장들은 대부분 공식적으로 재가 받은 독수리에 불과했다. 그 독수리들은 공동체의 재앙을 뒤로 하고 자신들을 살찌우기 바빴다. 찰스 앰블러는 1898년 이후의 케냐에 관해 이렇게 쓰고 있다. "영국이 '족장'으로 인정한 개인들이 기근 시기에 권력을 축적한 경위와 방법은 [선교사들의 개종 사업보다] 훨씬 더 충격적이다. 지역적으로 가끔씩 발생한 폭력 사태에도 이런 사람들 다수가 가축과 하인 및 고객들을 상당히 늘릴 수 있었다. (…) 가난한 배경의 한 여성이 이 축적 과정을 신랄하게 비꼬았다. '떠났던 사람들이 돌아왔을 때 남아 있던 부자들은 돌아온 사람들이 아무것도 가지지 못하도록 막았다.' "[100]

세기 말의 기근 사태는 비서구 세계의 다른 지역에도 상당한 여파를 미쳤다. 우리가 이미 본 것처럼 인도에서는 가뭄이 오래 지속되면서 농민 부채와 토지 양도가 급격하게 증가했고 카스트 제도가 강화되었다. 기근 사태 동안 농민들은 자산 가치 하락과, 곡물 상인 겸 고리대금업자로 활약하던 중간 도매인들의 식량 가격 폭등 조작으로 이중의 고통을 받았다. 영국이 침략하기 이전의 인도에서는 사실상 토지 시장이라는 것이 없었다. 고리대금업자들의 생계가 농민들의 생존에 묶여 있었던 것이다. 그러던 것이 "데칸 고원 촌락 공동체의 연대가 쇠퇴하면서 촌락민들이 고리대금업자들을 위협할 수도 있었던 관습적 제재의 위력이 약화되고 말았다. 촌락 공동체들의 연대가 쇠퇴한 것은 전통적 관리들의 사회·경제적 지위가 하락한 것과도 부분적으로 관계가 있다."[101] 나아가 영국이 재산권을 상품화하면서 기근이 토지 축적과 노예노동을 강제할 수 있는 호기로 작용했다. 국가가 적대적 법정의 판결을 통해 부채 징수를 강제 집행한 사태는 (바나지의 통렬한 발언을 인용하자면) "고리대금업자들을 무장시킨 사건"이나 다름없었다.[102] 실제로 이 기생충 집단은 더 이상 그들의 숙주를 보호할 필요가 없었다. 수미트 구하가 봄베이 관할 데칸의 사례에서 보여 준 것처럼, 토지에 대한 욕구가 상인계급보다 더 강했던 부유한 농민들을 포함해 온갖 종류의 중간 도매인들이 이제 자영 농민들을 몰락시키면서 이득을 취할 수 있었던 것이다. 부유한 농민들과 순회 가축 상인들도 어려운 시절을 십분 활용했다. 그들은 가뭄으로 피폐해진 지역에서 가축을 싼 값으로 구매해 피해를 입지

않은 지역에서 비싸게 되팔았다.[103)]

이렇게 기근으로 추동된 자산 재분배가 농민들의 계급 구조에 어떤 영향을 끼쳤는지와 관련해서는 활발한 논쟁이 벌어졌다. 예를 들어 바나지는 기근 사태로 데칸에서 엄청난 수의 소농이 "프롤레타리아화"되었다고 주장했다. 반면 아놀드는 경쟁적 농업 자본주의에 기초한 농촌의 진정한 자본주의화는 환상일 뿐이며, 기근 희생자들은 "준프롤레타리아화"되었을 뿐이라고 반박했다.[104)] 찰스워스도 "1880년부터 1920년 사이에 봄베이 관할구에서 소작지가 크게 증가했다."고 지적했다. 1897년에서 1902년의 마하라슈트라 주 기근 사태는 가난한 료트들을 궁지에 몰아넣었다. "반면 부유한 농민 계급은 촌락의 삶에서 새로이 확보한 '지배적' 지위를 강화했다." 그렇게 "계급화 과정이 전개"되었다.[105)] (실제로 존 스트래치 경은 1890년대 말의 기근 사망 사태가 부유한 농민들은 피해 가면서도 빈민들은 도륙했다는 사실에서 사회적 다윈주의의 "희망과 격려"를 발견했다.)[106)] 반면 수미트 구하는 봄베이 관할 데칸의 사회 계급 피라미드가 가팔라지기보다는 "편평해졌다."고 주장한다. 그는 기근 사태로 가난한 노동자들과 더 부유했던 료트들이 공히 다 죽고 빈곤 상태에 빠졌다고 보았던 것이다.[107)] 카이와르는 또 다른 입장을 대변한다. 그는 이렇게 주장했다. "1850년대부터 1947년 사이에 기근 사태와 전염병에도 두 집단[부유한 농민과 가난한 농민]의 구성에는 놀라운 연속성이 존재했다."[108)]

중국 학자들도 황하 유역 평원의 기근, 궁핍화, 계급 분열에 대해 비슷한 논쟁을 벌였다. 필립 황은 1930년대와 1940년대에 수행된 촌락 사회 조사 연구에 대한 면밀한 논평을 통해 "경영"농이라는 공격적인 계급이 부상했음을 지적했다. 그들은 임금노동자를 고용했고 완전히 시장 지향적이었다.

그들은 적어도 1898년에서 1900년 위기 때부터 재앙을 "사업 기회"로 활용하기 시작했다. 그러나 황이 설득력 있게 주장하는 것처럼 부유한 농민들은 자본의 부족, 분할상속의 분권적 효과, 홍수 통제에 대한 국가 투자의 감소 등 거대한 구조적 장애물 때문에 진정한 의미에서 자본주의 농업에 착수할 수 없었다. 자본-노동 비율이 증가하지 못했고 농업 기계, 비료, 관개시설, 새로운 영농 기술 분야에서 경쟁에 기초한 역동적 투자가 전혀 없었던 것이다.[109] 더 부유한 농부들은 단순히 잉여 노동력을 활용해 가족 경작의 규모를 확대했을 뿐이었다. "그렇게 경영농과 가족농 사이에 모종의 정체된 평형 상태가 존재했다. 가장 성공한 가족농들은 경영농이 되었지만 두세 세대 안에 소농 경제로 되돌아갔을 뿐이다." 가뭄, 홍수, 기근 사태 속에서 단계적으로 늘어난 중요한 구조적 추세는, 임금노동을 필사적으로 원하는 농촌 인구의 비율이 끊임없이 증가했다는 것이다. 그들은 이제는 규모가 너무 작아져서 생존을 담보할 수 없게 된 농토의 산출을 보충해야 했던 것이다. 이들 "준프롤레타리아"는 겨우 좁은 땅뙈기를 보유한 전일제 날품팔이꾼에서부터 "부유한" 이웃들에게 계절적으로 노동을 제공한 가난한 농민들에 이르기까지 다양했다.[110]

이렇게 황은 아놀드류의 인도 역사가들과 견해를 같이한다. 그들은 "준프롤레타리아화"를 19세기 말에 발생한 생존 위기의 지배적 구조가 작용한 결과로 본다. 황은 이렇게 설명한다. "내가 사용하는 '준프롤레타리아화'라는 용어는, 자본주의와 완벽한 프롤레타리아화로 이행하는 과도기였다는 뜻이 아니다. [마오의 주장처럼] 역사 발전의 어떤 필연적인 단계가 아니라, 역동적인 자본주의 발달이 야기하는 배출구와 구제 없이도 극심한 인구 압력과 사회적 분화의 압력들이 결합하면 농촌 사회와 경제 특유의 사회 변화 과정을 묘사할 수 있다는 것이다."[111] (티헬만도 19세기 말 인도네시아에 대해 비슷한 요지의 발언을 했다. 식민지 수출 체제의 압력 속에서 "촌락의 계급분화는 프롤레타리아화의 형태를 띠기보다는 빈곤화의 양상을 보였다.")[112] 부유한 식민지들의 산출물과 소비로 추가 에너지를 공급받은 강력한 도시 성장 엔진이 있었던 서유럽과 달리, 아시아에는 급성장하는 도시들도 없었고 농촌 빈민의 잉여 노동력을 활용할 수 있는 해외 식민지들도 없었다. 러크나우나 시안 같은 내륙 도시들의 쇠퇴는 봄베이나 상하이 같은 화물 집산지들의 인상적인 발달로 벌충되었다. 인도와 북중국의 도시 인구(전체 인구의 불과 4.2퍼센트)는 빅토리아 시대의 전 기간에 정체 상태를 유지했거나 심지어 약간 하락했다.[113] 19세기와 20세기 초 인도, 중국, 말레이 반도, 자바에서 해외로 떠난 노동자는 약 3천7백만 명이다. 이런 쿨리 수출마저도 아시아 농촌의 자본주의 미발달이라는 위기를 해소하는 데 별다른 역할을 하지 못했다.[114]

후기 빅토리아 시대의 세계경제에 의해 보잘것없는 상품 생산이라는 연옥에 처박힌 수천만의 농민들은 독자적인 사회 세력을 형성했을까? 기근과 환경 불안정으로 야기된 "준프롤레타리아화"는 어떤 조건에서 새로운 형태의 항의와 저항으로 이어진 것일까? 19세기 기근 사태의 집단적 경험과 20세기의 혁명 정치가 접합되었음을 확인할 수 있는 가장 뚜렷한 증거는, 누구나 예상할 수 있듯이 북중국이라는 반란의 온상이다. 1941년과 1942년 차이수판이 이끈 공산당 연구진은, 3세대에 걸친 전쟁과 재난이 1937년의 그 유명한 대장정 이후 팔로군의 거점이 되었던 산시陝西 북부의 여러 지방들에 끼친 영향을 주의 깊게 조사 연구했다. 이곳에서는 1877년과 1900년의 가뭄 대재앙이 1928년에서 1931년의 "북서 대기근"(3백만 명에서 6백만 명이 사망했다.)으로 반복되었다. 매번 기근 사태가 발생할 때마다 빈곤, 토지 박탈,

임금노동이 급격하게 증가했다. (북중국이 환경 불안정에 시달렸다면 양쯔 강 유역과 중국 남부는 지주 제도가 문제였다. 농민들의 원성이 자자했던 지주 제도는 북중국 사태보다 훨씬 더 중요한 변수이자 지역 특유의 쟁점이기도 했다.) 폴린 키팅은 "빈민을 더 가난하게 만드는 빈곤의 덫"에 관한 차이수판 연구진의 분석을 다음과 같이 요약한다. 좀 길지만 자세히 인용해 보자. 아래는 "준프롤레타리아화" 조건에 관한 황의 전형적인 설명이기도 하다.

> 자산이 없는 세대들은 대개 가장 척박한 토지를 경작했다. 그들은 가축이 없었고 오직 분뇨에만 의지해 농사를 지었다. 소작인과 가난한 지주 모두가 많은 경우 작은 땅뙈기 여럿을 부쳤고, 그 사이의 2킬로미터에서 3킬로미터 거리를 바삐 오가야만 했다. 중국 전역의 가난한 농민들처럼 그들도 언제나 추가로 일자리를 구해야만 했다. 실제로 바쁜 농사철에 임시로 고용되어 일하는 활동은 직접 경작하던 농작물을 포기하는 행위였다. 1942년 연구진은 쑤이더현의 한 촌락을 예로 들었다. 전체 빈농 가운데 31퍼센트가 매년 여러 차례 다른 농부들에게 고용되었고 또 다른 31퍼센트는 상시 고용되었다. (…) 공산당 연구진은 쑤이더현과 미즈현의 농경이 1942년에 가용한 노동력의 절반 미만에게 상시 고용을 제공했으리라고 추정했다.[115]
>
> 쑤이더현에서 가장 중요하고, 또 널리 행해지던 부업은 면방적과 직조였다. 목화 재배는 우딩 강 동쪽 지역에 잘 구축되어 있었다. 그러나 군벌 치하에서 대부분의 농지가 목화 재배에서 양귀비 재배로 전환되었다. (…) 외국산 직물과의 경쟁 및 내전기의 교역 와해와 결부된 목화 재배의 급격한 축소로 민간의 직물 산업이 거의 파괴되었다. (…) 그럼에도 쑤이더현의 농촌 가계에서 방적과

직조 전통이 강고하게 살아 있었기 때문에 공산당은 이곳에서 협동 방적 사업을 "대중 운동"으로 전개하기가 비교적 쉽다고 판단했다.[116)]

키팅이 설명하는 것처럼, 엄청난 가뭄-기근 사태의 역사적 중심지에서 고안된 마오의 "연안 정신"은 가난한 농민을 대하는 전략이었다. 만성적 재난과 전쟁을 겪은 가난한 농민들에게 생산의 자연적·사회적 조건을 안정화시켜 주려던 활동과 노력은 혁명의 사활이 걸린 쟁점이었다.[117)]

6장 주석

1) Pepper, *Life-Work of Louis Klopsch*, p. 172.

2) Francis Nichols, *Through Hidden Shensi*, New York 1902, pp. 2~9; Marshall Broomhall, *The Chinese Empire: A General and Missionary Survey*, London(China Inland Mission) 1907, p. 206(사망자 통계).

3) Broomhall, pp. 228~235와 242. 아서 티드먼은 안후이성 북부의 이에 필적할 만한 고통을 소개한다. "예를 들어 밍청의 한 예수회 수사는 도시에서 너무 많은 사람이 죽어 나가고 있다고 말했다. 벌거숭이인 채로 죽은 사람과 죽어 가는 사람들을 도성 밖으로 실어서 내다 버려야 했다. 그러면 굶주린 개들이 달려와서 뜯어먹었다."("Boxers, Christians and the Culture of Violence in North China," *Journal of Peasant Studies* 25:4[July 1899], p. 156)

4) 윌킨슨(144쪽 표3)에 따르면 산시陝西성의 90개 지방 가운데 75개가 1898년 흉년을 기록했다. 가뭄은 (67개 지방에서) 1900년까지 계속되었고, 때마침 전쟁과 비적의 출몰이 이어졌다. 그로 인해 68개 지방의 농업이 초토화되었다.

5) 위기에 대한 평범한 중국인들의 이해 방식에서 풍수학이 얼마나 중요했는지를 보려면 Smith, vol. 1, p. 57을 참조하라.

6) Esherick, p. 299.

7) 티드먼(159쪽)은 『노스-차이나 헤럴드』를 인용하면서 침수 사태 이전에 "산둥 북서부의 밀 수출 지역이 전반적 흉작"을 기록했다고 전한다.

8) Ibid., pp. 175~177.

9) Pepper, p. 164에서 인용.

10) Paul Cohen, *History in Three Keys: The Boxers as Event, Experience, and Myth*, New York 1997, p. 69.

11) *New York Times*, 25 March 1899.

12) Lu Yao, "The Origins of the Boxers," *Chinese Studies in History*, 20:3~4(1987), p. 54.

13) Esherick, pp. 179~180.

14) Pepper, pp. 164~165. 그러나 일 년 후 해군은 클롭시에게 선박 키토*Quito* 호를 제공했고, 캔자스의 구호 곡물 5천 톤이 인도로 선적되었다.

15) Harlan Beach, "The History of Christian Missions in China," in G. Blakeslee (ed.), *China and the Far East*, New York 1910, p. 274.

16) Endymion Wilkinson, "Studies in Chinese Price History," Ph.D. diss., Princeton University 1970, p. 52.

17) Smith, vol. 2, p. 573.

18) S. Teng, *The Nien Army and Their Guerrilla Warfare, 1851~1868*, Paris 1961, p. 127.

19) Smith, vol. 1, pp. 155~156.

20) Elizabeth Perry, "Social Banditry Revisited: The Case of Bai Lang, a Chinese Brigand," *Modern China* 9:3 (July 1983), pp. 361, 366과 369.

21) Esherick, pp. 174, 223과 281~282.

22) Smith, p. 219.

23) Ibid., p. 244.

24) Lu, p. 52.

25) Cohen, pp. 35, 77~82(첫 번째 인용문)와 p. 95(두 번째 인용문); Tiedemann, p. 156.

26) Lu, p. 55.

27) Qi Aizhang, "Stages in the Development of the Boxer Movement and Their Characteristics," *Chinese Studies in History* 20:3~4(1987), p. 115. 같은 호에서 랴오이중("Special Features of the Boxer Movement")은 어떠한 "반봉건적" 특징도 존재하지 않았다고 주장한다. 물론 그의 인용과 열거는 허베이가 아니라 산둥에 관한 것이지만(pp. 186~187).

28) Broomhall, vol. 7, p. 374.

29) Georges Lefebvre, *The Great Fear of 1789: Rural Panic in Revolutionary France*, New York 1973.

30) Eva Price, *China Journal, 1889~1900: An American Missionary Family During the Boxer Rebellion*, New York 1989, pp. 199와 203~204. Sarah Alice (Troyer) Young, letter from Shanxi(2 Dec. 1899) in coll. 542, box 1, folder 7, Billy Graham Center도 보라.

31) Price, pp. 204와 222.

32) Cohen, p. 172. 베이징 지역의 가뭄 사태와 관련해 대중이 보인 비슷한 성격의 반외세 반응을 확인하려면 E. Ruoff (ed.), *Death Throes of a Dynasty: Letters and Diaries of Charles and Bessie Ewing, Missionaries to China*, Kent, Ohio 1990, p. 68(letters of Sept. and Oct. 1899)를 참조하라.

33) Price, pp. 191~194, 199와 209.

34) Archibald Glover, *A Thousand Miles of Miracle in China*, London 1904, pp. 6, 85, 195와 244(노래).

35) Price, p. 224.

36) Austin, p. 75.

37) Esherick, pp. xv~xvi, 282와 291~292.

38) Smith, vol. 2, p. 716. 일본은, 1930년대 중국에서 자국 군대가 선보인 야만성과 대조되게도 명예로운 예외로 남았다. 독립적 관찰자들은 전부 중국 민간인들에 대한 그들의 인도적이고 공손한 처우를 칭송했다.

39) E.J. Dillon, "The Chinese Wolf and the European Lamb," excerpted in the *New York Times*, 27 Jan. 1901.

40) Ibid.

41) Joseph Page, *The Revolution That Never Wars: Northeast Brazil, 1955~1964*, New York 1972, pp. 26~27.

42) Vera Kelsey, *Seven Keys to Brazil*, New York 1941, p. 172.

43) Robert Levine, *Vale of Tears: Revisiting the Canudos Massacre in Northeastern Brazil, 1893~1897*, Berkeley 1992, pp. 34~38.

44) Levine, pp. 193~203과 229.

45) Ibid., pp. 139, 151과 159~161.

46) Ibid., pp. 132~133과 229~231.

47) Ibid., pp. 142~146.

48) 1898년과 1900년의 가뭄 사태에 관해서는 Charles Wagley, *An Introduction to Brazil*, London 1971, p. 41을 보라. 기후 예측을 위한 국제 조사 협회(University of California, San Diego)의 역사적 통계에 따르면 노르데스테의 1897년과 1898년 가뭄 사태는 월간 강수량이 놀랍게도 -8.15센티미터였다. 다음 세기에 펼쳐진 두 번째로 심각했던 가뭄 사태 때(1915)는 월간 강수량이 -3.3센티미터를 기록했다. 나아가 1897년부터 1906년까지는 매 해가 역사상 가장 건조했고, 월간 강수량이 최소 -1.4센티미터를 기록했다.
(database at iri.ucsd.edu/hot_nino/impacts/ns_amer/index)

49) Levine, pp. 164~165.

50) Ibid., p. 177.

51) Ibid., p. 178.

52) Da Cunha, p. 475.

53) Levine, p. 190.

54) Della Cava, ibid.

55) Levine, p. 148.

56) Della Cava, p. 89.

57) C. Kim and Han-Kyo Kim, *Korea and the Politics of Imperialism, 1876~1910*, Berkeley 1967, pp. 116~117.

58) Pierre van der Eng, "The Real Domestic Product of Indonesia, 1880~1989," *Explorations in Economic History* 1992, pp. 355와 358.

59) Furnivall, p. 232.

60) R. Elson, "The Famine in Demak and Grobogan in 1849~1850; Its Causes and Circumstances," *Review of Indonesian and Malaysian Affairs* 19:1(1985).

61) Hugenholz, pp. 178~179.

62) R. Elson, "From 'States' to State: The Changing Regime of Peasant Export Production in Mid-Nineteenth Century Java," in J. Lindblad (ed.), *Historical Foundations of a National Economy in Indonesia, 1890s~1990s*, Amsterdam 1996, p. 128.

63) Ricklefs, pp. 124~125.

64) Hugenholz, ibid.

65) H. Dick, "The Emergence of a National Economy, 1808~1990s," in Linblad, p. 36.

66) Ricklefs, pp. 151~153.

67) Martinez Duesta, p. 260.

68) Ken De Bevoise, *Agents of Apocalypse: Epidemic Disease in the Colonial Philippines*, Princeton, N.J.

1995, pp. 60~62와 447.

69) Ibid., pp. 41~42와 158~160.

70) Ibid., pp. 63~66, 177과 181~182.

71) Ibid., p. 65.

72) Brian Linn, *Guardians of Empire: The US Army and the Pacific, 1902~1940*, Chapel Hill, N.C. 1997, p. 14.

73) De Bevoise, pp. 13과 65; Matthew Smallman-Raynor and Andrew Cliff, "The Philippines Insurrection and the 1902~1904 Cholera Epidemic: Part Ⅰ- Epidemiological Diffusion Processes in War," *Journal of Historical Geography* 24:1(1998), pp. 69~89도 보라.

74) Billig, p. 159.

75) Violeta Lopez-Gonzaga and Michelle Decena, "Negros in Transition: 1899~1905," *Philippine Studies* 38(1990), p. 112.

76) McCoy, pp. 120~122.

77) Robin Palmer, "The Agricultural History of Rhodesia," in Palmer and Parsons, p. 223.

78) S. Nicholson, "The Historical Climatology of Africa," in Wigley, pp. 262~263.

79) John Reader, *Africa: A Biography of the Continent*, New York 1998, p. 587.

80) Coquery-Vidrovitch, pp. 495와 502; A. Milne, "The Dry Summer on the Upper Nile," *Scottish Geographical Magazine* 16(1899), pp. 89~90; Quinn, "A Study of Southern Oscillation-Related Climatic Activity," p. 144.

81) 1896년과 1897년 스와질란드 가뭄-기근 사태에 관해서는 Neil Parsons and Robin Palmer, "Introduction: Historical Background," in Palmer and Parsons (eds.), *The Roots of Rural Poverty in Central and Southern Africa*, Berkeley 1977, p. 17을 보라.

82) T. O. Ranger, *Revolt in Southern Rhodesia, 1896~1897*, London 1967, p. 148.

83) John Iliffe, *Famine in Zimbabwe*, pp. 21~30.

84) Charles Ambler, *The Great Famine in Central Kenya 1897~1900*, Nairobi 1977, pp. 122~128과 143. (페스트와 철도에 관해서는 Peter Curson and Kevin McCracken, *Plague in Sidney: The Anatomy of an Epidemic*, Kensington, p. 31을 보라.)

85) H. J. Mackinder, *The First Ascent of Mount Kenya*, ed. K. Michael Barbour, London 1991, pp. 82~85. 잔학 행위가 폭로되는 것을 막기 위해 다음의 이야기는 저자 생전에 결코 공개되지 않았다고 편집자는 설명한다. 원정대의 스와힐리 짐꾼 8명이 맥킨더의 명령에 따라 처형되었던 것이다(pp. 22~23).

86) Ambler, ibid.

87) D. Low, "British East Africa: The Establishment of British Rule, 1895~1912," in Vincent Harlow et al. (eds.), *History of East Africa*, vol. 2, Oxford 1965, pp. 4~5.

88) Marcia Wright, "East Africa, 1870~1905," in Oliver and Sanderson, p. 576.

89) Isichei, p. 454; Ambler, p. 146.

90) Low, pp. 16~17.

91) Mackinder, p. 99.

92) Frederick Cooper, *From Slaves to Squatters: Plantation Labor and Agriculture in Zanzibar and Coastal Kenya, 1890~1925*, New Haven, Conn. 1980, pp. 59~60과 220~222.

93) Low, pp. 110~111.

94) Ibid., p. 111; Wright, p. 576~577.

95) James Giblin, *The Politics of Environmental Control in Northeastern Tanzania, 1840~1940*, Philadelphia 1992, pp. 90~91, 114~115와 124~127.

96) Leroy Vail and Landeg White, *Capitalism and Colonialism in Mozambique: A Study of Quelimane District*, Minneapolis 1980, pp.

97) Allen and Barbara Isaacman, *The Tradition of Resistance in Mozambique: The Zambesi Valley 1850~1921*, Berkeley 1976, p. 115.

98) Ibid., pp. 134~142.

99) Palmer, ibid.

100) Ambler, p. 149.

101) Tomlinson, p. 195.

102) Jairus Banaji, "Capitalist Domination and the Small Peasantry: The Deccan Districts in the Late 19th Century," in Gyan Prakash (ed.), *The World of the Rural Labourer in Colonial India*, Delhi 1994, p. 123.

103) Sumit Guha, *The Agrarian Economy of the Bombay Deccan*, p. 192.

104) Banaji, pp. 123~124; Arnold, "Famine in Peasant Consciousness," p. 42.

105) Charlesworth, *Peasants and Imperial Rule: Agriculture and Agrarian Society in the Bombay Presidency, 1850~1935*, Cambridge 1985, pp. 109~110.

106) Sir John Strachey, *India: Its Administration and Progress*, London 1911, p. 249.

107) Guha, pp. 149~158.

108) Vasant Kaiwar, "The Colonial State, Capital and the Peasantry in Bombay Presidency," *Modern Asian Studies* 28:4(1994), p. 822.

109) Philip Huang, *The Peasant Economy and Social Change in North China*, Stanford, Calif. 1985, pp. 85~105.

110) Philip Huang, *The Peasant Family and Rural Development in the Yangzi Delta, 1350~1988*, Stanford, Calif. 1990, p. 71.

111) Huang, *Peasant Economy*, p. 17.

112) Fritjof Tichelman, *The Social Evolution of Indonesia*, The Hague 1980, p. 33.

113) D. R. Gadgil, *The Industrial Evolution of India in Recent Times, 1860~1939*, Delhi 1971, p. 180; Daniel Little, *Understanding Peasant China*, New Haven, Conn. 1989, p. 92.

114) Jan Breman and E. Valentine Daniel, "Conclusion: the Making of a Coolie," in Daniel, Bernstein

and Brass (eds.), *Plantations, Proletarians and Peasants in Colonial Asia*, London 1992, p. 290.

115) Pauline Keating, *Two Revolutions: Village Reconstruction and the Cooperative Movement in Northern Shaanxi, 1934~1945*, Stanford, Calif. 1997, pp. 27~28.

116) Ibid., p. 33.

117) Ibid., pp. 10~13, 23과 30. 중국에서는 1920년부터 1936년 사이에 공식적으로 1,835만 명이 기근으로 사망했다고 추정되었다. 그 대부분이 북부에서 발생한 것으로 보고되었다(E. Vermeer, *Water Conservancy and Irrigation in China*, The Hague 1977, p. 32).

3부

엔소, 잡히지 않는 흰고래의 정체

7장 | 계절풍의 수수께끼

베일을 걷어 올릴 때마다 다른 많은 것들이 밝혀졌다. 그들은 서로 맞물려 있는 상호 의존적인 수수께끼의 연쇄상을 인식했다. 그것은 마치 디엔에이의 이중나선과 유사한, 기상학적 미스터리다.

— 알렉산더 프레이터, 『계절풍 연구』

1870년대와 1890년대에 발생한 전 세계적 가뭄의 원인에 대한 연구는 특별한 과학 탐구 활동에 관한 이야기다. 현재의 우리가 '엘니뇨 남방 진동'이라고 이해하는 사태는, 열대 지방의 기상학에서 거의 한 세기 동안 파악하기조차 힘들었던 '흰고래'였다. 당대의 과학은 1876년부터 1878년 기근 사태 초반에 이 흰고래를 잡았다고 믿었다. 그러나 계절풍 강우와 열대 지방의 가뭄을 아마도 태양이 통제할 것이라고 생각하며 들떴던 초기의 환호는, 유명했던 태양흑점의 상관관계가 혼란스런 통계적 안개 속으로 사라져 버리면서 이내 당혹과 좌절로 바뀌었다. 다시 20세기 초반에 영웅적인 노력이 이루어졌다. 그 활동은 지정학처럼 날씨도 소수의 "전략적

알렉산더 프레이터의 글은 Frater, *Chasing the Monsoon*, New York 1991, p. 190에서 가져왔다.

작용 중심들"에 의해 편제된다는 전제에 기초했다. 그 결과 기상학 데이터는 더 질서정연해졌고, 남방 진동(Southern Oscillation, SO)이라고 하는 기단의 광대한 인도-태평양 시소 현상이 밝혀졌다. 그러나 인도 기상청의 우두머리였던 길버트 워커 경이 1920년대 후반에 남방 진동을 발견한 바로 그 순간, 그의 연구 계획은 자체의 인식론적 모순으로 전복하고 말았다. 수십 년간 혼란이 지속되었고, 마침내 추적 활동이 부활했으며, 기상학을 연구하던 노년의 바이킹 전사 야콥 비야크네스가 1960년대에 놀라운 결론에 도달했다.

이 무용담을 자세히 이야기하기 전에 먼저 괴물 그 자체를 더 선명하게 제시하는 게 도움이 될 것이다. 특히 과학에 밝지 않은 독자들이라면 수수께끼와 대면하기 전에 차라리 해답을 먼저 아는 게 가장 좋다. (지구물리학자들이 사랑하는 켈빈 파동과 지연된 진동자의 그 모든 복잡한 아름다움이 사라졌음을 의미하는) 최초의 반복 속에서 현대의 엔소 이론은 다음과 같이 요약할 수 있다. (대양, 대기, 빙원이 함께 작용하는) 세계 기후는 적도 지방에서 받는 태양에너지 초과량에 의해 구동된다. 정말이지 기후는 이 에너지가 극지방으로 재분배되면서 만들어지는 강수와 바람 양상을 긴 시간에 걸쳐 평균한 것에 지나지 않는다.[1] 그러나 대양과 대기가 가장 긴밀하게 결부되어 있는 열대 지방은 열을 고르게 축적하지 않는다. 따라서 열대 지방이 받는 태양에너지는 표면의 바람과 해류를 따라 몇몇 적도 저장 시스템으로 옮겨진다. 예를 들어 동쪽에서 부는 무역풍은 적도 태평양의 따뜻한 표층수를 서쪽으로 옮긴다. 남아메리카 쪽에서 "차가운 후미(태평양 건조 지대)"가 형성된다. 차가운 물이 용승해 바람에 쓸려 간 표층수를 대체하는 것이다. 반면에 따뜻한 물은 인도네시아-호주 연해에 고인다. 이 따뜻한 봇물*은 인도-호주 수렴대

표 14 | 따뜻한 봇물의 동쪽 이동에 따른 엘니뇨(L : 저기압 H : 고기압)

엘니뇨가 아닐 때

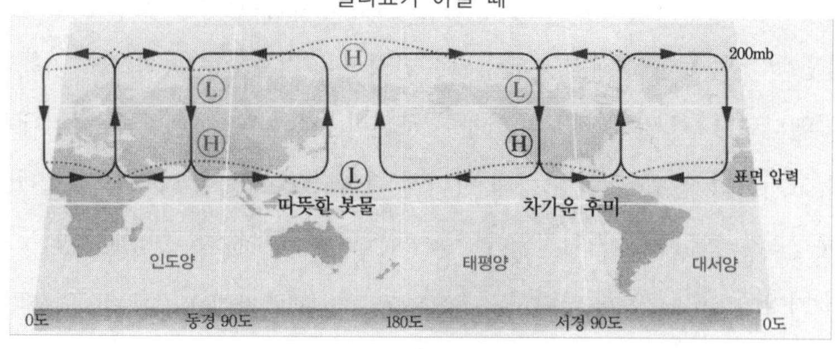

엘니뇨일 때

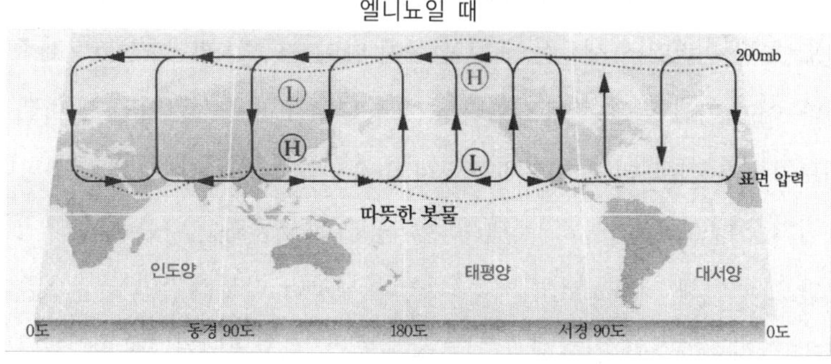

(Indo-Australian Convergence Zone, IACZ)라고 하는 대기 동반자와 함께 지구의 지역적 열 엔진(다른 엔진들로 아마존 강 유역과 적도 아프리카가 있다.) 중에서 가장 강력한 구동자로, 가장 커다랗게 편제된 심층 운반 시스템을 유지한다. 여기서 심층 운반이라 함은 수증기의 잠열이 응축하고 발산함으로써 대양에서 대기로 에너지가 전달되는 것을 말한다. 일종의 구름 공장이라고 상상하면 된다. 지구상에서 가장 따뜻한 표층수가 우리가 모르는 사이에 매일 수천

* Warm Pool, 무역풍에 의해 서태평양의 인도네시아와 퀸즐랜드에 아주 따뜻한 표층수가 쌓이는 현상 및 그 현장을 말한다. 이로 인해 지구상 최대 규모의 열대 대류 현상이 촉발된다. 엘니뇨 기간 중에는 따뜻한 봇물의 위치가 날짜변경선 쪽으로 이동한다. 옮긴이

개의 적란운을 만드는 것이다.

무역풍이 가라앉거나 방향이 역전되고, 광대한 열대성 뇌우를 동반한 따뜻한 봇물이 중앙태평양에서 날짜변경선을 기준으로 동쪽으로 이동할 때 엘니뇨, 다시 말해 엔소의 따뜻한 국면이 발생한다. 이에 조응해 남태평양 고기압과 인도-호주 수렴대 사이에 형성되어 통상 무역풍을 일으키던 "하향적" 기압 경도가 역전된다. (파페에테에서 측정한 것처럼) 중앙태평양 동부의 기압이 갑작스럽게 하락하고, (포트다윈에서 측정한 것처럼) 인도네시아-호주 연해에서 동시에 기압이 상승하는 것이 바로 "남방 진동"이다. 이 과정에서 인도-호주 수렴대의 새로운 위치 선정에 따라 지구의 바람 순환이 재조정된다. 이에 따라 열대 지방 전역과 고위도 각지의 강우 양상이 크게 바뀐다. 제트기류가 적도 방향으로 바뀌면서 기후 시스템이 파격적으로 변한다.

이처럼 엔소의 "엘니뇨" 국면은, 무역풍으로 구동되는 하층 해수의 용승 중단으로 인해 에콰도르와 페루 해안 태평양이 따뜻해지면서 발생한다. 흔히 크리스마스를 전후해서 어부들에 의해 보고되었기 때문에 엘니뇨, 곧 "아기 예수"라고 부르는 것이다. 인도양의 중앙 열대 지역도 열을 간직한다. 그리고 이것이 계절풍의 강도와 경로에 영향을 미친다. 적도 태평양에서 흔히 관찰되는 건조 상태와 강우 패턴이 역전된다. 페루 해안의 초건조 사막 지역에 뇌우가 몰아쳐 홍수가 발생하는가 하면 칼리만탄과 파푸아의 습윤한 정글이 가뭄으로 바짝 마르는 것이다. 계절풍이 인도 서부와 아프리카 남부의 농업을 외면하고, 정상을 벗어난 가뭄 사태가 중국 북부와 브라질 북동부를 옥죈다.[2)]

전 세계 상당수 지역에서 벌어지는 통상의 강우 양상이 적도 태평양의 해수 온도와 기압 사이의 이런 거대한 진동에 조응해 변화한다는 인식이 엔소 이론의 요점이다. 과학 분야의 다른 모든 심오한 통찰과 마찬가지로 엔소 이론도 끈기 있게 연구하고, 굽이굽이 돌아 얻은 믿을 수 없을 정도로 간단한 개념이다. 엔소 이론은 제국들의 부富 및 수백만의 생존과 관련되어 있고, 그래서 자체의 과학사만이 아니라 정치사도 갖고 있다.

제국의 과학

리처드 그로브가 보여 준 것처럼 열대 지방 기상 현상의 기초는 1790년과 1791년 엘니뇨 발생 시기에 놓였다. 마드라스와 벵골에 가뭄과 기근이 들었고, 영국의 카리브 해 식민지 여러 곳에서도 농업이 붕괴했다. 수천 킬로미터 떨어진 지역들에서 이루어진 동시 기상 측정 결과가 사상 처음으로 극단적 기후가 열대 지방 전역에서 연관되어 있을지도 모른다는 사실을 암시했다. 결국 이 관념은 1876년에서 1878년의 전 세계적 가뭄 시기에 완전히 정리되기에 이른다. 인도의 기근 사태가 윌리엄 록스버그를 자극했다. 에든버러에서 교육을 받고 동인도회사에서 일하던 이 약관의 의사이자 박물학자는 마드라스에서 기후와 식량 공급, 기근 사이의 역사적 관계를 탐구했다. 그는 1685년에서 1687년에 비슷한 가뭄(이것도 아주 강력한 엘니뇨 가뭄이었을 가능성이 매우 크다.)이 발생했다는 증거를 확인했다. 그럼에도 그는 "지금 내가 끊임없이 목도하고 있는 가뭄 사태의 무시무시한 결과"가 어떤 자연적 순환 주기 때문이라기보다는 동인도회사의 정복에서 기인하는 토지 활용의 심각한 교란상 때문이라고 보았다. 후대의 "기후 환원주의자들"과 달리 록스버그는, 남벌로 가뭄을 악화시키고 료트들의 토지 영구 상속권을 부인

지도 8 | 동반구의 계절풍 기후

함(그가 볼 때 농업 발달과 관개에 대한 농민들의 의욕을 꺾는 중대한 행위였다.)으로써 기근을 심화시킨 동인도회사를 거침없이 고발했다.[3)]

계절풍이 다시금 재앙적으로 찾아든 1876년에 대영제국은 전신과 해저 케이블로 연결되는 세계 기후 관측 시스템을 초보 단계에서 운영하기 시작했다. 게다가 제1차 국제 기상 회의가 기후 데이터 기록 방식을 막 표준화한 상태였다. 이로써 대규모 사태를 파악하고 지도로 작성하는 게 더 쉬워졌다.[4)] 헨리 블랜포드의 직책은 인도 정부에 제국의 기상 관측 정보를 보고하는 것이었다. 그 직책은 가뭄이 발생하기 불과 한 해 전에 마련되었는바, 이것은 1866년 오리사 기근 위원회의 주된 권고 사항에 대한 뒤늦은 대응이었다. 블랜포드는 제국은 물론이고 기타 유라시아와 오세아니아 전역의 기상대에 대기압 자료를 보내 달라고 다급하게 호소했다.[5)] 마드라스에서 새롭게 발생한 가뭄과 결부된 비정상적 고기압은 반세기 동안 수행한 인도 기후 관측 사상 전례가 없는 것이었다. 실제로 블랜포드는 동반구의 열대 지방을 지배하는 더 커다란 계절풍대 내에서 가뭄 지역의 범위를 획정하려고 했다.

그는 이후 몇 달 동안 모리셔스, 콜롬보, 싱가포르, 바타비아, 호주, 뉴질랜드에서 날아 온 보고 내용을 주의 깊게 분석했고, 사태의 전 지구적 규모와 긴밀한 통일성에 깜짝 놀랐다. "비정상적인 기압 상황이 인도-말레이 지역과 호주 동부뿐만 아니라, 아시아 전체는 아닐지라도 더 커다란 지역, 아마도 호주 전역과 남인도양까지 광범위하게 자리했다." 그는 "한편으로 러시아 및 시베리아 서부와, 다른 한편으로 (어쩌면 중국 지역을 포함하는) 인도-말레이 지역 사이에서 대기압이 주기적으로 교환되는 진동 현상이 존재한다."는 증거도 발견했다.[6]

1880년 기근 위원회 보고서와 함께 발표된 블랜포드의 연구 내용은, 1791년에 모호하게 인식한 것처럼 단일한 기후 사건이 인도-오스트랄라시아 대부분 지역에서 발생한 가뭄과 흉작의 원인임을 분명히 했다. 블랜포드는 베이징에서 보고된 관측 결과를 바탕으로 중국 북부도 이상 고기압의 영향으로 가뭄이 들었을 것이라고 추측했다.[7] 지구의 광대한 지역에서 강우 현상을 조절한다는 기압 시소에 관한 그의 가설은, 러시아-인도 축을 따라 경계를 잘못 정했음에도 결국 남방 진동을 발견하게 될 독창적인 아이디어였다. (더 일반적으로 얘기하면, 블랜포드의 쌍극자는 "원격 연계, 즉 두 개 이상의 뚜렷이 구별되지만 강력하게 결합된 작용 중심들이 규정하는 기후의 지속적인 공간 구조"를 해명하고자 한 초기의 제안들 가운데 하나였다.)[8] 이렇게 해서 계절풍의 수수께끼를 푸는 가장 중요한 두 조각(계절풍의 지구적 규모와 그것이 거대한 대기압 진동과 맺는 상관관계)이 갑작스럽게 제자리를 찾게 되었다.

그러나 블랜포드가 몬순 기후학의 정량분석에서 거둔 성과와 같은 진보는 제한적이고 탈정치화된 과학적 조사 활동을 통해 얻은 것이었다. 세포이 항쟁 전까지는 과학이 제국과 맺었던 관계가 여전히 변화무쌍하고 다방면적이어서 록스버그 같은 학자들이 생태 환경 약탈이나 유럽의 착취를 감히 비판하는 일도 가능했다. 적어도 동인도회사 같은 민간 독점업체들이 이를 구현하고 있었으니 말이다. 록스버그의 군의관-박물학자 후예들(예를 들어 마드라스의 에드워드 밸푸어)은 1849년까지도 여전히 기근이 "영국의 식민 지배와 세입 정책의 직접적인 결과"라는 그의 견해를 옹호하고 있었다.[9] 그러나 기근 홀로코스트가 제국의 도덕적 정당성을 위협한 1876년경에는 그 열정적 과학이 블랜포드의 인도 기상청 같은 식민지 관료 기구로 급속히 통합된다. 영국의 발달상과 인도의 "비극적" 자연 상태를 대비시키는 이데올로기에 공헌하기 위해 데이터 수집과 분석에 많은 자원이 투입되었던 것이다.

우리가 본 것처럼 리튼과 템플에서부터 시작해 계속된 공식적 기근 담론은, 기후가 가장 중요하고 엄연한 기근의 원인이라는 정설을 열심히 옹호했다. 다시 말해 로키어와 헌터가 1877년에 더 시적으로 제시한 것처럼 "인도인들에게는 인드라[Indra, 우레와 비를 주관하는 베다의 주신. 옮긴이]와 바유[Vayu, 바람의 신. 옮긴이], 그러니까 비를 머금은 대기와 바람이 여전히 행과 불행의 가장 중요한 제공자다."[10] 자연 변수와 사회 변수들의 상호 작용에 대한 록스버그의 복잡한 관심은 더 이상 과학으로 취급되지 않았다. 기상학 연구는, 그 활동이 여전히 영웅적이었다 할지라도, 열대와 기타 지역 각지의 동조화된 가뭄의 원인인 지구적 메커니즘 탐구에만 편협하게 집중했다. 이 비밀을 풀어야만 예비적 현상을 활용해 계절풍의 진행 추이를 사전에 예측하는 것이 가능하리라고 여겨졌다. 후원자들은 이 활동이 열대 지방

제국주의에 엄청난 이익을 가져다줄 응용과학이라고 주장했다. 1899년 인도 가뭄-기근 사태 때 『네이처』는 독자들을 이렇게 상기시켰다. "아마도 강우량이 국가 경제에서 가장 중요한 요소일 것이다."[11]

흑점 대 사회주의자

대기근 사태 이후 10년 동안은 많은 사람들이 계절풍의 비밀이 가변적인 태양복사 때문일 것이라고 믿었다. 1852년 스위스의 천문학자 루돌프 볼프가 태양흑점에 11년 주기가 존재한다는 사실을 증명했고, 1870년대 초반경에는 다수의 영국 과학자들과 아마추어 과학도들(큐 왕립 식물원의 스튜어트, 실론의 로키어, 모리셔스의 멜드럼, 인도의 체임버스, 힐, 헌터 등)이, 흑점이 사이클론 발생 빈도 및 여름철 계절풍과 상관관계를 맺고 있다고 제안하기에 이른다.[12] 가뭄과 흉작의 원인을 "[인도의] 수목과 삼림 파괴"에서 찾았던 "건조" 이론이 식민지 임학자들과 수문학자들 사이에서 일정한 권위를 가지기도 했지만 태양 이론의 입지는 확고했다. (그러나 인기를 누리던 한 영어 잡지에 기고하던 건조 이론 지지자 "필린두스"는 열대 지방의 기상학자들에게 조롱을 퍼부었다. 그들이 "가뭄의 발생을 예방하기 위해 정력적으로 노력하기보다는 가뭄이 정확히 언제 시작될지를 알아내는 일에 시간을 낭비하고 있다."는 것이었다.)[13]

노먼 로키어와 윌리엄 헌터가 『19세기』(1877년 11월호) 독자들에게 "태양흑점의 11년 주기와 봄베이의 강우 현상 사이에 뚜렷하게 식별되는 우연의 일치가 존재함"을 알렸을 때 기근은 여전히 인도를 유린하고 있었다.[14] 다음 해에 헌터는 널리 격찬을 받은 논문 「인도 남부의 가뭄과 기근 주기」

를 발표했다. 이 논문의 목표는 1813년 이래 마드라스의 강우 현상과 흑점 사이에 일정한 관계가 있다는 것을 입증하는 것이었다. 헌터는 로이드 보험 회사의 회계사들마저 흥분시켰다. 회사의 손실 장부에 있는 데이터를 분석해 선박 조난 사고와 태양흑점의 관계를 밝히는 논문을 발표했던 것이다.[15) 헌터가 태양이 결정하는 강우 무대에 온대 위도 지역을 포함시키는 것을 주저했다면, 모리셔스에서 활동하던 멜드럼은 에든버러, 파리, 뉴베드퍼드[New Bedford, 매사추세츠 주 남동부 해안에 있으며, 보스턴에서 남쪽으로 90킬로미터 떨어져 있다. 옮긴이]의 시원치 않은 강우량이 마드라스에서보다 태양흑점의 주기 현상에 훨씬 더 강력하게 규제된 것이라고 확신했다.[16)]

더 신중하고 통계적으로 세련된 연구자들은 태양이 계절풍을 조절한다는 이 의기양양한 주장을 상당히 회의적인 시선으로 바라보았다.[17)] 블랜포드와 동료 수학자 더글러스 아치볼드는, 열대 인도의 강우와 태양흑점 주기가 우연히 일치했다고 할지라도 1876년과 1877년 같은 흉작을 가져오기에는 그 변동 폭이 너무 작았다고 주장했다. 인도에서 가장 유명한 아마추어 기상학자인 리처드 스트래치 경이 그들의 견해를 지지했다.[18)] 그러나 그들의 유보적 태도는 국제 과학계의 전반적 흥분 속에서 압도당했다. 태양흑점에 열광하던 노먼 로키어가 편집한 『네이처』의 관련 페이지들은 이내 태양이 열대 지방 농업에 미치는 영향에 대한 주장과 반비판으로 격렬하게 달아오른다.[19)] 태양 주기로 기근을 예측할 수 있다는 뻔뻔한 주장을 극도로 불신한 블랜포드조차도 지구 규모의 가뭄(주기적 진동)에 대한 자신의 설명에서 주요 원인이 "태양흑점 주기를 따르는 것 같다."고 마지못해 인정했다.[20)]

게다가 가뭄이 일정한 주기에 따라 발생하고, 열대 지방 전체가 아니라면 적어도 인도양 영역에서라도 어떤 공통의 인과관계에 따라 조정된다는 데 거의 모두가 동의했다. 1835년 이래 호주 동부 가뭄의 일시적 양상이 인식되어 왔고, 그래서 멜드럼은 인도 남부뿐만 아니라 모리셔스에도 악영향을 미치는 태양흑점과 인도양 사이클론의 연계를 입증하고자 했다. "그의 연구 결과는 설득력이 넘쳤다. 추종자 가운데 한 명의 말을 빌리자면, '항구로 들어온 난파선의 수와 (…) 인도양에서 관측되는 사이클론의 수를 통해 누구나 그 당시의 태양흑점 개수를 파악할 수 있을 정도였다.' "[21] 아치볼드는 1878년에 이렇게 썼다. "희망봉 지역이 과거나 현재에 가뭄으로 고통받았다는 것을 알게 된다면 그것이야말로 이 전반적 연쇄 현상의 마지막 연결고리가 될 것이다." 희망봉의 중동부 지역에서 심각한 가뭄이 있었다는 사실이 바로 그때 캘커타에 보고되었고, 그는 "이 정보가 잃어버린 고리를 채워 준다."고 선언했다.[22]

그러는 와중에도 일부는 서반구 열대 지방의 가뭄도 동일한 상호 작용에 의해 일어나는 게 아닐까 하고 궁금해 했다. 브라질의 과학자들과 공학자들은 폴리테크닉 대학과 리우데자네이루에 본부를 둔 새 '환경 순응 전국학회National Society for Acclimation'에서 열린 일련의 비상 토론회에서 대한발의 원인을 논의했다. 이 과정에서 두 개의 분파가 신랄하게 격돌했다. 길레르메 데 카파네마(『세아라 주 한발 보고서』의 저자)와 초빙 교수 오빌 더비가 주도하던 "기상학자들"은 태양흑점 이론을 열렬히 받아들였다.[23] 실제로 더비는 『네이처』 기고문을 통해 인도의 기상학자들을 흥분시켰다. 1878년 6월 『브라질 공보』에 발표한 내용을 요약한 그 기고문은 (헌터를 좇아) 세아라 주의 가뭄과 홍수 사태가 태양흑점 변동에 강력하게 조응한다고 주장했다.[24] 반면 당대의 가장 유명한 브라질 공학자들과 "기우사祈雨師들"은 가뭄의 원인을 남벌과 후진적인 농업 관행에서 찾았다. 그들은 세르탕 주민들의 인종적 "미개성"을 비난했다. 그들은 자유당의 노르데스테 개발 계획에 들떠서 대형 댐, 저수지, 조림 사업 등을 통해 기후를 "습윤하게 만들겠다."는 기발한 정책을 지지했다. 두 진영은 19세기의 나머지 기간 동안 계속해서 서로 다툰다.[25)]

여전히 대공황의 침체 상태에 빠져 있던 영국으로 가 보자. 광범위한 대중과 의회 인사들이 식민지 기상학자들의 연구 내용에 관심을 보였다. 당대의 인류에게 커다란 의미가 있었다는 점을 제외하면 다윈주의에서처럼 자연사의 기본적 구조가 밝혀진 것이라고 사람들은 생각했다. 인도 기근 사태의 원인을 설명해 줄 뿐만 아니라 경기순환의 비밀 엔진을 해명하는 이 발견이, 칼 맑스가 최근 저서에서 주장한 것처럼 임금 대비 자본의 과잉 축적이 아니라 태양이라는 것을 보여 준다고 열광자들은 주장하고 나섰다. 1878년에 벌어진 한 하원 논쟁에서는 인도 출생의 유명한 과학자이자 정치경제학자, 자유당 국회의원이었던 리용 플레이페어가 득의양양하게 멜드럼의 다음과 같은 연구 내용을 증거로 인용했다. "[이제] 인도의 기근이 태양 흑점을 볼 수 없는 시기에 발생했다는 사실이 분명해졌다. 전 세계 스물두 개의 천문대 가운데 열여덟 곳이, 최소 강수량은 태양에서 흑점을 전혀 발견할 수 없을 때 기록되었다는 것을 보여 주었다."[26)]

신고전주의 수리경제학의 창시자 가운데 한 명인 스탠리 제본스 경이 마침 "태양흑점과 상업 위기"라는 주제로 두 편의 유명한 논문을 발표했다.[27)] 그는 1875년에도 곡물 가격을 결정하는 데 태양의 변동이 담당하는 역할에 관한 선구적 연구 논문으로 영국 학술 협회의 연차 총회를 발칵 뒤집어 놓았다. (그는 인력에 따른 행성들의 배열 때문에 태양이 변동한다고 보았다.)[28)] 이제 그는 태양이 인도와 중국 농업에 영향력을 행사함으로써 전 세계의 경기순환을 추동한다는 파격적인 이론을 내놓았다.

이 대단한 위인의 선집에서 확인할 수 있는 호기심은 오늘날 돌이켜보면 기괴해 보이기까지 하지만 집필 당시 그 논설들은 특정한 정치적 요구와 긴급성을 지니고 있었다. 제본스는 자유무역에 관한 대중적 믿음이 심각하게 훼손되고 있다면서 경고했다. "교역이 조금만 악화돼도 전체 도시와 각급 주민들이 기근이나 다름없는 궁핍 상태에 빠지고 만다."는 인식이 강화되고 있었던 것이다.[29] 필립 미롭스키에 따르면, 제본스의 주된 목표는 맑스와 사회주의자들에 반대하여 1870년대 같은 전 세계적 경기 불안정이 자본주의 제도의 실패가 아니라 그 기원이 엄연히 천문학적인 현상임을 입증하는 것이었다. "제본스가 경제학에서 이룩한 일체의 혁신(한계 가격 이론에 관한 그의 선구적 연구 노력, 석탄 문제에 관한 작업, 태양흑점 이론)은 영국의 정치경제학에 대한 점증하던 불신에 통일적으로 대응한 것이라고 볼 수 있다. (…) 시장을 '자연'의 과정으로 묘사해 그 유효성에 관한 의심을 달래거나, 적어도 과학적 담론으로 무마하겠다는 것이 그의 연구 과제였다."[30]

볼프 취리히의 태양흑점 상대수와 1700년부터 1878년까지 발생한 영국의 14차례 경제 위기 사이에 상관관계가 존재한다는 제본스의 입론은 그의 생전에조차 웃음거리였다("대학 간 조정 경기에서 옥스브리지 팀이 승리를 거두는 주기성이 태양흑점의 주기성과 일치한다는 것을 보여 준 풍자적 통계 연구"를 포함해서). 그러나 그는 이 상관관계의 통계적 유의성을 세계경제에 관한 과학적 이론의 초석이라며 완강하게 방어했다.[31] 나아가 그는 주기적 경기 호황과 인도와 중국의 기근 사태가 태양과 영국 산업 사이의 중요한 전동 벨트(긍정적 피드백과 부정적 피드백이 엇갈리는)라고 주장했다.

태양복사 에너지의 증가는 열대 지방의 기상에 긍정적 영향을 미친다. 그리하여 인도, 중국, 기타 열대 및 준열대 국가들에서 연이어 풍년이 든다. 몇 년에 걸쳐 번영이 지속되면 6억 명에서 8억 명의 주민이 우리가 제조한 상품을 엄청나게 구매한다. 랭커셔와 요크셔의 무역 호조 속에서 제조업자들은 기존의 생산 수단을 최대한으로 활용하고, 이어서 새로운 기계와 공장을 들여오고 짓기 시작한다. 서유럽에서 적극적 산업 활동의 열기가 폭주하는 가운데 태양복사가 서서히 이지러지기 시작한다. 우리의 제조업자들이 엄청난 양의 상품을 공급하려는 바로 그 순간에 인도와 중국의 기근 사태가 갑작스럽게 그 수요를 차단해 버린다.[32)]

제본스는 나중에 『더 타임스』에 보낸 한 편지에서 태양 변동이 인도의 빈곤에 미치는 영향이 어떻게 영국 번영의 제일 기동자가 되는지를 더 자세히 설명했다. 제본스는 태양흑점 주기를 반영한다고 여겨지던 인도 곡물 가격의 역사적 데이터가 "잃어버린 고리"라고 호언장담했다. "랭커셔의 무역 상황이 호조를 띠는 비밀은 인도에서 쌀과 기타 곡물의 가격이 낮은 데 있다." 제본스는 다음과 같이 말했다. "맨체스터의 조면기와 힌두스탄의 논처럼 앞뒤가 안 맞는 것들을 이론화하는 사람들의 어리석음을 조롱하는 사람들이 있을 수 있다." 그러나 "사물의 내면을 들여다보는" 사람들에게는 "그 관계가 너무나도 분명하다."

식량 가격이 저렴하면 힌두 지방의 가난한 료트들도 작지만 여유 소득이 발생한다. 그들은 이 돈을 새 옷을 사는 데 쓸 수 있다. 중국은 말할 것도 없고 영국령 인도의 엄청난 인구를 염두에 둔다면 랭커셔의 상품에 대한 수요가 크게 증가하리라는 것을 바로 알 수 있다. (…) 충격이 인도에서 온다고 해도 이곳 영국의 경기 과열이나 위기의 정도가 인도와의 무역 변동에 의해 제한되지 않는다는 점도 상기하자. 해외에서 오는 충격은 투기꾼들의 흥분하기 쉬운 정신 상태에 불을 댕기는 성냥과 같다. 다수의 투기적 거품의 역사는 활기를 띠게 하는 원인과, 신용과 가격의 팽창이 도달할 수 있는 어리석은 투자 사이에 어떠한 비례적 연관도 존재하지 않음을 보여 준다. 간단히 말해서 이상 과열은 자연의 붕괴가 뒤를 잇는 일종의 상업적 우둔함이 폭발하는 현상이다.[33]

제본스는 자신의 이론을 보강하기 위해 브라질에서 도착한 새 가뭄 데이터를 비교 분석하는 작업에 몰두하다가 1882년에 사망했다. 그러나 (호이트와 새튼이 그렇게 부른바) "주기에 대한 열광cyclomania"은 1880년대를 계속해서 지배했고, 심지어는 20세기 초반까지도 저명한 연구자들의 마음을 사로잡았다.[34] 유명한 태양 천문학자이자 『네이처』의 편집자였던 노먼 로키어 경은 빅토리아 시대의 열광자들에게 이렇게 설교했다. "천문학처럼 기상학에서도 잡아내야 할 것은 분명 주기다. 온대 지역에서 찾을 수 없다면 한대나 건조대로 가서 주기를 찾아라. 일단 주기를 발견했다면 무슨 수를 써서라도 붙잡고, 연구하고, 기록하고, 무슨 의미인지 알아내라."[35] 특히 태양흑점 주기는 더 작은 톱니바퀴들 전체를 구동하는 커다란 톱니바퀴처럼 보였다. 비와 곡물의 유동상을 조절하고, 이를 바탕으로 제본스가 보여 준 것처럼 환율과 주가도 조정한다는 것이었다. 정치경제학은 태양 물리학의 한 분야임이 폭로되고 말았다.

열정이 끓어 넘쳤던 로키어가 가장 의기양양하게 선언했다. 로키어는 태양흑점 스펙트럼의 변화가 계절풍성 강우와 직접 연결되는 열 진동이라고 믿었다. 추밀원의 태양 물리학 위원회(인도 정부의 리처드 스트래치 경을 포함하여)가 후원한 그의 연구는, 태양흑점이 제국의 무역수지에 어떤 영향이 미칠지에 대한 영국 정부의 민감한 관심사를 반영했다. 로키어는 솔즈베리 경을 이렇게 안심시켰다. "인도에서 기근이 발생하는 시기에 관한 수수께끼가 마침내 풀렸다. 따라서 앞으로는 그 시기를 정확하게 예측할 수 있다. 비록 지방 수준까지는 아니라고 할지라도 말이다. 나일 강이 범람하지 않는 사태도 동일한 법칙을 따른다."[36]

지정학과 남방 진동

그런데 1890년대 초반이 되자 (제본스주의 경제학이 아닐지라도) 혁혁한 성과를 자랑하던 태양 상관관계 이론 자체에서 불일치하는 모순이 급증하면서 충돌하기 시작했다. 가뭄과 태양흑점 최대수를 결부시킨 모든 연구에 대해 다시 가뭄과 태양흑점 최소수를 관련시키는 또 다른 연구가 존재했다.[37] 로키어와 헌터의 연구는 코펜이 이미 1873년에 제기한 바 있는 다음과 같은 곤란한 역설을 은근슬쩍 회피했다. "열대 지방에서 최대 기온은 태양흑점 최대수보다 최소수와 더 긴밀하게 일치한다. 그런데 태양흑점 최대수는 태양흑점 최소수보다 일 년에서 일 년 반 정도 먼저 일어난다."[38] 더 정교한 통계 수단을 이용할 수 있게 되면서, 이 주기를 탐지하기 위해 사용되어 온 알고리즘들이 실제로는 무작위 데이터에서 가져온 것이라는 사실이 명백해졌다. 볼프의 태양흑점 주기가 충분히 객관적이었음에도 인도의 농업 및 랭커셔의 이윤과 관련해 당연한 것으로 여겨지던 흑점 주기의 역할에 대한 믿음에 심각한 위기가 닥쳤다. 천문학자들, 기상학자들, 신고전주의 경제학자들이 1870년대 후반에 꾸미고 만들어 낸 포괄적 설명 구조가 와해되기 시작한 것이다.

다른 학자들이 여전히 태양흑점의 수를 세고 있던 그 시기에 블랜포드는 히말라야 산맥의 강설량을 선구적으로 조사하기 시작했다. 1877년 기근 위원회가 블랜포드에게 가뭄을 예측할 수 있는 방법을 개발해 달라고 요구했던 것이다. 블랜포드는 티베트의 설원이 태양보다 더 확실한 전조일 수도 있다고 생각했다. 블랜포드는 히말라야 산맥과 티베트 고원이 인도양과 서로 마주 보면서 형성하는 차별적인 가열·냉각 체계가 계절풍을 구동한다며 다음과 같은 필연적 가설을 제안했다. "히말라야 산맥에

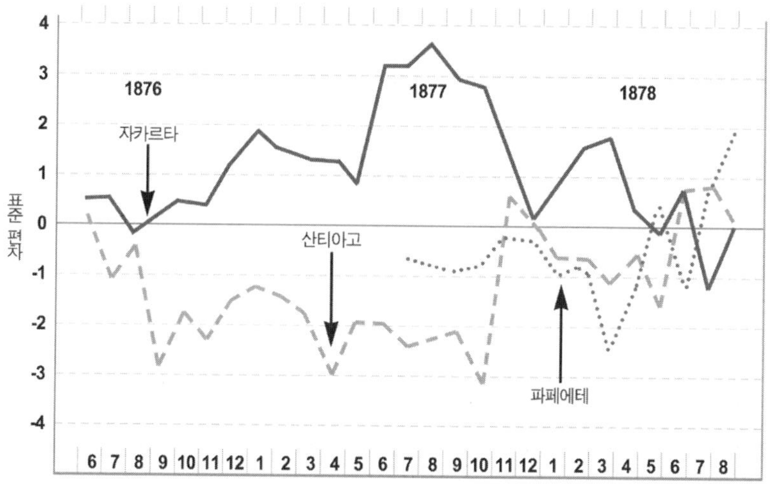

표 15 | 남방 진동

1876년 7월부터 1878년 8월까지 칠레의 산티아고, 타히티의 파페에테, 인도네시아의 자카르타에 있는 기상대에서 측정한 대기압의 표준 편차. 1861년부터 1905년 기록을 기준으로 삼은 산티아고를 제외하면 1941년부터 1970년 평균을 바탕으로 했음.

내리는 눈의 두께와 넓이가 기후 상태와 인도 북서부 평원의 날씨에 지속적으로 커다란 영향을 미친다." 1885년 블랜포드는 히말라야 산맥 서부에 봄눈이 너무 늦게, 비정상적으로 많은 양이 내린 결과 인도 서부에 비가 적게 올 것을 정확히 예측한 공로가 인정되어 기사 작위를 받았다. 그의 후계자 존 엘리엇 경은 다음 계절의 강우량을 유추하는 수단으로 이전 계절의 강설량을 활용하는 이 기법에 변수들을 추가했다. 인도양의 무역풍, 나일 강의 범람, 남아프리카와 호주 남부의 강우량 따위가 그 변수들이었다. 우리가 본 것처럼, 엘리엇은 자신의 예보 기술에 점점 더 자신감을 보였지만 그 확신은 이내 비극적 오만임이 드러나고 말았다. "1899년 인도 서부에서 발생한 가공할 가뭄 사태를 완전 엉터리로 예보함으로써 이 방법은 불명예를 뒤집어쓰고 말았다."[39)]

현대적 연구 관점에서 볼 때, 블랜포드와 엘리엇은 티베트(유라시아)의 적설이 계절풍을 좌우하는 데 중요한 역할을 수행한다고 올바르게 가정했다. (그들이 인식한 것처럼 히말라야 산맥이 계절풍의 주기도 산악학적으로 조정하는 것이다. 그 내용은 이렇다. 히말라야 산맥은 여름에는 남쪽의 따뜻한 기류를 들어 올리고, 겨울에는 북쪽에서 시베리아의 한랭 기단이 유입되는 것을 차단한다.) 그러나 이것은 사실의 한 부분일 뿐이다. 계절풍의 변동이 유라시아의 날씨와 열대 태평양 및 인도양의 역동적 운반 체계가 상호 작용한 결과라는 것을 우리는 이제 알고 있다. 블랜포드와 엘리엇은 히말라야 산맥의 가변적 열 저장에 집중하다가 중요한 단서들을 놓쳐 버렸다. 그들이 이 단서들에 주목했더라면 인도양-태평양 열 엔진, 곧 엔소를 발견했을지도 모른다.

1877년 가뭄을 수반했던 격렬한 대기 진동에서 엔소의 위력을 어렴풋이나마 처음 감지한 사람은 블랜포드였다. 1890년대에는 다른 연구자들도 엔소를 목격하고 있었다. 선두에 선 사람은 로키어였다. 이 불굴의 태양 주기론자는 아들의 지원 속에서 인도의 기상 자료를 분석하면 대기압이 강우량보다 더 우수한 태양 활동의 상관물임을 알 수 있게 될 것이라고 확신했다. 로키어 부자는 전 세계 기상 데이터를 조사한 후 블랜포드의 시소가 두 개의 개별적 대기 진동 시스템이 융합된 것이라고 제안했다. 하나는 인도와 위상이 같았고, 나머지 하나는 에스파냐와 위상이 같았다. 아버지 로키어의 설명을 들어 보자. "태양의 역할이, 말하자면 지구 표면의 어느 지점에서 저기압을 만들어 내는 것이라면 그 결과는 반드시 다른 지점의 고기압으로 균형이 잡혀야 한다. 태양의 효과가 다양한 것처럼 이 두 극점의 대기압도 진동한다."[40)]

로키어 부자는 태양 주기, 인도의 대기압 변동, 이상 강우 사이의 통계적 인과관계를 입증하는 데 결국 실패했다. 그러나 그들은 반구 간 대기 진동이 한 번 이상 일어난다는 점을 강조했고, 그것은 다음 세대의 연구 활동에 거역할 수 없는 기초로 작용했다. 예를 들어 1897년경에는 웁살라 천문대장 후고 힐데브란트손이 아이슬란드의 평균 기압과 아조레스제도의 평균 기압 사이에 역함수 관계가 성립한다는 사실을 확인한다. 나중에 북대서양 진동(North Atlantic Oscillation, NAO)으로 명명되는 이 관계는 유럽 북서부의 강수량과 작물 생산성을 조절하는 데 아주 커다란 역할을 수행한다. 그는 자신이 태평양을 가로질러 남아메리카(부에노스아이레스)와 오스트랄라시아(시드니) 사이에 존재하는 진동은 물론 시베리아-인도 기압 시소까지 파악해 냈다고 믿었다.[41)] 사상 처음으로 태평양 수조가 계절풍에 영향력을 행사하는 제일의 "작용 중심"으로 확인되었다. 엘리엇이 오명을 뒤집어쓴 후 그의 후계자인 케임브리지의 수학자이자 물리학자 길버트 워커 경이 결정적 증거를 끝까지 추적했던 것이다.

기젤라 쿠츠바흐가 지적한 것처럼 워커는 전기역학과 탄도학 전문가였고, 기상학에는 풋내기였다. 그는 "대개의 경우 자신의 자원과 역량에만 의존해야 했다."[42] 쿠츠바흐는 지구물리학만큼이나 새롭게 등장한 "제국의 과학"인 당대 지정학에도 큰 흥미를 느꼈던 것 같다. 현대의 세계 권력은 소수의 해양 무역 관문(지브롤터, 싱가포르 등)을 전략적으로 통제하는 것에 달려 있다는 유명한 금언을 남긴 사람은 알프레드 마혼이다. 워커는 마혼의 지정학적 언명을 바탕으로 세계의 농업 생산 역시 소수의 "전략적 세계 기후 중심"에 의존한다고 생각했다.[43] 그는 한 세대 앞서 활약하던 태양흑점 추적자들의 뻔뻔한 낙관주의를 교정하면서 지구 역사의 환원주의 프로그램을 추구했다. 이 프로그램의 목표는, 영국의 지정학자 핼포드 맥킨더(케냐 산의 산록에서 굶주리던 사람들을 뒤로 하고 등반을 강행했던 바로 그 인물)가 "역사의 지정학적 축"에 관해 이야기한 1904년의 유명한 연설에서 다음과 같이 제시한 바 있었다.

> 당대의 10년 동안 우리는 사상 처음으로 어느 정도의 완벽함 속에서 더 커다란 지리적 일반화와 더 커다란 역사적 일반화 사이의 상호 관련성을 확인할 수 있게 되었다. 사상 처음으로 우리는 전 세계를 무대로 펼쳐지는 사건들과 사태들의 진정한 크기를 인식할 수 있게 되었다. 어쩌면 우리가 보편적 역사의 과정에서 적어도 지정학적 인과관계의 일정한 측면들을 표현하는 공식을 찾게 될지도 모른다.[44]

워커에게는 역사의 기상학적 축(지구상에 존재하는 인구 절반 이상의 삶을 규제하는 계절풍의 비밀)이 관측 혁명이 시작된 1870년대 이래 축적되어 온 기후 데이터의 피라미드 속에 숨어 있는 존재였다. 그는 이 비밀을 파헤치기 위해 계산 인력을 대폭 늘려야 한다고 주장했다. 물론 오늘날은 슈퍼컴퓨터가 기후 관측 자료를 테라바이트 단위로 처리해 준다. 그러나 통계의 귀재였던 워커는 인도인 서기들(제1차 세계대전 중이라서 잉여 인력을 활용할 수 있었다.)을 대규모로 동원했고, 자신의 심원한 회귀방정식을 통해 전 세계의 대기압과 강수량 데이터를 수작업으로 처리했다. 1918년의 만연한 가뭄과 농업위기 사태는 이 계산 결과에 새로운 긴급성을 요구했다. 그러나 마크 케인이 지적한 것처럼 워커의 연구는 거대한 과학적 조사 활동에 지나지 않았다. "어떠한 개념적 틀로도 그가 발견한 양상을 설명할 수 없었다. [그의] 방법은 완전히 경험적이었다."[45] 워커도 더 이른 시기의 힐데브란트손처럼 양극순환이 전 세계적 대기압 변동의 추진력일지 모른다고 생각했다. 그러나 그것은 여전히 직감에 불과했다.[46]

그럼에도 워커의 끈질긴 경험주의적 노력이 마침내 풍요로운 성과를 거두었다. 20년 동안 참을성 있게 숫자를 처리하고 데이터세트를 확장한 결과 이 인도 기상대 총책임자(1924년에 은퇴했다.)는 시종일관 작용하는 대륙 간 대기 진동 시스템이 세 개 존재한다는 명명백백한 증거(힐데브란트손의 선구적 작업을 뒤따르는)를 제시할 수 있었다.

1924년에 워커는 '남방 진동'이라는 용어를 최초로 사용했다. 워커는 이 용어로 인도양-태평양 지역 전체의 관측소들에서 확인되는 대기압과 강수량의 "시소 현상"을 정의했다. 인도양을 에워싸고 있는 지점들(카이로, 인도 북서부, 다윈, 모리셔스, 호주 남동부, 케이프 식민지)의 기압 증가(감소)가 태평양 지역(샌프란시스코, 도쿄, 호놀룰루, 사모아, 남아메리카)의 기압 감소(증가) 및 인도와 자바(호주와 아비시니아도 포함해서)의 강수량 감소(증가)와 조응하는 경향이 있었던 것이다. '북대서양 진동'이라고 명명된 아조레스제도와 아이슬란드 사이의 대기압 불일치와 '북태평양 진동(NPO)'이라고 명명된 알래스카와 하와이제도 사이의 대기압 불일치가 나머지 두 개의 "진동"이다.[47]

이것은 놀라운 약진이었다. 1877년부터 1880년에 블랜포드가 최초로 설득력 있게 확인한 전 세계의 가뭄 양상을 이제 적도 태평양 상의 거대한 기압 시소 현상의 작용으로 명확하게 설명한 것이다. "남방 진동이 장기 예보 측면에서 [세 개의 진동 가운데] 가장 위력적이라는 게 곧 명백해졌다. 지구 표면의 광범위한 지역에 걸쳐 매 계절의 기후 상태와 관련해 빠르거나 늦은 상관관계의 형태로 현저한 연간 변동성을 보여 준다는 점에서 말이다."[48] 워커는 남방 진동에 의해 드러난 대형 열대 운반 세포(인도-호주 수렴대)의 강도와 위치 변화가 인도의 여름철 계절풍에 영향을 미치리라는 것을 분명하게 인식했다. 그는 1928년 남방 진동과 브라질 북동부의 가뭄-기근 사태가 연관되어 있음을 추가로 제안하기도 했다. 워커가 사태의 본질(추적 대상)에 거의 다가섰음을 과학계는 물론 인도 정부도 점점 더 확신하게 되었다.

그러나 본질은 그의 손아귀를 빠져나갔다. 기후 작용의 전략적 중심들 사이의 원격 연계를 파악하기 위한 이론적 모형이 전무한 상태에서 워커는 연금술 같은 마법 공식들로 퇴보하고 말았다. 워커는 복잡하고 세련된 퇴보에도 불구하고 가뭄을 사전에 정확하게 예보할 수 있는 방정식 체계나 지표를 발견할 수 없었다. 남방 진동이 계절풍을 예보해 주기보다는 오히려 계절풍이 남방 진동을 알려 주는 예보자임이 드러나는 미칠 것 같은 상황이 전개되었다. "워커는 인도의 여름철 강수가 남아메리카만큼이나 먼 지점들에서 몇 달 더 일찍 발생하는 기압 변동과는 상관관계가 미약한 반면, 후속 사건들과는 더 강력하게 상관관계를 맺고 있다고 생각했다."[49] 1920년대에 그가 발표한 혁신적 논문들은 커다란 흥분을 자아냈다. 그러나 초기의 열광이 가시자 (열대 지방의 기상학자들을 지속적으로 좌절시킨) 이 "예보 장벽"이 수많은 어려움 가운데 하나로 부상했다. 결국 1930년대 후반부터 1960년대 초반에 이르기까지 남방 진동에 대한 관심이 서서히 사그라졌다. "수많은 기후 양상을 달, 태양, 행성의 영향력과 연계시키려는 각종의 노력은 말할 것도 없고 남방 진동, 북대서양 진동, 북태평양 진동 같은 기압 변동을 설명하는 물리적 메커니즘도 거의 없었다는 것이 특히 중요하다. 게다가 더 많은 데이터를 활용할 수 있게 되면서 애초의 데이터세트가 확장되자 워커와 기타 인물들이 설명하고 사용한 상관관계와 알고리즘들이 대부분 축소되

표 16 | 워커의 공식

남방 진동 지수(12월~2월)=[사모아 대기압]+[호주 북동부 강수량(호주 서부의 더비와 홀스크릭, 호주 북부의 7개 관측소, 퀸즐랜드 전역의 20개 관측소)]+0.7[찰스턴의 대기압]+0.7[뉴질랜드의 기온(웰링턴, 더니든)]+0.7[자바의 강수량]+0.7[하와이의 강수량(12개의 관측소)]+0.7[남아프리카의 강수량(15개의 관측소, 요하네스 최북단)]-[다윈의 대기압]+[마닐라의 대기압]−[바타비아의 대기압]−[캐나다 남서부의 기온(캘거리, 에드먼턴, 프린스 앨버트, 쿠아펠, 위니펙)]−[사모아의 기온]−0.7[브리즈번의 기온]−0.7[모리셔스의 기온]−0.7[남아메리카의 강수량(리우데자네이루와, 그곳 남쪽에 위치한 브라질의 2개 관측소; 파라과이의 3개 관측소, 몬테비데오; 아르헨티나의 15개 관측소. 이 가운데 바이아블랑카가 최남단에 위치하고 있다)][51]

어 버리고 말았다."[50] 사실인즉 대기압 데이터가 무한대로 제공되었더라도 워커는 남방 진동 메커니즘을 파악할 수 없었을 것이다. 몬순이라는 문제에서 잃어버린 고리는 기상학의 범위 밖에 놓여 있었던 것이다. 미처 생각지도 못한 적도 태평양의 대규모 수온 유동에 그 비밀이 숨어 있었다.

비야크네스와 엔소 패러다임

워커가 남방 진동을 기술하고 40년이 흐른 후 유시엘에이(UCLA)의 야콥 비야크네스가 기상학은 물론 해양학의 관점에서 문제를 보기 시작했다. 당시 60대 후반이었던 비야크네스는 제1차 세계대전 기간에 아버지와 협력해 기상학을 크게 혁신시킨 전설적인 인물이다. 중위도의 기후가 극지방 기단과 습윤한 기단의 충돌에 의해 어떻게 형성되는지에 관한 현대적 "전선" 이론이 그의 혁혁한 공로인바, 이것은 유럽 서부 전선에서 각국 군대가 격돌하는 것을 지켜보면서 착상한 아이디어였다고 한다. 그들이 이끌던 "베르겐 학파"는 물리학 기반의 기상역학과 현대 날씨 예보의 원류였다.[52] 1960년대의 비야크네스는 대양의 열 순환과 내적 파동 작용을 이해하는 데 이루어진 최근의 발견 성과에 주목하던 몇 안 되는 기상학자들 가운데 한 명이었다.

네덜란드 기상학자 헨드릭 베를라헤가 1950년대에 남방 진동 지수의 시계열과 페루 연안의 해수면 온도 사이에 상관관계가 존재함을 발견했다. 국제지구관측년(1957년~1958년) 데이터는 "사상 처음으로 엘니뇨 사태와 관련해 날짜변경선을 넘어 적도 태평양 전역의 대규모 해수 온난화 상황을 기록했다.” 비야크네스는 전자의 상관관계를 바탕으로 국제 지구 관측년 데이터를 활용했고, 남방 진동과 엘니뇨가 강력하게 고동치는 태양에너지 순환이 대양-대기 결합 시스템을 통해 표출되는 개별적인 대기 및 대양 현상이라고 주장했다.[53] (엔소라는 용어는 1982년 비야크네스가 밝힌 통일적 상호 작용을 규정하기 위해 라스무손과 카펜터가 처음 사용했다.)[54]

비야크네스는 유명한 1969년 논문에서 남방 진동이 대양과 대기 사이에서 에너지가 “연쇄적으로” 교환되는 데 기인한다고 주장했다. 우선은 적도 태평양 서부의 따뜻한 봇물(저기압)과 동부의 차가운 후미(고기압) 사이의 기압 차로 인해 상대적으로 차갑고 건조한 공기가 서쪽으로 이동한다. 그 공기는 점점 더 따뜻해지는 물 위에서 가열되고 습기를 머금게 된다. 이 무역풍은 서쪽으로 따뜻한 물을 더 많이 모으고, 그리하여 해수의 흐름을 추동하는 경사도를 강화한다. 또 무역풍의 일부는 상층에서 회귀해 동태평양 위로 가라앉는다(비야크네스가 워커를 기려 명명한 적도 순환). 비야크네스 자신의 말을 빌려 보자. “워커 순환이 강화되면 (…) 워커 순환의 최초 원인인 동-서의 온도 차이가 증가한다.”[55] 물론 이런 설명은 긍정적 피드백의 전형적인 사례일 뿐, 실제는 정반대로 작용하기도 한다. 동쪽에서 부는 무역풍이 잦아들면 따뜻한 봇물이 동쪽으로 이동하고, 결국 경사도가 더욱더 줄어든다. 적도 태평양 중앙에서는 따뜻한 표층 해수의 유입으로 바다 온도가 상승하고 에콰도르와 페루 해안에서는 무역풍에 의해 추동되던 용승 작용이 억제되면서 전형적인 엘니뇨 가온 현상이 발생한다. 반면 정상적인 냉각 사태에는 무역풍의 상호 작용이 강화된다. 서태평양에는 따뜻한 봇물이 모이고, 동태평양에서는 차가운 용승 현상이 일어난다. 바꾸어 말하면 워커 순환의 각각의 국면에는 운동을 극단적 지점(각각 엘니뇨와 라니냐)으로 가속시키는 강력한 피드백의 고리가 존재한다. 게다가 남방 진동은 강화되거나 약화된 워커 순환을 통해 계절풍 지역과 적도 태평양 사이에서 기단이 실질적으로 이동하는 현상(표면압의 단순한 부수 현상이 아니라)이다.[56)]

요약해 보자. 열대 기후의 대규모 섭동은 자발적이며, 자립적이다. 그 요동은 태양흑점 주기나 다른 외생적 요인의 간섭을 필요로 하지 않는다. 조지 필랜더는 비야크네스 모형의 본질이 "대양 상태의 변화는 대기 상태가 변화하는 원인이자 결과"라는 데 있다고 설명한다. 바다 표면 온도의 이상은 무역풍이 강해지거나 약해지는 원인이고, 이것은 나아가서 파격적인 바다 표면 온도를 일으키는 해양 순환 변동을 촉진한다. 필랜더는 계속해서 이렇게 말한다. "엘니뇨나 라니냐가 왜 생기느냐고 묻는 것은 종이 왜 울리고 바이올린 현이 왜 진동하냐고 묻는 것과 같다. 남방 진동은 대양-대기 결합 시스템이 자연스럽게 진동하는 방식이다. 그것은 대기권과 수권이 만들어 내는 음악이다."[57)]

비야크네스의 이론은 정말이지 용감무쌍했다. 그러나 사태의 가장 중요한 역동적 요소는 여전히 미해결 상태였다. 한 상태에서 또 다른 상태로 비선형적 이행을 강제하거나 유발하는 것은 무엇인가? 또 마찬가지로 엘니뇨는 어떻게 종결되는가? 비야크네스도 1969년에 이렇게 인정했다. "방향 전환이 정확히 어떻게 일어나는지는 아직 불분명하다. 전형적인 방향 전환이 일어날 때 전 세계의 기상 지도를 차례대로 연구하면 사태를 일부나마 이해할 수 있을지 모른다. 해양 역학이 추가로 사태를 해명해 줄 수도 있을 것이다."[58)] 결국 해양 역학이 가장 결정적인 구실을 했다. 1970년대 중반 하와이 대학교의 클라우스 비르트키가 더 정교한 해양물리학에 기초해 비야크네스의 이론을 개조했다.

표 17 | 엔소 이론 발달의 주요 국면

1. 가뭄이 전 세계적으로 동시 발생함을 인식함	록스버그 블랜포드	1790년대 1880년
2. 가뭄을 반구간 대기 "시소" 현상과 결부시킴	블랜포드 로키어 부자	1880년 1900년
3. 남방 진동 확인	힐데브란트손 워커	1899년 1920년대
4. 남방 진동과 엘니뇨를 단일 모형으로 통합함	비야크네스	1960년대
5. 라니냐를 인식함	필랜더	1980년대
6. 국면 전환의 메커니즘	비르트키	1980년대
7. 성공적인 예측 모형	케인과 제비악	1986년
8. 10년 파동의 특성	자료 없음	

비르트키는 엘니뇨가 무역풍이 강화되어 태평양 서부에서 따뜻한 봇물이 평균 이상으로 고이는 현상에 대한 반응으로 일어나는 교란된 "열 완화 사태"라고 파악했다.[59] 세계의 다른 대양처럼 태평양도 두 개의 유동층으로 구성되어 있다. 아주 깊은 곳에서 흐르는 냉수층과 얕은 표면의 비교적 따뜻한 온수층이 그것들이다.[60] 두 층 사이에서 온도가 급격히 변하는 부분을 수온약층(thermocline, 대양의 따뜻한 표면층과 더 깊은 곳에 존재하는 냉수를 분리해 주는 층)이라고 한다. 우리가 이미 보았듯이 따뜻한 봇물은 무역풍이 쌓아 올린 온수 더미(깊이가 백 미터 이상 된다.)이고, 결과적으로 태평양 수조 서단의 수온약층이 깊어진다. 따뜻한 봇물은 태양에너지의 연간 공급분 전체를 다 옮겨 낼 수 없기 때문에 행성의 열 저수지, 다시 말해 "저장기(capacitator, 일종의 축전지)"로 작용한다.[61] 해양의 광범위한 영역에서 표면 온도가 낮게나마 상승한다 함은 기후 시스템에 잠재적으로 동력을 공급할 수 있는 엄청

난 양의 에너지가 저장된다는 뜻이다.

따뜻한 봇물은 (더 깊어진 수온약층과 더 높아진 해수면의 형태로) 과잉 열을 축적했다가 무역풍 반전과 같은 촉발 사건이 터지면 저장했던 태양에너지를 방출한다. "켈빈 파동"이라고 하는 온수 파도가 동쪽으로 남아메리카를 향해 출렁거리는 것이다. 적도 상의 수온약층이 평평해지면 통상의 동-서 간 표면 온도 경사가 사라지고, 이에 따라 무역풍이 더욱더 약화된다. 무역풍이 잦아들고 중단되면 따뜻한 봇물이 동쪽으로 흐른다. 표층의 온수가 남아메리카의 적도 연안에 쌓인다.[62] 물론 인과관계의 피드백이 복잡하기 때문에 궁극의 원동자를 해명하는 일이 쉽지는 않다.

수온약층에서 켈빈 파동을 일으키며 날짜변경선을 가로지르는 돌연한 서풍이라는 개념은 1975년에 비르트키가 처음 도입했다. 열대 해양 지구 대기(Tropical Ocean Global Atmosphere, TOGA) 관측 시스템의 데이터로 무장한 1990년대 중반의 연구는 이 돌연한 서풍을, 매든-줄리언 진동(Madden-Julian Oscillation, MJO)이라고 하는 열대 지방의 계절 중(30일에서 50일) 대기 변동이 예외적으로 강력하게 표출된 경우와 결부시켰다. 매든-줄리언 진동은 연중 강도가 증감하며 엘니뇨가 발생하는 해에 최고조에 이른다. 연구자들은 매든-줄리언 진동의 이런 증대 현상이 해수면 온도의 상승(그렇다면 예측할 수 있게 된다.)에 의해 구동되는지, 아니면 그저 확률적일 뿐이지를 확실히 모르는 상태다.

더구나 엔소는 기후를 만드는 것만큼이나 기후에 의해 조정된다. 열 저수지 모형이 엘니뇨가 일반적으로 어떻게 전개되는지를 설명해 줌에도 불구하고 "따뜻한 국면과 차가운 국면의 빈도와 지속 기간과 강도에서 엔소 순환이 불규칙하게 발생하는 이유의 일부는 (…) 급변하는 날씨 변동성과 상대적으로 느리게 변하는 해양-대기 역학의 비선형적 상호 작용 때문일 것이다."[63] 엘니뇨 사태의 시간 척도에서 볼 때 (위력적인 폭풍이나 열대성 사이클론의 피드백 효과를 포함하는) 날씨는 통계적 "소음"에 불과하다. 다른 모든 비선형적 동역학 체계처럼 엔소도 기상예보관들의 삶을 더 피곤한 것으로 만들기 위해 결정적 혼란이라는 중요한 지수를 짜 넣고 있다.[64]

비르트키도 남방 진동이 그래프의 X축 아래로 크게 떨어질 때 발생하는 사태의 물리적 특성을 명확히 했다. 시스템이 따뜻한 국면(많은 경우 무역풍이 갑작스럽게 불고 동태평양이 폭발적으로 냉각된다.)의 끝에 이르러 "완화되기" 시작하면 평균 상태를 지나쳐 멀리까지 나아가는 경향이 있다. 거울 이미지처럼 거꾸로 된 현상이 신속하게 엘니뇨 단계를 잇는다. 프린스턴의 조지 필랜더가 1985년의 유명한 논문에서 '라니냐'라고 명명한 차가운 국면이 전개되는 것이다. 라니냐는 (동쪽에서) 비정상적으로 강력하게 불어오는 무역풍이 따뜻한 봇물의 열을 재충전한다. 인도-호주 수렴대는 서쪽으로 인도네시아를 넘어 인도양의 가장자리까지 퇴각한다. 라니냐에 수반되는 극단적인 기후 현상은 엘니뇨와 징후가 정반대이지만 강도 면에서는 유사하다. 그래서 1897년과 1898년, 1997년과 1998년 중국에서처럼 많은 경우 심각한 홍수가 가뭄의 뒤를 잇는 것이다.[65]

물론 비르트키의 수정은 엘니뇨의 역학(연구자들이 여전히 이해할 수 없었던 근본적인 측면들)에 관한 논쟁의 끝이 아니었다. 광범위한 분석 과정을 통해 엔소를 처음으로 파악했던 초기의 영웅적 나날에서 성숙한 이론의 단계로 이행 중이었던 것이다. 이제 적도 태평양의 열대 해양 지구 대기 배열 데이터를 활용해 복잡한 예측 모형들을 구성하는 게 가능해졌다. 1986년 두 명의 해양학자 마크 케인과 스티븐 제비악이 간단한 대기-해양-결합 모형에 비야크네스의 핵심 변수들을 집어넣어 1986년과 1987년 엘니뇨 사태를 예측하는 데 성공했다. 10년 후에는 몇 가지 복수 모형이 (이번에는 케인과 제비악의 모형이 아니었다.) 1997년과 1998년 사태를 정확하게 예보했다. 물론 1997년과 1998년 사태는 놀라운 수준으로 맹위를 떨치다가 급작스럽게 종결되었다(1998년 5월). 엔소 모형화론자들의 일부가 그들의 노력을 "평범한 것"으로 평가하기는 했지만, 그럼에도 엔소의 기초 물리학은 이제 확실히 파악된 상태였다. 한 주요 연구자는 이렇게 선언했다. "엘니뇨 남방 진동의 변동성은 인류가 풀어낸, 대기와 해양이 대규모로 결합된, 최초의 유기적 수수께끼다."[66)]

수십 년을 단위로 하는 일정한 유형?

남아 있는 문제들 가운데 가장 시급한 과제는 시간의 경과 속에서 확인되는 엔소의 "복잡한 조화"를 파악하는 것이다.[67)] 고기후학자들과 고해양학자들이 엔소 연구에 중대한 기여를 하기 시작했다. 현대의 엘니뇨는 2년에서 7년이라는 준주기적 빈도로 발생한다. 그러나 대다수 연구자들은 이 진동이 유사한 물리학에 의해 구동되지만 그 빈도가 수십 년에서 수천 년에 이르는 다른 주기들 안에 포개져 있다고 확신한다.[68)] 예를 들어 보자. 최초로 엔소 연보가 정리된 1970년대 이래로 1920년대 초반부터 1950년대 후반까지 엘니뇨 사태가 약했던 이유에 대한 호기심이 비등했다. 그 이전과 이후에 강력한 주기 활동이 빚어졌기 때문이다. 1860년 이후의 동태평양 해수면 온도를 표로 작성한 표 18은 1925년부터 1958년까지 (심지어 1972년까지도) 따뜻한 국면의 빈도와 강도가 모두 하락했음을 분명하게 보여 준다. 엘니뇨와 라니냐 사태의 상대적 비율도 현저한 차이를 드러낸다. 이것은 엔소가 수십 년을 단위로 고강도 "유형"과 저강도 "유형" 사이에서 진동한다는 증거일까? 만약 그렇다면 열대 지방과 북중국의 농업 역사에 대한 우리의 지식은 엄청나게 심오하고 풍부해질 것이다.

일부 연구자들은 자신들이 대단위 시간 구조의 윤곽을 어렴풋이나마 이미 파악했다고 생각한다. 산더미 같은 역사 데이터를 처리한 라스무손, 왕, 로펠렙스키는 엔소 순환 강도에서 31년 파동이 "인도 전역의 계절풍철 강우 변동 및 20세기 미국 대평원에서 전개된 가뭄 사태의 강도 조정, 그리고 덜 분명하기는 하지만 사헬 지역 강수의 세기 단위 변동과도 폭넓게 일치한다."고 믿고 있다.(69) 강수 기록은 물론 캘리포니아 수목의 나이테와 안데스 고지의 빙핵 시료도 엔소의 강도가 거칠게나마 비슷한 주기로 변동했다는

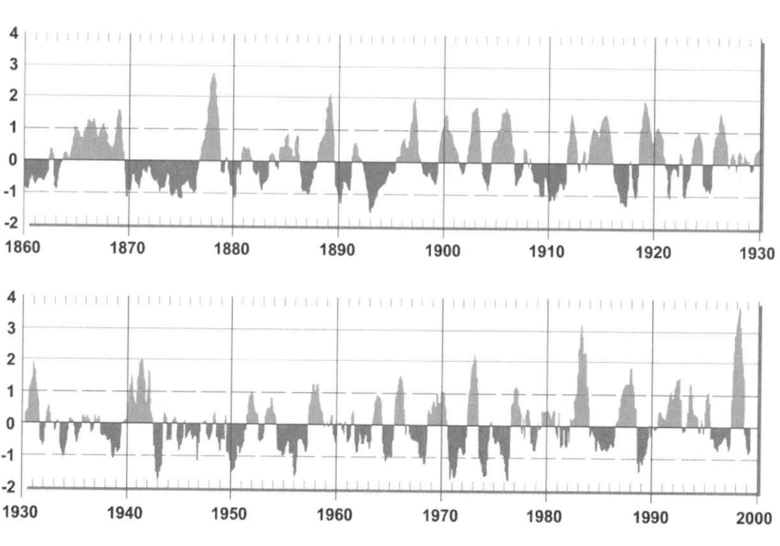

표 18 | 엔소 강도의 변동(온도 -1 이하=라니냐, +1 이상=엘니뇨)

증거를 제시해 주었다.[70] 다른 한편으로 엔소 사태의 역사를 1600년까지 확장시킨 열대 동태평양의 산호초 핵에 관한 최근 데이터는 신호의 간섭성과 강도의 변동성이 10년에서 25년 주기임을 알려 주었다.[71] 두 종류의 데이터가 상충하지 않을 수도 있다. 첫 번째 주기가 두 번째 주기(다소 어색하게 명명된 "준20년 진동")에 조화롭게 통합되어 있을 수 있기 때문이다. 엔소 주기의 변동성은 시간 척도의 스펙트럼에서 "차원 분열 가능성fractal"도 증명해 보였다.[72]

유형 변동성에 대한 한 가지 설명은, 대기와 해양의 경계면 상태가 10년에서 100년에 이르는 장기간에 걸쳐 변화하면서 엔소가 조정된다는 것이다. 대양 순환이 더 긴 주기를 갖는 중위도 지방에서 더욱더 그렇다. 특히 북태평양은 25년에서 40년 파장으로 바다 온도 파동을 보이는바, 이것은 추정 엔소 유형 및 주기와 일치하는 값이다.[73] 열대 태평양의 중동부가 1976년과 1977년 북태평양 중서부의 냉각과 제휴해 갑자기 따뜻해졌다는 사실은 더욱더 흥미롭다. 1998년까지 지속된 이런 기본 상태의 변화가 어쩌면 이후 엘니뇨 사태의 효과를 증폭시켰을 것이다. 배경으로 작용할 해수면 온도가 피기백 방식의 수송으로 인해 대폭 상승했기 때문이다. (거꾸로 더 차가운 해양으로의 전환이 1999년과 2000년의 라니냐 사태를 강화했을 것이다.)[74]

이렇게 해양의 배경적 상태가 변화하는 것을 인위적 온난화 탓으로 돌리는 사람들이 있는가 하면, 다른 사람들은 그것이 태평양 10년 진동(Pacific Decadal Oscillation, PDO)이라고 하는 불가사의한 수온 유동 현상이라고 주장한다. (반대편 극단은 1925년과 1947년경에 발생했을 것이다.)[75] 엘니뇨 강화는 별문제로 하더라도 이런 기본 상태의 변화가 그 작용 양태를 크게 바꿔 놓은 듯하다. "1977년 이전에는 남아메리카 해안의 온난화가 중앙 태평양의 온난화를 이끌었지만 1977년 이후에는 중앙 태평양에서 온난화 사태가 먼저 관측되었다."[76]

그러나 최근의 연구는 태평양 10년 진동이 태평양에서 일어나는 두드러진 수온약층 진동들 가운데 하나일 뿐이라고 암시한다. 만약 그렇다면 엔소가 전반적으로 "불협화 상태에 있는 각종 순환들"과 복잡하게 상호 작용하고 있을 것이다. 그리고 그 순환들에는 (다음 장에서 설명할) 인도 계절풍의 획기적 순환도 포함될 것이다.[77] 국면이 폐쇄적으로 물려 있는 상태에서 공진하는 진동이 우리가 마주하고 있는 대상인 셈이다. 당연히 자르지 않고서는 풀 수 없는 이 '고르디오스의 매듭'을 푸는 것은 아무리 에누리해준다 해도 수고로운 도전 과제다. 샤오웨이 콴은 이렇게 요약한다. "엔소와 결부된 연간 변동성의 강도가 10년 단위로 변화하는 것은, 상이한 특성의 시간 척도를 갖는 상이한 지역의 기후 진동들이 상호 작용한 결과다. 특히 몬순 지역과 북태평양의 수십 년을 단위로 하는 진동과 열대 태평양의 10년 단위 진동 사이의 상호 작용, 그리고 열대 태평양의 준20년 진동과 북태평양의 준25년에서 40년 진동, 몬순 지역의 10년에서 15년 진동 사이의 상호 작용이 아주 중요하다."[78]

기후학자들은 수 세기라는 훨씬 더 느린 주기로 작동하는 대규모 지구 기온 진동이 엔소를 조정해 왔는지를 밝혀내는 데도 열심이었다. 근년에 이루어진 가장 주목할 만한 고환경학 발견 가운데 하나는 그린란드의 빙핵 시료(와 기타 각종의 자연 증거)를 통해 수천 년간 지속되어 온 제4기 기후의 파동을 확인한 것이었다. "중세의 기후 최적 조건"과 그 뒤를 이은 "소빙하기" 같은 지구 온난화 및 냉각화의 역사 시기들이 소위 "단스가르트·외쉬거 진동"이라는 완신세完新世 현상으로 그 정체를 드러냈다. 그러나 연구자들은 지금까지도 엔소 주기 변동성과 수천 년 단위의 배경적 기후 사이에서 통계적으로 유의미한 상관관계를 전혀 확정짓지 못하고 있다.[79] 다른 한편으로는 기록적인 해수 온도를 야기한 1876년에서 1878년의 엘니뇨와, 일반적으로 인정되는바 1880년경의 소빙하기 종결이 일치하는 것과 같은 몇몇 흥미로운 "동시 발생 현상들"이 있다.

엄청난 논란을 불러일으켰던 것은, 엔소가 무질서한 명멸과 일시적 정지로 중단되기도 했다는 일부 연구자들의 주장이다. 그들은 판상형 호수 침전물과 서태평양의 산호초에서 얻은 데이터를 바탕으로 엔소 주기가 완신세 초기(5000년에서 1만 2000년 전 사이)에 얼마간 중단되었음을 증명했다. "스위치"를 뺀 게 무엇일지는 불분명하다. 소위 고온 시기의 더 높은 온도나 상이한 지구 궤도 변수들에서 기인하는 계절 주기의 변화 강도가 그 스위치였을 것이다. 빙하가 최고로 확장되었던 1만 2000년 전까지는 엔소 파동이 존재했다는 증거가 명백하기 때문에 과학자들도 왜 엘니뇨가 갑작스럽게 증발해 버렸는지를 두고 당황하고 있다.[80]

연구자들은 엔소의 일시적 양상을 이해하는 것 말고도 엔소의 규모를 파악할 수 있는 더 좋은 매개 변수들을 획정하고 싶어 한다. 전 지구적 혼란을 야기함으로써 "대大"라는 명칭이 붙은 1876년, 1982년, 1997년 엘니뇨 사태도 극강의 엘니뇨가 아니다. 남아메리카의 고기후학자들은 1100년경의 중세 "치무 홍수"[치무족은 잉카인들에게 멸망당한 페루의 선주민. 옮긴이] 같은 극강의 엘니뇨 사태가 있었음을 확인했다. "가장 혹독한 역사 사건보다 훨씬 더 위력적이었던" 이 사태는 아마존 강 유역의 극심한 가뭄 및 산불, 페루 해안의 극악한 대홍수와 결합했다. 탄소-14 방사능 동위원소 연대 측정법을 활용했더니 동반구가 받은 영향을 아직까지도 충분히 해명하지 못한 이런 사태가 대략 1500년 전, 1000년 전, 700년 전, 500년 전에 있었음을 알 수 있었다. 드물지만 이런 300년에서 500년 규모의 사건들이 역사에 지워지지 않는 흔적을 남겨 놓았을 것이다.[81)]

이제 마무리해 보자. 엔소와 지구 온난화의 관계를 시급히 파악해야 한다. 일부는 엘니뇨 주기가 가속·강화 중이라고 믿고 있다. 예를 들어 엔소의 역사 기록을 보면 1728년 이래 "아주 강력한" 엘니뇨는 불과 여덟아홉 차례뿐이었다. 평균 42년에 한 번꼴인 셈이다. 그러나 가장 규모가 컸던 엘니뇨 세 개 가운데 두 개(1982년~1983년, 1997년~1998년)가 최근 14년을 사이에 두고 발생했다. 1990년에서 1995년까지 지속되었던 엘니뇨는 훨씬 더 이상했다. 고기후학 기록을 살펴보더라도 역사적으로 이렇게 오래 끈 엘니뇨는 존재하지 않았다. 누구보다도 트렌버스와 호어가 이렇게 주장했다. "1990년대의 우세한 가온 상태는 나머지 역사 기록과 비교해 보더라도 아주 독특할 뿐더러, 사실상 인위적 지구 온난화의 결과물이다."[82)] 온실 기체에 붙잡힌 추가 열의 상당량이 열대 서태평양의 확장된 따뜻한 봇물과 깊어진 수온약층에 저장되었다가 더 빈번하고 더 큰 규모의 엘니뇨 사태로 방출된다는 주장이 설득력 있는 가설이다. 다시 말해 강화된 엔소 순환이 지구 온난화가 날씨로 전환되는 가장 중요한 매개 양상일지도 모른다는 얘기다.[83)]

7장 주석

1) "기후climate"와 "날씨weather"는 시간 척도(평균치 대 개별값)에서뿐만 아니라 인과관계 수준에서도 다르다. 케빈 트렌버스가 지적한 것처럼 "기후 변화는 대기권과 지구 시스템의 다른 요소들(수권, 빙설권, 생물권, etc.) 사이의 상호 작용에서 기인한다. 날씨 변화는 대기권 내부의 불안정에서 발생하고, 수명도 훨씬 더 짧다."
(엔소 토론회, July 1997, at www.dir.ucar.edu/esig/enso를 보라.)

2) 그렇다면 왜 대서양에서는 "엘니뇨"가 발생하지 않는가? 무역풍이 브라질 해안으로 따뜻한 물을 고이게 하고, 아프리카 해안에 차가운 후미를 남겨놓는 것은 마찬가지다. 그러나 대서양이 엔소 규모의 변동이 일어날 수 있을 정도로 자립적 시스템을 만들거나 될 만큼 커다란 수조가 되지는 못하는 것 같다. F. Jin, "Tropical Ocean-Atmosphere Interaction, the Pacific Cold Tongue, and the ENSO," *Science* 274(4 Oct. 1996), pp. 77~78을 보라.

3) Richard Grove, "The East India Company, the Raj and the El Niño: The Critical Role Played by Colonial Scientists in Establishing the Mechanisms of Global Climate Teleconnections, 1770~1930," in Richard Grove, Vinita Damodaran, and Satpal Sangwan, *Nature and the Orient: The Environmental History of South and Southeast Asia*, Delhi 1998, pp. 301~323.

4) Frederik Nebeker, *Calculating the Weather: Meteorology in the 20th Century*, San Diego 1995, p. 12. 1880년경에 버마와 실론을 포함한 인도 아대륙에 121개의 기상 관측소가 설치되어 있었다(*Nature*, 23 August 1883, p. 406).

5) 사실상 블랜포드가 현대의 계절풍 기상학을 발견했다. 실제로 1877년에 발표된 그의 저작 『인도 기상학자 핸드북』은 "그 세기의 나머지 기간에 열대 지방의 기상 현상과 관련해 가장 널리 읽힌 교과서였다."(Gisela Kutzbach, "Concepts of Monsoon Physics in Historical Perspective," in Jay Fein and Pamela Stephens [eds.], *Monsoons*, New York 1987, p. 181을 보라.)

6) "On the Barometric See-Saw Between Russia and India in the Sun-Spot Cycle," *Nature*, 18 March 1880, p. 477. 그의 *Report on the Meteorology of India in 1878*, Calcutta 1880도 보라.

7) 중국에 관해서는 "On the Barometric See-Saw," p. 480을 보라.

8) 원격 연계라는 용어가 처음 사용된 곳은 A. Angstroem, "Teleconnections of Climate Changes in Present Time," *Geogr. Ann.* 17(1935), pp. 242~258이다.

9) Richard Grove, *Green Imperialism: Colonial Expansion, Tropical Island Edens and the Origins of Environmentalism, 1600~1860*, Cambridge 1995, p. 446.

10) J. Norman Lockyer and W. Hunter, "Sun-Spots and Famines," *The Nineteenth Century*, Nov. 1877, p. 601.

11) *Nature*, 17 Aug. 1899, p. 374.

12) Douglas Hoyt and Kenneth Schatten, *The Role of the Sun in Climate Change*, Oxford 1997, pp. 36과 144~145.

13) 1876년 기근에 관한 건조주의자들의 관점(마시의 *The Earth as Modified by Human Action*의

영향을 받은)을 보려면 "Philindus," "Famines and Floods in India," *Macmillan's Magazine*, Feb. 1878(p. 256에서 인용)을 참조하라.

14) Lockyer and Hunter, p. 599.

15) Cornelius Walford의 *The Famines of the World: Past and Present*, London 1879, pp. 94~96에 실린 로이드 사의 전문가 헨리 지울라의 언급을 보라.

16) 실제로 멜드럼은 마드라스 강우에 관한 자신의 1875년 연구 내용을 헌터가 표절했다고 비난하기까지 했다. "Sun-Spots and Rainfall," Nature, 4 April 1878, pp. 448~450을 보라. 고위도 지방의 강우 현상에 태양흑점이 관여하는지의 여부와 관련해 헌터가 더 이른 시기에 보여 준 유보적 태도는 "Rainfall in the Temperate Zone in Connection with the Sun-Spot Cycle," *Nature*, 22 Nov. 1877, pp. 59~61에서 찾을 수 있다.

17) 예를 들어 헌터의 견해를 냉소적으로 비꼰 Richard Proctor, "Sun-Spot, Storm, and Famine," *Gentleman's Magazine*, Dec. 1877, pp. 705~706을 보라.

18) E. Archibald, "W. W. Hunter: The Cycle of Drought and Famine in Southern India," *Calcutta Review* 131(1878), p. 129; 1877년 5월 왕립 학회에서 발표된 스트래치의 논문 "On the Alleged Correspondence of the Rainfall at Madras with the Sun-spot Period, and on the True Criterion of Periodicity in a Series of Variable Quantities"에 관한 설명을 보려면 *Papers and Correspondence of William Stanley Jevons*, vol. 4, ed. R. Collison Black, London 1977, p. 203에 실린 1877년 6월 5일자 B. Stewart가 W. S. Jevons에게 보낸 편지를 참조하라.

19) C. Meldrum, "Sun-Spots and Rainfall," 4 April 1878, pp. 448~450; E. Archibald, "Indian Rainfall," 25 April 1878, p. 505; S. Hill, "Indian Rainfall," 20 June 1878, p. 193을 보라.

20) Blanford, "On the Barometric See-Saw," pp. 477~478.

21) Kutzbach, p. 199.

22) Archibald, pp. 148~149.

23) Cunniff, p. 195. 그러나 커니프는, 열렬한 기우사이자 『세아라 주의 기후와 가뭄에 관한 보고서』(1878)의 저자인 토마스 폼페우가 "태양흑점과 가뭄을 연계시킨 최초의 브라질인"이었다고 말한다(ibid.).

24) "The Rainfall of Brazil and the Sun-Spots," *Nature*, 8 Aug. 1878, p. 384; Joaquim Alves, *Historia das secas (Seculos XVII a XIX)*, Fortaleza 1953, p. 123.

25) Cunniff, pp. 183~189.

26) Hoyt and Schatten, p. 163.

27) "The Periodicity of Commercial Crises and Its Physical Explanation," *Journal of the Statistical and Social Inquiry Society of Ireland* 7(1878); "Commercial Crises and Sun-Spots I," *Nature*, 14 Nov. 1878; "Commercial Crises and Sun-Spots Ⅱ," *Nature*, 24 April 1879.

28) Walford, pp. 292~293.

29) W. Jevons, "Economic Policy," in R. Smyth (ed.), *Essays in Economic Method*, London 1962, p. 26.

30) Philip Mirowski, "Macroeconomic Instability and the 'Natural' Processes in Early Neoclassical Economics," *Journal of Economic History* 44:2 (June 1984), p. 346.

31) Ibid., p. 349. 제본스는 형제에게 보내는 더 이른 시기의 한 편지에서 이렇게 말했다. "나의 위기 이론은 조금쯤은 너무 독창적인 것 같다. (…) 그러나 그 기본적인 사실성을 나는 크게 자신하고 있다." (14 Nov. 1878 in *Papers and Correspondence*, vol. 4, p. 293)

32) Letter to *The Times*, published 17 Jan. 1879, ibid., vol. 5, pp. 10~11.

33) Letter to *The Times*, published 19 April 1879, ibid., vol. 5, pp. 44~48.

34) 제본스가 브라질 가뭄 사태에 보인 흥미와 관련해서는 letter to his brother, 18 June 1879, vol. 5, p. 65를 보라. 로자 룩셈부르크는 단 한 번도 태양흑점을 본 일이 없음에도 『자본축적』(1913)에 제본스의 논의 가운데 일부를 수용했다. "인도의 주기적 가뭄 사태는 (…) 10~11년 간격으로 재발하고 있는바, (…) 영국에서 발생하는 주기적 경제 위기의 원인 가운데 하나였다." (p. 286)

35) Proctor, p. 701에서 인용.

36) Ibid., p. 165.

37) 실제로 불굴의 아치볼드는 25년에 걸친 통계 조사 끝에 인도 남부의 가뭄은 태양흑점 최소수를 따르고, 인도 북부의 가뭄은 태양흑점 최대수와 일치한다고 주장했다. 명백하게 혼란스런(그의 표현을 빌리자면 "산발적인") 결론인 셈이다. (*Nature*, 2 Aug. 1900, p. 335)

38) Kutzbach, p. 200에서 인용.

39) Colin Ramage, *Monsoon Meteorology*, New York 1971, p. 239.

40) A. Meadows, *Science and Controversy: A Biography of Sir Norman Lockyer*, Cambridge, Mass. 1972, pp. 284~286.

41) *Nature*, 17 Aug. 1899에 실린 힐데브란트손의 논문에 관한 보고서 및 Allan, Lindesay and Parker, p. 12 참조.

42) Kutzbach, p. 202. 예를 들어 Gilbert Walker, *Outlines of the Theory of Electromagnetism*, Cambridge 1910을 보라.

43) Ibid., p. 203(지정학에 대한 유추는 나의 것이다).

44) Halford Mackinder, "The Geographical Pivot of History," *Geographical Journal* 23(1904), p. 422.

45) Mark Cane, "El Niño," *Ann. Rev. Earth Planet. Sci.* 14(1986), p. 44. 다른 한편으로, 미국의 존 헤이포드 같은 당대의 측지학자들은 "순전히 많은 양의 정보"가 가장 중요한 대규모 계산을 통해 장대한 성과(지구의 형상)를 거두었다. (Naomi Oreskes, *The Rejection of Continental Drift: Theory and Method in American Earth Science*, New York 1999, pp. 234~235에 나오는 세기 전환기의 측지학 관련 논의를 보라.)

46) Donald Mock, "The Southern Oscillation: Historical Origins," NOAA (www.ced.noaa.gov/-dm/pubs/mock81).

47) Allan, Lindesay and Parker, p. 13. C. Brooks와 H. Braby의 1921년 논문 "The Clash of the Trades in the Pacific"이 워커의 남방 진동 개념을 어느 정도 예상하기는 했다. (*Q. J. R.*

Meteorol. Soc. 47, pp. 1~13)

48) Peter Webster and Song Yang, "Monsoon and ENSO: Selectively Interactive Systems," *Q. J. R. Meteorol. Soc.* 118(1992), p. 878.

49) Ibid.

50) Ibid., p. 17.

51) Allan, Lindesay, and Parker, p. 14.

52) 베르겐 학파의 간략한 역사는 Nebeker, pp. 49~57과 84~86에서 볼 수 있다.

53) H. Berlage, "Fluctuations of the General Atmospheric Circulation of More Than One Year: Their Nature and Prognostic Value," *K. Ned. Meteorol. Inst. Meded. Verh.* 69(1957); Allan, Lindesay and Parker, p. 5(인용문). 비야크네스보다 훨씬 더 일찍 대양-대기 상호 작용에 관심을 보인 인물과 논문은 J. B. Leighly와 "Marquesan Meteorology"(*Univ. Calif. Publ. Geogr.* 6:4[1933], pp. 147~172)였다. 물론 J. Wallace et al.이 지적하는 것처럼 "이 놀라운 논문에 대한 언급이 전혀 없다는 사실을 통해 그 논문이 당대의 학문에 영향력을 거의 또는 전혀 미치지 못했음을 알 수 있"지만 말이다. (J. Wallace et al., "On the Structure and Evolution of ENSO-Related Climate Variability in the Tropical Pacific: Lessons from TOGA," *Journal of Geophysical Research* 103:C7[29 June 1998], p. 14,242)

54) E. Rasmusson and T. Carpenter, "Variations in Tropical Sea Surface Temperature and Surface Wind Fields Associated with the Southern Oscillation/El Niño," *Mon. Wea. Rev.* 110(1982), pp. 354~384.

55) J. Bjerknes, "Atmospheric Teleconnections from the Equatorial Pacific," *Mon. Wea. Rev.* 97(1969), p. 170.

56) 토머스 레빈슨은, 1933년에 마키저스제도의 날씨를 연구한 존 리기가 소규모이지만 이 복잡한 바람과 해수 표면 온도의 상호 작용을 파악했다고 주장한다. 그러나 그의 연구가 비야크네스의 도약이 있고 나서 10년 후인 1978년까지도 재발견되지 못했다는 것이다. (*Ice Time: Climate, Science and Life on Earth*, New York 1989, pp. 70, 72)

57) George Philander, "Learning from El Niño," *Weather* 53:9(Sept. 1998), p. 273.

58) Bjerknes, ibid.

59) K. Wyrtki, "El Niño: The Dynamic Response of the Equatorial Pacific Ocean to Atmospheric Forcing," *Journal of Physical Oceanography* 5, pp. 572~584; "The Response of Sea Surface Topography to the 1976 El Niño," *Journal of Physical Oceanography* 9, pp. 1223~1231. Allan, Lindesay and Parker, pp. 19와 24~25에 실린 비르트키의 기여에 관한 묘사도 보라.

60) 유명한 "컨베이어 벨트"인 열염 운반 과정을 통해 열이 대양 깊은 곳으로 전달되기도 한다. 북해와 남극해에서 이루어지는 수괴水塊의 제거로 추동되는 이 과정은 수십 년 이상의 단위로 아주 느리게 진행된다. 이것은 대기-대양 결합 시스템의 장기 기억을 구성한다.

61) "축전지" 비유에 관해서는 지구 기후 변화를 다룬 *Human Ecology* 특별호(22:1 [1994]), p.

11에 실린 Joel Gunn, "Introduction"; Peter Webster and Timothy Palmer, "The Past and the Future of El Niño," *Nature* 390(11 Dec. 1997), p. 562 참조.

62) 무엇이 엔소 주기를 더 중요하게 통제하는지와 관련해서는 논쟁이 분분하다. 따뜻한 봇물의 열 저장인가, 아니면 태평양의 내적 파동 역학인가? P. Schopf and M. Suarez가 1988년 개발해 유명해진 엔소의 "꺾인 진동자," 그러니까 "지연된 작용 진동자" 모형("Vacillations in a Coupled Ocean-Atmosphere Model," *J. Atmos. Sci.* 45, pp. 549~566)에서는 후자가 중요도에서 상위를 차지했다. 비르트키에 대한 그들의 정정은 1982년과 1983년에 발생한 대규모 엘니뇨 사태 이전에 "정전으로 인정받던" 태평양 서부의 해수면 상승과 표층수 가온 현상이 발생하지 않은 골치 아픈 문제에 대응하기 위한 노력이었다.

63) Michael McPhaden, "Genesis and Evolution of the 1997~1998 El Niño," *Science* 283(12 Feb. 1999), p. 953.

64) G. Kiladis, G. Meehl and K. Weickmann, "The Large-Scale Circulation Associated with Westerly Wind Bursts and Deep Convection over the Western Equatorial Pacific," *J. Geophys. Res.* 99(1994), pp. 18527~18544를 보라.

65) S. G. Philander, "El Niño and La Niña," *J. Atmos. Sci.* 42(1985), pp. 451~459.

66) Richard Barber in Michael Glantz, *Currents of Change: El Niño's Impact on Climate and Society*, Cambridge 1996, p. 167.

67) Richard Kerr, "Big El Niños Ride the Back of Slower Climate Change," *Science* 283(19 Feb. 1999), p. 1108.

68) 세계 기후를 계절에서 지구 궤도에 이르는 다양한 시간 척도 위에 엘니뇨 식으로 자리매김하는 가장 포괄적인 연구는 Peter Clark, Robert Webb and Lloyd Keigwin (eds.), *Mechanisms of Global Climate Change at Millennial Time Scales*, Washington, D.C. 1999에 실린 Mark Cane and Amy Clement, "A Role for the Tropical Pacific Coupled Ocean-Atmosphere System on Milankovitch and Millennial Timescales: Parts I & II"를 보라.

69) Eugene Rasmusson, Xueliang Wang and Chester Ropelewski, "Secular Variability of the ENSO Cycle," Natural Research Council, *Natural Climate Variability on Decade-to-Century Time Scales*, Washington, D.C. 1995, pp. 458과 469.

70) Henry Diaz and Roger Pulwarty, "An Analysis of the Time Scales of Variability in Centuries-Long ENSO-Sensitive Records in the Last 1000 Years," abstract, NOAA El Niño website; Xiao-Wei Quan, "Interannual Variability Associated with ENSO: Seasonal Dependence and Interdecadal Change," Ph.D. diss., University of Colorado, Boulder 1998, p. 105.

71) Webster et al., "Monsoon Predictability and Prediction," *Journal of Geophysical Research* 103: C7(29 June 1998), p. 14,457. C. Folland et al., "Large Scale Modes of Ocean Surface Temperature Since the Late Nineteenth Century," in Navarra (ed.)도 보라.

72) 저주파 엔소 변동을 시간 구분하는 지독한 작업이 어떻게 되었는지 보려면 Rasmusson, Wang and Ropelewski, "Secular Variability of the ENSO Cycle," pp. 458~469를 참조하라.

73) Xiao-Wei Quan, pp. 89~137에 나오는 3장의 논의를 보라.

74) Richard Kerr, "In North American Climate: A More Local Control," *Science* 283(19 Feb. 1999), p. 1109.

75) N. Mantua, "A Pacific Interdecadal Climate Oscillation with Impacts on Salmon Production," *Bulletin of the American Meteorological Society* 78:6 (June 1997), pp. 1069~1079.

76) Ben Kirtman and Paul Schopf, "Decadal Variability in ENSO Predictability and Prediction," *Journal of Climate* 11(Nov. 1998), p. 2805.

77) Kerr, ibid. (인용구); Xiao-Wei Quan, p. 106 참조.

78) Xiao-Wei Quan, pp. 109~110.

79) 아직까지도 원인을 모르지만 단스가르트·외쉬거 순환이 제4기 전체는 물론 충적세에 기후 불안정을 통제했다는 증거는 압도적으로 많다. Gerard Bond et al., "A Pervasive Millennial-Scale Cycle in North Atlantic Holocene and Glacial Climates," *Science* 278(14 Nov. 1997), pp. 1257~1266을 보라.

80) Richard Kerr, "El Niño Grew Strong as Cultures Were Born"; Donald Rodbell et al., "A 15,000-Year Record of El Niño-Driven Alluviation in Southwestern Ecuador," *Science* 283(22 Jan. 1999) 참조.

81) Betty Meggers, "Archeological Evidence for the Impact of Mega-Niño Events on Amazonia During the Past Two Millennia," *Climatic Change* 28(1994), p. 328~329.

82) Kirtman and Schopf, p. 2805(인용문); K. Trenberth and T. Hoar, "El Niño and Climate Change," *Geophys. Res. Lett.* 24(1997), pp. 3057~3060.

83) *Summary Report*, NOAA/CIRES La Niña Summit, July 1998, p. 14.

8장 ❙ 굶주림을 부르는 기후

오늘날 전능한 백인은 어디에 있는가? 그는 왔고, 먹었고, 갔다. 중요한 것은 살아남는 것이다. (…) 당신이 살아남을지 누가 알겠는가? 내일은 당신이 먹을 차례일지도 모른다. 당신의 아들이 당신의 몫을 집으로 가져올 수도 있다.

— 치누아 아체베, 『민중의 지도자』

계절 자체의 순환을 제외하면 엔소가 전 지구적 기후 변동에서 가장 중요한 원천이다. 다른 어떤 연간 환경 섭동도 그렇게 심원한 강도와 효과를 발휘하지 못한다. 다섯 개 대륙의 인류 약 4분의 1이 그 영향에서 자유롭지 못하다. 엔소가 재앙적 가뭄과 홍수의 유일한 전조가 아니라는 것은 분명한 사실이다. 그럼에도 엔소는 가장 빈번하게 발생하는 사태고, 그래서 지금까지는 가장 많이 예측할 수 있다.[1] 단 한 세대 동안 대형 엘니뇨가 두 차례나 발생했고(1982년과 1997년), 환경과학자들과 사회과학자들은 엔소가 세계 역사에 미치는 영향을 올바르게 인식하기 시작했다. 그러나 엘니뇨 사태를 역사적으로 기술할 때는, 열대 동태평양에서 그 돌연한 발생을 직접 관찰하기보

치누아 아체베의 글은 Achebe, *A Man of the People*, New York 1966, pp. 161~162에서 가져왔다.

다 원격 연계된 가뭄과 홍수를 통해 그 존재를 짐작하는 것이 훨씬 더 쉽다. 엘니뇨가 영향력을 행사한 무대가 이집트·에티오피아·인도·자바·중국·페루의 인구가 밀집되었던 고대 농업 중심지들이라면, 그것이 시작된 지역은 인구가 거의 없는 광대한 대양의 구석진 무인도이기 때문이다. 엘니뇨가 문명에 끼친 영향과 관련해 각종 주장과 반박이 속속 등장하고 있다. 우리가 역사에 남은 엘니뇨의 자취를 어떻게 식별하고, 또 증명할 수 있을까?

원격 연계와 인과관계

워커와 동시대인들은 남방 진동이 지구의 상이한 지역들의 강우량에 미친 영향을 탐구했다. 그토록 광대한 영역에 걸쳐 발생하는 각종 이상 사태를 연결하는 것이 무엇인지도 모른 채로 말이다. 전 지구적 가뭄을 야기하는 물리학은 여전히 그 내용을 전혀 알 수 없었다. 반면 비야크네스는 대양에서 시작하는 엔소 진동이 워커 순환의 변위를 통해 적도를 따라 전송되며, 반영구적인 고기압·저기압 체계의 배열 변동에 의해 온대 지방으로 퍼진다고 확신했다. 그는 더 이른 시기의 연구자들을 좇아 이 순환과 전송 현상을 "원격 연계"라고 불렀다. 원격 연계는 열대 태평양의 엔소와 나머지 세계의 기후 시스템을 결합한다. 예를 들어 인도-호주 수렴대(따뜻한 봇물로 추동되는 운반 체계)가 엘니뇨 단계에서 중앙 태평양으로 이동하면, 골과 마루가 형성하는 반구간 파열(波列, wave train)의 위상과 그로부터 조직되는 날씨의 양상이 바뀐다. 폭풍의 진로가 바뀌고 계절성 강우와 건조 상태가 별난 장소에서 발생한다. 동태평양 적도의 온난 국면에 통계적으로 유의미한 다수의 징후들이 높은 확률로 확인되고, 마찬가지로 냉각 국면에서 그 정반대 징후가 다수 포착될 때 우리는 원격 연계가 확립되었다고 간주한다.[2)]

그러나 엔소는 태양흑점의 변동처럼 규칙적으로 순환하지 않는다. 엔소는 복잡한 준주기성 현상인 것이다(프랙탈 용어로 "악마의 계단devil's staircase"이라고 한다). 그러므로 엔소의 지리학도 시간을 두고 일어나는 유력한 재배열을 따른다. 이렇게 원격 연계는 거칠고 난폭하면서 동시에 허약하다. 엔소는 제트기류와 준대륙 크기의 기단을 가지고 지구 규모로 수행하는 의자 빼앗기 놀이라고 할 수 있다. 그러나 엔소는, 어떤 때는 다른 때보다 더 격렬하게 수행되는 게임이다. 원격 연계는 아주 계절적이다. 그러나 그것은 더 오랜 기간을 두고 변동하기도 한다. 지구 차원의 힘과 원격 연계 양상의 조직화가 앞 장에서 논의한 근원적인 엔소 "체제"의 강약 상태에 따라 증감한다는 증거는 결정적이고 설득력이 있다. 원격 연계는 1879년부터 1899년까지와 1963년 이후에 가장 강력했고 공간적으로도 광범위했다. 1876년과 1877년, 1899년과 1900년, 1972년과 1973년, 1982년과 1983년, 1997년과 1998년의 엘니뇨 사태는 예외적이라 할 만큼 일관된 원격 연계 양상을 불러일으켰다. 반면 1900년부터 1963년 사이, 특히 1921년부터 1941년 동안에는 엘니뇨 사태가 "약했고 파편적이었으며 적용 범위도 가장 좁았다."[3)]

이게 다가 아니다. 엔소는 정확하게 반복되는 일이 없다. 각각의 엘니뇨가 뚜렷하게 구분되는, 아니 더 나아가 괴이한 역사적 사건인 것이다. "많은 경우 사태들에 공통적인 특성이 존재함에도, 어떠한 두 개의 엔소 사태도 기원과 생활사와 중단이 동일하지 않다."[4)] 지구과학의 용어를 빌리자면 엘니뇨는 균일설[uniformitarianism, 어떤 현상이 균일적으로 작용하는 힘에 의한 것이라는 학설. 옮긴이]의 최고 사례가 될 수 없다. 학자들은 이 사실을 힘들게 깨우쳤다.

1980년대 초반에는 1941년 이후 발생한 모든 엘니뇨를 비교 분석해 "엔소 현상의 규범"을 정의하려는 야심 찬 시도가 있었다. "그러나 이런 엔소 모형이 확립되자마자 1982년과 1983년에 대규모 엘니뇨 사태가 발생했고, 우리는 엔소의 특징과 구조에 관한 규범적 개념을 심각하게 재평가하지 않을 수 없었다."[5] 1997년과 1998년의 엘니뇨 사태(1982년과 1983년 사태보다 해양 온난화는 더 극심했지만 지속 기간은 더 짧았던)를 분석해 보면 우리가 규범적 모형을 계속해서 어설프게 만지작거리고 있었음이 더욱더 분명해진다. 태평양 엔소 사태의 이런 개별적 특징들은 주로 해양의 내부 역학 관계의 차이, 특히 이류(advection, 수평 이동)의 상대적 지위나 표면 가온의 역전에서 발생하는 것으로 여겨진다.

더구나 엔소, 주요 순환 체계들, 기타 주기적 변수들이 "다양한 방식으로 상호 작용하기" 때문에 열대 태평양 이외 지역에서 발생할 수 있는 결과는 아주 복잡해진다.[6] 엔소의 원격 연계는 3년에서 7년마다 켜졌다 꺼지는 단순한 기후 "스위치"가 아니라 남방 진동과, 남방 진동의 영향력을 증폭시키거나 감소시키는 기타의 독립변수들이 선택적으로 상호 작용하는 개별 체계로 보아야만 한다. 엔소는 능동적 필요조건이지만 그 자체가 충분조건인 경우는 드물다. 예를 들어 엘니뇨 가온 현상으로 1993년 미시시피 강 상류에서 대홍수가 발생했다. 아열대 지방의 제트기류가 강해지면서 폭풍의 진로가 남쪽으로 바뀌었던 것이다. 그러나 이게 다가 아니었다. 봄과 여름의 비정상적인 강우량은 카리브 해에서 지속적으로 수증기가 공급되도록 만들었다. 이 두 가지 독립변수 상황이 결합해 예외적 강수량의 진정한 "원인"으로 작용했다. 그 홍수는 무분별하게 범람원을 활용한 인간들의 개입과 결합해 350억 달러의 재산 피해를 낳았다.[7]

피터 웹스터 연구진은 각종 엔소-몬순 시뮬레이션을 포괄적으로 개관하면서 이 원격 연계의 인과적 복잡성을 파악하는 데 유용한 모형을 제출했다. 단순한 체계에서 엘니뇨(라니냐) 충격은 곧장 또 다른 체계, 예를 들어 남아시아나 동아시아의 몬순(계절풍)을 변경한다. 어떤 한 순환이 변화하면 다른 순환도 강제로 변화한다. "내부 오차의 증가와 더불어 그 영향력은 선형 추세를 따르고, 따라서 체계는 예측 가능성이 높아진다." 인과관계의 이런 단순함이야말로 워커가 30년 동안 열정적으로 추구한 목표였다. 그러나 자연은 결코 그렇게 호락호락하지 않다. 복잡한 위계적 체계의 가능성이 더 많았기 때문이다. 여기서 엔소와 몬순은 유라시아의 강설과 같은 또 다른 변수를 통해 연결된다. "복잡한 위계 체계 내에서 몬순은 제3의 체계를 통해 엔소에 피드백될 수 있고 그 반대도 가능하다." 오차 증가는 쉽게 비선형 관계로 전락할 수 있고, 그러면 예측 가능성도 당연히 줄어든다.

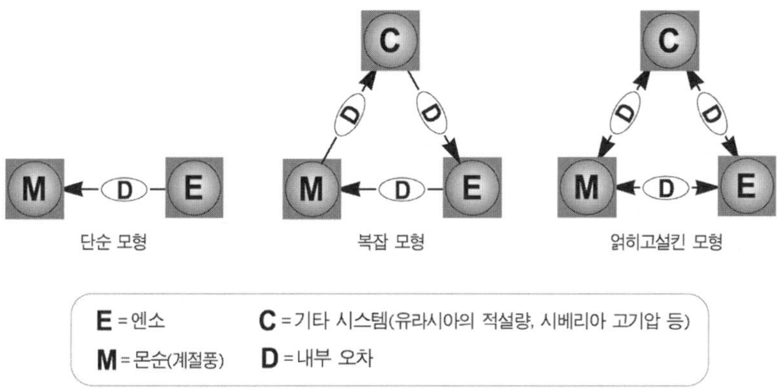

표 19 | 원격 연계의 선택적 상호 작용

엔소와 기타 기후 체계들 사이에서 가능한 관계. Webster, et al.(1998)에서 가져옴.

"각각의 체계가 다른 체계와 상호 작용하고, 상호 작용의 경로를 읽어 내기가 어려운" 얽히고설킨 위계 체계는 예측 가능성이 무척 낮다. 예를 들어 보자. 남아시아의 몬순은 엔소에 유력한 피드백 작용을 할 것이다. 심지어 어떤 때는 엘니뇨·온난화 국면의 "기폭제"로 기능하기도 할 것이다. 세 개 이상의 변수가 자유롭게 독립적으로 나팔을 불어 대는 이런 혼란스런 상황에서 어떤 현상이 다른 현상의 전조라고 한정할 수는 없다. 결정론이 사라지고 마는 것이다. (그러나 특별히 연쇄상을 이루는 고리 하나가 시간을 두고서도 지배적이라면 개연성에 기초한 예측이 여전히 가능할 수 있다.)[8)]

이렇게 얽히고설킨 상태에서 엔소의 충격은 더 긴 시간 동안 지역의 기후 주기성과 상호 작용한다. 지역의 기후 주기성은 그 국면에 따라 태평양에서 오는 신호를 증폭시키거나 감소시킨다. 열대 지방에서 밀려오는 압력이 동일할 때조차도 온대 지방의 반응은 극적으로 달라진다. 예를 들면 엔소 원격 연계가 인도의 계절풍에 미치는 힘은 유라시아 강설량의 10년 단위 추세에 좌우된다. 또 북아메리카 서부와의 원격 연계는, 불완전하게 알고 있는 북태평양의 20년에서 30년 진동에 의해 조정된다.[9)] 일부 기후 연구자들은 다음과 같이 믿고 있을 정도다. "확립된 [엔소] 원격 연계에 기초한 예측, 통계적으로 매우 유의미하다고 여겨지는 예상조차도 향후에는 설득력을 잃을 수 있다. 심지어는 10년 단위의 기후 변동성으로 인해 그 징후가 역전될 수도 있다." 최근 엔소와 인도 몬순의 "분리" 현상은 아주 적절한 사례다.[10)]

이제 요약해 보자. 엔소 원격 연계의 양상과 강도는 시간을 두고 두 가지 상이한 방식으로 조절된다. 한편으로 엔소의 진폭은 (태평양 10년 진동이나 아직 지칭되지 않은 그 진동의 자매 현상들 같은) 열대 태평양의 저주파 변동이라는 배경적 상태에 좌우된다. 엔소 체계의 "강약" 상태는 대충 20년에서 40년을 주기로 서로를 따르는 것 같다. 다른 한편으로 (또 엔소 체계와 무관하게) 통계적 유의성을 갖는 구체적 원격 연계들은 열대 태평양의 신호가 다른 더 느린 진동과 위상이 같은지 여부에 좌우되는 것 같다. 그리하여 계절풍철과 열대 대서양의 쌍극자가 각각 인도와 사헬의 강우에 엔소 사태가 미치는 영향을 조정한다. 표 20은 이 두 가지 상이한 조정 양식을 개념적으로 표현한 것이다. 하나는 "선행"(또는 "상류") 조건이고, 나머지 하나는 "후속"(또는 "하류") 조정이다. 엔소는 이렇게 저장했던 열을 방출한다.

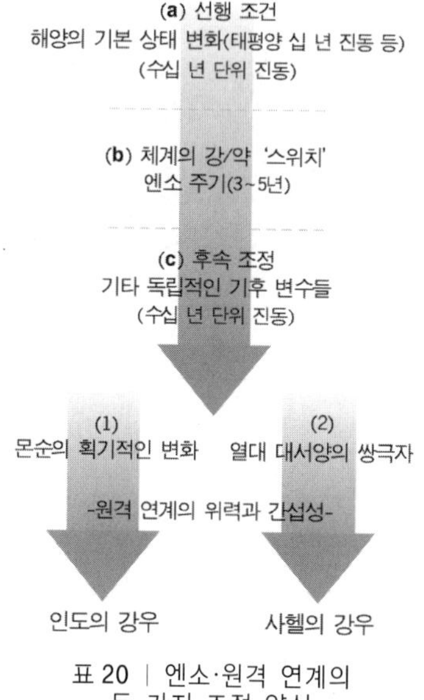

표 20 | 엔소·원격 연계의 두 가지 조절 양식

더 광범위하게는 이런 잡다한 상호 작용과 중층 결정으로 매번의 사태 때마다 뚜렷하게 구별되는 전 지구적 양상이 펼쳐진다. 엔소가 발휘하는 지역적 영향을 공동으로 결정했던 온갖 독립변수들이, 이후에도 정확하게 동일한 방식으로 두 번 늘어설 가능성은 정말이지 없다. 초기 사태의 위력으로 동시 발생성과 간섭성이 증대할 수는 있겠지만 말이다(표 21 참조). 마지막으로 확실히 해 둘 것이 있다. 원격 연계가 엔소 활동의 주무대인 열대 태평양에서 멀어질수록 "날씨 잡음(주요 폭풍 체계의 피드백 효과)"과 자연스럽게 변화하는 혼돈 양상이 발휘하는 영향력이 커진다는 사실이다.[11] 극지방 기단과 아열대 지방의 기단이 끊임없이 정면충돌하는 중위도의 기후는 태

표 21 | 다섯 개의 주요 엘니뇨 사태에서 확인된 원격 연계

	1877~1878	1899~1900	1972~1973	1982~1983	1997~1998
인도	D★★	D★	D★	d	—
인도네시아	D	d (D1902)	D	D	D
필리핀	d	D	d	D★★	d
호주	D	D★★	D	D	D
북중국	D★★	D★	D	d	d
양쯔강 유역	F	—	—	F	F
지중해	d	—	D★★	d	—
러시아	d	—	D★★	—	d
노르데스테	D	d	D	D	D
남브라질	?	?	—	F	—
사헬	d	D	D★★	D	—
남아프리카	D	d	D	D	D
동아프리카	f	D (1898년 라니냐?)	—	—	—
아프리카의 뿔 지역	d	d	D	D	D

D=극심한 가뭄, d=보통 가뭄, F=극심한 홍수, ★★=해당 세기에서 가장 극심했던 사태, ★=해당 세기에서 두 번째로 극심했던 사태, ()=일어났음 직한 원격 연계만 뜻함.

생적으로 열대 지방의 기후보다 더 사납고 교란되어 있기 때문에 예측하기가 쉽지 않다. 기상학자들이 흔히 말하는 "신호 대 잡음" 비율(엔소 변동에서 기인하는 변화량의 정도)은 적도에서의 거리에 조응해 감소한다.

그러므로 엘니뇨가 인도, 인도네시아, 북중국, 아프리카 남부, 브라질 북동부에서 지리적으로 특정한 "굶주림의 기후"를 만들어 낸 방식을 파악하려면 이렇듯 엔소와 무관한 핵심적인 변수들을 알아야 한다. 원격 연계에 관한 최근의 연구들을 살펴보면 엔소의 연대기를 획정하기 위해 사용하는 과거의 기록과 "대리 지표들"도 간략하게 개관할 수 있다. 우리는 그 과정

을 통해 1876년에서 1878년과 1896년에서 1902년 가뭄의 기상학도 다시 논의하게 될 것이다. 물론 이런 설명 방식이 동태적인 연구의 장에서 이루어지는 진보에 자의식적으로 포박당했음은 말할 나위도 없다. 엔소의 기후학이 계절과 소구역에 의해 더욱더 미세 조정된다는 점을 감안하면 특히나 그렇다.

엔소의 지역적 기후학

인도

"한 해가 사계절로 나뉘는 서구와 달리 인도의 달력은 세 시기로 구성된다. 10월부터 12월까지의 한랭기, 1월부터 5월까지의 혹서기, 6월부터 9월까지 여름철 계절풍이 부는 우기."[12] 아대륙에서 발생하는 가뭄은, 농업 활동에 필요한 강수량의 75퍼센트에서 90퍼센트를 공급하는 여름철의 우기가 사라지거나 지연되거나, 교란당하거나, 조기에 철수하는 현상이다.[13] (가뭄이 들기 쉬운 지역 가운데 해안의 타밀나두 주만이 주로 10월에서 12월의 북동 계절풍에 영향을 받는다.) "계절풍에 따른 저기압 지대의 수가 보통은 적고, 또는 계절풍 기압골이 장기간에 걸쳐 히말라야 산맥에 근접해 자리할 때 가뭄이 발생한다." 라자스탄과 펀자브의 준건조 평원과 더불어 서고츠 산맥의 비그늘에 자리한 데칸 고원의 건조한 사바나와 관목 수풀은 몬순기의 엔소 파동에 가장 민감한 지역들이다. 물론 1899년부터 1902년의 대참사에서 알 수 있듯이 인도의 3분의 2 이상(서부 해안과 북동부를 제외한 전 지역)이 일정 시기에 가뭄에 취약하기는 하지만 말이다. 서부 해안과 아삼에서는 15퍼센트 미만인 강수량의 연간 변동이 라자스탄에서는 40퍼센트 이상까지 치솟는다. 농무부의 최근 추정에 따르면 5천6백만 헥타르의 농지가 불충분하고 변동이 매우 심한 강수량의 영향을 받는다.[14)]

기근은 홍수(벵골, 1882)나 전쟁(벵골, 1943)으로도 발생할 수 있다. 그러나 가뭄이야말로 인도에서 발생한 대다수 생존 위기의 근인近因이었다. 그리고 1877년 이후 발생한 스물여섯 차례의 가뭄 가운데 스물한 번의 가뭄이 엘니뇨에서 기인했다.[15)] (거꾸로 1870년부터 1991년까지 발생한 스물두 차례의 엘니뇨 가운데 스무 번이 인도의 가뭄이나 평균 이하의 강수량과 결합했다.)[16)] 이렇게 엔소 사태가 "인도 몬순의 연간 작동 방식을 주관하는 가장 강력한 조정자"일지라도, 인도와 동남아시아의 계절풍 강우에는 "획기적인" 내부 변동성도 있다. 아마도 그 변동성은 유라시아의 적설량, 특히 그 열 자산이 몬순의 강도를 결정하는 티베트 고원의 적설량 변화와 연관되어 있을 것이다.[17)] 당연히 계절풍은 계절에 따라 육지와 해양 사이에서 일어나는 온도와 압력의 변화에 영향을 받는다. 블랜포드가 1880년대 초반에 추측한 것처럼, 티베트에서 겨울에 비정상적으로 많은 양의 눈이 내리면 여름철 계절풍이 약해진다. 표면 가온의 기회가 줄어들고, 그에 따라 기단을 북쪽으로 밀어 올릴 수 있는 경사도도 감소하기 때문이다. 많은 적설량(약한 계절풍)은 엘니뇨 사태의 효과를 강화하고, 적은 적설량(강한 계절풍)은 엘니뇨 사태의 효과를 중화시키는 경향이 있다.[18)] 기상학자들은 두 현상을 각각 "파괴적인" 간섭 양상과 "건설적인" 간섭 양상이라고 부른다. 실제로도 인도 열대 기상 연구소 소속 연구원들은 극심한 엘니뇨 사태와 평균 이하의 강우량을 기록한 시기 사이에 정체 국면이 일어났을 때 가장 혹독한 가뭄(1877년, 1899년, 1918년, 1972

년)이 발생했음을 최근에 밝혔다.[19)]

다른 한편으로 인도의 강우 진동이 평균을 넘어 최대치를 이루면 강력한 엔소 사태가 심각한 가뭄을 동반하지 않을 수도 있다. 그러나 1980년 이후의 상황은 "역사 기록에서 전례를 찾을 수가 없다." 최근의 유라시아 표면 가온과 그에 따라 계절풍을 구동하는 열 경사도는 기록이 시작된 그 어느 시기보다 더 크다. 동시에 엘니뇨 사태의 저기압 중심(치환된 태평양의 따뜻한 봇물)이 1980년 사태 이후 계속해서 남동쪽으로 옮아갔다. 그 결과 인도양의 몬순 차단 강하(고기압)가 인도에서 인도네시아로 이동했다. 결과적으로 인도는 광범위한 가뭄 사태를 피할 수 있었고, 1982년과 1997년의 대규모 엘니뇨 사태 때 기상학적 예측은 혼란에 빠지고 말았다. 이제 연구자들은 "지구 온난화가 몬순의 쇠퇴를 방해함으로써 엔소와 [인도] 몬순 사이의 연계를 부숴 버렸을 흥미로운 가능성"을 탐색하고 있다.[20)] 만약 그렇다면 이 사태야말로 엘니뇨의 이행이 더 빈번하게 파괴적 양상으로 발생하는 현재의 추세(아마도 인위 개변적 온난화에 의해 추동되었을)에서 보기 드물게 기이한, 단 하나의 밝은 측면일 것이다.

표 22는 인도 전체의 장기간에 걸친 평균 강우량(853밀리미터)에서 매년 발생한 편차를 보여 준다. 심각한 마이너스 강우량이 기록된 해는 1877년, 1899년, 1918년, 1973년으로 엘니뇨 가뭄이 발생했다. 1880년대의 안정된 기후는 분명 1922년부터 1972년까지의 완화된 엘니뇨 주기와 유사하다. 아니 훨씬 더 극적이라고 할 수도 있을 것이다. 마지막 막대그래프는 1990년대에 인도의 강우량과 엔소 사이에 연관이 사라졌음을 보여 주고 있다. 그러나 이런 대규모 데이터가 지역의 결정적인 변동을 밝혀 주지는 못한다. 예를 들어 인도 중심부에서는 1896년과 1897년에 파괴적인 가뭄이 발생했

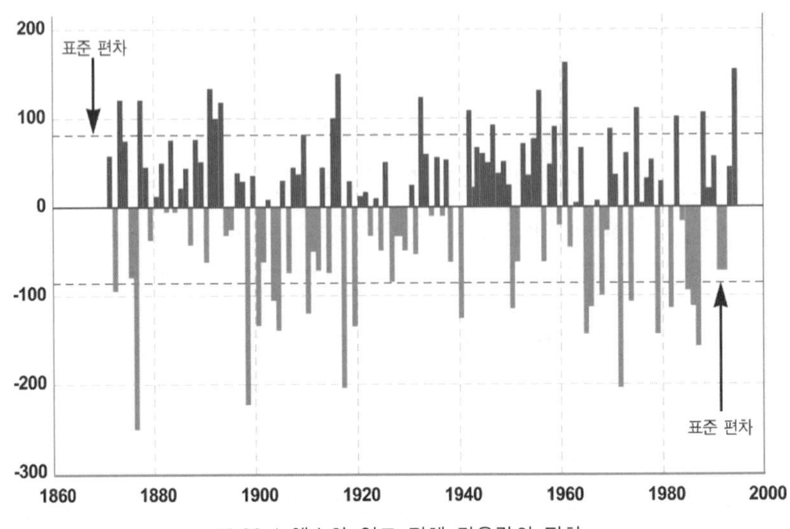

표 22 | 엔소와 인도 전체 강우량의 편차
인도 전체 강우량 평균에 대한 계절적 강우량 이상. 평균=853밀리미터

지만 그 밖의 다른 곳들에서 기록된 엄청난 이상 강우로 사태가 묻혀 버리고 말았다.

라마사미 수피아가 엘니뇨가 스리랑카에 미치는 영향을 분석한 1989년의 혁신적인 논문으로 증명했듯이, 국가의 기후 통계는 더 미세한 시공간의 양상으로 분해되어야 한다. 그는 스리랑카를 구성하는 "강우 변동 지역"의 관점에서 엔소의 영향력을 관찰했고, 집합적인 전국 수준에서는 보이지 않는 결정적인 상관관계를 발견했다. 각 지역은 계절에 따라 산악학적으로 결정된 뚜렷한 관계를 몬순 순환과 맺고 있었다. "스리랑카를 단일한 하나의 단위로 간주하면 첫 번째 몬순 간기intermonsoon와 북동 계절풍철 사이의 관계가 명확하게 드러나지 않는다. 그러나 상이한 지역들의 강우와 계절에 따른 남방 진동 지수 사이에서는 그 관계가 명확하다." 엘니뇨가 스리랑카에 전반전인 강수량 증가를 불러오지만, 지역적으로는 우기와 남방 진동과의 지연된 상관관계에 따라 플러스에서 마이너스까지 분포한다.[21] 수피아는 광범한 컴퓨터 시뮬레이팅 과정을 거쳐 엔소가 농업에 미치는 영향을 가장 명확하게 파악할 수 있는 지역적 규모에서 원격 연계를 분석할 수 있는 모형을 개발했다.

중국

세계의 주요 곡창이자 고대 문명의 발상지인 북중국(황토 고지와 황하의 삼각주 평원)은 홍수, 특히 가뭄 재앙의 빈도에서 독특한 역사를 자랑한다. 현대 중국 인구의 45퍼센트가 살고 있는 양쯔 강 이북의 성들에서는 이 나라 전체 빗물의 18퍼센트만이 땅 위를 흐른다. 반면 양쯔 강 유역의 강우량은 중국 전체 강우량의 30퍼센트를 넘기도 한다. 이게 다가 아니다. 북부 지방은 연평균 강수량의 70퍼센트인 530밀리미터가 6월에서 8월에 집중된다.[22] 계절의 순환은 다음과 같이 구성된다. "건조하고 바람이 많이 부는 봄, 긴 간격을 두고 소나기가 내리는 고온 건조한 여름, 연간 전체 강수량의 3분의 2를 쏟아 부으며 심각한 홍수가 아닐지라도 대규모 침식을 가져오는 아주 습한 늦가을, 그리고 마지막으로 바람을 동반한 강설을 특징으로 하는 매우 건조한 겨울."[23] 밀은 6월에 수확하고 기장과 수수*kaoliang*는 9월에 추수한다. 따라서 봄비가 내리지 않으면 밀 작황이 나빠진다. 그러나 여름에 계절풍이 불지 않으면 한 해를 견뎌 낼 수 있는 수확을 전혀 기대할 수 없다. 불행하게도 "북중국의 농민에게 가장 중요한 달"인 6월에 강우 변동이 가장 흔하게 발생한다. 55년간의 중국 현대사를 살펴보면 베이징 지방에서 6월에 강우량이 부족했던 때가 스물한 번, 사실상 전혀 비가 내리지 않은 때는 다섯 번이었다.[24] 그러나 하늘에서 내리는 비만을 믿고 의지할 수 없었기 때문에 역사 과정에서 관개가 일정한 역할을 수행해 왔다. 아울러 토양의 습기를 보존하고자 엄청난 노력을 투입했고, 여기에 비옥도와 습기를 간직하는 독특한 능력을 지닌 황토 자체의 놀라운 특질이 가세했다. (1930년대에 한 미국인 전문가는 이렇게 말하기도 했다. "비만 충분히 내려 준다면 전 세계에서 가장 비옥한 토양 가운데 하나로 등극할 수도 있을 것이다.")[25]

기후 조정 주체인 엔소 순환처럼, 조정 대상인 동아시아의 몬순도 저주파 양상으로 변동하는 것 같다. 지난 500년 동안 1870년부터 1909년의 후기 빅토리아 시대에 중국 전체에서 발생한 극단적인 기후 사건들을 능가한 사태는, 1630년부터 1669년의 매우 불안정한 시기뿐이었다.[26] 다른 연구는, 역사상 최악의 재난이라 할 양쯔 강 대홍수가 발생한 1870년경에 "더 작은 [기후] 변동성에서 더 큰 변동성으로, 재난이 거의 없는 상태에서 재난이 빈번하게 발생하는 상태로" 극적인 "도약"이 있었음을 확인했다.[27] 더 커다란 아시아 몬순이 "지역" 순환 체계에서 "자오선" 순환 체계로 변모하는 사태가 여기에 개입했을지도 모른다. 그리고 그 사태가 1900년경에 다시 바뀌었을 것이다.[28]

19세기 후반 이래로 사람들은 황하 유역의 계절풍 실종과 인도 및 자바의 가뭄을 동시에 발생시키는 대기 플라이휠[flywheel, 회전 속도 조절 바퀴. 옮긴이]이 존재할 것이라고 추측해 왔다.[29] 그러나 지속적인 연구 프로그램이 개시된 것은 "1972년 북중국 대한발"이 있고 나서였다. 베이징 대학교의 왕샤오우가 남방 진동과 북중국에서 발생한 가뭄·홍수 역사의 연관을 체계적으로 탐구했다.[30] 이 연구로 "적도 동태평양의 바다 표면 온도[엔소 현상]와, 서태평양 아열대 고기압의 위치와 강도 사이에서 장기간에 걸친 결합 진동이 존재함"을 밝혔다. 엘니뇨 사태가 겨울에 적도 태평양의 동부를 데우면 다음 여름에 아열대 고기압이 이에 조응해 강화되어 서쪽으로 이동한다. 그렇게 해서 몬순이 평소처럼 멀리 북쪽으로 옮아가지 못하는 것이다. 황하 유역에서는 강수량이 감소하고 가뭄이 발생한다.[31] 엘니뇨 사태 연간에는 북중국으로 태풍이 상륙하는 횟수도 줄어든다.[32] 북중국에서 가뭄을 보고하는 기상대의 비율에 토대를 둔 "건조 지역 지수"는 1870년 이래 엔소의 따뜻한 국면과 지속적으로 상관관계를 맺어 왔다. 그 지수는 1877년, 1965년, 1972년에 최고를 기록했고 1878년, 1891년, 1899년, 1941년, 1957년, 1982년이 그 뒤를 이었다.[33] 딩이후이도 북중국의 엘니뇨 가뭄과 만주, 시베리아, 한국, 일본 북부의 농업에 발생하는 냉해 사이에 흥미로운 관계가 있음을 밝혔다.[34]

라니냐 원격 연계가 아직 엘니뇨 상호 작용만큼 충분히 탐구되지는 않았지만 1888년, 1898년, 1924년처럼 황하 삼각주의 홍수가 강력한 냉각 현상과 동시에 발생한다는 증거가 있다.[35] 따뜻한 국면에 북중국과 남중국 사이에서 강수 관계가 역전된 사실은 훨씬 더 자세히 보고되었다. 엘니뇨 극성기에는 동아시아 몬순이 양쯔 강 중하류에서 정체하기 때문에, 메이위* 시기에 중국 남부와 양쯔 강에서 심각한 홍수가 발생할 가능성이 아주 많다. 그러므로 중국이 엔소 국면에 따라 아주 빈번하게 북부의 가뭄 및 남부의 홍수와 그 반대 현상을 쌍으로 경험해 왔다는 사실은 전혀 놀라운 일이 아니다. 계절풍이 북중국 대부분의 지역을 외면했던 1876년 봄과 여름에

* 梅雨/Mei-yu, 6월과 7월의 집중 폭우기로 '매실나무 열매가 익을 무렵에 내리는 비'라는 뜻이다. 옮긴이

남부 해안 성들인 푸젠과 광둥은 파괴적 호우로 난타당했다. 중앙의 후난, 장시, 저장 성도 침수되었다.[36] 바오청란과 샹옌전도 1950년 이후 시기에 관한 연구에서 유사한 사실을 발견했다. “양쯔 강과 화이허에서 극심한 세 번의 홍수(1954년, 1991년, 1983년)와 다섯 차례의 심각한 홍수(1969년, 1987년, 1965년, 1957년)가 엘니뇨의 해 여름이나 다음 해 여름에 발생했다.”[37] (그러나 딩이후이는 엘니뇨가 중국의 아열대 지방 기후와 맺는 원격 연계가 아주 복잡하며, 1982년과 1983년[냉각 국면과 홍수], 1986년과 1987년[온난 국면과 가뭄]에는 대비되는 이상 현상을 낳았다고 신중하게 얘기한다.)[38]

인도의 과학자들처럼 중국의 주요 연구자들도 북중국의 강우에 수십 년 단위의 양상이 존재한다고 믿고 있다. 물론 그 믿음을 엔소의 저주파 체계 변동에 설득력 있게 접합할 수 있는 데이터가 아직 충분한 것은 아니다.[39] 도쿄 도립 대학교의 한 연구진은 “중국 동부의 10년 가뭄·홍수 지수”에 통계적으로 극적인 변화가 있었음을 발견했다고 주장한다. 수 세기 이래 최대 사건인 그 변화가 1896년 엘니뇨와 동시에 발생했다는 것이다.[40] 중국 북부가 더 빈번하고 극심한 가뭄 상태로 전환했고, 마침 1976년경에 태평양의 체계 변화가 가세했다고 보는 사람들도 있다.[41] 한편으로 엔소의 주기성과 황하의 수력학적 순환 사이의 역사적 관계는 아직도 탐구되지 않은 질문으로 남아 있다. 앞으로 보겠지만 인간이 강 유역을 남벌하면서 토양침식이 가속화됐고, 결국 황하는 비정상적 퇴적율 속에서 하상이 북중국 평원보다 더 높아져 제방과 옹벽으로는 통제할 수 없는 지경에 이른다. 매번의 수력학적 통제 체제의 역사를 살펴보면 점차 비용이 증가하다가 마침내는 폭발해 버리고, 결국 재앙적으로 와해되는 악순환이 이어졌다. 19세기의 마지막 사반세기 동안 엘니뇨가 강화되었고, 동시에 홍수 통제 제도가 마비되고 퇴적작용이 진전된 상황이야말로 청대 말엽의 유례없는 불행이었다.

마지막으로 살펴볼 문제는, 마오의 대약진운동이라는 농업 재앙에 엔소가 관여했는가에 관한 논쟁이다. 1959년에서 1961년의 가뭄-기근으로 농민 2천만 명이 죽었다(사망자 수가 공식 발표된 것은 1980년 후야오방胡耀邦에 의해서였다). 20세기, 어쩌면 전 시대를 통틀어 가장 끔찍한 사태였을 것이다. 중화인민공화국은 1950년대 초반에 식량 안보와 재난 구제 활동에서 인상적인 성과를 거두었을 뿐만 아니라 평균 수명을 연장하는 데도 극적인 성공을 거두었다. 이런 전례에 비추어 볼 때 그 홀로코스트의 규모는 대경실색할 만했다. 중국 혁명에 호의를 표했던 다수의 동조자들에게는 불가해한 사태였던 것이다. 1957년부터 1959년의 "강력한" 엘니뇨는 브라질의 세르탕에서도 악명 높은 기근 사태를 불러일으켰고, 거의 백만 명의 난민이 발생했다. 1958년과 1959년의 가뭄을 촉발한 것으로 지목되는 범인은 분명 엘니뇨였다. 그러나 최근의 설명들은 기후 및 정치 결정소의 상대적 중요성과 관련해 의견을 크게 달리한다. 재스퍼 베커는 "장구한 중국 역사에서 가장 힘겨웠던 암흑의 순간"을 마오가 어떻게 편성하고 조정해 나갔는지 폭로한 『굶주린 귀신들』에서 기근 발생의 자연적 맥락을 전혀 언급하지 않았다. 중국의 기상학자들이 전국의 경작 가능한 토지 약 3분의 1에 피해를 입힌 그 가뭄을 20세기 최악의 사태로 규정했음에도 말이다. 중국인들은 역사상 처음으로 사람들이 황하를 걸어서 건널 수 있었다.[42]

쿠에(1998)는 더 분별력 있는 방법을 채택했다. 그는 인상적인 통계 모형을 통해 "1960년과 1961년에 곡물의 생산 손실이 엄청나게 발생한 주된 원인이 날씨"였음을 밝혔다. 그러나 베이징이 1959년에 (노동력을 공공사업과 철강 제조 부문으로 돌리기 위해) 어리석게도 경작 면적을 줄이지 않고, 1959년과 1960년에 범죄적인 몰수에 가까운 조달 정책을 집행하지 않았더라면 인민공사들이 대규모 사망자를 내지 않고 위기를 견뎌 냈을 거라는 사실도 밝혀졌다.[43] (베커가 주장하는 악의적 음모는 아니었지만) 이렇듯 마오의 지도부는 끔찍한 죄과에 대해 유죄다. 다시금 가뭄이 근인이었지만 진정으로 중요한 변수는 민주적 사회주의의 부재였다. 아마르티아 센이 탈식민지 시대의 중국과 인도를 비교 대조한 유명한 논문에서 강조한 것처럼 "중국은 고질적인 궁핍을 제거하는 데 훨씬 더 커다란 위업을 달성했음에도 1958년에서 1961년에 거대한 기근 사태를 경험했다. (…) 이 특별한 사실은 언론의 자유 결여와 야당 정치 세력의 부재와 아주 커다란 관계가 있다. 기근의 길을 닦은 재앙적 정책들은 무려 3년 동안이나 바뀌지 않았다. 계속해서 기근이 맹위를 떨쳤다. 이런 일이 가능할 수 있었던 것은 기근 관련 소식이 철저하게 은폐되었고, 당시 중국에서 일어나고 있던 사태를 언론이 전혀 비판할 수 없었기 때문이다."[44]

동남아시아

고전적인 엘니뇨 양상에서는 태평양의 따뜻한 봇물이 날짜변경선을 향해 동쪽으로 이동하면 인도네시아 상공에서 파격적인 고기압대가 형성된다. 그러면 특히 이 나라의 중부와 동부에서 서향 계절풍이 한 달 이상 늦어질 수 있다. 1950년대에 길버트 워커의 남방 진동 연구를 재개한 네덜란드인 기상학자 헨드릭 베를라헤는, 식민지 시대 자바에서 발생한 가뭄의 무려 93퍼센트가 이 부정적인 남방 진동 이상(엘니뇨) 과정에서 일어난 것으로 계산했다. 그의 연구 결과는 기계를 사용해 측정한 기상 정보에 대한 최신의 분석으로도 보강되었다. 나아가 티크나무에서 얻은 일련의 나이테 정보는 엔소 상관관계를 무려 1514년까지 거슬러 올라가 파악할 수 있게 해 주었다.[45] 최근의 엘니뇨 연구는 다음과 같은 사실도 밝혔다. "보르네오의 간헐적인 장기 가뭄과 후속 산불 사태는 분명 예전에 알던 것보다 더 빈번하게 발생한다. 다른 습윤한 열대 삼림 지대와 사회에서처럼 보르네오의 가뭄과 산불 사태도 사회 조직화와 지역의 생태 과정에 아주 중요하다."[46] 그러나 동인도제도에서 발생하는 가뭄의 강도가 인도의 가뭄이나 페루의 엘니뇨 규모와 항상 상관관계를 맺는 것은 아니다. 예를 들어 1902년 엘니뇨(페루 사태로 측정한 바에 따르면 "강력함 이상")는 1899년 사태("아주 강력함")보다 인도네시아와 필리핀에서 훨씬 더 커다란 강우 부족 사태를 낳았다.[47]

한 달에 최소 2백 밀리미터의 강수량이 필요한 습지의 쌀 생산은 변덕스럽고 부족한 강우에 매우 민감하다. 자바 동부, 보르네오 동남부, 술라웨시, 티모르, 이리안자야처럼 강우 체계의 변동성이 아주 심한 지역에서 경작자들은 전통적으로 농업 다각화를 통해 환경의 불확실성에 맞서 왔다. 시차를 두고 파종을 하거나 다양한 품종의 쌀을 재배하는 것이 그 방법들이다.[48] 반면에 식민지 시대의 단일 경작은 가뭄 취약성을 증가시켰다.[49] 그러나 인도네시아 도서와 산악의 지세는 복잡하고 "그에 따라 펼쳐지는 강우 체계의 다양성도 매우 어지럽다." 인도나 중국 규모의 가뭄-기근 사태가 인도네시아에서 전개되지 않는 이유가 바로 이 때문이다. 농업 생산이 총체적으로 붕괴할 가능성은 없다. 19세기의 기근은 그렇게 가뭄이 내습한 지역으로 한정되는 경향이 있었다. 그러나 그런 지역일지라도 사태가 처참하기는 마찬가지였다. 지세로 인해 운송 비용과 쌀의 시장가격이 폭등했고 가난한 농민들은 식량을 입수할 수 없었던 것이다. 1960년대 이후부터는 인도네시아산 경재硬材에 대한 다국적 착취가 더욱더 강화되었고, 엘니뇨 가뭄은 걷잡을 수 없는 산불 증가 사태와 맞닥뜨렸다. 동칼리만탄과 북보르네오에서 1982년과 1983년, 1997년에 발생한 대화재를 상기해 보라.[50)]

최근 케인이 (인도차이나 제외) 역사적 강우 기록을 분석한 바에 따르면, 동남아시아의 나머지 지역도 (필리핀 북서부 예외) 강력한 엘니뇨 시기에 강우량 감소나 가뭄을 경험한다. 필리핀 북서부는 동아시아 몬순의 영향을 더 많이 받고, 그리하여 홍수가 나는 경향이 있다. 인도에서처럼 엔소 섭동의 영향력은 몬순 강도의 10년 단위 변동(아마도 유라시아의 적설량 추세에서 기인할 것이다.)에 의해 조정된다. 케인은 태국에서는 이 "단위 기간"이 평균 약 30년

표 23 | 가장 심각했던 인도네시아의 가뭄

엘니뇨가 발생한 해	강우량 이상(cm/월)
1982	-7.1
1902	-7.02
1972	-6.9
1914	-6.5
1965	-5.1
1930	-3.9
1941	-3.8
1905	-3.6
1963★	-3.6
1923	-3.4
1987	-3.2
1899	-2.6
1896	-1.8

★=엘니뇨가 발생하지 않았음을 뜻함.

으로 인도와 비슷하고, 싱가포르와 인도네시아처럼 적도에 더 가까운 나라들의 경우는 그 지속 기간이 10년 정도에 불과하다는 것을 발견했다.[51]

필리핀의 역사를 살펴보면 엔소의 흔적이 완연하다. 그곳에서 엔소는 흔히 농촌의 불안 및 농민 혁명과 결합했다. 베를라헤가 수행한 인도네시아의 남방 진동 시계열 분석에 필적하는 지역 연구의 역사나 전통 같은 것은 전혀 없다. 그럼에도 원격 연계는 아주 활발할 것이다(루손 섬 북부에서는 엔소의 징후들이 역전되어 나타난다). 기후 연구를 위한 국제 조사 연구소International Research Institute for Climate Research의 데이터세트는, 예를 들어 1941년, 1915년, 1902년부터 1903년, 1983년, 1912년의 가장 심각했던 가뭄 사태들에서 엘니뇨와 평균 이하 강수량 사이에 95퍼센트 신뢰 수준의 상관관계가 있었음을 보여 준다. 전국적 반란과 미국의 식민지 점령이 자행된 1897년에서 1915년은 환경적으로도 지난 200년 이래 가장 난폭한 시기였다. 일곱 차례의 커다란 엘니뇨 가뭄이 발생했고 1910년에는 라니냐가 개입된 심각한 홍수가 일어났던 것이다.[52]

재식 농장 때문에 상업적으로 중요한 가치를 지녔던 네그로스 섬이 특히 엔소 순환에 무방비 상태로 노출되었다. 19세기의 후반에 발생한 아홉 차례의 기근 가운데 여덟 번이 엘니뇨 사태와 동시에 일어났다.[53] 로페스-곤사가는 이렇게 부언한다. 20세기에는 간헐적인 가뭄과 심하게 변동하는 설탕 가격이 결합했다. 엄청난 굶주림이 발생했고 네그로스 섬은 "필리핀의 '에티오피아'로 전 세계적인 명성을 떨쳤다." 그러나 네그로스 섬에는 계급 기반의 메시아주의적 저항운동 전통이 풍부하게 남아 있다. 따라서 궁핍과 빈곤 상태는 도전받지 않을 수 없었다. 예를 들어 1982년과 1983년의 참혹했던 엘니뇨 가뭄 사태 때는 실업 상태의 설탕 노동자 수천 명이 공산주의 신인민군의 기치 아래 모이기도 했다. "1985년 중반경에는 네그로스 섬 중남부의 고지 정착촌과 대농장 다수를 신인민군이 '해방시킨 적색 지대'로 선포했다."[54)]

다른 섬들에서도 가뭄과 홍수로 농민들의 불만이 일시적이나마 비등해졌다. 가장 최근의 위기는 1997년과 1998년 겨울로, 이때 필리핀의 90퍼센트가 중간 정도에서 극심한 단계까지의 가뭄을 겪었다. 흉작의 충격이 동아시아 금융 위기로 강화되면서 거의 백만 명의 주민이 기아의 초기 상태를 경험했다.[55)] 필리핀제도는 태풍이 빈번하게 지나가는 경로이기도 하다. 그런데 그 태풍은 적도 태평양 동부의 가온 현상에 의해 비정상적으로 폭증하는 경향이 있다. 엘니뇨가 발생한 1972년 여름 루손 섬과 민다나오 섬은 태풍 강우와 열대 폭풍으로 초토화되었다. 사람들은 이 사태를 "필리핀 역사상 최악의 자연재해"라고 부른다.[56)]

호주와 오세아니아

당대의 관찰자들은 1877년 호주와 인도에서 동시 발생한 가뭄을 거의 예언자적 중요성을 갖는 상관관계로 해석했다. 10년 후 사우스오스트레일리아 정부 소속 천문대장이자 기상학자인 찰스 토드 경은 역사적 데이터를 재검토하면서 그 동시 발생 사태가 기상학적으로 근본적인 관계를 맺고 있음을 확인했다. "나는 우리의 기록과 인도의 기록을 비교하면서 가뭄이 만연한 사태와 관련해 계절의 유사성과 그 밀접한 조응성을 발견했다. 심각한 가뭄이 일반적으로 두 나라에서 동시에 발생한다는 사실에는 의심의 여지가 있을 수 없다."[57)] 그러나 현대의 연구는, 호주 대다수 지역의 평균 표면압과 강우량이 남방 진동에 따라 변동할 때 뉴사우스웨일스와 빅토리아 북부에서 가뭄과 엔소의 상관관계가 가장 강력하다는 것을 보여 주었다. 이곳의 농업과 양모 산업은 1877년, 1884년, 1888년, 1897년, 1899년, 1902년, 1915년, 1918년, 1958년 엘니뇨 사태 때 엄청난 피해를 입었다. 그런 시절에는 광대한 지역이 모래 폭풍이 부는 황진 지대로 탈바꿈한다. 앤 영의 설명을 들어 보자. "가장 맹렬한 바람 침식이 가뭄 때 일어난다는 것은 놀라운 일이 아니다. 1895년부터 1903년까지의 가뭄이 끝나 갈 무렵의 일이다. 일련의 거대한 먼지 폭풍이 빅토리아와 뉴사우스웨일스, 퀸즐랜드, 사우스오스트레일리아의 여러 지방을 1903년 11월 11일부터 13일까지 무려 삼 일 내내 삼켜 버렸다. 많은 곳이 낮 동안임에도 먼지바람과 불덩어리, 번개와 암흑을 경험했다. 날이 너무 어두워서 닭과 거위가 홰를 칠 지경이었다."[58] 엘니뇨는 호주 동부의 식물에서 발생하는 화재 주기도 조정한다. 이 화재는 1983년 2월 16일 성회일聖灰日 재난처럼 지역에 따라 대규모 불폭풍으로 최고조에 도달하기도 한다.

파푸아뉴기니와 이리안자야의 환경 역사는 그 이해가 빈약한 상태다. 그러나 엘니뇨 가뭄과 라니냐 홍수가 아마도 간헐적 이주와 집단 간 폭력의 원동력일 것이다. 예를 들어 1997년 가뭄과 함께 (구름 한 점 없는 밤에 기온이 냉각되면서) 살인적인 서리가 내렸다. 고지 농민 수만 명이 절망적인 상황에서 식량과 물을 찾아 저지로 내려왔다. 물이 부족해지면서 중앙 고지의 포르게라 금광도 문을 닫지 않을 수 없었다. 아울러 화재 사태로 섬 서쪽의 삼림이 참혹한 피해를 입었다.[59]

누벨칼레도니와 어쩌면 멜라네시아의 다른 지역에서도 강우를 제어하는 주된 원천은 엔소일 것이다. 따뜻한 봇물 및 그와 결부된 수렴대가 동쪽으로 이동하면 "해당 지역이 평균 해수면 온도보다 더 차가워지는 경향이 있다. 평균 해수면 염도가 더 높아지고, 비도 계속해서 내리지 않는다." 엘니뇨가 강력한 해에는 강의 유량이 절반 이상 감소한다(이는 타로토란을 재배하기 위한 관개시설에 재앙이다). 반면 라니냐 사태 때는 강의 유량이 배가 된다. 차가운 국면이 전개되는 연간에 누벨칼레도니를 통과하는 태풍으로 라니냐의 효과가 파멸적으로 강화되는 경우도 종종 있다.[60)]

열대 태평양의 생태적 물질대사 작용에서 가장 중요한 변수인 엔소는 폴리네시아의 역사에도 깊은 영향을 끼쳐 왔다. 뉴질랜드를 보자. 도시 거주 인구 대다수를 포함해 이 나라의 북부 및 동부 해안은 엘니뇨 가뭄에 취약하다. 이때 남쪽 섬의 서부 및 남부 해안에서는 평균 이상으로 비가 내린다. 한편 날짜변경선 주변의 온갖 도서들은 따뜻한 봇물이 엔소 순환의 과정에서 오락가락함에 따라 발생하는 격렬한 강우 변동에 노출된다. 남방 진동은 태평양에서 열대성 저기압이 발생하는 지리학도 규정한다. "[타히티처럼] 날짜변경선의 동쪽에 자리 잡은 도서 사회들은 엔소 사태 시 막대한 피해를 입는다."[61)]

하와이제도에서는 엘니뇨가 농업 생산과 수자원 공급에 영향을 미치는 주된 요인이다. 따뜻한 국면일 때는 아열대 지방의 제트기류가 강해지면서 남쪽으로 이동한다. 그로 인해 하와이는 강력한 침강이 발생하는 고기압면에 놓이게 된다. 게다가 중앙 태평양 북부의 해수 온도가 더 차가워지면 증발이 감소하고 침강이 촉진된다.[62)] "하와이 전역을 강타한 거의 모든 주요 가뭄은 엘니뇨 사태와 동시에 발생했다." 1877년, 1897년, 1926년, 1919년이 하와이가 기록한 가장 건조한 해들이다.[63)] 1982년과 1983년에 지속적으로 재발한 가뭄은 한때 주에서 가장 유력했던 사탕수수 산업이 퇴락하다가 마침내 문을 닫는 데 중요한 역할을 수행했다.

피지의 농업(설탕 산업과 쌀이나 카바 같은 식량 작물 모두)도 최근의 엘니뇨 사태로 심각한 고통을 겪었다(아마도 19세기에도 그랬을 것이다). 1997년과 1998년 가뭄은 피지 현대사 최악의 사태였다. 국가는 비상사태를 선포했고 한때는 27만 명의 주민이 구호 활동에 의존해야 했다.[64] 특히 가뭄 위기로 원주민들의 생존 농업이 마비되었고 이런 사태는 부족 갈등을 새롭게 증폭시켜 2000년 여름의 쿠데타와 인질 위기로 이어졌다.

남아메리카

브라질의 노르데스테는 오랫동안 기후학자들에게 골칫거리였다. "(남위 1도에서 18도 사이에 자리한) 그곳의 지리적 위치 때문에 어떤 사람은 적도 지역 특유의 강수 분포를 예견하기도 한다. 그러나 가장 커다란 열대우림인 아마존 강 유역 바로 옆에 자리한 이 지역의 연평균 강수량은 적도 지방의 평균 강수량보다 훨씬 더 적다." 도시에 거주하는 다수의 브라질인이 잘못 상상하는 것처럼 세르탕은 분명 사막이 아니다(710밀리미터의 연평균 강수량은 파리보다 약간 더 많은 수준이다). 그러나 아주 높은 증발산율과 토양 건조 상태가 강우에 기초한 안정된 농업 활동을 방해한다. 이제 대다수의 연구자들은 세르탕의 준건조 상태가 일차적으로는 노르데스테라는 돌출 부위가 꼼짝하지 않는 남대서양 아열대 고기압의 영향 아래 놓이는 방식에 따라 결정되는 것이라고 믿고 있다.[65] (웹은 다음과 같이 지적한다. "세르탕의 밤 풍경을 투명하게 빛나도록 하는 안정된 기단이 바로 이것이다. 수많은 시가가 '세르탕의 달빛'에 영감을 받아 탄생했다.")[66]

그러나 세르탕의 생태 환경을 가장 결정적으로 규정해 온 것은 기후의 평균적인 추세가 아니라 극단적인 변동이다. 예를 들어 세르탕의 중심부에서는 강우 변동이 40퍼센트를 초과한다.[67] 이것은 북중국과 비교해 보더라도 비정상적으로 높은 환경 불안정 지수다. 게다가 "'정상'일 때조차도 강우량의 80퍼센트에서 90퍼센트가 우기에 집중된다. 우기의 지속 기간은 꽤 일정한 편이다. 그러나 농사 월력에서 대충 파종기와 일치하는 기점이 달라짐에 따라 그 지속 기간이 55일에서 85일 사이에 분포한다. (…) 우기가 흉작을 불러올 만큼 오랫동안 지체된 뒤 시작한다면 전체 강우량의 3분의 1 감소만으로도 재난이 닥칠 수 있다." 세르탕 주민들은 성 요셉의 날인 3월 19일까지 비가 오지 않으면 틀림없이 가뭄이 이어진다고 알고 있다. 다시 말해 변덕스런 계절 분포도 연평균 강수량의 전반적 부족 사태만큼이나 커다란 문제라는 얘기다.[68]

길버트 워커 경은 세르탕의 불규칙한 강우가 남방 진동이 행사하는 모종의 영향력에서 기인한다고 확신했다. 심지어 그는 1928년에 세아라의 가뭄-기근 사태를 남방 진동 양상과 결부시키는 통계적 공식까지 제안했다.[69] 후속 연구로 엔소 원격 연계 이론의 관점에서 워커의 통찰이 정교해졌다. 그 내용은 다음과 같다. 세르탕 북부와 중부의 강우는 대서양의 열대수렴대(Intertropical Convergence Zone, ITCZ)가 가장 남쪽으로 이동하는 3월과 4월에 집중된다. 그런데 엘니뇨 사태가 강한 국면에서는 파격적으로 강력한 대서양 고기압이 브라질 해안에 눌러앉는 바람에 열대수렴대가 통상적으로 비를 뿌리는 남쪽으로의 이동을 방해받는다. 따뜻한 봇물·인도-호주 수렴대가 태평양 동중부로 이동하면서 주요한 적도 정상파를 함께 동쪽으로 밀어 버린다는 것이 한 가지 설명 방법이다. 그러나 노르데스테의 강우 현상은 엘니뇨의 정확한 개시 시기에 아주 민감한 듯 보인다. 실제로 모든 온난 국면이 다 가뭄을 일으키는 것도 아니다.[70] 그럼에도 (1849년까지 거슬러 올라가는) 포르탈레자의 강우 기록을 보면, 가장 건조했던 열 번의 1월에서 7월 기간이 전부 강력한 엘니뇨와 동시에 발생했다는 것을 알 수 있다.[71] 게다가 노르데스테·아마조나스의 엘니뇨(라니냐) 가뭄(우기)과 브라질 남부의 비정상적 우기(건기) 사이에는 강력한 역함수 관계가 존재하는 것 같다. 이것은 북중국과 양쯔 강 유역 사이의 쌍극자 관계와 비슷하다.[72]

1877년부터 1879년과 1888년부터 1891년 가뭄이 포르탈레자에서 측정된 가장 심각한 가뭄이었음에도, 국제 연구소의 최근 데이터는 카누두스 전쟁을 동반한 1896년과 1897년 가뭄 역시 20세기 기준으로 볼 때 예외적이라 할 만큼 극심했음을 알려 준다(표 24 참조). 게다가 전반적인 가뭄 상황이 1907년까지 지속되었다. 이후 이삼 년간 습한 해가 이어졌으나 1915년과 1918년에 기록된 날카로운 엘니뇨 피크와 함께 가뭄이 재개되었다(지난 세기

표 24 | 남아메리카 북부의 가뭄과 엔소

엘니뇨가 발생한 해	강우 이상(cm/월)
1896	−8.2
1915	−3.3
1982	−3.2
1918	−3.2
1958	−3.1
1905	−2.1
1930	−2.1
1902	−2.0
1925	−1.8
1972	−1.7

에 각각 두 번째와 네 번째로 심각한 강우 이상을 기록했다).[73] 실제로 1888년부터 1918년까지 30년 동안은 다른 곳처럼 노르데스테에서도 비정상적 환경 재앙의 시기였다.

엘니뇨 가뭄은 안데스 산맥과 아마존 강 유역의 문화 역사에도 파괴적 영향력을 행사했다. 카비에데스의 연구가 보여 주는 것처럼 (마나우스를 중심으로 한) 아마존 강 유역 외곽은 물론이고 볼리비아와 페루의 알티플라노 [altiplano, 안데스 산맥 산정의 고원상 분지. 옮긴이]에 들이닥치는 가뭄은 엔소와 동시에 발생한다. "알티플라노의 연 단위 강수량 변동이 페루 북부만큼 크지는 않음에도 겨울철의 건조 상태가 봄과 여름까지 계속되어 가뭄을 낳는 해들이 있다. 이런 가뭄 사태는 페루 북부가 엔소에 가격당하는 해들에 특히 현저하다는 사실이 증명되었다."[74] 페루 남부에서 현대에 발생한 가장 심각한 가뭄들은 1940년에서 1941년과 1956년에서 1958년이었다. 후자는 준기근 사태로 이어졌고 농촌에서 광범위한 소요 사태가 일어났다.[75]

카비에데스는 아마존 강 유역에서 엘니뇨가 열대수렴대를 차단함으로써 마나우스의 강우량이 대폭 줄어든다는 사실을 증명했다.[76] 실제로 엔소가 아마존 강 유역 자연환경의 주된 기후 조정자일지도 모른다. 간헐적인 가뭄 사태를 야기하고 자연의 주요 "요란 체계"인 (1998년처럼) 자연 발화에 따른 산불을 일으키기 때문이다. 엘니뇨 사태는 산불을 일으키지 않을 때조차도 아마존 강 유역의 건기를 연장해 삼림의 생산성에 놀라운 영향을 미친다. 그 결과는 탄소의 흐름이라고 할 수 있다. 1982년부터 1993년의 위성 데이터에 관한 최근의 조사 연구는, 온난 국면이 강력하게 형성되면 아마존 강 유역이 일시적이나마 이산화탄소의 주요 원천에서 동등한 규모의 수채통으로 바뀔 수도 있음을 암시한다. 이것은 행성 규모에서 생물지구화학적인 함의를 갖는 현상이다.[77] 한편으로 고고학자들은 페루 해안의 여러 유적들처럼 아마존 강 유역 전체에서 발생한 문화적 연속성의 단절이 어쩌면 엘니뇨 재앙에 따른 것이라고 추측하고 있다(아마존 강 유역의 가뭄과 페루의 홍수). 20세기에는 1925년과 1926년, 1982년과 1983년 엘니뇨 사태가 아마존 강 유역의 심각한 가뭄과 결합했다. 특히 1925년과 1926년 사태 때는 산불이 몇 달 동안 걷잡을 수 없이 번졌고, 소문에 의하면 "고무 채집꾼 수천 명"이 불길을 빠져나오지 못하고 죽었다고 한다.[78]

아마존 강 유역, 알티플라노, 노르데스테가 건조할 때면 서던콘*의 대부분이 파격적으로 습해진다. 볼리비아, 파라과이, 브라질, 아르헨티나의 260만 제곱킬로미터를 아우르는 파라나 강 유역은 엘니뇨 때 으레 최대 강우량을 기록한다.[79] 예를 들어 1982년과 1983년 사태 때는 파라나 강 역사상 최악의 홍수를 기록했다. 이것은 아마존 강 유역의 전체 유량과 맞먹는 양이었다.[80] 안데스 산맥은 대부분의 엘니뇨 연간에 칠레 중부가 마찬가지로 침수된다. 연구자들은 남반구에서도 골과 마루의 파열(波列, wave train)이 북반구에서처럼 온난 국면에 의해 재조정되는 방식을 보여 주었다. 벨링하우젠 해**에서 고기압이 정체하면 통상 칠레에서 가장 인구 밀도가 높은 지방들에 극심한 겨울 폭풍이 몰아친다. 이것은 인상적이리만큼 견고한 관계로, 지난 세기 칠레 중부의 가장 습한 연간 스물세 번 가운데 스무 번이 엘니뇨와 관계가 있다.[81]

---

* Southern Cone, 남아메리카의 남단 지역을 가리키는 지리 용어로 아르헨티나, 칠레, 우루과이 전역과 어떤 때는 파라과이, 그리고 브라질의 남부 지역까지 포괄한다. 옮긴이

** Bellinghausen Sea, 알렉산더 섬과 서스턴 섬 사이의 남극 반도 서쪽 구역으로, 1821년 이 지역을 탐사한 타데우스 벨링하우젠 제독의 이름을 따서 명명되었다. 옮긴이

북아메리카

일반적인 엘니뇨 사태 때는 남아메리카의 적도 해안선에 부딪친 따뜻한 해수의 일부가 멀리 북쪽으로 밀려간다. 전문적으로 이야기하면 적도에서 막힌 켈빈 파동(동쪽으로 향하는 수온약층의 출렁거림)이, 해안에서 막힌 켈빈 파동으로 변환되었다는 뜻이다. 멕시코의 태평양 연안에서 해수면이 무려 30센티미터가량 상승하면서 온난화가 발생하면 기상학적으로 커다란 변화가 생긴다. 예를 들어 1896년 엘니뇨 사태 때는 멕시코 중부에 심각한 가뭄이 들었고, 북부에는 엄청난 양의 비가 왔다. 위력적이었던 1982년과 1983년 사태 때도 이런 양상이 되풀이되었다.[82] 다시 1997년과 1998년에 해수의 온도가 치솟았고 멕시코 중부의 서쪽 지방들에 극심한 가뭄이 들었다. 수백 건의 산불이 발생했고 "나라 전체가 두꺼운 연무에 휩싸였다. 그 연기는 멕시코와 인접한 미국의 여러 주로까지 퍼져 나갔다."[83] 1999년과 2000년처럼 라니냐 상황에서는 그 양상이 역전된다. 치아파스의 메사센트럴에서 펼쳐지는 파격적 습윤 상태는 치와와(표 25 참조) 및 시에라마드레의 대륙 분수계 동사면 주들의 심각한 가뭄과 확연하게 대조된다.

상대적으로 볼 때 지역적인 조사 연구 활동이 여전히 미미한 수준이지만, 엔소가 멕시코의 역사를 규정해 온 중요한 환경적 영향력 가운데 하나임은 부정할 수 없는 사실이다. 실제로 1907년부터 1911년에 걸쳐 파괴적인 가뭄이 멕시코를 강타했고 이 사태는 금융 및 무역 위기와 결합했다. 멕시코의 상당수 지역이 불안정에 휩싸였고 포르피리오 정권의 몰락이 가속화되었다. 이 일련의 사태는 무려 사오 년간 계속된 라니냐와 동시에 발생했다.[84] 가뭄은 멕시코의 노동자들이 텍사스와 캘리포니아로 유입되는 현대사의

표 25 | 치와와 주에서 20세기에 발생한 가뭄

연도	엔소?
1907~1910★	라니냐(1907~1910)
1918~1921	?(라니냐 1916~1918, 엘니뇨 1918~1920)
1929★	라니냐(1928~1929)
1934~1935	—
1947~1948	엘니뇨?
1950~1951	라니냐(1950~1951)
1953	
1956	라니냐(1955~1956)
1964	라니냐(1964)
1974	라니냐(1973~1975)

★=극심한 가뭄을 뜻함.

과정에서 중요한 "압박" 요인이기도 했다.[85)]

그러나 국경 북쪽에서 엔소는 미국과 캐나다의 곡물 잉여 생산에 지정학적으로 엄청난 기여를 했다. 일리노이 대학교의 연구자들이 1997년에 수행한 연구에 따르면 온난 국면이 시작되기 전해에는 대체로 미국 중서부에 풍년이 들고, 엘니뇨가 발생하는 해에는 으레 겨울이 온화해 봄 파종 시기가 앞당겨진다고 한다.[86)] 더 구체적으로 옥수수 지대에 주목한 1999년의 한 보고서도 농업 생산과 엔소의 따뜻한 국면 사이에 긍정적인 관계가 있음을 확인했다.[87)] 다시 말해 미국의 곡물 생산은 기상학적으로 인도, 북중국, 그리고 (가능성이 아주 많은데) 러시아 체르노젬 지역의 엘니뇨 가뭄과 흉년의 반정립인 셈이다. 캔자스 주의 인민당원들이 1890년대에 바르게 인식한 것처럼, 전 세계적으로 동시 다발하는 가뭄 시기에 그 굶주림을 덜어 줄 수 있는 가능성은 평원 주들의 주기적 과잉 생산 문제를 풀 수 있는 부분적

해결책이기도 하다. 나중에 허버트 후버는 그 가능성이 전면적인 기근 구제 및 식량 원조 대외 정책으로 어떻게 정교하게 다듬어질 수 있는지를 보여 주었다. 엘니뇨 연간에는 캘리포니아 남부와 멕시코 만의 주들에서 종종 홍수 피해가 발생하기도 한다. 그리고 그 피해 정도는 세계 곡물 시장에서 강화되는 교섭력, 연료비 절감, 허리케인 피해 감소로 벌충되는 것 이상인 경우가 대부분이다. 스탠리 챙넌은 1997년과 1998년 엘니뇨 사태에 따른 날씨 효과로 중서부가 거의 90억 달러의 순이익을 올렸고, 미국 전체는 140억 달러 이상의 이득을 챙겼다고 주장한다.[88]

그러나 미국의 국민총생산에 엔소가 미치는 상대적으로 양호한 영향을 당연한 것으로 간주해서는 안 된다. 1998년에 중요한 논문이 한 편 발표되었다. 콜과 쿡은 여기서 미 대륙의 수분 균형에 미치는 엔소의 작용이 저주파 양상을 띤다는 사실을 확인했다. 아마도 태평양 10년 진동과 결합되어 있을 태평양의 체계 변동에 그 저주파 양상이 조응한다는 것이다. "장기 축적된 엔소 기록을 보면 엔소 강도의 10년 조정을 알 수 있다[미 대륙의 수문학과 관련해]. 20세기 초반에는 변동성이 비교적 강했다. 1925년경에는 전반적으로 약세를 띠었다. 그러다가 1955년 무렵 이후 다시 그 변동성이 강해졌다." 이론이 예측하는 것처럼 엔소 사태가 더 강력해지면 원격 연계 양상도 더 일정하게 펼쳐진다. 이상 강우의 세력 확장도 남서부 언저리에서 대초원 지대 남부와 중서부로 더 커진다. 1988년의 가뭄과 1993년의 홍수가 그런 예들이다. 1988년 가뭄 사태 때는 불볕더위에 노출된 평원 지역 남부의 농업 생산이 3분의 1가량 하락했다.[89] 새로운 연구에 따르면 라니냐 원격 연계로 멕시코의 여름 계절풍이 강화되면 중서부에서 가뭄의 가능성이 증대하는 것 같기도 하다.[90]

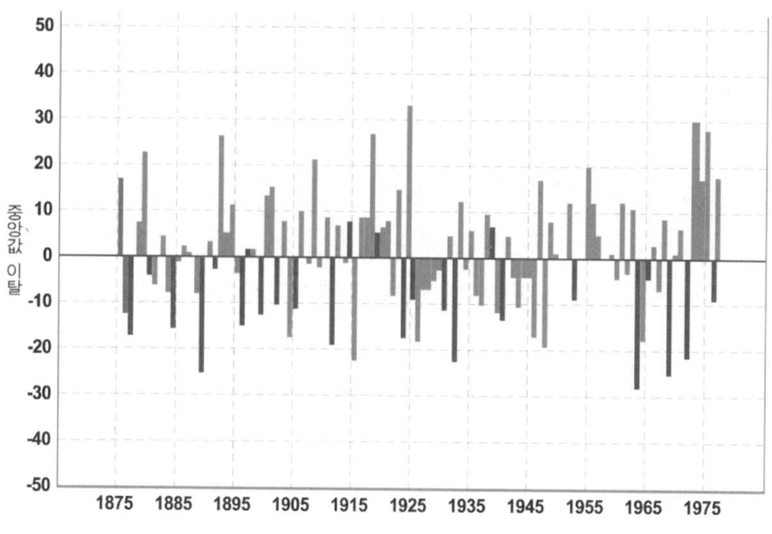

표 26 | 엔소와 아프리카 동남부의 강우량

진한 색 막대가 엘니뇨 남방 진동이 발생한 해들이다. 측정값은 아프리카 동남부 16개 관측소에서 얻은 것이다. 이 지수는 ±50의 척도로 장기 중앙값(1875년~1978년) 이탈을 표시한다.

아프리카 남부

재앙적인 가뭄은 아프리카 남부 역사의 가장 중요한 축 가운데 하나였다. 짐바브웨와 남아프리카공화국 상당수 지역에서 1980년 이후 지독한 건조 상태가 계속되었다. 그 사태는 1991년과 1992년 가뭄(20세기 최악의 가뭄)으로 절정을 이루었고 옥수수 생산량이 무려 82퍼센트나 감소했다. 우리는 그 상황을 지켜보면서 1820년대와 1870년대, 1890년대에 장기 지속된 가뭄 사태가 어떤 모습이었을지 떠올리게 된다.[91] 나탈, 줄루랜드, 트란스발, 잠베지 강 유역, 모잠비크 남부의 저지대 초원은 브라질 북동부처럼 열대수렴대의 믿을 수 없는 남방 이동에 좌지우지되기 때문에 "불확실성의 왕국"

으로 묘사해 왔다. 이곳의 지배자들은 전통적으로 비를 부르는 능력과 가뭄 시기의 빈민 구제 활동으로 합법성을 보장받았다.

아프리카 남부의 강우와 엔소 사이에 강력한 원격 연계가 존재한다는 증거는 압도적이며 널리 인정받고 있다.[92] 1998년에 발표된 한 연구 보고서는 20세기에 발생한 가장 강력한 열 차례의 엘니뇨 사태와 아프리카 남반부 전역에 내린 강수량 사이에 상관관계가 존재함을 확인했다. 동시에 발생한 가뭄의 주요 세 중심지는 남아프리카공화국 동부, 탄자니아 남부에서 모잠비크 북부에 이르는 지역, 그리고 놀랍게도 나미비아에서 가봉에 이르는 남대서양 해안 지역 일대였다.[93] 이동하는 인도-호주 수렴대는 열대 지방의 다른 곳에서처럼 고기압과 저기압을 재배열한다. 서쪽에서 부는 제트기류가 적도 쪽으로 밀리면서 아프리카 남부와 가끔은 아프리카의 뿔 지역에서 대류 현상이 약해지는 반면 동아프리카에서는 대류 현상이 강화된다. 강력한 라니냐 사태와 결부되는, 아프리카 남부의 예외적인 대류 현상의 역전 양상도 농업에 괴멸적인 타격을 입힐 수 있다. 2000년 겨울 모잠비크 대홍수가 암울하게 증명한 것처럼 말이다.

그러나 엔소의 영향은 다른 두 가지 순환 체계에 의해 조정된다. 지역 강우의 18년에서 20년 주기(남아프리카공화국 북동부와 짐바브웨 각지에서 가장 강력하다.)와 성층권 바람의 역전을 수반하는 준2년 진동으로 알려진 적도 횡단 현상이 그것들이다.[94] 예를 들어 1957년과 1958년, 1977년과 1978년 엘니뇨는 아프리카 남부에 사실상 아무런 영향력도 행사하지 못했다. 그럼에도 아프리카 남동부에서 여름철 강우 분산의 최소 20퍼센트는 "남방 진동과의 관계에 의해서만 설명되는 것"으로 추정한다. 실제로 거의 일 년 가까이 앞서서 짐바브웨의 옥수수 수확을 놀라우리만큼 정확하게 예측할 수 있는

엔소 예보를, 이제는 아프리카 농민 수백만 명이 "조기 경보 체계"로 활용하고 있다.[95]

아프리카의 뿔 지역과 동부

엔소가 아프리카의 뿔 지역과 동부에 미치는 영향은 덜 직접적이다. 에티오피아에는 농업에 토대를 둔 세 개의 계절이 존재한다. 중요한 우기 크렘트(*kremt*, 6월에서 9월까지), 건기 베가(*bega*, 10월에서 1월까지), 비가 조금 오는 계절인 벨그(*belg*, 2월에서 5월까지). 기상학 연구, 특히 에티오피아 고지에서 발원하는 나일 강 홍수의 변동에 대한 분석은 에티오피아의 날씨와 엔소 사이에 지속적인 원격 연계가 존재함을 알려 준다. 그러나 농업에 미치는 결과는 그 변동성이 매우 크다. 엘니뇨 현상이 크렘트 강우의 재앙적인 실종 및 평균을 상회하는 벨그 강우와 모두 관계를 맺기 때문이다. 예를 들어 1997년에는 크렘트에 비가 거의 오지 않은 반면 통상 가장 건조한 달인 11월에는 대단히 많은 비가 왔다.[96] 그럼에도 농업과 목축에는 크렘트 강우가 결정적으로 중요하기 때문에 그 충격이 심각했다. 표 27은 에티오피아 북부, 특히 고지 중앙 산괴의 비그늘에 자리한 왈로와 티그레이에서 엘니뇨가 왜 기근과 같은 의미를 지니게 되었는지를 보여 준다.[97] 이에 반해 에티오피아 남부(오가덴)와 소말리아의 가을철 우기(데르*der*)는 연접한 동아프리카 해안의 짧은 우기처럼 엘니뇨와 양의 상관관계(정상 강우량보다 더 많은 양의 비)를 맺는다. 이곳에서는 가뭄-기근이, 1998년에서 2000년 사태처럼 라니냐의 장기 지속 여파로 발생한다.[98]

우리가 본 것처럼 수단과 상이집트는 아프리카의 뿔 지역과 동조해 기근을 경험했다. 물론 나일 강의 범람은, 해마다 발생하는 청나일의 홍수를 통해 유출량의 80퍼센트를 담당하는 에티오피아 고지의 계절성 강우와, 중앙아프리카의 대호수들이 백나일을 통해 더 작은 규모지만 더 규칙적으로 쏟아 내는 유출의 부가물이다. 나일 강 수계 전체에서 연간 강우 변동의 무려 40퍼센트가 엔소에 기인할 것으로 추정된다. 그러나 이 두 개의 주요 분수계는, 각각의 상이한 기후학에서 예견되었다시피, 전 지구적 압력에 비대칭적이며 서로 독립적인 방식으로 반응한다. 그리하여 엘

표 27 | 수단 및 아프리카의 뿔 지역의 가뭄-기근과 엔소

엔소	기근이 발생한 해	지역
1828	1828~1829	세와, 수단
1835	**1835~1837**	에티오피아, 수단
1864	1864~1866	티그레이/곤다르
1876	1876~1878	티그레이/아파르
1889	**1888~1892**	에티오피아, 수단
1896	1896	에티오피아
1899	1899~1900	에티오피아, 다르푸르
1912	**1913~1914**	북에티오피아, 수단
1918/1919	1920~1922	에티오피아
1953	1953	티그레이/왈로
1958	**1958**	티그레이/왈로
1965	1964~1966	티그레이/왈로
1972/1973	**1973~1974**	티그레이/왈로, 수단
1982~1983	**1983~1984**	에티오피아, 수단
1987	1987~1988	에티오피아
1990~1995	1990~1994	에티오피아, 수단
1997/1998	1997~1998	에티오피아, 수단
1999~2000★	1999~2000	오가덴/소말리아

★=라니냐, 강조=최악의 흉년들을 뜻함.

니뇨 현상은 주로 청나일계에 영향을 미친다. 이런 식으로 에티오피아에 가뭄이 들면 전체 수계의 5퍼센트에서 15퍼센트가 감소한다. 반면 라니냐 현상이 발생하면 백나일계의 강수량이 무려 10퍼센트에서 25퍼센트까지 증가한다.[99]

동아프리카도 브라질의 노르데스테처럼 저위도 치고는 매우 건조하다. 트리와더는 이렇게 적고 있다. "아프리카 전체에서 가장 이목을 끄는 기후 이상을 꼽아 보라면 그것은 틀림없이 열대 동아프리카의 만연한 강수량 부족 사태일 것이다."[100] 마다가스카르의 고지가 남동 무역풍의 습기를 상당 부분 가로챈다. "비를 머금은 적도 기압골은 이 지역을 신속하게 통과한다. 북부의 여름에는 멀리 북쪽으로, 남부의 여름에는 멀리 남쪽으로 빠르게 이동하는 것이다."[101] 나이로비 대학교의 라반 오갈로 연구진에 따르면 동아프리카 강우량 분산의 약 50퍼센트는 엔소에서 직접 기인한다.[102] 작물의 주요 생장기가 3월에서 6월까지인 케냐에 1998년 지독한 양의 비가 왔다. 이로써 아프리카 동남부에서 가뭄을 일으키는 열대수렴대의 퇴거가 동아프리카 적도 지역에서는 극단적인 강우 현상을 일으킨다는 가설이 입증되었다. 1900년부터 기록하기 시작한 케냐 해안의 역사적 강우량 데이터는 거꾸로 라니냐와 비정상적 건기 사이에 일관된 관계가 있음을 증명한다. 이로써 우리는 19세기 말 케냐에 들이닥친 파괴적 가뭄이 1898년의 라니냐 사태에서 비롯했으리라고 추측해 볼 수 있게 되었다. 당시 그 밖의 다른 곳들에서는 엘니뇨 가뭄이 빈발하고 있었는데, 1896년과 1897년, 1899년과 1900년의 엘니뇨 파동 사이에 1898년의 라니냐가 끼어들었던 것이다.[103] 동아프리카의 연간 강우 이상 지수가 보여 주는 것처럼(표 26 참조) 이 사태의 강도는 보통이 아니었다.

그러나 이런 대체적인 그림은 대호수들과 복잡한 지형에 의해 다시 지역적으로 조정된다. 그리하여 작금의 연구는 수피아가 스리랑카의 엔소 분석에서 개척한 "강우 변동 지역" 접근법과 유사한 방법론을 채택했다. 오갈로 연구진은 케냐, 우간다, 탄자니아 전역의 136개 관측소에서 제출한 강우 기록을 바탕으로, 확연하게 구분되는 계절적 강우 양상을 보이며 엔소와 관련해서 상이하게 상호 작용하는 여덟 개의 일관된 소구역을 확인했다. 이렇게 더 센 증폭력을 갖는 동아프리카는 엘니뇨·라니냐 연간에 대체로 비정상적인 지역적 강우 현상 속에서도 국부적으로 변화무쌍한 가뭄 양상을 선보인다(또는 그 반대 현상). 예를 들어 해안 지방에 폭우가 쏟아지는 온난 국면에는 케냐의 서부 고지, 케냐 북서부, 우간다 북동부의 3월에서 5월 강우가 뒤늦게 중단되는 일이 잦고, 동아프리카대지구대 중앙의 여름철 강우량도 크게 줄어든다. "이런 식으로 계절적 강우가 억제되면 특히 농업이 사회경제적으로 심각한 타격을 입을 수 있다. 6월에서 9월의 강우는 각종 작물의 상이한 생장기를 지탱해 준다. 대단위 경작을 하는 농민과

표 28 | 엔소와 동아프리카의 가뭄

연도	엔소	1951년~1980년 강우량 평균의 이탈 정도(%)
1898	라니냐	–50
1917	라니냐	–30
1899	—	–28
1921	?	–28
1892~1893	라니냐	–26
1990	—	–25
1943/1944	라니냐	–23

1. 1899년 1/4분기에는 강력한 라니냐가 지속됨, 3/4분기에는 엘니뇨 발생.
2. 1989년 라니냐는 1990년 겨울까지 지속되었다.

소농이 모두 심는 밀이 특히 중요하다."[104] 필립스와 맥킨타이어도 단 한 개의 계절적 강우 지대와 이원적 계절 강우 지대를 갖는 우간다의 여러 지역을 구분하면서 비슷한 요지의 발언을 했다. 일반적으로 8월의 강우는 억제하지만 11월의 강우는 강화하는 엘니뇨 사태가 우간다의 여러 지역에서 농업에 아주 상이한 영향을 끼칠 수 있다는 것이다.[105]

사헬과 마그레브

앨런, 린드세이, 파커는 이렇게 말한다. "엔소에 민감한 지역들 가운데서도 사헬이야말로 가장 복잡한 곳 가운데 하나일 것이다. 사헬 역시 기후 체계의 수십 년 단위 진동의 영향을 크게 받고, 아울러 엔소의 영향력이 시간을 두고 증감하기 때문이다."[106] 단순 모형에서는 엘니뇨·라니냐 사태가 비야크네스가 발견한 지구 규모 워커 순환의 위치를 바꾸고, 강도를 조절함으로써 사헬의 강우를 조정한다. 동-서의 대서양 워커 세포가 이동하면 "아프리카 서부 상공에서 수직으로 파격적인 침강·상승 운동"이 일어난다. 그러나 이런 띠 모양의 (동-서) 이상은 사태의 일부일 뿐이다. 열대 대서양에서 자오선(남-북으로)상의 강력한 해수 온도 편차가 발생하는데, 이것이 똑같이 또는 더 중요하다. 베트 오토-블리스너는 이렇게 쓰고 있다. "건조한 해들은 열대 동태평양의 엘니뇨 및 열대 대서양의 쌍극자 양상과 결부된다. 북위 10도를 기준으로 남쪽으로는 플러스 이상이, 북쪽으로는 마이너스 이상이 기록되는 것이다. 후자는 대서양 해들리 세포[열에너지를 적도에서 중위도로 옮기는 중요한 대기 순환]를 약화시키고, 관련해서 대기 중의 수증기가 열대 상승 기류 속으로 흘러들어 가게 한다." 게다가 수직 순환 체계들 사이의 이런 복잡한 상호 작용은 상이한 속도로 일어난다. "열대 대서양 쌍극자-사헬 강수의 연계는, 더 짧은 시간에 더 커다란 역할을 수행하는 태평양 해수면 온도(SST) 이상을 지닌 10년의 시간 척도에서 가장 명백하게 드러난다."[107]

개념적으로는 우리가 낯익은 지반 위에 섰다고도 할 수 있다. 적도 대서양의 쌍극자가 인도 몬순의 획기적 변동성과 유사한 역할을 수행하니까 말이다. 둘 모두가 10년 단위로 엘니뇨 파동의 영향을 조절한다. 따라서 사헬 지역의 열 개 관측소에서 작성된 강우 기록(1900년에서 1988년까지를 포괄하는)에 대한 복잡하고 정교한 연구 결과가, (통계적으로는 다카르와 카노에서 가장 현저한) 엔소 원격 연계의 강도가 변동함을 보여 준다는 사실은 전혀 놀랍지 않다. 예를 들어 1950년대와 1960년대 초반의 습윤한 시기에는 엔소 원격 연계가 거의 실종되었다.[108] 한편 사하라 이북에서는 엔소가 또 다른 상대인 북대서양 진동과 춤을 춘다. 북대서양 진동은 아이슬란드와 아조레스제도 사이의 기단과 압력 시소로, 1920년대에 워커가 명명했다. 전체적으로 보면 북대서양 진동이 마그레브 지역의 강수에 더 많은 영향력을 행사한다. 그러나 새로운 연구는 열대 태평양의 11월에서 1월 바다 표면 온도의 추세와 모로코 서부의 경작 가능한 평원 및 강 유역의 2월에서 4월 강수량을 연계시키는바, 그 결과는 1877년과 1878년의 참혹했던 가뭄-기근 사태가 전 세계적 엘니뇨의 일부였을 가능성을 뒷받침한다.[109]

유럽

엔소의 명성이 커지면서 역사학자들과 고고학자들은 엔소를 긴급 구원투수로 여기기 시작했다. 거의 모든 가뭄과 극단적인 날씨 양상을 설명하기 위해 무작정 호출할 수 있는 기적 같은 해결책으로 보는 것이다. 태양흑점에 열광하던 빅토리아 시대가 떠오를 지경이다. 실제로 엔소는 따뜻한 국면이 20퍼센트 정도를 차지하고, 그 원격 연계 양상이 시간적으로 "앞서거나 지체하기" 때문에 특정 역사 사건과 엘니뇨 발생 사이에서 정황적인 상관관계를 구축하기란 매우 쉬운 일이다.[110] 그러므로 우리는 겨우 추정만 하는 정도의 원격 연계가 확실한 이론에 입각하지 않거나 확고한 시계열로 뒷받침되지 않는 엘니뇨 원인 작용에 관한 주장을 경계해야 한다.

예를 들어 어떤 역사가는 1997년 전 세계 신문의 헤드라인을 이렇게 장식했다. 엘니뇨가 프랑스대혁명(적어도 농업 기근이 혁명에 선행했다.)과 에이레 감자 대기근을 "추동"했음을 "발견."[111] 두 사건(비정상적으로 습하고 냉한 여름이 작물의 생육을 망쳤다.)이 당대의 엘니뇨와 동시에 발생했다는 것은 분명한 사실이다. 1876년에서 1879년에 에이레와 영국의 흉년이 마찬가지로 동시에 발생했던 것처럼. 따라서 두 사건을 전 세계적으로 발생한 동일한 농업 위기의 일부로 취급해야 합리적일 것이다. 그러나 그 사건들의 기상학은 엘니뇨와 관계가 있었다 해도 아주 멀 뿐이다. 정력적인 탐구 활동에도 아직까지는 엔소가 서유럽의 날씨와 중요한 원격 연계를 형성한다는 설득력 있는 증거가 거의 나오지 않고 있다. 실제로 최근의 한 연구는 대서양 기후 체계에 영향을 미치는 서른네 가지 변수 가운데 "엔소는 전혀 중요한 원인이 아님"을 확인했다.[112]

오히려 최근의 조사 연구로 북대서양 진동이 유럽 북서부의 농업 산출을 강력하게 조정한다는 사실이 밝혀졌다. 북대서양 진동이 습하고 차가운 여름을 발생시키는 가장 중요한 원인일 가능성이 높은 것이다. 그래서 유럽 역사의 흉년과 기근은 가뭄 사태가 아니었다. 물론 북대서양 진동과 엔소를 하나의 단일한 행성 체계로 맞물리게 하는 어떤 대기 플라이휠(아마도 불가사의하고 포괄적인 "북극 진동")이 존재할 것이다. 그러나 1998년에 발표된 한 평론에 따르면 "지금까지는 북대서양 진동과 엔소의 관계를 명확하게 규명한 논문이 단 한 건도 없다."[113] 1876년과 1877년, 1982년과 1983년에 엘니뇨로 강화된 북대서양 진동이 동반했고 서유럽의 겨울이 더 온화했다 할지라도, 다른 엘니뇨 사태 때는 별나게도 악해진 북대서양 진동과 더 혹독한 겨울 날씨가 결합한다.[114]

열대 태평양이 지중해 서부(북대서양 진동과 제휴해)와 러시아 남부의 강우에 모종의 영향력을 행사한다는 증거는 더 많다. 예를 들어 로펠렙스키와 핼퍼트는 1980년대 후반에 북아프리카, 지중해, 이베리아 반도 남동부의 여름 강우가 남방 진동과 양의 관계를 맺고 있음을 확인했다. 그러나 이 상관관계는 명확한 물리적 설명을 결여했고 다른 계절들에 원격 연계가 존재하는지를 해명해 주지도 못했다.[115] 알프레도 로차는 1998년에 발표한 한 논문에서 1900년부터 1996년까지의 이베리아 반도 기상 데이터를 재조사했다. 그는 엘니뇨가 "이베리아 반도 남동부에서는 봄과 겨울의 평균 이하 강우량과 결부되어 있고, 반도 전체로는 가을의 평균 이상 강우량과 결부되어 있음"을 발견했다. 그러나 원격 연계는 20세기 내내 그 강도가 증감하는 식으로 "변덕스러운" 양상을 보인다.[116]

한편으로 러시아 남부(특히 볼가 강 유역의 사마라, 사라토프, 심비르스크, 펜자)의 가뭄과 흉년이 전 세계적 엔소 사태와 동시 발생해 왔다는 사실을 깨달으면 그 어떤 역사학자라도 놀라지 않을 수 없을 것이다. 그러나 볼가 강 스텝의 가뭄을 열대 동태평양의 가온·냉각 현상과 이어주는 이 명백한 원격 연계는 아주 조심해서 다뤄야 한다. 이 책을 쓰고 있는 현재, 문제의 메커니즘을

표 29 | 볼가 강 유역 곡창 지대에서 발생한 가뭄과 엔소

가뭄 위기	엔소와의 상관관계
1877	1876~1877 엘니뇨
1890~1891	1888~1890 라니냐, 1891 엘니뇨
1896	1896~1897 엘니뇨
1905	1905 라니냐
1911	1910 라니냐, 1911~1912 엘니뇨
1920~1921	1918~1919 엘니뇨
1931	1930 엘니뇨
1972	1971 라니냐, 1972 엘니뇨
1982	1982~1983 엘니뇨
1997	1997 엘니뇨

그럴듯하게 해명하거나 이 상관관계의 통계적 유의성을 검증하는 영어로 된 문헌이 단 한 건도 없는 실정이다. 엘니뇨 사태와 볼가 강 가뭄의 계절적 정합성도 일관되지 않다. 어떤 경우(1891년, 1911년, 1972년)에는 따뜻한 국면이 차가운 국면에 바로 뒤이어 나타나 어떤 엔소 현상이 관여하고 있는지를 흐릿하게 해 버릴 지경인 것이다. 게다가 추정뿐인 볼가 강 원격 연계는 더 커다란 지리적 분석 단위로 재현되지 않는다. 예를 들어 보자. 메시체르스카야와 블라제비치는 1997년에 발표한 한 논문에서 구소련의 주요 곡물 생산 지역을 유럽 쪽 절반과 아시아 쪽 절반으로 나누었다. 그들은 가장 중요한 양상으로 서부에서 가뭄이 발생하면 동부의 수분 균형은 정상이거나 지나치고 그 역도 성립하는 쌍극자를 발견했다. 러시아의 대다수 연구자들처럼 그들도 엔소 연계를 엄밀히 조사하지는 않았다. 그러나 그들이 정리한 100년간의 가뭄 규모 데이터(피해를 입은 면적으로 측정함)는 주로 냉각 국면과 관계를 맺었다. 곡창 지대의 아시아 쪽에서 기록된 최대 가뭄 네 건(그

순위대로 1955년, 1965년, 1951년, 1931년)이 라니냐 후속 연간에 발생한 반면, 유럽 쪽 절반의 네 차례 가뭄 가운데 세 건(1981년, 1936년, 1975년, 그러나 1979년은 아님)은 태평양의 냉각 국면과 동시에 발생했던 것이다.[117] 물론 엘니뇨와 연계한 가뭄 기후학을 다른 곳에서는 다른 징후를 보이는 원격 연계로 볼가 강 유역에 한정하는 것은 그럴싸하다. 그러나 당대 과학 문헌의 그 어떤 설명 방식도 이 문제를 해명하지 못하고 있다. 그럼에도 러시아 날씨에서 엔소가 수행하는 정확한 역할이 여전히 수수께끼라면, 볼가 강 유역의 곡물 생산 하락과 기근이 어떤 인과관계를 통해서든 전 세계적 엘니뇨 가뭄과 반복적으로 동조해 왔다는 사실은 지정학적으로 커다란 중요성을 갖는다.

엘니뇨 연대기

비야크네스가 해양과 대기의 상호 작용을 처음 통합한 이래, 역사적 엔소 사태의 연대기와 규모(강도)를 재구성하는 데 세 개의 주요 데이터베이스를 활용해 왔다. 우선 첫째로 호주의 기상학자들이 대가뭄 사태가 시작된 1876년 1월까지 거슬러 올라가는 워커의 초기 남방 진동 지수를 미세 조정해 왔다("월평균 타히티－다윈 해수면 압력 이상을 표준화했다."). 한편 영국 기상청 자료("전 세계 기상 관측의 역사에서 가장 풍부한 자료")를 활용해 온 연구자들은 적도 태평양 동중부("니뇨-3" 지역)의 해수면 온도를 1871년 1월부터 1994년 12월까지 수집 정리했다.[118] 이번에는 이런 압력 및 온도 이상을 엘니뇨 사태에 관한 목격자들의 증언으로 설명하고 조정했다. 그런 목격자들의 증언을 수집한 사람이 고故 윌리엄 퀸이다. 오리건 주립 대학교의 이 해양학자는 수십 년에 걸쳐 남아메리카의 각종 기록을 발굴 정리했다. 여기에는 피사로의 개인 비서 프란시스코 헤레스의 일기도 포함되어 있을 정도다. 킨은, 예를 들어 1877년과 1982년(아주 강력함), 1972년(강력함), 1907년(보통 수준) 등 "규범적이라고 인정받는" 엘니뇨 사태들을 이용해 1525년 이래의 규모와 강도를 비교 분석했다. 그는 개략적으로 해안의 해수면 온도 이상이 7도에서 12도 온난화면 "아주 강력한" 사태, 3도에서 5도면 "강력한" 사태, 2도에서 3도면 "보통 수준"이라고 평가했다. 그는 자신의 페루 및 칠레 기록에 나일 강 수계 자료(기후 변동을 알려 주는 세계에서 가장 오래된 기록), 역사 문헌에서 찾은 가뭄 데이터, 인도와 중국과 자바의 나이테 연보 같은 엔소의 대리 지표를 추가했다.[119] 표 30을 보면 1780년 이후 발생한 주요 가뭄-기근이, 엘니뇨 사태에 대한 킨의 등급 측정과 상관관계를 맺고 있음을 알 수 있다.

물론 (인도처럼) 일부 지역의 가뭄은 페루 해안의 규범적인 온난화에 "앞서서 발생하고" (북중국이나 브라질 북동부처럼) 다른 지역들에서는 가뭄이 "지체해 발생한다."는 사실을 다시 강조할 필요가 있겠다. 이런 식으로 엔소 사태의 지속 기간이 어느 쪽이 되었든 지역에 따라 일 년씩 연장될 가능성이 생긴다. 따라서 이들 가뭄이 엔소의 원인 작용에 따라 일어났을 개연성이 높음을 확신하려면 일련의 검증이 필요하다. 첫 번째는 킨이 제시한 급수(가장 미약하고 오도할 가능성도 가장 많은 검증)와의 그럴 듯한 잠정적 상관관계다. 두 번째는 과학 문헌에 확립된 원격 연계의 이론적 모형이다. 세 번째는 휘턴과 러더퍼드가 설명한 (앞 장에서 넌지시 언급되기도 한) "동시성 검증"이다. "어떤 한 지역의 강우량이 엔소의 징후를 보여 주는 것일 수 있음에도, 그 지역에서 발생하는 다수의 극단적인 강우 사태가 엔소와 연결되지 않을

표 30 | 1780년 이후 발생한 주요 엔소 사태

엘니뇨	강도	가뭄-기근의 피해를 입은 지역
1782~1783	s	중국, 인도
1790~1793	vs	인도
1803~1804	s+	인도, 남아프리카
1824~1825	m+	중국, 인도, 남아프리카
1828	vs	남아프리카
1837	m+	중국, 인도
1844~1846	s	중국, 브라질
1867~1870	m+	중국, 인도
1873~1874	m	인도
1876~1878	vs	중국, 인도, 남아프리카, 이집트, 자바, 브라질
1887~1889	m+	중국, 에티오피아, 수단, 사헬
1891	vs	중국, 인도, 브라질
1896~1897	m+	인도, 브라질
1899~1900	vs	중국, 인도, 남아프리카
1901~1902	m+	중국, 남아프리카
1911~1913	s	중국, 인도, 브라질
1917~1919	s	중국, 인도, 브라질, 모로코
1925~1926	vs	중국(홍수), 인도
1957~1958	s	중국, 브라질
1965~1966	s	중국, 인도
1972~1973	s	중국, 인도, 에티오피아, 사헬, 브라질
1982~1983	vs	중국, 인도, 인도네시아, 남아프리카공화국
1991~1995	s	남아프리카공화국, 동아프리카, 멕시코
1997~1998	vs	중국(홍수), 인도네시아, 브라질

m=보통 수준(moderate), s=강력함(strong), vs=아주 강력함(very strong)을 뜻함.

수도 있다. 그러나 엔소 특유의 양상 속에서 이런 극단적인 사태가 멀리 떨어진 지역들에서도 발생한다면 우리는 그 사태에 엔소가 연계되어 있다고 더 자신 있게 말할 수 있다."[120] 네 번째는 호주 학자들이 최근에 발표한

“엘니뇨 현상 합성 요소와 충격 지도”(여과된 월간 평균 해수면 압력과 바다 표면 온도의 격자 필드를 토대로 함, 1871년~1994년)로 이 양상을 확증하는 것이다.[121] 따라서 1871년 이전의 원격 연계 증거는 이렇게 재구성된 기상 자료가 없기 때문에 더 미약하다고 할 수 있다.

킨의 연대기에 어떤 구조가 있을까? 극심한 엘니뇨 사태와 식량 위기의 밀집 현상은 수십 년 단위의 “엔소 체계”가 존재함을 암시한다. 요컨대 미국 독립 혁명에서 빅토리아 여왕의 대관식에 이르는 시기에 엔소 순환은 커다란 진폭을 보였고 기후 재앙도 빈번하게 발생했다. 아프리카의 역사학자들이 이미 올바르게 인식한 것처럼, 줄루어로 ‘음페카네’라고 하는 대혼란으로 절정을 이룬 19세기 초반 반투족 사회 남부의 가뭄-기근 위기에는 확고한 엘니뇨의 징후가 존재한다.[122] 환경적으로 격동하는 양상이 전개된 혁명의 시대에 뒤이어 인도-태평양 위도대에서는 상대적으로 평온한 시기가 길게 펼쳐졌다. 이때가 바로 홉스봄이 말한 자본의 시대다. 식민주의자들뿐만 아니라 생계형 자급자족 농민들도 이런 상황을 농경과 인구 팽창을 보장해 주는 당연한 조건으로 받아들였다. 예를 들어 봄베이 관할 데칸에서는 “비교적 우호적인 상황이 오랜 기간 지속되었다. 연중 변동이 컸음에도 주요 직할지에서는 심각한 강우 부족 사태가 결코 일어나지 않았다. 이렇게 상대적인 기후 안정성 속에서 농업과, 그와 관련해 요구되었던 판단의 양상이 결정되었다. 예를 들어 새로 개간된 악질의 토지가, 일련의 호시절이라는 맥락에서는 ‘불모지’가 아닐 수도 있었던 것이다.”[123]

1860년대에 엔소 주기가 다시 강화되었다. 1876년과 1877년 가뭄은 전 세계적으로 200년 만에 찾아온 위력적인 사태였다. 그러나 이후 10년 동안(1879년~1888년)은 온화하고 습한 날씨가 이어졌다. 이 속에서 불모지와 역사적으로 건조 지대로 명성이 자자했던 지역으로 새롭게 이주 정착이 단행되었다. 1888년에서 1889년에 시작된 파격적 엔소 활동이 이후 35년간 지속되면서 이런 팽창은 거의 예외 없이 중단된다. 이 시기에 네 차례(1891년, 1899년, 1918년, 1925년)의 "아주 강력한" 엘니뇨가 발생했고, 보통 수준 및 강력한 엘니뇨가 열세 번, 라니냐가 아홉 번(1898년과 1917년 사태는 아주 강력했다.) 발생했다. 놀랍게도 이 시기의 엔소 발생 빈도는 70퍼센트로 아주 높았다. 그러던 것이 1926년부터 1971년 사이에는 갑작스럽게 39퍼센트로 떨어졌다. 그리고 1982년까지는 "아주 강력한" 엘니뇨가 전혀 발생하지 않았다.[124] 물론 이 휴지기에도 1958년 엘니뇨가 대약진운동의 재앙에 관여했지만, 엔소의 영향에 쉽게 노출되는 대다수 지역에서 극단적인 기후 사태는 비교적 드물었다. 특히 인도가 살인적인 가뭄 사태에서 반세기 이상 면제되었다.

반면 20세기 말은 언뜻 보면 후기 빅토리아 시대의 판박이처럼 보인다. 두 개의 세기말은 "순차적으로 발생한" 비정상적 엘니뇨 사태, 곧 1896년에서 1897년과 1899년에서 1902년, 1990년에서 1995년과 1997년에서 1998년 사건으로 절정을 이루었다.[125] 그러나 흥미로운 차이도 존재한다. 일부 과학자들은 후자의 사태가 인위적 온난화 때문이라고 보는 것이다. 우리가 이미 보았듯이 20세기 후반의 엘니뇨는 인도양 몬순과 별개로 존재하게 된 것 같다. 최근의 엔소 순환이 후기 빅토리아 시대보다 미국 중앙주들의 강우량에 더 미미한 영향만을 끼친다고 믿는 권위자들도 있다.[126]

킨과 동료들은 저강도 엔소와 고강도 엔소가 이렇게 분명한 형태로 나타나는 양상이, 피상적으로 보면 논의의 여지가 있는 "브루크너 사이클"과 합치한다는 점을 인정했다. 브루크너 사이클은 오랫동안 논쟁되어 온 전 세계 강우 기록의 33년에서 37년 단위 진동이다. 그러나 그들은 그 주기성이 어쩌면 통계적 평탄화 작업에서 기인하는 것으로 "브루크너 사이클이 도대체 실체가 있기나 한 것인지 의심스럽다."고 말했다.[127] 태평양 10년 진동 및 기타 태평양에서 발생하는 저주파 배경 진동들에 관한 최근 연구가 비확률적 엔소 주기성을 옹호하는 주장을 강화한다고 해도, 그 물리학, 나아가 수십 년을 단위로 변동한다고 여겨지는 엔소 체계의 빈도와 관련해 일치된 의견은 거의 없다. 게다가 역사적으로 엔소 사태를 자세히 보고하는 데도 공백과 불일치가 존재하고, 이에 관한 과학자 사회의 설왕설래도 상당한 수준이다.

표 30처럼 모든 연대기는 결정적인 지점에서 불완전하다. 우선 첫째로, 그것들은 엘니뇨 현상만을 목록으로 작성한다. "관련 중위도 원격 연계의 관점에서 볼 때 냉각 국면이 온난 국면만큼 중요할 수도 있다는 증거가 충분함"에도, 라니냐와 그것이 엔소 취약 지역에 미친 영향의 역사를 정리하거나 그 상대적 강도와 규모를 추정해 보려는 연구 활동과 결과물은 훨씬 더 적었던 것이다. 1898년 황하 유역 홍수나, 미국의 곡물 생산을 31퍼센트 감소시켰던 1988년 중서부의 가뭄 같은 재난들 속에서 라니냐의 중요성이

표 31 | 가장 강력한 라니냐 사태들

지역	**연도**(강력했던 이상 강우 순위)
인도네시아	1910, 1955, 1893, 1975, 1924, 1988, 1954
인도	1961, 1917, 1892, 1956, 1922, 1878, 1874, 1894, 1975
퀸즐랜드	1974, 1976, 1917, 1901, 1894, 1910, 1904, 1968
동아프리카	1898, 1917, 1899, 1892, 1990, 1943
남아프리카	1976, 1974, 1917, 1955, 1916, 1909, 1893, 1894, 1939

증명된다. 표 31은 다섯 개의 주요 원격 연계 지역에서 발생한 가장 강력한 라니냐를 보여 준다. 혁명적 변화를 가져온 멕시코 북부의 가뭄을 우리는 1910년 라니냐 사태와 결부시킨 바 있다. 그 라니냐가 인도네시아에서 떨친 위세는 주목할 만하다. 아울러 1893년과 1894년, 1917년 사태의 전 지구적 일관성도 두드러진다.

라니냐는 보통 엘니뇨의 "거울 이미지"로 묘사된다. 그러나 정확히 말해서 이런 설명은 사실이 아니다. 사멸하는 엘니뇨는 흔히 라니냐로 바뀐다. 그러나 그 양상은 예측 불가능하고, 온난 및 냉각 국면의 비율도 시간의 경과에 따라 극적으로 변동한다. 예를 들어 지난 사반세기 동안 엘니뇨는 그 발생 빈도가 증가한 반면 라니냐는 더 드물어졌다. 일부 연구자들은 이것이 지구 온난화 때문이라고 본다.[128] 또 온난 국면과 냉각 국면이 적도 태평양의 해수 온도 양상을 역전시키는 과정에서 많은 경우 그 원격 연계 효과가 덜 대칭적이다. 예를 들어 아프리카 남부에서는 라니냐가 엘니뇨 가뭄보다 대량 강우 현상과 관련해 더 견고하고, 그래서 예측할 수 있는 관계를 맺고 있다는 사실이 제안되어 왔다.[129]

둘째, 연간 데이터는 계절이나 월별로 기록해야 할 사태의 지속 기간을 "흐릿하게 하거나" 포개 버린다. 엘니뇨는 아주 갑작스럽게 라니냐로 바뀔 수 있기 때문에 동일한 연도에서도 겹치는 경우가 많다. 그러면 저변의 원격 연계에 대한 이해가 없는 유치하고 소박한 연도-사건 상관관계를 획정하려는 노력이 미연에 막혀 버리는 것이다. 훨씬 더 혼란스러운 점은 역사 기록으로 등장하는 일부 엔소 사태가 "복잡 유형"이라는 사실이다. 일시적 완화 후 페이스를 되찾는 사태이거나 짧은 휴지기로 분리된 상이한 강도의 두 사건 같은 식으로 말이다. 킨과 닐이 (조금은 근심스럽게) 말한 것처럼 "대형 반反엘니뇨[라니냐]가 발전한 이후에는 불완전하거나 동요하는 완화기가 있을 수 있다. 더 이른 시기의, 때 이른 완화 후 더 높은 수준의 이차적 발전으로 진행되는 경우도 있다. 또 다른 경우에는 두 개의 구분된 사태가 존재하고 그 사이에 일 년의 발전 과정이 개입하기도 한다(1897년과 1899년처럼)."[130] 예를 들어 학자들은 1990년부터 1995년까지 전례가 없는 지속 기간을 보인 엘니뇨가 단일한 사태인지, 아니면 두 차례의 따뜻한 국면이 연속으로 발생한 것인지를 두고 아직도 논쟁을 벌이고 있다.

셋째, 킨은 주로 남아메리카 태평양 해안을 따라 관측한 현상의 관점에서 엘니뇨의 특성을 기술했다. 그러나 이 강도와 규모가 전 세계적 엔소 무대의 혹독함과 항상 일치하는 것은 아니다. 예를 들어 보자. 남아메리카에서는 1891년 사태가 1897년 엘니뇨보다 더 강력했다. 그러나 남아시아와 중국에서는 그 상대적 강도가 역전되었던 것이다. 또 1918년과 1919년의 엘니뇨는, 페루에서는 보통 수준으로 약했을 뿐이지만 인도와 아프리카에서는 아주 강력했다. 엔필드와 시드는 1991년에 이렇게 말했다. "킨의 일화적이며 충격과 관련된 방법들은 지리적 대영역에 걸쳐 기후 강도를 획정하는 작업보다 역사적 엘니뇨 사태의 확인에 더 적합하다. 킨의 의도가 페루 엘니뇨의 기후적 반응을 완벽하게 분류하는 것임에도, 태평양 다른 곳의 상황을 추정할 수 있는 방법은 전혀 없다. 우리는 엔소와 그것이 지역적으로 발현되는 현상 사이의 관계가 완벽한 일대일 대응이 아니라는 사실을 안다. 그러므로 킨의 강도 척도 역시 더 광범위한 엔소 합성물의 연속적인 세기를 정확하게 해명하지 못할 것이다."[131]

마지막으로 킨의 "주관적" 강도도 남방 진동 지수 값과 항상 일치하는 것은 아니라는 점이다. 더구나 모든 음의 남방 진동 사태가 다 고전적인 남아메리카 엘니뇨를 일으키지도 않는다. 실제로 가뭄 기록을 활용해(킨의 방법과 비슷하다.) 엘니뇨를 확정하고, 그렇게 해서 도출된 엔소 연대기를 활용해 다시 가뭄과 엘니뇨 사태 사이의 인과관계를 확정하는 명백한 순환 논리에 대한 불만이 점증하고 있다. 이런 이유들로 일부 선도적 학자들은, 영웅적이었지만 구식이 되어 버린 킨의 시계열과 지수를 포기해야 한다고 주장하기에 이르렀다. 라스무손, 왕, 로펠렙스키는 이렇게 쓰고 있다. "킨 등(1987)은 페루에서 발생한 강력한 엘니뇨와 아주 강력한 엘니뇨 사태를 정리했다. 이렇게 정리한 자료에서 도출한 지역적 통계를, 태평양 수조 전반의 엔소 주기 변동성에 관한 신뢰할 수 있는 지표로 간주할 수는 없다."[132] 엔소의 강도 측정 방법을 향상시키려는 노력이 활발하게 이루어졌다. 연구자들은 처음에 동태평양의 주요 구역인 "니뇨-3"의 바다 표면 온도에 집중했다. 여기서 따뜻한 국면이 배양되기 때문이다. 그러나 엔소의 강도와 지속 기간 사이의 (남방 진동과 바다 표면 온도 사이는 말할 것도 없고) 비선형적 관계는 사태의 상이한 특성들을 종합하는 다변량 지표들을 선호했다. 예를 들어 해리슨과 라킨은 소위 "비야크네스 엔소 지수"를 제시한다. 이것은 전후에 발생한 열 차례의 엘니뇨에서 추출한 "아주 견고한 요소들"(지역풍과 자오선풍 이상을 포함해서)을 요약한 것이다.[133]

불행하게도 1957년 이전 기록은 이런 정교한 지수를 뒷받침하기에는 너무나 빈약하다. 그리하여 지금 우리가 갖고 있는 엘니뇨 연표는 세 종류의 데이터로 분류된다. (1) 대기 및 해양 변수들의 광범위한 물리적 특성을 측정한 최근 사태들, (2) 바다 표면 압력과 온도 등에 대해 초보적인 이해가 부족한 과거의 문서 기록으로 (1875년 이후의) 시계열 범위 내에 있는 사건들, (3) 온갖 한계에도 여전히 킨의 방법론에 기댈 수밖에 없는 1875년 이전

사태들. 물론 고기후학자들은 향후 10년 동안 나이테, 산호 띠의 동위원소 비율, 해저 연층 퇴적물의 규조류 존재도 같은 고해상도의 자연 증거들을 활용해 충적세 전체의 엔소 연대기를 재구성할 수 있게 될 것으로 확신하고 있다. 그러나 이런 기록들이 거칠고 초보적인 강도 지수 이상을 알려 줄 것 같지는 않다.[134] 따라서 충격에 대한 역사적 기록이 계속해서 엔소 연구의 필수 불가결한 부분으로 남을 것이다.

8장 주석

1) 1930년대 미국의 대평원, 호주, 아프리카 남부에서 발생해 장기 지속된 유명한 가뭄 사태는 지난 150년 동안 엔소의 활동이 가장 약했던 시기 가운데 하나에 일어났다.

2) Kiladis and Diaz, p. 1071.

3) Allan, Lindesay and Parker, p. 77.

4) Ibid., pp. 25~26.

5) Ibid.

6) Peter Webster, "The Variable and Interactive Monsoon," in Fein and Stephens, p. 305.

7) David Rodenhuis, "The Weather That Led to the Flood," in Stanley Changnon (ed.), *The Great Flood of 1993*, Boulder, Colo. 1996, pp. 44~45.

8) P. Webster et al., "Monsoons: Processes, predictability, and the prospects for prediction," *Journal of Geophysical Research* 103:C7(19 June 1998), p. 14,459.

9) Alexander Gershunov, Tim Barnett and Daniel Cayan, "North Pacific Interdecadal Oscillation Seen as Factor in ENSO-Related North American Climate Anomalies," *EOS* 80:3(19 Jan. 1998), pp. 25와 29~30.

10) *Summary Report*, La Niña Summit, p. 10.

11) Kevin Trenberth, "The Different Flavors of La Niña," La Niña Summit, 1998, p. 2.

12) Greg O'Hare, "The Indian Monsoon, Part Two: The Rains," *Geography* 82:4(1997), p. 335.

13) 계절적 분포가 중요하다. 예를 들어 1877년 5월에 내습한 사이클론은 18일에서 20일 3일 동안 대한발이 절정을 이루던 때 마드라스에 연간 강수량의 절반인 5백 밀리미터의 비를 쏟아 부었다. 딕비가 지적하는 것처럼 "그것은 좋기보다는 해악적이었다." 실제로 가뭄은 그 후로도 6개월 이상 지속되었다(Digby, *The Famine Campaign*, vol. 1, pp. 148~149).

14) K. Rao, *India's Water Wealth*, Delhi 1975, pp. 10과 16.

15) J. Ju and J. Slingo, "The Asian Summer Monsoon and ENSO," *Q.J.R. Meteorol. Soc.* 121(1995), pp. 1133~1168. "인도-호주 수렴대가 태평양으로 이동하면 몬순 시즌에 동남아시아에서 개별적으로 분리된 운반 시스템이 형성된다. 이 시스템은 정상적인 몬순과 비교할 때 훨씬 더 축소된 지역에서 공기를 끌어당긴다. 대류권 순환이 중앙 태평양의 수렴에서 기인하는 경쟁으로 조정되기 때문이다. 약한 몬순 강우와 극단적인 가뭄이 그 결과다."

16) Webster et al., p. 14,476(본문은 표 2와 다르다).

17) O'Hare, p. 349. Peter Webster and Song Yang, "Monsoon and ENSO: Selectively Interactive Systems," *Q.J.R. Meteorol. Soc.* 118(1992), pp. 877~926; Madhav Khandekar, "El Niño/Southern Oscillation, Indian Monsoon and World Grain Yields - A Synthesis," in M. El Sabh et al. (eds.), *Land-Based and Marine Hazards*, Kluwer 1996, pp. 79~95도 보라. 적도 성층권의 바람 진동이 엔소 및 유라시아의 적설량과 상호 작용하는 제3의 독립변수일 수 있다. (Khandekar, "Comments on Space-Time Structure of Monsoon Interannual Variability," in *Journal of Climate*

11(Nov. 1998), pp. 3057~3059를 보라.)

18) Buwen Dong and Paul Valdes, "Modelling the Asian Summer Monsoon Rainfall and Eurasian Winter/Spring Snow Mass," *Q.J.R. Meteorol. Soc.* 124(1998), pp. 2567~2569.

19) R. Kripalani and A. Kulkarni, "Climatic Impact of El Niño/La Niña on the Indian Monsoon: A New Perspective," *Weather* 52:2(1997), p. 45.

20) K. Krishna Kumar, Balaji Rajagopalan and Mark Cane, "On the Weakening Relationship Between the Indian Monsoon and ENSO," *Science* 284(25 June 1999), pp. 2156~2159. H. Annamalai and Julia Slingo, "The Asian Summer Monsoon, 1997," *Weather* 53:9(Sept. 1998), pp. 285~286도 보라.

21) Ramasamy Suppiah, "Relationships Between the Southern Oscillation and the Rainfall of Sri Lanka," *International Journal of Climatology* 9(1989).

22) Y. Kueh, *Agricultural Instability in China, 1931~1991*, Oxford 1998, p. 29.

23) Needham, p. 246.

24) Keith Buchanan, *The Transformation of the Chinese Earth*, London 1970, p. 80; Walter Mallory, *China: Land of Famine*, New York 1926, p. 43.

25) George Cressey, *China's Geographic Foundations: A Survey of the Land and Its People*, New York 1934, pp. 84~85.

26) 17세기 중반에 발생한 몇 차례의 맹렬한 엘니뇨는 명 왕조 후기의 심각한 농업 위기(7년 가뭄에 뒤이은 9년 홍수)가 엔소와 관련되어 있었을 것이라는 가능성을 제기한다. 1640년은 지난 500년 동안 가장 건조한 해였다(Zhang Jiacheng [ed.], *The Reconstruction of Climate in China for Historical Times*, Beijing 1988, p. 45; Manfred Domros and Peng Gongbing, *The Climate of China*, Berlin 1988, p. 198; Jiacheng Zhang and Zhiguang Lin, *Climate of China*, Shanghai 1992, p. 330 참조).

27) Ye Zongwei and Wang Cun, "Climatic Jumps in the Flood/Drought Historical Chronology of Central China," *Climate Dynamics* 6(1992), p. 158.

28) Ding Yihui, *Monsoons over China*, Dordrecht 1996, p. 290~292.

29) 가뭄과 홍수에서 남방 진동이 담당할지도 모르는 역할에 관한 선구적 연구는 Tu Chang-Wang, "China Weather and the World Oscillation," in Academia Sinica, *Collected Scientific Papers: Meteorology 1919~1949*, Beijing 1954였다.

30) Shao-Wu in Glantz, *Currents of Change*, p. 173; Kueh, pp. 159~161.

31) Wei-Chyung Wang and Kerang Li, "Precipitation Fluctuation over a Semiarid Region in Northern China and the Relationship with El Niño/Southern Oscillation," *Journal of Climate* (July 1990), p. 769.

32) Wang Shao-wu, "La Niña and Its Impact on China's Climate," La Niña Summit, 1998, p. 1.

33) Wang and Li, p. 777.

34) Ding Yihui, pp. 273, 285.

35) Allan, Lindesay and Parker, p. 139에 실린 1898년의 라니냐 지도를 보라.

36) 1876년의 날씨를 확인하려면 Broomhall, p. 166; *Parl. Papers*, China No. 2(1878), p. 1을 참조하라.

37) Chenglan Bao and Yanzhen Xiang, "Relationship Between El Niño Event and Atmospheric Circulation, Typhoon Activity and Flooding," in W. Kyle and C. Chang (eds.), *Proceedings*, Second International Conference on East Asia and Western Pacific Meteorology and Climate (Hong Kong, Sept. 1992), Singapore 1993, p. 239.

38) Yihui, pp. 286~287.

39) PRC, National Environmental Protection Bureau, *The Yellow River Runs Dry and Its Sustainable Development* (중국어), Beijing 1997: Z. Yang et al., "Yellow River's Water and Sediment Discharge Decreasing Steadily," *EOS* 79:48 (1 Dec. 1998), p. 592에서 재인용.

40) Zhenhao Bao et al., "Drought/Flood Variations in Eastern China During the Colder(1610~1719) and Warmer(1880~1989) Periods and Their Relations with the Southern Oscillation," *Geographical Reports of Tokyo Metropolitan University* 33(1998), p. 10.

41) Hengyi Weng et al., "Multi-Scale Summer Rainfall Variability Over China," *Journal of the Meteorological Society of Japan* 77:4(1999), pp. 845~857.

42) Jasper Becker, *Hungry Ghosts: Mao's Secret Famine*, New York 1996; Philip Short, *Mao: A Life*, London 1999, pp. 504~510(가뭄의 혹독함과 관련해) 참조. 1958년 가뭄을 중국 전역에서 가장 심각한 사태로 규정한 것과 북중국의 기타 가뭄들이 더 극단적이었다고 평가하는 (주석 35번에서 인용된) 연구 사이에는 불가피한 모순이 전혀 존재하지 않는다.

43) Y. Kueh, *Agricultural Instability in China, 1931~1991*, Oxford 1998. Penny Kane, *Famine in China, 1959~1961: Demographic and Social Implications*, London 1988도 보라.

44) Jean Dreze and Amartya Sen, "Introduction," in Dreze, Sen and Hussain, *The Political Economy of Hunger: Selected Essays*, Oxford 1995, pp. 18~19.

45) J. Murphy and P. Whetton, "A Re-analysis of a Tree Ring Chronology from Java," *Proceedings of the Koninklijke Nederlandse Akademic van Weterschappen* B92:3 (1989), pp. 241~257.

46) Christine Padoch and Nancy Peluso (ed.), *Borneo in Transition: People, Forests, Conservation, and Development*, Oxford 1996, p. 3. H. Brookfield, L. Potter and Y. Byron, *In Place of the Forest: Environmental and Socio-Economic Transformation in Borneo and the Eastern Malay Peninsula*, Tokyo 1995도 보라.

47) 1896년 이후 인도네시아와 필리핀의 강우 이상을 기록한 표를 보라. International Research Institute for Climate Prediction, UCSD(iri.ucsd.edu/hot_Niño/impacts).

48) US Naval Intelligence Division, *Nederlands East Indies*, Vol. 1, Geographical Handbook Series, Washington D.C. 1944, p. 338. 자바 동부와 뉴기니 최남단의 가뭄 벨트에 관해서는 Glenn Trewartha, *The Earth's Problem Climates*, Madison, Wis. pp. 202~203을 보라.

49) Knapen, pp. 126~127.

50) Jean-Paul Malingreau, "The 1982~1983 Drought in Indonesia: Assessment and Monitoring," in Michael Glantz, Richard Katz, and Maria Krenz (eds.), *Climate Crisis: The Societal Impacts Associated with the 1982~1983 Worldwide Climate Anomalies*, New York 1987, pp. 11~18; Eric Hackert and Stefan Hastenrath, "Mechanisms of Java Rainfall Anomalies," *Monthly Weather Review* 114(April 1986), p. 746.

51) R. Kane, "El Niño Timings and Rainfall Extremes in India, Southeast Asia and China," *International Journal of Climatology* 19(1999), pp. 653~672.

52) 웹페이지 iripred.ido.columbia.edu/research/ENSO/tables/phil1.html을 보라.

53) Famine chronology from Martinez Duesta, p. 260(엔소와 상관시키는 작업은 내가 했다).

54) Lopez-Gonzaga, pp. 113~115.

55) Data from Relief Web(www.reliefweb.int), 3 Aug. 1998.

56) Glantz, Katz, and Krenz, pp. 90~91에 실린 도표를 보라.

57) Allan, Lindesay and Parker, p. 9에서 인용.

58) Ann Young, *Environmental Change in Australia Since 1788*, Melbourne 1996.

59) Ian Anderson, "Parched Papua Prays for Rain," *New Scientist*, 20 Sept. 1997, p. 18.

60) Jean Nicet and Thierry Delcroix, "ENSO-related Precipitation Changes in New Caledonia, Southwestern Tropical Pacific: 1969~1998," *Monthly Weather Review* 8:2 (August 2000), pp. 3001~3006.

61) Andrew Sturman and Nigel Tapper, *The Weather and Climate of Australia and New Zealand*, Melbourne 1996, pp. 367~370.

62) Pao-Shin Chu, "Hawaiian Drought and the Southern Oscillation," *Inter. J. Climatol.* 9 (1989), p. 628.

63) Thomas Schroeder, "Climate Controls," in Marie Sanderson (ed.), *Climate and Weather in Hawaii*, Honolulu 1993, p. 17.

64) "Summary of Drought Around the World, August-September 1998," National Drought Mitigation Center.

65) Antonio Moura and Jagadish Shukla, "On the Dynamics of Droughts in Northeast Brazil: Observations, Theory and Numerical Experiments with a General Circulation Model," *Journal of the Atmospheric Sciences* 34 (December 1981), pp. 2653(인용문)과 2654.

66) Webb, p. 44.

67) Vernon Kousky, "Frontal Influences in Northeast Brazil," *Monthly Weather Review* 107(1979), pp. 1140~1153.

68) Hall, pp. 16~17.

69) Gilbert Walker, "Ceará (Brazil) Famines and the General Air Movement," *Beitr. z. Phys. der freien Atmosphare* 14(1928), pp. 88~93.

70) José Gasques and Antonio Magalhaes, "Climate Anomalies and Their Impacts in Brazil During

the 1982~1983 ENSO Event," in Glantz, Katz and Krenz, pp. 31~32; Pao-Shin Chu, "Brazil's Climate Anomalies and ENSO," in Michael Glantz, Richard Katz, and Neville Nicholls (eds.), *Teleconnections Linking Worldwide Climate Anomalies*, Cambridge 1991, pp. 56~61 참조.

71) Rodolfo Teofilo, *A Seca de 1915*, Fortaleza 1980, 129~131; Kiladis and Diaz, pp. 1038~1040 참조.

72) Pao-Shin Chu, pp. 64~65.

73) Kiladis and Diaz, ibid.; data at iri.ucsd.edu/hot_Niño/impacts/ns_amer/index.html을 보라.

74) C. Caviedes, "The Effects of Enso Events in Some Key Regions of the South American Continent," in Stanley Gregory (ed.), *Recent Climate Change*, London 1988, pp. 252~253과 264.

75) Carlos Malpica, *Cronica del Hambre en el Peru*, Lima 1966, pp. 161~163.

76) Caviedes, ibid.

77) Gregory Asner, Alan Townsend and Bobby Braswell, "Satellite Observation of El Ninõ Effects on Amazon Forest Phenology and Productivity," *Geophysical Research Letters* 27:7 (1 April 2000), p. 981.

78) Betty Meggers, "Archeological Evidence for the Impact of Mega-Niño Events on Amazonia During the Past Two Millennia," *Climatic Change* 28(1994), p. 330.

79) Allan, Lindesay and Parker, p. 65.

80) Miguel Gonzalez, "Probable Response of the Paraná River Delta (Argentina) to Future Warmth and Rising Sea Level," *J. Coast. Res. Spec. Issue* 17(1995), pp. 219~220.

81) José Rutllant and Humberto Fuenzalida, "Synoptic Aspects of the Central Chile Rainfall Variability Associated with the Southern Oscillation," *International Journal of Climatology* 11(1991), pp. 63과 65.

82) 1896년 가뭄에 관해서는 Antonio del Bajio, *Crisis alimentarias y subsistencias populares en Mexico*, vol. 1, Mexico, D.F. 1987, p. 162를 보라.

83) A. Filonov and I. Tereshchenko, "El Niño 1997~1998 Monitoring in Mixed Layer at the Pacific Ocean near Mexico's West Coast," *Geophysical Research Letters* 27:5 (1 March 2000), p. 705.

84) 가뭄 시기에 옥수수 가격은 130퍼센트 치솟은 반면 농업 노동자의 최저 임금은 28퍼센트 하락했다(Moises Gonzalez Navarro, *Cinco crisis mexicanas*, Mexico, D.F. 1999, p. 19). Florescano and Swan, *Breve historia*, pp. 124~126과 161; del Bajio, pp. 166~171; Friedrich Katz, *The Life and Times of Pancho Villa*, Stanford, Calif. 1998, pp. 48~50도 보라.

85) Gonzalez, p. 31.

86) Midwestern Climate Center (Champaign, Ill.), "El Niño and the Midwest"(http://mcc.sws.uiuc.edu/elNiño.html)를 보라.

87) Jennifer Phillips, et al., "The Role of ENSO in Determining Climate and Maize Yield Variability in the US Cornbelt," *International Journal of Climatology* 19(1999), pp. 877~888.

88) Stanley Changnon, "Impacts of El Niño's Weather," in Changnon (ed.), *El Niño 1997~1998:*

The Climate Event of the Century, Oxford 2000, pp. 151, 165.

89) Julia Cole and Edward Cook, "The Changing Relationship Between Enso Variability and Moisture Balance in the Continental United States," *Geophysical Research Letters* 25:24 (15 Dec. 1998), pp. 4529~4532.

90) Creighton University의 Arthur Douglas가 보고한 진행 중인 연구 내용. (www.ncdc.noaa.gov/ogp/papers/douglas.html)

91) Charlotte Benson, "Drought and the Zimbabwe Economy: 1980~1993," p. 246; Bill Kinsey, "Dancing with El Niño," pp. 276~277 참조. 두 글 모두 Helen O'Neill and John Toye (eds.), *A World Without Famine?*, New York 1998에 들어 있음.

92) J. Lindesay and C. Vogel, "Historical Evidence for Southern Oscillation-Southern African Rainfall Relationships," *International Journal of Climatology* 10(1990), p. 679; Mark Cane, Gidon Eshel and R. Buckland, "Forecasting Zimbabwean Maize Yield Using Eastern Equatorial Pacific Sea Surface Temperature," *Nature* 370(21 July 1994), pp. 204~205.

93) Vincent Moron and M. Neil Ward, "ENSO Teleconnections with Climate Variability in the European and African Sectors," *Weather* 53:9 (Sept. 1998), p. 288.

94) S. Mason and M. Jury, "Climatic Variability and Change over Southern Africa: A Reflection on Underlying Processes," *Progress in Physical Geography* 21:1(1997), pp. 23~50.

95) Lindesay and Vogel, ibid.; Cane, Eshel and Buckland, p. 204.

96) Tsegay Wolde-Georgis, "The Impact of Cold Events on Ethiopia," La Niña Summit, 1998, pp. 1~2. Y. Seleshi and G. Demaree, "Rainfall Variability in the Ethiopian and Eritrean Highlands and Its Links with the Southern Oscillation Index," *Journal of Biogeography* 22(1985); Tesfaye Hale, "Causes and Characteristics of Drought in Ethiopia," *Ethiopian Journal of Agricultural Sciences* 10:1~2(1988)도 보라.

97) Coquery-Vidrovitch, p. 503; Glantz, Katz and Krenz, "Appendix: Climate Impact Maps," pp. 81~105에 기초함.

98) P. Hutchinson, "The Southern Oscillation and Prediction of 'Der' Season Rainfall in Somalia," *Journal of Climate* 5(May 1992), p. 525; Gerard Beltrando, "Interannual Variability of Rainfall in the Eastern Horn of Africa and Indicators of Atmospheric Circulation," *International Journal of Climatology* 13(1993), pp. 533과 543 참조.

99) M. Hulme, "Global Climate Change and the Nile Basin," in P. Howell and J. Allan (eds.), *The Nile: Sharing a Scarce Resource*, Cambridge 1994, p. 148.

100) G. Trewartha, *The Earth's Problem Climates*, Madison, Wis. 1981, p. 134.

101) A. Goudie, "Climate: Past and Present," in W. Adams, A. Goudie and A. Orme (eds.), *The Physical Geography of Africa*, Oxford 1996, p. 38.

102) Matayo Indeje, Frederick Semazzi and Laban Ogallo, "ENSO Signals in East African Rainfall Seasons," *International Journal of Climatology* 20 (2000), p. 20.

103) G. Farmer, "Rainfall Data Bases and Seasonal Forecasting in Eastern Africa," in Gregory, pp. 197~199; Peter Usher, "Kenya and ENSO: An Observation and La Niña Prediction," La Niña Summit, 1998 참조.

104) Indeje, Semazzi and Ogallo, pp. 30과 44~45.

105) Jennifer Phillips and Beverly McIntyre, "ENSO and Interannual Rainfall Variability in Uganda: Implications for Agricultural Management," *International Journal of Climatology* 20(2000), p. 171~182.

106) Allan, Lindesay and Parker, p. 22.

107) Bette Otto-Bliesner, "El Niño/La Niña and Sahel Precipitation During the Middle Holocene," *Geophysical Research Letters* 26:1 (1 Jan. 1999), pp. 87~88.

108) Abdel Kader Ali, "El Niño Events and Rainfall Variations in the Sahel Region of Africa," *Bulletin of the Egyptian Geographical Society* 70(1997), pp. 77(도해 3을 보라)과 81~83.

109) M. Neil Ward et al., "Climate Variability in Northern Africa: Understanding Droughts in the Sahel and the Maghreb," in Navarra (ed.), p. 138.

110) 해양-대기 예측 연구소(Center for Ocean-Atmosphere Prediction Studies)에 따르면 엔소(1944년~1996년)는 따뜻한 국면이 21퍼센트, 차가운 국면이 28퍼센트, 중립적 국면이 51퍼센트였다. COAPS 웹사이트를 보라. 그러나 시간의 틀을 1950년부터 1997년으로 획정하면 온난 국면이 31퍼센트, 냉각 국면이 23퍼센트, 중립 국면이 46퍼센트이다(NCAR News-La Niña website).

111) "History's Favorite Hitman," *Hong Kong Standard*, 22 May 1998; "El Niño," *The Irish Times*, 28 May 1998 참조.

112) D. Harrison and N. Larkin, "El Niño-Southern Oscillation Sea Surface Temperature and Wind Anomalies, 1946~1993," *Reviews of Geophysics* 36:3 (Aug. 1998), p. 391. 이에 반대하는 견해를 보려면 B. Dong et al., "Predictable Winter Climate in the North Atlantic Sector During the 1997~1999 ENSO Cycle," *Geophysical Research Letters* 27:7 (1 April 2000), pp. 985~988을 참조하라.

113) Moron and Ward, p. 289.

114) Kiladis and Diaz, pp. 1041~1042.

115) M. Halpert and C. Ropelewski, "Surface Temperature Patterns Associated with the Southern Oscillation," *Journal of Climate* 5(1992). X. Rodo, E. Baert and F. Comin, "Variations in Seasonal Rainfall in Southern Europe During the Present Century: Relationships with NAO and ENSO," *Climate Dynamics* 13(1997)도 보라.

116) Alfredo Rocha, "Low-Frequency Variability of Seasonal Rainfall over the Iberian Peninsula and ENSO," *International Journal of Climatology* 19(1999), p. 889.

117) A. Meshcherskaya and V. Blazhevich, "The Drought and Excessive Moisture Indices in a Historical Perspective in the Principal Grain-Producing Regions of the Former Soviet Union," *Journal of*

Climate 10(Oct. 1997), pp. 2670~2682.

118) Trevor Davies, "Guest Editorial - Hubert Lamb," *Weather* 53:7(July 1998) p. 199. 1871년 이래 엔소의 온난 및 냉각 국면을 수반해 온 전 세계적 해양·대기 양상에 관한 경계표 지도(Allan, Lindesay and Parker, 1996)를 만들기 위해 최근 이 데이터 세트가 사용되었다.

119) William Quinn, "A Study of Southern Oscillation-Related Climatic Activity for AD 622~1900, Incorporating Nile River Flood Data," in Henry Diaz and Vera Markgraf (eds.), *El Niño: Historical and Paleoclimatic Aspects of the Southern Oscillation*, Cambridge 1992; Quinn, Victor Neal and Santiago Antunez de Mayolo, "El Niño Occurrences over the Past Four and a Half Centuries," *Journal of Geophysical Research* 92:C13(15 Dec. 1987), p. 14,454 참조.

120) Whetton and Rutherfurd, p. 225.

121) Allan, Lindesay and Parker, pp. 59~60에 나오는 데이터 출처에 관한 논의를 보라.

122) Charles Ballard, "Drought and Economic Distress: South Africa in the 1800s," *Journal of Interdisciplinary History* 17:2(Autumn 1986), pp. 359~378.

123) Charlesworth, *Peasants and Imperial Rule*, p. 76.

124) 물론 나의 개략적인 연간 비율은 계절적 비율로 하면 더 잘 구현될 것이다.

125) 태평양 순환의 변화로 엔소 주기를 조정한 것을 보려면 Robert Dunbar et al., "PEP-1 Contributions to Increased Understanding of Past Variability in Enso and Its Teleconnections," poster session *Abstracts*, IGBP PAGES Open Sciences Meeting, "Past Global Changes and Their Significance for the Future," London, 20~23 April 1998을 참조하라. 단기간의 강화된 엔소에 관한 논의를 보려면 Tahl Kestin et al., "Time-Frequency Variability of ENSO and Stochastic Simulations," *Journal of Climate* 11(Sept. 1998), pp. 2260~2261을 참조하라.

126) "엔소와 몬순의 동시 발생적 상관관계는 지난 140년 동안 아주 확고했다. 유일한 예외인 최근 수십 년 동안의 사태는 그래서 분명 아주 흥미롭고, 어쩌면 우려의 대상일지도 모른다." K. Kumar et al., "Epochal Changes in Indian Monsoon-ENSO Precursors," *Geophysical Research Letters* 26:1 (1 Jan. 1999), p. 78. "1900년 이전에는 엔소가 미국의 수분 균형에 미치는 영향력이 이후 시기보다 더 광범위했다." Julia Cole and Edward Cook, "The Changing Relationship Between ENSO Variability and Moisture Balance in the Continental United States," *Geophysical Research Letters* 25:24 (15 Dec. 1998), p. 4530.

127) Quinn et al., "El Niño Occurrences," p. 14,459.

128) D. Rind, "Complexity and Climate," *Science* 284(2 April 1999), p. 106.

129) Brent Yarnal and George Kiladis, "Tropical Teleconnections Associated with El Niño/Southern Oscillation(ENSO) events," *Progress in Physical Geography* 9(1985), pp. 541과 544.

130) Quinn and Neal, p. 627.

131) David Enfield and Luis Cid, "Low-Frequency Changes in El-Niño-Southern Oscillation," *Journal of Climate* 4(Dec. 1991), p. 1139.

132) Eugene Rasmusson, Xueliang Wang and Chester Ropelewski, "Secular Variability of the ENSO

Cycle," in National Research Council, *Natural Climate Variability on Decade-to-Century Time Scales*, Washington, D. C. 1995, pp. 458~470.

133) D. Harrison and N. Larkin, "El Niño-Southern Oscillation Sea Surface Temperature and Wind Anomalies, 1946~1993," *Reviews of Geophysics* 36:3 (Aug. 1998), pp. 386~391.

134) T. Baumgartner et al., "The Recording of Interannual Climatic Change by High-Resolution Natural Systems: Tree-Rings, Coral Bands, Glacial Ice Layers, and Marine Varves," *Geophysical Monograph* 55(1989), pp. 1~14.

표 21 출처: 본서에 실린 조사 내용과 Glantz, *Currents of Change*, pp. 65, 70~72를 합쳐 구성함.

표 22 출처: 출처: Julia Slingo, "The Indian Summer Monsoon," in Navarra (ed.), p. 107(도해 5.4a).

표 23 출처: International Research Institute for Climate Prediction data에서 취합함. (iri.ucsed.edu/hot_Niño/impacts/indones/index.html)

표 24 출처: IRI, ibid.

표 25 출처: Luis Carlos Fierro의 가뭄 연보; NOAA와 Allan, Lindesay and Parker의 ENSO.

표 26 출처: Eugene Rasmusson, "Global Climate Change and Variability: Effects on Drought and Desertification in Africa," in Michael Glantz (ed.), *Drought and Hunger in Africa: Denying Famine a Future*, Cambridge 1987, p. 10. 나는 라스무손이 엔소와 무관하다고 본 두 개의 가뭄을 엘니뇨가 관여한 것으로 해석했다(1891년과 1915년 경).

표 27 출처: Joachim Von Braun, Tesfaye Teklu and Patrick Webb, *Famine in Africa*, Baltimore 1998, pp. 36과 39에 실린 연보; Workineh Degefu, "Some Aspects of Meteorological Drought in Ethiopia," in Glantz, *Drought and Hunger in Africa*, pp. 29~31을 토대로 정리함.

표 28 출처: Mike Hulme, "Climate Change Within the Period of Meteorological Records," in Adams, Goudie and Orme, p. 96의 도해 5.6; La Niña 연보 in Allan, Lindesay and Parker, p. 137을 바탕으로 구성함.

표 29 출처: Orlando Figes, *Peasant Russia, Civil War: The Volga Countryside in Revolution(1917~1921)*, Oxford 1980, pp. 19~25에 나오는 볼가 강 유역 가뭄 지대에 관한 서술을 보라. 엔소 연보는 Quinn(1987)과 Allan, Lindesay and Parker에서 가져왔다.

표 31 출처: IRI 데이터; D. Mooly and J. Shukla, "Variability and Forecasting of the Summer Monsoon Rainfall over India," in C.-P. Chang and T. Krishnamurti (eds.), *Monsoon Meteorology*, Oxford 1987.

4부

LATE VICTORIAN HOLOCAUSTS

기근의 정치 생태학

9장 | 제3세계의 탄생

수척한 사람들, 질병, 드러난 갈비뼈, 오그라들어 주름진 배, 시체들, 눈에는 파리가 들러붙었고 배가 부풀어 오른 아이들, 길에서 죽어 가는 아이들, 시신이 가득한 강. 사람들은 비참, 곤궁, 불결, 불행 속에서 생활한다. 수많은 원주민들이 노상에서 자고, 누워 있고, 죽어 간다.

— 해럴드 아이작스

역사학자들이 "기후 사건"이라며 그토록 자주 배격해 버린 사태가 우발적인 사건이 전혀 아니었음이 밝혀졌다.[1] 엔소는 그 중간 생략이 복잡하고 준주기적임에도 일관된 시공간적 논리를 갖는다. 앙마뉘엘 르 루아 라뒤리는 『축제의 시대, 기근의 시대』에서, 기후 변동이 인간사와 그들의 과업을 "보잘것없는 수준에서, 어쩌면 무시해도 좋을 정도로만" 규정하는 요소라고 주장했다.[2] 그러나 이 유명한 (유럽 중심적인?) 결론과 달리 엔소는 열대 지방 인류의 역사에서 일시적이나마 강력한 힘을 발휘한다. 레이먼드 윌리엄스가 이야기한 것처럼 "흔히 무시해 왔지만 인류 역사에 자연이 엄청나게 개입하고 있다."면 우리는 지금 그 역도 마찬가지로 사실임을 깨우쳐

해럴드 아이작스의 글은 Isaacs, *Scratches on Our Minds: American Images of China and India*, New York 1958, p. 273에서 가져왔다.

가고 있다.[3] 근현대의 역사에 지금까지 우리가 주목하지 않고 무시해 버린 환경 불안정의 사례가 엄청나게 도사리고 있는 것이다. 실제로도 엔소 사태의 위력은 몇몇 경우에 결정적인 듯하다. 1870년대와 1890년대(더 최근의 사태로 1970년대 사헬 지방의 재난)처럼 엘니뇨, 다시 말해 엘니뇨로 인한 전통 농업의 비극이 대기근을 "야기했다."고 주장하고 싶은 유혹을 느낄 정도로 말이다. 물론 의도하지는 않았겠지만 이런 해석은 빅토리아 시대 인도의 영국 정청이 발표한 공식 대응을 되풀이하고 있다. 온갖 기근 위원회 보고서와 총독 훈시에 그 내용이 반복 요약되고 있다. 수백만 명이 죽은 것은 극단적인 기후 때문이지 제국주의가 그 원인이 아니라는 것이다.[4] 이게 사실일까?

나쁜 기후 대 나쁜 제도

이 시점에서 간단한 전략을 몇 가지 세워, 중국인들이 "나쁜 기후" 대 "나쁜 제도"라고 정확하게 대비시키는 사태를 선별해 보면 아주 유용할 것이다. 우리가 이미 본 것처럼, 쿠에는 1958년부터 1961년의 대약진운동 시기에 가뭄과 정책이 각각 농업 산출에 미친 영향력을 매개 변수로 표현했다. 그러나 그는 15년 동안의 끈질긴 연구 활동을 통해 겨우 "날씨 지수"를 유도해 낼 수 있었고, 1930년대로 돌아가는 필수적 비교 같은 "일련의 복잡한 방법적·기술적 문제들"을 해결하는 과정도 필요했다. 쿠에의 연구가 방법론적으로 세련되고 풍부하기는 하지만, 그렇게 유도되는 결정적 지수는 19세기와 관련해서 절대로 얻을 수 없는 기상학적·계량경제학적 포괄

데이터를 필요로 한다. 결국 1876년에서 1877년과 1896년에서 1902년 기근의 얽히고설킨 인과관계 그물에 대한 직접적인 통계 분석을 시도할 수 없는 것이다.[5)]

대안은 "자연의 실험"*을 구성하는 것이다. 최근 제레드 다이아몬드가 역사학자들에게 훈계한 것처럼, 이런 실험은 "인과관계 추정 요소의 유무(또는 강하고 약한 효과)에서 차이가 나는" 시스템들을 비교해야 한다.[6)] 달리 말해서 이상적이기 위해서라면 자연의 매개 변수는 똑같지만 사회적 변수는 크게 다른, 후기 빅토리아 시대의 유사물이 필요한 것이다. 이와 관련해서 우리가 매우 상세한 자료를 확보하고 있는 유력한 후보자가 바로 1743년과 1744년의 엘니뇨 사태다. 휘턴과 러더퍼드는 이 사건이 북중국 평원에 미친 영향을 분석하면서 "틀을 벗어난 일"이라고 설명했다.[7)] 1876년에서 1878년이나 1899년에서 1900년의 엔소 대한발 사태만큼 지리적으로 광범위하지 않았을지는 모르지만 적어도 강도 면에서는 이후의 그 사태들을 예시했던 것이다. 봄 계절풍이 2년 연속 불지 않으면서 허베이성(즈리)과 산둥성 북부의 겨울 밀이 흉작을 기록했다. 열풍이 불면서 작물이 말라 죽었고, 농민들은 들판에서 일사병으로 쓰러져 죽어 갔다. 성의 곡물 재고가 필요량에 턱없이 못 미쳤다. 그러나 19세기 후반과 달리 기아나 질병으로 사망한 사람은 많지 않았다. 왜 그랬던 것일까?

피에르-에티엔 빌은 당대의 기록을 토대로 1743년과 1744년에 수행된 구호 활동을 용의주도하게 재구성해 매혹적인 역사로 그려냈다. 즈리에서 구호 활동을 조직한 팡관청은 농업 및 수력학 전문가였다. 이 능란한 유교

---

* natural experiment, 과학적 실험에 근접하거나 그것을 되풀이하는, 관측 가능한 현상이 자연적으로 발생하는 예를 말한다. 옮긴이

행정가의 지휘 아래 각 현에서 "줄곧 유지되어 온" 그 유명한 "곡물 창고들"이 재난이 선포된 현들의 농민들에게 (그 어떠한 노동력 검증도 없이) 즉시 식량 배급을 실시했다.[8] (국가의 구호 활동이 시작되기 전에 이미 지방의 향신층이 빈민들의 생존을 도모하기 위해 무료 식당을 운영하고 있었다.) 지방의 곡물 비축분만으로는 충분치 않음이 드러나자 팡관청은 대운하의 종점인 통창의 조세 창고에서 기장과 쌀을 실어 왔고, 또 운하를 통해 대량의 쌀을 남부에서 수송했다. 다시 계절풍이 불어와 농업 활동을 재개할 수 있을 때까지 8개월 동안 2백만 명의 농민을 부양했던 것이다. 구호 곡물의 85퍼센트는 가뭄 지역 외곽의 조세 창고와 곡물 창고에서 빌려온 것이었다.[9]

빌이 강조하듯이 이것은 철저한 기근 방어 활동이었다. "당대 기술의 결정판"이었던 것이다. 동시대의 그 어떤 유럽 사회도 자국의 농민들에게 인권으로서의 생존을 이렇게 보장해 주지 못했다. 후에 중농주의자들이 경탄해 마지않았던 것처럼, 당대의 그 어떤 유럽 사회도 "팡관청의 시의 적절한 구호 활동"을 도무지 흉내낼 수 없었다. "취해진 조치가 항상 사태 전개와 보조를 맞추었고 심지어 미리 알아서 처리되기도 했다."[10] 실제로 청 왕조가 농민층과의 사회적 계약을 존중하며 진지하게 임하던 바로 그때 유럽인들은 1740년에서 1743년의 매서운 겨울과 여름 가뭄에 따른 기근과 기아 관련 질병으로 수백만 명이 죽어 나갔다. 한 권위자는 이렇게 강조한다. "1740년대 초반의 사망자 수 최대치는 유럽 인구 통계의 역사에서도 현저한 사태다."[11] 달리 말해 보자. 유럽에서 펼쳐졌다는 이성의 시대에 "굶주리던 사람들"은 프랑스인, 에이레인, 이탈리아인이었지 중국인이 아니었다.

더구나 "1743년과 1744년에 즈리에서 실행한 개입은 18세기에 있었던 유일한 정책 집행 사례가 아니었을 뿐만 아니라 가장 광범위한 실례도 아니었다."[12] 표 32에서 알 수 있듯이 실제로 전년도(1742년에서 1743년)에 황하에서 발생한 홍수로 인해 훨씬 더 광범위한 지역에 훨씬 더 많은 비용이 투입되었다. (빌은 표에 제시한 엔소 관련 가뭄과 홍수 말고도 대규모 구호 활동이 조직된 다른 일곱 차례의 홍수 재난도 상세히 보고했다.) 유사한 자료를 구할 수는 없지만 베이징은 1778년에서 1787년에 이르는 시기에 산둥성(과 상당수 열대 지방)을 피폐화시킨 일련의 엘니뇨 가뭄으로 인한 기근 사태를 막기 위해 적극적으로 나서 성의 관리들을 돕기도 했다.[13] 말기에 청 왕조가 보여 준 1877년과 1899년의 혼란한 구호 노력(1958년부터 1961년 가뭄에 터무니없이 대응한 마오의 운동도)은 이런 활동과 뚜렷하게 대비된다. 정말이지 이보다 더 충격적인 일도 없을 것이다. 빌과 협력자들이 강조하는 것처럼 18세기 중국의 국가 능력은 매우 인상적이었다. 노련한 행정관들과 재난 관리 전문가들이 다수 포진했고 국가의 곡물 가격 안정화 제도가 비할 바 없이 잘 정비되어 있었으며, 잉여 식량이 많았고 열두 개 성 모두가 2천7백 톤 이상의 곡물을 저장할 만큼 곡물 창고가 효과적으로 운영되었으며, 수력학적 기반 시설도 비교할 수 없을 정도로 훌륭했다.[14]

표 32 | 청나라가 구제한 엔소 재난들

연도	킨의 강도	성	구호량
1720~1721	아주 강력함	산시陝西성	모름
1742~1743	(홍수)	장쑤성, 안후이성	1700만 냥, 18만 톤
1743~1744	보통 수준+	허베이성	87만 냥, 8만 톤
1778	강력함	허난성	160만 냥, 2만 톤
1779~1780	라니냐	허난성	위와 같음
1785	?	허난성	280만 냥

황금시대 식량 안보의 절정은 황제가 직접 곡물 가격과 공급 동향을 감독한 것이었다. 상시 운영되는 곡물 창고 제도가 고래의 전통이었음에도 물가 감독은 청 왕조의 커다란 혁신이었다. "18세기의 황제들은 대단한 열의를 가지고 청원서와 물가 목록을 조사하면서 부정과 비리를 찾아냈다." 매월 5일에 현의 지사들은 상세한 물가 보고서를 도지사들에게 올렸고, 도지사들은 이를 성의 총독들에게 요약 보고했다. 그러면 총독들이 그 내용을 청원서로 작성해 중앙 정부에 보고했다.[15] 황제들이 면밀히 검토한 후 주석을 단 이 "주홍 조칙"은 식량 안보와 농촌의 복지 행정이 중요한 실천 과제였음을 입증한다. 빈 웡은 이렇게 쓰고 있다. "1720년대와 1730년대에 옹정제는 다른 모든 관료 행정처럼 곡물 창고 운영도 철저하게 직접 검토했다. 그는 공무에 많은 관심을 기울였고, 실패했다고 여기는 정책에 대해서는 관리들을 호되게 질책했다. 곡물 창고 운영이 강희 연간 후기에 이룩된 성과를 뛰어넘어 발전할 수 있었던 것도 부분적으로는 옹정제의 이런 노력 덕분이다."[16] 옹정제는 "이윤을 좇아 상습적으로 수십에서 수백 톤씩 곡물을 숨겨 버리는 부자들"의 투기 행위도 철저하게 단속했다.[17]

옹정제의 후계자 건륭제는 자신이 바로 살펴볼 수 있도록 지사들에게 현 단위의 물가 보고서를 베이징에 있는 세입국으로 직접 올리라고 명령했다. 황제들이 관심을 갖고 상황을 직접 챙기면서 물가 보고서가 아주 정확해졌다. 엔디미언 윌킨슨이 설명하는 것처럼, 중요한 개혁들이 빈번하게 이루어졌던 것이다.[18] 청 왕조 절대주의의 또 다른 구체적 모습이 바로 이것이었다. 루이 16세가 리모주나 오베르뉴에서 올라온 곡물 가격 보고서를 꼼꼼하게 따져 보면서 저녁 시간을 보냈으리라고 상상하기는 어렵다. 루이 16세가 그런 노력이라도 했다면 단두대에서 목이 잘리는 비극은 모면

할 수 있었을지도 모른다.

우리는 청 왕조가 곡물을 수송하던 대운하를 일상으로 유지 보수하던 정도로 유럽의 군주들이 공공 근로 사업에 친히 나서는 모습을 도무지 상상할 수가 없다. 제인 레너드는 이렇게 지적한다. "만주 출신의 황제들은 통치 초기부터 운하 관리에 열중했다. 광범위한 정책 문제뿐만 아니라 하급 행정 업무에 대한 통제와 감독 수준까지 그 일이 철저하게 집행되었던 것이다." 예를 들어 화이허와 황하가 합류하는 주요 지점의 대운하 구역이 1824년 홍수로 파괴되자 도광제가 직접 복구 사업을 지휘하기도 했다.[19]

나아가, 쇠락한 중국의 서구형 복제품 국가와 달리 전성기의 청 왕조는 기근 예방에도 적극적으로 나섰다. 농업 개선, 관개, 수운 등에 광범위한 투자가 이루어졌다. 조셉 니덤의 지적을 들어 보자. 다른 모든 것처럼 18세기는 홍수 통제와 운하 건설에서도 이론적 역사적으로 황금시대였다. 토목 기사들은 칭송받았고 그들을 기리는 사당이 세워지기도 했다.[20] 팡관청 같은 유교 행정가들은 농업을 강화하기 위해 많은 노력을 기울였다. 그들은 "기반 시설 투자에 최우선순위를 두었고 식량 구호 활동은 다만 미봉책일 뿐이라고 생각했다." 팡관청은 역사적으로 검증된 재난 대책 및 구호 정책의 원리들을 체계적으로 정리한 유명한 지침서(빌의 많은 설명이 이 자료를 근거로 삼았다.)를 쓰기도 했다. 후진적인 유럽의 전통에서는 이런 선례를 거의 찾을 수가 없다.[21]

마지막으로 확실히 해 둘 것이 남아 있다. 다수의 증거에 따르면 청대 전성기의 중국 북부 농민들은 영양 상태가 비교적 충실했고, 한 세기 후에 같은 곳에서 살았던 후세들보다 기후 변화에 덜 취약했다. 강희제가 토지세를 1712년 수준으로 영구 동결한 후 18세기 내내 중국은 "전 역사에서 경험해 본 적이 없는 가장 가벼운 농업 과세"로 태평성대를 구가했다.[22] 드와이트 퍼킨스는 공식적인 토지세가 수확의 5퍼센트에서 6퍼센트에 불과했고, 또 많은 몫이 현과 성에서 자체적으로 소비되었다고 추정한다.[23] 윈난성의 구리 광산에서 생산이 폭증하고(일본에서 수입하던 것을 대체했다.) 중국의 막대한 무역 차익 속에서 멕시코의 은괴가 대량 유입되면서 은화와 동화銅貨의 교환 비율도 안정되었다. (19세기에는 상황이 역전되어 가난한 농민들은 재앙을 맞이했다).[24] 동시대의 프랑스 농민과 달리 황하 평원의 농민들(그들의 압도적 다수가 각자 토지를 보유했다.)은 과다한 세금으로 고통 받지 않았고 봉건적 지대 납부로 쪼들리지도 않았다. 역사적 기준으로 볼 때도 북중국은 특히나 전례 없는 번영을 구가했다. 빌은 기아선상에서 생활하는 (예를 들어 상용 식단의 상당 부분을 곡물 껍질과 나물에 의존하는) 농촌 인구의 비율이 2퍼센트 미만이었다고 추정한다.[25] 결과적으로 유럽과 달리 중국에서는 "황금시대" 대부분의 기간에 전염병을 효과적으로 차단했다.[26]

그렇다면 재앙적 가뭄이 1876년이나 1899년의 강도로 북중국의 더 넓은 지역을 강타했다면 팡관청은 효과적으로 대처할 수 있었을까? 이 문제를 신중하게 평가하는 게 중요한 이유는 가뭄-기근 사태가 18세기에는 더 제한적이었고, 우리가 이미 본 것처럼 1876년 가뭄이 200년이나 심지어 500년 이래 최악의 사건이었을 수도 있기 때문이다. 더구나 후기 빅토리아 시대의 가뭄은, 운송비가 가장 많이 들고 병목으로 인한 체증 현상도 피할 수 없었던 산시山西성과 산시陝西성의 황토 고원 지대에서 특히 맹위를 떨쳤다. 따라서 1743년에 1876년 강도의 가뭄이 닥쳤더라면 격오지 촌락들에서 수만, 어쩌면 수십만 명의 사망자가 발생하는 일은 피할 수 없는 사태였다고 인정하는 게 합리적일 것이다.

그러나 그런 가뭄이 발생했다고 해도 19세기 후반처럼 전체 성과 현들에서 실제로 홀로코스트가 진행되어 더 많은 주민들이 목숨을 잃었을 가능성은 희박하다. 곡물 창고가 고갈되거나 약탈당하고 물가가 폭등하던 1876년과 1877년 상황과 달리, 18세기의 행정가들은 더 많았던 제국의 잉여 예산과 남부에서 대규모로 잉여 생산된 쌀을 그득 보관하던 지방의 곡물 창고들에 의존할 수 있었다. 허난성 및 산시山西성과 산시陝西성 경계의 전략적 운송 거점들에 설치된 대규모 조세 곡물 비축 기지들은 황토 고원 지대의 성들을 구제하기 위해 일부러 마련한 것이었다. 수자원이 풍부했기 때문에 대운하도 일 년 내내 상시 활용할 수 있었다.[27] 1876년에 동치중흥기의 내부 개혁 운동이 실패한 후 무력화되고 사기가 꺾인 중국 국가는, 사적인 기부와 굴욕적이라 할 외국의 자선으로 마련된 일관성 없는 현금 구호밖에는 할 수가 없었다. 반면 18세기의 중국 국가는 뛰어난 기술과 정치적 의지를 바탕으로 기근 지역에 곡물을 대거 운송할 수 있었다. 세계 역사에서 명멸했던 이전의 그 어떤 국가보다 더 큰 규모로 굶주림을 구제할 수 있는 능력을 갖추었던 것이다.[28]

가죽의 법칙 대 철의 법칙

영국이 침략하기 이전 인도의 기근 사태는 어땠을까? 동인도회사가 지배하던 1770년 벵골 대재앙의 규모나, 1875년부터 1920년까지 인구 증가를 거의 답보 상태로까지 늦춰 버린 장기간의 질병과 기아 상태에 버금가는 생존 위기를 인도의 농촌 사회가 경험했다는 증거는 거의 없다. 무굴제국은 전성기의 중앙집권화된 청나라처럼 자원을 효율적으로 활용하지 못했다. 사실 그들의 통치 역사를 우리는 잘 모른다. 산자이 샤르마가 지적했듯이 "카스트에 기반한 지역 시장과 운송이 지체되는 복잡한 망상網狀 관계에 개입해야 한다는 문제가 효과적인 국가 개입을 아주 어렵게 만들었다."[29)]

다른 한편으로 무굴제국은 비교적 온화한 엔소 주기에서 큰 혜택을 보고 있었을 것이다. 1770년대까지 기근이 거의 발생하지 않았다. 게다가 영국령으로 전락해 철도가 부설되어 전국적인 곡물 시장이 형성되기 이전의 인도에서는 촌락 단위의 식량 보유고가 더 많았고, 조상 전래의 복지가 더 광범위하게 실현되었으며, 잉여 생산 지역의 곡물 가격도 투기에서 더 자유로웠다는 증거가 상당히 많다.[30)] (우리가 본 것처럼 일원화된 시장은 가격 인플레이션을 통해 곡물이 잉여 생산된 지역의 농촌 빈민들에게 기근을 수출하는 사악한 결과를 초래했다.) 물론 영국은 기득권을 바탕으로 자신들이 무굴제국의 전제정치라는 암흑에서 민중을 해방시켰다고 주장했다. "인도의 과거가 부패와 타락으로 가득 찼다는 (…) 믿음이야말로 대영제국 지배의 토대 가운데 하나였다."[31)] 그러나 보즈와 잘랄이 지적하는 것처럼 "황제와 귀족의 무자비한 착취로 굶주리고 억압당하던 농민층이라는 그림은 역사를 새롭게 해석하면서 크게 바뀌고 있다."[32)] 아쇼크 드사이의 최근 연구는 다음과 같이 지적한다. "악바르제국의 평균 식량 소비 수준은 인도의 1960년대 초반보다 분명히 수준이 더 높았다."[33)]

게다가 무굴제국은 "농민 보호를 필수적인 의무 사항으로 간주했"고, 단발성이나마 인도적인 구호 활동의 사례도 수없이 많았다.[34)] 동시대의 중국 지배자들처럼 무굴제국을 통치했던 악바르, 샤자한, 아우랑제브도 다음의 네 가지 기본 정책을 고수했다. 식량 수출 통제, 투기를 억제하는 물가 조절, 세금 감면, 강제 노동을 부과하지 않는 무료 식량 배급. 영국의 공리주의자들은 이 네 가지 정책을 아주 싫어했다.[35] 그들은 공익을 위해 곡물을 거래하는 행위도 철저하게 단속했다. 충격을 받은 한 영국인 작가는 이렇게 말했다. 이들 "동양의 전제 군주들"은 기근 시기에 농민을 속이는 상인들을, 동일한 무게의 살을 베어 냄으로써 처벌했다.[36]

영국의 인도 지배자들은 관개용수 사용에 가혹한 과세를 남발했고, 전래하는 우물과 저수지를 외면했다. 반면 무굴제국은 특별 교부금으로 수자원 보호를 장려했다. 데이빗 하더먼은 구자라트 주의 경우를 이렇게 설명한다. "지방관들은 세금 사정액과 관련해 상당한 자유 재량권을 가졌다. 실제로 세금 특혜를 줌으로써 우물 건설을 장려하는 것이 그들의 정책이었던 것 같다. 예를 들어 아메다바드 지역에서는 갓 건설된 우물의 용수로 재배된 '라비' 작물에 대해서는 보통 세금을 매기지 않았다. 건설 비용을 보상할 때까지 세금을 계속 면제해 주었다."[37]

가끔씩 영국이 "전제적" 전임자들의 정책에 감탄을 표시하기도 했다. 예를 들어 1880년에 처음 나온 기근 위원회 보고서는 1661년 (엘니뇨?) 가뭄-기근 사태 당시 아우랑제브가 펼쳤던 비상한 구호 활동을 언급했다. "황제는 국고를 열어 아낌없이 돈을 풀었다. 그는 곡물 수입에 모든 노력을 경주했고, 가격을 할인해서 팔거나 너무 가난해서 지불 능력이 없는 사람들에게는 무상으로 나눠 주었다. 그는 농민들의 소작료를 면제해 주는 일이 필수적임도 깨달았다. 농민들은 한 동안 다른 세금도 면제받았다. 그 시기를 기록한 인도의 연대기들은, 수백만 명이 목숨을 구하고 다수의 지방이 온전하게 유지될 수 있었던 것은 아우랑제브의 정력적인 활동 덕택이었다고 적고 있다."[38]

식량 안보는 마라타 지배기의 데칸 고원에서도 사정이 더 좋았을 것이다. 마운트스튜어트 엘핀스톤은 영국의 점령 이후 이렇게 회고했다. "마라타국은 번성했다. 주민들도 우리의 더 완벽한 정부 치하에서 존재하는 악덕들로부터 자유로운 것 같았다."[39] 동시대인 존 맬컴 경은 "1770년부터 1820년 사이에 마라타국 영역에서 악천후가 계속된 계절은 세 번뿐이었다고 주장했다. 어떤 해들은 '냉담하고 변변치 않았음'에도 '특별한 재난을 초래할 정도로 나쁜' 해는 없었다."[40] 베이커는 중앙주에서 제출된 후대의 영국 행정부 보고서를 인용한다. 그 보고서는 1820년대와 1830년대의 가뭄 시기에 동인도회사가 수행한 일관성 없는 구호 활동("2천 루피에서 3천 루피")과, 지방 엘리트들에게 빈민을 구제할 것을 강요했던 더 이른 시기의 매우 효율적이었던 마라타국의 정책("부자 수백 명의 자선을 강요했다.")을 비교 대조했다.[41] 실제로 원상 복구력이 대단했던 마라타의 사회질서는 군사 교육을 받은 자유농민층에 토대를 두고 있었다. "토지가 없는 노동자들은 거의 존재하지 않았다." 영국이 부과한 료트와리(raiyatwari, 수입에 기초해 각각의 농민을 개별적으로 평가하는 제도) 제도와 달리 마라타국 데칸 시절의 점유권은 조세 납부와 결부되지 않았고, 세금도 실제 수확에 따라 달라졌으며, 공동 토지와 공유 자원을 빈민도 이용할 수 있었고, 통치자들은 값싼 타카비(*taqavi*, 국가가 지원하는 농업 대부금) 대부로 지역의 관개시설 개선을 지원했다.[42] 엘핀스톤은 이런 말도 했다. "소박하고 검소하며 근면한" 마라타의 농민들은 브힐족 및 다른 부족들과도 나란히 공존하며 살았다. 생태적·경제적 협력이 평원의 농업과 목축 생활, 구릉 지대의 화전 농업이 제기하는 다양한 요구와 주장의 균형을 잡아 주었다.[43]

영국의 토지-세입 정책이 보여 준 경직성 및 교조주의와 달리, 무굴제국과 마라타국은 모두 각자의 통치 행위를 유연하게 수정해서 가뭄이 들기 쉬운 아대륙 지방들의 중요한 생태적 관계와 예측할 수 없는 기후 변동에 대처했다. 본 내시 기자는 1899년 기근 시기에 이렇게 썼다. 무굴제국에는 "가죽의 법칙"이 있었다. 반면 영국은 "철의 법칙"을 고수했다.[44] 게다가 벵골의 자민다르들처럼 인도의 전통 엘리트들도 속임수 같은 복지와 노동 규율에 대한 공리주의적 망상을 전혀 갖지 않았다. "빈민에게 구호 대가로 노동을 요구하는 행위(빅토리아 시대 구빈법의 영향으로 1866년 벵골에서 시작되었다.)는, 식량은 아버지가 자식에게 밥을 주듯이 아낌없이 제공되어야 한다는 벵골인들의 관념과 큰 갈등을 빚었다."[45] 영국은 자신들이 인도를 "끝없는 기아 상태"에서 구원했다고 주장했다. 그러나 1878년 권위 있는 잡지 『저널 오브 더 스타티스티컬 소사이어티』에 발표된 한 논문을 인도의 민족주의자들이 인용하면서, 120년간의 영국 지배 역사에서 발생한 서른한 차례의 심각한 기근을 과거 2천 년 동안 불과 열일곱 차례밖에 기록되지 않은 기근 사태와 비교 대조하자 적어도 한 명 이상의 관리는 큰 충격을 받았다.[46]

달리 말해 보자. 인도와 중국은 서구인들의 상상 속에 보편적으로 자리한 가망 없는 "기근의 땅"으로서 근대사에 진입하지 않았다. 어쩌면 지난 1천 년 동안 비슷한 사례가 서너 차례뿐이었을 정도로 19세기 말의 엔소 주기 강도가 1870년대와 1890년대의 대재앙들을 설명하는 데 커다란 역할을 담당할 것임은 틀림없는 사실이다. 그러나 그것이 유일한 독립변수는 아니다. 후기 빅토리아 시대의 남아시아, 북중국, 브라질 북동부, 아프리카 남부에서 아주 명백해진 기후 변동에 사회의 취약성이 점점 증가했다는 사실에도 똑같은 인과적 가중치를, 아니 그 이상을 두어야만 한다. 마이클 와츠는 식민지 나이지리아에서 펼쳐진 가뭄-기근이라는 "조용한 폭력"을 분석한 자신의 역사서에서 다음과 같이 분명하게 주장했다. "기후 위기는 (…) 자연이 부과하는 게 아니라 (…) '타협안'으로 인해 발생한다. 모든 사회가 각각 위기에 대처하는 제도적·사회적·기술적 수단을 갖고 있기 때문이다. (…) [그러므로] 기근은 특정한 경제적·정치적 제도의 실패를 표상하는 사회적 위기다."[47)]

취약성에 대한 관점

학자들은 지난 30년 동안 엔소의 일시적 요란 상태와 원격 연계된 지역들의 사회·경제·역사를 폭넓게 밝혀 왔다. 이런 연구의 요점은, 19세기에 발생한 주요 기근들이 상습적 빈곤과 과잉 인구라는 자연적인 전제 조건하에서 발생했다는 오리엔탈리즘적 고정관념을 뒤집는 것이었다. 지역 경제가 세계시장에 폭력적으로 합병되면서 농민과 농장 노동자들이 1850년 이후 자연재해에 극적으로 취약해졌다는 증거는 상당히 많다. 식민지 행정가들과 선교사들(브라질처럼 가끔은 유럽에서 이주해 온 백인 엘리트들조차)이 먼 옛날부터 지속되어 온 후진성이라고 파악한 사태가 대개는 공식적·비공식적 제국주의라는 현대적 구조였던 것이다.

정치 생태학의 관점에서 볼 때, 1870년 이후 극심한 기후 사건들에 열대 지방 농민들이 보인 취약성은 가계와 촌락이 지역 생산 체계와 맺었던 연계, 전 세계 상품 시장, 식민(또는 종속) 국가의 동시적 재구조화로 확대되었다. 와츠는 이렇게 쓰고 있다. "물론 그 가계들을 묶어 내고 다시 시장으로 투사하는 것은 이런 사회관계들의 배열 구조다. 그 구조가 가계가 보이는 취약성의 정확한 형태를 결정하는 것이다. 이 사회관계는 그 취약성을 완화해 주었을 수도 있는 생산력의 발달을 자극하지도 못했고, 사실상 저지해 버렸다." 실제로 새로운 사회적 생산관계는 새로운 제국주의와 제휴해 "통계적 의미에서 굶주림의 범위와 정도를 변경했을 뿐만 아니라 그 인과관계학마저 바꿔 놓았다."[48] 더 커다란 사회경제적 구조와 맺은 세 가지 유기적 연관이 후기 빅토리아 시대 "원조 제3세계"의 농촌 공동체에서 특히 결정적이었다.

첫째, 국외의 제어할 수 없는 힘이 소농의 생산을 상품 및 금융 체제로 강제 통합하면서 전통적 식량 안보가 무너져 버렸다. 최근의 연구 성과는, 환금작물 재배로 전환을 가속화한 것은 사업적 운을 시험해 보려는 시도가 아니라 **생존의 역경**(높은 세금, 만성적 부채, 부족한 토지, 보조적 고용 기회의 감소, 공유 재산 사용권 배제, 조상 전래의 책무 소멸 등) 때문이었음을 확인해 주고 있다. 부유한 지주들이 수출 호경기에 벌어들인 돈을 고리대금업, 엄청나게 비싼 소작료 받아 내기, 농작물 중개업으로 이전시키면서 농촌 자본은 생산적이라기보다 기생적으로 변해 갔다. 한스 메딕의 지적을 들어 보자. "생존 한계에 몰린 농민들은 (…) 이런 상황에 놓인 시장에서 아무런 혜택도 보지 못했다. 오히려 시장이 그들을 삼켜 버렸다."[49] 메딕은 "원조元祖 산업" 지역인 유럽에서 한계 상황에 봉착한 소농들의 유사한 곤경을 언급하면서 19세기 후반에 인도와 중국의 가난한 농민 수백만 명이 겪은 딜레마를 이렇게 설명한다.

> 농민들에게는 농작물 가격의 상승이 반드시 소득 증가로 이어지는 것도 아니었다. 생산성이 낮았고, 생산량이 유동적이었기 때문에 농작물 가격의 상승이

잉여 재산을 축적할 수 있는 기회라기보다는 부채의 원인으로 작용했다. "농산물 시장의 이상"으로 생존 한계에 처한 농민들은 시장의 부등가교환 관계로 내몰렸다. (…) 농민들은 거래에서 이익을 보기는커녕 시장에 의해 생산 여건이 점진적으로 악화되는 상황을 강요받았다. 예를 들어 토지 재산 소유권을 잃었다. 특히 흉년이 들어 물가가 치솟으면 소생산자들은 추가로 곡물을 구매하지 않을 수 없었다. 더욱더 안 좋았던 것은 그런 상황이 부채로 이어졌다는 점이다. 결국은 다시 풍년이 들어 곡물 가격이 떨어졌어도 그들은 과거의 부채에서 빠져나오기가 어렵다는 것을 발견했다. 그들이 보유한 토지의 낮은 생산성 때문에 시장에 내다 팔 만큼 많은 양의 곡물을 생산할 수 없었다.[50]

결과적으로 국제경제의 위계 체계 속에서 농촌의 소생산자들이 차지한 지위는, 추락이거나 기껏해야 정체였다. 인도와 브라질 북동부는 말할 것도 없고 북중국에서도 가계의 부가 몰락하고 토지의 파편화와 양도가 증대했다는 증거는 무수히 많다. 목화 기근기에 랭커셔의 공장들에 원료를 공급했던 베라르의 농민*khatedar*이나 세아라의 물납 소작인*parceiro*들처럼 농민들이 외국자본에 직접 고용되었든, 아니면 산둥 서부 의화단 현들의 면사 방적 농민들처럼 그저 단순히 국제 경쟁에 종속된 국내시장을 위해 생산 활동을 하고 있었든 아무튼 상업화의 도도한 물결은 빈곤화와 함께 진행되었다. 그리고 거기에 밝은 희망 따위는 전혀 없었다. 기술적 변화도 농업 자본주의도 말이다.

둘째, 열대 지방의 농민 수백만 명이 19세기 후반에 세계시장으로 통합되면서 그들의 거래도 극적으로 몰락했다. 농작물을 취급하는 상인 및 채권자들과 비교할 때 농민들은 시장에서 힘이 달렸다. 이런 처지는 그들이 생산한 제품의 국제적 구매력이 떨어지면서 배가되었다. 유명한 콘드라티에프 장기파동은 1873년에서 1897년에 하강 곡선을 그렸다. 그에 따른 지리학적 차이는 엄청났다. 아서 루이스가 말한 것처럼, 상대적인 생산성이나 운송 비용만으로는 전 지구적 불평등 교환이라는 새로운 구조를 설명할 수가 없다. 열대의 농업 생산물이 온대의 농업 생산물과 아주 다르게 평가를 받았던 것이다. "설탕만 예외였다. 열대 지방에서 생산된 거의 모든 상품은 1883년보다 1913년에 가격이 더 낮았다. 온대 국가들에서 전체 공급량의 상당 부분을 생산한 제품은 그 30년 동안 거의 대부분 가격이 올랐다. 대양 화물 운임율의 하락으로 온대 지방 상품의 가격보다는 열대 지방 상품의 가격이 더 큰 영향을 받았다. 하지만 그렇다고 해도 이 때문에 5퍼센트 포인트 이상의 차이가 발생해서는 안 된다."[51]

셋째, 빅토리아 시대의 공식적·비공식적 제국주의는 금본위제라고 하는 초국가적 자동 작용의 후원 속에서 지방 재정 자치를 몰수했고, 국가 차원의 개발 전략을 저지했다. 특히 수자원의 보존과 관개시설에 대한 투자가 막혀 버렸는데, 이런 활동이 조직되었더라면 기후 충격에 대한 취약성이 크게 개선되었을지도 모를 일이다. 커즌이 상원에서 한 유명한 불평처럼, 세율이 "인도가 아니라 런던에서 결정되었던 것이다. 그리고 그것도 인도의 이해관계가 아니라 영국의 이해관계에 따라 정해졌다."[52] 다음 장에서 보겠지만 영국이 부설한 철도와 운하에서 민초들이 조금이라도 이익을 보았다고 할지라도, 그 작은 혜택마저 관리들의 관개시설 방치와 삼림 및 초지 자원에 대한 야만적 봉쇄로 인해 대개는 상쇄되고 말았다. 다시 말해 수출 수입은 가계 소득의 증가로서뿐만 아니라 가용한 사회적 자본이나 국가 투자의 형태로도 결코 소생산자들에게 돌아가지 않았던 것이다.

중국에서는 두 차례의 아편전쟁 이후 내부 위기와 대외무역에 대한 주권 상실이 상호 작용하면서 황하 평원 농업의 생태적 안정과 곡물 가격의 "정상화"가 훼손되었다. 서구 세계가 개입했고 전통적 복지를 담당하던 국가의 능력이 쇠락하면서 중국 백성의 운명도 간접적으로 결정되었다. "상시 운영되는" 곡물 창고의 고갈 역시 50년 동안 다각적 원인이 사악하게 상호 작용한 결과일 것이다. 그러나 파머스톤의 중국 침략으로 1850년대에 발생한 항구적 재정 위기와 구조적 경기 후퇴가 분명히 최후의 일격으로 작용했을 것이다. 케네스 포머란즈가 보여 주는 것처럼, 이후 수십 년 동안 외세의 압력이 강화되면서 사면초가에 몰린 청 왕조는 자신들의 전통적 책무를 포기하지 않을 수 없었다. 상업적으로 위기에 처한 해안을 방어하는 데 집중하느라 황하 유역 성들의 수력학적 관리와 곡물 비축을 전부 손놓아 버렸던 것이다.[53]

영국은 브라질의 대외 부채와 재정 능력까지 통제했는데, 우리는 이를 통해 제국과 그를 계승한 공화국이 세르탕에서 가뭄에 대처하는 개발 계획에 전혀 착수하지 못한 이유도 알 수 있다. 런던의 은행들, 특히 로스차일드 가문이 통화 공급을 장악하고 있던 구조적 맥락 아래 브라질의 신흥 지역과 쇠락 지역 사이에서 제로섬 경제 갈등이 발생했다. 인도 및 중국과 마찬가지로, 대중의 생존이 국제무역에서 얻는 식량 인타이틀먼트에 점점 더 좌우되던 시절에 세계시장과의 상호 작용을 정치적으로 조정할 수 없었다는 사실은 기근의 불길한 전조였다. 게다가 데칸 고원, 황하 유역, 노르데스테 세 지역 모두가 18세기의 아대륙적 권력 구조에서 "핵심적" 역할을 담당하다가 연이어 런던이 주도하는 세계경제의 굶주리는 주변부로 전락하고 말았다.

지리역사학적 설명처럼 이런 명제들도 정교하게 다듬으면 더 면밀한 분석과 통찰을 제공한다. 1870년대와 1890년대의 엘니뇨 사태로 황폐화된 주요 지역들에서 발생한 농촌 궁핍화의 사례를 연구하고, 또 제국주의, 국가의 역량, 촌락 단위의 생태 위기가 맺고 있던 관계를 살펴보기 전에 인도와 중국(향후 제3세계의 대군으로 자리하게 될)이 세계경제에서 차지했던 구조적 지위가 19세기를 경과하는 과정에서 어떻게 바뀌었나를 짧게나마 알아보는 작업이 필요하다. 열대 지방의 인류가 1850년 이후 서구 유럽인들에게 경제적으로 크게 패퇴한 과정을 이해하면 엘니뇨 연간에 기근으로 그렇게 많은 사람들이 목숨을 잃은 이유를 알 수 있다. 현대의 세계가 불평등해진 기원을 어떤 기준선을 바탕으로 파악하고 획정할 수 있을까? (사실 이것이 가장 중요한 문제다.) 폴 베이로치와 앤거스 매디슨이 지난 30년 동안 엄청나게 수고로운 통계 작업을 수행했다. 최근에는 유럽과 아시아의 생활수준을 비교 분석하는 사례 연구들도 다수 추가되었다.

패배의 늪에 빠진 아시아

매디슨이 확증해 준 베이로치의 유명한 주장은 이런 것이다. 18세기의 위대한 문명들 사이에 존재했던 소득과 부의 차이는 비교적 경미했다. "18세기 중엽 유럽의 평균적 생활수준은 세계 나머지 지역의 그것보다 약간 낮았을 가능성이 아주 높다."54) 상퀼로트들이 바스티유로 몰려갔을 때 전 세계에서 가장 규모가 큰 생산 지역은 여전히 양쯔 강 삼각주와 벵골이었다. 린건(Lingan, 현대의 광둥과 광시) 지역과 마드라스 해안 지방이 그 뒤를 바짝 쫓고 있었다.[55] 인도 한 나라가 전 세계 생산의 4분의 1을 담당했다. 물론 인도의 "전前 자본주의적 농업 노동생산성이 일본과 중국의 수준을 밑돌기는 했겠지만 인도의 상업자본은 중국의 상업자본을 압도했다."[56]

프라사난 파르타사라티가 최근 보여 준 것처럼, 인도의 노동자가 넝마를 걸친 준기아 상태의 가련한 사람들이라는 고정관념은 상대적 생활수준에 관한 최근의 데이터 앞에서 무너지고 만다. "실제로 18세기에 남인도의 노동자들이 영국의 노동자들보다 더 많은 소득을 올리면서 경제적으로 더 안정된 삶을 영위했다는 증거들이 많다." 남아시아의 토지 생산성이 더 높았기 때문에 직조공들과 기타 장인들은 유럽 평균보다 더 나은 식사를 했다. 더 중요한 사실이 있다. 남인도는 실업률도 더 낮았다. 계약을 맺을 때 더 우월한 권리를 누렸고 경제력도 더 많이 행사할 수 있었던 것이다. 심지어 사회의 계급 위계에서 추방된 마드라스의 농업 노동자들까지도 실질적인 측면에서 영국의 농업 노동자들보다 더 많은 돈을 벌었다.[57] (그러던 것이 1900년경에 영국의 평균 가계 소득이 인도보다 스물한 배 더 높아졌다고 로메시 천더 덧은 추산했다.)[58]

중국 역사학자들의 새로운 연구 결과도 상대적 경제성장에 관한 전통적 관념에 도전장을 던진다. 필립 황은 리보중의 혁신적인 작업 성과를 언급하면서 이렇게 말했다. "학계의 새로운 흐름을 대표하는 이 걸출한 학자는 양쯔 강 삼각주에서 전개된 청대의 경제 발전이 '근대 초기' 영국의 경제 발전을 전반적으로 압도했다고까지 주장했다."[59] 빈 웡도 최근에 이렇게 강조했다. "유럽의 전형적인 산업화와 결부된 특정한 조건들(계절적 수공업의 확대, 농장 규모의 축소, 우호적이었던 시장 거래)이 유럽보다는 오히려 중국[과 인도]에 훨씬 더 광범위하게 퍼져 있었을지도 모른다."[60] 모트는 이렇게 덧붙인

표 33 | 전 세계 국내총생산에서 각국이 차지한 몫(%)

	1700년	1820년	1890년	1952년
중국	23.1	32.4	13.2	5.2
인도	22.6	15.7	11.0	3.8
유럽	23.3	26.6	40.3	29.7

다. "기본적인 사회 기능을 수행할 수 있도록 돕는 문자 해독률을 보자. 읽고 쓸 줄 아는 사람들이 당시의 서구 사회보다 더 많았다. 모든 사회 단위의 여성들 상황도 마찬가지였다."[61)]

최근에 열린 "18세기의 중국을 다시 생각해 보자."란 포럼에서 케네스 포머란즈는 중국의 서민들이 18세기의 유럽인들보다 더 높은 소비 수준을 향유했다는 증거를 제시했다.

중국인들의 평균 수명(과 영양 상태)은 1700년대 후반에조차 개략적으로 영국 수준 정도였고 유럽 대륙보다는 더 높았다. (1550년부터 1850년 사이에 중국의 출생률은 실제로 유럽보다 더 낮았다. 그 300년 동안 인구가 더 빨리 늘어난 것으로 보아 사망률이 낮았음에 틀림없다.) "비필수재" 소비에 관한 추정 계산도 매우 높게 나왔다. 1750년경의 일인당 설탕 소비량은 1.9킬로그램에서 2.2킬로그램이었다. 일부 지역에서는 그 양이 훨씬 더 많았다. 유럽의 일인당 소비량이 0.9킬로그램에 불과했다는 점을 상기할 때 대단한 수준이라 아니 할 수 없다. 중국은 1750년경에 무명을 일인당 2.7킬로그램에서 3.6킬로그램 생산했던 것 같다. 중국에서 가장 부유한 지역이었던 양쯔 강 삼각주(대략 잡아서 3천1백만 명의 인구가 살고 있었다.)는 아마도 일인당 5.4킬로그램에서 6.8킬로그램을 생산했을 것이다. 영국은 1800년에도 면, 리넨, 모직물을 다 합해 국내 거주민 일인

당 약 5.8킬로그램을 생산했을 뿐이다. 유럽 대륙의 생산량은 아마도 중국에 못 미쳤을 것이다.[62)]

포메란즈는 이런 계산 결과도 내놓았다. "거칠게 계산한 양쯔 강 하류의 1750년 일인당 무명 생산량은 영국이 1800년에 생산한 면, 양모, 리넨, 비단의 총량에 필적할 정도로 많았다. 거기에 엄청난 양의 비단이 더해진다고 생각해 보라."[63)] 매디슨이 증명하는 것처럼, 절대적 견지에서 볼 때 중국의 국내총생산은 18세기 내내 유럽의 국내총생산보다 더 빠르게 성장했다. 그리하여 1820년경이 되면 전 세계 소득에서 중국이 차지하는 몫이 엄청난 양에 이르게 된다.

19세기 경제 역사에 대한 통상적인 고정관념은, 아시아는 정체했음에 반하여 영국에서는 산업혁명이 일어났고 미국과 서유럽 국가들이 뒤를 이으면서 국민총생산이 빠른 속도로 성장하는 도정에 진입했다는 것이다. 물론 피상적으로 보면 이 말은 사실이다. 그러나 베이로치와 매디슨이 수집한 데이터는, 아시아가 우리들 대다수가 흔히 상상하는 것보다 더 늦게 세계경제의 주도권을 잃었음을 알려 준다. 상업 및 수공업 경제가 고도로 발달했던 인도와 중국(미래의 제3세계)은 1850년(여전히 전 세계 국민총생산의 65퍼

표 34 | 1750년~1900년, 전 세계 생산에서 각 지역이 차지한 몫(%)

	1750년	1800년	1830년	1860년	1880년	1900년
유럽	23.1	28.0	34.1	53.6	62.0	63.0
영국	1.9	4.3	9.5	19.9	22.9	18.5
열대 지방	76.8	71.2	63.3	39.2	23.3	13.4
중국	32.8	33.3	29.8	19.7	12.5	6.2
인도	24.5	19.7	17.6	8.6	2.8	1.7

센트를 생산하고 있었다.)에 이르러 비로소 그 지반을 어쩔 수 없이 내주었다. 그러다가 19세기의 나머지 기간에 급격한 속도로 몰락하고 말았던 것이다. (1900년에는 전 세계 국민총생산의 38퍼센트, 1960년에는 22퍼센트에 불과했다.)[64)]

지역에서 자체적으로 생산하던 직물 대신 랭커셔산 수입 면제품을 쓰기 시작하면서 발생한 아시아의 제조업 쇠퇴는 수정궁* 건설 후 불과 수십 년 만에 그 절정에 이르렀다. 앨버트 포이어워커는 이렇게 말한다. "1831년까지는 영국이 자국산 옷감을 중국에 파는 것보다 매년 더 많은 '난징'(난징과 양쯔 강 하류의 다른 지역에서 제조 생산된 무명)을 구매했다."[65)] 영국은 아시아에 1831년 면직물 5만 7천 킬로미터를, 1871년 91만 킬로미터를, 1879년 129만 2천 킬로미터를, 1887년 182만 9천 킬로미터를 수출했다.[66)]

그렇다면 아시아는 왜 정체했던 것일까? 기계적인 대답은 전통의 굴레와 맬서스주의적 인구 압력이 아시아를 짓눌렀기 때문이라는 것이다. 인구 증가율이 유럽과 대동소이했던 청대의 중국이 이런 사실에도 불구하고 18세기 내내 비상한 경제성장을 이루었는데도 말이다. 잭 골드스톤이 최근 주장한 것처럼, 중국의 "정체"는 "역사를 퇴영적으로 읽은 데서 기인하는 시대착오적 착각"이다.[67)] 의미 있는 질문은 잉글랜드, 스코틀랜드, 벨기에에서 왜 최초로 산업혁명이 일어났는가가 아니라 18세기 세계경제에서 다른 선진 지역들이 왜 그들의 수공업적 제조 방식을 19세기의 생산과 경쟁이라는 새로운 조건에 적응시키지 못했느냐인 셈이다.

맑스가 즐겨 지적했던 것처럼, 자유당원들은 역사에서 피비린내 나는 사업을 대거 지워 버렸다. 인도와 중국의 베틀은 시장 경쟁에 패퇴했다기보

---

* Crystal Palace, 영국이 자국 산업의 위용을 과시하기 위해 1851년 만국박람회용으로 런던의 하이드파크에 세운 건물. 옮긴이

표 35 | 중국 대 서유럽(국내총생산은 달러, 인구수는 백만 명)

	서유럽		중국	
	국내총생산	인구수	국내총생산	인구수
1400	430	43	500	74
1820	1034	122	500	342
1950	4902	412	454	547

다 전쟁, 침략, 아편, 랭커셔가 부과한 일방적 관세 제도에 의해 강제로 해체되었다. (이미 1850년에 인도산 아편 수입으로 중국 통화의 11퍼센트가 국외로 빠져나갔다. 이것은 중국 전체 은 보유고의 13퍼센트에 상당하는 양이었다.)[68] 아시아, 라틴아메리카, 아프리카에서 내부적 제동장치가 급속한 경제 발전에 어떤 식으로 작용했든 비서구 사회도 1780년 내지 1800년부터 지속적으로 개발의 고속 차선을 갈아타거나 무역수지를 개선하려고 갖은 노력을 다했다. 그러나 온갖 진지한 시도들이 런던이나 기타 경쟁 관계에 있던 대자본들의 경제적·군사적 대응으로 좌절되었다. 이것은 논란의 여지가 없는 사실이다. 페리의 흑선 함대에 자극을 받아 개혁을 단행한 일본이야말로 이 규칙을 반대로 입증해 주는 예외인 것이다.

(맑스와 후에 로자 룩셈부르크가 주장했듯이) "자유로운" 세계경제 환경을 조성하기 위해 무력을 사용하는 것이야말로 팍스 브리타니카가 진정으로 관심을 갖고 몰두했던 분야다. 코브던이 밟고 지나갈 길을 파머스톤이 닦아 주었다. 브라이언 본드의 계산에 따르면 빅토리아 시대 정치인들은 최소 75건의 사태에서 포함을 동원했다.[69] 영국은 인도에서 세포이항쟁을 진압했고, 중국에서는 1858년 "애로"호 전쟁을 승리로 장식했다. 일본은 같은 해에 미국의 페리에게 굴복했다. 아시아의 경제적 자치를 패퇴시킨 획기적 승리

라 할 만했다. 이를 바탕으로 19세기 후반에 코브던이 주창한 자유무역의 세상이 펼쳐졌다. (태국은 1855년에 이미 3퍼센트 관세를 용인하고 있었다.)[70] 태평천국운동은 이 결과를 번복하려던 거대한 시도였다. "남녀평등을 주장했고, 대중 교육을 강조했다는 점에서 일본의 메이지유신보다 그 목표가 더 혁명적이었다." 물론 태평천국운동은 패배했다. 영국이 사면초가에 빠진 청 왕조에 물자와 용병을 제공했기 때문이다.[71]

산업혁명이 아시아 식민 침탈과 경제적 예속을 반드시 필요로 했다고 주장하려는 게 아니다. 오히려 영국과 프랑스와 미국의 산업을 도약시키는 데서 전략적으로 훨씬 더 중요한 유동자본과 천연자원은 노예무역과 신세계의 재식 농장들이었다. 랠프 데이비스가 혁명의 시대에 플레시의 노략질이 조지 왕 치세의 안정에 결정적 기여를 했다고 주장했음에도, 동인도회사의 총거래액은 대서양을 가로지르던 엄청난 물류 및 자본과 비교할 때 하찮은 수준이었다.[72] 1830년부터 1850년 사이에 자국의 경제 회복과 초기 산업화에 자금을 조달하는 데 아시아의 조공(야만적이었던 쿨투어슈텔셀의 이윤)에 크게 의지한 나라는 네덜란드뿐이었을 것이다.

역설적이게도 계절풍대의 아시아가 빅토리아 시대 세계경제에서 가장 중요한 역할을 담당한 "순간"은 그 시작이 아니라 끝이었다. 케인과 홉킨스는 영국 제국주의를 다룬 유력한 역사서에서 이렇게 쓰고 있다. "영국의 지배는 18세기에 처음 시작되었다. 그러나 그들의 정치적 투자 이익은 19세기의 후반에야 비로소 실현되었다. 그때에야 인도가 랭커셔산 면제품의 중요한 시장이 되었고, 다른 특수한 산업 분야, 예를 들어 던디의 황마 제조업자들이나 셰필드의 철강업자들도 아대륙 인도에서 자신들의 이익을 크게 증대시킬 수 있었던 것이다."[73] 인도와 중국에서 강제로 빼앗은 재산은 영국의 헤게모니가 부상하는 데 필수 조건이 아니었다. 그러나 시간이 경과하면서 그것은 영국의 몰락을 지연시키는 데 절대적으로 중요한 역할을 수행했다.

후기 빅토리아 시대의 세계경제

1873년부터 1896년 사이는 성장과 정체를 반복하던 시기였다. (경제사학자들은 이 시기를 "대공황"이라고 불러 사람들의 그릇된 인식을 자아냈다.) 영국에서는 노동과 자본의 생산성 증가 및 자본 형성 속도가 극적으로 둔화되기 시작했다.[74] 영국은 구식의 생산물과 기술에서 벗어나지 못하고 있었음에 반하여 독일과 미국은 관세장벽을 쳐놓고 최첨단의 석유, 화학, 전기 산업을 선도해 나갔다. 영국의 수입과 해외 투자가 호주에서 덴마크에 이르는 각국의 지역 경제를 여전히 성장시키고 있었기 때문에 영국의 생산성과 소비 수준 사이의 잠재적 확대 편차scissors가 세계무역의 전체 구조를 위협했다. 이렇게 위급한 때에 굶주리던 인도와 중국의 농민들은 가망 없는 구제자들로 처지가 바뀌었다. 한 세대 동안 그들은 국제적 재산 양도가 이루어지는 전체 구조를 떠받쳤다. 영국은 계속해서 재정 우위를 지켜 나갈 수 있었고, 그 속에서 일시적이나마 자국의 상대적 산업 쇠퇴와 공존할 수 있었다. 죠반니 아리기는 이렇게 강조한다. "영국은 인도의 수지 상황에서 발생한 많은 잉여를 바탕으로 세계적 규모의 자본 축적과 런던의 세계 금융 장악 과정을 확대재생산할 수 있었다."[75]

이 중요한 회로는 단순하고 교묘하게 작동했다. 영국은 매년 인도 및

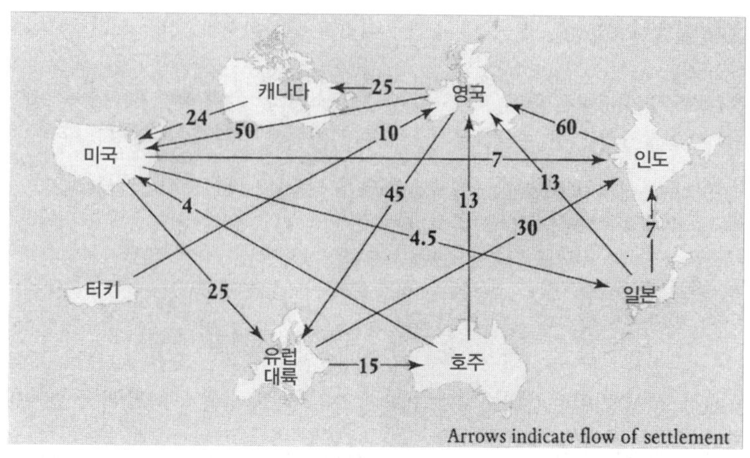

표 36 | 1910년 재산 양도의 세계적 구조(화살표는 재산 양도 흐름, 백만 파운드)

중국과의 거래에서 엄청난 흑자를 기록했고, 이 때문에 미국, 독일, 영연방 자치령하고는 그에 버금가는 수준으로 커다란 적자를 내면서도 버틸 수 있었다. 영국이 해운업, 보험업, 은행업, 해외 투자에서 눈에 안 보이는 무역 외 소득을 올리고 있었다는 것은 사실이다. 그러나 1910년 당시 영국 무역 대출금의 73퍼센트를 차지했던 아시아가 없었다면 "아마도 자유무역을 포기하지 않을 수 없었을 것"이라고 앤서니 래섬은 주장한다. 이와 함께 영국의 무역 상대국들도 자국의 산업화 속도를 늦추지 않을 수 없었을 것이다. 만약 그렇지 않았다면 자유로운 세계경제는 1930년대처럼 경제적 자급자족을 도모하는 무역 블록으로 조각조각 분해되었을지도 모른다.

> 미국과 산업화의 도정에 섰던 유럽, 특히 독일이 계속해서 관세장벽을 유지할 수 있었던 것은 오직 영국이 아시아와의 무역 거래에서 얻는 흑자 때문이었다. 아시아를 대상으로 한 무역 흑자가 없었다면 영국도 더 이상 그들의 성장을

뒷받침할 수 없었을 것이다. 사정이 이러하므로 아시아 일반, 특히 인도와 중국이 당시의 국제경제 발전에서 주변적이기는커녕 실상 매우 중요했다는 점을 인정하지 않을 수 없다. 영국이 아시아에서 가져올 수 있었던 흑자가 없었다면 세계경제 발달의 전체 양상도 심각하게 제한되었을 것이다.[76)]

인도는 세계 역사상 가장 커다란 전속 시장이었다. 인도는 1870년 이후 사반세기 만에 영국 수출품 소비국 3위에서 1위로 부상했다.[77)] 마르셀로 드 세코는 빅토리아 시대의 금본위제를 연구한 저서에서 이렇게 쓰고 있다. "영국 지배자들은 인도인들이 능숙한 기계공이 되는 것을 철저하게 막았고, 영국에서 획득할 수 있는 물자를 생산하는 인도 기업들과의 계약을 거부했으며, 인도에서 자주적인 산업 구조가 형성되는 것을 방해했다."[78)] "대부분의 정부 구매를 영국산 제품으로 지정한 조달 방침과 영국의 특약점들이 수출입 거래를 독점했기" 때문에 인도는 점점 더 구식으로 변해 가며 경쟁력을 잃고 있던 영국 산업의 수출품들을 울며 겨자 먹기 식으로 받아들이지 않을 수 없었다.[79)] 1910년경에는 영국산 면직물 완제품의 5분의 2, 전기제품·철도 장비·책·의약품 수출의 5분의 3이 인도로 유입된다. 결과적으로 영국은 "자국 산업을 재편하지 않고서도 수익률이 가장 높은 나라들에 자본을 투자할 수 있었다."고 드 세코는 설명한다. 인도 덕택에 "영국의 자본가들은 자신들의 차관을 영국의 수출과 '결합'시킬 필요가 없었다. 영국산 제품의 판로로 언제라도 인도제국을 이용할 수 있었던 것이다."[80)]

아대륙은 불로소득 생활자 계층에게도 마찬가지로 굉장히 중요했다. 1870년대 후반에 영국 농업은 악천후로 커다란 위기에 처했다. 이후 농업 산출이 하락했고, 잉글랜드와 웨일스에서 토지 임대료가 1876년 5천3백만 파운드에서 1910년 불과 3천7백만 파운드로 폭락하고 말았다.[81] 결국 인도의 군대와 행정사무 한직閑職들이 영국 토지 귀족의 몰락을 막아 주었다는 것은 유명한 사실이다. 그러나 케인과 홉킨스가 패권적 "특권계급 자본주의" 옹호론을 펴는 과정에서 주장한 것처럼 훨씬 더 커다란 전리품을 챙긴 것은 런던과 주변 여러 주[Home Counties, 에식스, 켄트, 서리 등 런던 주변에 포진한 주들. 옮긴이]의 중간계급이었다. 그들은 정부가 보증하는 철도 회사채와 인도 채권으로 막대한 이윤을 벌어들였다. "이 선거구의 투자자들과 은행업 및 해운업 대변자들은 서슴없이 제국의 깃발 아래 정렬했고, 자유무역과 건전한 자금 정책을 전폭적으로 지지했다. 영국의 인도 지배가 영국 산업에 도움을 주는 정도였다면 영국의 투자에는 그것이 엄청나게 중요했다."[82] 홉스봄이 지적하는 것처럼 "자유무역론자들마저 이 금광이 영국의 통제에서 벗어나는 것을 원하지 않았다."[83]

그렇다면 기근의 시대에 아대륙은 급작스럽게 위험에 처한 영국의 상업 우위를 어떻게 뒷받침할 수 있었을까?[84] 한 마디로 말해 인도는 그럴 수 없었다. 앞으로 보겠지만 인도는 세입 및 관개 정책으로 세계시장에 강제로 내몰렸다. 농민들은 자신들의 식량 안보를 희생해 가며 해외 소비를 위해 생산해야만 했다. 이런 수출 추진 정책이야말로 직접 통치의 초기 연간에 제임스 윌슨이 새로 도입한 재정 전략의 특징이었다. 제임스 윌슨은 『이코노미스트』 지의 설립자이자 인도 위원회의 재정 위원이었다. 수에즈 운하가 개통되고 증기선 해운업이 성장하면서 아대륙에서 수출하는 상품의 운송비가 크게 줄어들었다. 인도의 해운 국제무역이 1840년부터 1886년 사이에 여덟 배 이상 증가했다.[85] 벵골의 아편 재배 외에도 인디고, 목화, 밀, 쌀 등 새롭게 수출용 단일 작물 재배가 이루어지면서 수백만 에이커에 이르던 자급용 농작물이 사라져 버렸다. 물론 이런 생산의 일부는 1870년대에 영국 농업이 붕괴하면서 주요 도시에서 곡물 가격을 낮게 안정시키기 위해 추진된 것이었다. 인도 역사상 최악의 기근들이 발생한 1875년부터 1900년 사이에 연간 곡물 수출은 3백만 톤에서 1천만 톤으로 증가했다. 로메시 천더 덧이 지적한 것처럼 이것은 매년 2천5백만 명을 먹일 수 있는 양이었다. 세기가 바뀌던 시점에 인도는 영국 밀 소비량의 약 5분의 1을 공급했고, 런던의 곡물 상인들은 이를 바탕으로 유럽 대륙이 식량 부족에 시달릴 때 투기까지 할 수 있었다.[86]

그러나 인도의 농업은 대영제국 체제에 훨씬 더 중요한 기여를 했다. 동인도회사가 아편을 광저우로 처음 불법 선적한 이래 동반구의 나머지 지역에서 벌어들인 엄청난 소득이 바로 그것이다. 특히 1880년대와 1890년대에는 아대륙이 영국과 맺었던 무역 및 경상 계정의 불균형 상태가 나머지 아시아 지역과의 아편, 쌀, 면사 무역의 흑자로 벌충되었다. 실제로 영국의 체계적인 인도 착취는 대부분이 상업 거래를 통한 인도의 중국 착취에 의존했다. 인도, 중국, 영국의 이런 삼각 무역은 빅토리아 시대의 세계 체제에서 기타의 훨씬 더 커다란 통상 흐름을 능가할 만큼 경제적으로 엄청나게 중요했다. 중국이 19세기 후반 세계무역 거래 총량에서 불과 1.3퍼센트밖에 생산하지 못했지만 그럼에도 이 나라는 대영제국에 아주 귀중한 존재였다. 영국은 1860년대에 중국 대외무역의 80퍼센트를, 1899년에조차 60퍼센트를 독점했다. (연안 해운의 3분의 2를 장악했던 영국 회사들도 중국의 국내 상업에서 중요한 몫을 차지했다.)[87]

동인도회사는 19세기 초부터 벵골산 아편을 광저우로 수출해(1832년에는 순이익이 "생산 원가의 최소 열네 배에 이르렀다.") 아대륙의 군사 작전 비용을 댔다.

아편전쟁이 두 차례(1839년~1842년, 1856년~1858년) 치러졌고 징벌적 톈진조약(1858년)이 강제되었다. 영국은 이 과정 전체에 개입해 우격다짐으로 중국의 마약 수요를 확대했고, 인도산 수출품에 징수하던 세금도 올렸다. 영국령 인도의 세입원이 크게 바뀐 저간의 사정이란 바로 이것이다. 존 웡은 이렇게 말한다. "인도에서 대영제국이 확장되는 데 들어가는 비용을 대준 것이 바로 아편이다."[88] 인도산 아편 선적은 1879년 8만 7천 상자로 최고 절정에 이르렀는데, 이것은 세계 역사상 가장 커다란 규모의 마약 거래였다.[89]

이 유별나게 불공평한 무역 거래(1868년 인도는 중국 수입의 35퍼센트 이상을 공급했지만 1퍼센트 미만의 수출만을 구매했다.)는 랭커셔의 산업혁명에 불을 지핀 미국산 면화의 수입도 뒷받침했다.[90] 래섬은 이렇게 설명한다. "벵골산 아편의 중국 판매는 영국이 세계를 에워쌌던 교역의 연쇄상에서 중요한 고리였다. 그 연쇄상은 이렇게 작동했다. 대영제국은 영국 은행 지폐로 미국에 면화 대금을 지불했다. 미국은 광저우로 가서, 차를 사고 그 돈을 중국인들에게 줬다. 중국인들은 그 돈을 인도산 아편과 바꾸었다. 영국 은행권의 일부는 이윤의 형태로 다시 영국으로 돌아왔다. 나머지는 인도에서 추가로 상품을 구매하고, 개인 재산의 송금과 국내에서 인도 정부를 경영하는 비용으로 쓰였다."[91]

중국은 1880년 이후 아편의 국내 생산을 묵인했다("수입 대체"의 초기 사례). 당연히 무역 적자를 해소하기 위한 조치였다. 그러자 영국령 인도는 공장형 면사 수출로 새롭게 수지맞는 장사를 시작했다. 앞으로 보겠지만 이 과정에서 중국의 수공업 직물은 궤멸되고 만다. 게다가 19세기 후반부터는 영국이 처음으로 대중국 무역에 직접 나서서 엄청난 흑자를 기록하기 시작했다. 제2차 아편전쟁("애로"호 전쟁)으로 영국의 대중국 수출은 불과 10년 만에 열 배 증가했다. "애로"호 전쟁이 전환점이었던 셈이다.[92] 포함을 갖춘 아편 생산업자들이 중국의 대외무역에서 영국이 장악한 지배적 역할을 구축했다. 결국 그렇게 전체 자유무역 세계가 형성되었다. 래섬은 이렇게 요약한다. "중국은 영국과는 직접적인 방식으로, 인도와는 간접적인 방식으로 영국이 미국 및 유럽과의 무역 적자를 견딜 수 있도록 해 주었다."[93]

게다가 중국은 무력에 굴복해 영국의 해상무역 관세청 감찰감에게 관세 통제권을 넘겨줘야만 했다. 사실상 식민지 총독이 있었던 셈이다. 그는 "베이징 주재 영국 공사보다 외무국과 더불어 더 많은 영향력을 행사했다."[94] 중국의 점증하던 무역 적자는 1884년쯤 되면 돌이킬 수 없는 수준에 이르고 만다. "[19세기의 나머지 기간에] 단 한 해도 흑자를 기록하지 못했다. 연간 평균 적자가 2660만 냥에 달했다. 연간 전체 무역의 10퍼센트에 상당하는 이 금액은 연간 수입의 20퍼센트를 상회하는 수준이자 연간 수출의 30퍼센트를 약간 밑도는 정도였다."[95] 중국의 전통적인 독점 공급 품목들을 살펴보자. 차는 인도가 생산을 시작하면서 세계시장에서 그 지위가 약화되었다. 일본산 비단이 중국 남부의 그 유명한 제품들과 경쟁하기 시작했다. 중국은 인도와 달리 "시종일관 증가하던 전반적 무역 적자"를 제3의 세력과의 무역 흑자를 통해 보충할 수 없었다. 중국은 영국처럼 해외 식민지들에서 보상 수입을 흡수할 수도 없었다. 결국 청 왕조는 동남아시아, 오세아니아, 페루, 카리브 해, 미국에 거주하던 5백만 중국인 이민자들의 외국환 송금에 점점 더 의지하게 되었다.[96] 정부는 쿨리 송출을 공개적으로 비난했지만 그 확대에 협력하는 것 말고는 달리 대안이 없었다. 영국 작가들이 널리 유포시킨 소위 "황화론黃禍論"은 비틀거리던 영국의 패권을 아시아가 뒷받침하면서 생긴 직접적인 결과였다. 인도의 료트들처럼 재식 농장과 철도 건설 노동자로 세계 각국에 퍼진 중국인 이민자들도 그들의 굽은 등 위로 영국의 장부를 결산해 주었던 것이다.

군국주의와 금본위제

인도와 중국의 경제는 자유무역 제국주의의 패배자였다는 사실 말고도 군비 지출과 금본위제로 교살당했다. 빅토리아 시대 주요 열강 가운데서 그렇게 많은 국민소득을 전쟁에 쏟아 부은 나라는 없다. 인도는 이미 엄청난 공채에 짓눌리고 있었다. 동인도회사의 주주들에게 배당을 해야 했고, 1857년 반란으로 생겨난 손실을 배상해야 했던 것이다. 그런 인도가 영국의 아시아 지역 군사 패권을 위해 자금을 공급해야만 했다. 인도의 보통 사람들은 아프가니스탄 국경에서 끊임없이 계속되던 러시아와의 대리전 외에 인도 군대의 다른 장거리 원정에도 비용을 지불해야 했다. 1860년의 베이징 약탈, 1868년의 에티오피아 침공, 1882년의 이집트 점령, 1896년부터 1898년의 수단 정복이 그런 예들이다. 군비 지출이 인도 연간 예산의 25퍼센트(경찰 예산을 포함하면 34퍼센트) 미만으로 떨어진 적이 없었다. 총독들은 계속해서 창의적인 방법을 동원해 다른 예산에서 군대에 쓸 돈을 빼왔다. 앞에서도 보았겠지만 기근 기금에서도 도둑질을 했던 것이다. 반면 빅토리아 여왕의 영국은 자국 육군과 해군에 국민순생산의 3퍼센트 이상을 지출한 적이 없었다. 제국주의와 관련된 국내 긴장이 상당히 감소했던 운 좋은 상황이었다고 할 수 있다.[97]

중국의 사정은 훨씬 더 극단적이었다. 중국은 1850년부터 1873년까지 미증유의 사회적·민족적 갈등으로 불타올랐다. 당대의 남북전쟁은 아무것도 아닌 것처럼 보일 지경이었다. 대다수의 역사학자들이 인정하듯이, 이 대학살 참극은 제1차 아편전쟁에 따른 구조적 경기 후퇴와 점증하던 생존 위기에 그 뿌리를 두고 있었다. 대규모 내전을 진압하기 위해 엄청난 재정이 투입되었다.[98] 태평천국 혁명가들과 삼합회 동맹자들이 여러 해 동안 베이징으로 가야 할 모든 남부 성의 세입을 차단해 버렸다. 녠 반란군이 북부 네 개 성의 광범위한 지역에서 국가 행정을 마비시켰다. 간쑤성과 산시陝西성에서 일어난 무슬림 반란은 청 왕조의 악몽으로, 이 민족 멸절 전쟁에 엄청난 비용이 투입되었다. 최악의 연간에는 제국 예산의 75퍼센트가 작전을 수행하던 대규모 야전군의 유지 비용으로 지출되었다(그렇다고 진정한 군 현대화로 이어지지도 않았다).[99] 포머란즈의 말을 들어 보자. 청 왕조는 각급 야전군 유지 비용에 압도당했고, 결국 지역의 상황을 비교 평가해 국가 지출을 "선별 적용"하지 않을 수 없었다. 그렇게 해서 결국 해안 도시들이 선택되었다. 관세 수입이 증가하고 있었지만 주권이 크게 위협받고 있던 곳들로 말이다. 북중국 오지의 생존 경제 문제는 포기되었다. 나중에 보겠지만 청 왕조가 홍수 통제와 운하 항행에 따른 제국의 임무(황하 유역의 생태 안정에 필수적이었던 사업)를 방기하자 19세기 후반 엔소 주기가 강화되면서 예상대로 엄청난 재앙이 발생했다.

아시아의 두 열강은 1870년대에 새로 수립된 국제통화제도의 희생양이기도 했다. 영국이 1821년 금본위제를 채택했음에도 나머지 세계는 여전히 은본위제를 고수하거나 복본위제[두 가지 이상의 금속을 본위 화폐로 하는 화폐 제도 옮긴이]를 택하고 있었다. 두 금속에 대한 수요와 공급은 교환 비율에서 사소한 변동이 있었지만 비교적 안정적이었다. 그러나 독일이 1871년 프랑스를 격파한 후 금본위제로 돌아섰고, 곧 미국과 유럽의 다른 국가들, 최종적으로 일본이 그 뒤를 따랐다. 통화로서 가치를 상실한 은이 대거 세계시장으로 나왔다. 패권을 장악한 금본위제 블록 밖에 있던 주요 국가들, 곧 인도와 중국 통화의 가치가 폭락했다. (인도는 1893년 이후 금본위제로 이동했다.)

존 맥과이어가 보여 주는 것처럼, 런던에 본부를 두고 인도 무역 자금의 상당 부분을 도맡고 있던 인도·호주·중국 차타드 은행Chartered Bank of India, Australia and China은 맨체스터 상공회의소가 인도 농업을 상대로 누렸던 것과 동일한 종류의 준국가적 영향력을 인도 통화정책에 행사했다. 루피화를 은화에 묶어 두는 것은 영국에게 분명 유리한 조치였다. (금으로 지정된) 영국의 대인도 수출품 가치는 증가한 반면 (은으로 지정된) 인도산 영국 수입품의 가치는 하락했기 때문이다. "1873년부터 1895년 사이에 루피화의 가치는 금으로 지정된 지수 가치 100에서 64로 떨어졌다."[100] 인도의 "영국 과세금"(연금, 국경 전쟁, 공채, 국무부 등으로 런던에 매년 납입되던 금액)이 금으로 고정되었기 때문에 인도인들은 루피 은화의 평가절하로 1874년부터 1894년 사이에 1억 5백만 파운드를 추가로 지불해야 했다.[101]

게다가 금본위제로 인해 서민들의 저금 역할을 했던 은제 장신구의 구매력이 4분의 1이나 증발해 버린 것으로 추산된다.[102] 금으로 지정된 인도 곡물의 수출 가격은 영국 소비자들에게 안정적 혜택을 제공했지만 루피화로 지정된 국내 가격은 인도 빈민들이 감당할 수 없을 정도로 폭등했다.[103] 윌리엄 웨더번 경은 이렇게 지적했다. "인도 농민들은 일반적으로 세 가지 기근 보호책을 갖고 있었다. (1) 가정의 곡물 저장, (2) 가족의 장신구, (3) 촌락의 고리대금업자에게서 받는 융자(고리대금업자는 곡물 상인이기도 했다). 그러나 19세기가 저물어 갈 무렵 농민들은 그 모든 것을 잃었다."[104]

경제사학자들은 빈곤의 나락으로 전락한 인도인들이 영국에 저리 금융을 제공한 얄궂은 역사를 찬양한다. 드 세코는 이렇게 쓰고 있다. "매년 수확철마다 인도의 이자율은 견딜 수 없는 수준으로 치솟았다." 반면 영국 소유의 은행들은 "1아나의 이자도 지불하지 않은 채 정부와 기타 공공 단체들의 예금을 받았다." 그 밖에도 "인도 통화제도의 근간을 이루던 준비금은 영국의 통화 당국이 자국의 준비금을 메우고, 런던을 국제통화 체계의 중심으로 유지하기 위해 가져다 쓸 수 있는 대규모 기동 자금*masse de manoeuvre*이었다."[105] 크리시넨두 레이는 이 관점을 확장한다. "인도국은 인도가 매년 기록하는 흑자를 금 보유고로 전환하는 것을 막았다. 이런 식으로 계속해서 영국의 이자율을 낮추는 데 기여했던 것이다. 영국 은행들은 인도국에서 2퍼센트로 빌려 런던 시장에서 3퍼센트로 재투자했다."[106] 디터 로더먼드에 따르면, 훨씬 더 중요한 사실은 통화정책이 "인도 생산물을 몰아내기 위해" 사용되었다는 점이다. 긴급한 재정 위기 사태로 마침내 1893년 부분적이나마 은본위제를 폐기하지 않을 수 없었을 때까지 인플레이션이 폭증했고, 영국은 이를 바탕으로 농민들을 부추겨 밀, 인디고, 아편, 황마 같은 수출 농작물을 재배하도록 만들었다. 대영제국은 이런 식으로 수지를 맞췄다.

더 이른 시기에는 네덜란드가 일부러 가치 없는 동화銅貨를 대량 유통시킴으로써 자바 농민들의 환금작물 재배를 유도한 바 있었다. 영국은 인도에서 고의적으로 이렇게까지 할 필요가 없었다. 은의 가치를 감소시키는 자유로운 유입에 조폐국이 그저 계속해서 문호를 개방하도록 함으로써 사실상 동일한 결과를 얻었기 때문이다. 융자 관리가 환금작물 재배 유도를 촉진했다. 영국과 그들의 대행자들은 수출용 환금작물을 재배하는 농민들에게 선불로 돈을 빌려 줌으로

써 인도 농업의 생산 능력을 선매했다. 환금작물 재배 면적은, 국내에서 식량으로 소비될 곡물이 더 나은 가격에 팔릴 수 있었을 때조차도 확대되었다. 이 맥락에서는 수출용으로 재배된 것이라면 다 환금작물로 분류해야 한다. 통화 가치가 하락했고 인도 내 광대한 지역의 생산 능력이 선매되었다. 이를 바탕으로 인도는 심각한 기근으로 고통 받을 때조차도 "고정된" 수출 가격으로 농산물을 수출하는 기적을 과시했다. 19세기 후반에 인도는 은을 받고, 가장 낮은 가격에 밀을 수출함으로써 세계경제에 완충장치 역할을 했다.[107]

금본위제는 1870년대 후반에 중국을 강타했다. 1850년대와 1860년대의 내전에서 기인한 통화 혼란이 그로 인해 더욱 악화되었다. 청 왕조는 영국이 아편 거래를 강요하면서 조성한 은 유출을 막을 수 없었다. 1860년대에는 무슬림 반란 세력이 윈난의 유명한 광산을 장악했고, 그들은 국내의 구리 유통 통제권을 상실했다. 베이징은 결국 가치가 없는 지폐를 발행하고, 동화를 재주조해 더 높게 지정함으로써 자신들의 생존 투쟁에 필요한 자금을 댔다. 화폐가 은화 대비로 가치가 하락하면서 통화의 약 99퍼센트가 구리였던 황하 유역의 성들에서 대혼란이 발생했다(양쯔 강 삼각주에서는 약 30퍼센트였다).[108] 토지 세수가 여전히 은으로 평가되었기 때문에 은이 계속해서 고가를 유지하자(메리 라이트가 이 점을 강조했다.), 세 부담을 줄여 농민층의 충성을 유도하려던 1860년대 후반의 각종 동치 개혁 시도들은 무력화되고 말았다.[109]

세계무역이 전반적으로 금본위제로 전환하면서 중국의 대내외적 환 위기가 심화되었다. 무엇보다도 은의 국제가격이 폭락했다. "한 세대가 채 안 돼서 양兩은 교환 가치의 약 3분의 2를 상실했다."[110] 돈벌이에 급급한 일부 엘리트들이 더 싸진 국제가격이 수출품에 부과한 강점을 바탕으로 이익을 보았을지도 모른다. 특히 차와 상하이산 면제품이 그랬을 것이다. 그러나 "금본위제를 채택한 국가들에서 유입되는 수입품은 더 비싸졌고, 철도 개발에는 특히 더 심각한 상황으로 다가왔다. 외국 세력의 중국 투자 역시 주춤했다. 구매력이 감소한 마당에 제대로 보상이나 받을 수 있을지 걱정스러웠던 것이다."[111)]

그러나 중국의 점증하던 상업 부채가 은의 유출로 뒷받침되었기 때문에 실제로 은의 국내 가치는 촌락 경제에서 유통되던 동화 대비로 폭등했다. 중국은 국제 거래에서 금 부족에 시달렸다(우리가 본 것처럼, 어쩔 수 없는 상황에서 마지못해 이루어진 노동자들의 수출로 일부를 벌충하기는 했다). 특히 북부 지방에서 화폐의 구매력 저하가 지속되던 현실을 통해 이 사실을 잘 알 수 있다. 북부의 농민들은 세금을 납부하기 위해 특권계급보다 훨씬 더 높은 교환 비율로 자신들의 동화를 은화로 바꿔야만 한다는 사실에도 격분했다. 1851년 태평천국의 반도들이 느꼈던 가장 커다란 불만의 원인인 통화 불안정은 거의 반세기가 흐른 후 발생한 의화단 반란의 도화선이기도 했다.[112)]

맬서스주의의 신화

강제로 부과된 무역 적자, 식량 안보를 위험에 빠뜨린 수출 추진 정책, 지나친 과세와 탐욕스런 상업자본, 핵심 세입원과 개발 자원의 외국 통제, 제국의 만성적 지배 전쟁과 내전, 아시아 농민들의 호주머니를 털어 간 금본위제. 후기 빅토리아 시대 세계경제의 "구조 조정" 과제는 이런 핵심적 양상을 통해 유럽과 북아메리카에서 새롭게 형성된 "주변부" 농민들에게로 전가되었다. 그러나 우리는 인구 상황(분할상속이 관례였던 인도와 중국에서 특히)이 19세기의 식량 안보 훼손에 중요한 역할을 수행했음도 인정해야 한다.

적어도 구세대 경제사학자들 사이에서는 맬서스가 아직도 유력한 인물이다. 프린스턴의 아서 루이스는 19세기 세계경제의 권위자 가운데 한 명이다. 그는 1978년에 발표한 연구서에서 빅토리아 시대 인도에서 발생한 기근의 근본 원인이, 당대 비평가들이 주장한 것처럼, 영국으로 "부가 유출"되었기 때문이 아니라 "벌이가 좋은 환금작물을 외면한 채 관개가 불충분한 불모지에서 최저 생활수준으로 살아갔던 대규모 인구" 때문이라고 주장했다.[113] 중화 제국 말기를 소개한 역사 문헌을 보더라도 "농업 쇠퇴"와 소위 "고급 평형 상태의 덫"*이 유령처럼 무시로 나오는 것을 확인할 수 있다. 둘 다 당연지사로 여겨지는 18세기의 인구 폭발이 농경지를 만성적 기근이 시작되는 분계점까지 착취한 과정을 완곡하게 표현한 말이다.

최근의 연구는 아시아의 인구 상황과 생존 사이에 훨씬 더 복잡한 관계가 있었음을 보여 주고 있다. (적어도 20세기 중반까지 인구보다 토지의 비율이 높았고, 노동력 부족이 고질적이었던 브라질과 아프리카의 경우는 맬서스가 쟁점이 아니다.) 찰스워스는 이렇게 말한다. "절대적인 견지에서 봤을 때 영국 지배 초기의 데칸 고원에는 주민들이 토지를 압박할 만큼 많지 않았다는 것은 명백한 사실이다." 1840년대 내내 "영국의 공식 추정에 따르면, 데칸 고원 대다수 지방에

* high-level equilibrium trap, 중국이 풍부한 부와 안정성, 과학 발달에도 자력으로 산업혁명을 수행하지 못한 이유를 설명하기 위해 마크 엘빈이 고안한 개념이다. 엘빈에 따르면 중국에서는 농업과 산업의 비기계화 공정이 효율적으로 잘 발달되어 있었고, 따라서 초기 발달 상태의 기계화 공정이 발붙일 틈이 없었다. 기계화 공정에 대한 자본 투자가 수지가 맞지 않았던 것이다. 옮긴이

서 경작 가능한 토지의 절반 정도만이 농사에 활용되고 있었다."[114] 1850년대와 1860년대에 인구가 급속하게 증가했음에도(얼마간은 목화 호경기의 결과였다.) 그 기세는 1876년 대재앙과 함께 갑작스럽게 꺾였다. 인도 전체에서 1870년부터 1920년 사이의 반세기 동안 의미 있는 인구 증가가 기록된 유일한 10년간은 1880년대뿐이었다. 전체 세계 인구에서 남아시아가 차지한 비율은 1750년부터 1900년 사이에 23퍼센트에서 20퍼센트로 하락했다. 반면 유럽은 같은 기간 17퍼센트에서 21퍼센트로 상승했다.[115]

현대의 사례 연구들은 영국의 인도 지배를 비판한 민족주의자들의 입장을 확증해 준다. 조시는 1890년에 이렇게 주장했다. "인도의 문제는 흔히 주장하는 인구 과잉이라기보다는 저생산이라는 명백하게 공인된 악덕이다." (조시는 인도 순 저축의 꼬박 절반을 세금으로 징발한다고 추정했다.)[116] 데칸 고원과 그 외 가뭄 빈발 지역의 농민들이 생산성이 낮고 흉작이 불가피한 불모지로 무자비하게 내몰렸다면 그 범인이 과잉 인구보다는 "영국의 토지세 징수 제도 자체"였을 가능성이 더 높다. 배그치도 이 사실을 발견했다. 그는 식민지의 농업 통계를 면밀히 조사한 후 이렇게 주장한다. 세금 징수원들은 높은 "평균" 수확을 완고하게 고집했고 "농민들은 불모지를 경작하지 않을 수 없었다. 토지 생산성을 높이기 위해 투자할 만한 자원이 거의 없었던 그들은 토지를 '고갈'시키지 않을 수 없었다."[117]

이제 학자들은 중화 제국 말기의 사회상을 "인구학적 방탕"으로 그렸던 전통적 그림도 수정하고 있다. 경제 이론가들과 인구통계학자들은 여러 세대에 걸쳐 중국을 가망 없는 "맬서스주의의 세상"이라고 묘사했다.[118] 최근까지도 대다수 학자들은 18세기에 인구가 폭발해 1700년 중국 인구의 두 배, 심지어 세 배로 증가했다는 단편적인 증거들을 받아들였다. 그러나 인구 환원론자들은, 18세기에는 "보즈럽 학파"의 견해(생산력의 역동적 팽창을 촉진한다.)를 지지하는 게 명백했던 인구 증가가, 19세기에는 맬서스주의의 견해(온갖 생산력 발달이 차단된다.)를 갑작스럽고도 암울하게 실현시킨 과정과 이유를 해명하는 데 항상 어려움을 겪어 왔다. (에스터 보즈럽은 유명한 1965년 저술에서 맬서스를 물구나무 세워 이렇게 주장했다. "인구 증가는 경제적·사회적 진보의 제동기가 아니라 원동기다.")[119] 게다가 청조의 황금시대가 끝나고 인구가 실제로 증가했다는 증거는 거의 없다. 매디슨이 지적한 것처럼, 중국은 일인당 소득이 훨씬 더 적었던 1820년보다 1890년의 인구가 결코 더 많지 않았다.[120]

북중국의 상황에서 이 문제를 검토한 포머란즈도 인구 증가만으로는 "19세기 중반 이후 생태적 문제들이 크게 악화된 이유를 설명할 수 없다."는 데 동의한다. 그의 연구 대상 지역인 황원(대운하와 황하의 교차점 주변인 산둥성, 즈리, 허난성의 모든 지방을 포괄한다.)은 "1850년부터 1880년의 전쟁, 홍수, 가뭄 이후 (…) 무려 1949년 이후까지 1840년대 인구를 초과하지 못했다!"[121] 게다가 태평천국운동으로 거대한 인명 손실이 발생하면서 양쯔 강 중하류 인구가 공동 상태에 처했다. 1864년 이후 허난성과 장쑤성 등 인구 과밀 지역에서 수백만의 이주민이 내려와 그 지역을 다시 채웠다.[122] 그 후로 기근과 전염병은 전쟁과 혁명을 동반했고, 북중국의 인구 증가는 1948년까지 최소 수준을 유지했다.

최근 프린스턴의 모트와 마틴 헤이즈드라 같은 중국 청 왕조 전문가들은 18세기에 인구가 두 배, 심지어 세 배 증가했다는 정통적 견해에 정면으로 이의를 제기했다. 그들은 명 왕조 후기의 인구가 2억 5천만 명에서 2억 7천5백만 명이었다는 확고한 증거를 제시했다. 청대의 인구를 산정하는

1700년경의 기준선으로 흔히 채택돼 온 1억 5천만 명이 아니라는 얘기다. 이 말은 연간 증가율이 대부분의 역사에서 인정해 온 0.6퍼센트에서 0.9퍼센트가 아니라 0.3퍼센트였다는 것을 의미한다. 인도와 같고, 세계 평균에는 못 미치는 수준이었던 것이다.[123] 황금시대의 인구 증가가 급격하지 않고 온건했다면 이후 19세기의 위기 상황에 관한 신맬서스주의적 설명도 필연적으로 수정되어야 할 것이다. 모트의 신중한 설명을 들어 보자.

> 청대의 인구 증가와 관련해 제출된 개요의 중요한 함의는, 그것이 청 왕조의 가장 중요한 인구학적 사실이라고 흔히 이야기해 온 것을 의심한다는 점이다. 18세기에 "인구가 폭발했다."는 생각 말이다. 그렇게 생각되던 사건은 다수의 사회적·정치적 맥락과 관련해 고도의 설명적 가치를 부여받았다. 그러나 만약 그 인구가 18세기에 갑자기 증가한 게 **아니라** 상당히 높은 수준에서 출발해 서서히 증가한 것이라면 다수의 사회적 쟁점 역시 달리 설명해야만 할 것이다. 예를 들어 의심스럽기는 매한가지인 명대와 청대의 경작지 통계를 그 이른 시기의 인구 통계와 연동해 계산을 해 보면 경작지 대 소비 인구의 비율이 크게 떨어짐을 알 수 있다. 그 경작지 대 인구 비율이 갖는 내재적 위기를 재조사해야 한다. 아마도 그 자체가 미심쩍은 개념일 중국의 "최적 인구"에 관한 관련 견해도 재고해야 한다.[124]

물론 인구 결정론을 거부한다고 해서 인구 체계가 19세기 중국의 위기에서 아무런 역할도 하지 않았다는 뜻은 아니다. 황금시대에 증대 강화된 농업 활동이 대성공을 거두면서 다수의 지역에서 토지가 과도하게 재분할되었고, 경작되지 않던 고지와 습지의 생태 파괴적 개간이 조장되었다는 것이 오히려 분명한 사실이다. 게다가 많은 경우 인구 증가가 가장 빈곤하고 환경적으로도 가장 취약한 지역들에 집중되었던 듯하다. 따라서 **지역에 따른** 인구-자원 관계가 북중국의 생존 위기와 재난 취약성에 관한 후속 논의에서 분명한 형태로 드러날 것이다. 그러나 인구 증가가 그토록 많은 경제사학자들이 상상하는 것처럼 자동으로 역사를 움직이는 아르키메데스의 지레였던 적은 거의 없다.

관개 부족 사태

포메란츠가 지적하는 것처럼 유럽은 19세기가 시작될 무렵 훨씬 더 심각한 인구·생태 압력에 직면했다. 그러나 그들은 신세계의 천연자원, 대규모 식민지 이주, 최종적으로 도시의 산업화를 통해 이 압력을 해결할 수 있었다.[125] 다시 말해서 중요한 문제는 인구 압력 그 자체가 아니라, 서유럽은 초기 단계의 "고급 평형 상태의 덫"에서 탈출할 수 있었지만 청나라는 그렇지 못한 이유다.

이미 살펴본 요인들 외에도 역사학자들이 "저개발 상태"를 논의하면서 흔히 빠뜨리는 또 다른 변수가 있다. (포메란츠를 따를 경우) 19세기 초반 대서양 연안 유럽의 경제성장에서 최고의 "생태적 병목"이 섬유 작물과 목재의 비탄력적 공급이었다면 인도와 중국에서는 그것이 수자원이었다. 패트릭 오브라이언은 "아시아, 아프리카, 남아메리카 인구의 거의 절반은 물 공급이 농업 생산의 증대를 크게 제약했던 토지에서 경작하며 살았을 것"이라고 말한다.[126] 물론 이 사실은 "동양의 전제 군주들"에게 상식이었고, 청대 황금시대와 무굴제국 전성기의 주요 업적 또한 국가에서 촌락 단위에 이르는 지속적인 홍수 통제 및 관개 투자였다. 그러나 앞으로 자세히 보겠지만 19세기에는 수문학적 개선 노력이 거의 이루어지지 않았다.

데이빗 하더먼은 이렇게 강조한다. “식민지 초기에 인도의 상당수 지역에서 전통적 관개 농업 체계가 와해되거나 사라졌다. [아울러] 고율의 토지세 때문에 관개시설을 유지 보수할 수 있는 잉여마저 전부 빼앗겼다.”[127] 펀자브 지방의 유명한 인공 수로가 나중에 개발되기는 했지만 영국령 인도의 관개는 독립 때까지 농업 팽창에 훨씬 뒤졌다. 중국에서는 “관개, 수자원의 저장 및 통제, 곡물 보관 시설이 18세기 수준 이상으로 확대되거나 개선되지 못했다.”[128] 실제로 관개 혜택을 본 경작지의 면적이 청대 최고 수준을 기록했던 1820년의 29.4퍼센트에서 1952년에는 18.5퍼센트로 줄어들었다. 브라질의 가뭄 빈발 지역인 노르데스테에서는 관개고 뭐고 국가의 지원이라는 게 전혀 없었다.[129]

이런 **관개 부족** 사태가 중국과 기타 지역이 가망 없는 “혼란과 퇴보”의 땅이라는 맬서스주의적 착각을 뒷받침했다. 인구 압력의 결과였든 수출작물로의 전환이었든 세 곳 모두에서 생존은 한계 상황으로 내몰렸다. 농민들은 더 건조하고 많은 경우 생산력이 떨어지는 땅으로 쫓겨 갔고, 엔소 주기에 아주 취약해졌다. 지속 가능성을 보장해 주는 관개, 배수, 조림 사업은 전혀 시도되지 않았다. 관개 사업을 통해 농업 생산성의 혁명을 이룬 것은 인도 북부와 북중국이 1960년 이후였고, 노르데스테는 1980년 이후였다. “환경 수용력”과 “인구 상한선”에 관한 논의를 발전시키는 데 수자원과 정치적 역량이 갖는 중요성이 밝게 드러나는 대목이다.

후기 빅토리아 시대의 생존 위기에 대한 사회적 기원을 해명하려면 공유

재산 자원(강, 대수층, 삼림, 목초지)과 사회 간접 자본(관개와 홍수 통제 시설, 곡물 창고, 운하와 도로)의 관련 역사를 통합해야 한다. 나는 후속 장들의 사례 연구에서 **생태적 빈곤**(전통 농업의 천연자원 인타이틀먼트가 고갈되거나 유실되는 것으로 정의함)이 점증하던 **가계 빈곤** 및 **국가 능력 상실**과 결합했다고 주장할 것이다. 이 삼각 편대의 원인 작용 속에서 "제3세계"가 탄생했고, 극단적인 기후 사건들에 대한 취약성이 증대했던 것이다.[130]

9장 주석

1) 무심함의 전형을 보려면 Roland Lardinois, "Famine, Epidemics and Mortality in South India: A Reappraisal of the Demographic Crisis of 1876~1878," *Economic and Political Weekly* 20:111(16 March 1985), p. 454를 참조하라.

2) Emmanuel Le Roy Ladurie, *Times of Feast, Times of Famine: A History of Climate Since the Year 1000*, Garden City, N.Y. 1971, p. 119.

3) Raymond Williams, *Problems in Materialism and Culture*, London 1980, p. 67.

4) 물론 영국은 자신들의 이해관계에 따라 그런 인식을 바꿀 수도 있었다. 19세기 후반의 중국이 그런 예다. 영국과 동맹국들은 수백만의 기근 사망자가 발생한 것을 두고 가뭄이 아니라 청 왕조의 부패를 주로 비난했다.

5) Kueh, pp. 4~5.

6) Jared Diamond, *Guns, Germs, and Steel: The Fates of Human Societies*, New York 1997, pp. 424~425.

7) 1743~1744년 사태에 관하여: "동반구의 1743년 상황이 더 현저하게 건조했음에도, 또 다른 예외적인 시기로 1744년의 킨 엘니뇨가 있다."(Whetton and Rutherfurd, pp. 243~246)

8) "청 왕조의 첫 번째 황제는 상시 운용되는 곡물 창고를 현청 소재지에 둘 것, 구호물자 창고를 주요 도시들에 마련할 것, 상호 부조를 목표로 하는 공용 창고를 농촌에 설치할 것을 명령했다. 상시 운용되는 곡물 창고는 지사 휘하의 관료들이 유지 관리했다. 그들은 봄에 곡물을 팔거나, 빌려 주거나, 무상으로 주었고 가을에 곡물을 구매하거나, 대부를 회수하거나, 일종의 보험료를 징수했다."(Pierre-Etienne Will and R. Bin Wong[with James Lee, Jean Oi and Peter Perdue], *Nourish the People: The State Civilian Granary System in China, 1650~1850*, Ann Arbor, Mich. 1981, p. 19)

9) Will, *Bureaucracy and Famine*, 7장과 8장.

10) Ibid., pp. 86과 189.

11) John Post, *Food Shortage, Climatic Variability, and Epidemic Disease in Preindustrial Europe: The Mortality Peak in the Early 1740s*, Ithaca, N.Y. 1985, p. 30.

12) Will, p. 270.

13) Jean Oi and Pierre-Etienne Will, "North China: Shandong During the Qianlong Period," in Will and Wong, pp. 369~370. 엔소 상관관계는 킨의 연대기를 토대로 함.

14) "Introduction," in Will and Wong, p. 21. 반면에 중국의 도로 사정은 여전히 비참했다. 기근 구호는 물론이고 시장 통합에도 중요한 장애물로 작용했다.

15) Wilkinson, pp. 122~129.

16) R. Bin Wong, "Decline and Its Opposition, 1781~1850," in Will and Wong, p. 76.

17) Helen Dunstan, *Conflicting Counsels to Confuse the Age: A Documentary Study of Political Economy in Qing China, 1644~1840*, Ann Arbor, Mich. 1996, p. 251.

18) Wilkinson, pp. 122~129. Will, "The Control Structure," in Will and Wong, pp. 220~221도

보라.

19) Jane Leonard, " 'Controlling from Afar': Open Communications and the Tao-Kuang Emperor's Control of Grand Canal-Grain Transport Management, 1824~1826," *Modern Asian Studies* 22:4(1988), p. 666.

20) Joseph Needham, *Science and Civilization in China*, vol. 4, Cambridge 1971, p. 326.

21) Will, p. 257.

22) Jacques Gernet, *A History of Chinese Civilization*, 2nd edn., Cambridge 1996, p. 468.

23) Dwight Perkins, *Agricultural Development in China, 1368~1968*, Chicago 1969, p. 176.

24) Endymion Wilkinson, "Studies in Chinese Price History," Ph.D. diss., Princeton University 1970, p. 31.

25) Will, p. 32.

26) J. A. G. Roberts, *A Concise History of China*, Cambridge, Mass. 1990, p. 173.

27) 강희 연간에 설치된 뤄양과 산저우의 특별 조세 곡물 창고에 관해서는 Will and Wong, pp. 32와 301을 보라.

28) 18세기 중엽의 식량 안보 활동에 청나라 세입의 10퍼센트가 매년 소비되었을 것이다. 웡이 강조하듯이 "하나의 국가가 100년이 넘는 세월 동안 일정불변하게 정기적으로 이런 목적에 그만 한 액수를 지출하는 일이 근대 초기에는 아주 특이한 현상이었다."("Qing Granaries and Late Imperial History," in Will and Wong, p. 477)

29) Sanjay Sharma, "The 1837~1838 Famine in U.P.: Some Dimensions of Popular Action," *IESHR* 30:3(1993), p. 359.

30) Bhatia, p. 9.

31) Darren Zook, "Developing India: The History of an Idea in the Southern Countryside, 1860~1990," Ph.D. diss., University of California, Berkeley 1998, p. 158. 영국의 인도 지배는 널리 유포된 신화와 착각 위에 구축되었다. 주크가 지적하듯이 영국은 인도의 농촌에 산재한 몰락상을 토착 문명이 타락했기 때문이라고 주장했다. 실제로는 그 폐허가 영국이 폭력적으로 정복했다는 것을 웅변하고 있는데도 말이다(p. 157).

32) Sugata Bose and Ayesha Jalal, *Modern South Asia*, Delhi 1999, p. 43.

33) Ashok Desai, "Population and Standards of Living in Akbar's Time," *IESHR* 9:1(1972), p. 61.

34) Chetan Singh, "Forests, Pastoralists and Agrarian Society in Mughal India," in David Arnold and Raachandra Guha (eds.), *Nature, Culture, Imperialism: Essays on the Environmental History of South Asia*, Delhi 1996, p. 22.

35) Habibul Kondker, "Famine Policies in Pre-British India and the Question of Moral Economy," *South Asia* 9:1(June 1986), pp. 25~40; Kuldeep Mahtur and Niraja Jayal, *Drought, Policy and Politics*, New Delhi 1993, p. 27. 불행하게도 1763년 이전의 기근 역사에 관한 당대의 논의는 힌두교도와 무슬림의 다툼 속에서 오염되고 말았다. 예를 들어 Mushtag Kaw, "Famines in Kashmir, 1586~1819: The Policy of the Mughal and Afghan Rulers," *IESHR* 33:1(1996), pp.

59~70에 분명한 형태로 나오는 반反무슬림적 편견을 보라.

36) C. Blair, *Indian Famines*, London 1874, pp. 8~10.

37) David Hardiman, "Well Irrigation in Gujarat: Systems of Use, Hierarchies of Control," *Economic and Political Weekly*, 20 June 1998, p. 1537.

38) W. R. Aykroyd, *The Conquest of Famine*, London 1974, p. 51에서 재인용. John Richards, *The Mughal Empire (The New Cambridge History of India, 1:5)*, Cambridge 1993, p. 163도 보라.

39) Bagchi, pp. 11~12와 27.

40) D. E. U. Baker, *Colonialism in an Indian Hinterland: the Central Provinces, 1820~1920*, Delhi 1993, p. 28에 인용된 J. Malcolm, *A Memoir of Central India*, vol. 1, London 1931, p. 7.

41) Baker, p. 52.

42) J. Richards and Michelle McAlpin, "Cotton Cultivating and Land Clearing in the Bombay Deccan and Karnatak: 1818~1920," in Richard Tucker and J. Richards (eds.), *Global Deforestation and the Nineteenth-Century World Economy*, Durham 1983, pp. 71과 74.

43) Ibid.

44) Nash, p. 92.

45) Greenough, *Prosperity and Misery*, p. 59.

46) C. Walford, "The Famines of the World: Past and Present," *Journal of the Statistical Society* 41:13(1878), p. 434~442. 나는 이 논문을 확대 개정한 1879년 도서 버전의 다른 곳에서 월포드의 말을 인용했다.

47) Michael Watts, *Silent Violence: Food, Famine and Peasantry in Northern Nigeria*, Berkeley 1983, pp. 462~463. 물론 이 "타협"은 양면적이고, 따라서 기후 충격은 독립변수로 간주해야 한다.

48) Watts, pp. 267과 464.

49) Hans Medick, "The Proto-Industrial Family Economy and the Structures and Functions of Population Development under the Proto-Industrial System," in P. Kriedte et al. (eds.), *Industrialization Before Industrialization*, Cambridge 1981, p. 45.

50) Ibid., pp. 44~45.

51) Lewis, *Growth and Fluctuations*, p. 189.

52) Clive Dewey, "The End of the Imperialism of Free Trade," p. 35에서 재인용.

53) Kenneth Pomeranz, *The Making of a Hinterland: State, Society, and Economy in Inland North China, 1853~1937*, Berkeley 1993.

54) Paul Bairoch, "The Main Trends in National Economic Disparities Since the Industrial Revolution," in Paul Bairoch and Maurice Levy-Leboyer (eds.), *Disparities in Economic Development Since the Industrial Revolution*, London 1981, p. 7.

55) Paul Bairoch, "International Industrialization Levels from 1750~1980," in *Journal of European Economic History* 11(1982), p. 107.

56) Fritjof Tichelman, *The Social Evolution of Indonesia*, The Hague 1980, p. 30.

57) Prasannan Parthasarathi, "Rethinking Wages and Competitiveness in Eighteenth-Century Britain and South India," *Past and Present* 158(Feb. 1998), pp. 82~87과 105~106.

58) Eddy, p. 21에 인용된 Dutt의 말.

59) Philip Huang, *The Peasant Family and Rural Development in the Yangzi Delta, 1350~1988,* Stanford, Calif. 1990.

60) Wong, p. 38.

61) F. W. Mote, *Imperial China, 900~1800*, Cambridge, Mass. 1999, p. 941.

62) Kenneth Pomeranz, "A High Standard of Living and Its Implications," "E. H. R. Forum: Re-thinking 18th Century China" 기고문, Internet, 19 Nov. 1997.

63) Pomeranz, "Two Worlds of Trade, Two Worlds of Empire: European State-Making and Industrialization in a Chinese Mirror," in David Smith et al., *States and Sovereignty in the Global Economy*, London 1999, p. 78(강조는 나의 것).

64) S. Patel, "The Economic Distance Between Nations: Its Origin, Measurement and Outlook," *Economic Journal*, March 1964를 보라. (비유럽 세계 전체에 관한 그의 통계와 베이로치와 매디슨이 나중에 추정한 값 사이에는 약간의 불일치가 존재한다.)

65) Albert Feuerwerker, *The Chinese Economy, 1870~1949*, Ann Arbor, Mich. 1995, pp. 32~33.

66) Paul Bairoch, "Geographical Structure and Trade Balance of European Foreign Trade, from 1800~1970," *Journal of European Economic History* 3:3 (Winter 1978), p. 565. 천은 1866년을 수입 직물이 중국으로 심각하게 유입되는 기점이라고 말한다(p. 64).

67) Jack Goldstone, "Review of David Landes, *The Wealth and Poverty of Nations*," *Journal of World History* 2:1(Spring 2000), p. 109.

68) Carl Trocki, *Opium, Empire and the Global Political Economy*, London 1999, p. 98.

69) Brian Bond, *Victorian Military Campaigns*, London 1967, pp. 309~311.

70) O'Rourke and Williamson, pp. 53~54를 보라.

71) 역사학자들은 전통적으로 메이지유신과 동치중흥을 대비시킨다. 그러나 골드스톤의 말마따나 더 중요한 비교 대조는 태평천국운동과 메이지유신 사이에서 이루어져야 한다. "만약 중국의 낡은 제국이 일본처럼 19세기 중반에 무너졌다면 어땠을까? 50년 후가 아니라 말이다. 만약 장제스의 새로운 군대에 상당하는 군대가 1920년대가 아니라 1860년대에 만들어졌다면 어떻게 됐을까? 그때도 일본이 여전히 조선과 타이완을 식민지화할 수 있었을까? 누가 아시아의 초강대국이 되었을까?"(Goldstone, ibid.)

72) "인도의 부는, 네덜란드와 기타 국가들에서 국채를 되사오는 기금으로 쓰였다. 일시적이었지만 그 시작은 1763년부터 1774년 사이의 평화시였고, 마지막은 1783년 이후였다. 이로써 영국은 해외 부채에서 거의 완전히 벗어났고, 1793년부터 시작된 프랑스대혁명 전쟁을 맞이하게 된다."(Ralph Davis, *The Industrial Revolution and British Overseas Trade*, Leicester 1979, pp. 55~56)

73) P. Cain and A. Hopkins, *British Imperialism: Innovation and Expansion, 1688~1914*, London 1993,

p. 334.

74) 최근의 논문을 보려면 Park Young-Goo, "Depression and Capital Formation: The UK and Germany, 1873~1896," *Journal of European Economic History* 26:3(Winter 1997), 특히 pp. 511과 516을 참조하라.

75) Giovanni Arrighi, *The Long Twentieth Century: Money, Power and the Origins of Our Times*, London 1994, p. 263.

76) A. Latham, *The International Economy and the Undeveloped World, 1865~1914*, London 1978, p. 70. 래섬이 영국의 인도 식민 지배를 옹호하는 자로 악명 높다는 사실을 상기해야 한다. 그는 아대륙이 "비교적 낮은 성장률을 기록한 것은 영국이 펼친 식민지 정책의 유해성 때문이 아니라 기후 요인 때문"이라고 주장했다(A. Latham, "Asian Stagnation: Real or Relative?," in Derek Aldcroft and Ross Catterall (eds.), *Rich Nations - Poor Nations: The Long-Run Perspective*, Cheltenham 1996, p. 109를 보라).

77) Robin Moore, "Imperial India, 1858~1914," in Andrew Porter (ed.), *The Oxford History of the British Empire: The Nineteenth Century*, Oxford 1999, p. 441.

78) Marcello de Cecco, *The International Gold Standard: Money and Empire*, New York 1984, p. 30.

79) Ravi Palat, et al., "Incorporation of South Asia," p. 185. 이 저자들에 따르면 인도의 전반적 제조업 쇠퇴 양상을 거스르는 명백한 예외들이 그 규칙을 증명해 주었다. 면사 방적업은 중국과의 거래에서 초과 수출분을 생산하기 위해 절대 필요한 구성 요소였던 반면 황마 제조업은 "영국의 관리들과 상인들이 창시하고, 조직하고, 통제한 (…) 영국 자본의 섬"이었다.(p. 186)

80) Ibid., pp. 37~38.

81) J. Stamp, *British Incomes and Property*, London 1916, p. 36.

82) Cain and Hopkins, pp. 338~339.

83) Eric Hobsbawm, *Industry and Empire: An Economic History of Britain Since 1750*, London 1968, p. 123.

84) 물론 인도네시아에도 똑같은 질문을 할 수 있다. 인도네시아는 19세기 후반에 네덜란드 국내 총생산의 약 9퍼센트를 담당했다. Angus Maddison, "Dutch Income in and from Indonesia, 1700~1938," *Modern Asian Studies* 23:4(1989), p. 647을 보라.

85) Eric Stokes, "The First Century of British Colonial Rule in India: Social Revolution or Social Stagnation?" *Past and Present* 58(Feb. 1873), p. 151.

86) Dietmar Rothermund, *An Economic History of India*, New York 1988, p. 39; Dutt, *Open Letters*, p. 48.

87) Lu Aiguo, *China and the Global Economy Since 1840*, Helsinki 2000, pp. 34, 37과 39(표 2.4).

88) J. W. Wong, *Deadly Dreams: Opium and the Arrow War (1856~1860) in China*, Cambridge 1998, pp. 390과 396. 아편은 영국이 중국에서 차를 수입하는 대금을 조달해 주기도 했다. 19세기 중엽에 영국 해군의 소요 경비를 거의 메워 준 수지맞는 차 조약의 원천이었다(pp.

350~355).

89) Lu Aiguo, p. 36.

90) Latham, *The International Economy*, p. 90. (버마를 포함한) 인도는 네덜란드령 동인도제도에 쌀을 수출해서 커다란 소득을 올리기도 했다.

91) Ibid., pp. 409~410. M. Greenberg, *British Trade and the Opening of China*, Cambridge 1951, p. 15도 보라.

92) Latham, pp. 453~454.

93) Ibid., pp. 81~90. 그러나 1895년 일본이 승리하면서 일본산 직물이 인도와 영국을 중국 시장에서 쫓아내기 시작했다(p. 90).

94) Cain and Hopkins, p. 425.

95) Jerome Ch'en, *State Economic Policies of the Ch'ing Government, 1840~1895*, New York 1980, p. 116.

96) Latham, ibid.

97) John Hobson, "The Military-Extraction Gap and the Wary Titan: The Fiscal Sociology of British Defense Policy, 1870~1913," *Journal of European Economic History* 22:3(Winter 1993), p. 480.

98) 역사학자들은 1963년 허우츠밍이 내뱉은 푸념을 경청해야 한다. "그 전쟁들이 중국 경제에 끼친 영향을 진지하게 탐구한 시도는 아직까지 단 한 건도 없다."("Some Reflections on the Economic History of Modern China, 1840~1949," *Journal of Economic History* 23:4[Dec. 1963], p. 603)

99) Bohr, p. 24.

100) Michelle McAlpin, "Price Movements and Fluctuations in Economic Activity," in Dumar (ed.), *Cambridge Economic History of India*, p. 890.

101) John McGuire, "The World Economy, the Colonial State, and the Establishment of the Indian National Congress," in I. Shepperson and Colin Simons (eds.), *The Indian National Congress and the Political Economy of India, 1885~1985*, Avebury 1988, p. 51.

102) Nash, p. 88.

103) McAlpin, "Price Movements," ibid.

104) Bandyopadhyay, *Indian Famine*, p. 130.

105) De Cecco, pp. 62와 74. "[인도인들은] 재정 압박이 부당하게 세다고 느꼈다. 인도 정부의 예산이 매년 흑자를 기록했고, 무역수지도 매년 흑자였기 때문이다. 정부에 상당한 수준의 대변 잔고가 있었다는 사실 외에도 말이다."(p. 74)

106) Krishnendu Ray, "Crises, Crashes and Speculation," *Economic and Political Weekly*(30 July 1994), pp. 92~93. 1913년경에는 인도 정부의 런던 예금액이 1억 3천6백만 파운드였다(ibid.).

107) Dieter Rothermund, "The Monetary Policy of British Imperialism," *IESHR* 7(1970), pp. 98~99.

108) Wilkinson, pp. 34, 41~43, 52.

109) Wright, *The Last Stand of Chinese Conservatism*, p. 166.

110) Ch'en, p. 120.

111) Aiguo, p. 48.

112) Wilkinson, pp. 34, 41~43, 52.

113) Lewis, p. 216.

114) Charlesworth, pp. 13과 22.

115) Tomlinson, "Economics: The Periphery," p. 68(표 3.7).

116) Bipan Chandra, "Colonial India: British versus Indian Views of Development," *Review* 14:1 (Winter 1991), p. 102에서 재인용.

117) Bagchi, p. 27.

118) William Lavely and R. Bin Wong, "Revising the Malthusian Narrative: The Comparative Study of Population Dynamics in Late Imperial China," *Journal of Asian Studies* 57:3(Aug. 1998), pp. 714~748.

119) Esther Boserup, *The Conditions of Agricultural Growth: The Economics of Agrarian Change Under Population Pressure*, Chicago 1967.

120) Angus Maddison, *Chinese Economic Performance in the Long Run*, Paris 1998, p. 39. Zhang Kaimin, "The Evolution of Modern Chinese Society from the Perspective of Population Changes, 1840~1949," in Frederic Wakeman and Wang Xi (eds.), *China's Quest for Modernization: A Historical Perspective*, Berkeley 1997도 보라.

121) Pomeranz, p. 121.

122) Gernet, p. 560.

123) Martin Heijdra, "The Socio-Economic Development of Ming Rural China(1368~1644)," Ph.D. diss., Princeton University 1994, pp. 50~56; Mote, pp. 903~906.

124) Mote, p. 906.

125) Pomeranz, "Two Worlds of Trade," pp. 81~83.

126) Patrick O'Brien, "Intercontinental Trade and Third World Development," *Journal of World History*(Spring 1997), p. 91.

127) Hardiman, "Well Irrigation in Gujarat," p. 1533. 그는 Anil Agarwal과 Sunita Narain의 결론을 따르고 있다(*Dying Wisdom: Rise, Fall and Potential of India's Traditional Water Harvesting Systems*, Delhi 1997).

128) Feuerwerker, p. 21.

129) Maddison, *Chinese Economic Performance*, p. 30.

130) 지리학자 조슈아 멀다빈이 강조하는 것처럼, 경제적 빈곤과 생태적 빈곤은 다르다. 경제적 빈곤이 동일한 수준의 가계일지라도 기후 불안이나 재난에 대한 취약성은 크게 다를 수 있다("Village Strategies for Maintaining Socio-Ecological Security in the post-Mao Era," unpublished paper, UCLA Department of Geography, 1998).

표 32 출처: 표 VII, Whetton and Rutherfurd, p. 244; 표 20, Will, *Bureaucracy and Famine*, pp. 298~299를 바탕으로 구성함.

표 33 출처: Angus Maddison, *Chinese Economic Performance in the Long Run*, Paris 1998, p. 40.

표 34 출처: B. R. Tomlinson, "Economics: The Periphery," in Andrew Porter (ed.), *The Oxford History of the British Empire: The Nineteenth Century*, Oxford 1990, p. 69(표 3.8)를 바탕으로 구성함.

표 35 출처: Lu Aiguo, *China and the Global Economy Since 1840*, Helsinki 2000, p. 56(Maddison을 바탕으로 구성한 표 4.1).

표 36 출처: S. Saul, *Studies in British Overseas Trade, 1870~1914*, Liverpool 1960, p. 58.

10장 | 인도, 빈곤의 현대화

사태의 본질에 다가가 보자. 우리 가운데 그럴 수 있는 사람들이 인도 농민이 처한 국내 상황을 기록하고 빈곤과 저축이 불가능한 원인을 찾아야 한다. 절약이 부족해서도, 절제가 부족해서도, 검약이 부족해서도 아니다. 인도 농민은 지상에서 가장 소박하고, 가장 검약하며, 가장 알뜰하다.

— 로메시 천더 덧

영국의 인도 지배 역사를 단 하나의 사실로 압축하라면 이렇게 말할 수 있을 것이다. 1757년부터 1947년 사이에 인도의 일인당 소득은 전혀 증가하지 않았다.[1] 실제로 19세기의 후반기 동안 소득이 50퍼센트 이상 감소했을 것이다.[2] 용어의 통상적 의미에서 경제 발전이라는 것이 전혀 없었다. 탐린슨은 이렇게 덧붙이고 있다. "전반적으로 정체된 산출 수치가 도처에서 생산이 정체했음을 의미하지는 않는다. 그보다는 개선과 진보가 항상 퇴보와 후퇴로 말소되었음을 뜻한다. 활력과 패기의 시기는 상실과 쇠퇴의 시기로 무력화되었다."[3] 경축하던 환금작물 호경기는 농업 생산성 하락과 식량 안보 몰락을 동반했다. 예를 들어 보자. 목화를 재배하던 데칸 남부의 상당

덧의 글은 Romesh Chunder Dutt, *Open Letters to Lord Curzon*, Calcutta 1904, p. 27에서 가져왔다.

수 지역에서는 영국의 인도 통치 말기에 에이커당 식량 작물 생산량이 1870년 평균 수준의 3분의 2 내지 절반가량으로 떨어졌다.[4] "1872년부터 1921년까지 영광스러웠던 제국의 반세기"인 키플링의 시대에는 인도 서민의 평균 수명이 놀랍게도 20퍼센트 하락했다. 이것은 아대륙이 경험한 전쟁과 침략의 오랜 역사에서 아마도 전례가 없는 인간 보건 상황의 악화 사태였다.[5]

이런 참담한 추세는, 많은 경우 조롱거리로 내몰렸던 19세기 민족주의자들의 주장이 정당했음을 입증한다. 그 주장이란 영국의 "진보"는 인도의 파멸이라는 것이었다. 그러나 영국 지배하의 인도 경제 정체는 골치 아픈 문제들을 내포하고 있다. 수천 킬로미터에 이르는 철로와 운하 등 근대화의 성과는 어디로 간 것일까? 19세기의 후반에 아대륙의 농업을 바꿔 놓은 거대한 수출 호경기의 혜택은 어디로 간 것일까? 아시아 농촌의 어딘가였다면 세계경제로의 통합이 농업 생산성과 수익성을 크게 증가시켰어야 했다. 차와 인디고 등 재식 작물을 제외하면 대부분의 수출품 생산(아편, 밀, 쌀, 목화)이 근대적 소유권 제도 아래에서 원주민들의 손에 의해 이루어졌다. 게다가 영국의 위원회들과 조사표들은 뿌리를 내리는 과정에 있던 인도의 농업 자본주의를 줄곧 칭찬했다.

그러나 거시 경제 통계가 증명하는 것처럼 이런 번영은 흔히 덧없는 것으로, 거대한 농촌 빈곤의 타성 속으로 재빨리 흡수되고 말았다. 가장 역동적인 환금작물 부문에서조차 농민들의 농업은 철저한 자본 부족 상태에 놓여 있었다. 고리대금업자, 부재지주, 도시 상인, 한줌도 안 되는 원주민 기업가들만이 인도가 세계무역에서 새롭게 차지한 지위로부터 시종일관 혜택을 누렸던 것 같다. "근대화"와 상업화는 빈곤화를 수반했다. 목화와 밀 생산 지역에 관한 최근의 연구(베라르를 조사한 랙스먼 사티아의 중요한 연구가 그 시발점이었다.)를 살펴보면 사태가 그렇게 전개된 이유를 알 수 있다. 그 지역들은 후기 빅토리아 시대 인도 수출 경제의 발전기이자 1870년대와 1890년대의 기근 사태에서 사망자가 대규모로 발생한 진원지이기도 했다.

목화, 비참한 꽃을 피우다

1853년 하이데라바드에서 획득한 베라르의 마라티 지방과, 인접한 나그포르가 목화 공급 협회에 의해 목화 생산을 전문으로 하는 지역으로 선택되었다. 목화 공급 협회는 맨체스터 상공회의소의 한 기구였다.[6] 협회는 세포이 항쟁 후 인도 경제를 재구성하며 자유무역을 부과하는 데 막강한 영향력을 행사했다. 1870년대에 "랭커셔의 이익을 대변할 수 있도록" 루이스 맬릿 경이 인도국의 상임 차관으로 임명되면서 (칼 맑스가 칭한 것처럼) "공장의 지배 millocracy"가 인도 정부의 공식 승인까지 받기에 이르렀다. 그는 "무역국에서 코브던의 보좌역으로 일한 자유무역 지상주의자"였다.[7] 영국 통치의 실태를 제대로 이해해 보려던 인도의 보통 사람들에게 진정한 권력자는 가끔씩 버킹엄 궁전이 아니라 맨체스터 증권거래소였다. 스탠리 월퍼트는 이렇게 말한다. "이런 편파주의의 가장 노골적인 사례가 1879년에 발생했다. 리튼 총독이 영국산 면제품에 부과하던 온갖 수입 관세를 폐지함으로써 전체 위원회의 결정을 번복하고 랭커셔의 로비를 수용했던 것이다. 마하라슈트라 전역에서 기근이 만연했고 비참한 인명 손실이 발생한 지 일 년이 흐른 시점에서 인도가 그 어느 때보다 더 많은 세수를 간절히 필요로 했음에도 말이다."[8]

베라르의 경우 목화 공급 협회는 행정력을 동원해 발루테다리*balutedari* 체제를 해체토록 조장했다. 지역의 지배적 일족과 각급 사회 단위가 발루테다리 체제를 통해 공동 관개 활동과 면포 제작 등 복잡한 사회적 생산의 관계망을 제어 감독했던 것이다. 상위 카스트가 농업 생산물에 대한 권리를 가졌지만 토지 자체를 소유하지는 못했던 것이 구질서의 핵심이었다. 영국은 "불충하는" 유력 가문들을 일소했고, 17년(1861년~1877년)에 걸쳐 베라르의 광대한 농업 체계(7천 개의 촌락과 경작지 1050만 에이커)를 '카테다리*khatedari* 체계'로 재조직했다. 인도 남부와 서부 대다수 지역에 부과된 료트와리 체계의 변형인 카테다리 체계는, 카테다르(*khatedar*, 베라르 지방에서 농민을 지칭하는 말)들을 영국 자작농의 베라르판으로 확고하게 구축할 것이라고 포고했다. 실제에 있어서는 정부가 최고 지주가 되었다. 튜더 왕조의 영국과 달리 농민들은 정해진 기간 안에 세금을 납입해야 한다는 엄격한 조건하에서 토지 보유권을 인정받았다.

사티아는 발루테다리 제도의 복잡한 상호 관계가 야만적이고 일방적인 착취 관계에 길을 내주었다고 설명한다. "식민지로 전락하기 이전 베라르의 고유한 특성"이었던 다양성과 유동성이 강압적인 "획일성과 고착성"으로 대체되었다. 목화의 지역 거래는 물론 세금 징수가 고리대금업자 겸 곡물 상인들의 손에서 이루어졌다. 그들이 촌락과 캘커타와 맨체스터 사이의 거의 모든 거래를 통제하는 결정적 중개인으로 부상했다. 한편으로 그레이트 인디아 퍼닌슐러 레일웨이Great India Peninsular Railway 회사가 영업을 시작하면서 영국의 값싼 수입품이 밀물처럼 들어왔고, 인도산 직물에는 가혹한 세금이 부과되었다. 국내의 제조업 기반이 말살되었고 몰락한 장인들은 농장에 무산 노동자로 들어가지 않을 수 없었다. 대다수의 반자라*banjara*들도 철도 때문에 마찬가지 운명에 처하고 말았다. 반자라는 다양한 인종으로 구성되었던 전통 사회의 짐꾼과 인력거꾼 계급이다.[9)]

영국의 처지에서 봤을 때 베라르 지방의 재조직화는 놀라운 성공을 거두었다. 1867년경에는 오직 베라르만이 이집트에 버금가는 양의 목화를 맨체스터에 공급하고 있었다. 1890년경에는 경작 면적도 두 배로 뛰었다.[10)] 그러나 카테다르들과 소작인들은 호경기에 동참해 이익을 나누어 가질 수 있는 방법이 전혀 없었다. 목화 공급 협회가 정확히 의도했던 대로 베라르 주민들은 랭커셔의 일방적인 독점 구매의 포로로 전락했다. 1869년 협회의 한 대변인이 설명한 것처럼 "일반적으로 말해서 목화를 생산하고 판매하는 경작자는 어떤 식으로도 시장가격을 통제할 수 없다. 이 때문에 그는 영국 시장과 리버풀에서 가격을 등락시키는 다양한 원인들에 의존하게 된다."[11)] 베라르에서 목화 수출이 육성되기 시작한 것은 1850년대였다. 특혜를 누리던 미국산 목화의 유동성을 완화하고, 랭커셔 소재의 공장들에 안정된 가격을 보장해 주기 위한 조치였다. 찰스워스는 이렇게 설명한다. "간단히 말해서 영국의 산업은 일종의 후보 선수로 인도의 원면을 필요로 했다. 이런 역할 속에서는 더 광대한 상업적 농업을 촉진하는 데 필요한 상시 수요가 발생할 수 없었다."[12)]

다시 말해서 카테다르들은 목화 공급 협회의 노동 분견대였다. 협회는 카테다르들이 국제 목화 시장에서 자율 교섭력을 행사하도록 허락할 의사가 전혀 없었다. 오히려 그들은 높은 세금, 만성 부채, 생존 불안의 혼란상으로 내몰렸다. 토지 자원을 지녔던 카테다르들은 스스로 소규모 착취자가 됨으로써 부채에서 벗어나려 했다. 그리하여 1870년대에는 보유 토지가 더 작은 단위로 분할되었고, 바긴다르*bhagindar*라고 하는 전차인轉借人들이 그 토지를 경작했다. 사티아는 바긴다르들이 카테다르들에게 부과된 세금보다 서너 배 더 많은 지대를 납부했다고 추산한다. 대한발이 몰아친 1890년대에는 진정으로 독립적이었던 농민들조차 그 수가 격감했다. 인구의 최소 70퍼센트가 가난한 바긴다르들이거나 무토지 노동자들이었다. 그들의 운명은 저 멀리 떨어진 거래소에서 변덕스럽게 춤을 추던 목화 가격에 달려 있었다.[13)]

이런 겹치기 착취로 베라르의 전반적 복지가 궤멸적인 타격을 입었다. 풍부한 면직물로 유명했던 사회가 빈곤으로 발가벗겨지고 말았다. 일인당 직물 소비량이 원면의 수출 증대와 반비례해 곤두박질쳤다. "대부분의 베라르 어린이들이 벌거숭이로 지냈고, 대부분의 베라르 남성들이 반半벌거숭이였으며, 베라르 여성의 압도적 다수가 넝마를 입었다."[14)] 많은 액수의 자본이 협회의 수출 기반 시설 확충 사업에 투자되었다. 철도 지선, 목화 작업장, 자갈을 깐 지선 도로 등. 그러나 촌락에는 단 한 푼도 그 혜택이 돌아가지 않았다. 베라르의 촌락은 위생 상태가 엉망이었고 특히 사람들의 배설물로 인해 상수원이 오염되어 콜레라와 위장 질환, 결핵이 만연했다. 지역의 식량 안보도 목화 생산(19세기의 마지막 사반세기 동안 경작 면적이 두 배로 늘어났다.)과 곡물 수출 증진으로 훼손되었다. 베라르인 14만 3천 명이 기아로 사망한 1899년과 1900년 기근 때 이 지방은 수만 꾸러미의 목화와 2017만 톤의 곡물을 수출했다.[15)] 1890년대에 수많은 노동 인구가 베라르로 유입되었음에도 주민 수가 5퍼센트 감소했고, "출생 시 기대 수명"이 두 배 떨어진 열다섯 살이 되더니 이윽고 "최악의 해"였던 1900년에는 열 살 미만으로 줄어들었다.[16)]

베라르가 특이한 게 아니었다. 데칸 전역에서 식량 안보가 목화 수출에 희생되었다. 데이빗 와시브룩은 1877년 마드라스 기근의 중심지 가운데 하나였던 벨라리 지방에 관해 이렇게 썼다. 상업적 목화 경작은 "번영의 확대가 아니라 농업 생산과 사회적 재생산의 점진적 위기와 결부되었다."[17] 화산활동으로 생성된 흑토가 목화 생산에 이상적이었음에도 벨라리는 인도에서 가장 건조한 경작 지대 가운데 하나였고, 따라서 관개가 되지 않을 경우 한 가족이 (기장으로) 생존 양식을 생산하고 세금을 내려면 평균 토질의 농지가 15에이커에서 20에이커가량 필요했다. 그러나 1870년대에 대다수의 료트는 7에이커를 경작했다. 수천으로 추산되는 부유한 이남다르(*inamdar*, 와시브룩은 거의 전적으로 식민지 국가가 이 "부호 계급"을 "만들었다."고 주장한다.) 들만이 깊이갈이에 필요한 열 마리 정도의 소를 확보해 무거운 금속 쟁기를 끌도록 할 수 있었다.[18] 영국의 직접 통치 이전에 소농들은 전통적으로 목축과 계절적 군사 활동에서 나오는 가족의 가외 소득으로 수확 부족을 만회했다. 팍스 빅토리아로 용병을 할 수 있는 기회가 사라졌고, 상업 농업이 확대되면서 목초지도 줄어들었다.[19]

소생산자들은 이렇게 소규모 농사와 치솟는 부채에 단단히 포박당했고, 결국 기장 대신 목화를 재배하는 놀라운 선택을 단행했다. 곡물 상인들한테서 기장을 사기 위해 목화를 재배해 판매했던 것이다. 나아가서 목화 가격이 하락하거나 정체하자 그들은 다시 이를 변경하기도 했다. 와시브룩의 말을 들어 보자. "솔직히 말해 이 '결정'은 생존 전략으로서 아무 의미가 없는 것 같다. 그 결정은 곡물 대비 가격이 이 시기에 반토막 난 작물을 생산했다는 의미였다. 그 결정으로 농민들은 위기의 삼각 구도에 휩쓸려 들어갔다. 기후, 곡물 가격의 변동, 목화 가격의 동요가 그것들이다. 더구나 마지막 외생 변수는 국제적으로 결정되었는바 벨라리 자체에서는 예측할 수도 없었다."[20]

북중국의 사례에서 다시 보겠지만 목화의 중대한 장점은 "에이커당 수익률이 더 높았고, 따라서 토지를 조금밖에 보유하지 못했던 농민들에게는 곡물 경작보다 생존이라는 목표에 접근할 수 있는 기회가 더 많았다."는 사실이다. 소농의 절대 다수가 필수 면적 9.5에이커에서 여전히 그 목표에 도달할 수는 없었을 테지만 말이다."[21] 목화 생산은 기장보다 노동력 투입에 더 잘 반응하기도 했다. (경제학의 한계 수익점이라는 개념에 무지했던) 농민들은 필사적이었고, 가족의 무임금 노동을 대량으로 투입해 수확을 증대시킬 수 있다고 믿었다. 그러나 목화 재배는 언제나 날씨와 세계시장이라는 미지의 변수들과 대항하면서 판돈을 걸고 하는 생존 전략이었다. 일반적으로 미국 남부산 목화의 가격이 다른 지역 생산품에 대한 수요를 결정했다.

그러나 농민들에게 빚을 내준 사람들은 이 도박을 강요했다. 소농들이 목화 재배로 돌아섰다. "시장에서 기회를 노린다기보다는 경제적 재난에 대한 반응이라는 측면이 더 컸다." 데칸 고원 경작지의 목화 재배 면적 비율이 1870년대의 4퍼센트에서 1911년에는 거의 12퍼센트까지 증가했다.[22] 그러자 노다지를 캘 수 있었던 1860년대의 "목화 기근" 시기에 생산을 주도했던 "부호들"이 경작을 그만두었다. 부농들은 "전진하는 자작농"에 대한 영국의 희망을 풍자적으로 비난하면서 리카도의 이론이 예측한 것과는 정반대 방향으로 자신들의 자산을 전환하는 공세적인 행태를 보였다. 경작에서 고리대금업과 목화 매입 대리업으로 나아갔던 것이다. 와시브룩이 지적하는 것처럼, 그들은 생산을 직접 조직하는 데 따르는 위험을 감수하기보다 대부 제도와 곡물 시장의 구매자 독점을 통해 농업 잉여를 빼앗는, 훨씬 더 쉬운 길을 택했다.

목화 생산이 대농에서 소농으로 완전히 이전된 사태를, 부호 대부자들이 목화 시장 침체에 대응하는 과정에서 고리대금과 "은혜" 자본을 통해 계속해서 그 작물에서 많은 이윤을 뽑아내려던 메커니즘으로도 볼 수 있다. 부농들은 소농의 주요 대부자로 행세했고, 그들이 결여하고 있던 생산 요소를 빌려 줌으로써 소농의 한 가지 강점, 곧 가족의 무임금 노동에서 이윤을 뽑아낼 수 있었다. 이제 소농의 가족은 더 긴 시간 더 고되게 일해야 했고, 그 성과의 대부분을 이자 지불과 임대료의 형태로 부호들에게 이전해야 했다. 새로운 경제체제는 노동력의 전개와 배치를 그저 "합리화"해 준 게 아니었다. 가장 결정적으로는 노동력이 싸졌던 것이다. 그리고 이 경우에는 문자 그대로 노동력이 아무런 가치도 갖지 못하는 지경에 이르렀다.[23]

넘쳐 나는 밀 속에서 굶주리는 사람들

생산자 계급은 인도의 상업적 농업의 다른 주요 부문에서도 고된 생활을 했다. 베이커가 또 다른 훌륭한 논문에서 보여 준 것처럼 중앙주 나르마다 강 유역(오늘날 마디아프라데시 주의 일부)에서 1861년부터 1890년까지 펼쳐진 유명한 밀 호경기는 파괴적 토양 고갈과 가계 부채 궤멸로 뒷받침되었다. 그 시기가 공식적으로는 "중단되지 않고 지속된 농업 번영"의 치세로 포고되었지만. 세포이항쟁 후 10년 동안 추진된 리처드 템플 경의 "권위주의적이고 맹렬한" 통치하에서 말구자르(*malguzar*, 토지 소유자를 뜻하며 많은 경우 소작인으로 전락했다.)들은 목화, 특히 밀을 상업적으로 생산하도록 강요받았다.[24] 지역 고유의 수공업이 값싼 랭커셔산 면직물로 황폐화되었다. 봄베이-캘커타 간 철로가 완성되자 인도 북중부는 초토화되었고, 이제 철도를 활용해 영국의 제분업자들이 선호하는 연질 소맥을 수출해서 돈을 벌라고 농민들을 부추겼다. 봄베이에 근거지를 둔 수출업자들과 그들의 지역 말구자르 대행자들은, 호별 방문을 벌이면서 촌락민들에게 기장이나 콩 대신 밀을 재배하면 현금을 선지급해 주겠다고 제안했다.[25]

1871년 수에즈 운하를 통해 리버풀에 하역되기 시작한 나르마다산 밀은 적시에 영국의 양곡 거래소에 도착했다고 할 수 있었다. 농노 해방의 여파로 러시아의 수출이 급감했던 것이다. (러시아는 1873년까지 영국의 주요 곡물 수출국이었다.) 이로 인해 다른 지역에서 밀이 드물게 수입되는 계절에도 밀가루 가격이 안정되었고, 영국은 보유량을 바탕으로 유럽 대륙에 밀이 부족할 때 재수출을 통해 짭짤한 수익까지 올렸다. 강수량이 풍부했던 1880년대 내내 수요가 꾸준히 증가했고, 러시아에 재앙과도 같은 흉작이 발생한 1890년과 1891년에 절정을 이루었다. 영국 관리들은 거만하게 호언했다. "이제

사진 14 | 밀 호경기의 이면

는 가장 작은 규모의 경작자도 유럽 회사의 대행자에게 세계시장의 현행 시세로 직접 자신의 농산물을 팔 수 있다."[26] 한편으로 "곡물 상인들은 미친 듯이 투기를 했고" 땅값은 급등했다. 한때 사가르 같은 주요 수출 지역에서는 밀이 생계 작물을 재배했던 면적의 3분의 2를 차지했다.[27]

그러나 번영의 이면에서는 공식 정책들이 냉혹하게 집행되었다. "1891년에서 1901년에 전개된 농업 위기의 기초가 마련되었던 것이다. 기근이 발생했고, 밀 경작 경제가 결딴났으며, 중앙주는 파산에 직면했다."[28] 융통성이 전혀 없는 정부의 세금 징수 정책이 다시 한 번 농촌에서 자본을 빼 갔다. 소작인들은 최상위 말구자르들의 자비에 의존해야 했다. 영국 통치 이전의 촌락 체계에서 준수했던 조상 전래의 의무 사항에서 벗어난 말구자르들은 무자비하게 고리대금업자 겸 곡물 상인으로 활약했다. 게다가 소지주들이 채무를 이행하지 못하면서 몰락하자 이들 엘리트 집단이 나르마다 강 유역 밀 생산 지대의 광대한 구역을 직접 소유하게 됐다. 베이커는 이렇게 추정한다. "1889년경에는 중앙주에서 양도로 이전된 말구자르 구역의 절반 이상이 고리대금업자들에게 넘어갔고, 양도 이후 팔린 토지 세금의 47퍼센트가 고리대금업자들에 의해 납부되고 있었다."[29]

고리대금업과 엄청나게 비싼 소작료로 축적된 부는 거의 전적으로 기생적이었다. 가축, 관개, 농사 도구에 대한 생산적 재투자가 거의 이루어지지 않았다. "부재지주들은 그들의 촌락을 방문하지 않았고 결과적으로 소작인들과 전혀 접촉하지 않았다. 시장에서 점포를 임대한 사람보다 더 중요한 존재가 결코 아니었던 것이다."[30] 베라르에서처럼 전설적인 수익은 직접 생산자들의 사회적 처지가 점진적으로 후퇴하는 상황을 동반했다. 이미 템플 행정부의 위원이 활약하던 시절에 너무 많은 수출로 인도의 곡물 비축량이 고갈되었다는 우려가 제기되었다. 지방관들은 소작인들의 살림이 점점 더 비참해지고 있다고 보고했다.[31]

목화 생산 지역보다 훨씬 더 대단했던 나르마다 강 유역의 밀 호경기는 불확실한 기후적·생태적 토대 위에서 구축되었다. 래그헤이번이 강조한 것처럼, 1880년대에 수출 수요가 치솟으면서 옛날부터 기장이 재배되었던 하급 토지까지 경작이 확대되었다. 그런 곳의 수확은 순전히 계절풍 주기에 좌우되었는데, 1884년부터 1894년까지는 유별나게 강수량이 많았다.[32] 상업화는 생태 위기도 수반했다. 철도 침목 때문에 사트푸라스의 삼림이 파괴되었다. 상업적 밀 경작지가 예로부터 나르마다의 가축들이 의지해 온 목초지를 흡수해 버렸다. "1883년에서 1884년경에 목초 가격이 엄청나게 올랐다." 다수의 농민은 너무 비싸진 비용 때문에 소를 키울 수 없었다. 숯의 가격이 치솟았고, 사람들은 어쩔 수 없이 소똥을 연료로 사용하게 됐다. 결과적으로 거름이 부족해지면서 토양 고갈이 가속화되었고 생산성이 곤두박질쳤다. 정부는, 나르마다 강 유역은 "기근이 들지 않"고, 지형지세로 인해 댐과 운하를 건설하려면 비용이 너무 많이 든다는 변명을 늘어놓았다. 이런 식으로 그들은 가뭄이 발생했을 때 농촌 인구를 보호해 주었을 관개 사업을 방기했다.[33]

표 37 | 중앙주의 밀 수출

연도	수출량(만 루피)
1871~1876	340
1876~1881	720
1881~1886	1490
1886~1891	1660
1891~1896	430

정부가 중앙주의 세입을 크게 재조정한 1887년에 재앙에 대한 대중적 취약성이 심각해지고 있었다. 세금(과 자동 조정되던 임대료)이 호경기가 부풀린 투기적 토지 가치에 기초해 재평가되었다. 무려 50퍼센트까지 상승한 경우도 있었다. 고리대금업자들은 "활발한 수출 무역이 영원히 계속될 것"이라는 말을 믿었고, 더 많은 신용 대부에 대한 말구자르들의 탄원을 수용했다. 그런데 나르마다 강 유역의 수출이 1891년과 1892년 최고 정점에 도달하자 영국인 구매자들이 갑자기 더 매력적인 생산지로 돌아서 버렸다. 아르헨티나의 팜파스에서 생산한 값싼 곡물과 펀자브 및 연합주 서부의 인공 수로 지역에서 수확한 양질의 밀이 쇄도했던 것이다. (아르헨티나의 밀 수출은 1889년 1억 1152만 톤에서 1890년대 초 7억 6048만 톤으로 급등했다.) 지역 생산자들이 받은 충격은 재앙이나 다름없었다. 막대한 부채에 시달리며 악토양을 경작하던 소작인들의 처지가 특히 심각했다. 1896년 대한발 전야에 나르마다 강 유역의 밀, 콩, 기장 수출은 미미한 수준이었다."[34] 엄청난 부채와 과도한 세금에 시달리고 있었고, 이제 세계시장에서마저 축출된 중앙주의 농민들은 사실상 비가 그치면서 이미 끝없이 추락하고 있었던 것이다. 베라르의 목화 재배농들이 벌거숭이로 종말을 맞이한 것처럼 나르마다의 그 유명했던 밀 농사꾼들도 20세기 초에 수입된 기장과 쌀로 연명하고 있었다.

나브테지 싱과 다른 사람들이 보여 준 것처럼 기근은 인도 북부의 밀 농사 지역에서 전개된 수출 호경기의 가려진 진실이기도 했다. 원주민의 농업 자본주의를 후원하는 데 영국의 인도 통치가 거둔 가장 큰 성공으로, 흔히 빅토리아 시대 펀자브의 "관개 혁명"(100년 후 "녹색혁명"의 선례)을 인용하지만 그 실상은 상당히 으스스했다.[35] 인공 수로 지역의 일부 대지주가 밀 수출로 엄청난 부를 거머쥐었다는 것은 분명한 사실이다. 그러나 그들의 자본은 신속하게 고리대금업과 곡물 거래 부문으로 전용되었다. 넬라드리 바타차리아는 펀자브 농촌의 부채 상황을 이렇게 전한다. "상인 겸 고리대금업자들의 목표는 그냥 이자를 버는 것이 아니라 구매 및 판매 가격을 통제해 상품 공급과 매각의 정규 통로를 안정되게 구축하는 것이었다."[36] 나르마다의 엘리트 말구자르들처럼 그들도 영국의 정치경제학자들이 지시한 바와 같이 농민들의 처지를 개신하는 역할을 떠맡기보다 샤후카르 *shahukar*, 다시 말해 중간 상인이 되는 것이 더 이득이라는 것을 깨달았다. 그러는 사이에 소규모 자민다르들과 그들이 고용한 노동자들의 압도적 다수는 급속히 진행되던 새로운 불안정 사태에 직면했다. "농업이 상업화되자 농민들의 부채와 빈곤만 증대했다."

> 농민 대부분이 샤후카르들에게 빚을 졌다. 샤후카르들은 농민들에게 낮은 시세로 생산물을 내놓도록 강요했다. 사실상 강제적인 중간 상인이었던 셈이다. 많은 경우에 샤후카르들은 작물 재배에 금융을 지원했고, 수확이 이루어지면 자민다르들의 탈곡장에서 바로 그 생산물을 가져갔다. 이들 샤후카르 상인들은 저가 시세뿐만 아니라 부당한 압박을 통해서도 농민들을 약탈했다. 샤후카르들이 농업 활동에 대부를 한 것은 농업 상품의 가격을 고정하기 위해서였다는 사실도 주목해야 한다. 펀자브 동남부의 상황이 최악이었던 이유는, 이 지역이 1809년까지 거슬러 올라가는 오랜 식민 지배의 역사를 갖고 있었기 때문이다. 가뭄과 빈곤 상황이 훨씬 더 현저했던 것이다.[37]

중앙주에서처럼 영국인들의 식탁에 빵을 올려놓던 농민들은 가족의 생존을 보장할 수 없었다. "거대한 [시장] 수요와 정부의 구매 예상 속에서 투기적 퇴장 조치가 이어졌다. 부족 사태가 빚어졌고 가격은 기근이 발생할 정도로 앙등했다. 수출로 재고가 고갈되면서 수출 지역의 기근 취약성이 증대했다. 일상적 시기는 물론이고 흉년이 들었을 때도 말이다."[38]

비하르의 유명한 인디고 호경기에서도 기아가 뒤따랐다. 여기서는 주저하던 농민들을 강제로 세계시장에서 떼어 놓았다. 영국이 강제한 그 제도를 '아사미와르*assamiwar*'라고 한다. "인도 동부 전역에서 식민자들이 증오의 대상이 된 이유는 인종적 오만과 함께 그들이 법을 무시했기 때문이다. 그들은 힘센 사람들을 소규모로 편성해 개인 군대를 유지했다. 당연히 농민들을 협박해 인디고를 재배토록 강요하는 데 그 군대가 동원되었다."[39] 이미 1866년에 가뭄이 강타한 쌀 생산 지역의 농민들은 인디고 재배자들에 맞서 공동 전선을 구성했고 그들의 생존 농업 대체 행위를 비난했다. "간단히 말해서 료트들이 경작권을 가졌던 논이 인디고 재배지로 전환되었다. 이렇게 곡물을 생산하는 토지가 줄어들자 그 결과는 곡물 생산량의 감소로 나타났다. 몇 년 동안 식량난과 기근이 발생했고 수천 명이 사망했다." 공식 보고서가 나중에 확증해 준 것처럼, 비하르 북부의 인디고 재배 면적 22만 에이커(곡물 재배 면적이 전부 15만 에이커 줄어들었다.)는 흉년 시 생존과 기근의 경계선이었다. 콜린 피셔의 설명도 들어 보자. "이를 통해 베티아, 시타무리, 마두반처럼 쌀을 재배하던 저지에서 가장 극적이었던 인디고 재배 유도 활동이 이루어진 이유도 알 수 있다. 이들 지역은 특히 기근에 취약했다."[40]

마지막으로 가장 악명 높은 인도산 수출 작물인 아편을 살펴보자. 아편도 생산자들의 배를 채워 주지는 못했다. 재배농에게 돌아가야 할 이윤을 카테다르들이 가로챘다. 그들은 ("100퍼센트 미만의 순이익을 낸 적이 없는") 정부를 대신해 수확한 양귀비를 고정 가격으로 구매했고, 세금 납부와 가계 소비용 자금을 고리로 빌려 주었다.[41] 비나이 차우두리는 벵골 농민들이 져야 했던 세 가지 악덕을 이렇게 요약한다. "생아편에 지불된 낮은 가격, 정부가 흉작으로 인한 연체금을 징수하면서 취한 혹독한 태도, 카테다르와 자민다르들이 통제받지 않고 행한 부당 요구." 벵골 지방은 1876년과 1877년에 가뭄의 피해를 입지 않았다. 그러나 1878년에 양귀비가 흉작을 기록했는데도 캘커타는 세금을 면제해 주지 않았다. 결국 다수의 가계가 기근에 직면했다.[42]

땅콩, 지방 종자oilseed, 담배 등 기타 수출품 부문에 종사하던 농민들도 사정은 마찬가지였다. 벵골과, 벼를 재배하던 일부 삼각주 지역에서 이루어진 특별한 황마 재배 경우만이 소농들에게 조금이나마 가격 추세를 이용해 세계시장에서 이득을 볼 수 있는 기회를 제공한 것 같다.[43] 더 건조한 내륙 지역에서 이루어진 환금작물 재배가 농촌의 궁핍화 및 식량 안보의 몰락과 병행되었다는 것이 훨씬 더 흔한 사태였다. 래그헤이번이 나르마다강 유역에 관한 또 다른 사례 연구에서 보여 주듯이, 수출 시장에 재정적으로 연루되면서 "농민 분화의 '전통적' 요인들"이 확대 강화되었다. "강우 현상, 지방적 가격 변동, 토질의 관점에서 성립된 농지 소유 구조가 그런 것들이었다."[44]

일차적으로 국내시장을 염두에 두고 재배된 상품들과 사정이 크게 다르지 않았다. 토착 조당粗糖이 수지가 맞는 걸로 유명했지만 연합주 동부의 소생산자들은 계절이라는 덫에 포박당했다. 노동력 수요와 세입 수요가 동시에 발생했고, 농민들은 상인들과 부유한 농민 무역업자들에게 작물(과 시장 변동에서 파생하는 잠재적 이익)을 담보물로 넘기지 않을 수 없었다. "고라크푸르 지방의 사탕수수 재배는 결코 잉여 축적으로 이어지지 못했고, 대다수 농민들은 경제 존립의 기초를 재생산할 수 없었다. 19세기 말에 고라크푸르의 소농 경제에서 사탕수수가 부여받은 특별한 역할은 잉여 축적물로서의 가치가 아니라 현금을 조달하고 채무 원리금을 상환하는 작물로서의 가치였다."[45)]

도시 고용이나 농업 생산성을 증대시키는 투입이 없는 상황에서 인도의 농민들은 한편으로 높은 토지 가격과 이자율의, 다른 한편으로 낮은 작물 가격의 협공을 받았다. 수미트 사르카르는 영국의 인도 지배사를 다룬 유력한 저서에서 인도 농업의 상업화가 "많은 경우 인위적으로 강제된 과정이었고, 진정한 성장이 없는 차별 분화로 이어졌다."고 본다. "전체 구조에 내장된 경향이 생산 기술과 조직의 의미 있는 발전을 가로막았다."[46)] 실제로 비판 찬드라는 이렇게 부언한다. 영국은 "사회를 고정시켜 놓고 환금작물을 취했을" 뿐이다.[47)]

착취자들의 우두머리, 식민 국가

나오로지와 덧이 그들의 선구적 비판에서 주장했듯이, 수출 호경기 때 생산성을 끌어올리는 혜택이 직접 생산자들에게 전혀 흘러들어 가지 못하도록 확실히 한 최후의 행위자는 국가 그 자체였다. 식민지 예산은 주로 농지에 대한 세금으로 마련되었는데 지출 내역을 보면 농업과 교육에 2퍼센트 미만, 온갖 종류의 공공사업에 겨우 4퍼센트가 투입된 반면 군대와 경찰에는 꼬박 3분의 1이 할애되었다.[48)] 새로운 세대의 경제사학자 두 명은 이렇게 말한다. "[영국령] 인도는 공공사업에 저개발국보다 더 적은 비용을 지출했다. 번왕국들과 비슷한 수준이었던 것이다. 게다가 시간이 경과하면서 지출이 증가한 다른 부문들과 달리 인도에서 공공사업은 1880년대 초에 절정을 이루었다가 이후 계속 감소했다." 시암 같은 아시아의 진보적 독립국가는 교육, 기근 구제, 공중 보건에 일인당 2실링을 지출했다. 반면 영국령 인도의 "인간 자본"에 대한 투자는 애석할 정도로 비참한 수준이었다(일인당 1페니로 전체 지출의 4퍼센트).[49] 바산트 카이와르가 19세기 말 봄베이 관할 데칸의 한 촌락이 전형적인 사례라고 여기며 인용한 내용이 진실을 밝게 드러내 준다. 정부는 그곳에서 매년 약 1만 9천 루피를 세금으로 징수했지만 지출은 2천 루피밖에 하지 않았다. 그 비용이라는 것도 대부분이 관리들의 봉급과 황폐한 학교 한 곳을 운영하는 데 사용되었다.[50]

납세 분야에서 리카도의 원리들은 생산자들의 생존이 재정적으로 무자비하게 훼손되던 상황을 그럴 듯한 말로 얼버무렸다. 영국식 모형에 기초해 료트들과 자민다르들을 시장 지향적 근대 농민으로 변환시키려던 이론 속에서, 세금 정책이 오히려 농민들을 고리대금업자와 신흥 부자 지주들의 지역 폭정에 종속시키고 말았다. "영국의 그럴싸한 이론과 인도의 실제 적용 사이의 격차는 엄청났다."[51] 영국은 기후 변동을 전혀 고려하지 않은 상태에서 토지의 평균 생산량을 산출했고, 그에 기초해 세금 수요를 높게 정한 다음 변경이 불가한 것으로 고정해 놨다. "수많은 지정 세금 납입자들이 매년 그들의 토지 재산 소유권을 잃을 것이 확실시됐다." 배그치의 말을 들어 보자. "채권자와 채무자의 관계가 빚을 진 사람이 가진 것은 무엇이든 다 채권자에게 바쳐야만 하는 관계로 돌변했다. 채권자는 채무자의 지주가 되었고, 사실상 전체 가족의 주인으로 행세했다."[52] 영국의 통치하에서 조상 전래의 전통 의무가 일률적인 부채법 시행으로 대체되었다. 직접 생산자들을 체계적으로 약탈하는 행위가 광범한 제도적 뒷받침을 받았던 것이다. 카이와르는 이렇게 쓰고 있다. "식민지 국가는 이런 종류의 관계가 발전에 해롭다는 것을 잘 알고 있었다. [그러나] 그들은 토지가 담보된 생산적 관계에 자본을 끌어들이기 위해 별다른 일을 하지 않았다. [이런 식으로] 식민지 국가는 자본주의 국가보다 전통 농업 관료 체제와 유사해졌다."[53] 농민의 완전한 몰락을 막으려던 가책적 사후 정책들(1875년 바니아 반대 폭동에 뒤이어 시행된 데칸 법령이 대표적인 예다.)은 흔히 세금 정책 및 법원 결정과 동반 시행되었다. 그러나 후자의 정책 집행은 채권자들의 권력을 강화해 줄 따름이었다.

예를 들어 19세기 말 봄베이 관할 데칸에서는 일 년에 한 번씩 이루어지는 세금 징수 과정이 곡물 압수로 시작되었다. 료트들이 자신의 수확물을 먹기 위해서는 즉시 돈을 빌려서 세금을 내야 했다. 고리대금업자들은 통상

사진 15 | 신과 같은 권력자들

시세의 절반 가격으로 곡물을 샀고, 38퍼센트의 고리로 돈을 빌려 주었다.[54] 농민이 원금을 즉시 상환하지 못하면 터무니없는 금리로 이자가 폭등해 빚이 천문학적인 액수로 치솟았다. 지방관 출신자 한 명의 얘기를 들어보자. "내가 경험한 사례가 한 가지 떠오른다. 농민 한 명이 원금과 이자를 다 합해 9백 루피를 갚지 못해 고소를 당한 사건이었다. 당초의 빚은 불과 십 루피어치의 곡물로, 그것도 불과 몇 년 전에 빌린 것이었다."[55)]

료트들이 빚을 갚지 못하면 인도의 법정이 영국식 민법으로 그들을 압박했다. 이 과정에서 맥심 기관총의 위협이 동원되었다. (리튼 비판자 오스본 중령이 1879년에 강조한 것처럼, 영국의 인도 지배는 "아주 혹독하고 냉혹했다. 다수 민중이 보기에 영국의 관리들은 수수께끼의 존재였다. (…) 죽이고, 세금을 거두고, 투옥하는 힘을 가진 무정한 기계 같았던 것이다.")[56] 엘긴 경이 1895년에 실시한 토지 전환 조사에 따르면 봄베이 관할 데칸의 토지 5분의 1이 "농사를 짓지 않는 고리대금업자들"(토착 브라흐만과 라자스탄 출신의 마르와리족) 소유였다.[57] 1901년의 기근위원회가 인정했듯이, 봄베이 정청 세금 제도 입안자들이 "농업 자본의 축적을 기대했"지만 실제로 "그들의 정책은 성장을 고무하지 못했고, 료트들의 독립에 이바지하지도 못했다. 그들은 자본가 농부를 기대했다. [그러나] 우리는 농노만을 보고 있을 뿐이다."[58]

상인들의 소농 착취는 도처에서 발견할 수 있는 생산관계였다. 베이커의 타밀나두 분석이 후기 빅토리아 시대 인도의 대다수 지역에 그대로 적용될 수 있다는 사실에는 의문의 여지가 있을 수 없다. "농업에서 흑자를 낸 거의 모두가 무역과 고리대금업을 시도했다. 이런 식으로 초보자들의 폭정이 횡행했다."[59] 우리가 본 것처럼 고리대금업자들(1870년대에 최소 5십만에 이르렀던)과 부유한 지주들은 명확하게 신고전주의적인 이유들로 발전에 극렬하게 반대했다. 와시브룩의 지적을 들어 보자. "투자로 귀중한 자본을 위험에 빠뜨리기보다는 강압을 통해서 축적을 지속하는 것이 '경제적으로' 더 '합리적'이었다. 사회적 생산에서 노동이 차지하는 몫이 '자연스럽게' 하락했다."[60] 베이커도 이렇게 덧붙인다. "채권자들은 '대부'를 통해 종속을 강화할 수 있었다. 채무자가 보유한 토지 생산성을 향상시켜 독립을 지원하는 '대부' 행위는 어리석은 짓이었다."[61]

영국은 고리대금업자와 곡물 투기꾼의 "기생 활동"을 비난했지만 사실 그들 자신이 이런 체제의 아버지이자 어머니였다. 소자작농의 대다수는 고리대금업자와 무관하게 생산 결정을 내릴 수도 없었고 시장의 추세를 적극적으로 활용할 수도 없었다. "이런 상황에서 농민들의 농업 활동이 자본주의적 농경으로 발전할 가능성이 전혀 없었다는 것은 놀라운 일도 아니다."[62] 카이와르가 상기시켜 주는 것처럼 "발전을 통해 도움이 되는 토지 소유자"라는 공리 공론적 책임을 맡아 수행하는 데 실패한 것은 부유한 농민이었던 자민다르나 카테다르라기보다는 식민지 국가 그 자체였다.[63]

조각난 공유 자원

다른 아시아 계절풍 지역처럼 인도의 촌락 경제도 농작물과 수공품에 공유지에서 자유롭게 획득할 수 있던 산물을 더했다. 사료로 먹일 건초, 밧줄이나 끈으로 사용할 관목, 연료로 쓸 나무와 똥, 거름으로 사용할 똥과 나뭇잎과 수풀의 잔해, 가옥의 회반죽에 사용할 흙, 그리고 무엇보다도 깨끗한 물이 필수적이었다. 모든 계급이 이 공유 재산 자원을 활용했다. 그러나 가난한 가계에는 그것들이 생존의 필수 요소였다. 마르타 첸은 계절의 변동과 가뭄에 맞서 싸우던 동시대 구자라트의 한 촌락에 대한 발군의 연구서에서 비시장 자원과 인타이틀먼트가 노동자와 소농에게 얼마나 중요한지를 보여 주었다. 첸은 이렇게 적고 있다. "노동, 노동자, 소득에 관한 표준적 정의로는 가난한 가계가 생계를 유지해 나가는 방법을 파악할 수 없다." (그녀가 1985년에서 1987년의 심각한 가뭄 시기에 방문한) 마티사르 촌락에서는 빈민들이 사용한 연료의 꼬박 70퍼센트, 동물 사료의 55퍼센트가 공유 자원에서 무료로 제공되었다. 모두 서른다섯 종의 유용한 산물을 제공해 주던 공유 삼림과 목초지는 "계절적 부족 사태에 완충기 역할을 했을 뿐만 아니라 농촌 평등에도 기여했다."[64]

영국은 이렇게 중요한 자원에 대한 통제권을 촌락 공동체에서 국가로 이전함으로써 인도 지배를 강화했다. 데이빗 러든은 이렇게 주장한다. "영국-인도 제국을 먹여 살리던 촌락 경제에 대한 그 모든 개입 가운데서도 가장 중요했던 개입은 공유지와 사유지를 분할한 사건이었다."[65] 영국의 인도 지배 어휘집에서 "낭비"로 치부된 공유지는 세금이 붙는 사유재산이나 국가 독점 자산으로 전환되었다. 결과적으로 자유재가 상품이나 금제품이 되었던 것이다. 소똥조차 빅토리아 여왕의 세금 재원이 되었으니 말다 했다.[66]

(맑스가 『자본』 제1권에서 아주 뛰어나게 묘사했듯이) 영국에서처럼 공유 자원 인클로저로 가계의 전통적 생태 환경이 크게 훼손되었다. 성난 베라르의 농부들은 1881년 기근 위원회에 이렇게 성토했다. "이제 농민들은 전에는 내지 않았던 비용을 치르게 되었다. (…) 가축을 기르는 데 옛날보다 더 많은 비용이 든다. 쟁기용 손잡이나 멍에로 쓸 나무를 그 어디에서도 베어 올

수 없게 되었다. 전에는 그저 취하기만 하면 되었던 곳에서 이제는 비용을 지출해야 한다. 일 년에 한 번씩 오두막 지붕의 이엉을 삼았던 짚 풀도 이제는 사야 한다. 전처럼 그냥 베어서 가져올 수가 없는 것이다."[67]

1870년까지는 (인도 전체 토지 면적의 20퍼센트에 해당하는) 모든 삼림을 공동으로 관리했다. 그 10년이 끝나 갈 무렵 국가의 무장 요원들이 삼림을 완전히 에워쌌다.[68] 삼림은 경작 농민들에게 나무의 필수 공급처였을 뿐만 아니라 잎사귀 퇴비와 꼴풀까지 제공해 주었다.[69] 영국은 이미 18세기 말부터 남벌로 인해 기후가 더 건조해지고 있는 것인지 모른다고 걱정했다. 그러나 하더먼이 알려 주는 것처럼 그들의 우선적인 관심사는 "제국의 수요에 맞춰 지속적으로 목재를 공급하는 것"이었다. 선박 건조, 도시 건설 사업, 무엇보다도 1860년대에 이미 궤도용으로 한 해에 침목 백만 개를 소비한 철도 건설 사업, 엄청난 양의 땔감용 목재가 그 쓰임새였다. 1878년 제2차 인도 삼림법이 공포되었다. "당국은 이를 바탕으로 촌락 소유였던 미점유지와 황무지를 차지할 수 있었다. 인도 전역의 촌락민들이 사실상 공유지를 빼앗긴 셈이었다."[70] 수백만 촌락민들에게 그 결과는 극심한 나무 부족 사태로 다가왔다. 실제로 베라르에서는 1870년대에 목재가 너무나 희귀해졌고, 카테다르르들은 계절에 따라 동일한 나무 조각으로 조립할 수 있는 짐수레와 쟁기를 만드는 창의성을 발휘해야 했다.[71]

환금작물 호경기로 삼림 자원에 대한 수요가 크게 증가했다. 그러나 크리스토퍼 베이커가 타밀나두 지역에 관한 연구에서 밝힌 것처럼, 영국은 "남아 있던 주요 삼림 지대를 경제적 자원으로 직접 개발하려고 했다. 평원의 농업 경제와 분리시키려고 했던 것이다." 이 조치가 "마드라스 행정부에게는 진물이 흐르는 부스럼"이었다. 실제로 "부유한 경작자들만이 삼림 관리들에게 뇌물을 줄 수 있었다."[72] 마드라스 레일웨이스Madras Railways 회사가 1860년대 말에 살렘, 쿠다파, 노스아르코트 등 미래의 기근 지역들에서 삼림을 벌채했다. 수십만 그루의 나무를 불법으로 베어 냈던 것이다. 이때 정부는 딴청을 피웠다. 그러나 1878년 삼림법의 처벌 조항은 생존하기 위한 빈민의 경제 행위를 대상으로 무자비하게 행사되었다. (베이든-파월이 "국가의 절대적 소유권"과 관련해 제기되던 온갖 모호함을 제거하기 위해 공들여 입안했다.)[73]

1899년처럼 가장 참혹한 기근이 한창이던 때조차도 산림 감독관들은 지역 주민들이 죽어 가던 소에게 먹일 꼴이나 난방용 땔감을 채집하는 행위를 금지했다. 『가디언』의 기근 취재 특파원 본 내시는 산림 감시원들이 사료 기근을 야기해 데칸의 밭갈이용 소와 가축을 몽땅 죽였다면서 신랄하게 비판했다. "산림청의 범죄 목록은 하루 종일 세도 모자랄 정도로 길다. 그리고 그 점은 인도의 철도 회사들도 마찬가지다[건초 운반을 거부했다]. 이제 그 가운데 두 회사가 인도에서 가축을 몽땅 없애 버린 대참사에 대해 그 책임을 나눠야 할 것이다."[74]

영국은 초지 자원에 대한 공동사회의 접근도 차단했다. 목축민과 농민들의 생태적 상호 의존성이 와해되고 말았다. 중국은 북부의 밀 생산 지역과 남부의 쌀 생산 지역으로 농업이 크게 구분되어 있었다. 반면 인도는 사정이 달랐다. 크게 보아 동경 80도를 기준으로 습윤한 동부의 쌀 생산 지역과 건조한 서부의 밀·기장 생산 지역으로 나뉘었던 것이다. 인도의 광범위한 농업 활동(그 가운데 일부는 이동성 화전 농경에 준유목 생활이었다.)은 중앙아시아와 연계된 광대한 유목 경제와 수 세기 동안 상호 작용했다. 변두리의 개간되지 않은 광대한 초지가 문명 간 접촉의 완충물이 되어 주었고 물리적 이동을 초래하기도 했다. "일상적 생존 활동 차원에서 노동력이 끊임없이 장단

거리를 이동했다. 그들은 땅을 경작했고, 거래를 했고, 싸웠고, 가축을 돌봤고, 가뭄을 피해 이동했고, 물을 찾았고, 영토를 개척하거나 방어했다."[75] 라자스탄과 데칸 서부가 전사 지배계급의 심장부였다. 이 지역에는 힌두교도와 무슬림이 섞여 살았다. 그들은 12세기부터 일련의 강력한 제국들을 건설했다. 실제로 조스 고만스는 최근에 이렇게 주장했다. "남아시아의 역사에 큰 영향을 미친 것은 건조 지대의 내부 변화였다."[76]

그러나 1857년 이후 영국은 유목민과 화전 농민들을 상대로 특히 데칸에서 무자비한 전쟁을 벌였다. 그들은 이들을 "한심한 범죄 부족"이라고 낙인찍었다. 데칸에서 수 세기 동안 지속돼 온 농업 생태 환경은 농민과 유목민, 강 유역의 농업 활동과 구릉의 목축 활동이 공생하면서 유지된 것이었다. 그러나 식민지 국가는 새로운 세입 자원을 탐욕스럽게 갈구했고, 료트들은 "황무지"를 세금이 붙는 농지로 전환하라는 압력에 시달렸다. (1870년부터 1920년 사이에 세 배로 뛴) 징벌적 방목 세금으로 인해 목축민들은 땅에서 쫓겨났다. 대신 경작민들이 특별 임차권을 줄 테니 변두리의 목초지를 경작하라는 유혹을 받았다.[77] 넬라드리 바타차리아는 이렇게 쓰고 있다. "토지 보장권 아래에서는 유목민들의 초지 활용 구조를 능히 이해할 수 있었다. 재산권 체제에서는 토지에 관한 모든 권리가 분리, 파편화, 분류, 고정되었다. 그 안에서는 유목민들의 권리가 이해되지도 않았을 뿐더러 불법이었다."[78]

사회관계가 급격하게 변화했고, 동반한 생태 환경의 변화도 엄청났다. 데칸에서는 전통적으로 넓은 범위에 걸쳐 윤작과 장기 휴경이 이루어졌다. 그런데 토지가 집약적으로 경작되고 가축 수가 줄어들면서 전통 방식을 고수하기가 어려워졌다. 농지 면적이 넓어야 했고 시비施肥 활동도 풍부하게 이루어져야 했기 때문이다. “봄베이의 밭곡식 지역에서 가장 중요한 단일 자산이었던 농경용 소는 효율적 농업 활동의 필수 요소였다.” 1850년부터 1930년 사이에 데칸 고원의 경작지 대 밭갈이 소 비율은 꾸준히 하락했다. 찰스워스에 따르면 일인당 농업 생산을 끌어올리는 게 거의 불가능해졌다.[79] 이와 함께 전문적인 유목민 가축 사육사들이 경제에서 억지로 방출되면서 소들의 품질마저 저하되었다.[80] 정부 역시 가뭄에 잘 견디는 사료용 작물을 심는 사업을 거의 후원하지 않았다.[81] 카이와르는 1843년부터 1873년 사이에 데칸 고원의 가축 수가 5백만 마리가량 줄었을 것이라고 추정한다. 1876년에서 1878년 가뭄으로 또 다시 수백만 마리가 죽어 나갔다. 일부 지방에서는 가축의 수가 거의 60퍼센트 줄어들었다.[82] 1896년과 1897년 가뭄의 피해 상황도 만만치 않았다. 펀자브 동남부 히사르 같은 지역에서는 “여성들이 쟁기를 끄는 광경을 목격할 수 있었다.”[83]

밭갈이 소는 그 수가 줄었을 뿐만 아니라 힘도 달렸다. 결국 농업 생산성이 하락했고, 비료가 점점 더 부족해지면서 토양의 비옥도도 떨어졌다. 토양에서 질소가 고갈되었기 때문에 관개용수만으로는 별다른 효과가 없었다. 인도인들은 황하 평원의 중국인들이 수 세기 동안 시달려 온 딜레마를 사상 처음으로 대면했다. 부족한 가축의 똥을 비료로 사용할 것인가, 아니면 연료로 쓸 것인가? 게다가 1860년대에는 목화와 기타 수출 작물이 데칸 고원 일대의 비옥한 토양에서 곡물 농업을 대체하고 있었다. 대개의 경우 목초지에서 전환된 부슬부슬한 토양은 더 비중이 큰 토양의 평균 기장 산출량의 3분의 1밖에 생산하지 못했다. 이렇게 조악한 품질의 토양은 급속하게 침식되었고, 이내 농사는 물론 방목에도 무용지물로 전락했다. 식민지 시대가 끝나 갈 무렵에는 데칸 고원의 토양 가운데 무려 38퍼센트가 “심각한 침식 상태"인 것으로 추정되었다.[84] 카이와르는 이렇게 말한다. "생존을 위해 재배되었던 곡물과 더불어 농업이 상업화되면서 토양 고갈과 침식이 집약적으로 일어났다."[85] 침식된 토양은 땅 위를 흐르는 빗물을 덜 간직했고, 결국 가뭄에 대한 취약성이 증대했다. 그러므로 푸나와 숄라푸르 같은 지역에서 식량 안보 상황이 가장 형편없었다는 게 놀라운 일도 아니다. 이곳에서는 과거에 "농사 불가능"으로 분류되었던 토지 가운데 가장 많은 면적이 양질의 토양에서 이루어지던 목화 재배를 보상하기 위해 곡물 경작에 이용되었다. 두 지역은 1876년 기근과 저항의 중심지였고 1899년에도 똑같은 사태가 되풀이되었다.[86]

목화 재배 지역에서는 토양 생산성을 하락시키는 과잉 경작이 구조적 문제였다. 그러나 농민들은 사태를 거의 통제할 수 없었다. 사티아는 이렇게 말한다. "베라르의 빈곤은 경작 가능한 황무지의 운명과 직접 연관되어

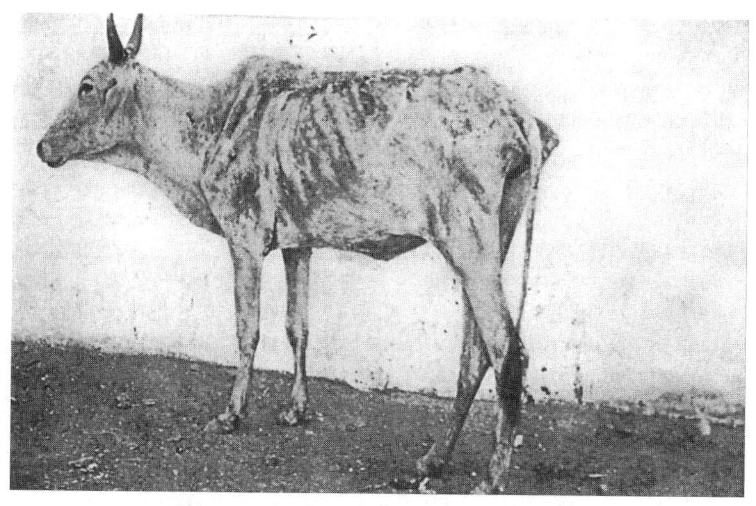

사진 16 | 소가 죽고 나자 여성들이 쟁기를 끌었다

있었다.” 물론 목화 재배는 토양 영양분의 급속한 고갈과 처녀지에 대한 탐욕스런 수요로 전 세계적으로도 악명이 높다. 게다가 목화는 데칸 전역에서 윤작을 통해 질소를 고정해 주던 콩류를 축출해 버렸다. 장기적인 토양 비옥도를 팽개치고 단기 수익을 극대화하려던 이 전략은 세금과 부채 때문이었다. 늘어만 가는 부채와 세금으로 짜부라진 카테다르들에게 선택의 여지는 없었다. 한 지방 관리는 이렇게 설명했다. 그들은 “목화를 빈번하게 계속 심어 토질을 고갈시켰고, 곡물은 거의 배제 상태에 이를 정도로 넓은 면적에서 목화를 재배했다.” 결국 목화가 식량 작물을 대체하면서 목초지뿐만 아니라 탈곡과 키질을 하던 공공장소도 사라져 버렸다. 영국은 단 1제곱미터라도 세원의 기초로 삼기 위해 촌락 공유지를 사유화했고 경매로 팔았다. 촌락민들은 심지어 집을 짓는 데도 정부의 허가를 받아야 했다. 정부는 “건물이 농지를 잠식해 정부의 세원을 위태롭게 할지도 모른다면서 좀처럼 허가를 내주려고 하지 않았다.”[87]

마지막으로 살펴볼 것은 수자원이다. 인도의 대다수 지역에서 물은 언제나 공동체가 관리 운영하는 공유 자원이었다. “토지와 토지에 딸린 수자원의 소유권을 판다는 관념이 전혀 없었다.” 그러나 인도에 무분별하게 적용된 영국의 관습법 속에서는 물에 대한 권리가 사유재산으로서 토지 소유권과 다름이 없었다. 데이빗 하더먼은 이렇게 강조한다. “이것은 사실상 토지를 보유한 사람들만이 그 위를 흐르거나 고인 물에 대한 권리를 갖는다는 의미였다. 이렇게 해서 식민지 정부가 발행한 토지 증서가 없던 사람들은 물을 전혀 이용할 수 없게 되었다. (…) 당연히 전통적 수자원 관리 체계가 와해되었다.”[88] 저수지와 우물도 사유화되었다. 사티아가 베라르의 사례라며 지적하듯이 “사상 처음으로 (…) 물이 귀하다는 것이 문제가 되었다.

민중과 가축이 모두 엄청난 고난에 직면했다."[89] 국가는 지역의 관개시설을 돌보지 않았고 베라르뿐만 아니라 인도 내륙 전역에서 불만과 불평이 스멀거렸다.

토착 관개시설의 붕괴

리처드 스트래치 경과 존 스트래치 장군 형제에 따르면 영국의 인도 통치는 세계사에서 확인할 수 있는 가장 비상한 자선 행위였다. "인도는 과거에는 들어 본 적도 생각해 본 적도 없는 규모로 생명과 재산을 보호받았다. (…) 농촌에는 도로가 깔렸고, 통행이 불가했던 강에는 다리가 놓였다. 약 1만 4천 킬로미터의 철도와 3만 2천 킬로미터의 전신선이 부설되었다. (…) 인도 국민의 부와 편리가 헤아릴 수 없을 만큼 증대했다. 이 모든 사업과 그에 따른 비용 지출이 실제의 세금 부담에 아무것도 추가하지 않았다는 사실이야말로 우리가 주목해야 할 이야기다."[90] 인도인들의 "부와 편리"를 강조한 스트래치 형제의 주장을 비웃었겠지만 맑스조차도 철도 건설의 규모와, 인도가 세계경제에 통합되던 속도에는 깊은 인상을 받았다.

다른 한편으로 영국의 인도 지배를 자유주의 내지 민족주의 시각에서 비판하던 사람들에게는 우선순위를 잘못 정한 캘커타 사업의 상징이 바로 철도였다. 영국의 철강 제조업자들과 기관차 제작사들을 위한 시장을 공공연하게 뒷받침해 준 저당 사업이었다는 것이다. 세포이항쟁이 종결된 상황에서 인도의 공공사업은 첫째로 급박한 군사적 통제의 필요성에 의해, 둘째 수출 농업에 대한 수요에 의해 추진되었다.[91] 1876년 기근 전야에는 인도 공공사업 자본의 29퍼센트를 군사 시설에 투자한 반면 관개시설, 운하, 배수 시설에는 불과 21퍼센트만을 투자했다. (스트래치 형제는 "우리 군대의 병영이 전 세계에서 유례가 없을 정도로 최고 수준을 자랑한다."고 호언했다.)[92] 한편 철도에는 (1880년까지) 전체 수력학 사업 투자 비용의 열세 배가 투입되었다. 아서 코튼 경과 플로렌스 나이팅게일이 주도한 관개 사업을 지지하는 압력 단체는 1876년과 1877년 기근 때 이렇게 항의했다. "지금 우리는 웅장한 사업[철도]의 슬프고 면목 없는 광경을 목도하고 있다. 가난한 인도는 철도 건설 사업으로 1억 6천만 루피를 썼다. 이것은 인도의 최우선순위라는 관점에서 볼 때 완전히 무가치한 사업이다. 인도인 수백만 명이 죽어 나가고 있다."[93] (간디도 이런 비판을 되풀이하면서 나중에 철도를 비난하게 된다. 철도가 "농촌의 비축 [식량]을 고갈시켰고 수공업을 말살해" 기근의 근본 원인으로 작용했다는 것이었다.)[94]

관개 운동가들이 마침내 법안 통과 운동에 성공했다. 의회는 인도 정부의 터무니없는 철도 건설 사업이 최근 발생한 기근 사태에 부분적으로 책임이 있다는 그들의 주장을 조사할 위원회를 임명했다. 그러나 위원회는 그들의 분석 내용을 기각했고 종합적인 인공 수로 체계를 건설해야 한다는 그들의 제안마저 거부했다. 오히려 인도성 장관 솔즈베리 경은 철도야말로 굶주림을 예방해 주는 최고의 방어책이므로, 공공투자에서 지속적으로 가장 많은 몫을 할애해야 한다고 재확인했다. 그 결과 1880년에서 1895년 시기에 집행된 공공사업 지출에서 불과 5분의 1만이 관개 사업에 쓰였다. 그리고 이 가운데 90퍼센트가 펀자브와 북서주(나중에는 연합주)에 집중되었다. 인공 수로가 목화, 아편, 사탕수수, 밀 같은 상업 작물에 물을 대주었고 정부가 챙긴 재정적 보답은 엄청난 규모를 자랑했다.[95] 그러나 철도망에 투하된 엄청난 자본과 비교하면 보잘것없는 수준이었다(1921년에 인도 경작지의 불과

11퍼센트만이 관개되고 있었다).[96] 그럼에도 갠지스 강과 줌나 강을 연결해 도아브 평원의 비옥한 대지를 관개한 인공 수로는 빅토리아 시대 수력공학의 일대 자부심으로, 호주, 팔레스타인, 미국 서부 지역이 따르고자 한 모범이었다. 이 수리 사업은 인도의 농업 역사 연구자들 사이에서 상당한 논쟁이 벌어진 주제이기도 하다.

이언 스톤은 일부 심각한 결함에도 인공 수로가 북부 지역 농민 수백만 명에게 상대적 번영과 함께 헤아릴 수 없을 만큼 엄청난 식량 안보를 확보해 주었다고 주장했다.[97] 반면 엘리자베스 휘트콤은 도아브 평원의 우물 관개를 대체해 버린 인공 수로가 생태적 재앙에 가까웠다고 주장했다. 인공 수로가 단기적으로는 밀과 사탕수수의 대풍년을 가져왔을지도 모른다. 그러나 예측하지 못한 사회적 비용이 엄청났다는 것이다. 예를 들어 적절한 지하 배수 시스템이 없었기 때문에 관개의 모세관 현상으로 독성 알칼리 소금이 표면에 남았고, 결국 광범위한 염분 풍화 작용이 발생했다. 현지에서는 이것을 '레*reh*'라고 했다. 1877년 지질 조사 감독관은 한때 비옥했던 평원이 바야흐로 "황량한 미개지"가 되려 하고 있다고 경고했다. 실제로 15년 후 1만 제곱킬로미터에서 2만 제곱킬로미터 정도의 농지(이것은 엄청난 면적이다.)가 염분으로 파괴되었다고 추정되었다. "'소중한' 작물이 지면에서 굳은 채 고립되었다."[98]

게다가 수평으로 물을 끌어들이는 관개 방법이 전통적 우물 관개와 병행해서 시행된 곳은 그 어디서나 새로운 시스템이 낡은 시스템을 훼손했다. 어떤 곳에서는 지하수면이 상승했고, 관개된 들판에서 측면 누출이 일어나기도 했다. 이렇게 해서 우물이 무너졌다. 지하수면이 하강하고, 우물이 소금기를 띠면서 음용이 불가능해지는 경우도 발생했다. 스톤도 시인하듯이 안쪽에 벽돌을 대서 우물의 붕괴를 막으려던 농민들의 시도는 지주들의 반대에 가로막혔다. 그들 다수가 고리대금업자였던 지주들은 소작인들이 조금이나마 경제적으로 독립할 수 있는 그 어떤 개선 조치도 원하지 않았다. "이런 일은 불란드샤르에서 특히 심했다. 이곳의 식민 관리가 다음과 같이 언급할 정도였다. 토지 소유자들은, '그들의 농지를 개량하지 않았을 뿐만 아니라 행동 방침도 개선과 진보를 직접적으로 적극 막거나 방해하는 것이었다. 지주들이, 극단적인 경우 흙으로 된 우물에 소작인들이 석축을 시도하는 것을 막는 것은 거의 보편적인 관행이다.' "[99]

이게 다가 아니었다. 인공 수로에 둑을 쌓아 자연 배수 시설을 틀어막고 습지에 물을 가둠으로써 얼룩날개모기가 번식할 수 있는 이상적인 환경이 조성되었다. 그 결과 인공 수로 개설 지역에 말라리아가 비정상적으로 창궐하면서 악명을 떨쳤다. 말라리아가 인도에서 가장 치명적인 전염병으로 부상했다.[100] 영국이 농촌의 공중 보건에 자원 투입을 주저하면서 사망자 수가 크게 늘고 쇠약해진 사람들이 늘어났다는 데는 의심의 여지가 없다. 실제로 모기가 병독을 매개하는 곤충이라는 사실이 밝혀진 다음에도 영국은 모기 퇴치에 자원을 투입하지 않았다.[101]

그러나 휘트콤의 가장 중요한 비판은 (스톤과 반대로) 수출 지향적 관개 농업이 카리프 작물의 배제를 가속화함으로써 농민들이 사실상 기근에 더욱더 취약해지도록 만들었다는 것이다. "일반적으로 얘기해서 인공 수로 관개는 주요 식품 공급을 확대해 식량난을 줄이는 데 거의 아무런 역할도 하지 못했고, 할 수도 없었다. 실제로 인공 수로 관개의 효과는 그 정반대였던 것 같다. 주요 식품 자원의 공급이 줄어들었던 것이다. 곡물, 특히 밀의 수출 거래를 1870년대 말에 시작하면서 상황이 악화되었다."[102] 인공 수로 건설은 식량 안보 같은 장기 발전 목표보다 국가가 통제하는 독점 산업에서 신속하게 수익을 내려던 기대와 의도에도 토대를 두고 있었다. 펀자브 관개 사업에서 중요한 역할을 수행한 토목기사 토머스 히그엄 경은 1901년 관개 사업 위원회에 이렇게 말했다. "인공 수로는 기근을 막지 못한다. 그러나 그것이 여러분들의 돈을 엄청나게 부풀려 주기는 할 것이다."[103)]

정부의 초기 보고서는 이렇게 단언했다. "세금이 모든 인공 수로 행정의 목표가 되어야 한다."[104)] (1877년 재난 이후 열린 하원 청문회에서 아서 코튼 경은 외무성 장관이 인명을 구조하는 관개 사업 문제를 다루면서 항상 "런던의 가게 주인이나 맨체스터의 상인"처럼 굴었다고 불평했다. "또 다른 가게를 열어야 할지 아니면 또 다른 상관商館을 개설해야 할지 주판알을 튕겼다."는 뜻이었다.)[105)] 그러나 휘트콤이 강조하는 것처럼 "사업이 가장 시급하게 요구되었던 곳, 다시 말해 중앙주와 봄베이 및 마드라스 관할 데칸 고원에서는 솔직히 말해 수익성을 기대한다는 것 자체가 완전히 불가능했다." 1899년과 1900년 가뭄으로 초토화된 110만 제곱킬로미터는 그 대부분이 봄베이 관할구와 중앙주에 산재했다. 같은 지역에서 인공 수로로 관개된 농지가 10만 에이커 미만이었다는 사실은 전술 내용과 현격하게 대비된다.[106)]

한편 농민들은 터무니없는 수세水稅를 불평했다. 이견을 가졌던 공무원들이 그들의 항의를 되풀이 전달했다. 은퇴한 행정가 오도넬은 이렇게 썼다. "인도처럼 빈번하게 가뭄의 공격을 받는 나라에서 과학적인 물 공급보다 더 시급한 과제는 없다. 그러나 '제국'의 지혜는 '과세 기초를 확대'하겠다는 미몽에서 깨어나지 못하고 있다. 결국 관개의 성공에 가장 큰 관심을 보여야 할 바로 그 사람들이 이 사업을 증오하고 있다."[107)] 관개된 토지에 적용된 세금은 건조한 농지 사정액의 열 배에서 열다섯 배에 이를 정도로 터무니없었다. 결국 농민들은 환금작물 이외의 다른 어떤 작물에 대해서도 관개된 수자원을 사용할 엄두를 내지 못했다.[108] 카이와르가 지적하는 것처럼, 이제 "촌락민들은 관개된 들판을 외면하고 세금을 적게 매기는 미관개 토지에서 농사를 짓는 게 가장 현명한 방법이라고 판단하기에 이르렀다." 사악한 수세 정책이 농민들의 의욕을 꺾어 버린 결과는 기괴했다. "[전체 봄베이 관할 데칸에서] 1875년 실시된 세 건의 주요 관개 사업으로 4만 1150에이커의 농지에 물을 공급할 수 있게 되었다. 그러나 실제로 관개가 실시된 농지의 면적은 457에이커에 불과했다!"[109]

"최상의 인공 수로로 관개가 된 촌락들조차 부유해졌다는 증거를 거의 찾을 수 없었다. 주민들 대다수는 고리대금업자의 도움을 구하지 않을 수 없었고 부채 상태에 놓여 있었다." 그러나 전통적 우물과 저수지 관개에 여전히 의존하던 영국령 지역은 사정이 훨씬 더 심각했다.[110] 토후국들의 관행과 옛 무굴제국의 전통은 우물 건설을 지원하는 것이었다. 반면 영국령 인도의 료트들은 자신의 땅에 자비로 우물을 뚫었다가는 매년 12루피의 징벌적 세금을 내야 했다.[111] 영국은 도아브 평원과 펀자브에서 세원을 창출해 주는 관개 사업에 대단한 열정을 보였다. 반면 농민들이 직접 관리하던 소규모 관개 시스템은 철저하게 무시했다. 그러나 이 관개 체계는 중세 초기부터 인도 서부와 남부 농업의 수력학적 근간을 이루어 온 것이었다.[112] 하더먼의 말을 들어 보자. 영국은 "농민들이 직접 책임을 지고 관리하던 관개 시스템 일체를 폄하했다."[113]

그러나 인도와 아시아의 기타 계절풍 지역에서 시행된 "산업적" 관개와 "토착" 관개를 비교 연구한 현대의 논문들은 관계 시스템의 규모가 한편으로 생산성(시간의 경과를 염두에 둘 때 토지 한 단위당 산출량)과 맺는 관계, 다른 한편으로 효율성(에너지 한 단위당 산출량)과 맺는 관계에서 역함수 형태를 취한다는 것을 보여 주었다. 다수의 현대 발전 경제학자들에 따르면, 토착 관개 시스템은 대규모 인공 수로 구조물과 떼려야 뗄 수 없었던 소금기가 배어드는 문제와 모기가 옮기는 질병을 야기하지 않는다. 일반적으로 토착 관개 시스템은 "(1) 에너지, 자본, 천연자원의 활용 면에서 더 효율적이고 (2) 장기간에 걸쳐 더 안정적인 산출을 보장하며 (3) 기회, 혜택, 위험의 측면에서도 더 공정하다."[114] (실제로 1960년대 중반 "특히 펀자브, 하리아나, 연합주 서부의 녹색혁명을 성공시키는 데 중추적인 역할을 한 것"은 깊게 판 우물 같은 "소규모 관개"였다.)[115]

『더 타임스』처럼 인도에 대해 무지했던 자들이 토착 관개시설이 전혀 존재하지 않았다고 설명했지만, 영국 육군 소속 토목기사들은 앞선 세대가 준건조 상태의 인도에 필요한 수자원을 유지하기 위해 활용해 온 각종 기술들에 감탄을 금치 못했다.[116]

> 국가 자원의 개발을 위해 고대의 원주민 지배자들이 그렇게 많은 일을 한 곳을 세계의 다른 곳에서는 찾아볼 수 없을 것이다. 남쪽으로 내려가면 내려갈수록 고래의 힌두교 국가가 외세 정복이라는 불온한 영향력으로부터 자유로웠다. 농업과 관개 사업 시스템은 그에 비례해 더욱더 완벽하고 정교해졌다. (…) 이용 가능한 모든 자원을 활용했고, 자원 활용에 앞서 사업이 시행되었다. 저수지 축조가 일반적이었는데 일반적 강우뿐만 아니라 예외적 강우에도 대비한 사업이었다. (…) 강과 수로를 활용한 관개도 수행되었다.[117]

캘커타 정부가 못마땅했던 인도인과 영국인 비판자들은 이런 훌륭한 유산을 무시하고 방치하는 행위를 줄기차게 비난했다. 에드먼드 버크는 이미

1785년에, 동인도회사가 원주민들이 만들어 놓은 관개시설을 못 쓰도록 방치해 버렸다며 나무랐다. 결국 가뭄이 들었을 때 기근 사망자 수를 늘렸다는 것이다. 리처드 그로브가 보여 준 것처럼, 버크의 비판은 윌리엄 록스버그에 의해 확장되었다. 동인도회사 소속의 의사이자 열대 지역 기상을 선구적으로 연구하기도 한 이 기상학자는 1789년에서 1792년 마드라스 가뭄-기근 사태를 가까이서 목격했다. 록스버그는 공식 기근 보고서에서 식민지 이전 시대의 관개 시스템을 칭찬했고, 그것들이 와해되면서 인도가 점점 더 건조해지고 있으며 가뭄에도 취약해지고 있다고 걱정했다.[118] 원주민들의 토목 기술에 가장 정통한 전문가였을 코튼은 1850년대에 "정말이지" 이 "까닭 모를 방치 행위"를 다시 비판했다. (1877년에 사망자가 가장 많이 발생한) 산간벽지 살렘에서 코튼은 특유의 꼼꼼함을 발휘해 그 방치의 규모를 낱낱이 계산해 보았다. "우물 8864개, 댐 218개, 작은 수로 164개, 작은 저수지 1017개." 그는 마드라스 전역에서 한때 관개되었던 토지 126만 2906 에이커가 황무지로 바뀌어 버렸다고 추정했다.[119] 마드라스 정부는 1865년 코튼의 친구 윌리엄 웨더번이 한 충고를 거부했다. 웨더번이 "료트들이 직접 관개시설을 정비하도록 유도하기 위해 토지세를 낮춰 주던 세데드 지방 원주민 통치자들로 하여금" 계속해서 "그 설비를 관리토록 하자."고 제안했던 것이다.[120]

한편으로 봄베이 관할 데칸에서는 전쟁이 100년 동안 지속되면서 이미 수만 개의 우물과 저수지가 상당히 훼손된 상태였다. 여기에 영국의 방치와 등한시가 보태졌다. 배그치가 보여 주듯이, 봄베이 정부는 직접 통치의 첫 사반세기 동안 관개시설에 대한 공공투자를 완전히 포기했다.[121] 1877년과 1878년 기근 연간에 지역의 관개 설비 개선에 활용된 정부 차관은 "봄베이 관할구 전체에서 1천 파운드를 넘지 못했다."[122] 급진파 국회의원 헨리 포셋은 『더 타임스』에 이렇게 불평했다. "농사만이 아니라 목축 때문에라도 저수지와 수로가 절대적으로 필요한 나라에서 그렇게 많은 시설이 어떻게 황폐화되고, 또 폐용될 수 있단 말인가? 과거에 인도를 지배했던 통치자들이 위대하거나 강력하지는 않았다 할지라도 단순한 기술과 소박한 자선 이상을 구비하고 실행했으리라는 애처로운 생각이 떠오른다. 그들은 이를 바탕으로 필요에 따라 빗물을 저장하고 호우를 딴 데로 돌리는 기예를 발휘했다."[123]

대기근 전야에 정부의 문서 보관소는 관개 위기를 보고한 공문서들로 가득 차 있었다. 가장 식견이 높았던 일부 관찰자들은 주요 사업에 주안점을 둔 코튼에 이견을 표시하면서 소를 동력으로 활용하던 전통적 우물 관개에 보조금을 지급할 것을 주장했다. (나중에 인도 국민회의의 창설자로 부상하는) 앨런 옥타비안 흄 경은 미래를 내다본 1874년 보고서에서, 가난한 농민들에게 혜택이 돌아가지 않고 비용만 많이 드는 인공 수로의 대안이 필요하다면서 정부가 긴급 계획을 실행에 옮겨야 한다고 촉구했다. "가뭄에 대한 대비책으로 (…) 소규모 공공사업을 대거 추진해 저수지와 호수를 만들어 두어야 한다."는 것이 그 내용이었다.[124] 그러나 캘커타는 흄의 계획안은 물론이고, 1876년에서 1878년 대재앙 이후 대규모 인공 수로 건설 사업에서 전통적 우물과 저수지를 보수하는 쪽으로 옮겨 가야 한다는 후속 탄원도 전부 묵살했다. 당대에 개별 팸플릿으로 제기된 하인드먼과 존 다코스타의 청원들이 그 예다.[125] 캘커타는 로메시 덧과 다른 온건파 민족주의자들의 호소도 외면했다. 그들은 새로 마련된 기근 기금이 지역의 관개 설비를 보조하는 데 쓰이기를 원했다. "1877년과 1878년에서 1896년과 1897년에 이르는 시기에 보호 측면의 공공사업에 할당된 기금 가운데서 그런 일에 자금이 투입되었다는 증거는 전혀 찾을 수가 없다."[126]

그러나 베이커가 타밀나두의 사례에서 지적하는 것처럼, 들어서는 위원회마다 급속하게 와해 중이던 지역의 관개시설을 수리해야 한다면서 실행되지도 않을 계획을 잇달아 내놓기는 했다. "1877년과 1878년 대기근을 보고한 위원회는 (…) 많은 시간을 할애해 각급 지역들, 특히 평원 지방에 시급한 관개가 요망된다고 언급했다. 위원회는 법을 고치고 일관된 계획을 통해 저수지의 상태를 개선하라고 권고했다. 그 결과가 저수지 복원 계획이었다. 1901년에서 1903년 관개 위원회가 이 계획을 포괄적으로 승인하면서 확대 강화할 것을 촉구했음에도 그 계획은 인원과 자금이 적절하게 투입된 적이 단 한 번도 없었고, 항상 정부의 삭감 대상이었으며, 1935년쯤에는 이미 두 번이나 폐지되었다가 다시 추진할 지경이었다."[127]

마드라스의 건지 농법 지대에서도 상황은 전혀 다르지 않았다. 러든의 연구에 따르면 저수지 관개의 몰락이 세기의 중엽쯤에 이미 상당히 진척된 상태였고, 1870년부터 1900년 사이에는 새로운 우물도 전혀 굴착되지 않았다.[128] 마드라스에서 발행되던 『힌두』 지는 1900년 가뭄 때 이런 내용의 사설을 발표했다. "이 나라에서는 눈을 씻고 찾아봐도 저수지와 호수를 찾을 수가 없다. 그나마 있다고 해도 많은 경우 준설이 전혀 안 된 상태라 막히고 얕아서 많은 물을 담을 수도 없다. 넓은 영역에 내리는 빗물을 기존의 저수지들에 모으기 위한 시설 개선에도 아무런 주의와 노력을 기울이지 않고 있다. 이런 상황인지라 계절풍이 불지 않는 기근 발생이 거의 필연적이다."[129] 싱이 보여 준 것처럼 후기 빅토리아 시대의 펀자브에서도 인공수로가 개설되지 않은 지역에서는 소규모 관개 설비를 개선하기 위한 노력이 전혀 이루어지지 않았다. 이런 방치와 소홀로 강우 의존성이 더욱더 증대했고 가뭄에 대한 취약성도 더 커졌다.[130] 사티아의 주장을 들어 보면, 베라르에서도 정부는 "전통적으로 지역 통치자와 호족, 실력자 들이 건설하고 유지 관리해 오던 댐과 저수지 등의 소규모 관개시설"을 방치했다. "촌락 단위에서 공익을 제공하려는" 의지와 능력이 없었던 정부의 태도를 징후적으로 보여 주는 작태였다.[131]

영국은 인도의 '무기력증'을 끊임없이 비난했다. 그러나 정작 인명을 구조하는 지방 공공사업 문제가 대두하면 그들 스스로가 무기력증의 화신을 자처했다. 홍수를 조절하고, 가뭄에 대비해 물을 저장하는 용도의 소규모 저수지 댐을 축조하기 위해 10년 넘게 상관들을 설득하다가 결국 두 손을 들고만 한 지방 관리의 좌절스런 일화를 통해 이 사실을 살펴보자.

> 토목공사 문제가 바우굴포르에 상주하던 기사에게 회부되었다. 그 저명한 수력학 전문가는, 저명한 권위자가 아니었던 우리 기관 소속 토목 기사의 계획과 계산을 혹평했다. 그는 재치 문답이나 주워섬겼고, 통계를 요구했으며, 전체 저수조를 철저히 조사할 것을 요구했다. 여러 해가 흐르고 말았다. 그는 이임했고 문제는 해결되지 않은 채 그대로였다. 그의 후임자도 현장을 직접 살펴볼 때까지는 의견을 주지 않겠다고 버텼다. 결국 그도 자리를 옮겼다. 물론 현장 시찰 따위는 없었다. 그 다음 사람은 현장에 나타났다. 그런데 우리한테는 알리지도 않고 사라져 버렸다. 그러더니 계획을 비난하는 것이었다. 나는 이유를 알 수가 없었고 다시 한 번 동행해 달라고 설득했다. 나는 처음부터 끝까지 현장 시찰을 안내했다. 그랬더니 그는 지금까지와는 다른, 새로운 현장을 보았다고 했다. 이것은 정말이지 멋진 사업 계획이었다. 그는 긍정적인 의견을

상신하겠다고 약속했다. 그러나 이내 약속을 저버리고 퇴직해 버렸다. 사태가 이 지경에까지 이르자 나는 다음과 같은 결론에 도달하지 않을 수 없었다. 우리의 전문가들한테서 나의 사업 계획에 관한 의견을 얻기도 전에 다음번 기근이 우리 앞에 닥칠 것이라는. 그리하여 나는 주저하면서도 이 구호 사업을 포기하고 말았다.[132]

영국은 소규모 관개시설을 유지 보존하거나 확장하는 데 돈을 쓰지 않았을 뿐만 아니라 촌락민들이 스스로 관개 사업을 벌일 수 있었던 사회적 관계망까지 파괴해 버렸다. 카이와르의 말을 들어 보자. "토지 세금을 개별 료트들에게 부과함으로써 협동 체계를 작동시키는 데 필요한 초개인적 권위가 무너지고 말았다. 관개시설을 건설 유지하고, 수자원 활용을 통제하는 데 필요한 구조적 기반도 동시에 와해되었다. 이렇듯 영국의 농업 과세 방식으로 인해 농업의 기술적 토대(가축, 사료, 비료, 농사 도구 등)가 철저하게 몰락했고, 생태 환경의 붕괴(토양침식, 영양분 고갈, 지하수 오염과 수면 하락, 침수 피해 등)도 피할 수 없는 현실이 되었다."[133]

실제로 백인 지배자들 스스로 빈번하게 공동사회의 제도가 와해된 것은 재난이었다고 시인했다. 내시는 『맨체스터 가디언』의 독자들에게 이렇게 말했다. "우리는 자유라는 미명하에 개인을 노예로 만들었다. 우리는 공동체의 삶도 파괴했다. 무굴제국과 마라타국 시절의 피비린내 나는 전쟁도 손상시킬 수 없었고, 기근이나 역병에도 꿈쩍하지 않았던 불멸의 촌락을 몰락시킨 것이다."[134] 쌀을 재배하던 벵골과 인도 동부의 삼각주 지역에서는 식민주의가 자민다르들과의 결연을 강화해 공동으로 농업 노동력을 착취했다. 반면 건조 지대에서 이루어진 영국의 지배는 전통적 전사 엘리트

계급을 축출하면서 공동사회의 제도를 급속히 해체했다. 카이와르는 이렇게 덧붙이고 있다. 봄베이 관할 데칸에서는 "영국 정복이 시작되고 반세기가 채 안 되어 촌락 공동체들이 응집력과 활기를 상실하고 말았다. 실제로 촌락 공동체는 반목하는 사회 집단으로 쪼개졌다. 과거에는 친밀한 상호의존적 관계를 맺었던 사람들이 말이다."[135] 마드라스 관할 데칸에서도 "사유재산의 권리가 발달하고, 토지 소유의 공동성이 와해되면서 (…) 촌락 회의의 투자 능력이 상실되었다."[136] "영국의 지배는 지역의 정치적 우두머리들과 거물들을 다양한 방식으로 각종 의무에서 해방시켜 주었다. 저수지 설비 같은 공동체 자원에 대한 투자 의무에서 놓여날 수 있었던 것이다. 그 결함이 정부의 공공사업으로 벌충되지도 않았다."[137]

데이빗 하더먼의 말처럼 영국의 정책은 그 의도가 스미스주의적이었는지는 몰라도 실제에서는 흔히 홉스주의적이었다. 그가 예로 드는 구자라트의 경우, 새로운 재산 형태로 인해 촌락의 카스트 엘리트들이 전통적 상호의무 관계에서 벗어나 관개시설들을 이기적으로 활용했다. "이런 이중적 과정에서 유력한 공동체들이 엄격한 조건하에서 서로 수자원을 교환하고, 다시 고도로 착취적인 방식으로 하위 집단에게 그 물을 공급하는 상황이 펼쳐졌다. 여기에는 흔히 물납 소작 계약이 개입했다."[138] 수자원 인타이틀먼트가 이런 식으로 공공연하게 불평등 관계와 착취 수단이 되었다.

10장 주석

1) Maddison, *Chinese Economic Performance*, p. 67. 평균 수명 단축이 부인할 수 없는 사실임에도 빅토리아 시대 인도에서 일인당 소득이 증가했다는 수정주의자들의 주장은 Irfan Habib, "Studying a Colonial Economy - Without Perceiving Colonialism," *Modern Asian Studies* 19:3(1985), pp. 368~374에서 꽤 통렬하게 다루어진다.
2) H. M. Hyndman, *The Awakening of Asia*, London 1919, p. 22.
3) B. Tomlinson, *The Economy of Modern India, 1860~1970*, Cambridge 1993, p. 31.
4) Sumit Guha, "Introduction," in Guha (ed.), *Growth, Stagnation or Decline? Agricultural Productivity in British India*, Delhi 1992, pp. 45~46.
5) Kingsley Davis, *Population of India and Pakistan*, Princeton, N.J. 1951, p. 8. Irfan Habib(표 2, p. 373)는 1880년대의 "좋았던 10년"을 기준으로 1911년부터 1921년까지의 상황을 측정한 후 남성의 평균 수명이 22퍼센트 하락했음을 발견했다.
6) Laxman Satya, "Cotton and Famine in Berar, 1850~1900," Ph.D. diss., Tufts University 1994, pp. 50과 155. Peter Harnetty, *Imperialism and Free Trade: Lancashire and India in the Mid-Nineteenth Century*, Vancouver 1972도 보라.
7) Dewey, "The End of the Imperialism of Free Trade," p. 51.
8) Stanley Wolpert, *A New History of India*, Oxford 1989, p. 248.
9) Satya, pp. 21~27, 36~37, 50~51, 72, 155, 162, 188~190과 333; "Introduction" to book version(*Cotton and Famine in Berar, 1850~1900*, Delhi 1997), p. 25.
10) Satya, p. 182(수출); Vasant Kaiwar, "Nature, Property and Polity in Colonial Bombay," *Journal of Peasant Studies* 27:2(Jan. 2000), p. 7(면적).
11) Satya, p. 182.
12) Charlesworth, p. 81.
13) Satya, pp. 68과 298.
14) Ibid., p. 200.
15) Ibid., pp. 148, 281~282와 296.
16) Tim Dyson, "The Historical Demography of Berar, 1881~1980," in Dyson (ed.), *India's Historical Demography: Studies in Famine, Disease and Society*, London 1989, pp. 181~182.
17) David Washbrook, "The Commercialization of Agriculture in Colonial India: Production, Subsistence and Reproduction in the 'Dry South,' c. 1870~1930," *Modern Asian Studies* 28:1(1994), p. 131.
18) Ibid., pp. 137과 161. 또 다른 글에서 와시브룩은 평균적인 농민이라면 생존에 필요한 건조 농지 면적이 절반 정도였다고 주장한다("Economic Development and Social Stratification in Rural Madras: The 'Dry Region' 1878~1929" in Dewey and Hopkins [eds.], pp. 70~72).
19) David Washbrook, *The Emergence of Provincial Politics: The Madras Presidency, 1870~1920*, Cambridge 1976, p. 69.

20) Washbrook, "Commercialization of Agriculture," p. 145.

21) Ibid., p. 146.

22) Richards and McAlpin, p. 83.

23) Washbrook, "Commercialization of Agriculture," p. 153.

24) 인도의 다른 곳에서처럼 1860년대에 이루어진 토지 양도로 무굴제국과 (이 경우에는) 마라타국 세금 징수 청부인들의 보유 조건이 영국 지주 계급의 모조품처럼 바뀌었다. 그러나 말구자르들의 사회적 지위는 1857년 이후 가혹한 탄압으로 크게 약화되었다. 반란군 지도자들은 대포로 폭살당했고, 교수형에 처해졌으며, 심지어 한 번은 복수심에 불타던 영국 장교들에 의해 십자가형에 처해지기도 했다. D. E. U. Baker, pp. 101~106을 보라.

25) 대부 제도와 수확의 담보 계약에 관해서는 T. Raghavan, "Malguzars and Peasants: The Narmada Valley, 1860~1920," in David Ludden (ed.), *Agricultural Production and Indian History*, Delhi 1994, pp. 309와 339~340을 보라.

26) Baker, p. 124.

27) Peter Harnetty, "Crop Trends in the Central Provinces of India, 1861~1921," *Modern Asian Studies* 11:3(1977), p. 347.

28) Baker, p. 106.

29) Ibid., p. 147.

30) Ibid., p. 151.

31) Ibid., pp. 129와 150.

32) Raghavan, p. 311.

33) Ibid., pp. 137~141.

34) Ibid., pp. 182~183; Solberg, *The Prairies and the Pampas*, p. 36(표 3.3).

35) Singh, *Starvation and Colonialism*, p. 220.

36) Neeladri Bhattacharya, "Lenders and Debtors: Punjab Countryside, 1880~1940" in Bose (ed.), *Credit, Markets and the Agrarian Economy*, p. 200.

37) Singh, *Starvation and Colonialism*, p. 220.

38) Ibid., p. 221.

39) Hardiman, "Introduction," pp. 13~14.

40) Colin Fisher, "Planters and Peasants: The Ecological Context of Agrarian Unrest on the Indigo Plantations of North Bihar, 1820~1920," in Clive Dewey and A. Hopkins (eds.), *The Imperial Impact: Studies in the Economic History of Africa and India*, London 1978, pp. 125~131.

41) Carl Trocki, *Opium, Empire and the Global Political Economy*, London 1999, p. 67.

42) Binay Chaudhuri, "Growth of Commercial Agriculture," *IESHR* 7:2(1970), pp. 231, 246~249.

43) Ibid., p. 251. 설탕에 관해서는 Shahid Amin, *Sugar and Sugarcane in Gorakhpur: An Inquiry into Peasant Production for Capitalist Enterprise in Colonial India*, Delhi 1983을 보라.

44) Raghavan, p. 336.

45) Shahid Amin, "Small Peasant Commodity Production and Rural Indebtedness: The Culture of Sugarcane in Eastern U.P., c. 1880~1920," in Sugata Bose (ed.), *Credit, Markets and the Agrarian Economy of Colonial India*, Delhi 1994, p. 124.

46) Sarkar, pp. 30~31.

47) D. Rothermund, *Phases of Indian Nationalism*, Bombay 1970, p. 264의 각주 19번에 인용된 Bipan Chandra의 말.

48) Burton Stein, *A History of India*, London 1998, p. 263.

49) Lance Davis and Robert Huttenback, *Mammon and the Pursuit of Empire: The Economics of British Imperialism*, Cambridge 1988, pp. 101(인용문)과 135.

50) Vasant Kaiwar, "The Colonial State, Capital and the Peasantry in Bombay Presidency," *Modern Asian Studies* 28:4(1994), p. 800.

51) David Washbrook, "Economic Development and Social Stratification," p. 69.

52) Bagchi, pp. 6과 38.

53) Kaiwar, p. 793.

54) Guha, pp. 27과 70.

55) Scott, p. 21.

56) Osborne, p. 554.

57) Charlesworth, pp. 193~195.

58) ibid., p. 40에서 재인용.

59) C. Baker, "The Markets," in Sugata Bose (ed.), *Credit, Markets and the Agrarian Economy of Colonial India*, Delhi 1994, p. 192.

60) David Washbrook, "Progress and Problems: South Asian Economic and Social History, c. 1720~1860," *Modern Asian Studies* 22:1(1988), p. 90.

61) Christopher Baker, *An Indian Rural Economy, 1880~1955: The Tamilnad Countryside*, Bombay 1984, p. 156.

62) B. Chaudhuri, "Agrarian Relations in Bengal: 1859~1885," in N. Sinha (ed.), *The History of Bengal (1757~1905)*, Calcutta 1967, pp. 318~320.

63) Kaiwar, p. 800.

64) Martha Chen, *Coping with Seasonality and Drought*, Delhi 1991, p. 119.

65) David Ludden, *Peasant History in South India*, Princeton, N.J. 1985, p. 122.

66) Chetan Singh, p. 44.

67) Satya, p. 299.

68) Atuluri Murali, "Whose Trees? Forest Practices and Local Communities in Andhra, 1600~1922," p. 100.

69) Madhav Gadgil and Ramachandra Guha, "State Forestry and Social Conflict in British India,"

in Hardiman (ed.), *Peasant Resistance*, p. 275.

70) Hardiman, "Introduction," pp. 47~48.

71) Satya, p. 120.

72) Baker, pp. 157과 161.

73) V. Saravanan, "Commercialization of Forests, Environmental Negligence and Alienation of Tribal Rights in Madras Presidency, 1792~1882," *IESHR* 35:2(1998), p. 139; Ramachandra Guha, "An Early Environmental Debate: The Making of the 1878 Forest Act," *IESHR* 27:1(1990), p. 67.

74) Nash, pp. 21, 125와 164~165.

75) Ludden, "Introduction," pp. 23~24.

76) Jos Gommans, "The Silent Frontier of South Asia, c. AD 1000~1800," *Journal of World History* 9:1(1998), p. 17.

77) Ludden, "Introduction," pp. 23~24.

78) Neeladri Bhattacharya, "Pastoralists in a Colonial World," p. 70.

79) Charlesworth, pp. 77과 295.

80) Sumit Guha, pp. 58~61, 65~66.

81) Bandyopadhyay, p. 163.

82) Kaiwar, p. 57.

83) Bhattacharya, p. 65.

84) Ibid., pp. 56~57.

85) Kaiwar, "Nature, Property and Polity," p. 14.

86) Sumit Guha, pp. 83과 121~123. H. Mann, *A Study of Rainfall in the Bombay Deccan, 1865~1938*, Bombay 1955도 보라.

87) Satya, pp. 72, 116과 122.

88) Hardiman, "Well Irrigation in Gujarat," p. 1534.

89) Satya, ibid.

90) Elizabeth Whitcombe, *Agrarian Conditions in Northern India*, vol. 1, *The United Provinces Under British Rule, 1860~1900*, Berkeley, Calif. 1972, p. 2에 인용된 *The Finances and Public Works of India* (pp. 7~8).

91) 물론 동인도 회사의 지배하에서도 사회 간접 자본 투자는 하찮은 수준이었다. 그래서 존 브라이트는 맨체스터 회사Corporation of Manchester가 1856년 공공사업에 지출한 비용이 동인도 회사가 앞선 14년 동안 인도 전체에서 지출한 비용보다 더 많다고 의회에서 밝히기도 했다(Lady Hope, p. 258에서 재인용).

92) Elizabeth Whitcombe, "Irrigation," in Dharma Kumar (ed.), *The Cambridge Economic History of India, Volume Two: 1757~c. 1970*, Cambridge 1983, p. 703.

93) General Sir Arthur Cotton, *The Madras Famine*, London 1877, p. 5. Florence Nightingale, letter to the *Illustrated News*, 29 June 1877도 보라.

94) "Discussion with Woodrow Wyatt," *The Collected Works of Mahatma Gandhi*, vol. 83 (no. 473, 13 April 1946), Ahmedabad 1981, pp. 404~405.

95) S. Sharma, "Irrigation," in V. Singh, *Economic History of India: 1857~1956*, Bombay 1966, pp. 165; Whitcombe, "Irrigation," pp. 678, 703~707.

96) *Famine and Agrarian Problems*, p. 232.

97) Ian Stone, *Canal Irrigation in British India*, Cambridge 1984.

98) Whitcombe, *Agrarian Conditions*, p. 11.

99) Stone, p. 88에서 재인용.

100) Ibid., p. 154; Whitcombe, *Agrarian Conditions*, p. 81.

101) Tomlinson, p. 76.

102) Whitcombe, *Agrarian Conditions*, pp. xi와 75.

103) Whitcombe, "The Environmental Costs of Irrigation in British India: Waterlogging, Salinity, Malaria," p. 247에서 재인용.

104) Stone, p. 75에 인용된 *Papers on the Revenue Returns of the Canals of the North-Western Provinces*(1865).

105) Ibid., p. 260.

106) Whitcombe, "Irrigation," pp. 716~717과 720(인용문).

107) C. J. O'Donnell, *The Failure of Lord Curzon*, London 1903, p. 99.

108) Ludden, "Introduction," pp. 104와 146.

109) Kaiwar, "Nature, Property and Polity," pp. 23과 25.

110) Kaiwar, ibid.에 인용된 The *Nasik Gazetteer*, 1883.

111) Hyndman, *The Bankruptcy of India*, p. 128.

112) Ranabir Chakravarti, "The Creation and Expansion of Settlements and Management of Hydraulic Resources in Ancient India," in Grove, *Damodaran and Sangwan*, pp. 87~105를 보라.

113) Hardiman, "Small-Dam Systems of the Sahyadris," p. 204.

114) Jonathan Mabry and David Cleveland, "The Relevance of Indigenous Irrigation," in Mabry (ed.), *Canals and Communities: Small-Scale Irrigation Systems*, Tucson, Ariz. 1996, pp. 227~228(인용문)과 236(효율성).

115) M. Quraishi, *Drought Strategy*, Delhi 1989, p. 42. 다른 한편으로는, 1960년대부터 지하수 자원이 사적으로 이용되면서 지하수면이 크게 낮아졌고, 결국 수자원 위기가 펼쳐진다.

116) "그들이 운명에 맡겨진 최악의 비참을 무기력하게 받아들이지 않았다면 인도는 오래전에 관개 시스템으로 비옥해졌을 테고, 기근이 발생할 가능성도 면제 받았을 것이다. 원주민들은 지구상에서 가장 가망 없고, 대책 없는 인종 가운데 하나다."(*The Times*, 23 Jan. 1877)

117) "Philindus," "Famines and Floods in India," *Macmillan's Magazine*, Jan. 1878, p. 237에 인용된 Col. J. Anderson of the Madras Engineers.

118) Grove, pp. 134~135.

119) Lady Hope, p. 194. G. Rao, "Canal Irrigation and Agrarian Change in Colonial Andhra: A Study of Godavri District, c. 1850~1890," *IESHR* 25:1(1988)도 보라.

120) Zook, pp. 163~164에서 재인용.

121) Bagchi, pp. 28~29.

122) William Wedderburn, *Agricultural Banks for India*, p. 27.

123) George Chesney, "Indian Famines," *The Nineteenth Century*, Nov. 1877, p. 618에 인용된 *The Times*의 Fawcett.

124) Berar, p. 197.

125) H. M. Hyndman, *The Indian Famine*, London 1877, p. 12; John Dacosta, *Facts and Fallacies Regarding Irrigation as a Prevention of Famine in India*, London 1878, pp. 2~4. 비슷한 주장이 "A Journalist," *The Great Lesson of the Indian Famine*, London 1877(pamphlet collection, Trinity College Library, Dublin)에서도 개진되었다.

126) Bandyopadhyay, p. 115.

127) Baker, p. 472.

128) Ludden, *Peasant History*, p. 146(표 5를 보라).

129) *The Hindu*(Madras), 10 May 1900.

130) Navtej Singh, *Starvation and Colonialism: A Study of Famines in the Nineteenth Century British Punjab, 1858~1901*, New Delhi 1996, p. 8.

131) Satya, p. 85.

132) R. Carstairs, *The Little World of an Indian District Officer*, London 1912, pp. 364~365.

133) Kaiwar, "Nature, Property and Polity," p. 23.

134) Nash, p. 2.

135) Ravinder Kumar, *Western India in the Nineteenth Century*, London 1968, p. 325.

136) Ludden, "Introduction," pp. 104와 146.

137) David Mosse, "Colonial and Contemporary Ideologies of 'Community Management': The Case of Tank Irrigation Development in South India," *Modern Asian Studies* 33:2(1999), p. 315.

138) Hardiman, "Well Irrigation in Gujarat," p. 1541.

표 37 출처: Haretty, Imperialism and Free Trade, p. 347(표 4).

11장 | 중국의 직무 유기

부자들은 당당함과 광채를 뽐내고, 빈민들은 서로를 죽이네.

가난한 자들은 단 한순간도 쉬지 못하지만 부유한 자들은 안락함을 누리네.

가난한 사람들은 더욱더 가난해지고, 부유한 사람들은 끊임없이 재물을 불리네.

이 모든 사태가 마침내 고착되어, 불길한 기운이 천하를 암흑으로 채우리라.

— 궁쯔전

빅토리아 시대 인도의 만화경 같은 농촌 사회 양상은 청대 말엽의 중국과 부분적으로만 흡사했다. 중국은 생태·문화적 다양성이 엄청났고 지리·경제적으로 근본적인 양극성까지 존재했다. 인도에서는 이와 유사한 특성을 찾을 수가 없다. "두 개의 중국"이 실재했고, 이런 사태는 거의 천 년 전에 발생한 냉전Cold War이라고 할 만했다. 청나라를 방문한 모든 외국 여행자는 양쯔 강 유역의 떠들썩한 중상주의와 황하 유역의 울적해 보이는 자급자족형 생존 경제 사이의 확연한 대비에 큰 충격을 받았다.

양쯔 강 하류에서는 비단과 목화가 단일 재배되고 있었는데, 중류에 잇닿은 성들이 여기에 쌀을 공급해 주었다. 18세기 청의 황금시대에 인상적인

궁쯔전의 글은 Wolfgang Bauer, *China and the Search for Happiness*, New York 1976, p. 257에서 가져왔다.

번영이 펼쳐졌다. 물론 대가도 있었다. 부재지주들, 차지 소작인들, 무토지의 준프롤레타리아들 사이에서 사회 분열이 깊어졌던 것이다. 19세기에는 아편이 수입되고, 은이 유출되며, 생태 환경이 붕괴하면서 커다란 불경기가 닥쳤다. 태평천국운동이 그 절정이었다. 평등주의 천년 왕국 사상이 청나라의 관료 세력은 물론 지주들마저 위협했다. 이 내전으로 대규모 파괴가 자행되었다. 양쯔 강 중류의 상황이 특히 처참했다. 수십 년간의 경제 발달 기반이 무너졌고 청 왕조는 파산했다. 그러나 놀랍게도 양쯔 강 하류의 상업 엘리트들과, 그들이 점점 더 의존해 온 유럽 동맹자들의 헤게모니는 전혀 손상되지 않았다.

반면 북중국은 완전히 별천지였다. 이 세상에서 가장 독립적인 농민들이 가장 커다란 규모의 경제를 구성하고 있었던 것이다. 역사를 살펴보면 북중국의 지배계급은 맨 처음 몽골의 침략으로, 그 다음에는 명나라를 권좌로 밀어 올린 각종 반란들에 의해 제거된 상태였다. 여기에 청 왕조의 소자작농 지원 정책이 더해졌다. 중앙집권화된 국가를 운영하는 세입의 기초로 소농을 선호했던 것이다. 청 왕조는 명나라가 부과했던 강제 노역의 무거운 부담에서 농민을 해방시켰다. 영국령 인도에서 야심 차게 추진된 료트와리 제도는 대실패로 끝나고 말았다. 반면 청나라의 정책은 압도적 다수의 자유농민에게 커다란 이익을 가져다주었다. 청 왕조는 1713년 강제 노역 동원을 중단했고, 국가 차원에서 가뭄과 홍수 보호책을 실시했으며, 1700년대 중반에는 동화銅貨의 가치를 인정했다. 비트포겔마저 "동양적 전제정치"에 관한 자신의 유명한 논문에서 다음과 같이 인정하지 않을 수 없었다. "중국 북부에서 농민들이 토지를 보유한 현황은 역사적으로 매우 의미 있는 사실이다."[1]

그렇다고 지주 제도가 소멸한 것은 아니었다. 그것은 황하 유역의 성들에서 부차적인 생산관계로 남아 있었고, 도시 주변이나 소규모 고립 지대에서만 우세한 관계였다.[2] 필립 황은 19세기 후반 양쯔 강 삼각주에서 경작하던 토지의 45퍼센트에서 100퍼센트(현에 따라서 차이가 났다.)가 지주들에게서 임대되었을 것이라고 추정한다. 반면 황하 평원의 농경지는 18퍼센트만이 임차되었다.[3] 청대 말엽 산시陝西성과 허베이성에서는 남성 다섯 명 가운데 네 명이 일차적으로 각자의 가족 보유 토지에서 농사를 지었다. 반면 장시성 남부에서는 소작인 대 자작농의 비율이 정확히 그 반대였다.[4] 북부에서는 "경영농managerial farmer"들이 도시 부재지주들을 대신했고, 가족노동 외에 별도의 인력을 고용해 농업 엘리트로 변모해 갔다. (의화단 반란 당시 북부 주민 가운데서 대도시 거주 인구는 4.2퍼센트에 불과했다. 전 세계에서 가장 낮은 도시화 비율이었다.)[5] 그러나 농민들은 부유할수록 더 큰 규모의 가계를 부양했기 때문에 일인당 소득 격차가 작았고, 시드니 갬블이 허베이성 팅현에 관한 1920년대의 유명한 연구에서 확인한 것처럼, 대다수의 소득 계층 사이에서 양을 제외한다면 음식물도 별 차이가 없었다(고구마 40퍼센트, 야채 31퍼센트, 곡물 28퍼센트).[6]

이 농가들을 농업 자본주의가 발아한 최초의 형태라고 많이들 설명하지만 황은 다른 연구 결과를 제시한다. 북부의 경영농들은 "임금노동을 활용했다는 점에서만 자본주의 기업과 유사했다. 그들이 규모의 경제를 통해 자본 활용을 증대시켰든, 혹은 기술적 향상을 이루었든 관계없이 아무튼 노동생산성이 증가하지 않았다는 것은 분명한 사실이다." 양쯔 강 하류와 주장 강 삼각주의 고도로 상업화된 경제에서 필수적 역할을 담당했던 엘리트들의 혈족 네트워크 역시 더 평등주의적이었던 북부에서는 주변적인 관계였다.

황은 북부의 사회구조와 토지 보유 양상이 남부와 달라진 결정적 원인으로 더 혹독한 환경과 상대적으로 더 빈발한 자연재해를 꼽았다.[7] 우리가 본 것처럼, 연간 강수량 변동이 30퍼센트를 초과하고 관개시설이 예외적으로만 존재했던 기후대에서는 농업의 평균 수익률이 일반적으로 너무 낮아서 상업자본을 끌어올 수가 없었다. 그러나 농업 환경의 불안정성은 소농 중심의 단일한 사회질서에 의해 상쇄되었다. 그리고 위용을 자랑하던 제국이 이 확고한 특성을 뒷받침했다.[8]

대부분의 외국인은 북부의 문화적·생태적 풍경을 중국이 근대화를 이룰 수 없었던 증거로 보았지만, 다른 사람들은 중국 문명이 이룩한 획기적 업적의 본질이 바로 그것이라고 생각했다. 우리가 이미 본 것처럼, 1901년 시안을 여행하고 『크리스천 헤럴드』에 기근 구호 활동과 의화단 운동 이후의 사태를 보고한 미국인 기자 프랜시스 니콜스는, 산시陝西성의 자작농 제도에서 유교적 미덕뿐만 아니라 제퍼슨주의의 가치를 보았다. 농민들은 가난했음에도 "우리가 '빈곤'이라고 부를 만한 그런 상황은 전혀 없다. (…) 산시陝西성의 길가에는 전문적으로 구걸을 하는 거지들도 일부 있다. 그러나 그들 대다수는 아편중독자다. 이곳에서 '실업자'는 거의 찾을 수 없다. 기근이나 홍수 같은 큰 재난이 발생한 경우를 예외로 한다면 말이다. 산시陝西의 농장들은 그 면적이 3에이커에서 4에이커를 넘는 경우가 거의 없다. 또 많은 경우 그 농장들은 세대를 거치면서 한 가족이 소유한다. 어느 누구도 더 많은 토지를 원하지 않으며 되팔겠다는 목적으로 땅을 보유하는 사람도 전혀 없다." 니콜스는 중국식 언론 탄압의 화신으로 간주돼 온 청의 전제정치가 실제 사실과 다름도 확인했다. 불경한 정치적 험담과 통렬한 공적 비판이 벌집을 쑤셔 놓은 듯 무성하게 분출하는 시민 문화가 존재했다

는 것이다.[9]

니콜스는 자신 때문에 일시적이나마 외국인들의 수가 늘어났던 "오지 산시陝西"에서 당대 농민의 삶이 고대 한나라 문명과 공유했던 문화적·농경학적 연속성에 압도되었다. 니콜스는 중국에 대한 제국주의 세력의 중상을 용기 있게 비판했다. 따라서 농민의 전통적 삶을 낭만적으로 포장했고, 1899년에서 1901년에 발생한 끔찍한 기아의 부분적 원인이었던 생산관계의 변화를 제대로 인식하지 못한 것은 작은 허물이라고 할 수 있을 것이다. 19세기에 산시陝西성 도처에서 소규모 자유농민들의 경제적·생태적 생존가능성이 계속 하락했다. 농민들이 아편이나 목화 같은 환금작물에 더욱더 의존하게 된 현실이 이를 증명한다. 니콜스가 감탄했던 농민들 거의 전부가 좁은 땅뙈기에서 조악한 상품을 생산하는 가망 없는 체제에 포박당해 있었다. 농민들은 변덕스런 시장가격과 강우 양상에 매년 가계의 생존을 걸었다. 농촌에서 아주 중요한 지위를 차지했던 수공품들 역시 대량생산된 수입품에 포위당했다. 니콜스가 시안의 시장에서 볼 수 있었던 유일한 해외무역(전통적으로 수행돼 온 아시아 간 교역과 다른 의미에서)의 징후는 수입 면사와 약간의 면직물("매사추세츠, 폴 리버"라고 찍혀 있었다.)뿐이었다. 그러나 이것만으로도 세계시장이 중국의 오지에 미치던 파괴적 영향력을 충분히 감지할 수 있다.[10]

목숨을 사고팔다

16세기 후반 장거정張居正이 도입한 일조편법一條鞭法 개혁은 강제 노역과 물납 공물을 화폐 세금으로 바꾸었다. 자급자족용 생산이 불가피하게 화폐

경제로 통합되었다. 새로 들어선 청 왕조는 기근 근절 정책을 폈다. 이주를 장려했고, 토지의 산출력이 커졌다. 명대 말엽의 전쟁으로 황폐화된 성들(특히 허난, 산시陝西, 산시山西 성들에서는 경작지의 무려 3분의 1이 버려졌다.)에서 인구수를 회복하기 시작해, 곧 역사상 최고 수준을 기록하게 되었다. 결국 제자 분할상속 관행으로 인해 농지에 대한 압력이 증가하기 시작했다.[11] 청 왕조는 초과 농업 노동력을 흡수할 수 있는 해외 식민지나 빠르게 성장하는 도시 같은 유럽식 대안이 없었다. 그들은 토지 활용과 농업 기술이라는 전통적 한계 내에서 기존의 생활수준을 유지하려고 분투했다.

처음에 거둔 성공은 놀라웠다. 로라 머레이는 산시陝西성의 인구 조밀 지역인 웨이허 유역(1877년에서 1878년과 1899년에서 1901년에 가공할 사망자 수를 기록했던 무대)에 관한 최근 연구에서, 새로운 세계적 작물(고구마와 옥수수)과 불모지 개간으로 일인당 생산량이 늘어나 18세기 중엽의 인구 증가를 감당할 수 있었음을 확인했다. 그러나 1780년대에 접어들면서 웨이허 유역의 농민들은, 머레이가 "고급 평형 상태의 덫"(마크 엘빈에게서 빌려온 개념)이라고 규정하는 상황에 놓이고 말았다. 노동력 투입을 증가시켰음에도 농작물 생산량이 감소했다. 일인당 평균 경작 토지가 4분의 3 에이커로 줄어들면서 웨이허 유역 농민들의 고도로 집약적인 농경 활동으로도 노동력을 지속적으로 유지하는 데 필요한 최소 열량의 곡물을 생산하기가 힘들어졌다. 상황이 이 지경에 이르자 토지 한 단위당 가치가 더 높았던 환금작물이 거역할 수 없는 매력으로 다가왔다. 가장 가난했던 농민층이 환금작물을 재배하기 시작했다.[12]

이처럼 상업화는 최선의 자원 활용이라기보다는 흔히 "생존을 걸고 하는 도박"이었다. 실제로 환금작물은 식량을 구매하고 세금을 내기 위해 즉시 팔렸다. 자본이나 토지를 축적하는 데 사용되지 않았던 것이다. 머레이는 이렇게 강조한다. "토지 활용이 식량 작물에서 환금작물로 넘어갔다. 인구 밀도가 높아졌고, 평균적으로 보유하게 되는 토지 규모가 너무 작아져 적정량의 자급자족 곡물을 공급할 수 없는 단계에 도달하면서 발생한 압력 때문이었다. (…) 자급자족 농경을 하기에는 너무 작은 땅뙈기에서 많은 가계가 그나마 연명할 수 있었던 것은 오직 환금작물의 더 높은 가격 때문이었다. 상업화 수준이 높았던 대다수의 현은 곡물 부족 사태도 겪었다. 그곳 주민들은 복잡한 교역망에 의존해야만 했다."[13)]

어쩌면 웨이허 유역이야말로 북중국 전역에서 이루어진 생계형 환금작물 재배의 논리를 보여 주는 전형적인 사례일 것이다. "차오캉, 필립 황, 레이먼 미어스는 농장의 규모가 줄어드는 현실에 직면한 압도적 다수의 농민들이 집약 영농을 통해서만 생계를 꾸릴 수 있었고, 보완적 직업을 찾아 나섰으며, 환금작물로 전환했음을 각기 다른 관점에서 보여 주었다."[14)] 특히 황은 발전 이론가들이 흔히 취하는 가설을 경계한다. 그런 농민들이 상품 네트워크에 의존했기 때문에 신고전주의 경제학에 나오는 경쟁적인 초기 자본주의의 주체로 갑작스럽게 변모했다는 가정 말이다. "이런 식으로 시장에 휩쓸려 들어간 것을 기업가적 활동으로 오인해서는 안 된다. 농민들의 이런 활동을 합리성을 반영한 이윤 극대화 행동으로 착각해서도 안 된다. 그들의 행동은 이윤 극대화와 관련이 없었고 합리적으로 생존을 도모한 전략이었다." 황은 "생존이 당면 과제로 제기돼 추동된 상업화"와 "추진 과정에서 축출과 배제가 자행된 상업화"도 구별한다. 전자는 북중국에서 아주 흔했고, 후자는 계급분화가 더 진전되었던 양쯔 강 삼각주 지방에서 이루어졌다. 양쯔 강 삼각주의 농민들은 무엇보다 지주들에게 납입할 임대료와 고리대금업자들

에게 지불할 이자를 벌기 위해 시장에 통합되었다.[15)]

북중국의 농민들은 비교적 통일적인 생태 환경 안에 놓여 있었고, 환금작물을 재배하면서 생존을 도모하는 몇 가지 대안적 체제를 수용했다. 예를 들어 황하 유역 평원 전역의 촌락들은 통상 도시와 증류주 제조소(대운하상에 있던 린칭 주변의 증류소들)에 밀을 팔고, 받은 돈으로 식량으로 쓸 조악한 품질의 곡물(기장, 수수, 메밀)을 구매했다. 산둥성에서는 자오저우-지난 철도 노선을 따라 최고 토질의 농지 상당수에서 담배 단일 생산으로 곡물 경작이 대체되었다. 만리장성 인근 북쪽의 구릉성 준건조 지대와 허베이성 남부에서는 의화단 봉기 전야에 땅콩이 상업적으로 중요한 지위를 차지했다.[16)]

아편 재배는 초보적인 수입 대체 행위였다. 중국 북서부와 남서부 전역의 지사들과 상인들이 이론적으로는 불법이었음에도 아편 재배를 용인했다. 산시山西성에서는 총독이 무려 1852년부터 아편 재배를 후원했다. 세입과 농민들의 수입을 보전하려던 필사적인 시도였다. 곡물을 경작하던 상당수 면적에서 이내 양귀비가 재배되었다. 미국 장로파 소속의 엘킨스 박사 같은 선교사들은 1877년과 1878년의 기근 사망자 수가 극단적인 양상을 띠었던 것이 아편 재배 때문이라고 비난했다.[17)] 웨이허 유역에서는 아편 재배가 비교적 늦게 시작되었고 1870년 이후에야 비로소 상업적으로 중요한 작물이 되었다. 재정이 바닥난 현청들이 중국 북부의 다른 지방으로 아편을 수출하는 활동을 장려하기 시작했던 것이다. 그러나 일단 개설되자 극적으로 발달했다. 1890년경에는 아편이 웨이허 유역의 동부 현들에 거주하던 농민들 대다수의 생계 수단으로 자리를 잡았다.[18)]

그러나 중국 전역에서 한계 상황으로 내몰린 농민들에게 가장 중요했던 환금작물은 목화였다. 목화에는 두 가지 커다란 장점이 있었다. 우선 첫째,

거대하고 비교적 안정된 국내 수요가 존재했다. 둘째, 농민들이 목화를 실과 직물로 가공함으로써 가치를 부가시킬 수 있었다. 또 상인들의 처지에서 보면 농촌의 잉여 노동력을 작업장에서보다 가정에서 더 효과적으로 착취할 수 있었다. 매들린 젤린의 설명을 들어 보자. "노동력의 한계 생산물이 생활 유지 임금 이하로 떨어지자 인력을 고용해 직접 생산하기보다 가계 생산자들과 계약을 하고 제품을 구매하는 것이 상인들에게는 더 경제적이었다. 요컨대 잉여 노동력이 가정에서 고용되었고, 농민과 그의 가족은 생활 유지 임금보다 더 적은 돈을 받고서도 기꺼이 일하려고 했다. 잔여 생산성을 통해 얻을 수 있는 것은 무엇이든 획득하고자 했던 것이다. 이런 방식이 가능했던 것은 방적사, 옷감, 기타 수공예품 생산에 필요한 장비가 비교적 쌌고, 청대 초기에 완비된 농촌 시장의 조밀한 네트워크가 거래 활동의 문제를 해결해 주었기 때문이다."[19]

사진 17 | 가계에서 이루어지던 면사 방적
면사 방적은 소규모 농지에서 생존의 최저한도인 경우가 많았다

북중국 평원은 원래 양쯔 강 하류에서 전개되던 직물 혁명의 변방에 지나지 않았다. 원면을 팔고 광목을 구매했던 것이다. 그러나 북부 지방 농민들에게 겨울은 긴 농한기였다. 그들은 실잣기와 직조 활동을 벌였고 그것들을 팔거나 집에서 사용했다. 아서 스미스는 유명한 책 『중국의 촌락 생활』(1899)에서 북중국의 농민 겸 베틀 직조공들이 보인 불굴의 헌신에 산둥성의 선교사들이 경탄을 금치 못했다고 적었다. "일부 지방에서는 모든 가정에 베틀(서구에서는 한 세기 전에 퇴출된 고물 기계)이 있다. 가족 구성원들이 번갈아서 베틀에 매달리는 것은 흔한 일이다. 남편이 자정까지 베틀을 돌린다. 그러면 아내가 그 일을 이어받아 새벽까지 작업한다(베틀은 많은 경우 움막 안에 있었는데 그 가운데 3분의 2가 지하였고, 습기가 가득했으며, 환기 상태가 열악했고, 건강을 해치는 환경이었다)."[20]

산업혁명 이전의 유럽처럼 황하 유역 삼각주를 중심으로 광대한 목면 수공업 체계가 부상했다. 이제 황토 고원 지대처럼 면 변방의 현들에서조차 곡물을 재배하던 농지가 추가로 목화 경작지로 전환되었다. 거기다 옥수수와 고구마처럼 새롭게 도입된 세계 작물로 인해(노동력을 적게 투입해도 더 많은 소출을 기대할 수 있었기 때문에) 생산자들이 더 많은 토지와 노동력을 목면 생산의 전 과정에 쏟아 부을 수 있었다. 그리하여 18세기 중엽쯤에는 북중국이 양쯔 강 하류에 뒤이어 목화 경작의 2인자로 등극한다. "곡물이 목화로 대체되었다. 전체 농지의 20퍼센트에서 30퍼센트 정도가 목화 경작지였다."[21] 강과 운하 수송의 요지에 가까운 현들(예를 들어 허베이성 중부와 남부)에서 전체 주민의 80퍼센트에서 90퍼센트가 면직물을 팔고(조선에까지 팔렸다.) 기장을 구매하는 활동을 통해 주되게 생계를 꾸려 가는 일이 드물지 않았다. 토지를 임대해야만 했던 더 가난한 농민들에게는 "많은 경우 선택의 여지가 전혀 없었다. 목화의 시장 잠재력에 준해 토지 임대차계약이 일단 목화를 재배하는 걸로 정해지면 어떠한 차지인도 사실상 곡물을 재배할 수 없었던 것이다."[22]

아무튼 작황이 좋을 때는 환금작물 재배만으로도 "영세"농이 크게 번성할 수 있었다. 목화는 에이커당 투입되는 노동력이 기장과 단수수의 두 배였다. 그러나 이런 요구 사항은 "수축된" 경제에서 전혀 문제가 되지 않았다. 노동력은 풍부했고 토지는 부족했던 것이다. 그러나 북중국의 목화 경작에는 "장단점이 있었다." 황도 허베이성과 산둥성 북서부 지역에 관한 연구에서 이 점을 강조했다. "소농들은 수익이 상승하면서 비용 역시 상승했다는 것을 깨달았다. 결국 자연재해와 인재에 따른 위험도 더 커지고 말았다." 기장과 단수수는 늦여름 계절풍에 소출이 좌우되지만, 목화는 봄철에 충분한 양의 강우와 관개를 필요로 한다. "비교적 건조한 봄철의 경우가 잘해야 연간 총강수량의 10퍼센트에서 15퍼센트에 불과했다." 수많은 가계가 자신들의 생계를 목화와 목면 수공업 제품 판매에 더욱더 의존해 갔다는 점에서 그들의 생존은 엔소 변동과 관련해 과거 그 어느 때보다 불확실한 위험 속에 저당 잡히고 말았다. "봄에 가뭄이 들면 전적으로 목화에만 의존하던 가계에는 총체적 재앙과 파국이 닥쳤다."[23]

목화 생산의 호경기-불경기 주기는 사회적 계층화도 강화했다. 계절적 임금노동과 항구적 임금노동에 의존하는 가난한 농민과 노동자들의 수가 크게 늘어났다. 제자 분할상속으로 인해 촌락 단위로 집중되어 있던 대부분의 부富가 한두 세대만 지나면 와해되었다. 빅토리아 시대 북중국에서는 부유한 농민 계급이 성장하는 것보다 거지들의 증가와 아래로부터의 불안이 늘어나는 것이 훨씬 더 일반적이었다. 양쯔 강 삼각주와 달리 북부 농촌의 비참함은 상업이나 농업 대자본의 강화로도 벌충되지 않았다. 가뭄으로 유린된 산시陝西성 북부(1935년 대장정의 생존자들이 재편성하게 되는 곳)에서는 "사회경제적 지위가 다양한 강도와 층위의 빈곤 문제라고 말할 수 있었다."[24] 가뭄과 홍수의 위협에 직면하면 시장에 의존하는 상황 때문에 이들 극빈층의 무방비 상태가 한층 악화되었다. 황은 산둥성에 있는 한 현의 지사가 19세기 중엽에 표명한 우려의 말을 인용한다. 경작지의 대부분에서 목화가 재배되었던 것이다. "부자들은 곡물을 저장하지 않는다. 빈민들도 임금노동을 제시하는 고용에만 의존하고 있다. 따라서 자연재해나 흉년이 들면 그들은 어찌할 바를 모른다."[25]

여기에 미시 상업화가 더해졌다. 사람들은 상품 주기, 물가 상승, 금융 투기 같은 인위적 재앙(많은 경우 자연재해와 상호 작용했다.)에 새롭게 노출되었다. 곡물을 생산하던 엄청난 면적의 경작지를 다른 용도로 전환하면서, 이전까지 자립적 생활을 영위해 오던 농민 수천만 명이 곡물 거래 및 환금작물과 생존에 필요한 곡물 사이의 가격 대비에 전적으로 의지하게 되었다. 한편으로 농촌에서 생산한 직물이 1880년 이후 인도와 일본에서 수입한 공장 생산품과의 경쟁에 직면했다. 손으로 자은 실이 1876년 중국 전체 소비의 98퍼센트에서 1900년 40퍼센트가량으로 하락했다. 면화 상인들은 국내 생산물의 도붓장수에서 외국산 실의 외판원으로 변신했다. 인도의 대아시아, 특히 대중국 수출이 1878년 2130만 파운드에서 1905년 약 3억 파운드로 증가했다.[26] 실수입이 가장 극적으로 증가한 회계연도는 1898년과 1899년이었다. 단 한 해 만에 가격으로 40퍼센트 증가한 사태는 충분히 불길한 징조였다.[27]

황은 이렇게 강조한다. "농민 방적공은 기술의 압도적 우위를 절대로 극복할 수 없었다. 한 추정치에 따르면 기계 방적기를 사용하는 노동자는 기술의 우위를 바탕으로, 농민 방적공보다 무려 여든 배나 더 많은 실을 생산했다. 그 결과가 제품의 싼 가격으로 반영되었고 어떤 때는 원면 가격 정도에 팔리기까지 했다."[28] 중국 농촌이 이렇게 싼 실의 출처에 당황한 것은 전혀 놀라운 일이 아니었다. 프랜시스 니콜스가 1901년에 인터뷰한 산시陝西성의 한 방적공은 "미국이 중국과 그리 멀지 않은 곳에 자리한 섬일 것이라는 이론으로 [미국산 면사의 싼 가격을] 설명했다. 내가 방적공에게 그 실은 시안에서 7천 킬로미터 떨어진 나라에서 온 것이라고 말해 주자, 그는 믿을 수 없다는 듯 고개를 가로저었다. '그렇게 먼 곳에서 가져온 것이라면 실이 더 비싸야 할 것'이라고 그가 말했다."[29] 베틀 직조가 한 세대 정도 더 기계와 경쟁을 했지만 결국 1890년대에 면사 방적은 와해하고 만다. 북중국 농민 최빈층은 심대한 타격을 받았다.

우리가 본 것처럼 에셔릭은 의화단운동의 사회적 기원에 관한 연구에서 산둥성 서부가 1890년대 말에 일어난 반란의 온상이 된 이유를 이렇게 설명한다. 자연재해와 외국산 수입 직물에 대한 취약성이 결합했기 때문이라는 것이다. 1855년 이후 황하의 물길이 바뀌었다. 그 결과로 대운하에도 침니가 쌓이면서 수로가 막혀 버렸다. 여기에 홍수와 가뭄이 빈발했다. 산둥-허베이 성 및 산둥-장쑤-허난 성 경계의 빈곤한 지방들은 과거 그 어느 때보다 면제품 수공업에 생존을 의지하게 되었다. 산둥성 서부는 "조약으로 항구가 열렸으나 내륙 지역은 항구를 활용할 만한 자원이 부족했고, 심지어 고립되어 있기까지 했다." 결국 1890년대에 이곳의 전통 시장들은 공장에서 생산한 인도산 면사와 면직물에 속수무책으로 당하면서 경제적으로 완전히 초토화되었다.[30] 수입품은 세계시장이 심어 놓은 용의 이빨[dragon's teeth, 미래에 문제가 발생할 소지 내지 그런 조건을 만드는 것을 의미함. 옮긴이]이었고, 결국 농민 봉기로 비화했다.

바닥을 드러낸 곡물 창고

북중국에서 생존이 상업화되었다고는 하나 이를 보좌한 것은 약간의 장거리 곡물 교역뿐이었다. 가난한 농민들이 재배한 원면과 수공업 면제품, 밀, 담배, 아편은 "자체로 고립된" 지역 시장 안에서 주로 교환되었다. 이들 지역 시장은 대개 현의 경계와 일치했고 더 드물게는 북중국의 지역 체계와 부합했다.[31] 간헐적으로 곡물 부족 사태를 겪었던 북부와 잉여를 생산했던 양쯔 강 유역 사이에서 불충분하나마 이원적인 물류의 흐름이 존재했다. 이것은 대규모 수확 부족 사태를 막기 위한 조치였다. 그러나 농산물의 지역 간 거래는 1900년까지도 전체 생산량의 7퍼센트에 불과했다.[32] 상시적으로 이루어진 장거리 곡물 교역은 중국 남부의 동-서 수송 경로로 제한되었다. 쓰촨성 및 후난성과 양쯔 강 하류, 광시성과 광둥성이 그런 예들이다. 짐작할 수 있듯이 이곳들은 경제 전문화가 최고도로 이루어진 지역이었다. 반면 남부에서 북부로의 곡물 이동은 많은 경우 시장가격의 인력에 반하는 것으로서 제국의 연공 제도를 활용해야만 했다. 북부의 농민들이 환금작물에 생존을 더욱더 의존하게 되면서 얄궂은 상황이 벌어졌다. 시장 메커니즘 외곽에서 곡물의 지역 간 재분배를 관장할 수 있는 국가 능력에 더욱더 의존하지 않을 수 없었던 것이다. 그런데 그렇게 할 수 있는 국가의 능력은 우선적으로 제국의 재정이 얼마나 건전한지에

달려 있었다.[33)]

수전 내킨과 이블린 로스키는 이렇게 강조한다. "청나라 국가에게 18세기는 잉여 세수의 시기였다. 넘쳐 나던 국고와 두둑한 내탕금은 평화와 번영의 산물이었을 뿐만 아니라 옹정제 치하에서 각 성의 세수 송금액을 철저하게 관리 감독한 결과이기도 했다."[34)] 프랑스대혁명 전야에 청나라는 여전히 7천만 냥의 국고를 보유했지만 그 잉여는 이내 고갈되고 만다. 군사 작전의 비용이 만만치 않았고 부패한 조신들의 낭비도 큰 몫을 했다. 가경제가 즉위한 1796년경에는 청나라의 황금시대가 마감되면서 재정 위기가 만성화되기 시작한다. 걸핏하면 재난이 발생하는 산둥성 서부 변경("화이허와 황하의 홍수 또는 가뭄이 반복적으로 이 지역에 영향을 미쳤다.")에서 천년 왕국을 주장하는 농민 봉기가 일어난 것이 전환점이었다.[35)] 백련교도의 반란을 진압하기 위한 10년 전쟁(1796년~1804년)이 이어졌다. "120년 만에 일어난 최초의 중요한 대참사였다." 국고와 연공 곡물이 고갈되기 시작했다.[36)] "국가의 식량 공급 우선순위가 대규모 병력을 유지하는 데 맞춰졌다." 이렇게 자금을 유용하는 조치는 이후로 발생하게 될 태평천국운동, 녠 반란, 무슬림 봉기를 거치면서 전면화된다.[37)]

18세기에는 홍수에 필적할 만한 재앙이 없었다. 그 대가는 엄청났고 말엽의 청 왕조는 파산으로 내몰렸다. 1839년부터 1855년의 마지막 황하 대홍수 때까지 무려 17년 연속 홍수가 발생했다.[38)] "붕괴 상태에 처한 사회에 막대한 비용을 치르느라 농업 소득이 증발해 버렸다. 구호 및 수리 기금도 엄청났다. 아편전쟁 비용과 허약해진 국가의 재정 상황 속에서 이들 홍수로 국고가 바닥나 버렸다." "사회적 혼란에 빠진 국가는 엄청난 대가를 치렀다. 농업 소득은 사라졌고, 구호 활동과 보수 기금의 비용은 이루 헤아릴 수 없었다. 막대한 아편전쟁 비용과 취약해진 국가 재정 상황이 결합했다. 이때 홍수가 발생했고 국고는 바닥났다."[39] 1850년대에 훨씬 더 거대한 재난이 발생했다. 불어난 황하가 다칭大淸 강(황하의 과거 수로 중의 하나였다.)으로 방향을 틀어서, 하류의 삼각주가 황해에서 보하이 만으로 옮겨가 버린 것이었다. 태평천국운동으로 양쯔 강 유역에서 베이징으로 올라가던 모든 주요 세수와 곡물 연공이 차단당하고 있던 때였다.

아편 거래에 따른 무역 적자와, 열강들이 1870년대에 금본위제를 채택하면서 발생한 교환율 혼란으로 인해 물가가 폭등했다. 이로써 청의 재정 제도가 다시 한 번 훼손되고 말았다. 동화와 은화의 유리한 비교가를 유지함으로써 통화 침식에서 세수를 방어하려는 필사적인 노력이 시도되었다. 그러나 왕예첸은 1750년대의 황금시대에서 의화단 봉기가 일어난 시기 사이에 토지 세입의 실제 가치가 거의 3분의 2가량 하락했을 것으로 추정한다. 청 왕조는 전통적 농업 세수 기반이 와해되는 것을 막기 위해 19세기 중엽부터 상업 세금, 추징금 부과, 관세 수입을 도입했고 잡다한 성과를 거두기도 했다. 그러나 그들은 신구 세금을 징수하기 위해 점점 더 청부인들에게 의존했고, 이는 불법적인 "누출"만을 증대시켰다. 결국 재정 위기가 가장 무거운 짐이 된 곳은 성도와 현청 정부들이었다. 베이징보다 토지 세입에 더 많이 의존했던 지방 행정부는 자위, 홍수 통제, 관개, 기근 구호 등의 책임을 추가로 짊어져야 했던 것이다.[40]

재정 위기는 직접적으로는 통치 능력 축소로, 간접적으로는 농민들의 식량 안보 손상으로 이어졌다. 적어도 지역 간 쌀 거래가 불충분하게 이루어지던 지방들에서는 말이다. 상시 운영되던 구호 곡물 창고는 전성기에 쌀, 밀, 기장의 여유분을 무려 380만 톤이나 저장했다. 그러나 그 비축분도 이내 고갈되고 말았다.[41] "중국의 인구수가 1840년(또는 1930년) 규모의 절반 정도였던 18세기 초에도 이 양은 국가 전체 곡물 생산량의 3퍼센트에서 4퍼센트에 불과했을 것이다."[42] 빌은 곡물 창고의 4분의 1만을 할당량을 다 채워 저장했다고 불평하는 1799년의 한 명령서를 인용한다.[43] 이 정도까지 축소되자 제국의 곡물 창고는 곡물 가격을 "안정화"시키는 경제적 수단으로 더 이상 기능할 수 없었다. 빈 웡에 따르면 1820년대에 이르러 제국 전체의 곡물 비축분이 3천만 시 이하로, 다시 1850년대에는 2천만 시 이하로 떨어진다.[44] 20년이 흘러 1876년 기근이 시작될 즈음에는 곡물 창고에 남아 있던 식량이 아마도 천만 시 이하였을 것이다.[45]

지방에서는 곡물 창고가 많은 경우 완전히 붕괴해 버렸다. 심지어는 황금시대에도 추수 매입을 통해 곡물 창고를 채우던 통상적 메커니즘이 북서부 상당수 지역에서 전혀 작동하지 못했다. 산시陝西성과 간쑤성의 곡물 창고들은 독자적 회계로 감당할 수 있는 것보다 더 빈번하게 식량을 배급하지 않을 수 없었다. 당연히 적자가 발생했고 그 결손은 베이징이 채워 줘야만 했다.[46] 백련교도의 반란이 분기점이었다. 매년 수확하는 양과 최소 소비 사이의 불균형이 악화되었다. 농업 생산성이 하락했고, 민족-종교 전쟁이 빈발했으며, 정부는 파산해 버린 악순환이 되먹임하고 있었다.[47] 후난성과 쓰촨성 등 그 밖의 다른 곳에서 식량 안보의 부담을 일정 부분 담당했던 구호 곡물 창고와 향사 중심의 공동체도 빈곤의 늪에 빠진 황토 고원 지대의 국가 곡물 창고가 와해되는 것을 저지할 수 없었다. 결국 1870년대 초반 산시陝西성 일부 현들의 곡물 창고 재고는 애초 할당량의 10퍼센트 미만으로 떨어졌다.[48] 다시 말해 대한발 전야에 중국 북서부는 대재앙이 일어날 만반의 준비가 되어 있었던 셈이다.

제국 전체적으로도 곡물 창고의 재고가 감소했다. 여기에 북중국 내륙 평원에서 운반하던 연공 곡물의 우회 수송이 증가했다. 드와이트 퍼킨스가 지적하듯이 "북쪽의 베이징으로 들어가는 곡물의 양은 국가 전체의 생산량과 비교할 때 하찮은 수준에 지나지 않았다(0.2퍼센트에서 0.3퍼센트)." 그러나 그것이 중앙 정부 세입의 15퍼센트가량을 차지했고, 1743년 가뭄 사태에서 우리가 확인했듯이, 북중국에서 손쉽게 사용할 수 있었던 중요한 기근 대비 자원이었다. 그 연공의 대부분을 네 개 성(장쑤성, 장시성, 안후이성, 저장성 북부)에서 공급했다. 그런데 장난江南의 엘리트들이 연공 운송을 대운하에서 해상으로 대체하기 위해 엄청난 로비를 벌였다. "1870년대부터 해안 증기선들이 대운하의 정크선들을 빠르게 대체했다. 1890년대에 들어서면 운하의 정크선을 이용한 대규모 곡물 수송은 산둥에서 기장을 선적한 사례뿐이었다." 그 결과 베이징의 외항 톈진이 호경기를 구가했고 과거의 운하 집산지들은 영락의 길을 걸었다. 거룻배 사공들과 노동자들이 대거 의화단 봉기의 핵심 세력으로 참여하게 된 까닭이다.[49] 이론상으로는 베이징 인근 퉁저우通州의 곡물 창고를 여전히 구호 활동에 이용할 수 있었다. 그러나 빌은 가경제 치세 말인 1820년경에 연공 곡물이 기근 구호 사업에서 더 이상 중요한 역할을 하지 못하게 되었다고 설명한다.[50]

국가의 기본적 하부 구조가 무너지자 제국은 기근 구호 사업에서 점점 더 현금 제공과 지역의 자선 행위에 의존하게 되었다. 1831년 도광제는 제국의 곡물 창고가 "참담한 상태임"을 언급하면서 " '이런 이유로 성에 재난이 닥쳐도 [지방 당국이] 상시 운영하는 곡물 창고를 털어 [희생자들을] 돕자고 요청하는 경우가 드물다.'고 말했다. '통상 그들은 성省의 금고에서 은을 요청해 동화로 바꾼 다음 [주민들에게] 나누어 주는 활동에 그쳤다' "[51]

1867년과 1868년 연이은 가뭄과 홍수로 수도 주변 지방이 궤멸적 타격을 입었을 때 동치제의 개혁가들이 일시적이나마 기근 구호 활동에 다시 적극적으로 나섰다. 그러나 그것은 팡관청식 영웅주의가 마지막으로 빛을 발하다가 사그라진 유교적 정치 수완일 뿐이었다. 차후로 베이징은 자연재해에 직면해 마지못해 현금을 나눠 주는 대응으로 일관한다. 그러나 1877년과 1899년의 기근 사태에 관한 설명에서 이미 보았듯이 돈을 나눠 주는 구호 정책에는 치명적인 결함이 있었다.[52)]

예를 들어 시장이 비상시의 수요를 수용할 수 없는 경우가 많았다. 곡물 가격이 폭등하면서 현금 구호가 제공한 최소 생존 가격을 순식간에 뛰어넘어 버렸다. 또 산시山西성의 극단적인 사례처럼 아무리 많은 돈을 줘도 지역에서 이용할 수 있는 곡물이 절대적으로 부족한 경우도 있었다. 곡물을 한꺼번에 대량으로 매입해 황토 고원 지대로 수송하려던 노력은, 1877년 구관 협로에서 볼 수 있었던 것처럼, 재앙과도 같은 운송 정체 사태만을 낳았다. 쌀의 수상 운송이 비용도 적게 들고 효율적이었던 양쯔 강 유역과 달리 건조한 북부 성들의 곡물 교역은, 특히 가뭄이 들었을 때 선박이 지나갈 수 있는 수로가 부족해서 큰 어려움을 겪었다. 존 로싱 벅의 광범위한 연구서 『중국의 토지 활용』을 보면 북부의 51개 촌락 가운데 단 2개만이 수상 운송을 이용할 수 있었던 데 반해 남부는 80개 가운데 23개 촌락이 수상 교통을 활용할 수 있었음을 알 수 있다.[53)] 기근이 발생했을 때 상업적으로 교역되는 곡물에 생존을 의지하던 사회의 관점에서 보면, 육로 운송은 비용이 너무나 많이 들고 비효율적이었다. 킹스밀은 왕립 아시아 학회가 1893년과 1894년에 걸쳐 광범위하게 조사한 중국 내륙의 교통 체계를 요약하면서, 수운 개발에 그토록 혁혁한 성과를 거둔 문명이 도로 건설은 완전

표 38 | 북중국 평원 운송 수단의 상대적 효율성

운송 수단	톤 수	비용 지수
하천의 평저선	400~100	1.0
짐수레	1	3.3
노새	0.125	8.2
쿨리	0.09	8.6

히 내팽개쳤다는 사실에 놀라움을 금치 못했다. 그는 이렇게 썼다. "도로에 이렇게 무심한 나라는 전 세계를 뒤져보더라도 없을 것이다." 특히 북부에서 "무관심이 극에 달했다."[54]

베이징의 관점에서 봤을 때는 내륙의 주요 운송 간선을 고의로 방치하는 게 합리적인 정책이었을 것이라고 메리 라이트는 오래전에 말했다. 중화제국의 국가권력은 많은 경우 농민들의 이동을 제한하고, 분열을 야기하는 이데올로기적·경제적 세력과 농민을 분리시키는 노력과 동일한 것이었다. 청 왕조도 이런 이해관계 속에서 농민들의 지역 간 이동을 장려하지 않았고, 군대와 값싼 공장 제품을 내륙으로 이동시킬 수 있는 철도를 부설하기 위해 외세를 끌어들이려고도 하지 않았다. 심지어는 1860년대에 활약한 개혁가들조차 "연안 방어 및 수도의 식량 공급과 관련해서만 교통 개선에 흥미를 보였다."[55] 그러나 이런 등한시 정책은 시간이 경과하면서 대중의 가장 큰 불만거리로 비화한다. 1930년대 후반 산베이陝北와 기타 북부의 여러 근거지에서 중국 공산당은 도로 건설을 농촌 재건 계획의 최우선순위로 삼았고, 엄청난 인기를 누렸다.[56]

부패, 쇠퇴를 향한 지름길

구호 활동이 통화정책으로 변모하면서 부패한 관리들이 기금을 훔쳐 가기가 훨씬 더 쉬워졌다. 구호 기금을 조성하기 위해 지방 관직을 파는 일이 19세기에 광범위하게 자행되었다. 결국 국가 세입을 절취하는 하급 관리들의 수가 기하급수적으로 증가하고 말았다. 곡물 창고와 곡물 연공 행정은 부패한 관리들이 열광하는 주된 표적이었다. 건륭제가 남색 관계를 맺었다고 전해지는 18세기 후반의 악명 높은 세수 관리 화신和珅은 라스푸틴의 원형이었다. 빌이 지적하듯이, 황제에서 비밀 결사에 이르기까지 청조 말엽의 모든 이는 지방 정부의 광명정대함이 1790년대부터 극적으로 쇠퇴했음을 잘 알고 있었다.

> 가경제는 즈리에서 심각한 홍수가 발생하자 특별 조치를 시행할 것을 지시하고 직접 관리 감독에 나섰다. 이때가 1801년이었다. 황제는 기타 성들에서 구호 비용이 하늘 높은 줄 모르고 치솟는 현상이, 파멸한 농민들의 수가 많아서가 아니라 "서기들과 수금원들"의 착복 때문이라는 사실을 깨닫고 큰 충격을 받았다. 가경제 치세 말기에 전국 각지에서 올라온 진정서에는 각종 고발 내용이 즐비했다. 조사관들과 하급 관리들이 재물을 부당하게 취득했고, 성의 기금을 멋대로 삭감했으며, 아무런 확인 작업도 없이 재난 희생자 명부를 작성했고, 실질적 요구와 필요를 무시한 채 배급소가 세워졌으며, 죽에는 모래가 섞여 있었고, 은화를 동화를 바꾸는 데 부당한 교환율이 적용되었으며, 기타 수많은 악폐가 자행되었다는 것이었다.[57]

반세기 후 불운한 함풍제가 즉위했을 즈음에는 이런 악폐들이 혁명 세력이 품은 불만의 핵심적인 원인이었다. 중국의 주권을 방어할 수 없었던 청나라의 무능력도 분명 한몫했을 것이다. 1848년과 1849년 광시성과 광둥성의 상당수 지역에서 장기간의 가뭄이 기근으로 비화했다. "부패한 지방 지사들은 곡물 상인들이 이미 터무니없이 비싼 가격에 거래하고 있던 쌀값을 더 올리기 위해 곡물 창고의 배급을 교묘하게 조작하던 행위를 묵인했다."[58] 결국 쌀이 "진주만큼 비싸져" 버렸다. 이에 굶주린 농민들이 곡물 창고를 개방하려고 시도했지만 지사들이 파견한 군대에 의해 살해당했다. 그 직접적인 결과로 수천 명의 분노한 군중이 "하나님의 중국인 아들" 홍슈취안洪秀全의 천년 왕국 깃발 아래 뭉쳤다. 1852년 여름 태평천국의 반도들은 후난성 남부의 다오저우까지 진출해 청나라에 반대하는 유명한 선언서를 발표했다. 그들은 여기서 지배자들이 "한족 인구를 줄이기 위해 홍수, 기근, 기타 자연재해의 희생자들에게 공적 부조를 제공하지 않았다."며 비난했다.[59] 옹정제의 자애로웠던 복지가 결코 먼 과거의 기억이 아니었다. "홍수와 가뭄이 발생해도 [만주인들은] 일말의 동정심도 베풀지 않는다. 그들은 굶주린 사람들이 사방을 헤매다 쓰러져 뼈다귀가 잡초처럼 자라는 광경을 수수방관한다."[60]

동치중흥기의 개혁 조치들도 재난 보호책을 제공하는 지방 정부의 능력에 대한 대중의 신뢰를 회복하는 데 실패했다. 개혁 관리들은 청나라와 농민이 맺고 있던 사회계약을 찬양했지만 그들이 보유한 가장 중요한 주도권 가운데 하나는 (태평천국의 반도를 진압한 충성스런 엘리트들에게 보답한다는 명목으로) 유교적 공훈을 폭넓게 하사(사실상 판매)하는 것이었다. 결국 작위 보유자들이 110만 명에서 145만 명으로 늘어났다.[61] 새로운 세금 압박 속에서 농민들이 신음했지만 동시에 베이징 역시 파산 상태를 한탄했던 이유를 이해하기 위해서는, 이렇게 확대된 향사 계층의 부패한 탐욕을 알아야 한다. 부패한 관리들과 곡물 상인들이 결탁했고, 특히 곡물 창고 행정이 엽관獵官의 대상으로 전락했다. 중국의 재정 상황에 관한 서방 최초의 연구가 1893년에 완료되었다. 결과는 놀라웠다. 북부의 연공 곡물 가운데 절반 이상이 도둑질로 증발해 버린 것으로 추정되었던 것이다.

> 곡물 창고 행정을 담당한 관리들은 쌀을 가지고 별짓을 다 한다. 몇 년이 멀다 하고 커다란 횡령 사건이 발생한다. 오래돼서 썩은 쌀이 새 쌀 대신 풀린다. 도량형이 위조된다. 만주인 군인들이 명목상의 처분 권리를 팔고, 실제로는 시장에서 먹을 수 있는 쌀을 사는 것을 볼 수 있다. (…) 간단히 말해서 베이징은 쥐들이 사는 추악한 서식지와 같다. 모든 관리가 각자의 구멍에 살면서 가능한 시간과 장소에서 곡물 창고를 털어 가는 것이다.[62]

정직한 지방 관리들이 곡물 창고의 재고를 다시 채우기 위해 여전히 영웅적으로 활약했지만 부패한 하급자들이 도처에서 그들의 노력을 방해했다. 머레이는 산시陝西성 한청현 지사가 경험한 일화를 예로 든다. 양심적인 관리였던 그는 풍년이 들었을 때 발생한 잉여 곡물을 구매해 스무 개의 지방 곡물 창고를 가득 채워 놓았다. 1890년대 초였는데도 여전히 1877년과 1878년 재난에서 회복하지 못하고 있었던 것이다. 1900년에 가뭄으로 흉년이 들었고 그는 자신 있게 비축 창고를 열었다. 그러나 곡물 창고 관리들이 재고를 3분의 2나 빼돌려서 팔아먹었다는 사실을 뒤늦게 알았을 뿐이었다.[63] 결국 한청 현에는 기근이 닥쳤고 인구가 급감했다. (기근 막바지에 서태후가 시안에 도착했다. 서태후는 기근 구호 활동의 전말에 대해 철저한 조사를 지시했고 "성의 주요 관리 세 명을 참수했다.")[64]

부패는 이렇게 뿌리가 깊었고 재정 위기 역시 급박했다. 결국 제국 정부는 식량 안보를 직접 챙기던 통치 행위를 더욱더 외면하게 된다. 메리 랜킨, 마크 엘빈, 그리고 기타 학자들이 강조한 것처럼, 강력했던 18세기의 국가 능력은 제국주의 세력의 간섭과 국내 반란으로 인해 관직을 보유하지 않았던 향사 계층에게로 19세기 내내 서서히 이전되었다. 상인과 지주 등의 신흥 부자들이 세금 징수, 지역 치안, 홍수 통제, 기근 구호를 점점 더 떠맡았다. 지역에서 운영하던 구호 사무국과 그들이 사적으로 비축한 자선 곡물 창고의 자원으로는 그 임무를 감당할 수 없게 되면서 말엽의 청 왕조는 장난의 부유한 엘리트들에게 손을 벌렸다. 그들이 쌀과 돈을 기부했고, 운송을 지원했으며, 북쪽에서 내려온 기근 난민들에게 도시의 문호를 개방했다. 그러나 이 미봉책은 1877년과 1899년에 비극적으로 파멸했다. 그전까지 곡물 창고 제도를 지역 자체로 운영하면서 지역 간 이송 능력을 바탕으로 "해서만 대규모의 지속적인 기근 구호가 겨우 가능했던" 수직적 통합 구조의 국가 청나라에, 미봉책은 진정한 대안이 결코 될 수 없었다.[65]

그러므로 곡물 창고 제도를 재건하고, 농민들의 식량 안보를 회복하는 의제가 모든 반청 혁명 세력의 중요한 요구 사항으로 자리를 잡았다. 마오가 "연안 정신"*을 설파하기 오래전에, 태평천국운동 세력이 그들의 유토

---

* Yenan Way, 중국 공산당이 저항 전쟁기에 달성한 대중 동원을 항구적으로 유지하기 위해 마오가 연안延安에서 고심하여 만들어 낸 전략 방안이자 기풍을 가리킨다. 마오는 연안 정신을 통해 "광범위한 농촌 문제를 공동체적으로 해결하는 길에 게릴라 전쟁에 참가한 민중을 동원할 수 있는 구체적이고 명확한 방법들을 찾아냈다." 옮긴이

피아적 선언문 「태평천국의 토지제도」에서 새로운 국가 곡물 창고 제도를 통해 전체 농업 잉여를 재분배하겠다는 더 솔직한 "공산주의" 체제를 천명하기도 했던 것이다.

> 천하의 모든 토지가 천하에 사는 모든 이에 의해 공동으로 경작될 것이다. (…) 천하의 모든 토지에서 나오는 생산물은 풍요와 결핍을 균등하게 하기 위해 널리 유통될 것이다. 풍년이 든 지방의 농산물이 기근이 발생한 지방으로 전달돼 구호에 쓰일 것이다. (…) 량수마[兩司馬, 스물다섯 가구의 수장]는 우창[다섯 가구의 수장]을 지휘해 추수 활동을 조직한다. 그리고 다음 추수 때까지 스물다섯 가구의 모든 구성원이 풍족하게 먹을 수 있을 만큼의 식량을 공제한 다음 나머지 잉여는 [취합해서] 국가 곡물 창고로 보낸다.[66]

황금시대의 부채 청산

북중국이 중화 제국이라는 더 커다란 경제 공간 속에 포함되었다는 역설적 지위 속에서 이곳의 역사가 만들어졌다. 경제적으로는 주변부에 불과했던 북중국이 계속해서 통치의 중심으로 남았던 것이다. 중국은 경제 권력과 정치권력이 지리적으로 나뉘어 있었다. 두 중심지 사이의 거리는 런던과 베를린만큼이나 멀었다. 토지 생산력을 기반으로 한 국가에서 이것은 아주 특이한 현상이었다. 송 왕조 초기부터 경제 잉여의 많은 부분이 양쯔 강 하류에서 생산되었다. 그러나 그 잉여 소비의 최대 중심지는 흔히 북부 지방에 자리했다. 장안, 대도, 카이펑, 베이징은 스텝의 변경에 있는 수도들로 여진족, 몽골족, 만주족의 군사적 헤게모니가 발휘되는 유목 사회와 근접해 있었다.

대운하, 지선 수로, 저장소 들로 구성된 비상한 운송 시스템이 잉여 생산된 부를 남부에서 북부로 옮기는 데 활용되었다. 청나라가 쌀, 연료, 목재, 석재를 들여와 북부의 농업을 생태적으로 안정화시킬 수 있었던 것도 이런 운송 체계 덕분이었다. 우리가 본 것처럼 18세기 중엽에 제국의 관료 제도는 유럽의 그 어떤 정체보다 더 효과적으로 기근 구호 활동을 조직했다. 그러나 한 세기가 지난 후 베이징은 내전, 외세 간섭, 기후 재난, 질병, 기근 등 역사상 최악의 연쇄 반응 사태에 전혀 개입할 수 없을 만큼 무능력해지고 말았다. 근현대 중국을 연구하는 역사학자들은 사회적 조건과 자연환경을 통제할 수 있는 국가의 능력이 이렇게 와해된 사태에 오랫동안 골머리를 앓았다. 케네스 포머란즈는 최근 열린 포럼에서 이렇게 물었다. "18세기 중엽까지 유럽이나 일본보다 거의 틀림없이 더 나은 상태에 있었던 생태적 상황이 이후로 어쩌다가 이런 위기 국면을 맞게 되었는가?"[67]

최근의 연구 결과는, 궁극적으로는 수렴된다고 할지라도 두 개의 개별적인 환경 위기를 반드시 구별해야 한다고 조언하고 있다. 각각의 위기가 사회적으로 형성되던 속도와 수준이 상이했기 때문이라는 것이다. 우선 첫째로, 황하·웨이허·화이허의 산악 분수계에서 농민들이 삼림을 남벌했고, 그에 따라 토양침식이 가속화했으며, 결과적으로 하류의 평원에 파괴적인 결과를 불러일으켰다. 둘째, 빅토리아 시대 중기에 청나라에 재정 위기가 닥치면서 수문학적 관리 체계가 가난한 농민들과 의지가 없었던 향사 계층에게로 서서히 이전되었다. 퇴적이 증가하면서 홍수 통제 비용이 하늘 높은 줄 모르고 치솟았다는 사실도 여기에 보태야 할 것이다. 요컨대 북중국의 농업은 200년 만에 가장 심각한 기후 스트레스(1870년대와 1890년대의 극단적인 엔소 주기)에 노출되고 말았다. 바로 이때 청나라 국가는 기존의 생태환경적 임무에서 완전히 퇴각하고 있었다.

로버트 마크스는 청나라가 구가했던 18세기의 황금시대가 중국의 환경공간을 "대규모로 재편성한 사업"에 토대를 두고 있었다고 설명한다. 1750년부터 1850년 사이에 제자 분할상속 제도하에서 인구가 증가했는데, 이로 인해 농업 생태학적 수용 능력이 점점 더 압박을 받았다. 인구 증가 사태가 적어도 부분적으로는 농촌의 수공업 생산에서 가족노동력에 대한 "원산업적(原-, protoindustrial)" 수요가 증가하면서 유발되었다는 점도 추가해야 할 것이다. 이런 인구 폭발은 유럽과 달리 도시의 병행 성장이나 해외 식민지로의 이주를 통해 흡수되지 못했다. 매디슨에 따르면 "1820년경까지도 중국의 도시화 정도는 천 년 전과 크게 다르지 않았다." 실제로 도시화율이 청대 초기의 6.8퍼센트에서 청대 후기의 5.9퍼센트로 떨어졌다.[68] 중국은 19세기 전반기에 아편 수입에 따른 은 유출과 무역 역조로 인해 오랫동안 경기가 침체했다. 결국 중국도 인도처럼 도시 실업이 만연했고 다수의 노동자가 농촌으로 흘러들어 갔던 것이다.[69]

그러나 18세기의 인구 팽창(33퍼센트에서 200퍼센트까지 증가한 것으로 거칠게 추정한다.)은 대개 생태적으로 지속 불가능한 정착으로 수용되었다. 과거에는 방치되었던 산악, 구릉 지대, 습한 저지대에서 농경이 이루어졌다. 농민 개척자들과 지주들의 활약 속에서 토지 약 2만 5천 제곱킬로미터가 18세기에 새롭게 경작되기에 이르렀다. 그 대부분이 가파른 지형이거나 범람원에 있었다. 즉각적인 효과는 엄청났다.[70] 중국 대륙을 흐르는 거대한 강들의 분수계를 보호해 주던 삼림을 개벌하자 엄청난 이득이 쏟아졌다. 구릉과 산지 주변으로 대규모 이주를 단행하면서 비옥한 강 유역과 평원의 성가신 밀집 상태가 일시적이나마 완화되었다. 여기서 옥수수와 고구마 같은 신세계에서 도입된 작물이 재배되자 농민들은 이전까지 불모지로 여겼던 악질의 모래 토양에서도 살아 나갈 수 있었다. 이와 함께 토지 소유열에 들뜬 농민들과 도시의 투기꾼들이 상업적 농경을 목표로 제방을 쌓아 수십만 에이커의 늪지와 강변 저지를 개간했다.

그러나 18세기의 마지막 사반세기쯤에 이르면 삼림지와 토지의 전환에서 발생한 한계 수익이 임계점에 도달한다. 로즈 머피는 만주를 제외할 경우, 중국의 삼림이 "1820년경에 이미 대부분 사라졌고 1860년경에는 거의 완전히 사멸했다."고 추정한다.[71] 너무나 많은 농민들이 침식을 가속화하던 산허리에 매달렸고, 말라리아열이 창궐하는 습지대를 배수하기 위해 분투했다. 갈수기 관개용으로 물을 저장하던 저수지는 물론이고 홍수를 조절해 주던 범람원마저 무분별하게 농지로 전환되었다. 누구라도 재앙이 발생하리라는 것을 예상할 수 있었다.[72] 요컨대 황금시대를 가능케 해 주었던 대규모 농지 개간 사업은 다음 세기에 접어들면서 돌이킬 수 없는 생태 위기의 근본 원인으로 작용했다. 이렇게 전에는 이해가 부족했던 청나라 인구 증가의 환경 역사가 주장 강 분수계(마크스)와, 양쯔 강 중류의 둥팅호(퍼듀)에 관한 최근의 사례 연구들 속에서 훌륭하게 탐구되었다. 두 지역을 살펴보면 처녀지 경작의 초기 횡재수는 필연적으로 환경 붕괴와 자연재해에 대한 취약성 증대로 이어졌다. 자연은 18세기 번영의 외상값을 가뭄과 홍수와 기근으로 차후에 수금해 갔다.[73]

불모지로 변한 북중국

그러나 가장 커다란 비극은 황하와 그 주요 지류에서 발생했다. 몇몇 저자가 연구한 산시陝西성의 웨이허 유역이 그 냉정한 사례다. 명 왕조 말기에 유역의 남쪽 경계를 구성했던 친링 산맥의 산허리는 여전히 삼림이 우거져 있었다. 그러나 청대 초중엽에 걸쳐 3천 명에서 5천 명 규모의 벌목꾼과 노동자 부대로 편성된 대규모 "목재 공장들"이 조직적으로 삼림을 초토화했다. 그 후 쓰촨성과 후베이성처럼 멀리 떨어진 인구 밀집 현들의 가난한 농민 수천 명에게 세금 면제와 기타 장려금을 미끼로 이 지방으로의 이주를 장려했다. (에드워드 버미어는 청나라의 세금 정책이 흔히 불모지 개간에는 상을 주면서도 기존의 옥토에서 증산을 이룬 농민들에게는 벌칙을 부과했다면서, 그 사악한 역할을 강조했다.)[74] 신세계 작물이 도입되면서 "모래투성이고, 산성酸性인데다, 너무 메말라 가뭄이 들기 일쑤여서 과거에는 정착민이 도저히 살 수 없었던" 토양에서도 경작이 가능해졌다.[75] 특히 옥수수와 감자는 쌀이나 밀에는 적합하지 않은, 얇은 표토층의 계단식 구획이 없는 비탈진 산허리에서도 재배할 수 있었다. 그러나 이렇게 비용이 적게 들어가던 생존의 대가는 토양침식의 증가였고, 그 결과는 재앙이었다.

불과 두세 세대 만에 지형학적 제력이 역동적 분계점에 도달했고, 도랑들이 엄청난 속도로 커져 갔다. 한 세대 동안 도랑이 수십 미터나 깊어져 협곡으로 변모하기도 했다. 머레이는 이렇게 쓰고 있다. "19세기 중엽쯤에는 산지가 불모지로 변했고 강들은 막혀 버렸다."[76] 1870년의 폰 리히트호펜 남작처럼 최초로 중국을 찾은 근대 유럽의 방문자들은 유명했던 청나라의 관개수로, 특히 웨이허 평원을 문명의 중심지로 탈바꿈시켜 주었던 웅장한 시스템이 개흙으로 막혀 버린 정황과 풍경을 생생하게 묘사한다. 마르코 폴로가 풍성한 뽕나무 군락과 그 신록을 찬탄해 마지않았던 황토 고원 지대의 다수 지방도 빅토리아 시대쯤에는 나무가 모두 사라져 사막이나 다름없었다.[77] 외국인들은 당대의 몰락과 고대의 쇠퇴상(당 왕조까지 거슬러 올라가는 웨이허 유역의 심각한 수문학적 붕괴)을 흔히 혼동했다. 그러나 환경적으로 최후의 일격이 가해진 것은 19세기였다.

한편 농민들에게는 초기 개척 시대의 손쉬웠던 삶이 점점 더 불길한 생존 투쟁으로 변했다. 토양침식이 가속화되었던 것이다. "19세기 후반에 이르면 각처의 구릉에서 약간의 비료만으로 거의 100년 가까이 옥수수를 재배하고 있었다. 소출이 급격하게 떨어지기 시작했다. 감자 역시 질병으로 산출이 급감했다. (…) 수확이 불안정했다. 식량 가격이 오르기 시작해 19세기에는 거의 두 배로 뛰었다. 인구는 증가했는데 공급은 정체 상태이거나 하락했기 때문이다."[78] 결국 다수의 산지 농민들은 가족의 독자적 생존을 영위할 수 없게 되었고, 환금작물로 과수果樹에 의존했다. 머레이의 설명을 들어 보자. "향토사 연구자들은 이런 전문화 과정이 매우 위험한 시도였다고 보았다. 한 해의 소득이 단 한 번의 수확에만 의존했기 때문이다. 과일 재배농의 다수는 극도로 빈곤했다. 적정량의 음식이나 의복조차 없는 경우가 많았다."[79]

19세기 중반에 국토를 유린한 내전으로 그나마 남아 있던 중국 삼림 분수계의 나지裸地화가 완료되었다.

> 기사記事들을 보면 (…) 태평천국의 반도들이 숲을 무자비하게 파괴했다는 얘기가 거듭해서 나온다. 관군 역시 대규모 개벌을 진행했는데, 이는 반란군의

은신처를 없애기 위함이었다. 그 주요 무기가 불이었던 것 같다. 1860년대에 이르면 이전에 숲이었던 곳이 수백 제곱킬로미터의 검게 그을린 그루터기뿐이라는 묘사가 등장한다. 삼림 덮개의 흔적이 조금이나마 남아 있던, 중국 본토에서 인구가 밀집한 주요 지대의 안과 외곽의 나머지 지역에 이 모든 활동이 집중되었다. 먼 서쪽의 산악 지역은 영향을 받지 않았다. 그러나 압도적 대다수의 주민들이 살던 중국의 나머지 지역에 먼 서쪽의 삼림은 거의 쓸모가 없었다. 그 삼림마저 무슬림 반란과 이어진 탄압 과정에서 초토화되었다. 윈난성과 산시陝西-간쑤 성에서 1855년부터 1878년 사이에 그런 일이 일어났다.[80)]

인구 감소와 생태 환경 유린이 가장 극심했던 곳은 아마도 산시陝西성이었을 것이다. 인종 청소를 자행한 전쟁으로 무슬림 인구의 약 90퍼센트가

사진 18 | 산시陝西성의 산허리에 있는 농지
농경 활동으로 구릉을 남벌하면서 토양침식도 급격하게 증가했다

죽거나 추방되었다. 웨이허 유역 외곽의 상당수 지방이 버려졌고, 꼬박 반 세기 후에 중국 공산당이 여기에 웅거한다. 폴린 키팅이 지적하듯이, 재정적으로 파산한 청 왕조는 "산시陝西성의 평화 회복에만 투자할 수 있었을 뿐이다. 재건은 엄두도 못 냈다."

> 관 주도의 재정착 계획이나 사회 기반 시설을 보수하고 개발하겠다는 일관된 정책 방향이 전무했다. 그 속에서 지역의 경제가 와해되었다. 거의 모든 촌락이 버려졌다. 정착촌 사이의 거리가 점점 더 멀어져 갔다. 운송로가 황폐화되었다. (황토 고원 지대에서는 흙으로 된 구조물들이 빠르게 침식되면서 그 과정이 더욱더 신속하게 진행되었다.) 거래 중심지와 교역망들이 사라졌다. 우물, 관개 및 배수 시설, 농경지 제방, 곡물 창고, 도로가 전혀 유지 관리되지 못했다.[81]

덜 묵시록적이었을지는 몰라도 똑같이 참담한 상황이 중국 북서부의 구릉 지대와 황토 고원 전역에서 되풀이되었다. "인간들이 그들의 환경을 단 두 개 유형의 토지로 바꾸기 시작한 것 같았다. 세심하게 관리해 생산성이 높은 사유 농경지와 가차 없는 활용으로 수확을 기대할 수 없는 공유 불모지로 말이다."[82] 세기의 전환기에 산둥성에서 제출된 한 기사를 통해 분명히 알 수 있는 것처럼, 남벌이 구릉과 산악 지대에 대한 경제적 착취의 최종 단계도 아니었다. "바구니를 들고 걸을 수 있을 만큼 장성한 소년들은 전부 산허리로 나선다. 가축의 먹이나 연료로 활용할 수 있는 것이면 종류를 불문하고 채집하기 위해서다. 풀, 잔가지, 각종 초목이 그 대상물이다. 소년들은 호미를 휴대하고 산허리를 기어 올라가 활달한 기세로 임무에 몰두한다. 이 근면한 인간 메뚜기 부대로 인해 산에서 초목이 몽땅 사라져 버렸다. 나무뿌리까지 파 가는 경우도 많다."[83] 비탈에 남은 그루터기는 태워 버렸다. 아래쪽의 밭에 재를 공급해 비옥도를 높여 보려는 시도였다.[84]

지역에서 마지막 땔감이 소진되자 연료 및 목재 기근이 시작되었고 북중국 전역에서 농업이 마비되었다. 채굴 상황은 형편없었지만 산둥성과 산시山西성에는 매장된 석탄이 엄청나게 많았다. 그러나 농촌의 빈민들에게 석탄은 언감생심이었다. 잠시 후에 살펴보겠지만 대운하가 제 기능을 발휘하지 못했고, 석탄 가격은 물론 중국 중부에서 들여온 목재 시세까지 폭등했다. 해안 도시들은 만주에서 들여온 값싼 목재를 이용할 수 있었다. 그러나 만주산 목재는 내륙으로 전달되지 못했다.[85] 중국의 임업 상황에 정통했던 한 미국인 권위자는 1920년대에 이렇게 썼다. "건축 자재 수요는 공급에 종속되었다. 산시陝西성 북부에서는 집안의 유일한 목재 물품이 젓가락 정도다. 출입문과 종이를 바르는 격자창만이 나무로 되어 있다."[86] 포머란즈는 산둥성 남서부에서도 의화단 봉기 당시 농민 한 가구당 연료 공급량이 생존에 필요한 최소 수준의 4분의 1에 불과했다고 추정한다. 결국 난방을 위해 얼마 되지도 않던 소똥을 태워야 했고, 밭에 뿌릴 비료가 줄어들었다.[87] 구릉에 남아 있는 초목을 채집하기 위해 더 집약적인 노력이 이루어졌다. 이로써 구릉들이 완전한 민둥산으로 바뀌었다.[88]

인도와 유사한 상황이 전개되었다. 남벌로 지하수면이 낮아졌고, 땅 위를 흐르는 빗물이 증가했으며, 퇴적작용으로 관개시설과 저수지가 못 쓰게 되었다. 결국 수문학적 가뭄이 빈발했다.[89] 농민들은 빈곤과 환경 파괴의 악순환 고리에서 자신들이 부지불식간에 행위자로 참여하고 있다는 사실을 깨달았다. 그들은 체념했고, 맹자를 인용했다. "산은 텅 비었고 강은

사진 19 | 웨이허 유역, 막혀 버린 수로

막혀 버렸다.” 토양침식이 기하급수적으로 가속화되었다. 1930년에 미국인 임업 전문가 로더밀크는 이전 세기에 산시山西성과 산둥성의 비탈면 침식률이 “5십 배 증가했다.”고 추정했다. 그러나 “[이제] 표면 침식률이 백 배에서 수천 배로 증가했다.”[90] 결국 외부의 방문자들은 남벌로 일어난 상황을 도처에서 만날 수 있었다. 거대한 석조교가 퇴적물로 인해 완전히 파묻혀 버리고 말았던 것이다.

> 석조교의 홍예가 개흙으로 일부 혹은 전부가 막혀 버렸다. 그것들은 원래 더 깊이 일정불변하게 흐르는 물을 담기 위한 것이었다. 다리를 지은 날짜(이 가운데 다수가 명나라 때 건설된 것이었고, 일부는 더 최근에 만들어졌다.)를 하천에 개흙이 덜 쌓인 때를 알려 주는 지표로 삼은 다음, 이것을 그 두께 및 이후로 새롭게 퇴적된 양과 비교함으로써 여러 지역에서 남벌과 침적의 연대기를 대강이나마 획정할 수 있을 것이다.[91]

로더밀크는 1923년에 마오의 대장정군이 향후에 요새로 삼는 산시陝西성 북부를 여행했다. 그는 과잉 경작으로 침식되어 황무지가 된 땅의 비율에 큰 충격을 받았다. 18세기에 이루어진 토양 고갈로 농업 대신 목축이 성행하면서 목부들이 풀이 자랄 땅을 확보하기 위해 관목 수풀을 조직적으로 방화해 제거하기 시작했다. "그 결과 이 지방에서 침식 도랑이 50퍼센트를 차지했다. 그 가운데 어떤 것은 깊이가 수십 미터에 이르기도 했다."[92]

이런 규모로 침식이 일어나면서 하류로 운반되는 퇴적물의 구성도 급격하게 변했다. 황하와 그 지류들은 수천 년 동안 황토 침니를 운반해 주었고, 북중국의 평원은 항상 새롭게 비옥해졌다. 그러나 19세기에 이르면 침식이 가속화되면서 분수계의 여러 지역에서 두껍게 쌓여 있던 황토 덮개가 제거되어 버린다. 이제 고지들은 기반암과 모래를 흘려보내고 있었다. 산시陝西성의 관리들은 이미 1810년부터 엄청난 양의 모래와 자갈이 벌거숭이 산허리에서 매년 씻겨 나가 하류의 관개수로와 운하를 막아 버리던 현실에 걱정을 금치 못했다. ("백성들이 이 때문에 큰 고통을 겪고 있다!")[93] 세기가 끝날 때쯤에는 홍수로 쓸려 온 모래가 북중국 최고의 농경지 일부를 묻어 버린다.

마지막으로 언급할 것은, 산지와 구릉이 나지화되면서 하류 평원에 가뭄이 닥쳤을 때 이용할 수 있는 수자원이 크게 줄었다는 사실이다. 머피의 설명을 들어 보자. "남벌로 토양침식과 홍수 외에도 충분히 예측할 수 있는 결과가 파생했다. 지하수면이 낮아졌던 것이다. 북중국에서 이 점이 특히 중요했던 이유는, 주민들이 깊이가 얕은 구식 우물에 크게 의존했기 때문이다. 그 우물들이 빠르게 말라붙었다. 특히 비탈면에 빗물을 붙잡아 두거나 흡수할 수 있는 충분한 덮개가 없었다. 지하수를 재충전하지 못했으니 점진적 감소와 삼투 효과는 기대할 수도 없었다."[94] 양수기를 가동하는 데 필요한 값싼 에너지원(소마저)이 없던 경제 상황에서 권양기捲楊機를 쓸 수 있는 범위 아래로 지하수면이 낮아지는 사태는 지속적 장애물이자 때때로 치명적인 방해물이었다. 가뭄으로 고통 받던 농민들은 그들의 전답 아래 풍부한 물이 있다는 것을 알았다. 그러나 그 물을 표면으로 끌어올릴 수단이 전혀 없었다. 북중국 평원의 농업이 전기 양수기를 갖춘 깊은 우물의 도움으로 크게 발전할 수 있었던 것은 해방 이후였다.

하천 관리의 위기

황하 삼각주에서 일어나는 퇴적작용은, 아마도 현대의 미시시피 강을 제외한다면 인류 문명이 개입한 다른 모든 하천의 도전이 왜소해 보일 정도로 대단한 수문학적 통제 상의 골칫거리다. 20세기의 측량에 따르면 황하의 물 1천 리터당 부유 상태의 침니가 놀랍게도 45킬로그램이나 되었고 한다. "황하 유역에서 매년 약 15억 톤의 황토가 침식된다. 그 가운데 절반은 범람원에서 유속이 느려지면서 퇴적되고, 나머지 절반은 바다로 흘러들어간다."[95] (해방 후 상류에 댐이 건설되기 전에는 홍수 때 내용물의 40퍼센트가 침니였다.)[96] 경사도가 거의 없는 북중국 평원에서 토사가 퇴적되면 강이 몸부림치는 뱀처럼 혼란스럽게 곡류한다. 여기에 인간의 토목 사업으로 수로가 막혀버리면 하상이 빠른 속도로 평원보다 더 높게 구축된다.[97] 황하를 관리해온 중국의 토목 관료들은 강에 제방을 쌓아 더 깊고 빠른 수로를 만드는 데 비상한 전문 지식을 발달시켰다. 그러나 결국은 강의 흐름을 능률화하려던 그들의 독창적이고 정교한 노력을 퇴적작용이 무력화시켰다.

황하를 길들이는 방법을 놓고 다투던 분파는 두 개였다. 제방을 좁은 간격으로 높게 구축해 강물 자체의 흐름으로 수로를 깊게 파서 더 많은 범람원을 확보해 농사를 지어야 한다고 주장하는 일파가 있었는가 하면, 다른 일파는 5킬로미터에서 10킬로미터 간격으로 제방을 낮게 쌓는 방식을 지지했다. 찰스 그리어는 이렇게 쓰고 있다. "이 두 가지 전략은 강을 통제하는 상이한 기술적 태도 이상을 의미한다. 그 본원이 상이한 철학적 전망에 기반하고 있는 것이다. 니덤은 폭이 좁은 강한 제방 구축안을 자연을 억제하려던 유교적 경향과 결부시킨다. 이 유파가 인간의 행동을 규제하고자 엄격한 윤리 규범에 의존하는 것과도 유사하다. 계속해서 니덤은 멀리 떨어진 낮은 제방 구축안을 자연을 있는 그대로 내버려 두라는 도가적 접근 태도와 결부시킨다."98) 그러나 노장 철학 신봉자들도 결국에 가서는 더 높은 제방과 옹벽, 더 많은 차단 설비와 배수 유역, 배수로와 수면보다 낮은 간척지로 높아 가는 하상에 대응하지 않을 수 없었다.

가차 없는 토목공사 계획 속에서 노동자(청나라는 명나라 때 증오의 대상이었던 강제 노역을 폐지했다.), 수력학 전문가, 이를 통제할 감독관 들이 점점 더 증가했다. 요컨대 강이 수문학적으로 진화하면서 그에 조응해 하천 관리의 규모와 복잡성, 재정적 부담이 커졌던 것이다. 막대한 비용이 "지나친 관료화"와 만연한 부패(특히 옹벽에 사용하던 수수대를 조달하는 과정에서)로 악화되었고, 결국 하천 관리 체계는 붕괴를 향해 폭주했다.99) 강바닥이 높아지면서 황하 유역의 도처에서 증오에 찬 사회적 갈등도 빚어졌다. 버미어는 이렇게 쓰고 있다. "새로운 제방을 더 높게 축조하면서 보호책이 부실했던 지역에 홍수가 빈발할 가능성이 높아졌다. 도시의 성벽이 현청 소재지는 보호해 줄지

몰랐지만 농촌은 방치되었다." 간척지와 저수지가 전답으로 전환되는 일이 광범위하게 자행되었다. 이 불법 행위로 제방에 미치는 강의 수압이 높아지면서 재앙적 균열이 발생할 기회와 가능성이 커졌다.[100)]

수문학 전문가들의 끈질긴 노력에도, 비정상적 폭우를 동반한 여름 계절풍이 불면 필연적으로 방어책이 붕괴했다(라니냐가 크게 발생한 해에 그럴 가능성이 가장 높았다). 의화단 반란이 일어나기 직전인 1898년처럼 성난 황톳물이 수백 개, 아니 수천 개의 촌락을 집어삼켰다. 한 왕조 이래로 그런 홍수가 천5백 차례 이상 기록되었다. 홍수는 북중국의 "일상적" 재난으로, 이 지역에서 감지되는 만성적 농민 불안의 주요 원인이다. 그러나 인간의 활동(홍수 통제 노력과 전쟁 따위)으로 조절되기는 했어도 퇴적작용이 거듭되면서 몇 세기마다 평원의 지형을 크게 재편성했다. 고삐 풀린 망아지처럼 강이 완전히 다른 수로를 만들면서 흘러가 버렸던 것이다. 기록된 역사만 보더라도 황하가 이런 식으로 여덟 차례나 바다에 이르는 물길을 바꿨음을 알 수 있다. 황해에서 수백 킬로미터 떨어진 보하이 만으로 흘렀다가 다시 돌아오기를 반복했던 것이다.[101)] 물길이 이렇게 획기적으로 바뀌었기 때문에 홍수 통제 비용을 지역적으로 재분배하는 과정에서 복잡한 정치적 결과가 파생했다. 왕조의 운명이 결정되었던 것이다.

1800년이 되자 황하의 홍수 통제 시스템은 200년 이상 된 낡은 것으로 전락해 있었다. 위대한 토목 기사 판지쉰이 1577년부터 1589년에 걸쳐 재설계한 체제를 그대로 유지하고 있었던 것이다. 랜돌 다전이 지적하듯이, 황하는 "물길이 바뀌지 않고 꽤 오랫동안 유지되었다. 그러나 인간의 노동력과 토목공사로 그렇게 오랫동안 계속해서 한 방향으로만 흐르게 붙잡아 둘 수는 없었다."[102)] 피할 수 없었던 이 수문학적 주기가 위기 국면에 도달

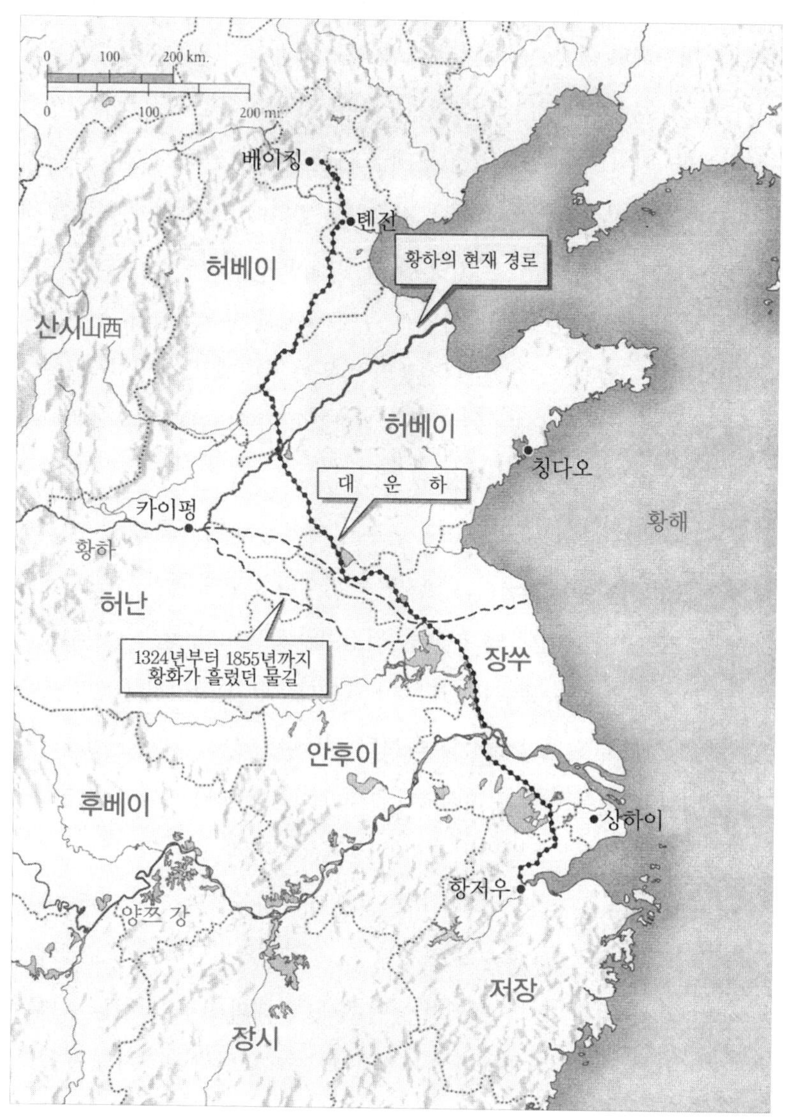
0 100 200 km.
0 100 200 mi.
베이징
톈진
허베이
황하의 현재 경로
산시山西
허베이
칭다오
대 운 하
황해
카이펑
황하
허난
1324년부터 1855년까지
황화가 흘렀던 물길
장쑤
안후이
후베이
상하이
항저우
양쯔 강
저장
장시

지도 9 | 대운하와 황하

한 사태는 청 왕조에서 그 유례를 찾을 수 없는 기이한 불행이었다. 황하가 물길을 바꾸려던 막판이었던지라 제방 축조 비용이 거의 기하급수적으로 증가했는데, 중국 경제가 쇠퇴하면서 역사상 가장 참혹한 내전까지 가세했던 것이다. 이미 19세기 초반경에 제국 예산의 10퍼센트 이상을 황하의 물길을 통제하려는 필사적 활동에 지출하고 있었다. "18세기에 지출한 비용은 여기에 견줄 바가 못 되었다."[103] 9장에서 본 것처럼 이후로 영국령 인도에서 생산된 아편을 구매하면서 은이 강제로 유출되었고, 윈난성의 구리 광산이 고갈되었으며, 아편전쟁의 비용이 막대했고, 태평천국운동으로 양쯔 강 중류의 성들에서 거의 10년간 연공이 차단되었기 때문에 청나라의 국고는 급속하게 텅 비어 갔다.

하천 관리를 맡은 관리들은 1837년부터 베이징에 경고를 보냈다. 제방 강화에 엄청난 비용을 지출하고 있지만 허난성의 상당수 둑이 너무나 취약해서 높아진 수위를 견뎌 낼 수 없을 지경이라고 말이다. 결국 1841년부터 1843년까지 3년 연속 홍수가 났다. 마침 이때 제1차 아편전쟁이 터졌다. 제국주의 세력과 성난 강을 통제하려던 청나라의 동시 노력은 결정타를 얻어맞았다. 다전은 이렇게 지적했다. "사회적 혼란에 빠진 국가는 엄청난 대가를 치렀다. 농업 소득은 망실되었고 구호 활동과 보수 기금의 비용은 이루 헤아릴 수 없었다. 막대한 아편전쟁 비용과 취약해진 국가의 재정 상황이 결합했다. 이때 홍수가 발생했고, 국고는 바닥났다."[104] 도광제의 마지막 연간이었던 또 다른 10년 동안 노동 부대와 토목 기사들은 매년 더 거칠어지고 있던 강에 대한 통제력을 회복하기 위해 용감하게 싸웠다. "1851년부터 1853년까지 3년 연속으로 다시 제2차 홍수가 났다. 청 왕조의 황하 관리 노력이 흔들리기 시작했다. 태평천국운동 세력의 영역이 확대되었다. 긴장하지 않을 수 없던 국가는 황하 보수의 속도를 늦추고, 그 기금을 반란군 토벌에 쏟아 부었다."[105]

이렇게 베이징의 정신이 다른 데 팔려 있는 동안 황하가 1855년 옛 물길을 박차고 나와 다칭 강의 수로를 가로채 허난성과 산둥성으로 치받으며 쇄도해 들어갔다. 농민 수십만 명이 익사했고, 수백만 에이커의 옥토가 물에 잠겼다. 홍수 난민, 파멸한 농부, 일자리를 잃고 떠돌게 된 운송 노동자들이 녠 반란군으로 편입되었다. 지역에서 활약하던 "두건을 쓴 도적들"이 화이허에서 황하의 새로운 물길에 이르기까지 광범위한 영역을 장악 통제했다. (조너선 스펜스는 녠 반란군의 대다수가 "가난한 농민이거나 농민 출신자들"이었다고 지적한다. "그들은 지력이 다한 토지, 혹독한 겨울, 무시무시한 홍수에 속수무책이었던 불안한 하천 등 비참한 생태 환경에서 살아남기 위해 분투했다.")[106] 난징에 웅거한 태평천국운동의 지도자들 사이에서 마침 내전이 발생했고, 태평천국은 분열하고 말았다. 이 불운한 사태가 발생하지 않았다면 황하의 물길이 바뀌는 재앙 속에서 태평천국운동 세력과 녠 반란 세력이 동맹해 청 왕조도 파멸의 운명을 맞이했을 것이다.

한편 생존을 위해 여러 전선에서 필사적으로 투쟁하던 제국은 황하 평원의 자연을 통제할 힘이 없었다. 베이징은 태평천국운동을 진압한 1865년 이후에야 비로소 다시 황하 문제에 관심을 기울일 수 있었다. 속박에서 해방된 이 강은 복잡하고 압도적인 위력을 뽐냈다. 청나라의 영웅 증국번曾國藩은 수문학 시설을 방치해서 태평천국운동과 녠 반란이 일어난 것이라고 주장하면서 "낡은 관개시설을 보수했고, 새롭고 향상된 수력학 체계를 도입 건설했다. (…) [이것이] 동치 개혁의 기본 방침이었다." 황하의 물길을 옛 수로로 돌려놓고, 허베이성 동부에서 관개수로를 새로 개발하려던 그의

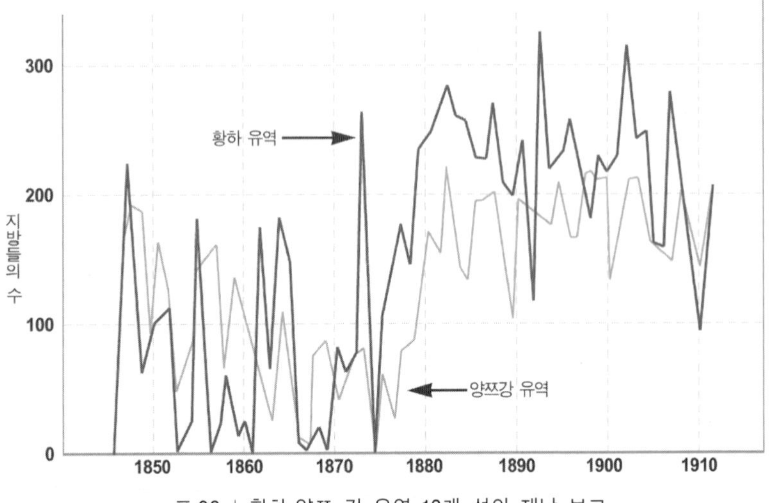

표 39 | 황하·양쯔 강 유역 12개 성의 재난 보고

계획은 비용이 많이 드는 것이었다. 그러나 이 정책은 마찬가지로 야심적이었던 다른 계획안과 충돌했다. 군대 현대화와 중앙아시아 재탈환이 그것들이었다. 만주의 장군들이 산둥성과 허베이성의 파멸한 농민 수백만 명보다 더 유력한 압력 집단이었다는 사실은 전혀 놀라운 일이 아니다. 화이허 관리 총국 같은 기성의 수자원 기구조차 "군대와의 기금 확보 경쟁에서 승리할 수 없었다." 결국 이런 기구들은 폐지되었고 "수자원 관리는 계속해서 단편적인 방식으로 이루어졌다."[107)]

결국 황하 유역은 물론이고 양쯔 강에서도 1870년 이후로 수문학적 관리를 전혀 이루지 못했다. 스테이비스가 작성한 그래프를 통해 지방에서 보고된 재난이 1870년 이후 크게 증가했음을 알 수 있다(표 39 참조).

수문학적 통제를 포기하다

홍수 관리의 위기를 해결하려던 동치 개혁이 실패하고 말았다. 그로 인해 지역 엘리트들 사이의 알력이 폭발해 광범위한 투쟁이 벌어졌다. 부유한 장난의 향사들은 황하가 북쪽으로 방향을 틀어 버린 것에 환호했다. 예부터 그들이 감당해 온 세금, 노역 의무, 홍수 구제 활동, 간헐적으로 입어 온 홍수 피해가 경감된다는 의미였기 때문이다. 다른 한편으로 산둥성 서부의 향사들은 파멸에 직면했다. 1880년대 초반 수로의 하상은 이미 평원보다 높아졌고, 홍수 사태는 혼란 그 자체로 거의 통제가 불가능했다. "1886년과 1887년에는 잠시나마 강의 신이 산둥성을 돕는 것처럼 보였다. 황하가 허난성의 강둑을 무너뜨리면서 남쪽 진로로 빠져나갔던 것이다. 정부가 파손된 제방을 보수하기 위해 기장 줄기를 징발하는 것에 산둥성 농민들이 저항했다고 한다. 산둥성 관리들도 황하가 다시 옛 물길로 흐르도록 내버려 둬야 한다면서 베이징에 압력을 넣었다. 그러나 산둥성의 정치적 입지는 장난과 그 지방 총독들의 위세에 맞설 수 없었다. (…) 일 년의 유예 기간 끝에 터진 제방은 수리되었고, 강은 다시 산둥성 북서부를 초토화했다."[108]

에셔릭은 강물을 북중국 평원의 수로로 빼자는 **정치적** 결정은 부유한 해안 도시들이 지역 간 물류를 통제하기 시작했음을 알려 주는 현상이라고 지적한다. 이 과정은 장난의 상업 엘리트들이 매년 베이징으로 보내던 곡물 연공을 대운하에서 해안 선적 운반으로 바꾸기 위해 벌인 지난한 투쟁의 결정적 조치이기도 했다.[109] 실제로 황하의 물길이 바뀌면서 일어난 중요한 변화 가운데 원 강이 말라붙은 것을 들 수 있다. 대운하에 맑은 물을 공급해 주던 원 강 덕택에 엘니뇨 가뭄 때에도 운하의 주요 간선에서는 항행이 가능했다. 황하를 이용해 대운하에 물을 채우려던 간헐적 시도는 침니가 너무 많이 퇴적되는 바람에 별다른 해결책이 되지 못했다. 결국 대운하를 이용한 운송은 급격하게 내리막길을 걷기 시작했다. 아주 작은 배들만 가뭄에 취약한 수로를 따라 겨우 지나다닐 수 있었다.[110] 우리가 본 것처럼 그로 인해 파생한 병목 현상은 1876년에서 1878년까지 가뭄-기근이 발생했을 당시 구호 활동을 벌이는 데 치명적이었다. 1890년대에 물이 부족했던 대운하의 북부 지역이 포기되었다. 1901년에는 곡물 연공이 해안 선적 운반과 새로 부설한 톈진-베이징 간 철도에 공식 위탁되었다. 운하가 몰락하면서 영국인 소유의 상선 회사 두 곳이 엄청난 이익을 보았다. 이워(Ewo, 자딘 매디슨 앤 컴퍼니)와 타이쿠(Taikoo, 버터필드 앤 스와이어)가 그 회사들이다. 두 회사는 1870년대부터 쌀과 목화 및 기타 주요 상품의 해상 운송을 장악했다.[111] (일본이 해안 무역에서 외국 선적의 배를 금지한 것은 이와 대조적이다.)

북중국 내륙에서 이렇게 수문학적 통제를 포기했다. 어쩌면 이것이야말로 제국주의 세력이 청 왕조에 가한 가장 중대하고 무시무시한 압력이었을 것이다. 포머란즈의 설명을 들어 보자. "외세의 침략으로 명-청 시대 치국책의 기본 원리들이 파괴되었다. 부유한 지역이 더 가난한 지역의 경제 기반을 보조해 사회적 재생산이 가능토록 국가가 앞장서야 한다는 정치 원리가 무너졌다. 외세의 압력 속에서 생존을 위해 몸부림치던 국가는 준상업주의 행동 논리를 배웠다. 외세의 직접 개입이나 대외 부채의 결과로부터 중국의 자치권을 가장 잘 방어할 수 있는 곳에 자원을 투입해야 했다." 베이징은 새로운 군대와 해안 조병창을 만들고, 황하 어귀의 홍수 통제 사업("여기서 커다란 홍수가 발생했다가는 또 다른 외세 침략의 구실이 될 것 같았기 때문이다.")에 집중하기 위해 비용이 많이 드는 대운하 및 황하 제방의 유지 보수 사업을 포기했다. 사실상 "지역 선별" 작업을 한 셈이었다. 18세기에 청 왕조의 정책은 지역 간 불평등을 줄이는 것이었다. 그들은 연공 곡물을 활용해 제국 내의 자원 흐름을 조절했다. 이제 그들이 해안 중심 경제에 모든 판돈을 걸기로 하면서 지역 격차와 불균형이 폭발적으로 증가했다. 양쯔 강의 지주들, 해안 지역 상인들, 영국 선박 회사들이 이 신중상주의 정책의 직접적인 수혜자였다. 반면 북부 내륙은 모든 면에서 이제 주변화되어 갔다.[112)]

바다를 통해 물자를 공급받게 된 톈진-베이징 지역을 제외하면 대운하의 몰락으로 북부의 식량 안보가 크게 훼손되었다. 가뭄-기근은 홍수-기근보다 지속 기간이 더 길었고 지역도 광범위했다. 한때 유명했던 운하 도시들과 곡물 집산지들도 영락의 길을 걸었다. 일자리를 잃고 떠돌던 뱃사공들과 운하 노동자들 가운데 일부가 의화단운동의 가장 전투적인 지도자와 투사들로 충원되었다. 1930년대와 1940년대에는 그들의 후손이 중국 공산당에 가담했다.[113)]

목재와 석재를 운반해 주던 운하가 사라지자 황하에 제방을 쌓는 공사도 더 어려워졌다. "석재와 벽돌, 많은 경우 나무까지 부족했다. 결국 제방 축조 기술자들은 더 못한 각종 자재를 사용했다. 가장 흔한 것이 일종의 수수였던 가오량 줄기였다. (…) 그것들은 잘 해야 삼 년을 버틸 수 있을까 말까였고 일이 년이 보통이었다. 더구나 잘못 절단해 뿌리가 없는 줄기는 몇 달이면 썩어 버렸다."[114)] 1891년 베이징은 하천 제방을 관리해 오던 "부대"를 대부분 해산하고, 기근 구호처럼 홍수 통제 임무도 빈곤의 늪에 빠진 평원의 현들로 이관해 버렸다. 한 세대가 채 못 되어 지역 순소득의 꼬박 5분의 1과 같은 비율의 노동 시간이 거의 매년 반복되는 파괴적 홍수에 맞서 농업을 보호하기 위해 투입되었지만, 그것은 시시포스의 노력일

뿐이었다.[115)]

중앙 정부의 수문학적 통제가 이렇게 해체되었고, 환경 관리의 모든 층위에 그 영향이 미쳤다. 인도는 건조 지대의 전통적 수문학 시설을 자체적으로 개수했다. 우물, 수로, 저수지는 중앙 집중적인 대규모 프로젝트에 거의 의존하지 않았다. 반면 북중국에서는 공공사업이 통합 조정되는 위계제 속에서만 작동했다. 홍수 통제, 운하 관리, 지역 관개는 대체로 불가분의 관계였다. 수리水利, 다시 말해 촌락 단위의 관개 농업과 지역의 배수 시설은 하공(河工, 둑·제방·주요 운하들의 네트워크)에 의존했다. 황하 관리 같은 하공은 관개보다 홍수 통제를 목적으로 했을 것이다(높아진 강의 수로에서 물을 우회시키는 행위는 제방을 무너뜨릴 위험성 때문에 불법이었다). 아무튼 하공을 확실하게 운영하는 것이야말로 온갖 종류의 농업 활동을 안정시키는 전제 조건이었다. 미국인 농업 전문가 로싱 벅은 1938년 이렇게 썼다. "주요 배수 시설이 효율성을 확보할 때까지는 국부적 배수 체계가 제한적 효과만을 발휘할 것이다."[116)] 수자원 관리가 형편없이 이루어졌고, 결국 토지 부족 문제가 악화되었다. 황하의 제방이 지역 하천을 양분한 곳에서는 습지가 형성되었다. 소중한 농지의 상당수가 침수, 염도 증가, 모래 퇴적으로 망실되었다.

마지막으로 지적할 점은, 19세기에 경기가 후퇴하고 재정이 축소되면서 인도처럼 "소규모 관개" 사업에 대한 국가 지원이 크게 줄었다는 사실이다. 거시적 규모에서 수행된 매디슨의 계산에 따르면, 관개 농지가 1820년의 2170만 헥타르(경지의 29.4퍼센트)에서 1952년의 2천만 헥타르(18.5퍼센트)로 절대 감소했다.[117)] 산시陝西성 웨이허 유역에 관한 연구를 통해 지역 차원에서 살펴보면 초기의 청 왕조가 보여 준 관개에 대한 관심과 노력은 19세기의 무시 및 방치와 뚜렷하게 대비된다. 요컨대 1690년에서 1692년 가뭄의 여파 속에서 유명한 관리 왕신칭은 웨이허 유역의 기근 행정에 관한 책을 썼다. 여기서 그는 정부가 농민들의 지하수 개발을 도와야 한다고 촉구했다. 왕은 잉여 농산물을 생산하는 성들과 이 지역의 운송 연결 상태가 좋지 않으므로 "향후의 가뭄-기근 사태를 예방하려면" 우물을 파서 자급자족을 하는 것이야말로 "유일하게 '믿을 수 있는 확실한' 방법"이라고 강조했다.[118] 황토고원 지대에서 활약한 이후의 농업 개혁가들도 농민들이 직접 관리 운영하는 관개시설이 필요하다던 왕의 권고를 그대로 되풀이했다. 그들은 중앙에서 관리 운영하는 대규모 프로젝트가 관리들의 부패를 부추기고, 상류 촌락과 하류 촌락을 반목시키며, 궁극적으로 지속 불가능하다고 분명하게 경고했다. 산시陝西성에서 18세기에 활약한 총독들이 활기찬 현 지사들의 직접적인 감독 아래 우물과 관개 및 배수 시설에 대한 상당한 투자를 허가했다는 증거도 많다.[119] 그 결과 많은 경우에 곡물과 목화의 산출량이 두세 배 증가했다.[120]

19세기는 격동의 시대였다. 관개시설 보조금이 사라졌다. 결과는 누구라도 예상할 수 있는 것이었다. 농업 생산성이 급격하게 하락했고, 가뭄 및 홍수 취약성은 증대했다. 머레이는 웨이허 유역 전체에서 가장 부유했던 칭양현을 예로 든다. 이곳은 관개시설의 붕괴로 19세기 후반에 "농업이 마비되었다." "웨이허 유역 동남부에 자리한 화저우현의 1882년 상황도 우울한 광경을 보여 주기는 마찬가지다. 여기서도 농업 활동이 몰락했는데, 수자원 관리를 외면한 것이 그 원인이었다. 관개수로가 많은 경우 못 쓰게 되었을 뿐만 아니라 자연 수로에도 침니가 쌓여 막혀 버렸다. 강둑을 따라 홍수가 발생해 현의 최고 농지 상당수가 훼손되었다."[121] 관개시설 방치는 공화국 시절에도 계속되었다(1932년 북중국에서 경작하던 면적 가운데 6.8퍼센트만이 관개되었다). 허베이성 팅현의 그 유명한 대중 교육 운동[Mass Education Movement, 문맹 퇴치를 구호로 내세운 전국적 운동. 옮긴이] 세력의 연구(1926년~1933년)는 농업의 잠재력을 온전하게 실현시키려면 이 현에서만 소형 우물이 추가로 3만 개 더 필요하다는 결론을 내렸다.[122)]

군벌, 국민당, 점령한 일본군 정부 모두가 지역의 관개시설 유지 보수를 외면했다. 그들은 황하를 다스릴 능력도 없었다. 바로 이것이 북부의 농민들을 공산당 정책의 지지자로 규합한 결정적 요인이었다. 해방 후 (그리고 한국전쟁 개입의 비용이 막대했음에도) 농업 정책에서 최우선순위를 두었던 분야는 수자원 관리였다. 버미어에 따르면 "1946년부터 1954년까지 황하의 홍수 통제 사업에 지출한 국가 기금은 1914년부터 1932년 시기에 투자한 총액의 스물두 배였다." 1950년대에는 댐이 건설되었고, 제방도 보수되었다. 1970년대 초에는 북중국 평원에서 펌프 우물 혁명이 이어졌다. (1949년을 기준으로 계산했을 때) 펌프의 마력이 4백 배 증가했고, 황하를 따라 관개된 면적은 네 배 늘었다.[123)] 관개시설은 현대 인도의 "녹색혁명"에 동력을 공급한 가장 중요한 엔진이었다. 중국의 농업 개혁 사업도 마찬가지였다. 관개시설과 더불어 팽창한 화학비료 산업이 가장 중요한 생산력이었던 것이다.

그러나 북중국에 진정으로 안정된 환경이 확고하게 자리 잡지 않았음이 곧 드러났다. 현대식 수문학 통제가 콜로라도 강 유역이나 소련의 중앙아시아식으로 달성되었던 것이다. 계획적인 재순환 노력은 전무한 가운데 낭비가 엄청났다. 그리하여 1990년대에 이르면 저수지와 전기 펌프의 도움으로 수자원을 방탕하게 사용한 결과 황하 하류가 말라붙었고(이제는 물길이 한 해의 상당 기간 동안 보하이 만에 닿지도 못한다.), 베이징 지역의 지하수면이 60미터나 낮아졌다. 전문가에 따르면 북부의 물 부족 사태는 "의심할 여지없이 중국에서 가장 심각한 생태 환경 문제"다. 급속한 경제 팽창을 정면으로 위협하고 있는 것이다. 최근 엔소 주기가 강화되고 있는데, 이는 빈발하는 가뭄의 위험을 확대할 뿐이다. 이에 베이징은 궁극의 "유가적 해결책"을 내놓았다. 양쯔 강의 원류(어쩌면 메콩 강과 이라와디 강의 상류일지도 모른다.)에서 수백만 에이커피트[acre-foot, 관개 수량의 단위로 1에이커피트는 4만 3560제곱피트. 옮긴이]의 물을 북쪽으로 끌어오겠다는 엄청난 계획을 세운 것이다. 논쟁이 분분한 양쯔 강의 산샤 댐보다 훨씬 더 장대한 이 계획은 예측할 수도 없는 환경적·지정학적 위험으로 가득 차 있다.[124)]

11장 주석

1) Karl Wittfogel, *Oriental Despotism: A Comparative Study of Total Power*, New Haven, Conn. 1957, p. 290.

2) Susan Naquin and Evelyn Rawski, *Chinese Society in the Eighteenth Century*, New Haven, Conn. 1987, pp. 22, 146과 219; Will, *Bureaucracy and Famine*, pp. 64~65.

3) Huang; *Peasant Family*, p. 42(또, pp. 74~76).

4) Kamal Sheel, *Peasant Society and Marxist Intellectuals in China*, Princeton, N.J. 1989, p. 94.

5) Little, *Understanding Peasant China*, p. 92.

6) Sidney Gamble, *Ting Hsien: A North China Rural Community*, New York 1954, pp. 52, 64와 110.

7) Huang, *Peasant Family*, p. 5.

8) Huang, *Peasant Economy*, pp. 102~106과 152.

9) Nichols, pp. 128~129.

10) Ibid., pp. 248~250.

11) Huang, Peasant Economy, p. 115.

12) Laura Murray, "New World Food Crops in China: Farms, Food and Families in the Wei River Valley, 1650~1910," Ph.D. diss., University of Pennsylvania, 1985, pp. 43~44.

13) Ibid., pp. 45, 68, 82와 138.

14) Madeleine Zelin, "Modernization and the Structure of the Chinese Economy in the Nineteenth and Twentieth Centuries," in Frederic Wakeman and Wang Xi (eds.), *China's Quest for Modernization: A Historical Perspective*, Berkeley 1997, p. 93.

15) Huang, *Peasant Family*, pp. 102~106.

16) Huang, *Peasant Economy*, p. 124; Will, pp. 178과 180~181.

17) Dr. J. Elkins, *Opium: Historical Note on the Poppy in China*, Shanghai 1898, p. 66.

18) Murray, pp. 74~75와 79.

19) Zelin, p. 108.

20) Arthur Smith, *Village Life in China*(1899), Boston 1970(reprint), pp. 210~211.

21) Naquin and Rawski, p. 143.

22) Huang, *Peasant Economy*, pp. 7과 118~119.

23) Ibid., p. 60.

24) Pauline Keating, *Two Revolutions: Village Reconstruction and the Cooperative Movement in Northern Shaanxi, 1934~1945*, Stanford, Calif. 1997, p. 15.

25) Huang, *Peasant Economy*, pp. 107~108과 114.

26) Kamal Sheel, *Peasant Society and Marxist Intellectuals in China*, Princeton, N.J. 1989, pp. 54~57; K. Chaudhuri, "Foreign Trade and Balance of Payments," in Dharma Kumar (ed.), *The Cambridge Economic History of India, Volume 2*, Cambridge 1983, p. 853.

27) Albert Feuerwerker, *The Chinese Economy, ca. 1870~1911*, Michigan Papers in Chinese Studies, Ann Arbor, Mich. 1969의 표 7을 바탕으로 계산함.

28) Huang, *Peasant Economy*, p. 132.

29) Nichols, p. 248.

30) Esherick, pp. 72~73.

31) Wilkinson, pp. 198~199.

32) Perkins, *Agricultural Development in China, 1368~1968*, Chicago 1969, pp. 119와 136.

33) 장거리 상업 거래에 관해서는 R. Bin Wong, "Food Riots in the Qing Dynasty," *Journal of Asian Studies* 41:4 (Aug. 1982), pp. 768~769를 보라.

34) Naquin and Rawski, p. 219.

35) Esherick, p. 40.

36) Will, p. 291.

37) "Decline and Its Opposition," in Will and Wong, p. 91.

38) Manfred Domros and Peng Gongbing, *The Climate of China*, Berlin 1988, p. 198.

39) Randall Dodgen, "Hydraulic Evolution and Dynastic Decline: The Yellow River Conservancy, 1796~1855," *Late Imperial China* 12:2 (Dec. 1991), pp. 51과 55~56.

40) Wang Yeh-chien, *Land Taxation in Imperial China, 1750~1911*, Cambridge, Mass. 1973, pp. 113, 121과 125~126.

41) Kung-Chuan Hsiao, *Rural China: Imperial Control in the Nineteenth Century*, Seattle 1960, p. 146.

42) Perkins, p. 164. (그러나 9장에서 설명했듯이, 1700년 당시의 인구수는 퍼킨스가 생각하는 것보다 훨씬 더 많았을지도 모른다.)

43) Will, p. 276.

44) Wong, p. 783.

45) Perkins, p. 164.

46) R. Bin Wong, "The Grand Structure, 1736~1780," in Will and Wong, pp. 60~61.

47) 산시陝西성의 곡물 창고 위기에 관해서는 "Decline and Its Opposition," ibid., p. 78을 보라.

48) Hsiao, p. 154.

49) Perkins, pp. 150~151.

50) Will, p. 289.

51) Will, pp. 276~277.

52) 물론 1810년의 간쑤성 같은 예외도 있었다. "백만 냥이라는 거금이 할당되었다. 이 지원을 통해 고통 받던 주민들에게 포괄적이고, 또 성공적인 구호 노력을 제공할 수 있었던 것이다."(Will, p. 296)

53) *Land Utilization in China: Statistics*, Nanking 1937, p. 344, 표 2.

54) T. Kingsmill, "Inland Communications in China," *Journal of the China Branch of the Royal Asiatic Society* (for the year 1895~1896), Shanghai 1899, pp. 3과 147.

55) Wright, p. 175(pp. 176~180도).

56) Keating, p. 25.

57) Ibid., p. 314. "중국에서는 부패가 언제나 삶의 방식으로 존재했다. 그러나 19세기에는 그 부패 행위가 전대미문의 규모를 자랑했고, 20세기 전반까지 지속되었다." (Victor Lippit, "The Development of Underdevelopment in China," in Philip Huang (ed.), *The Development of Underdevelopment in China: A Symposium*, White Plains, N.Y. 1980, p. 67)

58) Jonathan Spence, *God's Chinese Son: The Taiping Heavenly Kingdom of Hong Xiuquan*, New York 1996, p. 158.

59) Jen Yu-wen, *The Taiping Revolutionary Movement*, New Haven, Conn. 1973, pp. 54와 94. "탐관오리 묵인"과 "매관매직"은 청나라의 "주요 10개 범죄" 가운데 또 다른 두 가지였다(p. 94).

60) Spence, p. 161.

61) Roberts, pp. 181~182.

62) E. Parker, "The Financial Capacity of China," *Journal of the China Branch of the Royal Asiatic Society* (1893~1894), Shanghai 1898, pp. 97~98.

63) Murray, p. 270.

64) Nichols, p. 235.

65) Murray, pp. 315와 318.

66) Ibid., p. 183.

67) Kenneth Pomeranz, EH.NET Forum: "Rethinking 18th-Century China," Internet, 16 Dec. 1997.

68) Maddison, pp. 34~35.

69) Hans Van De Ven, "Recent Studies of Modern Chinese History," *Modern Asian Studies*, 30:2 (1996), p. 241.

70) Robert Marks, *Tigers, Rice, Silk, and Silt: Environment and Economy in Late Imperial South China*, Cambridge 1998, pp. 277과 307.

71) Rhoads Murphey, "Deforestation in Modern China," in Richard Tucker and J. F. Richards (eds.), *Global Deforestation and the Nineteenth-Century World Economy*, Durham 1983, p. 111. 그러나 그는 이렇게 경고한다. "19세기의 특정 시점에 중국의 삼림 덮개가 무엇이었는지, 또 그 세기가 경과하는 중에 발생한 순(net) 고갈의 정도와 관련해서는 어떤 수단을 동원해도 알 수 없다."(p. 114)

72) Anne Osborne, "The Local Politics of Land Reclamation in the Lower Yangtzi Highlands," *Late Imperial China* 15:1 (June 1994), p. 2.

73) Marks, ibid.; Peter Perdue, *Exhausting the Earth*, Cambridge, Mass. 1987.

74) Edward Vermeer, "Population and Ecology along the Frontier in Qing China," in Elvin and Liu, pp. 249~251과 261. 청 왕조의 세율은 기본적으로 상한선을 두었기 때문에 토지 세수를 늘릴 수 있는 가장 쉬운 방법은 경작되는 농지의 면적을 확대하도록 고무하는 것이었다.

75) Anne Osborne, "Barren Mountains, Raging Rivers: The Ecological Effects of Changing Landuse

on the Lower Yangzi Periphery in Late Imperial China," Ph.D. diss., Columbia University 1989, p. 158.

76) Murray, p. 278.

77) 폰 리히트호펜이 『노스 차이나 헤럴드』(1870~1872)에 보낸 편지들의 내용은 W. Lowdermilk, "Forestry in Denuded China," *Annals of the American Academy* 15 (Nov. 1930), pp. 137~138에서 논의된다.

78) Frank Leeming, *The Changing Geography of China*, Oxford 1993, p. 50.

79) Murray, p. 69.

80) Murphey, p. 119.

81) Keating, pp. 23~24.

82) Vermeer, p. 235.

83) Eliot Blackwelder, "A Country That Has Used Up Its Trees," *The Outlook* 82 (24 March 1906), pp. 693~700.

84) Murphey, p. 116.

85) Lowdermilk, p. 137.

86) Ibid., p. 139.

87) Pomeranz, p. 124.

88) 산둥과 랴오둥遼東에서 전개된 이 과정에 관해서는 Cressey, pp. 208~209를 보라.

89) Will, p. 129.

90) Lowdermilk, pp. 130(격언)과 140(침식률).

91) Murphey, pp. 126~127.

92) W. Lowdermilk, "A Forester's Search for Forests in China," *American Forests and Forest Life* 31 (July 1925), p. 239.

93) Vermeer, pp. 273~274.

94) Murphey, p. 125.

95) Charles Greer, *Water Management in the Yellow River Basin of China*, Austin, Tex. 1979, p. 18.

96) Murphey, pp. 124~125.

97) Greer, p. 33.

98) Ibid. 19세기 말과 20세기 초에 미시시피 강을 통제하려던 노력의 와중에서도 서로 다투는 수문학파들이 독자적으로 탄생했다. 육군은 스스로 의식하지 못한 유가 학파였고, 찰스 엘럿과 제임스 이어즈 같은 토목공학자들은 무의식적인 도가 사상가들이었다. John Barry, *Rising Tide*, New York 1997, pp. 19~93에서 그 흥미진진한 이야기를 볼 수 있다.

99) Randall Dodgen, "Hydraulic Evolution," pp. 36 fn1과 50~51. 다전은 청대 말엽을 연구하는 주류 역사학자들과 크게 다른 견해를 통해 "황하 통제 시스템의 위기가 강기슭에 살던 사람들 때문이었다"고 주장한다. "청나라의 제도적 활력이나 몰락에 의해 일차적으로 규정된 게 아니었다"는 얘기다.(p. 59)

100) Vermeer, p. 265.

101) Mark Elvin and Su Ninghu, "Action at a Distance: The Influence of the Yellow River on Hangzhou Bay Since A.D. 1000," in Mark Elvin and Liu Ts'ui-jung (eds.), *Sediments of Time: Environment and Society in Chinese History*, Cambridge 1998, pp. 344~407.

102) Randall Dadgen, "Controlling the Dragon: Confucian Engineers and the Yellow River in the Late Daoguang, 1835~1850," Ph.D. diss., Yale University 1989, p. 40.

103) Will, p. 292; Naquin and Rawski, p. 24.

104) Dodgen, "Hydraulic Evolution," p. 55.

105) Ibid., p. 56.

106) Jonathan Spence, *The Search for Modern China*, New York 1990, p. 185; Teng, p. 40.

107) Wright, pp. 161~163.

108) Esherick, pp. 14~15.

109) Ibid.

110) Pomeranz, *The Making of a Hinterland*, p. 179.

111) Jurgen Osterhammel, "Britain and China," in Andrew Porter (ed.), *The Oxford History of the British Empire: The Nineteenth Century*, Oxford 1999, p. 160.

112) Ibid., pp. 3, 15~16, 131과 157~160.

113) Esherick, p. 292.

114) Pomeranz, p. 183.

115) Ibid., p. 16.

116) Kueh, p. 117에 나오는 벅의 말을 재인용.

117) Maddison, p. 30.

118) Murray, pp. 128과 266.

119) Naquin and Rawski, p. 24.

120) 산시陝西성에서 관개시설이 미친 영향에 관한 현대의 연구는 E. Vermeer, *Water Conservancy and Irrigation in China*, The Hague 1977, p. 182에 인용되어 있다.

121) Murray, pp. 276~277.

122) Vermeer, p. 172 fn26; Sidney Gamble, *Ting Hsien*, p. 235.

123) Vermeer, pp. 7, 182, 187과 288~289(인용문).

124) James Kynge, "Yellow River Brings Further Sorrow to Chinese People," *Financial Times*, 7 Jan. 2000.

표 38 출처: George Cressey, *China's Geographic Foundations*, New York 1934, p. 179의 자료.
표 39 출처: B. Stavis, "Ending Famines in China," in Garcia and Escudero, p. 117.

12장 | 브라질, 노르데스테의 인종과 자본

"가뭄"이란 "북동부에서 대규모 농촌 생산 단위들이 축적 과정에서 채택하는 전략적 요소."를 말한다.

— 디아스

엘니뇨의 내습이 잦았던 19세기의 또 다른 아대륙 브라질은 동시대 인도와 두 가지 부분에서 달랐다. 첫째, 명목상으로는 독립적이었음에도 브라질, 특히 노르데스테의 경제를 영국의 투자가들 및 신용 대부자들이 장악하고 있었다. 경제 종속을 다루는 현대의 문헌을 살펴보면 브라질이 "비공식 식민지"의 고전적 사례로 등장함을 알 수 있다.[1] 둘째, 국가 차원의 경제 발달이 19세기의 후반 동안 끽 소리를 내며 멈춰 서고 말았다. 일인당 소득이나 생산성의 이렇다 할 증가가 전혀 없었다. 1800년부터 1913년 사이에 미국의 국내총생산이 6배 상승했고 멕시코조차 1.5배 증가했음에도, 브라

디아스의 글에서 사용한 정의는 G. Dias et al., "Drought as a Social Phenomenon in Northeastern Brazil," in Rolando Garcia and José Escudero, *Drought and Man, Volume 3: The Roots of Catastrophe*, Oxford 1986, p. 106에서 가져왔다.

질은 0퍼센트 성장을 기록했다. 상파울루 지역의 커피 호경기는 굉장했다. 그러나 노르데스테의 경기 후퇴 수준 역시 인상적이었다.[2] 데칸 고원처럼 과거의 핵심 지역이 굶주림의 무대로 변했다. 노르데스테에서 수풀이 무성한 연해 지방인 조나데마타*zona de mata*조차 1870년부터 1890년 사이에 실질 임금이 60퍼센트 하락하면서 영양 섭취가 곤두박질쳤다.[3] 인도에서는 19세기 후반에 기근 취약성이 증대한 사태가 사회 기반 시설의 현대화와 함께 진행되었다. 그러나 세르탕의 현대사를 살펴보면 1960년대까지 경제 개발에서 국가가 이렇다 할 역할을 전혀 수행하지 않았고, 혁명의 조짐 같은 것도 일체 없었다. 이것은 놀라운 일이다.

비공식 식민주의와 국가의 능력

영국이 브라질에서 상업 및 재정 헤게모니를 장악하고 있었다. 이런 현실은 그 뿌리가 깊은 것으로, 17세기에서 18세기에 걸쳐 포르투갈이 런던에 예속되어 있었다는 점에서 그 연원을 찾을 수 있다. 1808년 브라간사 왕가가 "영국의 엄청난 압력" 속에 브라질로 이동했다. 당장의 뇌물로 상업 협정이 이루어졌다. 이로써 영국산 수입품이 포르투갈산과의 경쟁에서 비교 우위를 누렸다. 다시 1827년 돔 페드로 황제는 자신의 노예 왕국을 영국이 승인해 준 대가로 역사상 가장 불평등한 무역 협정 가운데 하나를 맺었다. 그렇게 종속이 심화되었다. 이 협정은 영국산 수입품에는 최대 15퍼센트까지만 세금을 부과할 수 있었던 데 반해 영국은 브라질산 커피에 300퍼센트까지 관세를 부과할 수 있도록 허용할 만큼 비대칭적이었다. 케인과 홉킨스에 따르면 이 상업 협정으로 브라질이 "사실상 영국의 보호령"으로 전락했다.[4] 미국이 1850년대에 상당한 규모로 상업적 진출을 시도하기는 했지만 남북전쟁의 목화 호경기로 인해 영국이 다시 주도권을 탈환할 수 있었다. 대한발 전야에 영국은 브라질 수입의 51퍼센트를 공급했고, 수출의 37퍼센트를 소비했다.[5]

그러나 영국 헤게모니의 최종 단계는 금융이었다. 만성 무역 적자는 영국의 징벌적 차관으로 거듭해서 보충되었다. 당연히 이자를 지불해야 했으므로 재정 적자의 항국적 상태가 조성되었고, 다시금 더 많은 외채를 빌려야 했다.[6] "런던의 로스차일드 가문이 제국의 배타적인 공채를 조성하는 대행자였고, 주요 수출입업자들은 전부 영국인이었으며, 초기에 부설된 철도도 전부 영국 소유거나 영국이 자본을 댔다. 가장 커다란 영국 은행이었던 런던 앤 브라질리언London and Brazilian은 준관영의 브라질 은행보다 훨씬 더 많은 재원을 확보하고 있었다."[7] 국내의 은행 제도는 왜소했고 미발달 상태였다. 1888년까지도 브라질의 전체 20개 주 가운데 13개 주에는 지방 은행이 단 한 곳도 없었다. 국가 전체의 총자본량은 4천8백만 밀레이스에 불과했다. 국영 은행은 영국인 대부자들의 이해관계 속에서 자금을 보수적으로 운영하는 것으로 자신의 임무를 한정하는 게 고작이었다.[8]

결과적으로 국내 자본 형성이 심각하게 억제되었다. "외국계 은행들은 악명이 높았다. (…) 농업이나 국내 부문에 장기 대부를 해 주지 않으려 했던 것이다."[9] 교역도 외국 브로커들과 영국 수입품 쪽으로 경도되었다. 이런 상황은 노르데스테에서 특히 심했다. 예를 들어 1890년대에 바이아에서는 인가를 받은 수출업자 열한 명 가운데 바이아 출신이 단 한 명뿐이었다. 64개소의 수입상 가운데 24개소가 영국산 수입 직물을 취급했다.[10] 게

다가 외국자본은, 프랭클린 타보라의 유토피아적 작품 『북부 문학』에 그려진 것과 같은 경쟁력 있는 토착 산업 세력의 싹이 자라는 것을 방심하지 않고 잘라 버렸다. ("자본과 융자가 동원된다면, 농업과 산업 및 예술 시장이 적절하게 제자리에 놓인다면, 우리는 언제라도 또 다른 맨체스터와 뉴욕을 보게 될 것이다.")[11] 가끔씩 현지 기업가들이 목화 관련 제조 설비를 도입해 부가가치 소득을 증대시키려고 하면 어김없이 영국의 수출업자들이 보복에 나섰다. 워런 딘은 알라고아스에서 한 영국 회사가 바느질 실 공장을 사 버린 얘기를 들려준다. 그들은 그 공장을 해체했고 상프란시스쿠 강에 기계류를 내다 버렸다.[12]

브라질 엘리트들이 근대화된 제국을 열망했음에도 대외 부채, 미발달 상태의 은행 체계, 끊임없이 변동하는 수출 소득이 이 나라의 경제적 자치를 제약했다. 레프는 인도 및 일본과 달리 토지가 풍부한 브라질에서는 "토지에 대한 인구 압력이 거의 존재하지 않았다."고 주장한다. "토지 과세의 기초인 리카도 학파의 지대가 낮았"던 것이다. 제국은 물론, 1889년에 제국을 계승한 보수적 공화국도 세원을 수출 세금에 의존했다. 그러나 "19세기 말까지 브라질 대외무역의 규모와 성장 모두가 너무 작아서 정부는 많은 지출을 할 수가 없었다."[13] 커피 가격이 정체 상태에 머물다 하락한 1890년대에 채무 원리금 상환액이 연방 재정의 절반까지 육박했다.[14] 가뭄과 기근이 다시금 노르데스테를 황폐화시켰을 때 공화국은 콘셀레이루 추종자들을 도륙하기 위해 군사비까지 지출해야 했다.

1870년대에 국제사회에서 금본위제가 채택되었다. 브라질에 불평등한 교환 관계가 "자동으로 수립된" 셈이었다. 리우데자네이루가 브라질의 대외 정책을 조종하려던 영국의 시도에 난색을 표하기는 했다. 그러나 런던은 1900년대 초반 내내 브라질 경제 내부의 주요 자본 흐름에 준거부권을 행사했다. 일부 브라질 인사들이 1898년의 가혹한 융자 차관 협정에 불만을 토로했다. 부채 상환을 빌미로 관세 수입을 몽땅 몰수당하고 있었던 것이다. 그러나 그들은 이내 수금 대행업자들이 마지막에 가서는 전함까지 동원하리라는 것을 뼈저리게 깨달았다. "로스차일드 경은 수금업자들의 결의가 약해질 것을 예상하고 조심스럽게 이렇게 말했다. 권한이 없었지만 용의주도하게 위압적으로 들리도록 획책한 태도였다. 지불을 거절한다면 '국가의 신용을 완전히 상실'할 뿐만 아니라 '브라질의 주권도 심대한 타격'을 입을 것이다. '외세 개입이 극에 달하면 고소 사태가 발생할 수도 있다.' "[15]

그러나 비공식 식민지 상황이 브라질의 모든 지방에 똑같이 악영향을 끼친 것은 아니었다. 북동부의 사탕수수 대농장들이 영국 자본에 종속된 상황을 예시하는 전형적인 사례였다면, 남부의 커피 산업은 상대적인 측면에서 더 독립적이었다. 러샌 도이치는 이렇게 지적한다. "파울리스타 체제의 시장은 단일 국가 내지 단일 재벌의 사적인 세력권이 결코 아니었다."[16] 1872년 철도 부설로 해안과 맨 처음 연결된 비옥한 상파울루 지방은 1890년대에 전 세계 커피의 절반을 공급하고 있었다. 1889년 제국이 붕괴한 후 상파울루와 미나스제라이스의 공화당들 사이에서 비공식 협정이 체결되었다. 이로써 "두 주는 중앙 정부의 경제 정책을 제어할 수 있게" 되었다. 제국의 주요 수혜자였던 리우데자네이루의 구 토지 소유 엘리트들이 척결되었다. 그러나 새로운 체제 역시 복잡하고 정교한 뇌물과 이권 관행 속에서 정치 우두머리*coronel*들의 지방 권력을 든든하게 뒷받침해 주었다.[17]

딘이 강조하는 것처럼 "1889년에서 1891년 혁명"은 그 민족주의적 수사에도 수출 의존성이나 런던의 금융 지배 문제를 전혀 해결하지 못했다. 실제로 파울리스타 권력이 공고해지면서 브라질은 단일 작물 재배 국가로 획일화되고 말았다. "광대한 영토와 다양한 자원을 갖추었던 브라질이 기본적으로 커피 하나만을 재배하는 나라로 세계무역에 참가했다는 사실은 주목할 만하다."[18] 게다가 새로 탄생한 공화국의 개발 야심과 전망이 거의 전적으로 커피 생산 중심지의 철도 부설에 집중되었다. "국가 통합"이라는 구호는 파울리스타 세력이 의회에서 가끔씩 다른 과두들에게 던지던 입발림 말에 지나지 않았다. 국내의 철도망을 바탕으로 지역 간 곡물 거래가 활발하게 이루어졌던 빅토리아 시대의 인도와 달리, 브라질은 20세기 초까지도 엄청난 국내 운송비로 인해 확연하게 구분되는 경제권들이 고립 분산적으로 존재하던 일종의 "군도"였다. 정말이지 "분석 단위로 국가를 사용하는 것이 적합한지 심각한 의문이 들 정도로 계급의 이해관계에서 도무지 공통점을 찾을 수가 없었다."[19]

커피 생산 주들이 부상하면서 불가피하게 북부 연해 지방의 사탕수수 지역이 쇠락하고 말았다. 브라질 사람들은 자신들의 나라를 다음처럼 생각하는 일에 익숙하다. "벨린디아[Belindia, 브라질의 또 다른 이름. 옮긴이]: 남부는 벨기에, 북부는 인도." 그러나 도이치가 보여 주는 것처럼 "1870년경에는 노르데스테의 경제 발전 수준과 삶의 질이 동남부를 능가하지는 못했다 할지라도 필적할 정도는 되었다."[20] 그러나 경제적으로 한때 우위를 점했던 북부의 일인당 실질 소득이 주요 수출품의 몰락과 함께 (1913년까지) 30퍼센트 하락하면서 이런 상황은 이내 변하고 말았다. 1822년에 브라질 수출 소득의 49퍼센트를 차지했던 설탕과 목화는 1913년에는 3퍼센트에 불과했다. 60퍼센트를 차지하던 커피와 확연히 대비되는 수치다.[21] 이와 함께 지역 시장이 철도 요충의 도매점들로 대체되었고 도시 생활이 쇠퇴했다. 1880년 이후 진행된 동남부의 급속한 도시화는 북부의 도시 쇠퇴와 뚜렷한 대비

표 40 | 불평등한 지역 발전(일인당 생산)

	1872년(£)	1900년(£)	변화량(%)
세아라	2.2	0.8	-275
리우그란데두노르테	0.4	0.2	-100
바이아	4.0	3.9	-3
상파울루	3.1	15.7	506

를 이루었다.[22)]

1890년대는 참담한 10년이었다. 가뭄이 발생했고, 세계시장에서 상품 가격이 폭락했으며 국가적으로도 재정 위기가 닥쳤다. 노르데스테의 상황이 특히 절망적이었다. 예를 들어 1897년경에는 설탕의 운송비가 중개인들이 제시하는 판매 가격보다 비쌌다. 수많은 재식 농장과 설탕 정제 공장이 도산했다.[23)] ("바이아 남부의 카카오 생산 지역만이 1890년대의 전반적 경기 하락을 회피할 수 있었다. 이 시기에 세계시장에서 카카오 가격이 상승했고, 농장주들도 가뭄을 피해 세르탕에서 유입된 이주민들의 더 싼 노동력을 바탕으로 이윤을 챙길 수 있었던 것이다.")[24)]

인종차별과 퇴보하는 경제

레프가 지적한 것처럼 노르데스테가 19세기 말에 그토록 비상한 경제적 몰락을 경험한 이유는 불분명하다. 다른 주요 생산자들이 더 높은 생산성과 산출 증가를 바탕으로, 하락하던 수출 가격을 벌충했다는 것은 분명하다. "19세기에 목화와 설탕의 세계 수요가 급속하게 증가했다는 점을 고려할 때 브라질이 더욱더 활발하게 이들 제품의 수출을 확대하지 못한 것이 놀랍기는 하다." 레프의 설명은 브라질 커피가 세계시장에서 누리던 지배적 지위의 결과로 파생된 교환율에 기초하고 있다. 막강한 커피 소득은 금본위제 아래에서 밀레이스화貨의 자동 평가로 이어졌고, 결국 북부에서 생산하던 설탕과 목화의 가격을 경쟁이 불가한 수준으로 끌어올리고 말았다. 이렇게 보면 노르데스테가 처한 가장 커다란 문제는 브라질 다른 지역과의 화폐 통합이었다. 레프는 이렇게 쓰고 있다. "커피가 지배하던 환율 때문에 도매상의 수익이 줄었고, 북동부의 설탕과 목화가 세계시장에서 대거 퇴출당했다."[25]

수출 경쟁력이 몰락하면서 노르데스테의 계급 구조가 가차 없이 붕괴했다. 남부 지역 출신자들이 잇달아 장악했던 정부가 매양 제공하던 정치 상납을 통해 북부의 대과두들을 달랬다면(많은 경우 "가뭄 원조"의 형태를 띠었다.) 중소 규모의 목축업자들은 시장의 제력에 속수무책으로 당했다. 1875년경부터 생산 통제권이 현대화된 설탕 정제 공장 소유자들의 손아귀로 넘어가기 시작했다(많은 경우 외국인이거나 외국 태생이었다). "설탕 정제 공장들이 더 많은 양의 사탕수수를 가공할 수 있게 되면서 토지 자원에 대한 독점화가 한층 더 이루어졌다. 이 과정의 여파로 중소 토지 소유자들이 몰락했다."[26] 물론 노예 출신자들의 운명 역시 이전처럼 거대한 노동력을 더 이상 요구하지 않던 경제체제하에서 상상조차 할 수 없을 정도로 고달파졌다. 노르데스테의 경제가 혼수상태에 빠지면서 잉여 노동력은 세르탕의 "검고, 척박한 굶주림의 대지(타보라)"로 빠져나가거나 아마조나스의 고무 삼림 지대로 유입되어 질병과 착취를 견뎌야 했다.

19세기의 마지막 사반세기 동안 일어나지 **않은** 일이 있었다. 신고전주의 이론이 자동 반사작용으로 예측했던 일이 일어나지 않은 것이다. 북부의 노동자들이 남동부의 성장 중심지로 옮겨 가지 않았다. 그보다는 중앙 정부와 지방 정부들이 이탈리아, 독일, 포르투갈 출신 이민자들에게 많은 보조금을 주고 있었다. 이런 상황은 제국 말기부터 시작된 것이었다. 노르데스테의 엘리트들마저 "유럽화"를 열렬히 환영했다. 1888년과 1889년의 가공할 "88" 가뭄-기근 시기의 바이아야말로 그 전형이라 할 수 있다. 주 정부 당국자들은 도시로 유입되던 난민들을 봉쇄하고, 수천 명씩 강제로 난민촌에 억류하면서도 많은 보조금으로 계속해서 유럽의 이민자들을 유혹했다(꾐에 넘어간 사람들은 거의 없었다).[27] 동남부의 커피 농장주들은 노예해방 이후로 바다를 건너온 "백인" 노동자들만을 원했고, 새로운 공화국에서 이런 방침은 곧 연방 정책으로 채택되었다. (인종적 특혜 조항은 나중에 남유럽인과 일본인을 포함하도록 수정되었다.) "동남부의 커피 농장주들은 왜 북동부보다 유럽의 이민자들을 더 받아들이려고 했던 것일까?" 레프는 "커피 농장주들 사이에 널리 퍼져 있던 인종적 태도가 얼마간 작용했을 것"이라고 본다. "그들은 물라토 노동자보다 유럽 노동자를 선호했다." 반면 도이치는 "브라질 원주민 노동자들에 대한 동남부 농장주들의 문화적 편견"을 지적한다.[28]

두 사람 다 공공 정책으로서의 인종주의를 에둘러서 말하고 있다. 제럴드 그린필드는 1870년대 말의 가뭄과 개발에 관한 자유당의 담론이 "오지의 어둡고 야만적인 세계"와 "난민의 열등성 및 노동자 혐오" 같은 도시인들의 관념을 중심으로 어떻게 형성되었는지 보여 주었다.[29] "브라질은 19세기 후반에 버클과 스펜서 같은 사상가들의 실증주의, 계몽주의적 진보 관념, 과학적 인종주의를 적극 수용했고, 결국 오지인들을 지나간 시대의 진기한 골동품이자 국가 발전의 저해물로 인식했다. 대부분 리우데자네이루에 근거지를 두고 있던 민족문화 기관들과, 서유럽과 미국의 현저한 영향력은 브라질 국가의 엄청난 잠재력을 강조하면서도 동시에 상당수 인구의 지적·도덕적 결함을 한탄했다."[30] 이게 다가 아니었다. 브라질 공화국은 대규모의 "적극적인 우생학"을 노골적으로 표방한 세계 최초의 정부였을 것이다. 바이아 출신의 과학자 니나 호드리게스처럼 세기말에 활약한 주요 학자들은 "인종이 섞이면 강도짓, 종교 이단 등의 온갖 사회악이 번성할 것"이라며 공포를 조장했다.[31] 1890년대에 미국으로 유입된 대규모 유럽 이민자들은 경제에 불을 지필 인간 연료쯤으로 인식되었다. 그러나 브라질의 엘리트들은 유럽 출신 이민자들을 활용해 국가의 인종적 골상학을 근본적으로 바꾸고 싶어 했다. 그들은 브라질을 "탈아프리카화"하고 "백인화"하고자 하는 열망에 사로잡혀 있었다.

우리가 이미 본 것처럼 카누두스 전쟁은 북부 빈민에 대한 남부 엘리트들의 공포 속에서 소름끼치는 인종적 상징으로 자리를 잡고 말았다. 그들은 북부의 빈민들을 혼혈인*caboclo*이라고 부르며 모욕했다. 인도인 조상에 포르투갈과 아프리카의 피가 섞인 특이한 인종이라는 것이었다. 유럽화의 필요성이 시급하다는 걸 강조하기 위해 안토니우 콘셀레이루를 악마로 덧칠하는 작업이 무시로 수행되었다. ("바이아의 주류 세력은, 노예제가 횡행하던 시절에 바이아의 유력 가문들이 유색인들과 엄청나게 섞여 버렸다는 다른 지방의 수군거림을 언제나 못마땅해 했다. 그들이 유럽 모형에 입각한 지속적 발전에 헌신할 것임을 입증하는 계기로 이 전쟁을 활용했던 이유다.")[32] 이런 식으로 세르탕 개발이나 북부 빈민의 남쪽 이주 허용 대신 유럽인 이주가 고약한 대안으로 자리를 잡았던 것이다.

결국 과학적 인종주의 때문에 갖가지 이중의 노동시장이 탄생하게 되었다. "해외에서 탄력적으로 공급되던 노동력은 기타 경제 부문에 종사하는 노동자들의 임금을 상승시키지 않고도 브라질이 앞서 나가던 부문에서 빠른 속도로 생산을 확대할 수 있다는 의미였다."[33] 1889년경에 페르남부쿠 주재 영국 영사는 런던에 이렇게 보고했다. "이곳의 노동력은 아시아를 제외하면 세계 그 어느 곳보다 더 싸다."[34] 셀수 푸르타두가 뛰어나게 주장한 것처럼, 노르데스테는 브라질 역사에서 전개되던 수출 호경기와 거품 붕괴의 과거 양상을 좇았고, 초절정의 싸구려 노동력으로 인해 퇴보해 버렸다. 빅토리아 시대의 인도나 청대 말엽의 중국처럼 노동력 과잉은 자본을 투자해 생산성을 끌어올리려는 노력을 크게 방해했다(설탕 정제 공장은 부분적인 예외였다). "커피, 브라질 소방목, 설탕, 금, 다시 커피와 고무 등 매번의 수출 호경기가 지속적인 성장이 아니라 퇴행으로 이어졌기 때문에 푸르타두가 칭한 경제 '수축'은 발전의 정반대였다."[35]

생태계의 붕괴

17세기 말 대농장이 출현한 이후부터 세르탕의 생태 환경과 경제는 엘니뇨 가뭄 속에서 반복적으로 변모해 왔다. 18세기는 "가죽의 시대"였다. 목축업자들은 소와 건조한 쇠고기를 해안의 사탕수수 재식 농장과 미나스제라이스의 금광 지역에 판매해 엄청난 돈을 거머쥐었다. 그 "가죽의 시대"가 1791년에서 1793년의 참혹한 가뭄으로 마감되었다. 이 사건으로 준야생 상태의 소들이 떼죽음을 당했다. 일부 목축업자들은 각자의 목장에 필사적으로 매달렸고, 다른 목축업자들은 해안으로 옮겨 가 부재지주가 되었다. 그러나 그들의 방목장은 더욱더 황폐화되고 말았다.[36] 세르탕의 생태 환경은 생산력이 낮은 소규모 목장이 난립하기에는 부적당했다. 케네스 웹은 이렇게 주장했다. "사실 세르탕은 가축을 기르기에 그다지 좋은 곳이 아니다." 그런데도 설탕 호경기 때문에 가축들이 조나데마타 밖으로 밀려나면서 이런 용도로 전용되었던 것이다. 세르탕은 마소의 꼴로 쓸 풀이 드물었고 따라서 생산성이 낮기로 악명이 높았다. "토지의 수용력은 1헥타르의 관목 수풀*caatinga*이 몇 마리의 가축을 먹여 살리는가가 아니라 소 한 마리가 몇 헥타르의 토지를 필요로 하는가에 의해 결정되었다."[37] 예를 들어 1천 헥타르 규모의 전형적인 목장이라면 겨우 50마리의 가축을 수척하게 기를 수 있는 정도였다. 1만 헥타르 이상의 초대형 대목장들도 1천 마리 이상의 가축을 방목하는 경우가 드물었다.[38]

19세기 초에 도망 노예는 물론이고 수많은 자급자족 농민과 노동자가 처음으로 세르탕에 이주해 들어오기 시작했다. 그들 대부분이 페르남부쿠와 바이아의 인접한 아그레스테에서 유입되었다. 챈들러는 세아라 주 세르탕의 이나문스에 관한 연구 논문에서 이렇게 적고 있다. "농업에는 투자가 거의 또는 전혀 필요 없었다. 농업이 가축보다 가뭄의 파괴적 효과에 훨씬 더 취약했지만 회복 역시 훨씬 더 쉬웠다."[39] 북동부의 광대한 내륙이 해안 지역의 노예경제가 야기하던 사회적 갈등의 변경이자 안전판으로 작용했다. "세르탕은 설탕 산업 불경기 때 조나데마타의 잉여 인구를 흡수했다. 그 이유가 경제적이었든 심리적이었든 간에, 그 유명한 설탕 산업에 통합될 수 없었던 사람들의 노동과 에너지가 세르탕에 기여를 한 것이었다."[40] 1822년부터 1850년 사이에 제국은 공식적으로 이 이주를 지지했다. 세르탕에서 원주민들이 빠르게 사라져 가고 있었고, 따라서 이전에 그들이 소유했던 토지에 대한 이민 이양 권리를 인정했던 것이다.

노르데스테 농업의 20세기 최고 권위자인 주제 구이마라에스가 강조한 것처럼, 새로운 정착민의 대다수는 열대 건조 기후와 세르탕의 불모지에 적합하지 않은 노동 집약적인 중위도식 농경 기술을 가지고 들어왔다.[41] 이 65만 제곱킬로미터의 지역은 기가 막힐 정도로 다양한 풍광과 기후를 포괄한다. 그러나 비옥한 강변 저지만이 이주자들의 농사 방법에 부응했다. 그리고 이곳은 목장, 과수원, 충성스런 소작인들 차지였다. 결국 새로 유입되는 사람들은 습윤한 고원으로 갔다. 이 구릉성 토양은 일이 년 동안은 수확이 좋았지만 이내 산출력을 잃어버렸다. 그들은 비극적인 시행착오를 거친 후 결국 준유목적 화전 농업을 채택했다. 2년 동안 경작을 한 다음 8년 동안 묵히면서 가축 방목지로 활용한 것이다.[42] 그러나 결국에 가서는 인구 압력이 수천 명을 건조한 세르탕으로 밀어 넣었다. 얇은 암석질 토양과 가시투성이 선인장이 특징적이었던 이곳은 소유권이 확립되어 있지 않았다. 당연히 무단 점유가 이루어졌고 목축업자들은 수하의 총잡이들을 동원해 마음 내키는 대로 그 점유자들을 제거할 수 있었다.[43]

1850년에 합법적 무단 점유가 끝났다. 이제 대다수의 새로운 이민자들은 대목장에서 그저 물납 소작인이 되는 수밖에 없었다. 세간에서는 오지하면 여전히 방목을 하는 목부를 떠올렸지만 세기의 중엽쯤에는 인구의 절대 다수가 초라한 자급자족 농민, 물납 소작인, 일거리를 찾아 이동하는 날품팔이꾼이었다. 레빈은 이렇게 추정한다. "19세기 중엽에 농촌 인구 가운데 토지를 소유했던 비율은 틀림없이 5퍼센트 미만, 아마도 1퍼센트 미만이었을 것이다."[44] 이 가난한 세르탕 주민들은 조나데마타의 노예들과 달리 명목상으로는 자유민이었다. 그러나 토지와 수자원을 사용할 수 있는 권리는, 성난 지주에게 위협을 받는 노동자의 삶만큼이나 보잘것없는 것이었다. 개별 농촌 사회에서 가장 유력한 목축업자는 대개 구제국 군대 출신자로 공동체에서 "정치 우두머리*coronel*" 역할을 맡았다. 해안의 사탕수수 재식 농장에서 기원해 대목장으로 확대된 우두머리 주도형 투표와 엘리트 폭력 체제는 코로넬주의*coronelismo*로 알려지게 된다. 코로넬주의는 "경제적 착취와 필수적으로 짝을 이뤘다. 이를 통해 지주들은 휘하 노동자들에게서 가능한 최대 잉여를 뽑아냈다. 복종을 이끌어 낼 수 있었고, 토지 독점에 이의를 제기하는 시도나 저항도 분쇄할 수 있었던 것이다."[45] 해밀턴 몬테이로가 강조한 것처럼, 고강도의 일상적 폭력(무단 점유자와 목축업자 사이였든 경쟁하던 엘리트 일족들 사이였든)이 빅토리아 시대 세르탕의 생산관계를 조직하고 규정했다.[46]

18세기 말부터 가시화된 초과 방목의 압력 속에서 세르탕의 풍광이 서서히 악화되던 사태는 농촌 빈민들의 벌채 방화 농법으로 가속화되었다. 그들은 이렇게 개간한 토지에 옥수수, 콩, 카사바를 심었다. "특히 관목 수풀에는 불투수성의 결정질 암석 형태가 흔하다. 더구나 강 쪽으로 비탈진 지형으로 인해 땅 위의 빗물이 빠르게 흐르면서 토양이 침식되고, 침니가 쌓이면서 강이 막히고, 증발 건조가 쉬이 일어난다."[47] 빈곤은 '물과 명확한 토지 재산의 결여'와 동의어가 되었다. 과두 권력의 지속적 중심지였던 소수 대목장은 연중 끊이지 않는 수자원을 독점했고, 흔히 가뭄에도 안전했다. 그러나 준건조 지대의 나머지 주민은 딱하게도 변덕스런 강우에 의존하지 않을 수 없었다. 세르탕 주민들은 우리가 엘니뇨라고 알고 있는 악마와 매년 목숨을 건 내기를 했다.

오지 주민 전체의 삶이 불가피하게도 계절의 변동과 연결되어 있었다. 그러나 소규모 자급자족 농민만큼 취약한 계층은 없었다. 11월과 12월에 그들은 이전 계절의 마른 줄기를 태워 버린다. 남는 재를 활용해 콩, 옥수수, 카사바를 심는 것이다. 지난해의 토지 산출이 형편없었다면 물경 새로운 장소를 찾아야 할지도 모른다. 통상 1월에 내리는 첫 비가 오면 그들은 씨를 뿌리고 삶이 지속될 수 있기를 희망한다.

상대적으로 비가 조금 오는 계절에는 하상의 비옥한 토양에 작물을 심을 수 있는 사람들이 더 높은 지대에서 경작을 하는 사람들보다 형편이 더 좋았다. 그러나 그들도 돌발적인 홍수에 자신들의 작물이 멸실되는 위험을 감수해야 했다. 상류에서 국지적으로 폭우가 쏟아지면 경고도 받지 못한 채 하상의 농지가 휩쓸린다. 새싹이 확고히 뿌리를 내리기 전에 폭우가 쏟아지면 어린 묘목이 씻겨 내려가고 마는 것이다. 통상은 싹이 터도 비가 오지 않아 시들어 버리기 일쑤였다. 그런 경우에 농민들은 다시 파종을 했다. 필요하다면 세 번, 네 번도 했다. 그들은 불요불굴의 의지와 인내심을 발휘해 몇 번이고 거듭해서 작물을 심었다. 수확할 때까지 먹을 식량을 최소로만 남긴 채 말이다.

때때로 비가 아예 안 오거나, 수확이 불가능할 정도로 오랫동안 내리지 않았다. 오지의 완강한 농민들도 그때는 어쩔 수 없이 고향 마을을 떠나 물 사정이 더 좋은 구릉이나 해안, 또 최후의 피난처인 도시로 흘러들어 갔다. "먹이를 찾을 수 있는 곳이면 어디든 몰려다니는 개미 떼" 같았다. "반복해서 길을 건너고, 길 위에서 비슷한 처지의 다른 놈들을 만나는 개미 떼"를 머리 속에 떠올려 보라. 도시에서 그들은 일자리를 찾았다. 그러나 마음먹은 대로 되지 않았다. 그들은 자존심을 버리고 구걸을 했다. 그러나 원래 부치던 땅뙈기로 무사히 돌아갈 수 있을 때까지만이었다.[48]

1825년 가뭄-기근으로 세아라에서만 3만 명이 사망했다. 물을 저장하고 관개하는 시설이 없는 상황에서 세르탕의 잡종 가축과 자급자족형 농업 경제가 생태적으로 위험에 처했음이 드러났다.[49] 커니프에 따르면 그 가뭄-기근으로 "많은 사망자가 발생하면서 큰 혼란이 일어났다. 이 지역의 정주 현황과 경제 양상이 근본적으로 달라졌던 것이다." 요컨대 세르탕의 생물자원이 위험할 정도로 고갈되고 있음이 드러났다. "가축이 자연 초지의 범위를 넘어서 방목되었다. 과거에는 외면했던 건조 지대와 수목이 우거진 구릉으로 확대되었던 것이다. 놈들은 여기서 마찬가지로 확장 중이던 경사지 농업과 갈등을 빚었다." 무단 점거자들은 목장에서 과잉 방목한 소들이 먹다 남긴 것을 땔감과 사료로 재빨리 가져갔다. 소들이 휩쓸고 간 지역의 토양은 버슬버슬한 불모지로 변했고, 침식이 가속화되었다. 수목이 드문드문 산재했던 구릉들에서 나무가 사라지면서 땅 위를 흐르는 빗물이 증가했고, 지하수면은 낮아졌으며, 수원지의 유량이 감소했다. 전형적인 양상이었다. 오지의 여러 곳이 사막화되고 있으며, 어쩌면 기후까지 바뀌고 있다는 것을 세르탕 주민들은 물론이고 타지방 사람들도 분명하게 깨달았다. 우물과 댐, 저수지로 거대한 관개 네트워크를 만들어야 한다고 구상한 사람들도 있었고, 다른 사람들은 "초록이 무성했던 과거의 세르탕으로 돌아가려면" 조림 사업을 시행해야 한다고 생각했다.[50]

그러나 세르탕의 생태 붕괴를 되돌리거나 안정화시킬 투자 재원이 전혀 없었다. 17세기 이래 변화가 거의 없었던 후진적인 가축 산업은 지역의 정치 우두머리들의 독재 권력은 보장해 주었지만 관개 사업에 투입할 축적 가능한 잉여는 만들어 내지 못했다. 세르탕의 과두들 사이에 발전과 개선을 도모할 의사가 있었다고 할지라도 말이다. 대규모 목장에서조차 수력공학의 내용은, 매년 5월 표층수가 말라붙으면 고수부지에다 얕은 우물*cacimba*을 손으로 파는 정도였다. 실제로 19세기에 축조된 몇 안 되는 소규모 저수지는 너무나도 희귀해서 경이로운 탄복의 대상이었다.[51)]

앞에서 얘기한 것처럼 관개 사업을 주도하거나 후원할 수 있는 정부의 능력은 제한적이었다. "3중 주변화"라고 칭할 수 있는 사태가 그 원인으로 작용했다. 영국 자본과 비교한 브라질 금융 제도의 미발달 상태, 상파울루와 비교한 노르데스테의 경제적·정치적 지위 하락, 전국 정치 무대에서 해안 지방 재식 농장 엘리트들과 비교한 세르탕의 주변성. 정치인들은 관개 사업 계획을 끊임없이 제출했다. 그러나 실행된 것은 단 하나도 없었다. 세르탕 개발에서 국가가 보인 무기력은, 얄궂게도 연해 지방 엘리트들에 의해 세르탕 주민들이 나태하고 후진적이라는 인종주의적 풍자로 전도되었다.

목화 호경기의 그늘

미국에서 벌어진 남북전쟁으로 목화 호경기가 전개되면서 오지의 사회-생태 위기가 (인도와 이집트처럼) 일시적이나마 시야에서 사라졌다. 커니프가 지적하는 것처럼, 관개 사업 논쟁을 외면하면서 결국 치명적인 결과가 일어났다. "얄궂게도 세르탕의 역사에서 가장 번영했던 시기에 실책을 거듭하면서 과거 연간의 행태가 계속되었다. 1860년대의 상대적 풍요가 1870년대에 발생한 공포의 커다란 원인으로 작용했다."[52)] 가뭄에 잘 견디는 목화를 세르탕에 도입했고, 헤시피 항에서 영국의 직물 공장으로 수출되는 목화의 양이 1845년 16만 5265킬로그램에서 1871년 거의 8백만 킬로그램으로 증가했다.[53] 가격은 1861년 885헤이스에서 1863년 1600헤이스로 거의 두 배가 뛰었다. "목화 호경기가 전성기를 구가했을 때는 그 효과가 세르탕 전역에 미쳤다."[54] 1845년부터 1869년까지 이렇다 할 가뭄이 거의 없었고, 이런 상황에서 번영의 신기루가 강화되었다.

그러나 높은 목화 가격은 "무토지의 경향성 없는 생존 경제 농민들"을 오지로 더 많이 끌어 모은 자석일 뿐이었다. 목화의 생육 주기는 짧았다. 그런데 여기 필요한 노동력을 노예로 충당하려면 연간 생존 비용을 감당해야 한다는 부담이 따랐다. 그래서 흔히 자유민들이 목화를 경작했던 것이다.[55] "일부 대토지 소유자들도 목화에 관심을 보였다는 것이 분명한 사실이지만 그것은 엄연히 빈민들의 작물이었다. 그들에게는 자신들이 목화 재배에 뛰어드는 것을 방해할 만한 이전의 농업 투자라는 게 전혀 없었다."

표 41 | 세르탕 지역 목화 호경기의 성쇠

	페르남부쿠		세아라	
	수출량(kg)	가격	수출량	가격(kg)
1860	130만	-	80만	-
1862	280만	-	70만	-
1864	840만	1.00	100만	1.00
1866	1820만	0.62	210만	0.74
1869	1520만	0.71	-	0.49
1871	1680만	-	730만	0.35
1873	1520만	0.47	510만	0.35
1875	1110만	0.35	580만	-
1877	260만	-	60만	0.24

1864년의 가격을 기준 1.00로 삼았다.

세아라의 카리리 강 유역에서 목화를 재배하기 위해 노동자들이 페르남부쿠의 재식 농장들을 떠나자 사탕수수 귀족들은 노동력 부족 사태를 크게 불평했다.[56] 1876년경에는 세르탕의 사회 위계에서 가장 빈곤한 계층인 무토지 소작인*agregado*이 세아라 주(1877년 가뭄 사태의 중심지) 전체 인구의 40퍼센트를 차지했다.[57]

애퍼매턱스 화의로 남북전쟁이 종결되면서 품질 좋은 미국산 목화가 다시 세계시장으로 물밀듯이 유입되리라는 것이 분명했음에도, 맨체스터 목화 공급 협회는 맹렬한 로비를 통해 브라질인들이 계속해서 더 많은 면적에 목화를 재배하도록 유도했다. (우리가 베라르에서 이미 본 것처럼) 원면을 항구적으로 과잉 공급하도록 만들어 구매자 우위를 유지하고자 했던 것이다. 머지않아 미국 남부산 목화가 시장으로 복귀했고, 맨체스터가 이집트, 인도, 브라질에서 그토록 열심히 장려했던 품종들의 가격이 곤두박질쳤다. 절체절명의 위기에 처한 세르탕 주민들은 목화를 더 많이 생산해 이 사태에 대응하려고 했다.

그러나 세르탕 각지에서 목화가 만개할수록 생산자들은 추락하는 세계시장 가격과 인근의 강안江岸 항구로 목화를 수송하는 높은 육로 비용 사이에서 옴짝달싹할 수 없었다. 노르데스테는 인도와 달리 철도 기반 시설이 태부족했다. 운송 병목으로 마비 상황을 경험한 중국과 달리 부가가치를 붙일 수 있는 목면 수공업을 진작시킬 거대한 국내시장도 노르데스테는 기대할 수 없었다. 내륙 오지에 철도와 도로를 부설하겠다는 비상 타개책만이 세르탕의 목화 산업을 구해 낼 수 있는 유일한 희망이었다. 커니프가 설명하는 것처럼, 제국 정부는 1860년대 후반에 세아라의 주도 포르탈레자와 목화 생산의 중심지 우루부레타마를 연결하는 철도를 건설할 계획을 세웠다. 그러나 이 프로젝트는 불과 몇 킬로미터의 궤도를 부설한 후 1868년에 중단되었다. 관개 사업처럼 국가가 능력이 없었고, 세르탕 개발 과제를 떠맡겠다는 분명한 외국 주체도 없었던 것이다.[58)]

1869년 새롭게 가뭄이 들었고, 오지의 다수 지역에서 자급용 생존 농작물이 멸실되고 말았다. 10년 전에 호경기를 조직했던 영국의 목화 구매자들은 이제 노르데스테의 "열등하고 형편없는" 목화 수송 체계를 거부하고 있었다. 다시 한 번 최하층민으로 전락한 세르탕 주민들은 기댈 언덕이 없었다. "오지인들의 상당수가 자급자족형 생계 농민이나 목부들에서 최저 한계 상황에 몰린 상업 농민이나 농업 노동자들로 전환되었다. 그들은 극단적으로 불확실하고 위험한 경제 상황에 처했고, 대지주들과의 전통적 관계가 크게 약화되거나 무너졌다는 사실로 인해 갑작스런 위기에 그 어느 때보다 더 취약했다."[59)] 북중국처럼 세르탕의 농업 상업화도 농촌 자본주의의 맹아적 발달보다는 사회적·생태적 생산력의 고갈과 더 밀접한 관계를 맺었다.

목화 경작이 1860년대에 지나치게 확장되었는데, 여기에 설상가상으로 가축 수까지 대폭 늘어났다. 세아라 주에서 1860년 120만 마리이던 것이 1876년 200만 마리로 증가했다. 가난한 목화 재배농들처럼 목축업자들도 방목하는 가축의 숫자를 앞뒤 가리지 않고 늘렸다. 토지와 가축의 비율을 안정하게 유지하려던 법령에도 그들이 아랑곳하지 않았던 이유는, 쇠고기와 가죽의 가격이 떨어지는 것을 벌충하고자 했기 때문이다. 토질 하락과 침식이 가속화되었다. 나아가 목화와 가축이 토양에 협공을 가하면서 전통적 생존 농작물을 키울 공간이 더욱더 부족해졌다. 실제로 커니프는 이렇게 말한다. "대한발이 노르데스테를 파괴하기 전에 이미 이 지역은 기근에 돌입하고 있었다." 전염병학의 증거를 통해 이를 확인할 수 있다. 1872년 세아라와 파라이바에서 각기병이 확인되었고(세르탕 주민들이 형편없이 가공한 싸구려 인도산 수입 쌀에 점점 더 의존했기 때문이다.), 천연두, 콜레라, 황열병도 발병했던 것이다.[60]

미국의 철도 호경기가 붕괴하면서 1873년부터 1879년까지의 불경기가 시작되었다. 전 세계가 충격을 받았고 세르탕은 1874년 여기에 노출되었다. "사람들의 기억에서 가장 처참한 불황이었다." 농산물 수출 가격이 더욱더 곤두박질쳤고 목축업자들과 무토지 소작인들의 삶은 비틀거렸다. 호경기 때조차 불충분했던 국내 대부가 완전히 말라 버렸다. "연말경에는 [노르데스테 소재] 은행 대다수가 대부를 중단했다. 1875년 방코 마우아Banco Maua는 모라토리엄을 요구했고, 방코 내셔널Banco National은 지불을 중단했으며, 방코 알레망Banco Alemão 사장은 자살했다. 뒤이은 공황 사태를 통제할 수 있는 수단이 전혀 없었다."[61]

한편 주 정부들은 더 이상 돈을 융통할 수 없던 공공 부채와 씨름하고 있었다. 몇몇 주들은 페르남부쿠 주도로 채무 불이행을 선언하기 직전 지역의 장터에서 팔리던 식료품에 무거운 세금을 부과했다. 이 입법 조치는 경멸의 대상이었다. 마침 그때 제국 정부가 미터법을 도입하고, 징병 제도를 강화하려고 시도했다. 징병 제도는 해방된 자유민을 "노예로 만들려는" 시도라며 많은 사람들이 두려워했다. 케브라킬로스("킬로 박살내기")라고 하는 반란이 폭발했다. 파라이바, 페르남부쿠, 리우그란데두노르테, 알라고아스의 아그레스테 및 세르탕 전역에서 무장한 군중이 조직적으로 십진법 저울과 계량기를 파괴했고 세금 납부 기록을 불태웠다.[62] 최종적으로 제국 군대가 반란을 진압했다. 반란에 가담했던 다수의 세르탕 주민들은 산악 지대로 도망치지 않을 수 없었다. 그들은 대목장과 도시를 약탈하는 탈법자

신세로 전락했다.[63] 요컨대 대한발 전야의 노르데스테에서 지방 정부는 파산한 상태였고, 영양실조와 각기병이 만연했으며, 일부 도시에서는 이미 폭동이 일어났고, 빈민은 대목장을 약탈하고 있었으며, 산적질이 경제에서 유일하게 성장하는 부문이었다.

구경거리에 불과한 관개 사업

물론 북부의 대토지 소유자들은 이렇게 과잉 공급되던 노동력을 반겼다. 대토지 소유자들이 사실상 저개발 상태를 기꺼이 받아들이고 있었음을 모른 채로 말이다. 우리가 이미 본 것처럼 그들은 자신들이 쓰게 될 풍부한 노동력을 위협하는 것이라면 그 모든 사태에 격렬하게 반발했다. 콘셀레이루의 신앙심 깊은 독재 도시 카누두스가 대표적인 사례다. 다른 곳에서 궁핍화가 이렇게 처참했다면 사회혁명이 일어났을 것이다. 그러나 북동부 연해 지방은 광대한 세르탕을 사회적 안전판으로 갖고 있었다. 실제로 노르데스테는 1870년대부터 오지와 해안 사이의 노동력 유출입을 자본 축적에 효과적으로 이용했다. 연해에서 빈민과 실업 노동자가 폭발적으로 증가하면 세르탕의 생존 경제로 전환되었다. 그러다가 간헐적으로 가뭄이 발생하면 다시 그들이 해안으로 역류되었다. 요컨대 세르탕이 빈민들에게 삶의 방편을 제공했고, 가뭄은 절체절명의 노동자들을 해안 지대의 임금을 낮추는 데 항상 이용할 수 있도록 했다. 우리가 본 것처럼 1870년대와 1890년대의 대한발 사태로 사실상 인구가 줄어든 세아라 주 세르탕에서조차 지역의 과두들은 파라와 아마조나스에 보낼 노동력의 계약자로 행세하면서 이익을 챙길 수 있었다.

농촌 지역의 정치 우두머리들은 "가뭄 구호"에 가장 탐욕스런 이해관계를 갖고 있었으면서도(그들이 주로 가로챘다.) 세르탕의 생태적 안정이나 그 어떤 실질적인 개발에는 전혀 뜻이 없었다. 카누두스를 몰살시키려던 전국적 동원은, 1888년부터 1902년까지 연속 네 번 발생한 엘니뇨 가뭄 때 세르탕 주민들이 처한 운명에 당국이 보인 무관심과 적나라하게 대비되었다. 1890년대에 국내에서 벌어진 대논쟁은 노르데스테의 몰락을 저지하는 문제를 토론하지 않았다. 동남부에 정부 지출을 더 많이 해야 한다고 요구하던 파울리스타 정권과, 1892년부터 1897년 사이에 급등한 인플레이션으로 밀레이스화의 가치가 반토막 난 후 브라질의 국제적 신용을 보강해 주고자 했던 야당 세력 사이의 논쟁이었던 것이다. 로스차일드 가문이 1898년에 1천만 파운드의 차관을 제공해 정부를 구해 주었다. 물론 브라질은 수입관세에 대한 할증금과 축소 재정 운영을 대가로 제시해야 했다. 이로써 정부는 공공사업에 쓸 예비 자금을 전혀 확보할 수 없었다.[64]

영국의 경제적 헤게모니, 파울리스타 정권의 정치적 헤게모니에 북동부 과두들의 저개발 투자가 더해졌다. "세르탕에 물을 대야 한다."면서 한 세기 동안 벌인 촌극의 구조적 맥락은 거개가 이런 역학 관계 내용이다. 연이은 엘니뇨의 여파로 국가 위원회들과 외국에서 초청된 관개 전문가들이 포괄적이지만 결코 실행되지 않을 계획안을 제출했다. 오지의 농업과 인간의 정주를 안정화시키자는 내용이었다. 1899년 세아라 주에서 최초로 아쿠데키하다 저수지가 축조되었다. 물론 실제로 건설된 수문학 프로젝트는 거의 없었다. 아무튼 몇 안 되는 저수지는 "물을 저장했고, 대토지 소유자들은 이익을 챙겼다. 그들의 가축도 보호를 받았다. 목초지와 물 공급 시설이 제공되었던 탓이다. 그러나 소득이 낮은 농업 인구의 대다수는 근처에 가보지도 못했다."[65] 1941년경에 세르탕에서 실제로 관개가 된 면적은 5백 헥타르에 불과했다. 27년 후 군부독재 정권은 노르데스테에서 게바라주의 포코[foco, 농촌의 혁명 거점. 옮긴이]가 부상할 것을 심히 두려워했다. 그들이 이스라엘 자문관들을 고용해 최초로 종합적인 관개 사업 조사를 수행한 것은 이 때문이었다. 세르탕 주민 수백만 명이 처했던 비참한 가뭄 상황은 콘셀레이루와 시세루가 세아라의 오지에서 묵시록적 설교를 하던 때와 별반 다르지 않았다.[66]

12장 주석

1) Bradford Burns, *A History of Brazil*, Berkeley, Calif. 1970, p. 102; Andre Gunder Frank, *Capitalism and Underdevelopment in Latin America: Historical Studies of Chile and Brazil*, New York 1967, pp. 162~164; Emilia Viotta da Costa, *The Brazilian Empire: Myths and Histories*, Chapel Hill, N.C. 1985, pp. 21~24 참조.
2) Nathaniel Leff, "Economic Development in Brazil, 1822~1923," in Stephen Haber (ed.), *How Latin America Fell Behind*, Stanford, Calif. 1997, pp. 1, 35; Warren Dean, "The Brazilian Economy, 1870~1930," in Leslie Bethall (ed.), *The Cambridge History of Latin America*, vol. 5 (1870~1930), Cambridge 1986, p. 685.
3) Jaime Reis, "Hunger in the Northeast: Some Historical Aspects," in Simon Mitchell (ed.), *The Logic of Poverty: The Case of the Brazilian Northeast*, London 1981, pp. 50~52.
4) Cain and Hopkins, p. 298.
5) Stephen Haber and Herbert Klein, "Hunger in the Northeast: Some Historical Aspects," in Haber (ed.), p. 251; Alan Manchester, *British Preeminence in Brazil: Its Rise and Decline*, Chapel Hill, N.C., pp. 337~340.
6) Bertha Becker and Claudio Egler, *Brazil: A New Regional Power in the World-Economy*, Cambridge 1992, p. 32.
7) Dean, p. 708.
8) Stephen Haber, "Financial Markets and Industrial Developments," in Haber (ed.), p. 151.
9) Ruthanne Deutsch, "Bridging the Archipelago: Cities and Regional Economies in Brazil, 1870~1920," Ph.D. diss., Yale University 1994, p. 190.
10) Levine, *Vale of Tears*, p. 55.
11) David Jordan, *New World Regionalism*, Toronto 1994, p. 35에서 재인용.
12) Dean, p. 708.
13) Leff, p. 53~54.
14) Cain and Hopkins, p. 303.
15) Ibid., pp. 303~304.
16) Deutsch, p. 167.
17) Dean, p. 723; Winston Fritsch, *External Constraints on Economic Policy in Brazil, 1889~1930*, London 1988, p. 3.
18) Dean, p. 696.
19) Nathaniel Leff, *Underdevelopment and Development in Brazil*, vol. 1, London 1982, p. 7.
20) Deutsch, pp. 3~5. 24개 주요 국가의 지역 불평등에 관한 제프리 윌리엄슨의 유명한 1960년대 논문을 보면 브라질 북동부와 중남부 사이의 양극화가 가장 극단적이었다. ("Regional Inequality and the Process of National Development: A Description of the Patterns," in L.

Needleman (ed.), *Regional Analysis: Selected Readings*, Baltimore 1968, pp. 110~115의 논의를 보라.)

21) Leff, "Economic Development," p. 35.

22) Deutsch, p. 86.

23) Leff, "Economic Development," p. 35.

24) Levine, p. 55.

25) Leff, "Economic Development," pp. 27, 35~36.

26) Eul-Soo Pang, *PCCLAS Proceedings* 8 (1981~1982), p. 2.

27) Levine, p. 49.

28) Leff, "Economic Development," p. 39; Deutsch, p. 163.

29) Gerald Greenfield, "The Great Drought and Imperial Discourse in Imperial Brazil," *Hispanic American Historical Review* 72:3 (1992), pp. 385와 396.

30) Greenfield, "Migrant Behavior and Elite Attitudes," p. 83.

31) Eul-Soo Pang, *Bahia in the First Brazilian Republic*, Gainesville, Fla. 1979, p. 62.

32) Ibid., p. 56.

33) Leff, "Economic Development," p. 39.

34) J. Galloway, "The Last Years of Slavery on the Sugar Plantations of Northeast Brazil," *Hispanic American Historical Review* 51 (Nov. 1971), fn54.

35) Joseph Love, *Crafting the Third World: Theorizing Underdevelopment in Rumania and Brazil*, Stanford, Calif. 1996, p. 163에서 재인용.

36) 1867년 세르탕을 방문한 리처드 버튼 경은 상프란시스쿠 강을 따라 66킬로미터에 달했던 광대한 규모의 대목장 한 곳이 수십 개의 몰락하는 불모지 목장으로 쪼개졌다고 썼다 (Hall, *Drought and Irrigation*, p. 33).

37) Webb, pp. 68, 81. 20세기에는 가시가 없는 선인장인 아주까리가 건조한 세르탕에 이상적인 꼴 작물로 채택된다(pp. 84~85).

38) Chandler, *The Feitosas*, pp. 129~130.

39) Ibid., p. 137.

40) Webb, p. 115.

41) 웹이 구이마라에스 두케의 기념비적 연구인 *Solo e agua no poligono das secas*(1949), pp. 85~88을 요약하고 있다.

42) Allen Johnson, *Sharecroppers of the Sertão: Economics and Dependence on a Brazilian Plantation*, Stanford, Calif. 1971, pp. 17, 47~48.

43) Cunniff, pp. 14~15, 25와 28~29.

44) Levine, p. 43.

45) Cunniff, p. 37.

46) Hamilton de Mattos Monteiro, *Crise agaria e luta de classes: o Nordeste brasileiro entre 1850 e 1889*, Brasilia 1980, pp. 157~163.

47) Hall, p. 17.

48) Cunniff, pp. 33~34.

49) Hall, p. 3.

50) Cunniff, pp. 55, 61; Webb, pp. 112~113.

51) Chandler, pp. 131~132.

52) Cunniff, pp. 65~66.

53) Hall, p. 4.

54) Cunniff, p. 80.

55) Webb, p. 116.

56) Ibid., p. 83.

57) Hall, p. 36.

58) Cunniff, pp. 87~93.

59) Ibid., p. 96.

60) Cunniff, pp. 104~106.

61) Monteiro, p. 47.

62) Ibid., pp. 129~133과 191~193.

63) Cunniff, p. 102.

64) Dean, p. 690.

65) Hall, p. 5.

66) "(…) 1970년 굶주리다 못해 자포자기한 사람들이 나무뿌리를 잘못 먹고 중독되었다는 보고를 통해 시대가 거의 변하지 않았음을 확인할 수 있다. 한 세기 전 테오필로가 생생하게 전한 기록들이 생각나는 대목이다."(Hall, p. 12)

표 40 출처: Mircea Buescu, "Regional Inequalities in Brazil During the Second Half of the Nineteenth Century," in Bairoch and Levy-Leboyer, p. 352.

표 41 출처: Cunniff, 표 II-1, p. 81과 Johnson, *Sharecroppers of the Sertão*, 표 1, p. 20의 자료를 바탕으로 구성함.

옮긴이 후기 | '자연재해'는 전혀 자연적이지 않다

우리는 전 세계 빈민들의 삶이 많은 경우 "자연재해"에 좌우된다는 말을 듣는다. 제3세계의 주민 수백만 명은 인류가 전혀 통제할 수 없다고 여기는 가뭄이나 홍수 때문에 빈곤으로 내몰리거나 때 이른 죽음을 맞이한다는 것이다.

그러나 실상은 더 잔혹하다. 인류는 지극히 중요한 이 사태를 통제할 수 있다. 마이크 데이비스의 놀라운 책은 19세기 말에 발생한 기근 사태를 예로 들어, 그런 재난이 많은 경우 전혀 "자연적"이지 않음을 보여준다. 그는 제국주의와 식민주의로 수백만 명이 죽었고, 해당 대륙(아시아, 아프리카, 라틴아메리카)에서 천연자원이 약탈당했음을 증명한다.

에이레, 아프리카, 인도의 주민들이 굶어 죽는 가운데 식량이 수출되었다. 이 과정에서 정복자들은 더욱더 부유해졌다. 대영제국이 이들 국가를 지배했다. 전 세계에서 영국의 사업 이익을 뒷받침하기 위해 자원이 수탈되었다. 영국 지배계급은 인도의 식민지화를 옹호했다. 자신들이 번영을 가져왔고, 철도와 도로 등 근대적인 체계를 개선해 주었다는 것이다. 식민지 인도에서 활약한 유력한 영국인 관료였던 리처드 스트래치와 존 스트래치 장군은 이렇게 말했다. "이 모든 과업을 완수하고, 또 비용을 지출하면서 인도 주민의 번영과 안락함이 비할 데 없이 증대했다."

오늘날의 식민주의 옹호자들도 여전히 같은 주장을 되풀이하고 있다. 그러나 1875년부터 1900년 사이에 인도 역사상 최악의 기근이 발생했다. 인도인의 평균 기대 수명이 1872년부터 1921년 사이에 20퍼센트 하락했다.

같은 시기에 인도의 곡물 수출은 3백만 톤에서 천만 톤으로 증가했다. 첫 번째 기근이 발생했을 때 인도 총독은 리튼 경이었다. 그는 이렇게 말했다. "정부는 식량 가격을 낮추기 위해 그 어떤 개입도 하지 않을 것이다." 그는 "인도주의 광신자들"이라고 비난하면서 빈민에게 식량을 제공해야 한다는 그 어떤 계획안에도 반대했다.

그러나 리튼은 맨체스터 상공회의소의 이윤을 보장해 주는 일에는 열심히 나섰다. 기근이 절정에 달했던 시기에 인도로 수입되던 영국산 면제품의 관세를 폐지해 주었던 것이다. 인도가 가뭄으로 황폐화되었던 1870년대에, 사업가들은 철도를 이용해 최악의 기근 지역에서 비축 거점으로 곡물을 실어 날랐다. 마드라스 지역의 가뭄이 가장 심각했다. 식량이 간절히 필요했던 십만 명의 난민이 마드라스 시 외곽으로 모여들었다.

비축한 쌀이 피라미드처럼 쌓여 있었고, 군대가 이를 삼엄하게 경비하는 가운데 수많은 사람들이 굶어 죽었다. 마드라스 상공회의소는 굶주린 도둑들이 곡물을 훔치지 못하도록 태형 말뚝을 설치하라고 경찰에 요구했다.

이런 양상은 거듭해서 반복되었다. 1899년부터 1900년 사이에 베라르 지방에서는 기아로 약 14만 3천 명이 죽었다. 그들이 굶어 죽는 과정에서 2017만 톤의 곡물이 이 지역에서 수출되었다. 당시에 기차를 타고 인도를 지나쳤던 한 여행자는 아이들이 배가 고파서 울부짖는 광경을 보았다고 썼다. "지금도 이 기차에는 쌀을 실은 화차가 네 량이나 붙어 있다. 그러나 그 누구도 이 아이들에게 아무 것도 주지 않는다. (…) 이 화차의 쌀은 돈을 낼 수 있는 먼 도시 주민들의 몫이다."

기근 사태는 인구를 먹여 살릴 수 있는 자원이 부족해서 발생한 게 아니었다. 영국의 지배자들이 자신들의 이윤을 보장하기 위해 곡물 가격을 높게 유지했던 것이다. 사후에 구성된 기근 위원회의 보고서는 "기근은 식량 부족 사태가 아니라 고물가 사태였다."고 결론을 내렸다.

영국 정부는 경쟁국 프랑스가 인도의 전염병 확산을 핑계 삼아 통상 정지를 부과할 수 있다면서 걱정하기도 했다. 저자 데이비스의 말을 들어보자. "런던의 국무장관은 인도 총독에게 자신이 기근 사태보다는 전염병이 더 걱정이라고 말했다. 한 번 잃어버린, 아니 부분적으로라도 방치된 시장은 쉽게 회복할 수 없기 때문이다."

1897년 빅토리아 여왕 즉위 60주년 행사에 최소 1억 파운드가 지출되었다. 그러나 영국 관리들은 기근 구호를 지원하는 데 돈을 쓰려고 하지 않았다. 기근 구호 캠프의 상태는 조잡하고 야만적이었다.

한 영국인 기자는 난민들이 기아에 시달려 극도로 취약해진 나머지 [매우 적은] 배급 식량을 먹고도 버틸 수 없다고 판단되면, 식민 관료들이 구호 캠프로 그들을 받아들이지 않았다고 적었다. 실제로 한 영국인 식민 관료는 구자라트의 사망자 수가 왜 그렇게 많은 것이냐는 질문을 받고 이렇게 대답했다. "구자라트 주민들은 사유화가 익숙지 않고, 양질의 식량을 손쉽게 얻는 데 길들여진 나약한 족속들이다. 심지어 빈민들 가운데 대다수는 평생 동안 손에 도구를 쥐어 본 적이 없다."

중국과 브라질에서 자행된 영국의 식민주의도 마찬가지로 치명적인 역할을 수행했다. 영국의 중국 교살 행위는 인도산 아편 밀무역을 통해 이루어졌다. 기근 사태가 닥친 19세기 말 중국 경제는 자국민을 먹여 살릴 만큼 충분한 식량을 생산할 수 없었다. 1876년부터 1900년에 걸쳐 약 3천만 명이 굶어 죽었다. 영국 지배자들은 브라질의 모든 대외 부채도 통제했다. 런던의 은행들, 특히 로스차일드 가문이 이 나라의 통화를 장악하고 있었다.

지역의 농민들은 생계형 자급자족 작물을 포기하고 환금작물을 심어야만 했다. 여기서도 수백만의 민중은 가뭄이 닥쳤을 때 생존할 수 있는 수단을 잃어버렸다. 데이비스는 특정 지역에서 가뭄과 홍수를 불러일으키는 엘니뇨 기후 순환이 19세기 후반에 아주 격렬하게 진행되었다고 말한다. 그러나 그런 환경 문제가 인도와 중국, 브라질에서 재앙으로 강화된 것은 자본주의 세계 체제, 곧 제국주의와 식민주의 때문이었다. "수백만 명이 죽었다. 그리고 그 희생자들은 '현대 세계 체제'의 외부가 아니라 새로운 경제 및 정치 구조로 강제 통합되는 과정에서 발생했다. 자유 시장 자본주의의 황금시대에 홀로코스트가 일어난 것이다." 이 책은 제3세계의 탄생 과정을 실증적으로 밝히면서 제국주의와 식민주의를 고발한다.

2008년 2월

정병선

찾아보기